Dr. Siegfried Grabowski

Der Schlüssel zur Parapsychologie

und zu den Grenzgebieten des Seelenlebens

Die Deutsche Bibliothek verzeichnet diese Publikation in der Deutschen Nationalbibliografie; detaillierte bibliographische Daten sind im Internet abrufbar über **www.dnb.ddb.de**.

Das Verzeichnis lieferbarer Bücher (VLB), die umfangreichste Datenbank für den deutschsprachigen Buchhandel, verzeichnet diese Publikation im entsprechenden Sachgebiet; detaillierte Bestell-Daten sind im Internet abrufbar über **www.vlb-katalog.de**

Wenn Sie weitere Informationen zu diesem Buch und anderen Publikationen des Buchverlages König wünschen, empfehlen wir Ihnen einen Besuch der weltgrößten Buchhandels-Website **www.amazon.de**

Für Privatkunden und Interessenten hält der Buchverlag König ein umfangreiches Angebot von Publikationen und wichtigen Zusatzinformationen im Internet bereit unter **www.buchverlag-koenig.de**

ISBN 978-3-910348-03-5

Titelmotiv / Umschlag:	Gestaltung unter einer Verwendung des Fotos Weibliches Gespenst auf einer Straße von Bonnybbx (Lizenzen: Wikipedia, CC0 1.0 / Pixabay CC Zero)
Titelgestaltung:	Buchverlag König, Layoutstudio, GEK
Satz & Layout:	Buchverlag König, , Layoutstudio, GEK
Druck & Verarbeitung:	TOTEM Digital Printing, Inowroclaw, Poland

Dr. Siegfried Grabowski

Der Schlüssel zur Parapsychologie

und zu den Grenzgebieten des Seelenlebens

Spirituelle Belastungen als Ursachen
für Krankheit, Spuk und Geistererscheinungen

KÖNIG

Inhaltsverzeichnis

Der Verfasser

Dr. Siegfried Grabowski ist Diplom-Chemiker, Heilpraktiker und Rutengänger. Von früher Jugend an mit allen Erscheinungsformen der Grenzphänomene vertraut, befasst er sich mit der Erforschung feinstofflicher Phänomene im Zusammenhang mit unserer Gesundheit und ihrer Einbettung in unser wissenschaftsorientiertes Weltbild. Durch die vergleichende Erforschung geistiger sowie physikalischer Energien gelingt es ihm, Verbindungen zwischen den eigenen seelischen Energien und Umwelt-Energien sowie kosmischen Potentialen aufzuzeigen und auf ihre gegenseitigen Wechselwirkungen hinzuweisen.

„Diese [seelischen] Kräfte sind bei Lebenden ebenso wirksam als bei kurz verstorbenen, noch erdgebundenen Naturen, und von den unangenehmen Wirkungen solcher Einflüsse wissen sowohl erweckte Geistliche, die für Verstorbene beten, wie der Verfasser ein Lied zu singen. Was die Spiritisten sowohl als die Forscher auf diesem Gebiete, das sich heute als Parapsychologie wissenschaftliche Kreditfähigkeit errungen hat – und was alles bekanntlich erst mit der „wissenschaftlichen Anerkennung" da ist –, heut mühsam als objektives Wissensgut herausholen, ist den Eingeweihten aller Zeiten immer bekannt gewesen, wenn es auch anders geheißen hat, aber es wird der Welt immer nur so viel Licht gegeben, als sie vertragen kann, und die gütige und waltende Vorsehung sorgt schon dafür, dass vorzeitig und voreilig profanierte Erkenntnisse wieder verschwinden, wenn die Welt noch nicht reif hierfür ist."[1]

Vorwort des Verfassers

Die in diesem Buch behandelten Themen scheinen nur auf den ersten Blick wenig mit unserer heutigen Realität zu tun zu haben. Dass Krankheiten, insbesondere seelischer Art, von Geistwesen verursacht sein können, vermag sich kaum jemand vorzustellen in einer Zeit, in der geistige Kräfte negiert werden, sofern sie nicht aus dem Menschen von selbst hervordrängen. Die Erfahrungen von Personen, die in der Lage sind, fremde geistige Einflüsse zu erkennen und zu beseitigen, zeigen deutlich, dass viele Erkrankungsformen auch – oder gerade – unserer Zeit mit geistigen Wesenheiten in Verbindung gebracht werden müssen, die sich in der Aura der Menschen festsetzen und ihr Empfinden, ihr Denken und darüber auch ihr Verhalten und ihr Handeln beeinflussen. Ich spreche hier von zeitweisen Besetzungen durch persönlichkeitsfremde geistige

---

1 Alfred Strauss: *Theurgische Heilmethoden*, S. 42.

Wesenheiten oder seelische Fragmente, obgleich dem Wort „Besetzung“ gern ein negativer Beigeschmack zugesprochen und es gern mit Besessenheit, dämonischen Einflüssen, Teufelsaustreibung, Exorzismus und Hexerei in Verbindung gebracht wird. Die Berichte der von solchen Einwirkungen Betroffenen zeigen deutlich, dass derartige Belastungen auch in nicht-auffälliger und unspektakulärer Form vorkommen und die Befreiung durch Ablösung der Geistwesen einer wundersamen Heilung gleichkommt. Krankheit und Besetzung sind deshalb Themen, die eng zusammengehören und in denen eines das andere bedingt.

Wenn bereits Kinder mit dem Messer auf ihre Eltern einstechen, eine Einweisung in die geschlossene Anstalt droht oder bereits erfolgt ist, wenn verzweifelte Eltern versuchen, ihrer schwer erziehbaren Kinder Herr zu werden, Jugendliche Suchtproblemen unterschiedlichster Art unterliegen, selbst Erwachsene „ausrasten“ und ihrer Gefühle nicht mehr Herr werden, dann ist es an der Zeit darüber nachzudenken, ob hier nicht Besetzungen die Oberhand gewonnen haben. Sie schleichen sich unmerklich ein, vermischen sich mit den eigenen seelischen Strukturen und werden dadurch zu einem festen Bestandteil des persönlichen Selbst. Sie bleiben unerkannt, weil sie es verstehen, nicht außergewöhnlich auffällig in Erscheinung zu treten. Und selbst wenn das Verhalten eines Menschen den geltenden ethischen Normen nicht mehr entspricht, selbst wenn er sich zu Handlungen gezwungen fühlt, die nicht mit seinem ursprünglichen Charakter in Einklang stehen, so werden die Ursachen mit Lebenskrisen, zwischenmenschlichen Problemen, plötzlichen Notsituationen usw. in Zusammenhang gebracht, anstatt über eine mögliche Fremdeinwirkung überhaupt auch nur nachzudenken.

Wäre es nicht leicht, persönliche Notlagen und Schwierigkeiten einer fremden geistigen Beeinflussung zuzuschreiben? Doch leider können wir uns auf diese Weise nicht freisprechen, denn durch Schuldzuweisung lassen sich keine persönlichen Schwierigkeiten lösen. Besetzungen erfolgen nicht ohne Grund, sie kompensieren ein inneres, oft unbewusstes Verlangen und sind deshalb in der Lage, zum Herrscher über ihren Wirt zu werden und ihn in eine Entwicklung zu drängen, von der sie selbst als seelische Schmarotzer profitieren.

Die Quellen der Besetzungen, von denen ich hier spreche, liegen in den meisten Fällen auf der menschlichen Ebene, es sind seelische Elemente Verstorbener, die den leiblichen Tod überdauern und sich in einer Art von Schein-Inkarnation an Menschenseelen drängen, um über sie ihre eigenen Wünsche und Triebe auszuleben und dadurch von unserer Lebensenergie zehren.

Der Schwerpunkt dieser Arbeit liegt allerdings nicht in der Besetzungsthematik, sondern in der Analyse bekannter paranormaler Phänomene wie Spuk- und Geistererscheinungen. Es wird untersucht, wie weit Besetzungen durch geistige Wesenheiten nicht nur für seelische und körperliche Erkrankungen, sondern auch für Spukphänomene und verwandte „übernatürliche" Erscheinungsformen verantwortlich gemacht werden können. Anhand zahlreicher Fallbeispiele unterschiedlicher thematischer Herkunft wird aufgezeigt, wie Spuk und Besetzung unter der Beteiligung der menschlichen Psyche zusammenwirken und wie Betroffene durch die Befreiung von Besetzungen auch von Spuk, Krankheit und seelischen Nöten geheilt werden können, sofern die Zusammenhänge erkannt, ein Wille zur Befreiung besteht und die Betroffenen eine geeignete Hilfestellung erhalten. Gerade im Themenkreis der paranormalen Phänomene wird in der heutigen Zeit die Besetzungsthematik nahezu vollständig vernachlässigt und die Ursache der Spukereignisse wird in der seelischen Entwicklung des Menschen selbst gesucht. Die Frage, wodurch die Seelenstruktur in dem Maße gestört ist, dass paranormale Anzeichen auftreten, wird nicht gestellt.

Paranormale Phänomene haben ihren Ursprung in der Astralwelt. Es sind geistige Mächte, die in das Energiefeld des Menschen eindringen und sich seiner besonderen seelischen Fähigkeiten bedienen. Die Befähigung, Spukphänomene zu produzieren oder Erscheinungen wahrzunehmen, geht letztendlich vom Menschen selbst aus. Er selbst ist allerdings nicht in der Lage zu entscheiden, wie weit die Ereignisse fremdgesteuert sind oder seine eigene seelische Struktur daran beteiligt ist. Aus der Sicht von Psychologen und Ärzten sind paranormale Phänomene, aber auch Erkrankungsformen, die auf eine Besetzung hinweisen, nach außen projizierte Äußerungen der seelischen Entwicklung der Betroffenen, da die Therapeuten fremde geistige Einmischungen weder erkennen noch diese Möglichkeit überhaupt akzeptieren. Hellsichtige und spirituell höher entwickelte Menschen sind allerdings durchaus in der Lage, solche seelischen Bedrückungen wahrzunehmen und die Menschen davon zu befreien, ein Vorgang, von dem nicht nur die Betroffenen, sondern auch die fremden Seelenwesen profitieren.

Neben persönlichkeitsfremden geistigen Kräften stellen die allgemein-menschlichen Krisensituationen eine weitere Quelle geistiger Potentiale dar, die in der Lage sind, entsprechende Phänomene zu bewirken. Es sind vom menschlichen Bewusstsein abgelöste Seelenfragmente, die sich gegenüber dem Verstandesbewusstsein zu behaupten wissen, und obwohl vom Menschen selbst stammend, ihn wie ein fremdes Wesen in seiner seelischen Entwicklung zu bedrücken verstehen. Werden die seelischen Abnormitäten erkannt, besteht die Möglichkeit, sie durch heroisches Handeln zu überwinden. Dass dieses nicht ohne größere Schwierigkeiten möglich ist und oftmals von Spukphänomenen und anderen seelischen Drangsalen begleitet wird, zeigen insbesondere die Erscheinungsformen der christlichen Mystik sowie der Heiligenmystik in ihren Bildern von dämonisch anmutenden Verfolgungen und Anzeichen des klassischen hysterischen Krankheitsbildes.

Während bezüglich seelischer Erkrankungen im Zusammenhang mit der Bewusstseinsbildung unter psychologischer Sichtweise heute immer tiefer gehende Zusammenhänge erkannt werden, wird ein damit vielfach einhergehender Besetzungsaspekt nur aus kirchlicher Sichtweise akzeptiert und dieses auch nur in Ausnahmefällen und mit zunehmend ablehnender Tendenz, obgleich ein reichhaltiges historisches Material eine eindeutige Sprache aufzeigt.

Ähnlich verhält es sich mit den Spukphänomenen. Obgleich deutliche Hinweise zu veränderten seelischen Strukturen der Betroffenen existieren, wird der Besetzungsaspekt – zumindest von wissenschaftlicher Seite – vollständig ausgeklammert. Dennoch verweisen die Fallberichte auch hier auf deutliche diesbezügliche Zusammenhänge.

Heilung von Besetzung, seelischer Erkrankung und Befreiung vom Spuk ist keine Domäne von Ärzten oder Psychologen sondern von hellsichtigen oder anderweitig entsprechend begabten Menschen, die in der Lage sind, die offensichtlichen Zusammenhänge von Besetzung, Erkrankung und Spuk zu erkennen und über die Befreiung vom Kraftfeld der Seelenwesen eine Harmonisierung auf allen angesprochenen Ebenen zu erzielen. Zu allen Zeiten waren geeignete Personen in der Lage, die wahren Ursachen der Zusammenhänge aufzudecken und damit Spukphänomene wie auch mit Besetzung zusammenhängende Erkrankungsformen zu beseitigen bzw. zu heilen.

Neben einem kurzen Überblick über die Geschichte der parapsychologischen Forschung und einleitenden Fallberichten zum Thema „Spuk“ werden wir uns zunächst mit der seelischen Entwicklung des Menschen befassen und dem daraus entspringenden Aufbau geistiger Schemen und Elementale, denn diese sind in der Lage, sich durch Ablösung vom Bewusstsein zu verselbstständigen und auf astraler Ebene ein Eigenleben zu führen; sie sind ein wesentlicher Ausgangspunkt für seelische Erkrankungen, Besetzung und Spukphänomene, insbesondere nach ihrer Freisetzung von den Anhaftungen an den menschlichen Körper nach dem Tode. Im Anschluss daran analysieren wir Berichte über klassische dämonische Besetzungen und erläutern ihr Zusammenwirken mit der menschlichen Psyche. Diese Thematik berührt zahlreiche Erkrankungsphänomene, in denen sich Spuk und Besetzung vermischen. Abschließend werden die angesprochenen Themenbereiche einer medizinisch-psychologischen Deutung unterworfen, welche die Zusammenhänge mit der eigenen seelischen Entwicklung veranschaulicht und Lösungsansätze aufzeigt.

Frühe Erfahrungen

Die in Rede stehenden Phänome [...] sind,
wenigstens vom philosophischen Standpunkt aus,
unter allen Tatsachen, welche die gesamte Erfahrung uns darbietet,
ohne allen Vergleich die wichtigsten,
daher sich mit ihnen gründlich bekannt zu machen,
die Pflicht eines jeden Gelehrten ist.

Arthur Schopenhauer: „*Versuch über das Geistersehen*"[2]

2 Aus: Arthur Schopenhauer: *Parapsychologische Schriften* – Verlag Benno Schwabe & Co, Basel / Stuttgart 1961.

Paranormale Phänomene bilden einen wesentlichen Bestandteil unseres Lebens, obgleich sie sich eher auf der unbewussten Seite des Seelenlebens ereignen. Sie entstehen infolge von subtilen feinstofflichen Energieformen, die in unserem Seelenumfeld externe Steuerungsmechanismen ausüben, deren Wirkung uns selten bewusst wird. Nur wenn ein unsichtbares Etwas uns seine Anwesenheit durch nicht zu ignorierende Empfindungen, Geräusche, sichtbare Erscheinungsformen, technische Einflussnahmen usw. kundtut, sind wir bereit, das Unbekannte – eher wiederwillig – zu akzeptieren, es bewusst wahrzunehmen, uns dem Unbekannten vielleicht sogar zu öffnen, weil wir ihm nicht entrinnen können.

Nicht jeder Mensch benötigt übersinnliche Erfahrungen, um sich mit Einwirkungen zu befassen, die von „jenseitigen", uns unbekannten Energieformen ausgehen. Um das diesbezügliche Weltbild zu erweitern, scheint die Wissbegierde bezüglich okkulter oder doch zumindest seltsamer und unerklärlicher Themen einigen Menschen in die Wiege gelegt worden zu sein, um dann über frühkindliche Prägungen und Erfahrungen oder anderweitige Lenkungen des Bewusstseins offenbar und zu einer lebenslangen Thematik des Interesses zu werden.

Meine persönlichen ersten Kontakte mit ungewöhnlichen Phänomenen begannen in der Schulzeit, nachdem ich das Lesen erlernt hatte und alles Lesbare verschlang, das mir in die Hände fiel. Das war nicht viel. Das waren zunächst nur Artikel aus Zeitschriften, die meine Mutter las, von denen die seit 1950 im Verlagshaus „Die Welt" (seit 1953 bei Axel Springer) erschienene Frauenzeitschrift „Das Neue Blatt" eine bevorzugte Stellung einnahm, weil sich in beinahe jedem Heft Berichte über Spukphänomene, Wunderheilungen und ähnliche Themen befanden. In besonderer Erinnerung sind mir Berichte über den fränkischen Wallfahrtsort Heroldsbach geblieben, den ich erst Jahrzehnte später besuchte. Berichte über die Heilungen durch Bruno Gröning standen nicht nur mir, sondern auch meiner Mutter besonders nahe, weil wir in nicht allzu großer Entfernung seines zeitweisen Wirkungsfeldes in Herford wohnten. Ein anderes, in der Zeitschrift häufig angeführtes Thema bezog sich auf Spuk und Geistererscheinungen, was mich noch weit mehr interessierte, als das Thema Wunderheilungen, und mich Zeit meines Lebens nicht mehr loslassen sollte.

Es waren nicht alles aktuelle Berichte, die in dieser Zeitschrift publiziert wurden, sondern auch Buchauszüge und Hinweise auf entsprechende Quellenliteratur. Das erste Buch, das mir über diese Themen in die Hände kam, trug den Titel: *Magier, Mächte und Mysterien* des vielseitig begabten Journalisten Wilhelm Moufang (1895-1989) mit dem Untertitel: *Handbuch übersinnlicher Vorgänge und deren Deutung*, erschienen 1954 in der *Kayserschen Verlagsbuchhandlung Heidelberg*. Das Buch ist heute noch erhältlich und befasst sich mit der energetischen Struktur des Menschen, Wunderheilungen, Vorahnungen, Visionen und Hellsehen, geheimnisvollen Gestalten, Tischrücken und Schwebephänomenen, dämonischen Gewalten im Menschen, Wunderbarem im Leben Heiliger, lichten und dunklen okkulten Mächten, Spuk- und Geistererscheinungen, Zauberern, Fakiren und Magiern – so lautet die Einteilung der Kapitel. Das Buch schlug bei mir ein, wie eine Bombe. Das waren meine Interessengebiete; das waren die Themen, mit denen ich mich ein Leben lang beschäftigen sollte.

Dieses Buch besitzt ein sehr umfangreiches Literaturverzeichnis. Ich studierte es sorgfältig und machte mir Notizen über themenverwandte Bände, die ich noch lesen wollte. Es war damals nicht so einfach wie heute, an Bücher heranzukommen, die nicht mehr im aktuellen Verlagsprogramm angeboten wurden. Stundenlang saß ich in der Buchhandlung meines Wohnortes und studierte die Kataloge der älteren Jahrgänge. Wenn ich etwas nicht finden konnte, musste eine antiquarische Suchanzeige im *Börsenblatt für den deutschen Buchhandel* aufgegeben werden, eine 1834 gegründete Publikation der deutschen Buchbranche.

Zwei weitere Bücher, die meine frühen Interessen spezifizieren sollten, stammten von dem deutsch-baltischen (Dorpat, Estland) Philosophen und Musiker Emil Mattiesen (1875-1939). Es sind die

Titel: *Der jenseitige Mensch. Eine Einführung in die Metapsychologie der mystischen Erfahrung* und umfasst 80 Kapitel auf rund 825 Seiten (de Gruyter 1925) sowie *Das persönliche Überleben des Todes. Eine Darstellung der Erfahrungsbeweise* in drei Bänden (1936/39, 456 + 438 + 385 S.). Dabei handelt es sich um Standartwerke, deren Umfang und Gründlichkeit im deutschen Sprachraum wohl unerreicht geblieben ist.

E. Mattiesen gilt auch heute noch als der wohl bedeutendste Forscher auf dem Gebiet der Parapsychologie. Sein Lebenswerk wurde infolge der ablehnenden Haltung der Nationalsozialisten zur Parapsychologie jedoch in Deutschland um seine Wirkung gebracht. In *Das persönliche Überleben des Todes* vertritt Mattiesen eine Überlebens-Hypothese, indem er zahlreiche Phänomene anführt, die nach seiner Ansicht ein Weiterleben der Seele nach dem Tode beweisen. Zu dem von ihm herangezogenen Beweismaterial gehören unter anderem Spukerscheinungen, mediale Kundgebungen, Materialisationen, sogenannte Kreuzkorrespondenzen und Bücherteste.

> „Schon für sich alleine genommen hat Mattiesens Lebenswerk die überzeugendste, logischste ‚Durchschlagkraft', wie man sie von totem Papier eigentlich nicht erwarten dürfte. Angesichts Mattiesens Werk, zusammengenommen mit einigen anspruchsvollen Grundlagen der spiritualistischen Literatur und den Ergebnissen der modernen Sterbeforschung, kommt auch der eingefleischteste Skeptiker ins Schwitzen und wird schließlich – wie gewohnt – die Flucht ergreifen und alle Hebel in Bewegung setzen, um die unbequemen Faktoren unter Wasser zu halten. Oder aber er wird seinen Irrtum bekennen und dann vom ehemaligen eigenen Lager ‚Prügel' beziehen."[3]

Der bayerische Augenarzt und Parapsychologe Rudolf Tischner (1879-1961) schreibt in seinem hier nur auszugsweise angeführten umfangreichen Nachruf über E. Mattiesen:

---

3 Westfalen-Blatt-Redaktion in der Zeitschrift *Wegbegleiter* vom März 1996 Nr. 2, I. Jahrgang S. 58 ff.

„Mit feinem psychologischem Verständnis setzt er auf Grund seiner umfassenden Kenntnis des Schrifttums die automatischen Offenbarungen religiöser Natur mit den Mitteilungen der Medien in Beziehung. Bei der Analyse kommt er zu der Ansicht, dass viele Fälle darauf hinweisen, dass es ‚Seelenreisen' (Exkursionen) gibt, wobei dann das Problem des Astralleibes und der Objektivität der Erscheinungen (Phantome) nahe liegt [...] Ausführlich beschäftigt sich M. mit den Trancemedien wie Frau Piper und Fr. Leonard, hierbei vielfach sich weniger mit dem einzelnen Inhalt beschäftigend, als mit der Form der Darbietung, oder, wie er meist sagt, mit dem Transdrama und den verschiedenen, daran beteiligten ‚Personen': dem Medium selbst, dem Vermittler (oder Spielleiter) und dem Mitteiler (Kommunikator). Diese Szenen hatten so viel Natürlichkeit, dass sie auf selbständige Persönlichkeiten hinweisen, während sie als Spaltpersönlichkeiten des Mediums schwer verständlich seien."

„In seinem zweiten Werk hat er seine Gedanken dann darauf zugespitzt, noch näher und im Einzelnen die spiritistische Deutung zu beweisen [...] Er hat hier auf noch breiterer Grundlage und mit einer außerordentlich großen Kenntnis des gesamten Schrifttums, besonders auch des angelsächsischen, alle in Betracht kommenden Punkte scharfsinnig und tiefgründig bearbeitet. Von animistischer Seite hat man öfters gesagt, die Behauptungen des Spiritismus zu beweisen sei unmöglich [...] Das sieht auf dem Papier ganz logisch aus, wird aber doch dem oft sehr verwickelten Tatbestand schwerlich gerecht, und man muss Mattiesen recht geben, dass die spiritistische Deutung vielfach die einfacherer und in gewissem Sinne ‚natürlichere' ist [...] Mattiesen liefert mit seinem Werk einen sehr beachtlichen Induktionsbeweis zugunsten der spiritistischen Deutung, der neben dem Animismus[4] und der Lehre vom Weltbewusstsein durchaus besteht. Es stellt seit Myers berühmtem Buch ‚Human Personality', das 1903 erschien, was Umfang des Stoffes und seine geistige Bewältigung angeht, die bedeutendste Leistung der Parapsychologie dar, die noch auf lange Zeit die Geister beschäftigen wird."[5]

Dass R. Tischner das Lebenswerk Mattiesens derart würdigt, ist ihm umso höher anzurechnen, da er als eingefleischter Animist –

und unter diesem Gesichtspunkt betrachtet – sozusagen als Konkurrent Mattiesens und damit erbitterter Gegner bzw. Skeptiker der spiritistischen Anschauung zu betrachten ist.

Für meine persönliche Entwicklung war das Werk *Der jenseitige Mensch* von prägender Bedeutung, da es meine Aufmerksamkeit bereits im frühesten Stadium meiner spirituellen Entwicklung auf mentale, körperliche und außerkörperliche Erscheinungsformen der christlichen Mystik lenkte. So begann mein spezielles Interesse für paranormale Themen auf einer religiös-spirituellen Basis und leitete darüber – im Sinne von Mattiesens Buch – auf die klassischen paranormalen bzw. parapsychologischen Phänomene über. Diese persönliche Entwicklung erscheint mir heute von Vorteil gewesen zu sein, weil sie von Anfang an paranormale Themen mit einem spirituellen Überbau verknüpft und sie nicht losgelöst von einer astralen Welt betrachtet und sich damit nicht auf rein psychologische und damit medizinische Bertachtungsweisen beschränkt, wie es die Bezeichnung *Parapsychologie* bei wortnaher Deutung vermuten ließe.

Die Folgen der intensiven Beschäftigung mit diesem Werk gipfelten in einer nachhaltigenArbeit mit den Begleitphänomenen der christlichen Mystik, ihrer psychoanalytischen Deutung und den sich aus diesen Erkenntnissen ergebenden Folgerungen auch für die klassischen paranormalen und Spukphänomene. Mit Prof. Dr. Hans Bender, dem damaligen Leiter des Freiburger *Institut für Grenzgebiete der Psychologie und Psychohygiene* durfte ich 1969 (ich war damals 20 Jahre alt) eine erste schriftliche Arbeit über „Religion und Geschlechtlichkeit“ diskutieren, indem ich mich auf der Grundla-

4 In der Parapsychologie kennzeichnet der Begriff Animismus (Anima = Seele) die Grundannahme, Ursache des paranormalen Geschehens seien lebendige Wesen. In dieser Bedeutung wurde er von Alexander N. Aksakow 1894 in die Parapsychologie eingeführt, um damit eine dem Spiritismus entgegengesetzte Position zu bezeichnen.

5 *Neue Wissenschaft* (Zeitschrift für Grenzgebiete des Seelenlebens) 3. Jahrgang (1952) S. 41-45.

ge von Mattiesens Buch mit einer psychoanalytischen Deutung der mystischen Begleitphänomene befasste, diese auf psychisch-neurologische Aspekte im Kraftfeld von Gottesliebe und Leiden zurückführte – ein Kraftfeld, dem auch die paranormalen Phänomene der christlichen Mystik entspringen. Dieses stimulierende Gespräch mit Prof. Bender war der äußere Anlass, mich noch intensiver mit der mich ohnehin schon faszinierenden paranormalen Thematik zu beschäftigen und diese auch über den Weg des Universitätsstudiums (allerdings in einem gänzlich anders gelagerten Fach) auf wissenschaftlicher Basis zu untermauern.

Die 1970er und 1980er Jahre bildeten noch eine wahre Fundgrube für die ältere parapsychologische Literatur. Man kann es sich heute gar nicht mehr vorstellen, wie mühsam es damals war, an nicht mehr aufgelegte Literatur heranzukommen. Das bedeutete, schriftlichen und persönlichen Kontakt zu entsprechenden Antiquariaten aufzubauen, herumzureisen, Bibliotheken aufzusuchen, Bücher über Fernleihe auszuleihen, Buchkopien zu erstellen und weitere Aktivitäten mehr. Ich legte einen großen Anteil meines Barvermögens in heute selten gewordener Literatur an, die ich dann auch in stundenlangem und tagelangem Lesen förmlich verschlang, ein Konversationslexikon als ständigen Begleiter neben mir. Dennoch verstand ich vieles Gelesene nur der Form nach, während mir der wahre Sinngehalt noch verschlossen blieb. Trotz der umfangreichen Spezialliteratur (es wurden mit der Zeit Hunderte von Büchern) behielt ich den Überblick und vermochte in der Literatur behandelte Themenbereiche sehr schnell wieder aufzufinden, was natürlich eine große Hilfe bei den weiteren schriftlichen Arbeiten darstellte.

Der wahre Sinn der von mir gelesenen Literatur offenbarte sich mir in vielen Fällen erst nach dem Universitätsstudium einerseits und den praktischen Erfahrungen im Rutengehen andererseits, in der Radiästhesie, denn diese Tätigkeit öffnet nicht nur das physische Empfindungsvermögen sondern weitet gleichzeitig das Bewusstsein und vermittelt ein gewisses Gefühl für die Wirkungen feinstofflicher und geistiger Energiefelder.

Seit ältester Zeit galten paranormale Phänomene, Spuk und Geistererscheinungen als von Verstorbenen oder doch zumindest von Wesenheiten einer anderen, einer astralen Welt ausgehend, um Lebenden eine gewisse Botschaft zu überbringen, die jedoch in den meisten Fällen unkenntlich bleiben musste, weil eine Kommunikation Lebender mit Verstorbenen nicht gut möglich ist. Ein weiterer Gesichtspunkt, koboldartige Erscheinungsformen des Spuks betreffend, wird auch heute noch mit den Wirkungen von Naturwesen in Zusammenhang gebracht. Und ein besonderes Einwirken jenseitiger Mächte bezieht sich seit biblischen Zeiten auf sogenannte dämonische Besetzungen und die Vertreibung der Dämonen durch Exorzismus. Dies ist ein Thema, das in der christlichen Mystik eine besondere Rolle spielt, denn in diesem Zusammenhang sind solche Erscheinungsformen vornehmlich ans Licht der Öffentlichkeit getreten.

Die neuere parapsychologische Forschung, die sich auf Universitätsniveau mit den aktuellen Phänomenen befasst, glaubt Einwirkungen jenseitiger Wesenheiten und Kräfte auf Lebende aufgrund ihrer Forschungen ablehnen zu müssen, weil eine Beteiligung der eigenen Psyche beim Auftreten sowie der Entwicklung der diversen Erscheinungsformen des Spuks mit modernen medizinischen Diagnoseverfahren nachgewiesen werden kann. Spukfälle, die sich außerhalb des medizinischen Untersuchungsbereiches befinden – sie ereignen sich auch heute noch sehr häufig – werden lediglich dokumentiert, sofern sie überhaupt so viel öffentliches Interesse erregen, dass sie einen gewissen Bekanntheitsgrad erreichen. Wissenschaftliche Untersuchungen an Ort und Stelle sind selten geworden, heute übernehmen meist private „Geisterjäger“ diese Aufgabe. Es geht ihnen wohl mehr um Beweisführung und Sensation, als um ein Hinterfragen der spirituellen Ursachen und Hintergründe.

Es ist mir vom Beginn meiner Forschungen an aufgefallen, dass es sich bei den Ansichten von Animisten und Spiritisten um scheinbar unvereinbare Gegensätze handelt, obgleich zu dieser Thematik viel geschrieben und sie häufig diskutiert wurde. Es sind wohl insbesondere die weltanschaulichen Folgerungen, die sich aus der Annahme eines Überlebens von Bewusstseinsformen herauskristallisieren, welche die Annahme der spiritistischen Thesen bei der Bevölkerung und gerade bei den Wissenschaftlern erschweren. Wir wollen nicht akzeptieren, dass unsere Welt eine geistige Welt darstellt mit unzähligen Lebensformen, von denen wir materialisierte Erdenbürger nur einen winzigen Teil ausmachen. Dabei zeigen selbst die ältesten Berichte, dass zwischen einer geistigen Welt und der Psyche des Menschen Beziehungen bestehen, aus denen heraus die Phänomene überhaupt erst möglich werden. Es ist weder der Geist eines Verstorben allein, der allgemein wahrnehmbare Phänomene zu bewirken vermag, noch kann die Seele eines Menschen aus sich selbst heraus paranormale Erscheinungen hervorrufen. Beide Arten von geistigen Kräften sind erforderlich, um aus einem sinnvollen Zusammenhang heraus etwas zu bewirken. Nur das Zusammenwirken der geistigen Welt mit dem uns eigenen seelischen Vermögen vermag jenseitige Mächte einer mentalen Steuerung zu unterziehen und Erscheinungsformen zu generieren, die weder der astralen noch der mentalen Welt allein zugehörig sind.

Vom Spuk und seinen Eigenarten

Poltergeist- oder Spukphänomene haben eine lange Vorgeschichte. Auch zeigen Berichte über Spuk immer einen bestimmten Typus. Spukvorgänge sind von einer bemerkenswerten Gleichförmigkeit und bestehen hauptsächlich darin, dass Gegenstände geworfen werden.

George Nugent Merle Tyrrell: *Mensch und Welt in der Parapsychologie*

Das Wort *Spuk* entspricht dem neuhochdeutschen bzw. niederdeutschen *spook* und erscheint in dieser Form erstmals 1391, ist aber erst seit dem 18. Jahrhundert weit verbreitet; ähnliches gilt für den Begriff *gispanst* (Gespenst) aus dem Althochdeutschen, was sowohl Gespenstererscheinungen wie auch unheimliches Treiben übernatürlicher Wesenheiten bedeutet, insbesondere Verstorbener. Heute bezeichnet man mit Spuk als „von den menschlichen Sinnen, besonders Gesicht und Gehör, wahrnehmbare, unirdische, rätselhafte und darum unheimliche Vorfälle mancher Art", zuweilen aber auch einen Ort, an welchem es nicht geheuer ist.[6]

Zahlreich sind die Erscheinungsformen des Spuks:

- Das Erscheinen lebender Menschen an anderen Orten als denen, an welchen sie sich in Wirklichkeit befinden (Doppelgänger).
- Das Erscheinen Verstorbener (Wiedergänger, Nachspuk).
- Das vorher Sichtbarwerden (Vorhersehen) oder andere Formen des Sehens bzw. Wahrnehmens von z. B. Geisterkutsche, Geistermesse, Geistermusik, Geisterohrfeige, Kettenlärm usw.
- Das Vorhersehen künftiger Ereignisse, besonders des Todes Dritter (geistersichtig, Zweites Gesicht).
- Auf natürliche Weise nicht erklärbare Sinneswahrnehmungen, die sich gewöhnlich an bestimmte Orte knüpfen.
- Wegespuk = Spukerscheinungen, losgelöst vom Zusammenhang mit menschlichen Wohnungen. Wegespuk zeigt sich an einer bestimmten Wegstelle, begleitet den einsamen Wanderer und verschwindet wieder spurlos, kann einer Person aber auch für längere Zeit „aufhocken". In den Bereich des Wegespuk gehören auch die sogenannten Geisterwege, die sich im Umkreis von praktisch allen alten Kirchen finden, in denen Aufbahrungen vorgenommen wurden und die von einem Friedhof umgeben sind. Über diese Wege wurden die Verstorbenen zur Kirche gebracht. Zu gewissen Zeiten können hier die Seelen Verstorbener auf ih-

6 *Deutscher Aberglaube*, Stichwort Spuk.

rem Weg in die Kirche angetroffen werden. Wird auf diesen Wegen gebaut, ist das für sie kein Hindernis; sie wandern durch das Haus und erschrecken damit die feinfühligen Bewohner, gern die Kinder, weil sie von ihnen wahrgenommen werden und sich von ihnen Hilfe erhoffen. Diese Geistwesen sind sowohl in der Lage die Hausbewohner zu besetzen, als auch zu spuken. Auch Heerstraßen aus alter Zeit zählen zu diesen Geisterwegen, auf denen sich immer noch bewaffnete Heerscharen von einem Ort zum anderen bewegen. Auch Schlachtfelder gehören zu aktuellen Spukorten.

- Wanderspuk, der als flüchtige Erscheinung umerzieht und sich in der Ferne verliert.
- Naturspuk, der sich in Wäldern, Schluchten, Bergen, Einöden, Gewässern usw. ereignet, wobei es sich teilweise um lästige Seelen handelt, die als Quäl- oder Poltergeister dorthin gebannt sind und in Naturgeister übergehen, wobei die Grenze zwischen ursprünglichen Seelenwesen und Naturdämonen nicht immer deutlich zu erkennen ist (unbestimmte, wechselvolle Erscheinungen weisen auf Seelenwesen hin, während eine typische, scharfgezeichnete Gestalt dem Naturdämon eigen ist).
- Übergangsformen wie: weiße Frauen, graue Männchen (Zwerge, Elben, Kobolde).
- Feurige Spukerscheinungen, die zum Teil mit dem Glauben an das brennende Fegefeuer (Arme Seelen, Phänomen der eingebrannten Hand, Brandabdrücke in Gegenständen) zusammenhängen aber auch tektonischen oder atmosphärischen Gegebenheiten entstammen können.
- Spukerscheinungen werden besonders nachts wahrgenommen, zur Geisterzeit, zur Geisterstunde, aber auch zu individuell typischen Zeiten, an bestimmtem Datum, im Vorfeld von bestimmten Ereignissen, insbesondere im Zusammenhang mit Familientragödien (Todesfall). Besonders hartnäckige Spukfälle ereignen sich auch tagsüber, bei hellem Sonnenlicht, können von allen Personen wahrgenommen werden.

- Bestimmte Erscheinungen erscheinen regelmäßig über Jahrhunderte, andere sind nur von kurzer Dauer. Hängt der Spuk mit einer seelischen Krise zusammen, endet er mit Erlöschen derselben.
- Bekannte nächtliche Spukerscheinungen scheinen mit Naturphänomenen einherzugehen wie die „wilde Jagd“ mit Hundegebell oder das „wilde Heer“ mit Kriegsgerassel. Eine Geisterkutsche erscheint, die Wetterhexe, der wilde Jäger, der nächtliche Reiter.
- Einzelne Erscheinungen sind an bestimmte Orte gebunden (ortsgebundener Spuk, Geisterort), andere wiederum an Personen (oftmals pubertierende Jugendliche).
- Typische Spukorte sind heidnische, römische oder keltische Kultstätten bzw. Opferstätten, Brücken oder Burgruinen, oft im Zusammenhang mit Geldfunden (Schatzgräber) oder Knochenfunden im Zusammengang stehend, auf Schlachtfeldern, an Mordstätten, Richtstätten, an einsamen Feldkreuzen und Kreuzwegen, auf Friedhöfen.
- Spukhäuser bzw. Spukorte nehmen als herausragende Spukstätten eine Sonderstellung ein. Es sind oft nur einzelne Teile des Hauses, einzelne Zimmer, in denen die spukhaften Vorgänge beobachtet werden. Man hört ein Sausen, Klingeln, Läuten, Klopfen, Pochen, Rufe, Musik; Geräusche wie vom Sägen, Knicken dünner Zweige, lautes Klopfen und Hämmern, Peitschenknallen, unheimliches Tasten und Kratzen an Betten und Wänden, bläuliche Funken fliegen durch die Stube oder Lichtflecken erscheinen, Türen und Fenster werden aufgerissen und zugeknallt, obgleich sie verschlossen oder anderweitig befestigt sind, Kisten und Kasten werden untereinander geworfen, die Bewohner werden geängstigt und gequält.
- Spukereignisse können sich auch an leblosen Dingen manifestieren: ein brennender Gegenstand, Objekte, die sich von selbst bewegen, geworfen werden, verschwinden und wieder auftauchen, Feuer wird gelegt, das aber nicht brennt, Schmierereien

treten auf, Flecken, Wasser erscheint, tropft von der Decke, Steine und Sand werden in geschlossene Räume geworfen, Gegenstände des täglichen Bedarf fliegen umher.

- Spukende Tiere erscheinen, die nach dem Volksglauben Seelen Verdammter darstellen, die in solcher Gestalt umgehen müssen.
- Erscheinungen bekannter oder unbekannter Personen treten auf, tragen zum Teil altertümliche Kleidung, lassen sich eventuell als verstorbenen Bewohner identifizieren.

Spukerscheinungen gelten im Volksglauben vielfach als Strafe für einen Verstorbenen, der dadurch seine Sünden abbüßen müsse, mitunter aber auch als Unglück für die Lebenden, denen der Verstorbene erscheint. Manche Personen werden monate- bis jahrelang von Spukerscheinungen verfolgt. Als bekannte Personen, die viel darunter zu leiden hatten, führt Dr. phil. Otto Piper (1841-1921), der Begründer der wissenschaftlichen Burgenforschung unter anderen Martin Luther, die Dichter Nikolaus Lenau, E. T. A. Hoffmann, Friedrich Wilhelm Weber und Feldmarschall Karl Friedrich von Steinmetz an.[7]

Eine rein mechanistische Betrachtung der Spukphänomene führt in der Regel nicht zu einem Ziel; fälschliche Deutung natürlicher Effekte (leuchtendes faules Holz, Irrlichter) führen nur selten zu einem akzeptablen Ergebnis. Spukerscheinungen sind nicht vorhersehbar, sie lassen sich auch nicht absichtlich herbeiführen; nicht alles kann als Illusion oder Phantasiegebilde abgetan werden. Spuk ist kein Gegenstand von Experimenten, er verhält sich weitgehend autonom, ist teilweise aber doch von seelischen Zustand des ihn Beobachtenden abhängig.

Das *Lexikon der Parapsychologie* von Werner F. Bonin definiert Spuk als sich wiederholende, unter Umständen variierende, spontane psychokinetische Erscheinung, bezieht sich damit also in er-

7 Otto Piper: *Der Spuk*. Verlag von J. P. Bachem, Köln 1817. Reprint: Buchverlag König, Greiz 2009.

ster Linie auf die spontane Fernbewegung von Gegenständen und verweist auf ihre oftmals intelligente Steuerung und als gelegentliche Reaktion auch auf das [seelische, emotionale] Verhalten der Betroffenen. Die dabei vorkommenden akustischen, gefühlsmäßigen und optisch wahrnehmbaren Phänomene konnten gelegentlich durch Film- und Tonbandaufnahmen objektiviert worden.

Aufgrund der besonderen Eigenarten der Phänomene und hilfreich im Sinne von Deutungsversuchen unterscheidet man den personengebundenen (personalen, mediumistischen) und den ortsgebundenen (lokalen) Spuk. Beim personengebundenen Spuk lässt sich als Agent (eine den Spuk auslösende oder sendende Person) oft eine pubertierende Person oder ein Sterbender identifizieren oder doch zumindest vermuten, während der ortsgebundene Spuk sich scheinbar ohne einen lebenden Agenten ereignet, über lange Zeit hinweg (Jahrhunderte bis Jahrtausende), mit unregelmäßigen Unterbrechungen, aber immer am gleichen Ort stattfindend.

Nach spiritistischer Ansicht wird der ortsgebundene Spuk von Verstorbenen ausgelöst, von den Tod überlebender „Seelenmaterie“, wie ich es gerne bezeichne, einer Energieform, die noch zur stofflichen (feinstofflichen) Welt gehört. Rationalistische Begründungen, die kein überlebendes Agens gelten lassen, stoßen bei ihren Erklärungsversuchen auf große theoretische Schwierigkeiten. Man vermutet eine „Imprägnierung“ der betreffenden Lokalität oder glaubt, dass hier die Erinnerung an ein paranormales Erlebnis telepathisch weitergegeben werde oder dass das Ereignis in Form einer Wahrnehmung von Vergangenem (rekognitiv) erfahrbar sei und bei entsprechend befähigten potentiellen Agenten (Aussendern einer Botschaft) zur jeweiligen neuen Auslösung des Spuks führe.

Einige Autoren unterscheiden auch zwischen einem subjektiven und einem objektiven Spuk. Objektiver Spuk meint dabei tatsächliche psychokinetische Phänomene (Fernbewegung von Gegenständen), subjektiver Spuk dagegen eine dramatische Ausbildung einer durch Außersinnliche Wahrnehmung erhaltenen Information unter Einwirkung der persönlichen Phantasie. Auch hier wird nach lokalem und personengebundenem Spuk unterschieden. Lässt man sich auf die theoretischen Spitzfindigkeiten ein, werden die Deutungsversuche oder besser Erklärungsversuche immer abenteuerlicher.

Es kann angenommen werden, dass der personengebundene Spuk einen konkreten Auslöser hat (Geistwesen, Sterbender) oder ein gruppendynamischer Effekt vorliegt wie der Aufbau eines „affektiven Feldes“, das den notwendigen Rahmen für die Ereignisse schafft, denn in einigen Familien scheinen gewisse Voraussetzungen für eine solche Gruppenleistung vorzuliegen. Worum es sich dabei handelt, werden wir erfahren, denn diese Dispositionen folgen einer Erbschaftslinie.

Was es ist, das da spukt, ist nicht wirklich bekannt. Wir können überlebende Seelenbestandteile eines Verstorbenen dazu heranziehen, es können aber auch Anteile des Unbewussten Lebender einen Spuk auslösen, abgespaltene und selbstständig agierende Teile der menschlichen Psyche. Marie-Louise von Franz, eine Mitarbeiterin C. G. Jungs schreibt dazu in ihrem Buch *Zahl und Zeit*:

> „Tatsächlich habe ich einmal bei der Analyse einer Frau, deren Bruder in einer unheilbaren Schizophrenie [Spaltungsirrsinn, multiple Persönlichkeiten] ‚zerfiel‘, beobachten können, wie gleichsam Teilseelen dieses Bruders parapsychologische Spukphänomene in der Umgebung der Patientin bewirken, und als ich Jung das mitteilte, erzählte er mir, dass er ähnliches öfters beobachtet habe und es daher für möglich halte, dass Teilkomplexe auch eines lebenden Menschen ‚spuken‘ könnten. Wenn dieses sich empirisch durch weitere Beobachtungen als zutreffend erweisen sollte, so würde dies eines der größten Probleme der Parapsychologie neu beleuchten, nämlich, warum ‚Geister‘ und ‚Spukphänomene‘ sich oft so töricht, halb intelligent – halb sinnlos zu benehmen scheinen. Wenn sie nur Teilseelen sind, so wäre dies erklärt, denn von den psychischen Komplexen können wir nachweisen, dass sie einerseits eine gewisse Eigenintelligenz entwickeln können, zugleich aber auch sinnlose Störmanöver par excellence im psychischen Zusammenhang auszuüben lieben.“[8]

Diese Deutung kommt der Ursache einiger Spukphänomene recht nahe. Zusammenhänge dieser Art wurden bereits von J. Kerner beschrieben, beobachtet während bestimmter Leidensphasen seiner „Seherin“ Friederike Hauffe. Worum es sich bei diesen „Komplexen“ wirklich handelt, beschrieb der Psychiater Carl Wickland in seinem Buch *Dreißig Jahre unter den Toten*, indem er diese krankheitsverursachenden „Komplexe“ als Besetzungen durch Geistwesen erkannte, die Ursachen dieser ergründete, sie entfernte und damit Heilungen von Geisteskrankheiten erzielte. Wir werden auf seine Arbeit noch zurückkommen. Doch zuvor ein historisches Beispiel zur Veranschaulichung des Themas Spuk, das in der damaligen Zeit großes Aufsehen erregt hat.

8 Marie-Louise von Franz: Zahl und Zeit: *Psychologische Überlegungen zu einer Annäherung von Tiefenpsychologie und Physik*, S. 248, Stuttgart 1970. Zitiert nach Bonin: *Lexikon der Parapsychologie*, Stichwort „Spuk“.

Vom Spiritismus zur Parapsychologie

Für die Geisterwelt ist der Mensch geboren; sie ist sein Ziel. Und nur in ihr kann er erreichen, was seine Seele begehrt: ein bleibendes Dasein in ununterbrochenem Frieden. – Ewige Dauer im seligsten Genusse des Lebens ist daher die Bestimmung des Menschen, welche er nur in der Geisterwelt suchen und finden kann.

Johann Baptist Kerning (Johann Baptist Krebs):
Der Schlüssel zur Geisterwelt, 2. Buch

Wenn wir auf die Phänomene der ältesten Zeiten zurückblicken, in denen die Menschen die Natur als belebt ansahen, sich nicht von ihr getrennt fühlten, waren Spuk- und Geistererscheinungen zumindest ebenso häufig, wie heute. Niemand zweifelte daran, dass dabei eine andere Macht, eine andere Wesenheit, die Seele eines Verstorbenen, ein Dämon oder was auch immer in eine Verbindung zu den Lebenden trat. Erst Beobachtungen und Forschungen der neueren Zeit führten zu der Erkenntnis, dass die aus dieser Aktion hervorgehenden Phänomene in irgendeiner Weise auch mit dem psychischen Befinden des Menschen verknüpft sind, in ihm einen Bezugspunkt haben, von ihm vielleicht sogar ausgelöst werden und in einigen Fällen und in einem gewissen Rahmen sogar willkürlich zu beeinflussen sind.

In diesem Sinne waren es wohl vornehmlich die Ereignisse um die 12 und 15 Jahre alten Geschwister Fox in Hydesville im Bundesstaat New York, die im Jahre 1848 durch eine öffentliche Dokumentation eines Geisterkontaktes ein enormes Echo in den Medien fanden.[9] Die Begebenheiten, bei denen Fragen seitens der Medien (der Kinder) durch Geisterklopfen beantwortet wurden, verwiesen auf eine mentale, willentliche Beeinflussbarkeit der Spukphänomene und hatten – auch aus wissenschaftlicher Sichtweise – kontroverse Diskussionen über die Ereignisse zur Folge, die letztendlich zu einer Spaltung der Ansichten über die Ursachen der Phänomene führten – die Begriffe des Animismus und Spiritismus wurden geboren. Handelt es sich bei den Phänomenen um Einwirkungen aus der Geisterwelt, um psycho-mental ausgelöste Phänomene mit physikalischer Wirkung oder um reinen Betrug?

Der Spiritismus (lat. spiritus = Atem, Seele, Bewusstsein; engl. spirit = Geist) beruht auf der Annahme, eine persönliche geistig-seelische Wesenheit könne den leiblichen Tod des Menschen über-

---

9 Vergleichbare okkulte Phänomene traten auch schon im Zusammenhang mit mesmerischen Beeinflussungen auf und natürlich im Altertum, insbesondere im Bereich der Naturvölker.

dauern und sich unter bestimmten Bedingungen den Lebenden mitteilen und in deren Welt sogar physikalische Veränderungen hervorrufen. Es wird diskutiert, ob der „Geist“ des Verstorbenen entweder aus sich selbst heraus wirken könne oder auf die Hilfe Lebender (Medien) angewiesen sei, um sich bemerkbar zu machen. Der Spiritismus sieht paranormale Phänomene als Wirkungen von „Geistern“ an, wobei unklar bleibt – und auch selten diskutiert wird –, ob auch andere Wesenheiten geistiger Sphären existieren und in vergleichbarer Weise physikalische Wirkungen veranlassen können. Die spiritistische These umfasst auch religiös hergeleitete Erscheinungsformen, deren Aussagekraft nicht bewiesen werden kann, aber geglaubt werden soll. In vielen Ländern ist der Gedanke der Re-Inkarnation (Seelenwanderung, Wiedergeburt) in den spiritistischen Glauben integriert.

Spiritistische Thesen lassen sich wissenschaftlich weder beweisen noch widerlegen. Für sie spricht eine gewisse Gleichförmigkeit von postmortalen Erlebnisberichten, die über theosophisches Gedankengut auch in unserem Kulturbereich eine hohe Akzeptanz erfahren haben. Ein oft genanntes Argument gegen die spiritistische Hypothese ist die häufige Trivialität des aus dem Jenseits Mitgeteilten, wobei allerdings davon ausgegangen wird, dass es sich um selbstbewusste Persönlichkeiten handelt, die aus der Astralwelt heraus agieren; dass es sich hierbei meist um „leere“ Seelenfragmente oder andere geistige Hinterlassenschaften (Elementale) eines Verstorbenen handeln könnte, wird selten in die Diskussion einbezogen.

Bereits im Jahre 1885 – also etwa 40 Jahre nach den Erscheinungen von Hydesville – trat in Europa eine gravierende Wende der spiritistischen Anschauungsform ein. Als Begründer dieser ist der deutsche Philosoph Eduard von Hartmann (1842-1906) zu nennen. Im Versuch einer Synthese der Lehren Hegels, Schellings und Schopenhauers, versucht er das Unbewusste [unbewusste Energiequalitäten?] als letzten Grund des Weltgeschehens zu erklären, als einen einheitlichen, unbewussten Geist, von dem alles ausgehe. Dieses von ihm so postulierte Unbewusste macht es für ihn unmöglich, an eine individuelle Unsterblichkeit zu glauben. Die psychokinetischen (Fernbewegung von Objekten) Fähigkeiten mancher spiritistischer Medien, betrachtet er als Betrug und Täuschung, was sie ganz sicher nicht sind. Außersinnliche Wahrnehmung hält er jedoch als „Telefonanschluss im Absoluten" (dem Unbewussten) für möglich.

Hartmann versucht, alle Erscheinungsformen des Mediumismus konsequent psychologisch zu erklären. Subjektive wie auch physikalisch-objektive Phänomene, die medial Begabte vorzubringen behaupten, führt er auf psychologische Effekte zurück. So sollen sich zum Beispiel Halluzinationen des Mediums über das Hervorbringen einer Nervenkraft äußerlich verdichten, um darüber Materialisationsvorgänge (Schaffung von Materie aus Energie) zu erzeugen. Entscheidend für Hartmanns These sind die mediumistisch (Trancemedien) verursachten Geistererscheinungen, weil für sie allein die lebenden Menschen verantwortlich seien, eine Position, die auch sein schreibgewaltigster Gegner Alexander N. Aksakow (1832-1903) allgemein anerkennt, aber nicht für alle Arten der mediumistischen Phänomene. Es blieben selbst nach strenger Prüfung doch einige übrig, die dem Einfluss von Geistwesen zuzuschreiben seien.

Aksakow legte seine Entgegnungen zu Hartmann in dem zweibändigen Werk *Animismus und Spiritismus. Versuch einer kritischen Prüfung der mediumistischen Phänomene mit besonderer Berücksichtigung der Hypothesen der Halluzination und des Unbewussten* nieder und bezeichnet sein Werk „Als Entgegnung auf Dr. Ed. v. Hartmanns Werk *Der Spiritismus*".[10] Dieses richtet sich vom theoretischen Standpunkt ausgehend vornehmlich gegen die Halluzinations-Hypothese Dr. Hartmanns, wofür er unter anderen folgende Themenbereiche anführt, wobei die physikalischen Erscheinungsformen im ersten Band den weitesten Teil einnehmen:

---

10 Alexander N. Aksakow: Animismus und Spiritismus. 4. Auflage bei Oswald Mutze, Leipzig 1905 (2 Bände).

- Materialisations-Phänomene von sinnlich wahrnehmbaren Objekten
- Transzendentale Fotografie
- Materialisation und Dematerialisation von sinnlich wahrnehmbaren Objekten
- Durchdringung der Materie
- Apporte und Verschwinden von Gegenständen
- Verdoppelung von leblosen Gegenständen
- Materialisation und Dematerialisation menschlicher Gestalten
- Gleichzeitiges Sehen und Erzeugen dauerhafter physikalischer Wirkungen
- Abdrücke von materialisierten Gestalten (Gipsabgüsse, Wachsformen)

Mit den Forschungen des französischen Physiologen und Nobelpreisträger (Forschungsarbeit zur Anaphylaxie[11]) Charles Richet (1890-1935) begann eine bis heute andauernde Tradition wissenschaftlicher Forschung, welche die mystisch-magnetische (Mesmer) und die darauffolgende spiritistische (Geschwister Fox) ablöste. Richet gilt als Begründer der sogenannten „Metapsychologie" in Frankreich. Er forderte statistische Untersuchungen bezüglich des Phänomens der Außersinnlichen Wahrnehmung und psychokinetischer Phänomene. Im Sinne wissenschaftlicher Beweisführung folgten ihm der englische Physiker und Chemiker Sir William Crookes (1832-1919), der vor allen Dingen an den physikalischen Phänomenen des Mediumismus interessiert war, der Leipziger Astrophysiker und Spiritist Friderich Zöllner (1834-1882),[12] der sich von den spiritistischen Sitzungen den Beweis für die Existenz einer vierten Dimension erhoffte, und weitere bedeutende Naturwissenschaftler. Es war die Zeit einer breiten Experimentier- und Sondierungsperiode, in der zahlreiche Erfindungen und Entdeckun-

11 Akute allergische Reaktion gegen körperfremde Eiweißstoffe.
12 Nach ihm wurde ein Mondkrater benannt.

gen auch anderer Art gemacht wurden. Die Themenbereiche der Parapsychologie gewannen durch solche Persönlichkeiten an Plausibilität, sodass viele Naturwissenschaftler „okkulte“ Phänomene nicht von vornherein schlichtweg ablehnen konnten.

Welchen Forschungsbereichen oder Ergebnissen allerdings die Bezeichnung „wissenschaftlich“ zugeordnet werden durfte blieb unklar, okkult (verborgen), so dass gegen Ende des 19. Jahrhunderts der Begriff des „wissenschaftlichen Okkultismus“ auftauchte als Bezeichnung für den Versuch einer wissenschaftlichen Erforschung der verborgenen Aspekte des Seelenlebens. „Okkult“ gewesene Phänomene entwickelten sich eines nach dem anderen zu einer Wissenschaft. Ein wenig Ordnung gelangte in die Begriffsverwirrungen durch den wohl 1889 zuerst vorgeschlagenen Begriff „Parapsychologie“. Dabei handelt es sich um ein den Sozialwissenschaften zugeordnetes Teilgebiet der Psychologie. Diese Bezeichnung hat sich in den westlichen Ländern eingebürgert und den „wissenschaftlichen Okkultismus“ abgelöst. Parapsychologie umfasst die synonym benutzen Begriffe „Grenzwissenschaften“, „Metapsychik“ sowie „Psychische Forschung“ und „Paranormologie“, ein von Andreas Rech 1969 geprägter Begriff als neutrale Gesamtbezeichnung für die Wissenschaft von den paranormalen Phänomenen.

Parapsychologie und Paranormologie sind also Begriffe, die mit Para- (neben) etwas anzeigen, das über das Gewöhnliche hinausgeht oder neben ihm hergeht. Themen also, die Ereignisse beschreiben, die außerhalb des normalen Verlaufs des Seelenlebens auftreten, para-psychische oder para-physikalische Phänomene. Es handelt sich (nach Max Dessoir, 1889) um ein bisher noch unbenanntes Grenzgebiet zwischen dem Durchschnitt und den pathologischen Zuständen. Der Begriff beinhaltet allerdings Unklarheiten. Liegen die Phänomene wirklich zwischen der Norm und einem pathologischen Extrem? Liegen sie nicht vielleicht doch eher *neben* diesen Positionen? Können sie unabhängig vom Menschen betrachtet werden? Wie sind die Phänomene der christlichen Mystik hier eizuordnen, psychische Automatismen, Außersinnliche Wahrnehmung, Psychokinese? Ist die Parapsychologie zu einem Sammelsurium von Forschungsgegenständen geworden, die nach gewisser Aufhellung den klassischen Naturwissenschaften zugeordnet werden können? Trotz aller Bemühungen sich als *wissenschaftlich* zu etablieren, verbleibt die Aufgabe, die über Jahrtausende hinweg und in allen Kulturen anzutreffenden Berichte von „übernatürlichen" Geschehnissen auf ihren rationalen Kern hin zu untersuchen.

Die historische Entwicklung der Parapsychologie

Der Geist der Philosophie stammt aus der Ewigkeit!
Den Rahmen hat die Zeit gegeben.

Johann Baptist Kerning (Johann Baptist Krebs):
Der Schlüssel zur Geisterwelt

Das Auftreten paranormaler Phänomene in unserem Lebensraum wird seit den Anfängen der schriftlichen Aufzeichnungen beschrieben. Insbesondere die Kulthandlungen der Religionen basieren auf paranormalen Phänomenen, wie zum Beispiel die Berichte über Wunder und Wunderheilungen, Erweckungen vom Tode, Wasserschlagen aus dem Felsen, wundersame Verwandlung von Brot und Wein (Transsubstantiationslehre der katholischen Kirche) usw. In der Antike wandte man sich an Orakel, Seher und Magier, um Kenntnisse über zukünftige Ereignisse zu gewinnen. Demokrit, Platon und Cicero beschäftigten sich mit den paranormalen Phänomenen der Vorhersage (Divination).

Spukerscheinungen und andere paranormale Begebenheiten sind seit der Frühzeit der Menschheit überliefert, in den heiligen Büchern der ersten Kulturvölker (Indien, Ägypten, China) werden sie erwähnt, verwoben mit magisch-mystischen und religiösen Vorstellungen und legendär eingekleidet. Für unseren Kulturbereich finden sich im *Alten Testament* der *Bibel* Berichte über Wahrträume, Prophezeiungen und Geistererscheinungen (Engel, Dämonen, Verstorbene).

Die griechische Philosophie zeigt uns erste Ansätze zum Verständnis des paranormalen Geschehens. Es sind mystische Anschauungen. Götter greifen persönlich in das Naturgeschehen und die Belange der Menschheit ein, Zeus schleudert Blitze auf den Missetäter, Poseidon erregt Meeresstürme und Erdbeben. Thales von Milet führt Erdbeben auf Naturerscheinungen zurück, Xenophanes von Kolophon bekämpft den Götterglauben, Herakleitos von Ephesos begründet das wissenschaftliche Denken. Pythagoras von Samos wird von der späteren Überlieferung als Mystiker und Zauberer angesehen. In Anlehnung an die Anschauungen der Orphiker glaubt er an ein Weiterleben nach dem Tode und nimmt an, dass die Seele des Verstorbenen je nach ihrer Reinheit und ihren Verdiensten sich in einem Menschen oder Tiere wiederverkörpere. Herakleitos geht von einer Vereinigung der menschlichen Seele mit dem Göttlichen aus, und so könne der Mensch ein Wissen aus dem Beschluss der Weltvernunft kundtun, insbesondere, wenn die Seelen schliefen (Hellsehen, Wahrtraum). Dann erscheinen Bilder unbekannter Stätten und Menschengestalten, durch göttliche Kräfte werden würdige Menschen vor Unglück gewarnt. Demokrit erklärt Träume durch Bilder, die von lebenden Personen, Dämonen oder göttlichen Naturen ausgehen und in den Schlafenden eindringen. Sie vermitteln seelische Bewegungen, besondere Charaktereigenschaften, Gedanken und Leidenschaften derer, die sie ausgesandt haben (Theorie der Telepathie). Das zeitliche Vorhersehen (Präkognition) wird von ihm ausdrücklich erwähnt. Platon spricht von einem höheren Seelenzustand (Ekstase, göttlicher Wahnsinn), in dem fremdgeistige Einwirkungen auf die Menschenseele erfolgen. Er bezeichnet die durch Ekstase hervorgerufenen Botschaften als wertvollstes Gut, das uns durch göttliches Geschehen vermittelt wird.

Sokrates schildert, dass sich in seiner Seele etwas Göttliches bzw. Dämonisches vernehmen lasse. „Eine Stimme lässt sich vernehmen, die mich, wenn sie vernehmbar wird, stets vor dem warnt, was ich zu tun im Begriff bin. Treibt mich aber nie an.“[13] Da eine solche Botschaft gern auch als von einem Verstorbenen stammend angesehen wird, ist es von besonderer Bedeutung, das Verhältnis des Körpers zur Seele nach dem Tode eingehender zu betrachten. In Platons *Phaidon* äußert sich Sokrates sinngemäß:

> „Die Seelen, die schon im Leben dem Reinen, Ewigen, Göttlichen sich zuwenden, trennen sich beim Tode vom Körper und gehen in göttliche Sphären ein, während bei Menschen, die den körperlichen Begierden und Lüsten gefrönt haben, die Seele so mit dem Körper verwachsen ist, dass sie sich nicht ganz von ihm trennen kann und auch weiterhin an die Erde mit etwas Körperhaftem gebunden ist, für das man später das Wort *Äther-* oder *Astralleib* benutzt." – Und über das Schicksal der Bösen heißt es: „[...] da sie sich nicht von der

13 Rudolf Tischner: *Geschichte der Parapsychologie*, S. 6. Walter Pustet, Tittmoning 1960.

Erde trennen können, treiben sie sich, mit etwas Materiellem umgeben, an den Gräbern herum, wo man auch wirklich geisterhafte Erscheinungen erblicke. Dort irren sie umher, büßend für ihre schlechte Lebensführung, bis sie aus Begierde nach dem ihnen noch anhaftenden Leibartigen wieder in einen Körper eingeschlossen werden."[14]

Diese Aussage mag auch heute noch Gültigkeit besitzen. Sie akzeptiert Spuk- und Geistererscheinungen und deutet sie als Aktionen der den Körper überlebenden Seelen oder von Seelenbestandteilen, denen noch etwas Irdisches (Materielles) anhaftet. Dieses Wieder-Einschließen in einen Körper braucht keine Re-Inkarnation zu bedeuten; Wiederverkörperung kann auch aussagen, dass die Seele oder gewisse Bestandteile (Seelenfragmente) einen andern Körper besetzen und ihn für die Produktion von Spukphänomenen oder der Wahrnehmung von Erscheinungen benutzen, was auch die Übertragung mentaler Programme vom Geistwesen auf den Lebenden beinhaltet.

Ein Geistwesen befindet sich in einer Mittlerrolle zwischen der astralen und der stofflichen Welt, hat damit Zugang zu einem universellen Informationspool und vermag daraus hellsichtig zu agieren und auch Zukünftiges zu erkennen und den Lebenden mitzuteilen in einer Weise, die eine Fremdbeeinflussung nicht erkennbar macht. Denn es gibt keinen Punkt, an dem das Eigenbewusstsein aufhört und das des Geistwesens beginnt. Ob wir, moderner Deutung folgend, von einem Unbewussten sprechen, oder ob wir die Worte „Besetzung" oder „Umsessenheit" benutzen, das „jenseitige Agens" verhält sich so, als ob es über ein umfassenderes Erkennen verfügt, es agiert in gewissen Grenzen wie ein eigenständiges Bewusstsein. Nicht nur die Phänomene der Erscheinungen, der Spukvorgänge, die Vorhersagen werden davon beeinflusst, sondern auch die Phänomene der Inspiration, des Genies, der Mystik werden darüber erklärbar und legen eine entsprechende Deutung

14 Zitiert nach Rudolf Tischner: *Geschichte der Parapsychologie*, S. 9 f.

nahe. Das Bewusstsein hat in der Folge damit zu kämpfen, die einzelnen Informationen zu deuten und in die richtige Reihenfolge zu bringen, die im Unbewussten bzw. im Jenseits in einer Art von Allgegenwart zu existieren scheinen.

Im Sinne der von mir hier angesprochenen Besetzungstheorie (Übernahme eines fremden geistigen Programms oder einer Bewusstseinsform) können auch die Äußerungen Platons gedeutet werden, der eine Erfüllung von Flüchen, insbesondere des Vaters gegen treulose Kinder, annimmt. In der Tat gehen zahlreiche Fälle von abnormen sensorischen Phänomenen und Krankheiten auf Verfluchungen in der Kindheit zurück. Platon sieht ihre Erfüllung allerdings als das Wirken einer rächenden Gottheit an. Nach Platon hat auch jeder lebende Mensch seinen „Dämon" im Sinne eines ihn leitenden Geistes, einem Teufel, einer Gottheit oder einem Beauftragten der Götter im Sinne von guten oder bösen Geistern, eine Aussage, welche unserer Besetzungstheorie durchaus entspricht.

Ursprünglich bezeichnete der Begriff des „Dämons" eine übermenschliche Macht im Sinne einer Gottheit, welche die Geschicke der Menschen lenkt. Der davon abgeleitete Begriff „Dämonion" (Genius, innere Stimme) bezeichnet bei den Griechen (nach Sokrates) die Wirkung einer Gottheit und bedeutet eine den Menschen innewohnende göttliche Stimme. Nach Hesoid sind die Dämonen (Daimon) Götter oder Menschenseelen, die sich zwischen Himmel und Erde (Astralsphäre) aufhalten und als Mittler zwischen Menschen und Göttern fungieren. In der römischen Kaiserzeit begann sich die Bedeutung dieses Begriffs zu wandeln, indem die Dämonen mit niederen oder bösartigen übernatürlichen Wesen gleichgesetzt wurden.

Der im heutigen Sinne verwendete Dämon-Begriff ist religionswissenschaftlichen Ursprungs, er erscheint 63 Mal im Neuen Testament und ist als Geist eines Toten (Verstorbenen, aber auch eines von Gott Abgefallenen Wesens) zu verstehen mit der Bedeutung eines negativen Geistes bzw. des Teufels und stellt damit einen Gegenpol zu der Gottheit und den Engeln dar.

Nach Aristoteles können die Menschen auf zweierlei Weise Kenntnis von der Existenz der Götter erhalten, durch den gestirnten Himmel und durch erhöhte Seelenzustände wie im Schlaf, beim Wahrsagen usw. Im Zustand verminderten Bewusstseins ziehe sich die Seele auf ihre eigenste Natur zurück und könne Zukünftiges vorhersehen. Dies bedeutet ein Einssein mit dem Universum und damit einen Zustand außerhalb von Raum und Zeit.

Plutarch war Oberpriester in Delphi und befasste sich deshalb hauptsächlich mit dem Wesen der Offenbarungen, die er als natürliche oder göttliche Einwirkungen auf die Seele auffasst, wobei als Vermittler Dämonen mitwirken. Diese aber nicht im Sinne unseres heutigen Sprachgebrauchs bezüglich böser Geister oder Teufel, sondern als Bezeichnung für geistige Wesenheiten schlechthin; auch Engel werden nach altem Sprachgebrauch als Dämonen bezeichnet. Damit nimmt auch Plutarch die Deutung schon vorweg, dass Geistwesen im Sinne von Bestzungen den Menschen berühren, gewisse Botschaften übertragen oder anderweitig aktiv werden. Psychologisch gesehen lag bei der Pythia ein somnambuler Besessenheitszustand vor. Der Gott, der aus der Seherin sprach, äußerte sich in der Ich-Form; die Seherin wusste von dem Gesagten nichts, wenn sie aus dem Trancezustand erwachte.

Der Dämon (Daimonion), von dem Sokrates sprach, wird vom Platoniker Maximus von Tyrus als Stimme des göttlichen Schutzgeistes gedeutet. Da die Seele von göttlichem Wesen sei, wäre die Weissagung ein Beweis göttlicher Fürsorge. Nach dem antiken Schriftsteller Apuleius stehe jedem Menschen von seiner Geburt an ein Schutzgeist zur Seite in der Form, wie später auch die christlichen Schutzengel beschrieben werden. Apuleius war davon überzeugt, dass die Seelen Verstorbener für die Hinterbliebenen Sorge tragen und sich in dem einst von ihnen bewohnten Hause aufhalten (Besetzung von Häusern). In diesem Fall spricht er von *Laren*. Mit *Larven* dagegen bezeichnet er die Geister unselig Verstorbener, die nirgends Ruhe finden und den Menschen schaden wollen, ein Hinweis auf Spukerscheinungen teils harmloser, teils schlimmer Art, wie es immer wieder beobachtet wurde.

An den griechischen Orakelstätten befasste sich die Erforschung der Phänomene naturgemäß mit dem veränderten Bewusstseinszustand, der Ekstase, dem dionysischen Rausch, in dem die Gottheit zur Seele des Menschen sprach. Nicht selten wird in diesem Zusammenhang berichtet, dass die Antwort einer Seherin schon erteilt wurde, bevor die Frage gestellt war. Dieses Phänomen kann erst heute aus wissenschaftlicher Sichtweise erklärt werden. Es geht hier um die im Universum wirksamen Gesetzlichkeiten, die außerhalb von Raum und Zeit liegen, wo Frage und Antwort keinen kausalen Gesetzen folgen, sondern einem gemeinsamen Punkt entspringen. Experimente mit subatomaren Teilchen zeigen, dass sich die Effekte von Signal und Antwort durchaus umkehren können und eine Reaktion bereits vor dem Auslösen eines Signals erfolgen kann, eine Umkehrung der Verhältnisse, die sich der Mensch zunutze machen kann. Bei radiästhetischen Untersuchungen empfinde ich selbst häufiger die Antwort schon bevor ich die Testung ausführe.

In diesem gedrängten Überblick der Ansichten, Deutungen und Vorstellungen über das Auftreten paranormaler Erscheinungsformen, finden wir bereits bedeutsame Aussagen bezüglich des Wesens dieser Vorgänge und Auslegungen, die sich in den nachfolgenden Jahrhunderten nicht wegweisend geändert haben.

- Die Verknüpfung der Ereignisse mit religiösen Vorstellungen.
- Das Eingreifen der Götter und Halbgötter in die Schicksale der Menschen und der Erde.
- Die Verknüpfung der Ereignisse mit Vorstellungen vom Leben nach dem Tode.
- Die Teilhabe körperloser Seelen am universellen Wissen.
- Die Seelen Verstorbener können sich noch für längere Zeit in der irdischen Sphäre aufhalten und lebende Menschen im positiven oder negativen Sinne beeinflussen.

- Ansätze zur wissenschaftlichen Erforschung über eine Trennung vom Geisterglauben mit den Ereignissen an sich.
- Traumbilder, Gesichte und Erscheinungen werden als Wirkungen sowohl fremdgeistiger Einflussnahmen als auch als Effekte innerer seelischer Regungen angesehen.
- „Höhere Seelenzustände" werden als Voraussetzung für die Wahrnehmung außersinnlicher Phänomene erkannt.
- Das Phänomen der „inneren Stimme" kann sowohl durch Einwirkung von Geistwesen erfolgen als auch als Äußerungen des eigenen „höheren Selbst", wie wir es heute bezeichnen würden.
- Eine mögliche Wiederverkörperung von Geistwesen wird nicht ausschließlich im Sinne einer Re-Inkarnation gesehen, sondern auch als Form einer Besetzung, indem Seelen oder Seelenfragmente in die Aura Lebender eindringen und deren seelischen Regungen steuern.
- Eine leichtere Form der Besessenheit oder besser gesagt Umsessenheit wird jedem Menschen zugesprochen, da der Körper über seine feinstoffliche Seele stets mit der geistigen Welt in Berührung steht. Hierzu gehört auch das Phänomen des Schutzgeistes.
- Verfluchungen werden als Form der Übertragung von negativen Energiepotentialen anerkannt und als wirksam angesehen.

Einer der ältesten Berichte über ein Spukereignis, das dem oben kurz angeführten Fall von Hydesville ähnlich ist, wurde uns in einem Brief Plinius des Jüngeren († vor 114) überliefert. Wie dort zu lesen ist, gab es in Athen ein Haus, in welchem ein Geist, der Ketten mit sich schleppte, umging:

> „Entschlossen, das Gespenst zur Ruhe zu bringen, mietete der Philosoph Athenodorus[15] das Haus. Bei Anbruch der Nacht ließ er sich da ein Bett aufschlagen, ein Licht, seine Pinsel und Gemälde brin-

15 Athenodorus Kananites von Tarsos, stoischer Philosoph.

gen und schickte dann seine Sklaven fort. Der erste Teil der Nacht verlief in völliger Stille, aber dann ließ sich das Klirren der Ketten hören. Ohne die Augen zu heben und den Pinsel wegzulegen, setzte er seine Studien nur mit vermehrtem Eifer fort. Der Lärm wurde stärker und kam näher, bis er zur Tür des Zimmers gekommen zu sein schien. Athenodorus blickte nun auf und sah das Gespenst, wie man es ihm beschrieben hatte. Es blieb vor ihm stehen und machte mit einem Finger Zeichen. Er bat es, etwas zu warten und wandte sich wieder zu seiner Beschäftigung; aber das Phantom schüttelte wieder seine Ketten und fuhr fort, ihm Zeichen zu geben. Athenodorus erhob sich jetzt und ergriff das Licht, um ihm zu folgen. Das Gespenst ging langsam, wie durch seine Ketten behindert, bis in den Hof des Hauses, wo es plötzlich verschwand. Der Philosoph bezeichnete die Stelle mit Gras und Blättern. Am folgenden Tage zeigte er der Obrigkeit den Vorfall an und riet, an dem Orte nachgraben zu lassen. Sein Rat wurde befolgt, und man fand da das Skelett eines in Ketten geschlossenen Mannes. Die Knochen wurden öffentlich verbrannt und der Geist ging seitdem im Hause nicht mehr um.“[16]

Man muss wohl ein Philosoph sein, um bei einem solchen Ereignis die Ruhe zu bewahren. Dieses Beispiel zeigt uns, dass mit Geistererscheinungen eine Botschaft überbracht werden soll über ein Ereignis, das Spuren hinterlassen hat, die es vom Wahrnehmenden zu deuten gilt. Es handelt sich hier um ein typisches Beispiel des ortsgebundenen Spuks, der denselben Charakter offenbart wie unzählige weitere der neueren Zeit.

***

Wenden wir uns dem frühen Christentum zu, so empfinden wir einen deutlichen Bruch zu den älteren Anschauungsformen. Während die bisherigen Betrachtungen über das Wesen der Erscheinungen von vernunftgeprägten rationalistischen Ansichten begleitet waren, ist die Stimmung im Christentum deutlich magisch gefärbt, da das jetzige religiöse Denken nicht mehr auf einer verstan-

16 Nach Otto Piper: *Der Spuk*, S. 67 f. Verlag J. P. Bachem, Köln 1917.

desmäßigen Grundlage aufbaut, sondern ausschließlich in den Händen von Theologen liegt. Die bisherige freie philosophische Führung wurde von ihnen durch eine feste Lehrmeinung ersetzt, ein geistiger Rückschritt, der erst im 18. Jahrhundert überwunden wurde. Teufelsglaube, Hexenglaube und Wundersucht herrschten über viele Jahrhunderte in der Christenheit. Androhung ewiger Höllenstrafen führte zu einer Fixierung des Glaubens an die Kirchenlehrer und ihre Auslegungen und schürte die daraus entstehende Sündenangst.

Teufels- und Dämonenpakte, Heilungen und Wundererscheinungen finden sich bereits im Alten sowie im Neuen Testament wie zum Beispiel die Heilung eines Besessenen, wobei die ausgetriebenen Teufel in die Säue fahren. Dann finden sich zahlreiche Ereignisse, die wir heute im Lichte der Parapsychologie sehen: Hellsehen, Telepathie, Apporte, Persönlichkeitsspaltung, Doppelgänger, Levitation, Materialisation, Geistererscheinungen usw. Dieses alles wird gläubig hingenommen, aber die Deutungen rational denkender Menschen abgewiesen.

Neben Gott und dem Teufel treten Zwischenwesen auf, Engel, gefallene Engel und Dämonen, die entweder für die Ordnung in der Welt sorgen oder für das Böse verantwortlich sind. Der Kirchenlehrer Augustinus sprach von einem Gottesstaat und einem Weltstaat, wobei letzterer von Menschen gekennzeichnet sei, die mit dem Bösen Umgang pflegen. Viele paranormalen Phänomene wurden konträr gedeutet, wie zum Beispiel die Levitation; fanden die Ereignisse im Leben der Heiligen statt, galten sie als ein Zeichen von Gottes Wirken und Beweis für ein Auserwähltsein, bei der übrigen Bevölkerung konnte nur Hexerei (Hexenflug) im Spiel sein. Während Aristoteles noch die Außersinnliche Erfahrung als eine natürliche Gabe bestimmter Menschen betrachtete und Phänomene auf die Einwirkungen von Göttern oder doch zumindest gutartigen Dämonen zurückführte, werden die Ereignisse im Christentum sehr rasch auf bösartige Dämonen, also auf Teufel bezogen. Eine unvoreingenommene Forschung konnte niemand mehr durchführen, ohne als Magier oder Hexer gebrandmarkt zu werden. Augustinus akzeptiert die Eigenschaft des Vorhersehens noch als natürlich gegeben, weist aber doch schon darauf hin, dass sich im ekstatischen Zustand auch böse jenseitige Mächte dem Geiste mitteilen und eine Unterscheidung zwischen guten und bösen Geistern schwer zu treffen sei. Bezüglich der Spukereignisse ist er nicht davon überzeugt, dass diese von Verstorbenen bewirkt werden, doch gebe es wohl Ausnahmen.

Auch im Mittelalter, aus dem uns wohl die meisten Berichte vorliegen, ist die Beschäftigung mit übernatürlichen Phänomenen vielfach in einen religiösen Kontext eingebettet. Die meisten übernatürlichen Ereignisse, seien es Wunder, Erscheinungen oder Offenbarungen, werden von der Kirche bekämpft und als Ergebnis eines Paktes mit dem Teufel oder Hexen angesehen. Davon sind auch die Ereignisse nicht ausgenommen, die sich in den christlichen Klöstern ereignen. Der Glaube an die Existenz nicht-menschlicher Wesen, die für das Böse in der Welt verantwortlich seien, ist allgemeines Glaubensgut, wurzelt allerdings nicht auf kirchlicher Deutung, sondern ist so alt, wie die Menschheit selbst.

Bei Avicenna (980-1037), dem persischen Arzt und Naturwissenschaftler, finden wir sehr realistische Aussagen zu den paranormalen Phänomenen. So verweist er beispielsweise auf eine sympathische Beziehung zwischen hellseherisch Geschautem oder telepathisch Wahrgenommenem, denn alles in der Welt habe seinen Ursprung in der Weisheit des Schöpfers. Er weist darauf hin, dass die Mitteilungen durch körperbezogene Systeme empfangen und beeinflusst werden und sich aus diesem Grunde auch Phantasievorstellungen mit hineinmischen können. Er vertritt auch die Ansicht, dass Gedanken durch Einbildungskraft auch entfernte materielle Gegenstände bewegen können und begründet dies damit, dass die menschliche Seele einem Teil der Weltseele entspreche und wie diese verändernd und bewegend wirken könne.

Scharf dagegen wendet sich Thomas von Aquino (1225-1274), der sich auch mit der Möglichkeit der Magie beschäftigt und eine Fernwirkung durch Einbildungskraft leugnet: Es gebe keine unvermittelte Wirkung auf Entfernung, und wenn Magier Dinge hervorbringen, welche die menschliche Geisteskraft übersteigen, so tun sie dies vermittels böser Geister. Geistererscheinungen werden von ihm bejaht; mit göttlicher Zulassung können sowohl Selige wie Unselige als auch Arme Seelen sich den Lebenden zeigen.

> Aufgrund persönlicher Untersuchungen an Bildern von Personen im Zusammenhang mit Spukphänomenen sowie in Verknüpfung mit Fernbewegungen oder Deformationen von Gegenständen (Uri-Geller-Phänomen) fand ich bei *allen* beteiligten Personen Besetzungen durch negativ testende Energieformen. Ob es sich dabei um fremdgeistige Entitäten handelt oder Spaltprodukte der eigenen Persönlichkeit, vermag ich nicht zu beurteilen. Einige Akteure bekunden ganz bewusst, dass sie die Phänomene mit Hilfe von Geistwesen vollbringen, verlassen diese sie, gehen auch die entsprechenden Fähigkeiten verloren.

Im Gegensatz zu den Kirchenlehrern und Theologen, tendieren die Philosophen auch im späteren Mittelalter zu eher rationalistischen Erklärungsformen. Wunderheilung und Besprechen durch Geisterhilfe werden geleugnet. Der italienische Arzt und Philosoph Pietro Pomponazzi (1462-1525) lehrt – wie auch Giordano Bruno (1548-1600) –, es gäbe keine Erscheinungen, mögen sie auch noch so wunderbar erscheinen, für die sich nicht natürliche Ursachen fänden. So wie Gott eine Idee in Steine, Tiere und Pflanzen gelegt habe, so sei auch der Mensch mit entsprechenden Kräften ausgestattet. Die Idee, die ein Mensch von einer Wirkung habe, reiche aus, um diese selbst hervorzubringen, wenn er mit festem Glauben, energetischer Imagination und starkem Verlangen die Wirkung zu erzielen versuche. Dies ist ein sehr modern erscheinender Gedanke, der nicht nur den Beobachtungen entspricht, die sich aus hellseherisch geschauten Zusammenhängen ableiten lassen, sondern auch den ideoplastisch geformten Gebilden des physikalischen Mediumismus entsprechen und dem Phänomen der Wunderheilung, indem Erscheinungsformen von materialisierten Gestalten aber auch zum Beispiel durch Geistheilung entferntes Körpergewebe den Vorstellungsbildern des Medium oder des Geistheilers entsprechen.

Im Allgemeinen entspricht die magianaturalis dieser Zeit einem merkwürdigen Gemisch aus Naturphilosophie, Theologie und Theosophie, das viele Arten von Phänomenen umfasst wie Alchemie, Astrologie, Teufelsglauben, okkulte Phänomene und naturwissenschaftliche Merkwürdigkeiten. Aus theologischer Sicht ist man sich jedoch einig: es gibt eine göttliche, eine natürliche und eine dämonische Magie. Zur göttlichen gehöre Vertrauen auf Gott, durch das der Mensch gleichsam umgebildet werde, die natürliche Magie stamme aus der Kenntnis der Gestirne und der geheimen Naturkräfte, die dämonische Magie beruhe auf der Wirkung böser Geister.

Agrippa von Nettesheim (1487-1535) bringt Auszüge aus allen in Betracht kommenden griechischen und lateinischen Schriften sowie arabischen Philosophen, Scholastikern und altchristlichen Kirchenschriftstellern. Er fasst zusammen und versteht es, den Stoff geschickt zu gliedern, übernimmt aber auch den ganzen astrologischen Aberglauben und vermehrt ihn durch eigene Zusätze. Er begründet die Phänomene aus der Sicht einer dreifach gegliederten Welt: Eine äußere (elementare), eine himmlisch-astrale und eine geistig-seelische, von denen die niederen Stufen stets die Kräfte der höheren aufnehmen, woraus sich eine allgemeine Sympathie ergäbe. Vermittler der Wirkungen sei der Weltgeist. Da der Geist des Menschen von einem ätherischen Körper umgeben sei, stehe er auch stets in Kontakt mit den Ebenen der höheren Hierarchien.

Ein wesentlicher Aspekt der Lehre Agrippas ist der Glaube an die Existenz eines Fluidums, das vom Magier ausgehe. Die Phänomene des Mediumismus und des Unterbewusstseins erklärt er allerdings nicht als Folge fluidaler menschlicher Kräfte sondern als Wirkungen mittlerer Geister oder Dämonen unteren Ranges. Wenn die Seele in der Ekstase vom göttlichen Licht durchdrungen sei, könne sie Blicke in die Zukunft werfen aber auch im Sterben, wenn die Verbindung zwischen Leib und Seele gelockert sei.

Paracelsus (1493-1541), als Okkultist und magisch arbeitender Mediziner gern zitiert, teilt im Wesentlichen die Ansichten Agrippas, nach dem Teufel Gewitter und Hagel, Schnee und Regen, die Hexen Pest mit Hilfe von Mondstrahlen bewirken und Elementargeister sich in verschiedene Prozesse einmischen. Die Magie sieht er zumindest als einen eigenständigen Kraftfaktor an, sie dürfe nicht mit der Nekromantie verwechselt werden. Er geht also nicht davon aus, dass die Geister Verstorbener bei magischen Prozessen mitwirken sondern legt die Kräfte in den siderischen Leib des Magiers, den Astralleib, versehen mit Kräften, die von den Sternen kommen. Ein Zusammenwirken personengebundener und außerpersönlicher Kräfte wird daraus deutlich. Bezüglich der Erscheinungen von Geistern geht er davon aus, dass der Astralleib (bei ihm stets *siderischer* Leib genannt) sich nach dem Tode vom Leibe löse, aber infolge noch vorhandener elementarer Kräfte einige Zeit an die Erde gebunden sei, wo er sich als Gespenst zeigen könne, eine Aussage, die durchaus unser heutigen Erfahrung entspricht.

Mit dem englischen Mathematiker und Mystiker John Dee (1527-1608) kam plötzlich ein eindeutig spiritistischer Aspekt in die Diskussion, der auf den Gesichten seines Mediums Edward Kelly beim Kristallsehen beruhte. Dabei erschienen verschiedene Persönlichkeiten, die wir heute als Phantasiegestalten ansehen würden oder als abgespaltene Personifikationen seiner eigenen Psyche. Nun konnte Kelly allerdings über diese Gesichte Vorhersagen über Personen und geschichtliche Ereignisse zum Ausdruck bringen. Dee fasste diese Mitteilungen als göttliche Offenbarungen auf, was ihn oft zu falschen Schritten veranlasste. In Sitzungen bei Kaiser Rudolf II. in Prag erschienen schließlich die Erzengel Michael, Gabriel und Uriel mit Botschaften, die nicht mehr als von göttlicher Quelle stammend gedeutet werden konnten.

Der flämische Edelmann und Arzt Joh. Baptist van Helmont (1577-1644) kam aufgrund eigener Erlebnisse, die mit psychischen Spaltungen zusammenhängen zu Ansichten, die auch in der heutigen Zeit keiner wesentlichen Revision bedürfen. Ekstatische Zustände infolge einer Persönlichkeitsspaltung führten ihn zu der Beobachtung, dass das Empfindungsvermögen in diesem Zustand schärfer sei als zuvor und dass es über die Sinneswahrnehmung hinaus zur Exteriorisation (Hinausversetzung) und damit zur Wahrnehmung fremder Welten befähigt sei. Er spricht von einem „Lebensgeist“ der dabei frei werde und einen Rang zwischen körperlichen und unkörperlichen Wesen (Astralkörper) einnehme und keinem räumlichen und zeitlichen Gesetz unterworfen sei. Dies sei kein Dämon und keine teuflische Macht, sondern eine natürliche Folge der menschlichen geistigen Tätigkeit.

Mit den Lehren des Augustinermönchs Martin Luther (1483-1546) erfolgte eine abrupte Kehrtwendung in den Ansichten über die okkulte Phänomene verursachenden Kräfte. Luther sah in Geistererscheinungen Äußerungen des Teufels, während die katholische Kirche die Erscheinungen vielfach als hilfesuchende Zeichen sogenannter „Armer Seelen“ deutete. Die Reformation schuf eine tiefe Kluft zwischen der alten Kirche und der neu geschaffenen. Die Reformatoren leugneten das Bestehen eines Zwischenreiches, das die alte Kirche als Läuterungsort der Seelen ansah; nach ihrer Ansicht existieren keine „Armen Seelen“, die bislang als Erklärung für die Erscheinungen herangezogen wurden. Man bezeichnete diese als Trug des Teufels, zu dem Luther ein geradezu abnormes Verhältnis hatte, weil er ihn überall am Werke sah, eine Anschauung, die von den lutherischen Gelehrten übernommen wurde. Man sprach für die nächsten zwei Jahrhunderte geradezu von einer „katholischen“ und einer „protestantischen“ Parapsychologie. Da der Begriff der „Armen Seelen“ weder in der Bibel noch in den Schriften bedeutender Kirchenlehrer zu finden war, wurden die Erscheinungen auch auf Einbildung, Halluzination und Täuschung zurückgeführt; lediglich Melanchthon akzeptiert Geistererscheinungen, da er den Berichten der Antike Glauben schenkt. Auch er selbst habe dergleichen gesehen und sich mit vertrauenswürdigen Personen darüber unterhalten, die selbst derartige Erscheinungen erlebt zu haben bezeugen. Auch der Züricher Theologe und Prediger Ludwig Lavater (1527-1586) leugnet die Tatsachen nicht. Er merkt auch an, dass Hunde spukhaftes Geschehen bemerken und sich davor fürchten. Zur Erklärung zieht er allerdings den Teufel heran.

Der Historiker Rudolf Tischner, aus dessen Werk *Geschichte der Parapsychologie* ich die hier angeführten historischen Informationen entnehme, sieht sich aufgrund solcher Entwicklungen vor die Frage gestellt, ob im Protestantismus die Strafen für die angenommenen Teufelsbündnisse nicht strenger waren, als in katholischen Landen und die lutherische Ansicht geradezu wie eine Suggestion gewirkt habe, so dass Teufelsbesessenheit und Hexenglaube sich in diesem Umfeld bösartiger entwickelte, als auf der Gegenseite, die von der Notwendigkeit der Erlösung dieser „Armen Seelen" sprach.

In Luthers von mir vermuteter Besetzung[17] liegt wohl auch der Grund, dass er nicht in der Lage war, andere Besessene zu Exorzieren. So berichtet ein Zeitzeuge, der bei einer dieser versuchten Exorzismen anwesend war, folgendes:

> Es wurde ein besessenes Mädchen aus Meißen nach Wittenberg zu Luther gebracht, damit er sie von ihren Dämonen befreie. Er zeigte sich sehr abgeneigt, ließ aber dann doch das Mädchen in den Chor der Pfarrkirche zu Wittenberg führen, und begann dort vor mehreren Doktoren und anderen gelehrten Leuten den Dämon nach seiner Weise zu beschwören – doch nicht so, wie es bei den Katholiken gebräuchlich ist. Der Dämon wollte keineswegs Folge leisten sondern trieb Luther so sehr in die Enge, dass dieser der Situation gern entkommen wäre. Doch es gelang nicht, denn der Dämon hat-

17 Hinweise dazu finden sich in der weiter unten zitierten Schrift von Paul Deusdedit. (https://www.amazon.de/Luther-Wie-lebte-leibte-starb/dp/3038060682). So sprachen die Teufel bezüglich wundersamer Ereignisse, die sich fernab an Luthers Todestag ereigneten: „Unser Oberster hat befohlen, dass alle Teufel sich zu dem Begräbnis unseres getreuen Mithelfers Martin Luther erheben und selbige mit ihrem Gesang und Gegenwart zieren sollten. Denn es gebühre sich allwegen, dass derjenige, welcher gar viele zur Hölle gebracht habe, gleichfalls von vielen Teufeln mit großem Pomp zur Hölle gebracht werde."

te die Türen des Chores so verschlossen, dass sie weder von innen noch von außen zu öffnen waren. Das brachte ihn in noch größere Verlegenheit. Er sah sich nach den Fenstern um und hoffte durch sie davon zu kommen. Doch die Fenster waren vergittert. So sah er sich genötigt, mit allen Anwesenden so lange eingeschlossen zu bleiben, bis durch das Gitter eine Axt gereicht wurde, mit der die Türe geöffnet werden konnte. Indessen war es wunderbar anzusehen, wie Luther von Angst ergriffen auf und nieder lief, und gleich einem Schaf in Geburtswehen sich bald da-, bald dorthin wandelte.[18]

Luther war (wohl aufgrund seiner eigenen Unfähigkeit – oder mangelnder Glaubensfestigkeit?) offenbar auch nicht bereit, anderen Geistlichen das Austreiben des Bösen zu empfehlen, wie es die Sage Nr. 466, die sich auf seine Tischreden beruft, treffend ausdrückt: *Wie Dr. Luther einen Teufel austreiben lehrt:*

„Man liest in den Tischreden Dr. M. Luthers, dass eines Tages zu ihm ein Dorfpfarrer, Namens von Spitz, hart bei Torgau wohnend, gekommen ist. Der klagte ihm, dass der Teufel des Nachts ein Poltern, Stürmen, Schlagen und Werfen in seinem Hause mache, dass er ihm alle seine Töpfe und irdene Gefäße zerbreche und er keinen Frieden vor ihm habe, denn er werfe ihm die Töpfe und Schüsseln an den Kopf hin, dass sie in Stücke sprängen, plage ihn und lache seiner noch dazu, dass er oftmals des Teufels Lachen höre, aber er sehe nichts. Dies Wesen und Spiel habe aber der Teufel ein ganzes Jahr getrieben, also dass sein Weib und Kinder nicht mehr im Hause bleiben wollten, sondern flugs herausziehen möchten. Da sprach der Doktor Luther: ‚Lieber Bruder, sei stark im Herrn, weiche diesem Mörder, dem Teufel, nicht, leide und dulde sein äußerlich Spiel und Lärmen, auch den geringen zeitlichen Schaden, dass er Dir die Töpfe und hölzernen Schüsseln zerbricht, denn er kann Dir doch an Leib und Seele nichts thun, das hast Du bisher in der That also erfahren, denn der Engel des Herrn hat sich um Dich gelagert, der schützt und behütet Dich. Darum laß den Teufel immerhin mit den Töpflein spielen, Du aber bete zu Gott mit Deinem Weib und Kin-

18 Johann Joseph Görres: *Die christliche Mystik* Bd. IV S. 323 f.

derlein und sprich: Trolle Dich, Satan, ich bin Herr im Hause und Du nicht. Durch göttliche Macht und Befehl bin ich in diesem Hause Herr und ich habe einen himmlischen Beruf, dass ich Pfarrherr dieser Kirche bin. Deshalb habe ich Zeugnis vom Himmel und auf Erden und darauf poche ich. Aber Du, Teufel, schleichst Dich in dies Haus als ein Dieb und Mörder und bist ein Bösewicht und Mörder. Warum bleibst Du nicht im Himmel? Wer hat Dich in dies Haus geladen? Also singe ihm seine Litanei und lasse ihn seine Zeit spielen!‘ Also hat der Pfarrer auch getan.“[19]

Der seinerzeit bedeutende Kapuziner-Schriftsteller Martinus von Cochem (1634-1712) verfasste in seinem 1690 erschienenen Historienbuch eine ausführliche Beschreibung vom Tode Luthers aus Quellen, die er „bewährten Schriften“ entnahm. So fand man Luther am Morgen nach dem vorausgegangenen üblichen Trinkgelage entseelt an der Bettstatt hängend.

„Gleich nach dem Tod stank sein Leib so übel, dass niemand dabeibleiben konnte, wiewohl es zu kalter Zeit, mitten im Hornung [Februar] war. Deswegen wurde er sobald wie möglich in einen bleiernen Sarg gelegt und in die St.-Andreas-Kirche getragen [...] Zu solchem Ende war er mit großem Pomp und Pracht auf einen Wagen, mit schwarzen Tüchern bedeckt, gestellt und mit viel Volk nach Wittenberg begleitet. Seine betrübte Nonne (seine Frau war eine ehemalige Nonne, Ordensfrau) samt ihren drei (von sieben, d. Hrsg.) Kindern folgten in einer Sänfte nach [...] Der Gestank des Toten war so groß, dass niemand nahe hinzu durfte gehen. Es war ein Zeichen, wie grausam seine Seele für Gott und alle Engel stinken müsse. Es flogen viele Raben einer ungewöhnlichen Größe den ganzen Weg über dem Leib her [ein Anzeichen, das bei vielen Zauberern und dämonisch Besessenen zur damaligen Zeit immer wieder beobachtet wurde], welche ein schändliches Geschrei anstatt einer lieblichen Musik führten. Als man nahe Wittenberg kam, wurde ihm ein köstlicher

19 Johann Georg Theodor Grässe: Sagenbuch des Preußischen Staates Bd. 1 Sachsen und Thüringen. Sage Nr. 466.

> Wagen entgegen geschickt. Der Gestank seines Leibes aber war dermaßen groß, dass man ihn von dem vorigen Wagen nicht durfte, noch konnte bewegen. Alle Maler und Bildhauer wurden geschwind erfordert, allerhand Bildnisse des Luthers zu machen, welche nicht allein in die Kirchen, sondern auch in die Zimmer und Wirtshäuser mit dieser Unterschrift gesetzt wurden: Divus et Sanctus Doctor Martinus Luther, Propheta Germaniae (= Der göttliche und heilige Doktor Martin Luther, ein Prophet Deutschlands.“[20]

Pater Cochem fragt sich, wie Luther wohl diesen herrlichen Titel verdient habe und wie die Herren Lutheraner ihm denselben mit gutem Gewissen haben geben können.

Gestank im Zusammenhang mit dem Auftreten des Bösen ist seit allen Zeiten nahezu sprichwörtlich und ein deutliches Zeichen, dass dämonische Mächte im Spiel sind. Insbesondere aber haftet er bestimmten Verstorbenen an, die zu Lebzeiten besessen waren. Im Zusammenhang mit Exorzismen wurde häufig angemerkt, dass der Dämon den Körper unter Gestank verlässt oder dass Erbrochenes und andere Ausscheidungen einen pestilenzartigen Gestank verströmen, der ungewöhnlich lange haften bleibt. Personen, die ein übernatürliches Geruchsvermögen aufweisen, bemerken ihn bereits an den Lebenden. Von vielen Heiligen wird berichtet, dass sie bereits sündhafte Charaktere an ihrem Geruch erkennen. Auch der legendäre Geruch der Heiligkeit gehört in diesen Zusammenhang, allerdings hier von einer gegenteiligen Kraftwirkung ausgehend. Der nachstehende Fall ereignete sich in der zweiten Hälfte des 16. Jahrhunderts, also bald nach Luthers Tod.

> Ein 16-jähriges Mädchen, Katharina, war voller Ausgelassenheit und schlechter Sitten. Sie ging regelmäßig zur Beichte, verschwieg aber ihre diesbezüglichen Vergehen, um nicht in den Ruf der Liederlichkeit zu geraten. So oft sie im Krankheitsfall den Priester zur Beich-

20 Paulus Deusdedit: Luther: Wie er lebte, leibte und starb. Gotthard-Media. https://gloria.tv/post/sDx2Gn6toSg42MMTrsQCAsSnF

te gerufen, sah sie zu ihrer Linken einen Mohren, der ihr zuredete, nicht zu beichten, solche Vergehen würden nichts bedeuten. Zur Rechten sei bei ihr Maria Magdalena gestanden, die ihr zuriet, alles anzugeben. Der Beichtvater, dem die Herrin des Mädchens (sie hatte ihr während der Krankheit alles ohne Bedenken erzählt) alles entdeckte, versuchte sie zur Aufrichtigkeit zu bewegen, worauf diese immer widerspenstiger wurde, so dass sie nicht einmal den Namen Jesu aussprechen wollte. Sie fühlte sich jedoch bedrängt, wegen ihrer geschändeten Beichte. Sie erstarrte am ganzen Leibe, so dass man sie für tot hielt und zu ihrem Begräbnis Anstalten machte. Sie kam aber wieder zu sich und hielt es wie zuvor. Als man die Sterbekerze anzündete und ihr zusprach den Namen Jesu anzurufen, antwortete sie: Wer ist dieser Jesus, ich kenne ihn nicht. Zugleich zog sie sich in den hinteren Teil des Bettes zurück, wo man sie dann sitzend mit jemandem Unbekannten reden hörte. Eine andere Magd, die ebenfalls krank in derselben Stube lag, bat die Herrin, sie in ein anderes Zimmer bringen zu lassen, weil sie schwarze Gestalten im Zimmer sehe, die sie gar sehr in Schrecken versetzten. In der Nacht, als Katharina starb, wurde das ganze Haus mit einem so stinkenden und fauligen Geruch erfüllt, dass man die Leiche an einem offenen Ort aussetzen musste. Dann begannen die Spukphänomene: Der Bruder der Hausfrau wurde von unbekannter Kraft am Arm aus der Stube gezogen; eine Magd wurde darauf wie mit Kalk an der Schulter geworfen, so dass sie mehrere Tage Zeichen der Verletzung behielt. Ein sonst völlig ruhiges Ross wütete, mit den Hufen an die Wände schlagend, die ganze Nacht im Stalle; dasselbe taten die Hunde unter beständigem Bellen und Umherlaufen. Nach der Beisetzung spukte es in Katharinas Zimmer. Eine der Mägde sah hier einen Krug auf sich zu fliegen, der auf dem Regalbrett gestanden. Stadt und Umgebung wurden Zeugen, wie mit Lärm und Getöse Ziegel und Dachschiefer bis zu 2000 Schritte im Umkreis geworfen wurden, obgleich sich nichts dergleichen im oder am Hause oder in der Umgebung befand. Einer Magd wurden die Beine fortgerissen, ohne dass jemand zugegen war. Als später eine andere Magd in die Kleiderkammer ging, sah sie dort Katharinas Geist nach einem Gefäß greifen, worauf sie flüchtete und von dem Gefäß verfolgt wurde, das mit solcher Gewalt an die Wand geworfen wurde, dass es in tausend Stücke zerbarst. Als man zum

> Schutz ein Kreuzesbild im Zimmer aufhängen wollte, wurde es in Gegenwart Aller von der Wand gerissen und in Stücke hingeworfen. Auch die Herrin ward vom Spuk betroffen. Ein Ziegel wurde an das Esstischen geworfen, dass es umschlug, das Töchterchen gab an, von Katharina gewürgt zu werden. Die Herrschaften verließen das Haus und zogen zu Verwandten, die Mägde zur Aufsicht im Hause zurücklassend. Als eine von ihnen einmal in die Speisekammer ging, hörte sie sich dreimal von Katharina rufen. Die anderen Mägde redeten ihr gut zu, rieten ihr, mit brennender Kerze zurückzukehren und Gott anzurufen. Zwei ließen sich bereden, sie zu begleiten. Sie hörten Katharina sagen, sie solle die anderen entfernen. So blieb sie allein zurück. „Die Gestalt gab unter unglaublichem Gestank aus allen Gelenken Flammen von sich, Haupt und Füße brannten, sie war zu einer allegorischen Strafe ihrer Lüste mit einem 8-10 Finger breiten brennenden Gürtel gegürtet, der bis zum Boden hinunter ging." Die Magd erbleichte und zitterte, als der Geist sie aufforderte, näher heranzutreten, sprechend: Wisse, dass ich verdammt bin und große Peinen ausstehen muss, weil ich, als der Priester mir die Beichte abnahm, ihm nur die leichtesten Fehler bekannte [...] meine Lüste und häufigen Hurereien aber verschwieg. – Mit dem Glockenläuten verschwand die Gestalt.[21]

Ohne auf die Erörterungen der Besessenheitszustände und des Spuk vorgreifen zu wollen, erkennen wir in diesem zugegebenermaßen phantastisch anmutenden Fall typische Elemente von Erscheinungsformen, die den leiblichen Tod überlebende Seelenwesen mit Besetzung und Spuk verknüpfen. Wir erkennen auch in diesem Fall, dass von Seiten des Erscheinenden ein Grund vorliegt, sich bei den Zurückgelassenen zu melden, in diesem Falle um zu warnen, damit jenen das gleiche Los nach dem Tode erspart werde. Feste Glaubensvorstellungen auf beiden Seiten (der Verstorbenen und der Lebenden) tragen dazu bei, die Szenerie in einer Form auszuschmücken, die den Vorstellungsbildern der herrschenden Zeitepoche entspricht. Man akzeptiert den Spuk und das Erscheinen leidender

21 Johann Joseph Görres: *Die christliche Mystik* Bd. III S. 410 ff.

Seelen, weil auf Erfahrung beruhend und zumindest teilweise im Einklang mit der Kirchenlehre stehend.

Dass pestilenzartiger Gestank als Folge der inneren Auflösung bei Hexen, Zauberern und Besessenen ein durchaus bekanntes Phänomen darstellt, wird uns bei Jos. Görres mit folgenden Worten geschildert:

> „Eine andere Folge der inneren Auflösung ist der Geruch, den die in diese [der Hexerei] Mysterien Eingeweihten, aus ihrem Munde und ganzem Körper, von sich geben, der sich von da den Kleidern mitteilt, und einen pestilenzartigen Gestank auf alle, die ihnen nahe kommen, überträgt, und die Häuser, Luft und die benachbarten Orte so erfüllt, dass er auf lange hin anhält. In diesen Worten hat Brognoli den Zustand der Dämonischen geschildert; und die Aussage aller Exorzisten stimmt mit diesem Resultate überein. Nicht nur der ganze Körper ist mit diesem Gestanke infiziert; jede einzelne Aussonderung aus den Schleimhäuten, den Nieren usw. ist durch die gleiche Infektion bezeichnet. Dem Geruche der Heiligkeit auf der guten Seite steht sohin in voller Wahrheit der Gestank der Unheiligkeit gegenüber, der so entschieden sich zu erkennen gibt, dass die Älteren darum die Hexen Foetetes, die Gascogner aber sie Fetillères genannt."[22]

Im späten 18. Jahrhundert setzte sich das Gedankengut der Aufklärung durch, und der Glaube an Geistererscheinungen und Hexerei wurde zum Aberglauben, was dem spontanen Auftreten der übernatürlichen Phänomene allerdings keinen Abbruch tat. Indessen bildete sich eine andere Sichtweise der Phänomene heraus. Sie wurden aus dem Kontext des abergläubischen Überbaus und der religiösen Deutungen herausgelöst und einer Sichtweise unterzogen, die letztendlich zu einer wissenschaftlich orientierten Betrachtungsweise führte und Untersuchungsmöglichkeiten Raum gab. Aus

22 Johann Joseph Görres: *Die christliche Mystik* Bd. IV S. 226 f (Die Hexenphysiognomie und der Hexengestank.) Vergleichbare Aussagen zum Hexengestank finden sich auch bei Bodin: *Vom aussgelasnen wütigen Teuffelsheer*, S. 163.

dieser Zeit ist uns ein Spukfall überliefert, der einerseits Anknüpfungspunkte zu dem Erlebnis des Plinius gibt und andererseits die später anzuführenden Ereignisse von Hydesville sozusagen schon vorwegnimmt. Dieser Spuk scheint zu den wenigen älteren Fällen zu gehören, in denen mittels Klopfalphabet versucht wird, mit der dahinter stehenden Intelligenz Kontakt aufzunehmen. Obgleich die Kommunikation hier wenig zur Aufklärung des Falles beiträgt, so trägt dieses Beispiel doch gewisse kuriose Züge. Es handelt sich um den Klopfgeist zu Dibbesdorf in Niedersachsen.

Dibbesdorf ist heute ein Ortsteil von Braunschweig, der erstmals 1226 als „Thitbechtestorp" erwähnt wird. Die kleine Gemeinde wurde 1260 von den Grafen von Werningerode vom Kloster Riddagshausen (in Braunschewig) erworben. Im Jahre 1325 entstand dort ein Wirtschaftshof (Grangie) des Klosters. Unser Fall spielt noch vor dem großen Großbrand von 1865, bei dem nahezu alle Gebäude des Ortes zerstört wurden und weist eine gewisse humoristische Seite auf:

> Am 2. Dezember des Jahres 1761 lässt sich im Hause des Kothsassen[23] Anton Kettelhut in Dibbesdorf abends gegen sechs Uhr in der Wohnstube ein Klopfen hören, das aus der Tiefe zu kommen scheint. Der Hausvater glaubt, es sei sein Knecht, findet ihn aber nicht. Das Klopfen wiederholt sich, man glaubt es rühre von einer Ratte her. Am anderen Tag werden Wände, Decken und Fußböden aufgerissen, aber man findet nicht das kleinste Mausloch. Am Abend wiederholt sich das Klopfen. Das Haus ist nicht mehr geheuer, die Mägde wollen in der Stube nicht mehr arbeiten. Nach einer Pause wandert das Klopfen zum nahegelegenen Hause des Bruders Ludwig Kettelhut, um dort sein Wesen noch stärker zu treiben. Dort rumort das „Kloppedings" besonders zur Abendstunde in einer Nebenecke.

23 Kothsasse (Kötter) = Besitzer eines Kottens (Kate), einem kleinen Haus mit etwas Gartenland. Der Kothsasse verdingte sich auf größeren Höfen als Tagelöhner oder übte selbst eine handwerkliche Tätigkeit aus.

Die Sache wird bedenklich, man macht Anzeige bei Gericht, dessen Beamte erst nach mehrfacher Aufforderung am 6. Januar 1768 in Dibbesdorf erscheinen. Alles Einreißen von Wänden und Decken ist ergebnislos. Ein Mann aus Waggum (anderer Stadtteil von Braunschweig) fasst sich ein Herz und fragt: „Klopfgeist, bist du noch da?" Und das Dings hämmert. „Wie heiße ich denn?" Der Geist klopft zu, als unter mehreren Namen der rechte genannt wird. Jetzt beginnen auch die übrigen Bauern zu fragen und erhalten durch Klopfen stets die richtige Antwort. Hunderte von Braunschweigern pilgern allabendlich nach Dibbesdorf, um mit dem Dings Zwiesprache zu halten. Eine Abteilung Landsoldaten ist zu schwach, die Menge abzuhalten. Die Bauern stellen Nachtwachen auf, und die Hörlustigen werden einzeln hintereinander durch ein Spalier eingelassen, so groß ist der Andrang. Dieser Beifall scheint den Geist zu größeren Dingen aufgemuntert zu haben, er steigert sich zu staunenswerter Vollkommenheit. Alle Fragen werden sofort beantwortet, der Geist lässt sich nicht irreleiten. Das Dings ist munteren Temperaments und klopft auf Verlangen auch im Dreschflegel- und Scheunentakte und ist so entsetzlich laut, dass den Leuten Hören und Sehen vergeht. Ein glaubensstarker Küster erscheint im vollen Ornat eines Teufelsbanners, um den bösen Geist aus seinem Winkel vertreiben zu wollen. Die Beschwörung ist vergeblich, der Geist fürchtet sich vor nichts und gibt dem regierenden Herzog Carl und dessen Bruder Ferdinand, (Braunschweig-Wolfenbüttel) ebenso resolute und richtige Antworten, wie allen übrigen Menschenkindern.

Die Ereignisse verkehren sich ins Tragische. Der Herzog beauftragt einen Arzt und einen Rechtsgelehrten. Die gelahrten Herren erklären das Klopfen aus der Wirkung unterirdischer Quellen. Sie lassen 8 Fuß [ca. 2,5 m] tief bohren und finden natürlich Wasser, denn Dibbesdorf liegt hart an den Schunterwiesen [Überschwemmungsgebiet der Schunter]. Die Stube füllt sich mit heraufquellendem Wasser, aber der Geist klopft weiter in demselben Winkel.

Die Herren vermuten Betrug. Die Angestellten werden vernommen und beaufsichtigt. Aber der Klopfgeist beantwortet weiterhin alle Fragen. Die löbliche Justiz will ein Opfer haben. Durch Drohungen und Versprechungen wird eine Kindsmagd dazu gebracht auszusagen, sie glaube, die Eheleute Kettelhut würden das Klopfen bewirken. Beide werden sogleich in das Gefängnis geworfen. Die Magd schwört unter Tränen, man habe sie von Seiten der Gerichtsherren verleitet, eine Lüge zu sagen und widerruft feierlich. Doch man behält Mann und Frau im Zuchthause, obwohl der Geist auch dann noch ununterbrochen fortklopft. Erst nach drei Monaten werden die Gefangenen ohne Entschädigung entlassen. Man hatte nichts entdeckt, was Licht in dieser Sache gebe.[24]

Das Beispiel des Klopfgeistes zu Dibbesdorf zeigt uns recht deutlich die Grundhaltung vieler „aufgeklärter" Menschen zu paranormalen Phänomenen. Vom Teufelsglauben abgefallen und damit jegliche fremdgeistige Einwirkung auf die Ereignisse unseres Lebens leugnend, erfolgt die Flucht in einen Rationalismus, der für alles „natürliche" Ursachen sucht und nicht akzeptiert, was nicht sein darf. Die Auffassung von Lüge und Betrug hat Vorrang vor jeglichem übernatürlichen Deutungsversuch. Beweisbare Tatsachen werden ignoriert oder totgeschwiegen. Wird auch nur ansatzweise ein Betrugsversuch für möglich gehalten, werden Experimente ignoriert, Beobachtungen als Täuschungen abqualifiziert, Aussagen als Lügen dargestellt, die Vernunft zum Schweigen gebracht. Wer kennt schon die älteren Berichte, die Aussagen von Personen, die sich ihr Leben lang mit diesen Phänomenen beschäftigt haben? Wer ist bereit, Spezialisten hinzuzuziehen und sich damit selbst der Unwissenheit zu bezichtigen? Bei technischen oder wissenschaftlichen Problemen werden die Meinungen Studierter ungefragt akzeptiert, im Fall paranormaler Phänomene glaubt jeder Laie mehr zu wissen, solange es andere Menschen betrifft und nicht ihn selbst.

Schon bis zur Mitte des 19. Jahrhunderts ist auf unserem Gebiet ein umfangreiches Wissen angesammelt, ein reichhaltiger Erfahrungsschatz erworben, und es führten tiefgründige Überlegungen zu Erklärungen, die auch heute noch kaum einer Revision bedür-

---

24 Quelle: *Magikon 5* (1853) S. 288-292.

fen. An der Objektivität von Spukerscheinungen wurde nicht gezweifelt, man akzeptierte die Ansicht der Einwirkungsmöglichkeit Verstorbener, anerkannte ihr Verweilen in unserem energetischen Umfeld aufgrund von Erfahrung und Beobachtung. Niemand zweifelte an der Möglichkeit des Vorauswissens, der Vereinigung der menschlichen Seele mit dem Göttlichen oder anderen astralen Kräften. Es gehöre zum feststehenden Geistesgut des Menschen zu glauben, dass fremdgeistige Einwirkungen im Sinne von Dämonen, göttliche Naturen oder Seelen Abgeschiedener die Menschen beeinflussen können. Demnach wurden Spuk- und Geistererscheinungen allgemein als Wirkungen überlebender Seelenbestandteile gedeutet, die einen anderen Körper besetzen und über diesen wirken können.

Parapsychologische Forschungen der Neuzeit

Es hat die Eingliederung der Parapsychologie in die „offizielle Wissenschaft" beträchtliche Fortschritte gemacht.

Hans Bender, 1947

In der zweiten Hälfte des 19. Jahrhunderts fiel eine große Anzahl der diesbezüglichen Phänomene unter die Begriffe des Magnetismus oder Mesmerismus im Sinne von Kräften, die irgendwie mit der menschlichen Persönlichkeit zusammenhängen. Hier finden wir die ersten Hinweise auf Berührungspunkte zwischen übernatürlichen Phänomenen und „Feldern" oder „Fluiden" also feinstofflichen Energieformen, die vom Menschen selbst ausgehen, das ganze Universum durchdringen und für eine Kommunikation mit dem Supranormalen zur Verfügung stehen. Die Beschäftigung mit dem Mesmerismus bildet allerdings einen Gegenpol zu dem in dieser Zeit schon weitverbreiteten Geist der Aufklärung und des Rationalismus.

Es ist die Zeit des beginnenden Spiritismus, der Ereignisse von Hydesville und den durch die Geschwister Fox begründeten spiritistischen Zirkel. Aber auch in Deutschland manifestieren sich Begebenheiten, die den amerikanischen Verhältnissen ähnlich sind. Es ist eine Zeit, in der Persönlichkeiten wie der Arzt Justinus Kerner (1786-1862), der Pfarrer Johann Christoph Blumhardt (1805-1880), der Schriftsteller Theodor Storm (1817-1888), der Pfarrer Eduard Mörike (1804-1875), der Religionsphilosoph Georg Friedrich Daumer (1800-1875), der Philosoph und Naturforscher Gotthilf Heinrich Schubert (1780-1860) und viele andere bekannte Persönlichkeiten sich intensiv mit Themenbereichen der Parapsychologie und ihren wissenschaftlichen sowie weltanschaulichen Folgerungen befassen.

Die Geistlichkeit unter den genannten Personen zeigte an den Phänomenen sozusagen berufliches Interesse, indem ihr Glaube an ein Jenseits die Arbeit mit geistigen Entitäten erleichterte und fast als etwas ganz Normales erscheinen ließ. Die Aufgabe, den vom Spuk betroffenen Personen praktische Lebenshilfe zu leisten, führte gleichzeitig zu einer intensiven Forschungstätigkeit im Umgang mit der geistigen Welt und den von ihr oder durch sie verursachten Phänomenen.

J. Kerners Forschungstätigkeit lag im Somnambulismus sowie im sogenannten „animalischen Magnetismus" (*Die Geschichte zweyer Somnambulen*, 1824), wie sie sich aus der Schilderung der Krankengeschichte der Friederike Hauffe (*Die Seherin von Prevorst*, 1829) mit ihren paranormalen Träumen und Visionen sowie der von ihr hervorgerufenen psychokinetischen Phänomene darstellt. Friederike Hauffe konnte von Kerner nicht geheilt werden; ob ihr Krankheitsbild der Besessenheit zugeordnet werden kann, ist nicht geklärt, offensichtliche Anhaltpunkte dafür gibt es nicht. Dafür spricht allerdings die Schilderung ihres Todes, über den Kerner aussagt: „Der Geist ihres Vaters schien besonders zur Zeit ihres Todes [also auch sonst] bei ihr aus- und einzugehen, und wurde da auch von der Mutter und Schwester erblickt [Hinweis auf Objektivität], und war dies das erste Mal, dass der Mutter bei den vielen Geisterbesuchen ein Geist sichtbar wurde."[25] Es gibt aber noch einen weiteren Hinweis auf eine gewisse Fremdbestimmung der Seherin, der sich zum Zeitpunkt ihres Todes zeigte. Nachdem ihr Geist und kurz darauf ihre Seele den Körper verließen, lag nun die Hülle als etwas ganz Fremdes da, ohne eine Spur von den früheren Gesichtszügen. Auch im Leben, so heißt es im Sterbebericht, war ihr Gesicht „von der Art, dass es nur von Geist und Seele allein seine Form erhalten zu haben schien."[26] Solche äußeren Veränderungen der Persönlichkeit sind typisch für Besetzungen, die wir uns nicht immer in dämonisierender Form vorstellen dürfen, sondern, ganz neutral gesehen, als zeitweise oder dauerhafte Übernahme der vitalen Körperfunktionen gegen den eigenen Willen. Kerner versuchte auch Fälle gesicherter Besetzungen durch Anwendung magnetischer Striche zu heilen, was ihm mitunter auch zu gelingen schien. In einem schwereren Fall, in dem Besessenheit eine deutliche Rolle spielte, ersuchte er jedoch den Psychologen T. K. Österreich um Hilfe.[27]

25 Justinus Kerner: *Die Seherin von Prevorst*, S. 363 der Ausgabe des J. F. Steinkopf Verlages.
26 Justinus Kerner: *Die Seherin von Prevorst*, S. 364.
27 Nach Traugott Konstantin Österreich: *Die Besessenheit*, S. 9.

Die Quellen für Kerners Okkultismus sind der Pietismus (Reformbewegung des Protestantismus, gekennzeichnet durch eine vertiefte Frömmigkeit und tätige Nächstenliebe), die romantische Philosophie eines Friedrich Wilhelm Joseph Schelling (Philosoph, Theoretiker der sogenannten „Romantischen Medizin") und Gotthilf Heinrich von Schubert (Naturphilosoph und Mystiker) sowie den Gedanken eines Johann Heinrich Jung-Stilling (Augenarzt, pietistischer und mystisch-spiritualistischer Schriftsteller) und des schwedischen Mystikers und Philosophen Emanuel Swedenborg. Der Arzt Kerner behandelte nach den Methoden des Franz Anton Mesmer mit „Passes" (magnetischen Strichen) und glaubte an die Wirkung eines feinstofflichen Fluidums, einer Kraft, die dem Menschen entströme und Heilungen sowie andere Phänomene vollbringe. Trotz zahlreicher Erfahrungen auf dem okkulten Gebiet blieb Kerner ein Skeptiker des Okkultismus; er bezeichnet Jung-Stillings Geistertheorie in einem Brief an den Dichter Johann Ludwig Uhland als „schreckliche Dummheit" und distanziert sich vom populär gewordenen Tischrücken des Spiritismus, indem er anführt, Klopfen und Bewegungen werden von einem dem Menschen entströmenden Fluidum bewirkt und nicht von Klopfgeistern. Die Existenz von Geistern wird von ihm jedoch nicht bestritten. In den Visionen seiner Seherin fand Kerner allerdings schon Beweise für die Existenz eines „Zwischenreiches", wo abgeschiedene Seelen sich nur mühsam zur Erlösung emporarbeiten, was ihn als Geistlichen recht deprimierte.

Der evangelische Theologe *C. Blumhardt* wirkte als Pfarrer der württembergischen Erweckungsbewegung, die vom Geiste des schwäbischen Pietismus getragen wurde. Während seiner Studienzeit lernte er Eduard Mörike kennen, der ebenfalls im Evangelischen Stift wohnte und mit dem ihn eine innige Freundschaft verband. *Gottliebin Dittus* war eine Frau aus seiner Gemeinde, die bereits im jungen Alter (27) an einer unerklärlichen und schweren Krankheit litt. Sie wurde von Krämpfen geplagt und fremde Stimmen redeten aus ihr. Neben somatischen Beschwerden (Brustbluten, Gesichtsrose, Nierenentzündung) zeigten sich auf dem Höhepunkt der Krankheit massive psychokinetische Phänomene sowie Klopfgeräusche, Stimmen, Apporte, Levitationen, Metallgegenstände drangen durch die Haut, Blut floss in medizinisch nicht erklärbarer Menge. Sie sah den großen Brand von Hamburg (1842) voraus und ein Erdbeben in Westindien (1843). Vampirismus und dämonische Besessenheit wurden zur Erklärung der Phänomene herangezogen. Zwei Jahre lang begleitete Blumhardt diese Frau seelsorgerlich, indem er sie immer wieder an Gottes Verheißungen erinnerte und mit ihr betete.

Tatsächlich scheint eine Beziehung zwischen Vampirismus und Besessenheit sowie Spukerscheinungen zu bestehen. Nach mittelalterlicher Auffassung sind Vampire von Totengeistern Besessene, die ihrem unheilvollen Weg nachgehen. „Die Vampyrisierten sind also von den Toten wahrhaft organisch Besessene, und das Volk hat in seinem Instinkte auch diesmal richtiger gesehen, als die Gelehrten in ihrem durchgängig verneinenden Verstande. Es hat überdem im Verbrennen der Leiche das einzig wirksame Heilmittel gegen diese Seuche ausgefunden [...]"[28] – [Verbrennen ist aber wohl kein unfehlbares Mittel, um Belästigungen dieser Art zu vermeiden, wie es folgender Bericht ausweist:] – Die Bewohnerin eines mährischen Dorfes erschien vier Tage nach ihrem Tod vielen Menschen, sie würgend oder bedrückend. Auch plagte sie das Vieh, dass man die Kühe entkräftet und halb tot gefunden, ja bisweilen habe sie es mit den Schweifen zusammengebunden, wo dann das arme Vieh genugsam durch sein Schreien zu erkennen gegeben, was für große Schmerzen es leide. Die Pferde fand man, wie von einer großen Reise wiedergekehrt, matt, besonders auf dem Rücken mit Schweiß überzogen, dabei außer Atem und schäumend. Das Elend dauerte mehrere Monate lang [...] Dabei bewegten sich die Sachen, die ihnen [den Verstorbenen] zuvor angehört, und kämen von einem Orte zum andern, obschon man niemand wahrnehme, der sie berühre. Nach einem förmlichen gerichtlichen Prozess wurde die Leiche ausgegraben, dem Scharfrichter übergeben und ver-

28 Johann Joseph Görres: *Die christliche Mystik*, Bd. III S. 287 f.

brannt. Doch ließen sie sich [die Erscheinungen] bisweilen wohl noch vier Tage nach dem Verbrennen sehen.[29]

Die Parapsychologie kann diese Vorgänge nicht wirklich erklären, kann ihnen nur Parallelen zur Seite stellen. Dass Gegenstände auf unerklärliche Weise in den Körper gelangen (wie bei der Gottliebin) und durch die Haut wieder nach außen getrieben werden, wird im Schamanismus häufiger berichtet, Zusammenhänge mit magischen Praktiken, durch welche Gegenstände in den Körper „hineingezaubert" werden, sind bekannt, es besteht auch eine Verbindung zur dämonischen Besessenheit; manche Personen sind in der Lage, Gegenstände zu verschlucken, sie dabei zu dematerialisieren (aufzulösen) und Bruchstücke davon durch die intakte Haut hindurch nach außen dringen zu lassen, ohne dass dabei Wunden entstehen.

Die nach zahlreichen Exorzismen erfolgende Heilung der Gottliebin löste eine regionale Buß- und Erweckungsbewegung aus. Fast das ganze Dorf und bis zu 2000 Auswärtige strömten nach Möttlingen zu Blumhardts Gottesdiensten. Von weiteren Heilungen wurde berichtet, zuerst in Blumhardts Familie, dann in der Gemeinde und bei Besuchern. Das Konsistorium der kirchlichen Oberbehörde verbot ihm daraufhin, die Heilung körperlicher Krankheiten mit der Seelsorge zu vermischen. Der evangelische Pastor Otto Funcke, der Blumhardt mehrmals begegnete, berichtet: „Es ging eine Kraft von ihm aus."

Eduard Möricke, einer der bedeutendsten deutschen Lyriker und Erzähler des 19. Jahrhunderts, erlebte als Pfarrer in Cleversulzbach bei Heilbronn immer wieder Spukphänomene, über die er in Kerners Zeitschrift *Magikon* berichtete. Seine Erlebnisse und die seiner Angehörigen und anderer Personen bestanden im Wesentlichen in der Wahrnehmung von Geräuschen wie Klopfen, Pochen, Schlürfen, Tappen, Gehen wie auf Socken, Knistern wie von einem Reib-

29 Johann Joseph Görres: *Die christliche Mystik*, Bd. III S. 281.

feuerzeug, Polter- und Knalleffekte, verschiedene Metalltöne, merkwürdiges Kugelrollen, dumpfe Erschütterungen des oberen Bodens, als ginge da jemand, oder als werde ein schwerer Kasten gerückt, Töne, als führe jemand mit einer dünnen Gerte heftige Streiche auf den Tisch, Atemgeräusche und Schnaufen, Lichterscheinungen in Form teils bewegter, beleuchteter Flecken, ein runder Schein wie von einem Monde, auch werden Berührungen gespürt „als lege sich ein fremder, harter Körper an meine Hüfte auf die bloße Haut" und Bewegungen von Gegenständen registriert, das Phantom eines Hundes gesehen. Das Dienstmädchen sieht bei Tage eine Gestalt in geistlicher Tracht, ein Phänomen, das später von einem „somnamul und besessen gewesenen" Mädchen ebenfalls gesehen wurde.

Bereits drei Pfarramts-Inhaber vor Möricke wussten von derlei Ereignissen in diesem Hause zu berichten, die dem Geist eines gewissen Pfarrers Rabausch zugeschrieben wurden. Es scheint sich dabei also um einen ortsgebundenen Spuk gehandelt zu haben, obgleich auch Hinweise auf eine mediale Beteiligung Mörickes und anderer Personen existieren. Auf des Lyrikers und Erzählers mediale Beteiligung weisen auch seine Träume hin, ein praekognitiver (vorausschauender) Wahrtraum, der sich auf den Tod seines Onkels bezieht und ein telepathisches Traumerlebnis. Möricke erklärt das telepathische Ereignis als Folge eines „momentanen Fernsehens der Seele im schlafenden, völlig gesunden Zustand", einer Art von doppeltem Seelenzustand.

> „Die Seele strahlt und wirkt von ihrer Nacht- oder Traumseite aus in das wahre Bewusstsein herüber, indem sie innerhalb der dunklen Region die Anschauung von Dingen hat, die ihr sonst völlig unbekannt bleiben. Ihre Vorstellungen in der Tag- und Nachtsphäre wechseln in unendlich kleinen, gedrängten Zeitmomenten mit äußerster Schnelligkeit ab, so dass die Stetigkeit des wachen Bewusstseins nicht unterbrochen scheint."[30]

Die Ereignisse im Pfarrhaus von Cleversulzbach begannen bereits unmittelbar nach Mörickes Einzug, ohne dass er dadurch beunruhigt wurde. Als er dann in Kerners *Seherin von Prevorst* von frühen Spukerscheinungen in einem Pfarrhause las, fand er die Ähnlichkeit mit seinen eigenen Beobachtungen auffallend und veröffentlichte dies unter dem Titel *Außergewöhnliche Erscheinungen, die an bestimmten Häusern haften* in Kerners *Magikon* (Jg. 2; 1842, S. 7-17). Kerner sah in diesem Bericht aus erster Hand einen Beweis gegen die damals schon geläufigen Halluzinationstheorien, weil „diesen konstant bleibenden Phänomenen – Töne wie vom Rollen einer Kugel, ferner Töne, als würde mit Sand oder Erbsen geworfen, dann Töne wie vom Rauschen oder Knistern mit Papier oder vom Zerbrechen kleiner, dürrer Reiser, oder wie von aus elektrischen Flaschen gezogenen Funken – doch etwas Objektives zugrunde liegen müsse.[31] Für eine gewisse seelische Beteiligung der Person Mörickes an den Ereignissen spricht die Beobachtung, dass die in der Intensität wechselnden Phänomene dann besonders stark hervortraten, als die Beziehung zwischen Möricke und Kerner in eine Krise geriet.

Die Ansichten seiner Zeit entstammten einer romantischen Naturphilosophie, basierend auf den Lehren des Naturphilosophen Gotthilf Heinrich Schubert, der eine religiös fundierte Gesamtdeutung des Kosmos zu hohem Ansehen brachte und damit Geister wie E. T. A. Hoffmann, Sigmund Freud und auch C. G. Jung beeinflusste. *Die Symbolik des Traumes* gehörte zu den einflussreichsten Büchern seiner Zeit. Es wurde in dieser fast allgemein akzeptiert, dass Somnambule mit der Ganzheit der Naturgesetzlichkeit in einer harmonischen Verbindung stünden und deshalb imstande wären, sich auch über räumliche und zeitliche Schranken hinweg-

---

30 Eduard Möricke, Werke II, S. 482 f. Zitiert aus: Lee B. Jennings: *Neues zu Mörickes Okkultismus*, in: *Neue Wissenschaft* (Zeitschrift für Grenzgebiete des Seelenlebens), 16. Jahrgang, 1968, Heft 1/2, S. 72-86.

31 derselbe a.a.O.

zusetzen. Kerner spricht von einem Vorherrschen des Bauchsystems [vegetatives System, Solarplexus] bei Somnambulen, das ihnen Hellsehen und Vorhersage ermögliche.

Theodor Storm,[32] der Möricke als einen ernst zu nehmenden Forscher beschreibt mit Ansichten, die weit über die damaligen Theorien hinausgehen, schildert uns in seinen Werken die Natursymbolik seiner nordfriesischen Heimat und die dunklen Vorstellungen des Volksglaubens von Spuk, Ahnungen, Visionen, unheimlichen Naturwesen und abergläubischen Vorstellungen. Er beschreibt verlassene und verfallene Spukhäuser, die seit Menschengedenken niemand mehr betreten kann, auch in seinem Hause soll es bisweilen unruhig hergegangen sein. In seinen Novellen begegnen uns Ritter und Edelfrauen, die längst die Erde verließen, aber noch Spuren erloschenen Lebens in sich haben und den Lebenden erscheinen und sie beeinflussen. Er berichtet vom Geist eines Erschlagenen, der am Runenstein wartet, um seinem Mörder das Genick zu brechen.

Storm charakterisiert in seinen Geschichten das Gemüt seines Volkes, nimmt die Überlieferungen des altgermanischen Schicksalsglaubens auf und ehrt damit die Seelengeschichte seiner Stammesgenossen. Er selbst ist kein Geisterseher, doch ist er dem Abergläubischen gegenüber sehr aufgeschlossen und behält seine Vorliebe für Spukgeschichten, Ahnungen und für alles Mysteriöse bis ans Ende seines Lebens. Vorahnungen hat er wohl, die er als eine Vorstufe zu Gesichten ansieht; auch spricht er von Träumen, die „selbst am hellen Werktag das Gehirn verlassen und den Menschen leibhaftig in die Augen schauen".

Den Spuk sieht er als ein Rätsel an, dass an uns herangetragen wird und uns dazu drängt, den Dingen nachzuspüren die, obgleich längst vergangen, noch Schatten in den leeren Raum fallen lassen.

32 Quellenmaterial bei Karl Friedrich Boll: *Okkulte Phänomene im Leben und Werk von Theodor Storm*, in: *Neue Wissenschaft*, 16. Jahrgang, 1968, Heft 1/2 S. 87-98.

Er nimmt also an, dass es sich beim Spuk um Nachklänge dagewesener Erscheinungen handelt, zurückgelassene Spuren, die den Spuk auslösen. Er spricht von „Dunstbildern", die im Raum schweben, denen ein Drang nach Verkörperung innewohnt. Damit gesteht er dem Spuk eine gewisse Eigenmächtigkeit zu, wie es auch seinem Glauben an Totengeister entspricht, die als Seelen Verstorbener weiterleben und sich sehnsüchtig an die Hinterbliebenen drängen. So glaubt er, dass in den Toten noch ein Rest von Leben erhalten bleibe, der an den ihnen einst liebgewordenen Stätten verweile und sich den Angehörigen kundzugeben bemühe. So hält er auch nervöse Gehörstörungen, unter denen er zeitweilig litt, für Zuflüsterungsversuche Verstorbener.

Ab etwa der Mitte des 19. Jahrhunderts werden naturphilosophische Betrachtungen zurückgedrängt und der Mensch aus seinem natürlichen Umfeld herausgehoben. Die Verachtung der Philosophen betraf auch die Wissenschaften. Die Natur wurde zunehmend in physikalischen, chemischen und thermodynamischen Kategorien begriffen. Parallel dazu entstanden neureligiöse und mystische Strömungen und verbreiteten sich in Form eines pantheistischen Naturglaubens, der einen Gegenpol zum starren Materialismus und damit zu einer Renaissance der Naturphilosophie bildete. Das Sein und das Denken werden wieder zu einer Einheit und es wiederholt sich die Idee eines beseelten Weltalls (Giordano Bruno) als Frontstellung gegen die moderne Naturwissenschaft.

Wir befinden uns hier in einer Zeit des Übergangs zwischen rationalistischen Betrachtungsweisen mit ihrem Leugnen aller paranormalen Geschehnisse und einer daraus sich wohl zwangsläufig entwickelnden Rückbesinnung auf traditionelle, aber auch aus der allgemein menschlichen Erfahrung stammenden Denkart. Eine Wiederbelebung der Romantik begründet damit zugleich auch die Erneuerung naturphilosophischer Betrachtungen, in denen Naturerscheinungen als Quelle möglicher Erkenntnisse gesehen werden. Die Naturphilosophie der romantischen Zeitepoche spricht von einer Einheit von Natur und Geist – dies ist eine Fundamentallehre im Sinne des Naturphilosophen Friedrich Wilhelm Joseph Schelling (1775-1854), eines Vertreters der idealistischen Philosophie, nach welcher der Geist die grundlegende Wirklichkeit darstelle und eine Wechselbeziehung zwischen Geist und Materie bestehe, bei der sich Geistiges aber nicht auf materielle Dinge zurückführen lasse, sondern die Grundlage jeder materiellen Entwicklung darstelle. Der Geist sei die grundlegende Wirklichkeit aller Dinge, und es existiere keine Wirklichkeit außerhalb eines sie wahrnehmenden Geistes. Ein wesentlicher Aspekt derartiger philosophischen Betrachtungen ist die Annahme, dass natürliche Ereignisse durch Notwendigkeit und Zufall bestimmt werden, also nicht immer kausalen Gesetzen folgen. Der Geist bestimmt die Notwendigkeit, die Naturgesetze dagegen bestimmen die äußere Ausführung. Schellings Philosophie des Unbewussten hatte damit einen entscheidenden Einfluss auf die Entwicklung der Psychoanalyse.

In dieser Zeitepoche begann aber auch die wissenschaftliche Erforschung der Phänomene im Bereich akademischer Kreise. 1882 wurde als Nachfolge einer bereits 1876 gegründeten Vorläufergesellschaft unter der Leitung des Philosophen Henry Sidgwick in England die *Society for Psychical Research* (Gesellschaft für psychische Forschung) gegründet, der hochrangige Forscher angehörten. 1884 erfolgte dann das amerikanische Gegenstück, die Gründung der *American Society for Psychical Research* unter der Leitung des Philosophen William James. Im Jahre 1919 wurde unter Charles Richet das *Institut Métaphysique International* gegründet. 1924 wurde von J. B. Rhine ein parapsychologisches Forschungslabor in Durham / North Carolina gegründet. Rhine gilt als Begründer der quantitativen Parapsychologie (statistisch auswertbare Experimente). Der niederländische Parapsychologe W. H. C. Tenhaeff war weltweit der erste Inhaber eines Lehrstuhls für Parapsychologie (1953). 1950 wurde in Freiburg (Deutschland) unter Hans Bender das *Institut für Grenzgebiete der Psychologie und Psychohygiene* gegründet (Lehrstuhl 1954), das Bender bis 1975 innehatte. 1960 wurde an der Universität Leningrad ein *Institut zur Erforschung der Bio-*

Information (die sowjetische Bezeichnung für Telepathie) unter Prof. L. L. Wassiliew gegründet, das nach seinem Tode von Prof. Guljaev weitergeführt wird. Weitere parapsychologische Forschungsstätten entstanden an der Staatsuniversität von Virginia (Charlottsville, USA), weitere Institute in Chile und Indien.

Diese Gesellschaften hatten die Überprüfung paranormaler Phänomene mit Hilfe von wissenschaftlichen Methoden auf ihre Echtheit hin zum Ziel, um darüber zu einem tieferen Verständnis und der Bedeutung der Parapsychologie im Weltbild des Menschen zu gelangen. Inhalte der neueren parapsychologischen Forschungen waren hauptsächlich die Themen der Außersinnlichen Wahrnehmung und der als bewiesen angesehenen Psychokinese (statistisch auswertbare Experimente), die als Naturvorgänge beschrieben werden, die außerhalb des Bereichs physikalischer Gesetzmäßigkeiten liegen. Telepathie und Hellsehen gelten als sicher erwiesen, im Hinblick auf die Präkognition beurteilen die Autoren das Beweismaterial als hoch bedeutsam, betonen aber, dass es ergänzungsbedürftig ist (Hans Bender).

Sowjetische Forscher überprüften die Hypothese einer Übertragung telepathischer Informationen über elektromagnetische „Gehirnwellen" im Zustand der Hypnose. Man schloss sendende und empfangende Personen in Bleikammern ein, die als Faraday'sche Käfige die infrage kommenden elektromagnetischen Wellen abschirmen sollten. Zur Überraschung aller Forscher blieben die Übertragungen weiter erfolgreich, sodass von der Theorie einer elektromagnetischen Übertragung abgesehen werden musste. Die Experimente gelangen auch über eine Entfernung von 1700 Kilometern.

Es bleibt allerdings anzumerken, dass sich die Forschungen etwa ab Mitte des 20. Jahrhunderts neben der Dokumentation spontaner Ereignisse überwiegend mit einer wissenschaftlichen Beweisbarkeit einzelner Phänomen-Gruppen beschäftigen, die unseren geläufigen wissenschaftlichen Denkmodellen entsprechen, einen experimentellen Zugang ermöglichen und damit von vornherein andere Erklärungsmodelle in den Hintergrund stellen. Mit Geistererscheinungen und Spuk lässt sich kaum experimentieren, was darauf hinweist, dass es sich hierbei um selbstständige, autonome Vorgänge handelt, die außerhalb der sich ihrer selbst bewussten Persönlichkeit stehen und sich mit den uns aus der Physik bekannten Energiefeldern in keinem erkennbaren Zusammenhang befinden. Erschwerend kommt hinzu, dass das Agieren von Spuk- und Geistererscheinungen ohne eine den Menschen überlebende Energieform schwer erklärbar ist. Ob derartige Erscheinungsformen allerdings als Beweis für das persönliche Überleben des Todes angesehen werden können, bleibt aus der Sicht der Wissenschaft ungeklärt, denn auch von lebenden Menschen können Spuk- und Geistererscheinungen ausgehen bzw. durch sie bewirkt werden. Obgleich die Grenzen des Körperlichen überschreitend, setzen die meisten Phänomene doch einen funktionsfähigen lebenden Organismus voraus. Das hat zur Folge, dass tiefenpsychologische Aspekte paranormaler Erscheinungen in der aktuellen Forschung in immer stärkeren Maße Beachtung finden.

Die Wahrhaftigkeit der Phänomene einmal vorausgesetzt – was wir für alle Themenbereiche aufgrund jahrzehntelanger wissenschaftlicher Forschung annehmen können –, vermögen wir heute davon auszugehen, dass sich die paranormalen Erscheinungsformen in einer Weise ereignen, als ob es keinen Raum und keine Zeit gäbe. Daraus kann gefolgert werden, dass sie bezüglich ihrer Beweisbarkeit zum Ersten nicht in unser dreidimensionales materielles Weltbild einzuordnen sind und zum Zweiten, dass unser Geist in der Lage ist, die raumzeitlichen Strukturen zu überschreiten und in einer Weise auf kosmische Ur-Energieformen einwirken kann, die mentale aber auch raumzeitlich strukturierte Phänomene zu vollbringen vermag.

Betreffend der Eigenarten paranormaler Phänomene schreibt deshalb Carl Gustav Jung in *Naturerklärung und Psyche* 1952: „Wer aber den Tatsachen Gerechtigkeit wiederfahren lässt, der kann nicht umhin, zuzugeben, dass die anscheinende Raum-Zeitlosigkeit ihr [der Phänomene] eigentlichstes Wesen ausmacht." Die Erkenntnisse über die irrationalen Erscheinungen des Psychischen führten Jung zur Formulierung der Hypothese: *Synchronizität als Prinzip akausaler Zusammenhänge* als einem umfassenden Entwurf für eine Einordnung der „magischen Realität“ in unserem Verständnis von den Gesetzmäßigkeiten dieser Welt.

Ein sinnvolles Zusammentreffen von Ereignissen, die keinen kausalen Zusammenhang erkennen lassen, findet sich hauptsächlich in den sogenannten „intellektuellen Phänomenen“, einer besonders in Frankreich gebräuchlichen Bezeichnung für die Außersinnliche Wahrnehmung. Das betrifft die Phänomene Hellsehen, Telepathie, Vorauswissen usw., wenn sich diese spontan ereignen, wenn zum Beispiel im Traum Szenen erfahren werden, die sich später als reale Ereignisse herausstellen, die sich an einem anderen Ort, in einem anderen Land ereignet haben. Auch bei einigen sich spontan ereignenden Spukfällen kann von einem akausalen aber dennoch sinnvollen Zusammenhang gesprochen werden.

Zusammenhänge zwischen Ursache und Wirkung müssen aber bestehen. Ein Ereignis setzt ein Zeichen, das potentiell wahrgenommen werden kann, obgleich nur von wenigen, dazu befähigten Personen. Auch Vorhersagen von zukünftigen Ereignissen beruhen auf der Wahrnehmung von (astralen) Konstellationen, die zwangsläufig zu dem geschauten Ereignis führen müssen, so unwahrscheinlich dieses zunächst auch klingt. Diese Vorzeichen können als „Strukturierungen des Raumäthers“ beschrieben werden, ein Thema, auf das ich in meinem Buch *Wege zum kosmischen Bewusstsein* näher hingewiesen habe.

Zwei Spukfälle haben wir in den angeführten Beispielen bereits kennengelernt und sahen, dass trotz der empfundenen Spontanität der Ereignisse ein kausaler Sinnzusammenhang bestand. Die Erscheinungen, welcher Art auch immer sie waren, wollten auf etwas aufmerksam machen. Ein auslösendes Kräftepotential war vorhanden, und die Art der Wahrnehmung der Ereignisse zeigte uns eine logische Entwicklung, einen sinnvollen Zusammenhang zwischen Ursache und Wirkung. Es ist meines Erachtens nicht die Frage der Kausalität, die paranormale Ereignisse so unverständlich erscheinen lässt, sondern eher die Frage nach dem vermittelnden Agens, nach einer Kraft, welche zwischen einer im Verborgenen schlummernden oder sich spontan ereignenden Ursache und der Manifestation eines Ereignisses in einer Weise vermitteln kann, um ein Geschehen wahrzunehmen und in eine dramatische Aktion zu versetzen.

Seit etwa der Mitte des 20. Jahrhunderts begann auch die Physik sich mit den paranormalen Phänomenen zu beschäftigen und Theorien zu entwickeln, beginnend mit der Frage nach den Energien, welche die psychokinetischen Phänomene bewirken könnten. Der Physik als „Wissenschaft" ist es aber kaum jemals möglich gewesen, die Strukturen unseres raumzeitlichen Systems zu verlassen und in anderen Bereichen nach Kraftpotentialen zu suchen, die in unsere determinierte Welt hineinragen und mit ihr wechselwirken. Erst neuzeitliche Forschungen im Bereich der Urbausteine der Materie, auf einer Ebene, auf der zwischen Materie und Energie nicht mehr unterschieden werden kann, bieten sich Erklärungsmöglichkeiten für alle Arten paranormaler Phänomene an.

Die Wissenschaft unterliegt einem Irrtum, wenn sie glaubt, paranormale Phänomene und andere übernatürliche Erscheinungen mit Mitteln untersuchen zu können, wie sie in Medizin und Physik Anwendung finden. Gerade in Bezug auf unsere Thematik ist es unabdingbar, Forschung und Lehre auf einem Wissen und den Zusammenhängen und Wechselbeziehungen aufzubauen, die zwischen dem Diesseits und dem Jenseits herrschen. Alle Kräfte, mit denen hier operiert wird, haben ihren Ursprung im sogenannten „Jenseits", entspringen einer uns nur schwer zugänglichen kosmischen Kraftquelle, mit der unsere irdische Welt in einem unlösbaren Zusammenhang steht. Wir sprechen zwar von geistigen und seelischen Kräften und unterscheiden sie von physikalischen Energien, versuchen aber dennoch, geistige Energien und Phänomene in ein physikalisches Schema zu pressen. Der Ursprung allen Seins ist nicht materieller sondern unzerstörbarer geistiger Natur. Deshalb sollte der Entwicklung von Seele und Geist und ihrer Pflege ein größeres Augenmerk geschenkt werden, als dem physikalischen Aspekt unseres Seins, denn es sind geistige Kräfte, die den Ausgangspunkt für jegliche materielle Grundlage darstellen.

Es gibt keine „exakte" Wissenschaft, da sie stets auch von geistigen Kräften durchdrungen wird. Die moderne parapsychologische Forschung befindet sich in einem Abseits und entbehrt jeglichen Nutzens wenn sie versucht, geistige Kräfte mit physikalischen Methoden einfangen zu wollen. Und es ist abwegig, dem Menschen Kräfte zuzuschreiben, die niemals seinem eigenen Organismus entspringen können. Es sind geistige Kräfte, die das Leben aller Daseinsformen dieser Erde erhalten, und es ist daraus zu folgern, dass es auch geistige Kräfte sind, die mit uns korrespondieren und uns leiten, so wir es zulassen. Es liegt an der Aufnahmebereitschaft der Empfänger, ihren minderwertigen Kräften und an der durch unser Gehirn eingegrenzten geistigen Entwicklung, die unser Aufnahmevermögen beschränkt und uns in eine für den menschlichen Fortschritt nicht effektive Richtung führt.

Der Beginn der experimentellen Spukforschung

Eines der Hauptziele der Wissenschaft besteht darin, von der Beobachtung zum Experiment fortzuschreiten. Unglücklicherweise erhebt sich bei der Parapsychologie eine bedeutsame Schwierigkeit, die bei den Naturwissenschaften nicht anzutreffen ist. Ihr Material ist die menschliche Persönlichkeit. Diese Tatsache birgt eine Gefahr – gerade die Bedingungen verhängnisvoll zunichte zu machen, die man eigentlich herstellen sollte.

George Nugent Merle Tyrrell: *Mensch und Welt in der Parapsychologie*

Während sich in Deutschland und England schon früh eine Oberschicht mit der wissenschaftlich orientierten Erforschung insbesondere der physikalischen Phänomene befasste, kann der amerikanische Spiritismus als Ursprung einer religiösen Orientierung angesehen werden. In einer Zeit, in der die Fox-Geschwister weltweit die experimentellen Grundlagen des Spiritismus schufen, war es wohl der Seher Andrew Jackson Davis (1826-1910), der zeitgleich den amerikanischen Spiritismus auf eine Glaubensgrundlage stellte und damit wohl als Begründer einer Reihe von heute als sektiererisch angesehenen religiösen Massenbewegungen wurde. Er begann bereits 1844 sein philosophisches Hauptwerk *Die Prinzipien der Natur* in Trance zu diktieren, in dem er sich unter dem Einfluss von Swedenborg (1688-1772) und dem griechischen Arzt und Anatomen Galen (ca. 129-199) fühlte. Darin schildert er ein Weltbild, dass in breiten Kreisen der USA mit Begeisterung aufgenommen wurde. Demnach sei das ganze Weltall eine Einheit, eine unaufhörlich sich bewegende Maschinerie, in der eine Entwicklung von niederen zu höheren Stufen stattfinde, eine Aussage, die heute wieder als sehr aktuell angesehen wird. Die Ansichten Swedenborgs wurden nicht nur in den USA, sondern auch in Deutschland zu einer führenden christlichen Gemeinschaft als *Neue Kirche* oder *Das Neue Jerusalem*. Ihre Anhänger werden Swedenborgianer genannt. Ein Jahr nach dem Auftreten von Davis kam es dann zu dem Fall, der die Lawine des Spiritismus ins Rollen brachte, der Spukfall von Hydesville.

Dass mit dem öffentlichen Auftreten von Geisterbotschaften ein Hinweis auf das persönliche Überleben des Todes gegeben werden soll, offenbaren nicht bloß die mit den Spukfällen zusammenhängenden Ereignisse, sondern auch zahlreiche Botschaften der bewussten Kommunikation mit Geistwesen. Höher entwickelte Wesen äußern sich ausdrücklich in diesem Sinne, wie es uns die Erlebnisse von Pfarrer Greber (1874-1944) und Allan Kardec (1804-1869) aufzeigen, denen beiden eine bedeutende Rolle bei der Entwicklung des Spiritismus zu einer Art von Ersatzreligion in den USA und auch in Deutschland zugeschrieben werden muss. Es sind die Ereignisse von Hydesville,[33] welche die moderne parapsychologische Forschung begründet haben und zugleich eine spiritistische Welle auslösten, die in kürzester Zeit die ganze Erde umfasste. Das Entschlüsseln von Geisterbotschaften durch Tischrücken und Klopfalphabet nahm hier seinen Anfang.

Es war im Dezember 1847, als der Schmied John Fox und seine Frau Margaret mit ihren zwei jüngsten Töchtern, der siebenjährige Kate (Cathie) und der zehnjährigen Maggie[34] ein bescheidenes Holzhaus in Hydesville im US-Bundesland New York zur Pacht bezogen. Dieses hatte bereits einen unheimlichen Ruf, was die neuen Mieter aber nicht zu wissen schienen. Ein Bewohner, der zwei Jahre zuvor das Haus bezogen hatte, verließ es aufgrund der mysteriösen Geräusche. Ein halbes Jahr lebte die Familie in Ruhe, bevor die seltsamen Ereignisse begannen.

Mitte März 1848 wurde sie durch beunruhigende Phänomene heimgesucht: Man hörte in der Nacht Geräusche, Klopflaute in den Wänden, der Decke, dem Fußboden, Geräusche wie vom Möbelrücken usw., ohne eine Ursache finden zu können. Die Mädchen waren verängstigt und wollten nur noch bei den Eltern im Schlafzimmer übernachten. Übermüdet durch die Ereignisse des Tages ging man abends früher zu Bett und versuchte die Geräusche zu ignorieren. An einem Abend wurde das unerklärliche Klopfen so stark, dass die Möbel vibrierten. Das ganze Haus wurde von der Familie innen und außen abgesucht, ohne dass sie etwas Ungewöhnliches entdeckte.

> Margaret Fox: „Die Geräusche waren in allen Teilen des Hauses zu hören. Wir hörten Schritte in der Tür und Vorratskammer, Treppen-

---

33 https://www.survivalafterdeath.info/mediums/foxsisters.htm Die Quellenangabe folgt dem Bericht der *Eine Encycpaedia of Psychic Science* von Nandor Fodor (1934).

34 Die häufiger anzutreffenden Altersangaben von 11 (12) und 14 (15) Jahren wurden in einem Brief von Mrs. Fox an den Präsidenten der Jahrestagung in New York 1868 korrigiert.

steigen. Wir konnten uns nicht ausruhen, und ich kam zu dem Schluss, dass das Haus von einem Unglücklichen, unruhigen Geist heimgesucht werden musste. Ich hatte oft von solchen Dingen gehört, aber noch nie etwas erlebt, was ich nachher nicht erklären konnte."

An das geheimnisvolle Klopfen bereits gewöhnt, begann die jüngste Tochter Kate, die Klopflaute nachzuahmen, indem sie in die Hände klatschte, und sagte in herausforderndem Ton: „Mr. Splitfood [in den USA volkstümliche Bezeichung für den Teufel] mach' mich nach." Augenblicklich hörte man so viele Klopflaute, wie sie geklatscht hatte. Der Vorgang ließ sich wiederholen, was ihre Schwester Maggie so in Angst versetzte, dass sie mit dem Spiel aufhörten.

Die Mutter kam auf die Idee, einen Test zu machen und fragte den Urheber der Klopflaute nach dem Alter ihrer Kinder. Sie hatten mehrere bereits erwachsene Söhne und Töchter, die nicht mehr bei den Eltern wohnten. Das korrekte Alter jedes Einzelnen wurde angegeben. Es entwickelte sich ein Frage-und-Antwort-Spiel über die Klopflaute.

Margaret Fox: „Ist es ein Mensch, der auf meine Fragen richtig antwortet?" Es kam keine Antwort. „Ist es ein Geistwesen? Wenn ja, dann klopf' zweimal." Es wurde zweimal geklopft. „Falls du ein Geistwesen bist, das verletzt wurde, klopf' zweimal." Augenblicklich wurde zweimal so stark geklopft, dass das ganze Haus vibrierte. „Lebt die Person, die Sie verletzt hat?" Bejahung in der gleichen Weise. – „Mit der gleichen einfachen Methode stellte ich fest, dass es sich um einen 31-jährigen Mann handelt, der in diesem Hause ermordet wurde und seine sterblichen Überreste im Keller beigesetzt worden waren, und zu dessen Familie eine Frau und fünf Kinder gehörten. Die Kinder lebten zum Zeitpunkt seines Todes noch."

Die herbeigerufenen Nachbarn waren Zeugen der Phänomene. Das Haus wurde abgesucht und überwacht, es wurde nichts Verdächtiges gefunden. Viele Neugierige blieben über Nacht in dem Gebäude, es war bis zum Überlaufen gefüllt – bis zu 300 Personen wurde geschätzt. Später waren die Geräusche auch tagsüber zu hören von allen, die in das Haus kamen.

Ein Nachbar schlug eine andere Kommunikationsmethode vor. Das Alphabet wurde aufgesagt und das Geistwesen gebeten zu klopfen, wenn der gerade gesprochene Buchstabe im Aufbau des Wortes, das die Antwort auf die gesprochene Frage übermitteln sollte, an der Reihe war. Durch diese Methode erhielt man diverse Informationen über die Geschichte jenes Wesens. Zum Beispiel, dass es fünf Jahre zuvor in einem Zimmer des Hauses von einem ehemaligen Bewohner, John Bell, ermordet worden war, der die Leiche im Keller vergrub. Als seinen Namen [den Namen des Ermordeten] gab das Geistwesen Charles Rosna [oder Rosma; Schreibweise unklar, kann auch falsch wiedergegeben worden sein] an.

Auf die Fragen: „Kann ihr Mörder vor Gericht gestellt werden?" sowie „Kann er gesetzlich bestraft werden?" erfolgte keine Antwort. Durch Gegenfragen wurden diese Antworten bestätigt. Man stellte weiterhin fest, dass der Mord im Ost-Schlafzimmer mit dem Durchschneiden der Kehle mit einem Fleischmesser erfolgte und der Leichnam zehn Meter [10 Fuß?] unter der Oberfläche des Bodens begraben wurde. Als Grund für die Ermordung wurde Geldraub angegeben.

Das Haus wurde von Hunderten von Neugierigen belagert, die teils erfolgreich mit dem Geist kommunizierten. Die Mutter stellte fest, dass sich die Manifestationen nur in der Nähe von Kate und Maggie ereigneten [wohl aber ebensogut auch in ihrer Nähe]. Bald begannen Margaret, Maggie, Kate und Leah – eine andere Tochter des Ehepaares Fox – regelmäßige Sitzungen zur Kommunikation mit diversen Geistwesen abzuhalten, denen eine ausgewählte Gruppe von Freunden der Familie ebenfalls beiwohnte. Viele der Geistwesen, die sich auf diesen Sitzungen manifestierten, behaupteten, verstorbene Freunde und Verwandte der Anwesenden zu sein und gaben ihnen gute Ratschläge, Trost, Erläuterungen und Beweise, dass sie trotz des Todes ihres Körpers weiterlebten.

Mrs. Fox Haare färbten sich infolge der Unruhen weiß. Die Phänomene nahmen bald den Charakter des förmlichen Spukens an. Das Geräusch eines Todeskampfes, das Gurgeln einer Kehle, das schwere Ziehen eines Körpers durch den Raum war Nacht für Nacht zu hören. Die Familie konnte es nicht mehr aushalten und verließ die Wohnung. Aber die Schläge im Haus gingen weiter, und eines Nachts unterhielten sich mehr als 300 Menschen mit dem unsichtbaren Wesen.

Kate flüchtete in das Haus ihres Bruders in Auburn, Margaret in das ihrer Schwester Leah in Rochester. Die Spukgeräusche verfolgten sie und brachen an beiden Stellen aus. In Rochester waren sie besonders gewalttätig. Calvin Brown, der später der zweite Ehemann von Leah wurde und im selben Haus lebte, stellte sich gegen die Manifestationen und wurde damit zum Zentrum der Verfolgungen. Dinge wurden auf ihn geworfen, ohne ihn jedoch zu verletzen. In den Räumen wurden Holzblöcke gefunden, auf die manchmal Nachrichten geschrieben waren. Die Manifestationen waren intelligent und boshaft zugleich und keine irdische Kraft konnte ihrer Herr werden.

> „Während wir auf unseren Knien lagen", schreibt Leah in *The Missing Link*, „steckten Nadeln in verschiedenen Teilen unserer Personen. Mutters Kappe wurde von ihrem Kopf entfernt, der Kamm aus ihren Haaren gerissen und alles getan, was uns ärgern konnte. Dann trugen die Geister ihre Manifestationen auf der Höhe des Daches aus. Es klang wie die häufige Entladung schwerer Artillerie. Am nächsten Tag wurde uns mitgeteilt, dass die Geräusche eine Meile entfernt zu hören waren. Wir befürchteten, dass das Dach auf uns einstürzen würde."

Am 1. April, einem Samstagabend, grub man im Keller, bis man Grundwasser erreichte; es war kein Lärm mehr zu hören, auch nicht am Sonntag. Danach fing es wieder an und Fragen wurden durch Klopfen beantwortet. Am 11. April unterzeichnete Margaret Fox eine Erklärung und in dieser sich bereit, sie notfalls zu beeiden:

> „Ich glaube nicht an Spukhäuser oder übernatürliche Erscheinungen. Es tut mir sehr leid, dass es so viel Aufregung gegeben hat. Es hat uns große Schwierigkeiten bereitet. Es war unser Unglück, in dieser Zeit hier zu leben. Aber ich bin gewillt und besorgt, dass die Wahrheit bekannt und eine wahre Aussage getroffen wird. Ich kann diese Geräusche nicht erklären. Ich weiß nur, dass sie wiederholt gehört wurden, wie ich es angegeben habe. Meine Kinder haben es auch gehört."

John Fox bestätigt am gleichen Tag schriftlich die Angaben seiner Frau und weist darauf hin, dass es bei den gestellten und beantworteten Fragen viele gab, die sehr oft gestellt wurden, worauf immer die gleiche Antwort erfolgte, es gab überhaupt keinen Widerspruch. Er gibt weiterhin an, dass er keine Möglichkeit sieht, diese Geräusche zu erklären. Trotz wiederholter Suche konnte nichts gefunden werden, was das Rätsel erklären könnte. Es habe viel Ärger und Angst verursacht.

> „Hunderte haben das Haus besucht, so dass es uns unmöglich ist, unseren täglichen Beschäftigungen nachzugehen; und ich hoffe, dass, ob auf natürliche oder übernatürliche Weise, dies bald festgestellt wird. Das Graben im Keller wird sobald wie möglich wieder aufgenommen. Wenn sich das Wasser setzt, kann festgestellt werden, ob es Anzeichen dafür gibt, dass ein Körper dort jemals begraben wurde. Und wenn es Anzeichen dafür gibt, werde ich keinen Zweifel haben, dass er übernatürlichen Ursprungs ist."

Das Graben wurde erst im Sommer wieder aufgenommen. Man fand in einer Tiefe von fünf Fuß [etwa 1,5 Meter] ein Brett, darunter Holzkohle und Branntkalk, schließlich menschliche Haare und Knochen, die von Medizinern als einem menschlichen Skelett zugeordnet werden konnten.

Es wurde nie festgestellt, wer der Hausierer (wie später bekannt wurde) war. Da John Bell (der ehemalige Bewohner des Hauses) und seine Frau nicht mehr in der Region lebten (sie zogen 1846 nach Lyon), wurde Lucretia Pulver, die für das Ehepaar vier Jahre als Hausmädchen gedient hatte, daraufhin angesprochen. Sie behauptete, sich an einen Hausierer zu erinnern, der eines Tages in jenem Haus untergebracht worden sei. Da hätten die Bells sie gebeten, zu ihren Eltern zu gehen, damit der Gast in ihrem Zimmer übernachten könne. Sie habe dem Hausierer ein paar Produkte abkaufen wollen, aber in dem Moment nicht genug Geld bei sich gehabt. Dann habe er ihr gesagt, er werde sie am nächsten Morgen bei ihren Eltern aufsuchen, um ihr dort die gewünschten Produkte zu verkaufen. Der Hausierer sei aber nicht erschienen und Lucretia habe ihn nie wieder gesehen.

John Bell wurde in Lyon ausfindig gemacht und angeklagt. Er legte eine von 44 Personen unterzeichnete Bescheinigung über seinen guten Charakter vor, die ihn für einen aufrechten und angesehenen Mann auswies, ein ehrliches Leben führend und unfähig, ein solches Verbrechen zu begehen, dessen er verdächtigt wurde.

Das fehlende Skelett wurde 56 Jahre später gefunden. Nach einem Bericht des *Boston Journal* vom 23. November 1904 fielen einige Teile der später erbauten Mauer, die einen Hohlraum von der richtigen Mauer des Kellers trennte, nieder. Die Ausgrabungen wurden vom Besitzer des Spukhauses durchgeführt, wobei ein fast vollständiges menschliches Skelett gefunden wurde. In der Nähe der Knochen fand sich eine Blechdose des Hausierers (engl. Pedlar). Man nahm an, dass der Mörder die Leiche zuerst in der Mitte des Kellers begraben hatte, dann alarmiert wurde, sie daraufhin wieder ausgrub und in dem Raum zwischen den beiden Wänden legte.

Während einer dieser Sitzungen übermittelten die Geistwesen folgende Botschaft: „Liebe Freunde, ihr müsst der Welt diese Wahrheiten verkünden. Es ist der Anbruch einer neuen Zeit und ihr dürft es nicht länger verbergen. Wenn ihr eure Pflicht erfüllt habt, wird Gott euch beschützen und gute Geistwesen werden über euch wachen."

In der zweiten Hälfte des Jahres 1849 baten die Geistwesen die Fox-Schwestern und ihre engsten Freunde eindringlich, der Welt die Wahrheit über die Unsterblichkeit der Seele zu verkünden. So betraten sie im November jenes Jahres das Theater *Corinthian Hall*, das größte der Stadt Rochester im US-Bundesstaat New York, um dem neugierigen Publikum das Phänomen der Manifestation von Geistwesen, das in ihrer Anwesenheit geschah, vorzuführen. An drei aufeinander folgenden Tagen fanden drei Vorführungen statt, die von drei verschiedenen Komitees untersucht wurden. Deren Berichte deuteten auf die Echtheit der Phänomene hin.

Nach den Vorführungen im *Corinthian Hall* und den Untersuchungen, denen sich die Fox-Schwestern unterzogen, verbreitete sich ihr Ruhm jenseits der Grenzen von Rochester und der Nachbarstädte. Damit wuchs das öffentliche Interesse an der Kommunikation mit Geistwesen im gesamten Norden und Osten der USA, wo viele andere Gruppen begannen, sich zu diesem Zweck regelmäßig zu treffen, was zur Entstehung einer Bewegung führte, die 1852 *Moderner Spiritualismus* genannt wurde.

Kate Fox verlobte sich 1861 mit einem reichen Bankier aus New York und führte bei ihm im Zeitraum von fünf Jahren fast vierhundert spiritistische Sitzungen durch, über die detaillierte Aufzeichnungen geführt wurden. Während das Medium das Bewusstsein behielt, materialisierte sich allmählich eine Wesenheit namens Estelle. Sie wurde erst in der 43. Sitzung erkannt, als sie von einem psychischen Licht erleuchtet wurde. Später wurde die Materialisierung vollständiger, sie konnte aber nur ein paar Worte sprechen. Die Kommunikation erfolgte durch Klopfen und Schreiben. Estelle und ein anderes Phantom, das sich Benjamin Franklin nannte, schrieben auf Karten, die der Bankier mitbrachte. Während des Erscheinens der Schrift, wurden die Hände von Kate festgehalten. Ihre Botschaften waren eine perfekte Wiedergabe der Charaktere der Personen, über die sie schrieb. Bei der 388. Séance erklärte Estelle, dass sie zum letzten Mal erschienen sei. Sie wurde daraufhin nie wieder gesehen.

Als Kate Fox 1871 Großbritannien besuchte, setzte sie ihre mediale Tätigkeit fort, bot Sir William Crookes hervorragende Untersuchungsmöglichkeiten und hielt gemeinsame Sitzungen mit D. D.

Home und Mrs. Guppy. Aus ihrer Ehe mit einem Rechtsanwalt gingen zwei Kinder hervor, die beide in jungen Jahren sehr medial veranlagt waren. Nach dem Tod des Ehemannes besuchte das Medium 1883 auf Einladung von Alexander N. Aksakow Russland und wurde von ihm zu den Vorzeichen der Krönung des Zaren befragt.

Familiäre Probleme der Geschwister (Alkoholismus, Armut) führten zu öffentlichen Diffamierungen und Betrugsvorwürfen, welche die Entwicklung des Spiritismus sehr belasteten. Keine der Fox-Schwestern überlebte diesen Skandal lange. Leah starb 1890, Kate 1892 und Margaret 1893. Eine Ärztin begleitete Letztere in ihren Sterbestunden. Sie war weder in der Lage, Finger- noch Zehenglieder zu bewegen, was man den Geschwistern vorgeworfen hatte, um damit die Geräusche hervorzurufen. Im Sterbezimmer gab es keinen Schrank oder sonst ein Versteck. Und doch hörte man ein Klopfen durch die Wand, dann durch die Decke und wieder aus dem Boden.

> „Die Fox-Frauen wurden von Klopflauten verfolgt, dann als Betrügerinnen denunziert, von der Kirche exkommuniziert. Vergeblich zogen sie, um den Geistern zu entgehen, in ein anderes Haus, in eine andere Stadt. Die Laute wiederholten sich, und die Geister erklärten, sie würden mit ihren Verfolgungen nicht aufhören, bevor nicht die Wirklichkeit ihrer Existenz verkündet worden sei."[35]

Die psychische Kraft der Fox-Geschwister bestand innerhalb der Familie über mehrere Generationen hinweg. Ihr Blut war von Vaters Seite her eine Mischung aus Deutsch und von Mutters Seite Französisch, Niederländisch und Englisch. Ihre Urgroßmutter war eine Somnambule, eine Tante war ebenfalls medial begabt. Zur Zeit der Ereignisse scheint sich aber niemand aus der Familie dieser Fähigkeiten bewusst gewesen zu sein. Dass sie tatsächlich außerordentlich medial begabt waren, ergibt sich aus den Ereignissen selbst, aber auch aus der Tatsache, dass Kate und Margaret nach den Er-

35 Cesare Lombroso: *Hypnotische und spiritistische Forschungen*, S. 354.

eignissen bis zu ihrem Lebensende als Medien arbeiteten, die sogar Materialisationen hervorbrachten.

Von den ersten Monaten, in denen die Familie das Haus bewohnte, werden keine ungewöhnlichen Vorkommnisse berichtet. Es scheint, als ob sich die offenbar stets latent vorhandene Medialität der Personen erst entwickeln musste, was unter dem starken feinstofflichen Energiefeld, das in dem Haus zweifellos herrschte (sonst hätte der Vorgänger es nicht verlassen) auch recht bald geschah.

Die Kinder hörten die Spukgeräusche zuerst. Es ist bekannt, dass bei jungen Menschen die Medialität stark ausgeprägt ist. Vom Spuk betroffene Personen sind in den meisten Fällen Heranwachsense, Mädchen sind häufiger davon berührt als Knaben. Dass Personen Angstzustände beim Wahrnehmen der Geräusche bekommen, kann in vielen Fällen durchaus als ein Hinweis gewertet werden, dass hier etwas Übernatürliches vor sich geht. Der Spuk schafft sich seine eigene Atmosphäre; unbekannte Geräusche, die auf natürlicher Ursache beruhen, geben selten Anlass zu Furcht. Der Klopfspuk beginnt in unserem Fall zunächst in der Nacht. Das ist die Zeit, in der jeder Mensch sensibler für außersinnliche Phänomene wird. Allmählich kommt es zu einer immer stärker werdenden Resonanz zwischen dem spukenden (den Spuk auslösenden) Agens und den medial veranlagten Personen, und die Geräusche treten dann auch am Tage auf. Sonnenschein (und letztendlich auch Tageslicht) hat eine zerstörende Wirkung auf feinstoffliche Energieformen, was aber nur bis zu einem gewissen Grade Gültigkeit hat. Die Geräusche steigern sich mit der Zeitdauer der Phänomene, sie nehmen an Häufigkeit und an Lautstärke zu. Sie sind real, können von außenstehenden Personen gehört werden; Vibrationen der Möbel, des Hauses usw. bezeugen die Objektivität.

Eine Kommunikation von Personen mit der den Spuk auslösenden Feldstruktur (des geformten Kraftfeldes im Raumäther) ist im Zusammenhang mit den klassischen Spukphänomenen nicht gerade häufig, es ist eigentlich eine Domäne des medialen Trancezustandes. Wenn im Wachbewusstsein eine Kommunikation mit einem Geistwesen zustande kommt, spricht dieses für außerordentlich stark am Ort des Geschehens eingeprägte Kraftfelder oder für eine außergewöhnliche Medialität.

Es ist ein typisches Zeichen für eine personengebundene Zielgerichtetheit des Spuks, wenn er den ursprünglichen Spukort verlässt und den betroffenen Personen folgt. Personengebunden deshalb, weil einerseits eine Medialität vorhanden sein muss und weil andererseits eine gewisse Botschaft überbracht werden soll, die eben nur durch das Medium offenbart werden kann. Diese Fixierung an eine oder mehrere Personen ist ein typisches Merkmal einer Besetzung, eines Mentalprogrammes, das an eine bestimmte Person gebunden ist und ihr folgt. Das geschieht aber meist nur so lange, bis der Spuk entweder sein Ziel, etwas zu offenbaren, erreicht hat oder die Botschaft aus anderen Gründen für das Medium nicht mehr von Bedeutung ist. Da Spuk oftmals auf psychische Ausnahmesituationen bei Jugendlichen reagiert, kann er sich von selbst zurückziehen oder auflösen, wenn die aufnahmebereite Situation beim Jugendlichen nicht mehr gegeben ist und seine Psyche wieder einen ausgeglichenen Zustand angenommen hat. Aufgrund der hohen Medialität der Fox-Geschwister und der Dringlichkeit der Botschaft, konnte der Spuk auch außerhalb des Hauses eine solche Intensität annehmen, dass auch Außenstehende davon betroffen wurden und ihn wahrnahmen. Dass es auch weiterhin im Haus in Hydesville spukte, ist ein Zeichen für die Fixiertheit an einen Ort, weil hier auslösende Mentalprogramm für den Spuk gespeichert ist.

Dass Zweifler und „Ungläubige“ mitunter besonders stark attackiert werden beweist, dass mit dem Spuk eine Botschaft überbracht werden soll – die Benachrichtigung über einen Mord, der hier im Hause geschehen ist – sowie allgemein die Aussage, dass es ein Weiterleben nach dem Tod gibt, in welcher Form auch immer. Dafür spricht auch die Angabe, dass sich viele verstorbene Angehörige der Personen meldeten, die im Spukhaus aus Neugierde anwesend waren. Weiterhin ist diesbezüglich ebenso wichtig die theatralische

Ausformung der Spukgeräusche des Röchelns, Stöhnens usw. die in diesem Fall ziemlich eindeutig auf einen Mord verweisen. Letztlich spricht dafür ebenso, dass beim Graben im Keller, um die Richtigkeit der Angaben des Geistes zu bestätigen, der Spuk aufhört, weil seine Botschaft angekommen ist und dem Wunsch, seine Not zu offenbaren, damit endete.

Der Charakter des Spuks wird als intelligent und boshaft zugleich beschrieben. Intelligent aber nicht von sich aus, nicht von spukenden Agens aus gesehen. Es ist keine Intelligenz des spukenden Wesens, sondern ein Zeichen für die innige Verbundenheit mit der seelischen und geistigen Struktur des Mediums, der bedrückten Person. Der Spuk weiß alles und erkennt alles, was im Geiste eines Menschen vor sich geht, schon lange bevor es im Bewusstsein des Bedrängten Gestalt angenommen hat. Intelligent auch deshalb, weil hier richtige, nachprüfbare Angaben erfolgen, die sich – wenn auch zum Teil erst viele Jahre später – bewahrheiten. Boshaft kann der Spuk aus zweierlei Gründen erscheinen: der Mensch wird angegangen, weil er die Botschaft nicht verstehen will, nicht verstehen kann, sie aber verstehen soll oder ganz einfach aus dem Grund, weil sich in den Kommunikationsprozess Naturwesen eingeschaltet haben, die leicht zum Schabernack geneigt sind.

Zuletzt seien noch Ereignisse erwähnt, welche nicht nur die Zuschauer im Spukhaus, sondern auch den Leser vor Verständnisprobleme stellen. Ich spreche von der Fernbewegung von Gegenständen, die von irgendwo verschwinden und an anderer Stelle spontan wieder auftauchen. „Teleportation" ist das Fachwort dafür, Gegenstände werden aufgelöst, unsichtbar, und an anderem Ort wieder materialisiert. Dazu gehört auch das Phänomen, dass Gegenstände in den Körper eines Menschen „hineingezaubert" werden, die dann unter Umständen sogar schmerzhaft wieder entfernt werden müssen, meist aber von selbst heraustreten, ohne Spuren oder Wunden zu hinterlassen. Auch dieses ist ein Phänomen der De- und Rematerialisation, der Auflösung und Wieder-Materialisierung. Ein weiteres damit verbundenes Phänomen ist das Auftreten einer „direkten Schrift", eine Art von Eingravierung oder Beschriftung in oder von Objekten. Es ist ein bei Spukerscheinungen seltenes Phänomen, das bereits in der Bibel unter „Belsazers Gastmahl" erwähnt wurde, indem eine wunderbare Schrift an der Wand erscheint, die von Daniel als Botschaft gedeutet wurde:

> „Eben zur selben Stunde gingen hervor Finger wie einer Menschenhand; sie schrieben, gegenüber dem Leuchter, auf die getünchte Wand in dem königlichen Saal; und der König ward gewahr der Hand, die da schrieb. Da entfärbte sich der König, und seine Gedanken erschreckten ihn, dass ihm die Lenden schütterten und die Beine zitterten" (Daniel 5, 5-6).

Eine andere Stelle der Heiligen Schrift, in der das Phänomen der „direkten Schrift" als paranormale Erscheinungsform auftaucht, ist der Bericht über die Gesetzestafeln, die von Gottes Hand geschrieben und Mose auf dem Berg Sinai überreicht wurden: „Und Gott hatte sie selbst gemacht und selber die Schrift eingegraben" (2. Mose 32.16).

Im Rahmen der paraphysikalischen Phänomene des experimentellen Mediumismus tritt eine solche Gravur nicht selten auf. Besonders häufig scheint dieses beim Grazer Medium Maria Silbert (1866-1936) in Erscheinung getreten zu sein, oftmals in Form einer Flammenschrift.[36] Das *Lexikon der Parapsychologie* würdigt das Phänomen der Gravuren bei ihr mit den Worten: „In Hunderten von Fällen erschienen auf Taschenuhren, Trinkbechern u. ä. Zeichen oder Wörter als ‚okkulte Gravierung' oder in Direkter Schrift".[37] Auch das Medium Henry Slade († 1909) ist diesbezüglich zu nennen, bei dem das Phänomen der Direkten Schrift in experimentellen Sitzungen auf Schiefertafeln erfolgte. Sein Arzt begleitete ihn bei 33 Sitzungen und verbürgt sich für über 100 echte Tafelschriften.

36 Rudolf Sekanek: *Mutter Silbert* – Der Leuchter, Otto Reichel Verlag, Remagen 1959.

37 Werner Bonin: *Lexikon der Parapsychologie*, S. 455; Stichw.: Silbert, Maria.

Der Geistkörper des Menschen

Wenn deine Seele frei wird durch meinen Geist in ihr, so wird diese dir nun sichtbare Welt vergehen [...] Du aber wirst dir aus deinem Innern selbst eine Welt erschaffen können, die für dich, solange dein Wille sie wird halten wollen, eine ebenso vollkommene Wohnunterlage bilden wird, wie da nun diese meinige Erde für deinen Leib eine Wohn- und Tätigkeitsunterlage bildet.

Jakob Lorber: *Großes Evangelium Johannes*. Bd. 10, S. 195.

Die vorangegangenen Schilderungen der Spukphänomene, die logische Entwicklung dieser Ereignisse, ihre naturphilosophische Betrachtungsweise, die auf der Annahme einer psychischen Kraft beruhenden Theorien einschließlich der Annahme eines nach dem Ablegen des Leibes verbleibenden „Lebensrestes" sowie auch die Ansichten einiger Physiker verweisen auf Kraftfelder, die einerseits mit dem physischen Körper zusammenhängen, andererseits aber auch losgelöst von ihm zu existieren vermögen und darüber hinaus auch auf eine Verbindungsmöglichkeit dieser Felder im Sinne des Vermittelns einer Information. Es existieren also ein von der seelischen Energie des lebenden Menschen ausgehendes Feld, eine Manifestierung dieses Feldes im außerkörperlichen Bereich sowie die Möglichkeit einer sinnvollen Interaktion dieser Felder. Was die außerkörperliche Struktur oder Manifestierung dieser Felder anbelangt, so müssen wir davon ausgehen, dass auch ohne das bewusste Dazutun des lebenden Menschen Kraftfelder im Sinne von Informationsfeldern bestehen. Sie lassen uns an verbleibende „Lebensreste" Verstorbener denken, vom lebenden Menschen losgelöste Strukturen im Sinne von Elementalen, also geistigen Entitäten mit einer gewissen Selbstorganisation, eines Verbindungsbestrebens zum lebenden Menschen hin, wie auch zu anderen hinterlassenen Feldstrukturen Abgeschiedener. Diese Felder vermögen auch in Wechselwirkung zu den Elementalen zu treten, die lebenden Menschen innewohnen bzw. anhaften und können darüber auch das Verhalten des lebenden Menschen beeinflussen. Aber auch der umgekehrte Fall ist möglich, indem die mentalen Kräfte Lebender auf die geistigen Potentiale Abgeschiedener einwirken.

Um die Zusammenhänge zu erläutern, werden wir uns zunächst im doppelten Sinne mit dem geistigen Körper des Menschen befassen, nämlich als ein in einem Körper wirkender Geist und ein außerhalb des Körpers wirkendes Kraftfeld.

Eigenschaften und Entwicklung des Geistkörpers

Die Seelen im Jenseits behalten ihre Begierden und Gelüste, auch die bösen, und suchen sie wenigstens dadurch zu befriedigen, dass sie Lebende veranlassen, sich denselben Lastern hinzugeben. Die Seelen guter Geister suchen das zu verhindern. So erklärt es sich, dass viele Menschen, besonders Medien, Opfer der Geister werden.

Stainton Moses (Medium)[38]

Der Geist ist das höchste und bedeutsamste Wesensglied im Menschen. Er ist es, der seine Physis überhaupt erst belebt und die Persönlichkeit ausmacht. Die Eigenschaften des menschlichen Geistkörpers kennzeichnen die Entwicklung seines Bewusstseins. Ist ein Mensch gestorben, so vermögen für eine kurze Zeitspanne noch alle seine Organe in gesundem Zustand zu sein, doch der Geistkörper hat den Leib verlassen und die Information des Lebens mit sich genommen. Wir können uns fragen, wo diese denn geblieben sein mag. Durch erneute Vereinigung des Geistkörpers mit dem physischen Leib, ist es in begrenztem Zeitraum möglich, Tote wieder zum Leben zu erwecken, sowie dem keine organischen Hindernisse entgegenstehen. Viele Unfallberichte, Nahtoderlebnisse und erfolgreiche Wiederbelebungen Verstorbener weisen (bereits seit biblischen Zeiten) darauf hin.

Den Geistkörper erhält der Mensch bei seiner Geburt, wobei das menschliche Ich, aus dem Astralreich kommend, in den physischen Leib hineingeht und in ihm mit schöpferischen geistigen Kräften lebenserhaltend wirkt. Es ist der „Atem Gottes“, der laut hebräischer, indischer sowie theosophischer Lehre in den Leib eindringt, um hier Erfahrungen zur Vervollkommnung des Bewusstseins zu sammeln. Ohne die Akzeptanz der Lehren von Karma und Wiedergeburt ist das Zusammenwirken von Körper und Geist nicht zu verstehen.

38 Zit. n. Cesare Lombroso: *Hypnotische und spiritistische Forschungen*, S. 356.

Es ist ohne Bedeutung, ob wir von einem Geistkörper, einem Astralleib oder einem Ätherleib sprechen, wenn das Bewusstsein bereits im Körper integriert ist. Welche Bezeichnung wir auch immer benutzen, wir müssen uns darüber im Klaren sein, dass es sich hierbei um zwei unterschiedliche Feldstrukturen handelt, die aufeinander einwirken. Der Geistkörper wirkt auf den energetischen Körper und der energetische Körper beeinflusst wiederum den Geist. Wie sehr der Geist auf die Felder des physischen Körpers zu wirken vermag, ersehen wir beispielsweise im Phänomen des Errötens, in spontanen physiologischen Reaktionen durch Schreck, Angst, aber auch durch positive Emotionen und Erfahrungen. Das Selbst vereinigt sich mit den verborgenen Kräften des physischen Leibes, mit dem Energiefeld des physischen Lebens. Das ist keine Arbeit im grob-materiellen Sinne, sondern die Offenbarung einer geistigen Kraft im feinstofflichen Informationsgefüge des Leibes. Der Geist zwingt dem feinstofflichen Körperfeld eine neue Information auf, die er unter allen Umständen zu verwirklichen sucht. Wie weit dieser Prozess allerdings gedeiht, hängt vom Regulationsvermögen der feinstofflichen Kräfte im Körper ab, die durch Blockaden oder Fehlregulationen in ihrem Reaktionsvermögen gehemmt werden können. Psychosomatische Erkrankungen bezeugen diese Zusammenhänge.

Die geistigen Kräfte können den Körper aufbauen, ihn aber auch zum Zerfall bringen. Das menschliche Bewusstsein, der Entwicklungsstand des Geistes im Menschen, entscheidet darüber. Die Wirkungen des Geistes auf den physischen Leib sowie die Schulungsmöglichkeiten des Bewusstseins durch Arbeit am eigenen Geist, kommen den meisten Menschen nur unzureichend zu Bewusstsein. Doch eben darin besteht unsere Entwicklungsaufgabe, das Wesen des geistigen Menschen zu entwickeln, damit er sich als eigenständige und unverwechselbare geistige Individualität auch aus der unkörperlichen Welt herausheben kann.

So wie als Folge der Entwicklung des Bewusstseins der physische Körper als Individualität aufgebaut wird, so geschieht es auch mit dem geistigen Körper. In der physischen Welt ist der Aufbau eines gesunden Körpers für uns ein wichtiges Lebensziel, in der geistigen Welt zählt dagegen die Entwicklung des Geistes, weil der geistige Körper den physischen überlebt und alle Informationen mit sich nimmt, die er im physischen Körper infolge der Geistesschulung erzielte. So, wie der physische Körper seine Schönheit und Form besitzt, so ergeht es auch dem geistigen Körper, der dem physischen ähnlich ist bzw. in einer solchen Form von Sehern wahrgenommen werden kann. Dem Geistkörper sind im Gegensatz zum physischen Körper allerdings sämtliche Unzulänglichkeiten anzusehen, denn in der geistigen Welt bleibt nichts, aber auch gar nichts verborgen, das der Mensch in Jahrhunderten oder Jahrtausenden an geistigen Eigenschaften anhäufte. So, wie der Mensch Stoffe für den Aufbau seines Körpers aufnimmt, so nimmt er auch aus der geistigen Welt Informationen auf und verarbeitet diese, indem er sie zu seinen persönlichen Eigenschaften macht, indem er sein geistiges Informationsfeld erweitert und umprägt. Das Geistige ist die wahre Nahrung des Menschen, aus dem Geistigen heraus wird er zum wirklichen Menschen und nähert sich dem Wahren und Guten, wie es von den ewig gültigen Gesetzen des Kosmos vorgesehen ist und wie es der göttlichen Urkraft und Vorsehung entspricht.

Die Begriffe „Leben" und „Tod" kennzeichnen zwei Sichtweisen in Bezug auf den Geistkörper. Das Wesen des Menschen in seinem Körper ist von der Geistwelt, in der er sich befindet, und von der er ein Teil darstellt, als selbstständiges Wesen abgetrennt und nur über eine individuell entwickelte „Brücke" mit der geistigen Welt verbunden. Es ist sein eigenes Bewusstsein, dass ihn von der geistigen Welt trennt, da es wesentlich mit dem Aufbau und der Organisation des Körpers beschäftigt ist. Aus der Sichtweise der geistigen Welt – und zu dieser gelangen wir zwangsläufig nach dem Tod – spielt der Körper keine Rolle mehr für die weitere Entwicklung. Die auch jetzt noch bestehende Brücke zum Körper, d. h. die emotionale Beziehung zum Irdischen allgemein, wird langsam abgebaut. Langsam, das können wenige Wochen sein, der Ablösevorgang kann aber auch Jahre andauern.

Im physischen Körper finden wir die Energieformen vor, die auch in der physischen Welt vorhanden sind, der Verstofflichung dienende Kräfte der elementaren Energien. Im Geistkörper dagegen arbeiten die Kräfte der äußeren geistigen Welt (wie auch schon im Lebenden) und zusätzlich und allen voran die Kräfte der selbst aufgebauten geistigen Struktur des Menschen, die seine Persönlichkeit ausmachen, die den Geistkörper des Menschen bilden. Dieser ist ein in sich abgeschlossenes Gebilde im Sinne einer Informationsstruktur im kosmischen Ätherpotential mit der Tendenz, strukturelle oder strukturierende Energieformen aus dem physischen Leben zu übernehmen. Sie haften dem Geistwesen weiterhin an und vermögen Lebenden Zugang zu ihm zu verschaffen, aber auch Spukphänomene, Erscheinungen und andere Merkwürdigkeiten auszulösen, die den physikalischen Gesetzmäßigkeiten der kosmischen Energiefelder entsprechen, die wir aber bislang noch nicht oder nur wenig in unsere Erkenntnisse von der Welt oder vom Leben in ihr einbeziehen konnten.

Der Aufbau von geistigen Schemen und Elementalen

Setzte dich zu meiner Rechten,
bis ich deine Feinde zum Schemel deiner Füße mache.

Psalm 110.1

Wer sind die Feinde, von denen der Psalmist hier spricht? Es sind die zu Lebzeiten gebildeten Elementale, die nach dem Tode freigesetzt werden und dem höheren Selbst nun als eigenständige Personifikationen entgegentreten, eigene Rechte anmelden, den Geist bedrängen und damit seine weitere Entwicklung hemmen.

Unsere Gedanken, Gefühle, Triebe, unbewusste Regungen usw., alle geistigen Äußerungen unseres Wesens sind geistige Kräfte, die zum Aufbau unseres Geistkörpers beitragen. Diese spiritualistischen Kräfte tragen besondere Eigenschaften in sich, die sie dadurch etwas näher an unsere materielle Welt heranbringen. Es handelt sich bei den Kräften um sogenannte „Informations-Potentiale", um Energien, die im kosmischen Äther, in der Grundstruktur allen Seins und aller Materie bestimmte „Formen" annehmen und deshalb in der Lage sind, feinstoffliche physikalische Kräfte oder Energieformen an sich zu ziehen und zu verdichten. Diese Verdichtung bemerken wir im Traumgeschehen recht deutlich, es dünkt uns real, scheint aber keine Auswirkungen auf die stoffliche Welt zu haben. Hier meldet sich unser unbewusstes Selbst, Bilder, die aus Gefühlen, Sehnsüchten und Trieben entstanden sind, geformte Strukturen aus dem Innern der Seele, die verborgene Ursachen unserer seelischen Regungen sichtbar machen. In diesen Bildern mischen sich Elemente aus unserem eigenen Selbst und Informationen, die von fremden Intelligenzen stammen. Letzteres wird von der allgemein herrschenden Meinung der Psychologen weder berücksichtigt noch akzeptiert. Diese fremdgeistigen Elemente können den mentalen Energien fremder Menschen entsprechen, lebender oder bereits gestorbener, das können Botschaften von Genien sein, von Engeln, himmlischen Hierarchien, von allem, was seine Ursprünge in der jenseitigen Welt hat.

Der Mensch besteht aus Körper, Seele und Geist, das heißt aus der materiellen, formgebenden Struktur, einem feinstofflichen, verbindenden Seelenkörper und dem der Gesamtheit innewohnenden Geist, dem eigentlichen Selbst. Der Geist löst sich im Zustand des Schlafes, aber auch im Tod, in gewisser Weise vom materiellen Körper. Er kann unabhängig von der Funktion der äußeren Sinnesorgane arbeiten, wobei sich ein hellsichtiger und hellfühlender Zustand einstellt, der tiefere als sinnesbezogene Wahrnehmungen gestattet. Der Geist vermag das eigene energetische (seelische) Umfeld wahrzunehmen, das wir selbst geschaffen haben durch unsere Gedanken, Gefühle, Triebe, Wünsche und Sehnsüchte, Befürchtungen und Hoffnungen. Gefühle sind der Stoff, aus dem die Träume sind. Gewohnheiten werden hier zu fester Materie, Triebe zur bewegenden Kraft. Das Selbst (der Geist) befindet sich im Traumzustand in einer Seelen-Umwelt, die für es in diesem Zustand ebenso real und materiell ist, wie unsere materielle Welt im Wachzustand.

„Was einmal gedacht wurde, kann nicht mehr zurückgenommen werden" äußerte Friedrich Dürrenmatt in seinem Drama *Die Physiker*. Der Mensch schafft sich damit die seinen Geistkörper prägenden feinstofflichen Wesenheiten selbst. Jeder Gedanke, jede seelische Regung eines Menschen schafft ein Energiepotential, das in ihm selbst wirksam ist aber auch über das eigene energetische Umfeld hinaus Eindrücke in der Astralsphäre hinterlässt. Jedes Gefühl, das uns im Laufe eines Tages anwandelt, jeder noch so flüchtige Gedanke, uns gar nicht bewusst werdend, verändert unser energetisches Schwingungsumfeld. Je nach Art der Quelle der formgebenden Gefühle, liegt die uns umgebende Eigenstrahlung in einer gewissen Ordnung vor. Dabei nimmt jeder Gedanke des Menschen eine Form an, die seinem Inhalt entspricht. Leider hat er noch nicht die Fähigkeit erlangt, dass er diese Gedankenformen sehen kann. Das wäre ein großer Gewinn für die menschliche Entwicklung.

Die Astralsphäre, in die wir eingebettet sind, ist kein entfernt liegender Bereich des „Jenseits" sondern ein energetisches Ursachenfeld, das mit dem Kosmos und den Planeten in gleichem Maße verbunden ist wie mit uns selbst, so dass die Eindrücke, die unsere Gedanken hinterlassen, die Astralebene gleichermaßen in Schwingung versetzen wie unser eigenes energetisches Umfeld, unsere Aura. Die Eindrücke, die Gedanken im astralen Ursachenfeld hinterlassen, sind mit unserem eigenen energetischen Umfeld in direktem Maße verknüpft. So wie Schallwellen in der Luft zahlreiche streng geordnete Figuren annehmen, rufen in ähnlicher Weise „Gedankenwellen" je nach ihrer Art in dem uns umgebenden ätherischen Energiefeld formenhafte Eindrücke hervor, die sogenannten Schemen[39] oder Elementale[40], auf die wir im Laufe dieses Buches noch mehrfach unter verschiedenen Gesichtspunkten zu sprechen kommen werden. Hellsichtige Menschen können unter Umständen solche Gedankenbilder wahrnehmen, die in ihrer Form und Symbolik dem Inhalt der Gedanken durchaus entsprechen. Dabei nehmen niedere Gedanken widerwärtige, häufig genug tierische Formen an, während gute und edle Gedanken zu Lichtgestalten werden.

Diese Gedankenbilder, die unseren Geistkörper repräsentieren, sind zwar wandelbar, vergehen aber nicht. Dauer und Festigkeit der Gedankenschöpfungen hängen von der Stärke des Willens und der Triebe ab, die sie ins Leben gerufen haben. So wie sich Charakter und Seelenzustand eines Menschen fortwährend in seinen Gesichtszügen, seiner Haltung usw. auszudrücken streben und diese mit der Zeit gänzlich umformen können, so formen die Gedanken unser energetisches Umfeld und hinterlassen bleibende Eindrücke. Während flüchtige Gedanken nur vorübergehende, noch leicht wandelbare Störungen im energetischen Schwingungsgefüge des Menschen bewirken, schaffen lang andauernde und sich in bestimmten Situationen immer wiederholende Gedanken und Triebe astrale Formen hoher Intensität und Dauerhaftigkeit und verursachen damit eine permanente Anwesenheit dieser wesenhaft auftretenden Elementale in unserem energetischen Umfeld.

Feinfühlige Menschen können die Elemental-Energien anderer Personen fühlen. Die Gegenwart niedrig gesinnter Menschen berührt uns unangenehm, wir wissen nicht, warum. Die Gefühle der Sympathie und Antipathie werden hauptsächlich durch die Gedankensphäre hervorgerufen, durch Elementale, deren energetische Schwingung uns berührt. Jeder Mensch hat solche Anhängsel, weil

---

39 Synonym für Trugbild, Phantom, Gespenst, Schattenwesen. Hier verwendet für Wesenheiten, die sich ihrer Herkunft gemäß nicht eindeutig zuordnen lassen.
40 Produkte der Ausstrahlung geistiger Kräfte. Ein Begriff aus dem Okkultismus und Spiritismus. Es handelt sich um geistige Wesenheiten, die durch Gedankenkräfte erzeugt werden und eine gewisse Individualität aufzuweisen scheinen. Der Begriff wird unkorrekter Weise häufig auch für Elementwesen (Naturgeister) verwendet.

sie einen Teil seines Bewusstseins ausmachen, es sind Teile eines falschen Ich. Sie können die Herrschaft über den Menschen gewinnen, das eigene Ich herausdrücken, „fixe Ideen“ verursachen bis hin zum Irrsinn. Sie verhalten sich ähnlich wie astrale Besetzungen durch die Seelenschemen Verstorbener, gehören aber im Gegensatz zu jenen unserem ureigenen Energiefeld an. Furcht, Zorn und Sinnlichkeit schaffen die wirksamsten Elementale, sie werden immer stärker, wenn entsprechende Gedanken sie nähren und das eigene Ich verdrängen. Wenn sie durch einen starken Willen oder Trieb erzeugt werden, besitzen sie große Energien, die auch andere Menschen leicht beeinflussen. Böse Gedanken werden zu nachteiligen Dämonen, gute Gedanken zu Schutzengeln. Ein Gebet für jemanden kann sehr heilbringend sein, wenn es aus vollem Herzen geschieht.

Elementale haben kein eigenes Leben, sondern ein entlehntes. Ändert sich die Gedankenrichtung eines Menschen, so lösen sie sich auf und es bilden sich neue. Solange die Seele des Menschen noch mit der göttlichen Urkraft verbunden ist, haben sie wenig Macht über ihn. Folgt sie erhabenen Gedanken, identifiziert sie sich mit ihrem Höheren Selbst, mit dem Göttlichen, das allen Menschen zugrunde liegt, dann lösen sich die falschen Persönlichkeitsstrukturen auf und geben ihre Kraft zurück. Doch der Mensch kann sich nicht selbst erleuchten, er muss sein Herz einem höheren Licht öffnen. Er ist aber dennoch verpflichtet, gegen die selbstgeschaffenen Kräfte anzukämpfen, denn sie haben die Eigenschaft, sich von unserem Bewusstsein und unseren Gedanken zu nähren.

Elementale haben einen ausgeprägten Selbsterhaltungstrieb. Die Gedanken sind ihre Nahrung, und wenn sie stark geworden sind, dann zwingen sie uns zur Tat. Wir können am besten durch Gedankenbeherrschung gegen sie ankämpfen. Wir können ihnen aber die Gedankennahrung entziehen. Sie müssen nach und nach absterben, wenn wir alle niedrigen Gedanken zurückhalten.

Gefühle und Gedanken sind mehr als flüchtige Eindrücke in unserem Seelenleben, sie sind bereits strukturierte Energien mit einer bestimmten Entwicklungslinie und eigenen Gesetzmäßigkeiten innerhalb unserer Gesamtpersönlichkeit. Geordnete Energien bilden die Grundstruktur für manifest (stofflich) werdende Materie, wie es zum Beispiel am Wachstum von Kristallen ersichtlich ist. Das Schwingungsfeld, das bei einem Gedanken ausgesendet wird, umgibt seinen Schöpfer in einer geordneten Energiewolke, die auf der Wahrnehmungsebene mit einem bildhaften Gefühlseindruck zu vergleichen ist. Der Wunsch, der Trieb, der Wille hat sich ein Bild geschaffen. Das ist Schöpfungskraft, bewusste oder unbewusste Schöpfungskraft. Der Gedanke schafft ein *wesen*haftes Bild, kein körperloses sondern ein körper*haftes* Etwas. Dieses Etwas haftet seinem Schöpfer an, denn es ist ein Teil von ihm selbst, es ist seines Geistes Kind.

Haben sich diese Gedankenformen erst einmal manifestiert, sind sie nur äußerst schwer aufzulösen, sie haften an unserem Leben und an unserem Bewusstsein noch über den Tod hinaus und werden in die nächste Inkarnation mit hineingenommen. Im Traum und später im Astralreich sind diese Luftschlösser absolute Realität. Was der Mensch geistig in der Zeit seines Lebens gesät hat, das wird er hier ernten, das tritt ihm hier gegenüber. Er begegnet einer Welt von Schemen, Larven, Gespenstern, Ungeheuern, Monstern, alles Abbilder seines individuellen Seelenlebens. Der jenseitige Mensch, das heißt der im geistigen Zustande erwachte Mensch ziert sich hier mit seinen Eigenproduktionen, er ist der Baumeister seiner Welt. Alle diese Schemen treten ihm bildhaft gegenüber; sie wirken bedrohlich, weil sie sich nun nicht mehr, wie im Leben, kontrollieren lassen, denn sie folgen ihren eigenen Gesetzen, die nicht unserem Willen unterliegen, obgleich sie aus unserem eigenen Selbst geschaffen wurden.

Durch die Produktion dieser Schemen oder Elementale schafft sich der Mensch seine eigene Götterwelt, schafft sich Charaktereigenschaften, die ihn zu einem bestimmten Wollen, Denken und Handeln zwingen. Die darauf aufgebauten Schemen begleiten ihren Schöpfer sein Leben lang. Gedanke häuft sich auf Gedanke,

Trieb auf Trieb, immer wieder, immer in der gleichen Richtung. Stein für Stein Arbeit an einem Geistschemen, das immer realer und mächtiger wird bis hin zur Beherrschung seines Schöpfers. Je mehr es sich über die Kraft der Zuwendung und Hinwendung formt, umso mehr Eigenbewusstsein entwickelt es, ein Komplex aus Schwingungsverwandtschaften. Losgelöst vom eigenen Ich versucht dieses Bild mehr und mehr die ihm analoge Schwingung anzuziehen, um sich selbst mehr und mehr zu formen und auszubilden. Dieser Mensch fühlt sich in bestimmte Richtungen gedrängt, in einen speziellen Personenkreis, ein arteigenes Schwingungsumfeld, das den Schemen stärkt, eine Sucht vielleicht, der nicht widerstanden werden kann. Mit jedem Nachgeben, mit jedem verlorenen Kampf baut sich der Suchtschemen mehr und mehr auf, bis er so mächtig ist, dass das Ich ihn nicht mehr besiegen kann.

Nicht nur die selbst aufgebauten Elementale, auch die Schemen anderer Menschen vermögen uns Lebenskraft zu entziehen. Das ist insbesondere dann der Fall, wenn wir Kontakt mit geschwächten (kranken, sterbenden, medial veranlagten) Personen haben, deren Geistkörper sich teilweise vom physischen Körper gelöst hat. So berichtet Justinus Kerner über die von ihm betreute Seherin von Prevorst[41], dass sie von Menschen, die sich in ihrer Nähe aufhalten, ungewollt Lebenskraft abziehe, ein Vorgang, der auch als Od-Vampyrismus bezeichnet wird. Die betreffenden Personen begannen sich dann nach einer Weile unwohl zu fühlen, einige wurden sogar ohnmächtig. Ähnliche Erscheinungen werden aus dem physikalischen Mediumismus berichtet, wo sich manifestierende Geistererscheinungen durch Kältegefühl und Schwäche bei den Personen bemerkbar machen, denen sie Lebenskraft entziehen. Sie benötigen die Kraft, um sich auf der physischen Ebene manifestieren zu können. Wir werden dieses Phänomen in Berichten über Spukerscheinungen noch näher kennenlernen, denn auch diese sind auf die vitalen Energien Lebender angewiesen, um sich manifestieren

41 Nach Willem Hendrik Carl Tenhaeff: *Außergewöhnliche Heilkräfte,* S. 62.

zu können. In der „Schwarzen Magie“ ist es ein bekanntes Phänomen, dass Personen an energetischer Schwäche sterben, wenn in ihrer Aura entsprechende Manipulationen vorgenommen werden. Treffen gesunde Personen aufeinander, verhält es sich allerdings anders; hier entzieht die energetisch stärkere (oft die korpulentere) Person der schwächeren Lebenskraft. Der österreichische Schriftsteller Hans Sterneder äußert sich zum Thema der Gedankenschöpfungen:

> „Jeder eurer Gedanken ist ein geistiges Wesen, so lebendig und real wie das dem Mutterleib entsprießende Kind, wie die dem Stock entschwirrende Biene, dem Haus entflatternde Taube! Und diese Gedankenwesen umschweben euch dauernd wie die Bienen ihren Heimatstock! Und das ist es! Es ist darum nicht gleichgültig, was man mit seinem göttlichen Geiste für Wesenheiten zeugt und schafft – ob lichte oder dunkle, reine oder sündige, ob keusche oder sinnliche! Denn diese Wesenheiten, die zu uns gehören wie unsere Kinder, umgeben, umdrängen uns immerzu – und beeinflussen uns, die Reinen zum Guten, die Sündigen zum Schlechten! Denn da sie sich, genauso wie wir, nähren müssen, um am Leben zu bleiben, müssen wir uns vor den Bösen hüten, denn sie fallen uns immer wieder an und reizen, versuchen und locken uns zu neuen sinnlichen Gedanken, leidenschaftlichen Vorstellungen – und Taten. Denn sie leben von dem, was sie geschaffen hat! Darum hütet eure Gedanken wohl, denkt nur Reines, Hohes – damit ihr nicht einem Schwarm versuchender Dämonen, sondern einen Hort wehrender, helfender, lichter Genien um euch habt. So wird euer Leben gesegnet sein und zur höchstmöglichen Entfaltung reifen."[42]

Wenn der feinstoffliche Körper des Menschen einem geformten, energetischen Gebilde entspricht, das sich in gewisser Weise vom leiblichen Körper zu lösen vermag, so sollte es uns nicht wundersam erscheinen, wenn diese Gestalt im Schlaf aber auch im wachen Zustand, zumindest in der Ausgangssituation eines verminderten

---

42 Hans Sterneder: *Die Neugeburt der Ehe*, S. 74.

Bewusstseinszustandes, anderen Personen erscheint. Dieses Phänomen tritt uns in verschiedenartigen Berichten gegenüber, zum Beispiel in Form einer sogenannten „Bilokation", bei der ein Mensch an unterschiedlichen Orten zugleich wahrgenommen wird, aber auch im Zustand einer psychischen Spaltung, wo dem Betrachter das Bild des eigenen Körpers gegenübertritt (Doppelgänger) oder er sich selbst in einer bestimmten Situation handeln sieht, dann in sogenannten „Exkursionserlebnissen", bei denen der Geistkörper den Leib verlässt und außerhalb des Körpers Situationen beobachtet, die sich im Nachhinein bewahrheiten. Wir erkennen dieses Phänomen auch im Zustand des sogenannten „reisenden Hellsehens", einer anderen Form der Seelenexkursion, in welcher der Geistkörper des Menschen unbekannte Orte aufsucht und in hellseherischer Weise Informationen sammelt und dabei gegebenenfalls sogar beobachtet wird. Beispiele für alle diese Fälle habe ich in mehreren meiner Schriften angeführt, insbesondere in meinem Buch *Seelenwelten*[43]. So finden wir das Phänomen der Verdoppelung, der Aussendung des Geistkörpers bei vielen Heiligen, zum Beispiel bei Joseph von Copertino, beim Kapuziner Pater Pio, beim ehemaligen Papst Pius X. (Gioseppe Melchior Sarto), bei genial veranlagten Menschen wie Goethe aber auch bei unzähligen „normalen" Personen, im Schlaf, im Traum, bei vermindertem Bewusstseinszustand usw. Auffallend ist, dass die als Doppelgänger wahrgenommene Person sich den räumlichen und individuellen Gegebenheiten des Raumes bzw. der Situation, in der er erscheint, vollkommen anpasst. Das paranormale Element spielt bei derartigen Freisetzungen des Geistkörpers eine bedeutende Rolle, denn losgelöst von den Sinnesorganen des Körpers vermag der Geist Eindrücke aufzunehmen, die außerhalb des strukturierenden Rahmens von Raum und Zeit liegen.

Das Verlassen des Körpers vermag tiefe Eindrücke in das Selbst des Geistkörpers zu vermitteln. Wir haben ja bereits gesehen, in

43 Siegfried Grabowski: *Seelenwelten*. – Buchverlag König, Greiz 2015.

welcher Weise sich der Geistkörper zusammensetzt und aus dem Sammelsurium von Elementalen und möglichen Besetzungen eine Seelenlandschaft bildet, die uns tiefe Einblicke in unser ureigenes Selbst ermöglicht und damit Fehler und sogar Krankheiten offenbaren kann. Priester, Seher und Schamanen haben deshalb seit ältesten Zeiten versucht, die Ablösung des Geistkörpers mittels Rauschdrogen zu erleichtern, um sich über die beim Freisetzen der Energiefelder zeigenden Personifikationen (Elementale, Strukturen des Selbst) Auskünfte zu verschaffen – zu ihrem eigenen Nutzen aber auch zum Wohle der ihnen anvertrauten Personen.

Wir wollen uns nun ein wenig näher mit den Erscheinungen lebender Personen als eindrucksvolle Beispiele für das selbstständige – oder doch zumindest der jeweiligen Situation angepasste – Handeln des Geistkörpers befassen, so er eine gewisse Ablösung vom stofflichen Leib erlangen konnte. Die Wissenschaftler sprechen in diesem speziellen Fall von einer Gedankenübertragung. Diese Bezeichnung soll bedeuten, dass eine Person eine mentale Botschaft aussendet (Sender), die von einer anderen Person (Empfänger) wahrgenommen wird. Das ist Telepathie. In der Praxis zeigen sich solche Phänomene aber in anderer Weise; eine Person (Empfänger) hat eine Erscheinung, die sie zuordnen oder nicht zuordnen kann, und der vermeintliche Sender weiß überhaupt nichts von der Botschaft, die er angeblich aussendet. So geschieht es vielfach bei den „Ankündigungen“ Sterbender, bei denen ein solcher eine Botschaft zu senden scheint, die von einem Angehörigen empfangen und in eine dramatische Aktion umgesetzt wird. Erst im Nachhinein erscheint im Bewusstsein die Information, der Erscheinende könnte gestorben sein.

Im nachstehenden Fallbeispiel erleben wir eine völlig umgekehrte Situation: Dem Sterbenden erscheint ein Angehöriger, aber ersterer ist nicht in der Lage, diese Erscheinung wahrzunehmen. Das Trugbild wird dagegen von einer anderen Person wahrgenommen, welche die erscheinende Person überhaupt nicht kennt. Diese sieht eine ihr völlig unbekannte Person. Ich entnehme diesen Fall der unter äußerst kritischen Gesichtspunkten zusammengestellten Fallsammlung des wissenschaftlichen Werkes *Gespenster lebender Personen und andere telepathische Erscheinungen* der Autoren E. Gurney, F. W. H. Myers und F. Podmore, in der deutschen Übersetzung *Phantasms oft the Living*:

> Helene Alexander war als Kindermädchen bei Lord und Lady Waldegrave angestellt. Helene erkrankte an einem typhösen Fieber. Es schien nicht sehr ernst zu sein, so dass Lord Waldegrave und Frau sich auf eine Reise begaben und Helene, die von einem Arzt betreut wurde, in der Obhut einer Freundin, Frances Reddell, Dienstmädchen, zurückließen, die auch bei der Kranken wachte, als es ihr schlechter ging und sie starb. Gegen 4.30 Uhr am Morgen sieht Frances auf die Uhr, um Helene pünktlich die verordnete Arznei zu geben, als ein schauderhaftes Läuten der Hausglocke ertönt, deren Schellenzug nicht in Ordnung war, über den die Schelle also nicht hätte betätigt werden können.
>
> „In diesem Augenblicke indes hörte sie die Thüre sich öffnen, und wie sie sich umschaute, sah sie eine alte, sehr dicke Frau eintreten. Diese war mit einem Nachthemd und einem roten Flanell Unterrock bekleidet; sie hielt in der Hand einen kupfernen Leuchter nach altem Muster. Der Unterrock hatte ein Loch. Sie trat ins Zimmer und schien sich gegen den Toilettentisch zu wenden, um den Leuchter darauf zu stellen. Sie war der Reddell vollkommen unbekannt, welche indes sogleich dachte, dass es Helenens Mutter sei, die jene besuchen wolle. Sie war darüber ganz glücklich und nahm, ohne zu untersuchen, diese Idee an, wie man es im Traume thut. Es schien ihr, als ob die Mutter ärgerlich gewesen wäre, vielleicht weil man sie nicht früher geholt habe. Sie gab nun Helenen die Arznei, und als sie sich dann umdrehte, war die Erscheinung verschwunden und die Thüre geschlossen. Der Zustand von Helene war während dieser Zeit sehr verändert, und Reddell suchte mich [Lord Waldegrave] auf. Ich ließ den Arzt holen, und während man bei Helene heiße Umschläge anwandte [...]; aber sie starb kurz vor Ankunft des Arztes. Sie hatte ihr volles Be-

wusstsein noch eine halbe Stunde vor ihrem Tode und schien in diesem Augenblick einzuschlafen."[44]

Helene hatte an ihre Schwester geschrieben, dass ihr nicht wohl sei. Die Waldegraves nahmen an, dass außer dieser Schwester keine weiteren lebenden Verwandten existierten, kannten auch niemand aus Helenes Familienkreis. Helenes Mutter sagte an jenem Abend, als sie schlafen ging, zu ihrer Tochter: „Ich glaube, dass Helene sehr krank ist.“

Frances Reddell gab eine exakte Beschreibung der Gestalt, die sie gesehen hatte. Man benachrichtigte die Eltern. Vater und Mutter kamen, ebenso die Schwester. Frances erkannte in der Mutter die Gestalt, die ihr erschienen war. Lord Waldegrave erkannte sie nach der Beschreibung der Reddell ebenso. Die Schwester berichtete, dass die Darstellung der Erscheinung sehr genau mit der aktuellen Bekleidung der Mutter übereinstimmte, welche diese getragen hatte, als sie in der Nacht aufstand, und dass sie auch den Leuchter zuhause besäßen. Der Unterrock der Mutter habe ein Loch, das von der Art und Weise, wie sie den Unterrock anziehe, herrühre. Frances Reddell, nach Aussage ihrer Collegelehrerin eine sehr nüchterne Person, versichert, dass sie niemals Halluzinationen gehabt habe, noch sonstige ungewöhnliche Empfindungen, mit Ausnahme dieses Falles.

Berichte über Erscheinungen lebender Personen finden sich in der Literatur äußerst zahlreich. Was den hier zitierten Fall für uns so bedeutsam macht ist der Zusammenhang der Erscheinung einer lebenden Person mit spukhaften Vorgängen, denen reale Gegebenheiten zugrunde liegen. Die Hausklingel läutet, obgleich der Klingelzug ein Läuten nicht zulässt. Schon zuvor hörte man mehrfach die Glocke, nicht erst beim Besuch der Mutter. Derartige Fäl-

---

44 Edmund Gurney, Frederic W. Myers und Frank Podmore: *Gespenster lebender Personen und andere telepathische Erscheinungen*. Verkürzte Übersetzung des englischen Werkes *Phantasms oft he Living*, S. 150 ff.

le von Läuten werden im Zusammenhang mit zahlreichen Spukphänomenen erwähnt. Das Zugseil wird ausgehängt, die Glocke läutet, obgleich sie von außen nicht erreichbar ist. Als die Mutter erscheint, öffnet sich die Tür, nachdem sie verschwindet, ist die Tür geschlossen. Die Erscheinung selbst trägt halluzinatorischen Charakter, sie ist nicht real. Real sind aber sehr wohl die Begleitumstände, die klassischen Spukphänomenen entsprechen, die im Zusammenhang mit Wesenheiten stehen, welche die den Spuk auslösende Person beeinflussen. Da das Glockenläuten in diesem Fall bereits in den dem Sterben vorangegangenen Zeiten gehört wurde und keine reale Erklärung fand, müssen wir ein die Vorgänge auslösendes Agens bei dem Kindermädchen Helene annehmen.

Fassen wir zusammen: Bewusste Gedanken, Emotionen und unbewusste geistige Regungen als Reaktionen auf Informationen, die mit den Sinnen des Körpers aufgenommen wurden, formen das energetische Schwingungsumfeld des Menschen. Aus wiederkehrenden Emotionen bilden sich vom Schöpferwesen losgelöste Schwingungskomplexe mit eigener, unverwechselbarer Energiecharakteristik. Jeder dieser Komplexe tritt mit gleichartigen, im Kosmos vorhandenen Schwingungen, in Resonanz und erfährt dadurch eine Verstärkung. Tritt eine wiederholte gefühlsmäßige oder geistig bewusste Formung des Energiefeldes ein, zum Beispiel durch einen lebhaften Wunsch, so kristallisiert die Energie zu einem geistigen Bild, einem energetischen Ordnungsgefüge, dem aufgrund der Gleichwertigkeit von Masse und Energie besonders in seiner strukturierten Form ein reeller Aspekt zugesprochen werden muss.

Die lebenslange Akkumulation von Energien bestimmter emotionaler Richtung schafft reelle geistige Strukturen, die sogenannten „Elementale", die sich aufgrund eigener Energieaufnahme (Akkumulation durch Resonanz) zu selbstbewussten Personifikationen auswachsen, ohne jedoch von einem eigenen göttlichen Geist beseelt worden zu sein. Sie leben nur durch die bewusste Zuwendung der Menschen und sind zu unterscheiden von höheren Hierarchien, die mit einem Eigenbewusstsein (einem eigenen Geist) versehen sind. Die Unterschiede zeigen sich in den spukhaften Erscheinungen, auf die wir noch zurückkommen werden.

Der Mechanismus des geistigen Schaffens (aus sich selbst heraus) von Strukturen mit eigener Lebensfähigkeit bietet eine Erklärung zum Phänomen der Heilung auf geistigem Wege aber auch für zahlreiche Spukerscheinungen. Während über die Vorstellung von Gesundheit und Lebenskraft bei ausreichender Wiederholung und emotionaler Belegung ein neues Ordnungsgefüge in einem Menschen verankert werden kann, bleiben nach dem Ableben des Menschen die zu Lebzeiten aufgebauten Geistkörper-Schemen erhalten, haften an den Orten ihres ehemaligen Aufenthaltes, beginnen zu spuken oder bedrängen und besetzen andere Menschen, um sich selbst ihr Scheinleben zu erhalten.

Der Geistkörper des Menschen vermag den Leib zu verlassen als ein sich vervielfältigen könnendes Aktionspotential, das in Form der Erscheinung einer realen Person von mehreren Menschen zugleich wahrgenommen und als Individualität erkannt werden kann. Andere Beispiele dieser seelischen Vervielfältigung bilden die Phänomene der psychischen Spaltung, Seelenexkursion, reisendes Hellsehen, die innere Selbstschau, die Erscheinungen Sterbender, das Phänomen der Hellsichtigkeit Sterbender usw. Alle diese Bezeichnungen oder Ereignisse beruhen auf ein und derselben Ursache, der Ablösung des individuellen Selbst mit seinen Elementalen vom leiblichen Körper, wobei die Elementale die Charakteristik der Erscheinung ausmachen.

Wir dürfen uns diesen Vorgang nicht im physikalischen Sinne vorstellen. Es ist kein stoffliches Etwas, das hier den Leib eines Lebenden oder Sterbenden verlässt und auf Reisen geht (obgleich auch dafür Hinweise existieren), sondern eine vom Unbewussten des Selbst kontrollierte Ablösung zweckbestimmter Bewusstseinsprogramme, Befehlsanweisungen sozusagen, die an ihrem Zielort von den sie Wahrnehmenden in das umgewandelt werden, was sie darstellen sollen, um eine Botschaft zu übermitteln, zum Beispiel in eine Erscheinung, eine Wahrnehmung usw. Dass in diesem vom

Lebenden abgelösten Zustand auch ein wahrnehmendes Bewusstsein und damit eine gewisse Aktionsfähigkeit vorhanden sind, erkennen wir in der Eigenschaft des paranormalen Wahrnehmungsvermögens, also der Übermittlung von Kenntnissen, die der lebenden Person nicht zugänglich sind sowie in den mit den Phänomenen häufig in Verbindung stehenden Spukaktionen.

Das Verhalten des Geistkörpers nach dem Tod

Nicht nur glauben, sondern klar und sicher wissen muss jeder Mensch, dass jedes menschliche Einzel- und Eigenbewusstsein über das Grab hinaus fortbesteht, dass also der Tod nichts anderes ist als die Geburt in ein neues jenseitiges Leben, für welches das diesseitige nur eine Vorschule ist.

Carl Wickland: *Dreißig Jahre unter den Toten*, S. 25 f.

Das Wesen des Menschen, sein göttliches Ich, ist in seinem Geistkörper lokalisiert, nicht in seinem physischen Körper. Die Materie selbst besitzt keine Intelligenz, kein Bewusstsein; es ist das geistige Programm, das die Materie zusammenhält und ihre weitere Entwicklung veranlasst. Das Bewusstsein des Menschen ist an seinen Geistkörper gebunden, der allerdings mehr oder weniger ausgeprägt an die Materie gefesselt sein kann und zu seiner weiteren Ausbildung hier in der Welt der Materie auch gebunden sein muss. Doch sein Sitz ist weder im Gehirn noch in anderen Teilen des Leibes lokalisiert, sondern existiert losgelöst im geistigen Körper des Menschen.

Jegliche Intelligenz und alle seelischen Regungen entspringen dem geistigen Umfeld des Menschen, das er bereits bei der Geburt mit sich bringt und im späteren Leben weiter entwickelt. Alles, was wir als geistige Regungen bezeichnen, stammt nicht vom Körper, sondern von der Seele. Im Tod erfolgt eine Trennung des geistigen Körpers vom leiblichen. Tote haben kein geistiges Leben mehr. Wir Menschen glauben nur zu gern, dass unsere Sinneswahrnehmungen, unsere Gefühle, unser ganzes Bewusstsein in unserem Kopf oder an anderer Stelle in unserem Körper vorhanden seien. Diese Prozesse haben ihren Ursprung nicht in unserem Körper, sondern in den uns zugeordneten kosmischen Feldstrukturen. Es sind geistige Prozesse, die der Materie und der körperlichen Sinnesorgane nicht bedürfen. Materie bringt keinen Geist hervor und keine geistigen Funktionen. Nach dem Tod ändert sich für den Geist nichts, außer dass er sich vom Leib ablöst. Sonst bleibt alles beim Alten. Unsere Sinneswahrnehmungen, unsere Gefühle, die Vorgänge des Bewusstseins bleiben erhalten, arbeiten ohne den Körper weiter und sind aktiver als zuvor. Alle geistigen Funktionen arbeiten verstärkt, ähnlich wie im Traum.

> „Wenn der Mensch stirbt, sich also von der Materie löst, bleibt immer noch der eigentliche Mensch übrig. An seiner Wahrnehmung ändert sich nichts, höchstens, dass er die Materie nicht mehr als eine feste Substanz empfindet. Auf dieser Ebene stehen ihm viele Möglichkeiten offen. Er gewinnt zunächst eine Übersicht über seine vielfältigen Leben. Er erkennt seine Entwicklung. Das ist eine Art von Gericht. Im Jenseits gibt es keine Verstellung. Der Mensch ist nackt wie nie zuvor, d. h. er wird von jedem Wesen erkannt, wie er wirklich ist. Doch die Freiheit muss verdient werden. Wer sich nicht so weit entwickelt hat, dass er die Freiheit hat, der muss das Gegenteil akzeptieren. Ihr könnt ahnen, dass dieser Zustand nicht angenehm ist, denn auf Erden hat der Mensch gewiss mehr Freiheit gehabt. Wenn dieser Zustand in Gesellschaft gleichgesinnter Seelen zu unangenehm wird, erinnert sich der Mensch, dass Gebete helfen sollen. Diese Darstellung, die der Wahrheit entspricht, wird von euch als ‚heißes Eisen' bezeichnet [...] Wenn das viele Beten erhört wird, so kann der Mensch die Gnade Gottes erfahren. Er wird zur Reinkarnation bestimmt und kehrt mit seinem Karma, wie ihr es nennt, zur Terra zurück. Dieser Prozess kann sich endlos wiederholen."[45]

Den Zusammenhang zwischen Bewusstsein und dem geistigen Körper offenbaren uns alle Berichte über Ereignisse, in denen sich das Bewusstsein von Körper löst und Erfahrungen sammelt, die nicht mit den Sinnesorganen des Leibes wahrzunehmen sind. Also die bereits angesprochenen Fälle von seelischer Verdoppelung, Seelenexkursion und möglicherweise auch die Beispiele, bei denen sogenannte „Erscheinungen" eine Rolle spielen. Über Nahtoderlebnisse ist viel geschrieben worden, auch hier hat sich das Bewusstsein vom Leibe gelöst und sammelt Erfahrungen, die wie durch Sinnesorgane wahrgenommen erscheinen, Sinnesorgane des geistigen Körpers, nicht des physischen.

Angeblich Gestorbene und wieder ins Leben Zurückgekehrte berichten in vielen Fällen von erhabenen und besonders schönen Zuständen, die sie nach der Befreiung vom Leibe im „Jenseits" erlebt haben. Sie berichten von Ereignissen, die sie gesehen, gefühlt, gerochen, geschmeckt und gehört haben. Aus diesen Berichten wird gerne geschlossen, dass das überlebende Selbst nach dem Tode in einen besonders angenehmen Zustand gerate. Personen, die solches erlebt haben, gewinnen dadurch die unumstößliche Überzeugung vom persönlichen Überleben des Todes.

Gegensätzlich zu diesen Erlebnissen steht die Aussage wohl aller Kulturkreise, nach der das persönliche Selbst, das Bewusstsein, nach dem Verlassen des Körpers in eine Zustandsform gerät, die sich oftmals als alles andere als angenehm darstellt. Mehrere Werke des steirischen Sehers Jakob Lorber befassen sich ausschließlich mit der Weiterentwicklung der Seele im „Jenseits". Sie zeigen ausnahmslos, dass das überlebende Agens in einen Übergangszustand gerät, der seinem Karma entspricht und aus dem heraus erst eine allmähliche und sehr langsame Höherentwicklung erfolgt – wenn überhaupt. Den Karmabegriff möchte ich hier verstanden wissen als eine zwangsläufige Folge der Inhalte aller im letzten und in den vorherigen Leben angesammelten Elementale und Astralwesen,

45 Martin Fiber: *Die Botschaft der Santiner*, S. 191 f.

die den Geistkörper des Menschen programmieren und derer er sich im Tode nicht entledigen kann, sondern die Folgen dieser Prägungen in den feinstofflichen Feldstrukturen mit ins nächste Leben hineinnehmen muss, um sich ihrer bewusst zu werden und sie auf diese Weise aufzulösen.

Wie sind diese unterschiedlichen Beobachtungen und Beschreibungen zu vereinbaren? Wenn ein Mensch stirbt, also real stirbt, dann verliert er nicht sein Leben, sondern die Verbindung zwischen Bewusstsein (Geist) und der Materie wird unterbrochen, sie reißt *vollständig* ab. Der Geist wird frei von den Fesseln des Körpers. Dem Bewusstsein haften allerdings Programme und Strukturen an, die er in seinem Erdenleben erworben hatte, ja, die er bereits aus vielen vorangegangenen Inkarnationen mit sich herumschleppte, von einem Leben ins andere. Dies ist sein seelisches Umfeld, in dem er sich nun bewegt, das Umfeld von Trieben, Gedanken, Vorstellungen, Befürchtungen, religiösen Vorprägungen usw. Dazu gehören auch Besetzungen von anderen Geistwesen und Astralwesen, die ihn ebenfalls mitunter über mehrere Inkarnationen hinweg begleiteten, seine Elementale und andere fremdgeistige Anhaftungen. Dieses alles zusammengenommen ist sein „Auferstehungsleib".

Der Grund für die Aufbahrung der Toten, die Sterbebegleitung, die Totengebete, ja, die Angst vor dem Geist des Toten liegt in dem seelischen Umfeld des Totengeistes, der ein bedeutendes Verbindungsbestreben zur irdischen Materie aufweist, zu irdischen Strukturen, Gegenständen, Räumen, Häusern, Plätzen aber auch Menschen und Tieren anhaften kann und damit auch das Bewusstsein des Abgeschiedenen in der irdischen Realität festhält. Der Geist bleibt an die irdischen Strukturen gefesselt, wenn sich das Bewusstsein nicht davon befreien konnte oder keine entsprechende Hilfestellung von Seiten der Lebenden erhielt. Das heißt, die Kombination von Geist (Bewusstsein) und begleitender seelischer Schwingung ist sofort einem Karma unterworfen, einer Fixierung des Bewusstseins an materielle Energieformen. In dieser Fixierung liegen die Grundlagen des Spuks sowie die Voraussetzungen, um andere Menschen und Tiere zu besetzen.

Beim Erlebnis der Todes*nähe* löst sich der Geist allein von der zurückbleibenden Einheit von Seele und Körper. Der Träger des Karmas (die Seelenmaterie) ist also noch an den Leib gebunden und unterliegt noch nicht den späteren spirituellen Gesetzmäßigkeiten. Der momentan freiwerdende reine Geist ist keinem irdischen Karma unterworfen und kann gleich in „höhere" Regionen aufsteigen. In den meisten Fällen bleibt er jedoch in der Nähe des Leibes. Der Unterschied der Erfahrungen liegt also darin begründet, dass der Geist sich im Fall eines Nahtoderlebnisses von der Einheit Seele / Körper löst und im Fall des wirklichen Todes die Einheit Geist / Seele vom Körper, wobei die Seele jeweils den Träger des Karma darstellt.

Die Einheit von Geist und Seele (der Geistkörper, der Auferstehungsleib) hat im Zwischenzustand (im Jenseits) nur äußerst begrenzte Möglichkeiten einer weiteren Entwicklung, insbesondere wenn es darum geht, sich von seinen irdischen Anhängen zu befreien. Je höher er sich durch seine geistigen Helfer zu entwickeln vermag, umso mehr Seelenschwingung wird aufgelöst und der göttliche Geist, das Ichselbst, das reine Bewusstsein, wird freigesetzt. Je reiner und freier von seinen irdischen Anhaftungen der Geist wird, umso strahlender ist sein Zustand, wenn er sichtbar erscheint. Doch in den meisten Fällen zwingen ihn seine irdischen Anhaftungen zu einer erneuten Inkarnation.

Die Seherin Friederike Hauffe beschreibt diesen Tatbestand mit den Worten: „Ein Verstorbener ist nicht rein geistig, denn er nimmt bei seinem Hinscheiden seine Seele, wie auch die Sünden mit, was aber beim Schlafwachen [wie auch beim Nahtoderlebnis] nicht der Fall ist".[46] Sie leitet daraus ab, dass somnambule[47] Seher [medial veranlagte Menschen] aufgrund ihrer eigenen karmischen Bindung, bei der das Göttliche oft nicht vorherrschend ist, zu Fehlern, Täuschungen und listigen Worten gelangen, wenn sie mit Fragen allzu sehr bedrängt werden.

Der Verstorbene nimmt mit den seinen Geist begleitenden feinstofflichen, seelisch-energetischen Anhängen eine Kraft mit ins Jenseits, die reale und spükhafte Wirkungen zu zeigen imstande ist. Letztere werden weniger vom Geist des Verstorbenen veranlasst und gesteuert, als von den Elementalen und anderen Energiewesen, die er mitgenommen hat, denn diese sind es, die um ihr „Leben" fürchten müssen und deshalb alle sich ihnen bietenden Möglichkeiten nutzen, Lebende auf sich aufmerksam zu machen. Über diese feinstofflichen astralen Anhänge bleibt der Geist mit der Welt der Lebenden verbunden. Mit Hilfe dieser Elementale oder Astralwesen kann der Geist des Verstorbenen sichtbar und wirksam in Erscheinung treten und Manifestationen hervorrufen. Ein Mensch, der in ganz reinem, seligem Zustande stirbt (was sehr selten der Fall ist), nimmt seine elementalen Anhänge nicht mit hinüber. Deshalb spuken selige Geister auch nicht. Die feinstofflichen Bestandteile bleiben im Körper zurück, finden allerdings allzu häufig einen neuen Wirt, den sie anfallen, in vielen Fällen Angehörige des Verstorbenen. Es ist letztendlich also nicht die Furcht vor dem Geist des Toten, die Angehörige zu Vorsichtsmaßnahmen veranlasst, sondern ihr mögliches Befallenwerden von dessen Astralwesen.

Die Seherin Friederike Haufe bezeichnet die verbindende Kraft zwischen Seele und Leib als „Nervengeist", der, unzerstörbar eine ätherische Hülle um den Geist des Abgeschiedenen lege und für die aus dem Zwischenreich resultierenden Spukphänomene wie

---

46 Justinus Kerner: *Die Seherin von Prevorst*, S. 229/230 der Reclam-Ausgabe.

47 Vom lat. Begriff „somnus", Schlaf. Bezeichnet normalerweise den Zustand im Schlaf- oder Nachtwandeln, kann aber bei geeigneten Personen auch in der Hypnose erzeugt werden durch magnetische Striche (Puységur, 1751-1825). Allgemein bezeichnet der Begriff einen Zustand höherer Empfangsbereitschaft für Informationen aus der (inneren und äußeren) geistigen Welt. Charles Richet (1850-1935) gilt als Entdecker des Somnambulismus und Wortschöpfer. Hier im Text wird der Begriff angewendet, um einen Zustand verminderter Bewußtseinsfähigkeit anzuzeigen, aus dem heraus paranormale Erkenntnisse erlangt werden können.

Töne und Erscheinungen verantwortlich sei. Je mehr von diesem Nervengeist mit hinübergenommen werde, umso stärker sei die Bindung an das Irdische und umso stärkere Spukphänomens können hervorgerufen werden. Umso stärker müsse dann auch der Zwang zu erneuter irdischer Inkarnation sein. Je reiner des Verstorbenen Seele auf höheren Stufen des Zwischenreichs werde, desto mehr verliere sie diesen Nervengeist, der immer wieder zur Erde zurückkehre. Je dunkler allerdings ein Geist sei (im Erscheinungsbild der Seherin), desto stärkere Töne könne der Geist hervorbringen und desto mehr spukähnliche Dinge vermag er zu betreiben.[48]

Es ist möglich, den erdgebundenen Geistern Verstorbener zu helfen, um damit zum Beispiel auch Spukphänomene aufzulösen. Die Hinwendungen der Menschen werden, wenn von Emotionen begleitet, von den Jenseitigen gespürt und aufgenommen. Nach J. Kerner kam es der Seherin vor, als verschlucke gleichsam so ein Geist Worte, die die Religion betreffen. „Sage sie nur ein Wort der Art, so meine sie, es verbreite sich dieses jedes Mal über seinen ganzen Körper, und es schiene ihr dann, als werde dieser darauf jedes Mal leichter, aber es sei ihr, als ginge dies von ihrer Seele weg und schwäche sie. Dieses Gefühl habe sie nicht bei gleichgültigen, weltlichen Worten, die sie zu Geistern spreche. Sie meine, je größer die Schuld eines solchen sei, desto stärker sei bei ihm dieses In-sich-Hineinziehen solcher Worte. Sage sie ein religiöses Wort, wie z. B.: 'Du sollst deinen Herrn und Gott lieben', zu dem Geiste, so sei es ihr gerade, als zöge man eine Kraft aus ihr heraus, die dann der Geist ihr fühlbar, wie hungrig in sich hineinziehe.“[49]

Platon lehrt uns von der Entwicklung der Seele im Jenseits:

> „Eine *reine* Seele begibt sich, wenn sie den Körper verlässt, zu dem, was ihr verwandt ist, zum Göttlichen, Unsterblichen und Vernünftigen. Wenn sie aber befleckt und ungereinigt ihren Körper verlässt als

48 Nach Justinus Kerner, S. 265 f u. 353 der Reclam-Ausgabe.
49 derselbe, S. 542 f. der Reclam-Ausgabe.

eine, die immer mit demselben verbunden gewesen, die diesem nur gedient und ihn allein geliebt hat, die von ihm und den Begierden und Wollüsten bezaubert gewesen, so dass sie nichts anderes für wahr und wirklich gehalten, als das Körperliche, das man berühren, sehen, trinken oder essen kann, oder dessen man sich zum sinnlichen Vergnügen der Liebe bedient; dasjenige aber, was den Augen verborgen und unsichtbar ist, was nur die Weisheit erforscht, zu hoffen, zu fliehen und zu fürchten gewohnt worden, glaubst du, dass eine solche Seele sich ganz vom Körper trennen werde? Keineswegs! – Ich denke sie mir vielmehr durchdrungen von dem Körperlichen, welches die stete Verbindung und Gesellschaft des Leibes, mit dem sie immer umging, ihr anbildete. Dasjenige nun, was eine solche Seele mit sich nimmt, müssen wir für etwas Zusammengesetztes, Schweres, Irdisches und Sichtbares halten, welches sie darnieder drückt und zwingt, auf der Erde wieder zu erscheinen, und, wie sie das Unsichtbare und die Unterwelt schaut, um Gräber umherzuirren. Bei diesen haben schon oft sich Seelen der Verstorbenen in schattenähnlichen Bildern sehen lassen, denn diese haben solche Seelen an sich, die sich nicht völlig vom Körper getrennt und die etwas Sichtbares mitgenommen haben [den Nervengeist, nach unserer Seherin], weswegen sie auch gesehen werden können. – Gewiss ist es aber auch, dass das nicht Seelen der Frommen sind, sondern der Gottlosen, die gezwungen werden, so umherzuirren, und für ihr vergangenes ruchloses Leben diese Strafe leiden.“[50]

Wenn Platon hier von etwas Schwerem, Irdischen spricht, das die Seele an der Erde festhalte, so können wir darunter die astralen Anhänge verstehen, von denen wir hier im Sinne von Elementalen, Astralwesen und sonstigen astralen Schmarotzern sprechen und die in der Lage sind, Erscheinungen und Spukphänomene auszulösen.

Dafür bereits an dieser Stelle zwei einfache Beispiele aus dem Erleben des Schweizer Exorzisten und Hellsehenden Anton Styger, Beobachtungen aus seiner Kindheit. Da ihm als einzigem der Kinder der Familie ein Fahrrad zur Verfügung stand, war er es, der zum Krämerladen fahren musste, um für die Familie einzukaufen.

50 derselbe, S. 391 f. der Reclam-Ausgabe.

Er schreibt: „Das war immer eine rechte Zeremonie, vor allem beim Krämer Zimmermann. Bei ihm im Laden sah ich oft alte, gebundene Seelen herumhängen. Einmal, als er gerade mit Mehlschöpfen beschäftigt war, sah ich hinter ihm eine alte Frau am Gestell vorbei schleichen. Plötzlich zog diese eines der vielen Schubfächer mit Glasfensterchen heraus und ließ es fallen. Der Krämer und auch seine Frau erschraken dermaßen, dass er selber die Mehlschublade aus den Händen verlor und sie auf den Boden fiel. Oh, was für ein Staub erfüllte den ganzen Verkaufsladen. Wir alle wurden weiß gepudert. Das Ehepaar bekam einen furchtbaren Streit und ich war heilfroh, als ich wieder an der frischen Luft vor dem Laden stand. Diese fiese Alte sah ich noch mehrere Jahre lang um ein Nachbarhaus neben dem Laden umherlaufen.“[51]

Eine vergleichbare Beobachtung machte Styger auch bei seinem Fahrrad, dessen Vorderrad sich mehrfach löste, so dass es dadurch sogar zu Unfällen kam. Auch in diesem Fall handelte es sich um eine Manipulation durch die Seele eines Verstorbenen. Am heimischen Fahrradstand sah er jemanden am Vorderrad hantieren.

„Was machte denn dieser Kerl an meinem Velo? Er bemerkte mich nicht und hantierte frischfröhlich weiter. Ich ging die noch fehlenden drei Schritte und riss mein Fahrrad an mich. Der andere blieb an der Gabel hängen, schraubte jedoch einfach weiter. Erst jetzt bemerkte ich, dass er ein Geist war und was für ein unsympathischer. Ich rüttelte und schüttelte meinen Drahtesel, doch er blieb dran kleben. Ich fasste Mut und gab ihm einen Fußtritt, doch auch der schien ihn nicht zu beeindrucken. Ich riss am Velo, das nun wie am Boden angewachsen schien. Endlich ließ der Kerl los und stand auf. Er war nicht größer als ich. Ich sah ihn nur von der Seite, also sein Profil, und das hatte er und zwar ein abscheuliches. Unter seinem struppigen Haar schaute eine Schweineschnauze hervor. Überhaupt war er eine komische Erscheinung, eigentlich bestand er nur aus Lumpen, die scheinbar an-

51 Anton Styger: *Erlebnisse mit den Zwischenwelten. Erlösungen.* (Band II der Trilogie) S. 20.

einander klebten. Mich schauderte es, dann war er weg. Urplötzlich, paff und fort. Erleichtert wendete ich das Velo und war im Begriff aufzusteigen, da fiel das vordere Rad aus der Gabel und rollte noch zwei Meter, bevor es umfiel. Oh, hatte also dieser Schweinekerl und Drecksack die Schrauben entfernt und sicher auch unseren schweren Unfall auf dem Gewissen! Es musste so gewesen sein, obwohl ich nie herausbekam, weshalb."[52]

Der Geistkörper eines Menschen basiert auf einer Information, die den Äther des astralen Raumes strukturiert, ihm sozusagen ein Bild gibt, das abgerufen werden kann. Befähigte Menschen sind in der Lage, diesen Anteil des überlebenden Selbst gefühlsmäßig (aber auch radiästhetisch) wahrzunehmen und in eine Erscheinungsform umzusetzen, die dem optischen Bild des verstorbenen Menschen entspricht. Der entsprechend Hellsichtige vermag die Gestalt in Kleidung, Mimik und ihrem Gehaben vollständig wahrzunehmen, wie bei einem lebenden Menschen; das Geistwesen kann transparent, durchsichtig, als Schatten, teilmaterialisiert oder als flüchtiger Eindruck erscheinen, mitunter auch nur symbolhaft. In jedem Fall besteht ein verknüpfender Bezug zum lebenden Menschen, auch wenn dieser nicht immer ersichtlich ist oder mithilfe medialer Fähigkeiten aufgedeckt werden kann.

Die „Sichtbarkeit" oder optische Dichte, in der ein Geistwesen erscheint, hängt mit der seelischen Energie des überlebenden Selbst zusammen und damit auch die Fähigkeit, in unserer materiellen Welt reale Erscheinungsformen hervorzurufen, die objektiv dokumentiert werden können, wie Gegenstände die umherfliegen, Objekte, die ihren Platz wechseln oder sonstigen Unfug treiben, meist zum Schaden der lebenden Bezugsperson.

Unklar bleibt dabei, wie die Kraftwirkung zustande kommt, die den Geistkörper reale Verrichtungen vollbringen lassen, wie wir sie bei Spukerscheinungen immer wieder beobachten. Die dem astralen Wesen verbleibende Kraft ist allein dazu sicher nicht ausreichend.

---

52 derselbe a. a. O. S. 23 f.

Häufig ist zu beobachten, dass den an den Aktionen beteiligten lebenden Menschen oder Tieren Kraft entzogen wird, sie fühlen sich schwach und ausgelaugt, verlieren ihre Lebenskraft, Tiere verkümmern, fressen nicht mehr oder verenden. Es ist aber auch denkbar, dass Geistwesen, die ja in einer anderen Dimension leben, astrale Kräfte heranzuziehen vermögen und damit (zumindest theoretisch) über eine unbegrenzte Kraftquelle verfügen. Bei den Seelen Verstorbener dürfte eine solche Aktion kaum infrage kommen, da sie sich ihrer Handlungsweise meist überhaupt nicht bewusst sind, sondern eher wie ein Automat bestimmte Handlungen verrichten. Ein gewisses intelligentes Verhalten, eine Anpassung an die jeweilige Situation muss ihnen allerdings zugesprochen werden.

Die Geistwesen Verstorbener sind oftmals nicht allein in Aktion. Die seelischen Schwingungen, die sie zu Lebzeiten innehatten und in der sie gestorben sind, ziehen weitere Astralwesen an, die sich mit den menschlichen Seelen vereinen. Das können aus dem Leben mitgebrachte Besetzungen sein, aber auch nach dem Ableben neu erworbene, oft recht boshafte Gestalten mit hoher geistiger Wirkungskraft. Das nachstehende Thema der Seelenwanderung ist in diesem Sinne beweiskräftig.

Inkarnation und Seelenwanderung

Unsere neuzeitliche Seelenkunde ist beherrscht von einer unbezwinglichen Furcht, und zwar vor der Furcht vor Geistern. Vielleicht ist es auch nur die Furcht vor dem Spott der Ganzgescheiten, für die es schon deshalb keine Geister geben kann, weil sie den eigentlichen Geist in sich erstickt haben und den Götzen Verstand für den Geist halten.

Carl Wickland: *Dreißig Jahre unter den Toten*, S. 8

Der Begriff der „Inkarnation“ kennzeichnet das Eindringen des menschlichen Geistes in einen werdenden Körper. „Inkarnation“

bedeutet übersetzt so viel wie „Fleischwerdung“, der Geist umgibt sich mit einer fleischlichen Hülle, die er für ein entwicklungsfähiges Erdenleben benötigt. Wir kennen auch den Begriff der „Re-Inkarnation“, er bedeutet so viel wie Wiedergeburt oder Wiederverkörperung, wenn es sich um Geister handelt, die bereits Entwicklungszyklen auf der Erde abgeschlossen haben und nun erneut inkarnieren. Die Lehre besagt also, dass der Mensch nach seinem Tod irgendwann wieder in eine neue leibliche Existenz übergeht. Er wird zu dem Zeitpunkt wiedergeboren, an dem die planetaren Konstellationen eine geeignete Basis für die Weiterentwicklung bilden. Ziel des menschlichen Bestrebens ist es, diesem Kreislauf der Wiedergeburten zu entrinnen.

Allgemein wird heute in unserem westlichen Kulturkreis davon ausgegangen, dass die Wiedergeburt ausschließlich in einem menschlichen Körper erfolge, weil die Seele der sich ihrer selbst bewussten Individualität bereits so weit entwickelt habe, dass eine Rückkehr in tierische Körper (Seelenwanderung), wie es z. B. hinduistische Lehren angeben, ausgeschlossen erscheint.[53] Dennoch liegt dem Glauben der Seelenwanderung in Tierkörper eine gewisse Realität zugrunde, die aber wohl eher auf einseitiger Interpretation der Beobachtungen beruhen mag.

Die Seele des Menschen ist im Laufe ihrer Evolution aus Naturgeistern gebildet worden, von denen „Tiere“ die höchste Entwicklungsstufe darstellen. Die Menschenseele ist deshalb von tierischen Eigenschaften noch mehr oder weniger stark geprägt. Eine weniger hoch entwickelte Menschenseele hat noch viele tierische Eigenschaften an sich und bleibt nach dem Ablegen ihres Leibes mit der irdischen Sphäre als dem Ursprung des physischen Leibes stark

53 Im keltischen Druidentum herrschte die Vorstellung, dass die Menschen sich nach ihrem Tod reinigen müssten. Die Seele des Verstorbenen ging in einen Tierleib über und wurde in der Nacht vom 31. Oktober zum 1. November (Allerheiligen) vom Druidengott Samhain befreit und in den Druidenhimmel überführt. Die katholische Kirche hat den Gedanken der Befreiung der Seele aus gebundenem Zustand in ihrem Allerheiligenfest übernommen.

verhaftet. Der steirische Seher Jakob Lorber gibt in seinen Werken zahlreiche Beispiele dafür, dass diese Menschenseelen den Sehern in tierischer Gestalt erscheinen, und zwar in Gestalt der Tiere, welche die seelischen Eigenschaften der Person repräsentieren. Aus solchen Beobachtungen mag geschlossen worden sein, dass die Seele in ein Tier übergehe. Genauere Betrachtung zeigt aber, dass der Geist des Menschen hinter der Erscheinung der Tiergestalt sichtbar bleibt und damit seine menschliche Individualität nicht eingebüßt hat. Der Schriftsteller Hans Sterneder schreibt über die Entwicklung der Menschenseele im Zusammenhang mit ihrer Gestalt:

> „Ist der Gottesfunke durch das Stein-, Pflanzen- und Tierreich gegangen in zäher, langer Entwicklung, kommt einmal die Stunde, wo er das Tierreich in Gänze durchlaufen und alle Erfahrungen gesammelt hat und er die Nähe des Menschentores ahnt. Doch ist diese Tierseele dann noch immer nicht vollkommen. Sie hat noch schwer Erdenhaftes, Satanisches an sich, und deshalb hat ihre geistige Gestalt das Aussehen bizarrer Mischformen von Tier und Teufel, so wie sie uns die alten Meister – denkt an Matthias Grünewalds Isenheimer Altar! – malten. Diese ‘Ausgeburten der Hölle’, wie die Menschen sagen, nennt die Kirche Dämonen.“[54]

Die vordergründig sichtbare Gestalt der Seele und ihre energetische Ausstrahlung hängen also mit den Eigenschaften der Person zusammen, in dessen Körper die freigewordene Seele steckt. Justinus Kerner schrieb darüber 1836 an Sophie Schwab: „Es gibt Menschen, deren Geistiges durchaus das einer Sau ist. Fällt ihr Körper weg – so kommt die Sau, der Sau*geist* heraus, der sich dann auch als Sau figuriert und auch so für einen, der Geister sehen kann, sichtbar wird.“[55] Wir kennen ja auch das Sprichwort „die Sau rauslassen“, wenn jemand seinen Emotionen freien Lauf lässt.

---

54 Hans Sterneder: *Die Neugeburt der Ehe*, S. 113.
55 Zitiert nach Willy Schrötder: *Präsenzwirkung*, S. 165.

Es gibt also menschliche Seelen, die in tierischer Gestalt erscheinen, aber es existieren auch humane Seelen in *lebenden* Tieren, die dann durch die in ihnen wirkenden Kräfte eine besonders hohe Intelligenz erhalten und diese durch ihr sonderbares Verhalten und Verständnis der menschlichen Empfindungen ihnen gegenüber auch zu zeigen vermögen. Wir finden solche Fallbeispiele häufig in Spukvorgängen, an denen Tiere beteiligt sind bzw. der Spuk direkt von Tieren ausgeht oder Tierseelen sichtbar oder anderweitig erfahrbar in Erscheinung treten. In Fällen dieser Art sieht es tatsächlich so aus, als ob ein menschlicher Geist in einem Tier wiedergeboren wäre. Dabei handelt es sich jedoch um keine Wiedergeburt einer von irdischen Anhaftungen freien menschlichen Seele, sondern um eine *Besetzung* des Tieres durch eine Menschenseele. Es gibt Menschenseelen, die in ihrer spirituellen Entwicklung so weit zurückgefallen sind – insbesondere in ihrem Verhalten Tieren gegenüber –, dass sie für eine Wiedergeburt als Mensch nicht geeignet sind und noch nicht einmal für die Besetzung eines Menschen. Sie müssen erst in einem tierischen Körper durch leidvolle Erfahrungen ein Bewusstsein ihrer Schuld entwickeln und im artfremden Körper Reue über ihr Verhalten empfinden lernen. Diese Menschenseelen werden mit dem Tod der Tiere wieder freigesetzt und so lange erneut als Besetzer in eine tierische Entwicklung gezwungen, bis sie ihre Übungsaufgabe gelernt haben und für eine Inkarnation als Mensch wieder als geeignet angesehen werden.

Während für die Entwicklung eines höheren Tieres kein Zusammenwirken mit einer menschlichen Seele erforderlich ist, verlangt die Belebung des physischen Menschen eine Beteiligung zahlreicher tierischer Entwicklungsformen, teils in physischer Gestalt (Mikroorganismen), teils aber auch in Form animalischer geistiger Kräfte. Wozu befinden sich diese tierischen Kräfte im Menschen, die sich häufig durch einander widerstrebende emotionale Triebe und Veranlagungen äußern? Wie entwickeln sich diese Geister im Menschen? Was ist es, das die Menschen untereinander verbindet? Liegt hier ein höheres Prinzip zugrunde, das die Inkarnation fremder geistiger Wesenheiten in den Menschen fordert und damit die Triebkraft zu einer Besetzung erklärbar werden lässt?

Wir Menschen glauben nur zu gerne, wir wären allein für uns selbst auf der Welt, hätten nur für uns selbst zu schaffen, für unser eigenes leibliches und geistiges Wachstum. Natürlich ist der Leib die Wohnung unseres Geistes, er ist aber auch eine Wohnung für fremde Wesenheiten, die sich zusammen mit unserem Geist entwickeln, dabei aber auch unser Fühlen und Denken beeinflussen, letztendlich aber unserer geistigen Führung unterliegen, damit an unserer eigenen Höherentwicklung teilnehmen und daran reifen. Die „Erziehung" dieser Wesenheiten ist eine Aufgabe, die uns die Evolution stellt, wir haben diese Wesen ebenfalls mit zum Licht der Erlösung zu führen.

Im Allgemeinen werden wir uns dessen nicht bewusst, woher unsere Sehnsüchte und Triebe kommen, können keine Rechenschaft darüber ablegen, welche Macht uns zum Handeln drängt oder uns zur Vorsicht warnt. Das sind die Anwandlungen durch fremde (oder selbstgeschaffene) geistige Kräfte in uns, die zum Beispiel über das Vehikel unserer Sinnesorgane mit Objekten (scheinbar *unserer* Lust) in Resonanz treten, um ihr Naturell zu befriedigen. Im Normalfall verläuft dieser Prozess unterschwellig, uns unbewusst, er wird erst auffällig, wenn sich das Abhängigkeitsverhältnis in abnormen Zuständen der Krankheit äußert. Solange der eigene Geist aber wach und gesund ist und erkennt, woher seine Verlangen kommen, ist er kein Spielball der in ihn hineingewachsenen Geister sondern stellt den Mittelpunkt dessen dar, was eben diese fremden Geister verknüpft, die sich in ihm melden. Erst der wechselseitige Verkehr der Stimmen in uns macht es möglich, selbstbewusste Entscheidungen zu treffen, die der gegenwärtigen Situation angepasst sind. Auf diese Weise können wir sinnvoll auf die Kräfte reagieren, denen wir in unserem täglichen Leben permanent ausgeliefert sind. So tragen die fremden Geister in uns zur Entwicklung unseres eigenen Selbst bei und lernen ihrerseits an unserer Entscheidungsweise.

Der innere Zwiespalt, der im Menschen besonders dann herrscht, wenn es sich um zukunftsträchtige Lebensentscheidungen handelt, ist ein Kampf der fremden Geister untereinander, ein Streben nach Lebenskraft, die sie nur aus der bewussten Hinwendung des Ich zu dem ihnen gemäßen Energiefeld ziehen können. Unsere Entscheidung für eine bestimmte Denk- und Handelsweise stärkt die sich damit identifizierenden Kräfte in uns und entzieht den gegenteiligen Kräften die Lebensenergie. Ist die Entscheidung mit voller Überzeugung getroffen worden, so schweigt in der Regel die Gegenpartei, sofern man ihr nicht hin und wieder doch noch einen sehnsüchtigen Gedanken zukommen lässt. Gelingt es dem Menschen, die einander widerstrebenden Kräfte durch bewusste Bemeisterung zu einen, so herrscht in ihm Ruhe, Klarheit, Sicherheit und Harmonie; gelingt es ihm nicht, so empfindet er in sich Zweifel, Kampf, Verwirrung und Entzweiung.

Harmonie ist *nicht* der Preis, der aus dem Gewährenlassen bestimmter, gerade vorhandener Stimmungen resultiert, sondern das Ergebnis selbstständiger Kraft und des Bewusstseins, im Mittelpunkt seiner Selbst und der geistigen Ratgeber zu stehen. Solange wir uns die Freiheit unserer eigenen Entscheidungsfähigkeit bewahren, stehen wir ungefährdet im Mittelpunkt des ständigen Streites der Geister; erlahmt unsere Aufmerksamkeit, lassen wir uns ablenken, meiden wir die Mühsal einer Entscheidungsfindung, geben wir uns faul und lässig, gehen wir also den leichteren Weg, dann fallen wir Kräften anheim, die in uns nach ihrem eigenen Gutdünken schalten und walten und uns letztendlich niemals zu Ruhe kommen lassen.

Je weiter der Mensch in seiner Fähigkeit zur geistigen Selbstbestimmung vorangeschritten ist, je mehr er bereits positive Tugenden entwickeln konnte, umso leichter fällt es ihm, noch besser zu werden, da er durch seine bewusste Lebensschulung automatisch auch viele neue und gute Geister in sich aufgenommen hat, die sich nun mit ihm verbinden gegen neu andrängende böse Geister und ihm damit die Kraftentwicklung aus seinem eigenen Innern ersparen – die Versuchungen lassen nach. Je schlechter der Mensch allerdings ist, umso rascher wird er aus analogen Gründen auch ganz und gar verfallen – der Abstieg geht immer schneller. Die Grundlage für den einen wie den anderen Fall, für Abstieg oder Aufstieg, liegt immer in der Resonanz mit gleichgesinnten Wesenheiten bzw. Energiefeldern; gutes verbindet sich mit Gutem, böses mit Bösem. Haben die guten Geister in unserer Seele überhandgenommen, so muss selbst der letzte zurückgebliebene Teufel fliehen, weil es ihm in der guten Gesellschaft nicht mehr geheuer ist.

Woher kommen die „tierischen" Eigenschaften des Menschen? Wie ist es zu verstehen, dass die menschliche Seele in ihrer Evolution aus Naturgeistern gebildet wurde? Wir können wohl davon ausgehen, dass die elementaren Energien, aus denen auch wir geschaffen sind, wesentlich dazu beitragen, unsere tierischen, gefühlsmäßigen Eigenschaften zu repräsentieren. Die Elementargeister entstammen älteren Schöpfungsprozessen. Sie sind im Menschen inkarniert, um in ihm gewisse autonome (tierische) Funktionen auszuüben. Der slowenische Bildhauer und Geomant Marko Pogacnik geht so weit, von einem Abkommen zwischen Menschengeist und Elementarwesen zu sprechen.[56] Dahinter steht die Aussage, dass der Mensch eines Elementarwesens bedarf, weil die menschliche Seele als kosmisch-geistiges Wesen unfähig wäre, sich in der Materie zurechtzufinden, denn es sind die Elementarwesen (die Herrscher über die Elemente), die den Umgang mit der materiellen Schöpfung auf der Erde vollkommen beherrschen und infolgedessen allein in der Lage sind, den mehrdimensionalen menschlichen Körper nach den Impulsen seiner Seele im Materiellen zu steuern.

Die Elementarwesen unterstützen auch die Verkörperung der Menschenseelen und begleiten sie durch ihre Entwicklung, damit

---

56 Marko Pogacnik: *Elementarwesen*, S. 227 ff. Der Begriff „Elementare" bezieht sich auf die organisierenden Kräfte der bekannten vier Elemente (Feuer, Luft, Wasser, Erde). Er darf nicht mit Elementalen verwechselt werden, die dem geistigen Ursprung eines Menschen entstammen.

der Mensch Erfahrungen im Bereich der Materie, der Elemente sammeln kann. So wird jede Inkarnation der Seele durch Elementarwesen begleitet, die in den emotionalen Kraftstrukturen des menschlichen Körpers wohnen, ein elementares Ich im Gegensatz zum geistigen Ich. Das elementare Ich hilft der Seele, während ihrer Verkörperung all das zu erfahren, was sie sich als Aufgabe für diese Inkarnation gestellt hat. Die elementare Führung beginnt bereits vor der Empfängnis, manifestiert sich in der Schwangerschaft und bildet sich in der Phase des Heranwachsens weiter aus. Dieses Miteinander kann sowohl für den Menschen als auch für die Elementarwesen schmerzlich sein, da unser geistiges Ich aus Fehlern und schmerzhaften Erfahrungen offenbar leichter zu lernen vermag, als allein aus geistiger Erkenntnis heraus. So begleitet uns das elementare Selbst lebenslang in gegenseitigem Einvernehmen, da diese Symbiose auch einen Schulungseffekt für die Elementarwesen aufweist, die sich durch andersartige Erfahrungen zu einer höheren Stufe zu entwickeln vermögen.

Wir haben bislang zwei wesentliche Energieformen (Elemente bzw. Elementare und Elementale) kennengelernt, die tierische Aspekte der Menschenseele sichtbar zum Ausdruck bringen können und damit eine Seelenwanderung im Sinne einer Menschenseele, die sich in einem tierischen Körper manifestiere, als eine fehlerhafte Interpretation dargestellt. Aus einer Erscheinung der Menschenseele in tierischer Form kann also nicht zwingend gefolgert werden, dass Menschenseelen tatsächlich in einem Tier wiedergeboren werden. Das Auftreten tierischer Seelengestalten ist eine Folge von nicht kontrollierten Elementar-Energien sowie von selbstgeschaffenen Elementalen, deren Entwicklung wir bereits ausführlich besprochen haben.

Wir kommen nun zu einem weiteren Gesichtspunkt, der uns eine Seelenwanderung der Menschenseele in einen Tierkörper vortäuschen könnte, indem also Menschenseelen in tierischer Gestalt erscheinen. Dafür existiert bereits ein historisches Beispiel in der Bibel, das man als Grundlage einer solchen Seelenwanderung ansehen könnte. Allerdings handelt es sich dabei nicht um Menschenseelen selbst, sondern um dämonische Besetzungen von Menschenseelen, die in Schweine hinein gebannt werden. Das ist ein wesentlicher Unterschied, denn die Dämonen, die einen Menschen peinigen, sind in vielen Fällen selbst Menschen gewesen, die im Jenseits allerding so tief sanken, dass sie jetzt ein dämonisches Verhalten an den Tag legen.

Der Evangelist Markus (Markus 5. 1-20) berichtet uns von der Heilung eines besessenen Geraseners, der seine Wohnung am See von Galiläa in den Grabhöhlen hatte. Jesus befahl den unreinen Geistern (ihre Anzahl wurde mit „Legion“ angegeben) auszufahren. Da Geister, die in der irdischen Sphäre verbleiben möchten, nach Möglichkeit einen lebenden Wirt bevorzugen, gestattete Jesus ihnen in eine Herde Säue zu fahren, die sich gerade auf der Weide befand. Daraufhin stürmte diese einen Abhang hinunter und alle ersoffen im See. Es waren ihrer zweitausend. Dies ist ein Beispiel für die Übertragung von gefallenen Menschenseelen, die sich zu Dämonen bzw. unreinen Geistern zurückentwickelt haben, auf Tiere, eine aus der Magie bekannte Praxis, die zwar funktioniert, aber aus verständlichen Gründen nicht zur Nachahmung empfohlen wird. So hat dieses Beispiel unter Bibelkennern auch zahlreiche Diskussionen ausgelöst. Obgleich hier tatsächlich Seelen auf Tiere übertragen wurden, ist dies *kein* Beispiel für eine Seelenwanderung, sondern lediglich für die Übertragungsmöglichkeit, denn es findet keine Inkarnation statt.

Ein vergleichbar gelagertes Beispiel für Menschenseelen, von denen Schweine befallen sind und dadurch bösartig werden, liefert uns der Schweizer Seher und Exorzist Anton Styger aus eigenem Erleben und aus neuerer Zeit.

> In einem Schweinemastbetrieb gab es so ziemlich überall Probleme. Die Tiere waren krank und aggressiv, verhielten sich unnormal. Der Besitzer glaubte an eine Verhexung. Medizinische Untersuchungen ergaben keine erkennbare Ursache. Es stank fürchterlich, und im

Stall herrschte eine miese Stimmung. Dort gab es keine spirituellen, keine weiteren Auffälligkeiten. Anders dagegen im Wohnhaus des Züchters, wo dem Betrachter die Geistwesen einer älteren Frau in Tracht und einer jüngeren in Holzschuhen mit einem Korb in den Händen begegnete. Im Keller saßen auf einer Holzbank die Geistkörper zweier Männer mit Bechern in den Händen, davor der Astralleib eines Bernhardiners. Die Männer schienen uralt und stockbetrunken. Die Frau des Hofbesitzers hatte sich bereits gewundert, warum die sorgfältig verschlossene Kellertür immer wieder offen vorgefunden worden war. Das Anwesen war unter der Bezeichnung „Trinkerhof" bekannt; der Vermieter des Hofes und schon früher sein Verpächter frönten hier dem Suff. Den Zusammenhang zwischen den Unruhen und Krankheiten im Schweinestall sowie den Geistwesen im Haus klärte ein Medium: Die Schweine waren Menschen in Tiergestalt. Die Muttersau wurde als Mensch auf dem Hof geboren. Schlimme Ereignisse hätten dazu geführt, dass sie nach dem Tod ihre Schuld in einem Tierkörper abzutragen hatte. Unzählige Male hätte sie auf diesem Hof in die Tierleiber eintauchen müssen. Die wahre Ursache der Ereignisse im Stall war jedoch der Eber, dessen menschlicher Geist bereits 100 Jahre in Tierkörpern gebunden sei. Er war von dem damaligen Bauern gequält worden und glaube, dass der immer noch hier lebe. Sein (des Ebers) Ziel sei es, mithilfe der anderen Tiere alles von seinem verhassten Besitzer zu zerstören, was er nur könne. Er bemerke allerdings, dass er im tiefen Sumpf von Hass zu ertrinken drohe und schrie um Hilfe, die das Medium ihm gewährte. Am Morgen lag der Eber tot im Stall. Seit dieser Zeit gab es auf dem Hof keine Probleme mehr; die Tiere waren gesund und gediehen.[57]

Berichte dieser Art mögen für den Leser unglaubwürdig klingen, es sind jedoch keine Einzelfälle. Die Auflösung der Blockade auf dem Hof beweist die Wahrheit der medialen Aussage. Es verhält sich hier jedoch nicht so, dass Menschenseelen als Tiere wiedergeboren würden, sondern um eine Besetzung der Tiere mit menschlichen Geistern. Das ist ein markanter Unterschied. Die Seele des

57 Anton Styger: *Erlebnisse mit den Zwischenwelten* (Band 1/3), S. 272 ff.

Menschen ist göttlichen Ursprungs, Geist von Seinem Geist und kann nicht auf diese Weise zerstört werden. Wohl aber kann sie durch derartige Besetzungen in ihrer Entwicklung zurückgeworfen werden, um ihre Vergehen auf diese Weise am eigenen Leibe zu empfinden. Sie wird zur Erniedrigung gezwungen, um daraus zu lernen.

Dass Besetzungen, also Geistwesen im Zusammenhang mit Menschenseelen, auch auf Tiere übergehen können, ist seit langem bekannt. Bereits die Fallsammlung von Jos. Görres gibt uns Hinweise darauf. Er berichtet von einem Kind, das seiner Mutter aus der Kirche fortlief, um zu spielen, worauf ihm ein altes Weib begegnete, das in üblem Rufe stand, ihm den Kopf streichelte und es ansprach. Das Kind begann kläglich zu weinen und wurde so schwach, dass es nach Hause getragen werden musste. Die Nachbarn drangen in die alte Frau, zu kommen und das Kind wieder gesund zu machen.

> „Sie war willig, und sobald sie in seine Nähe kam, fing sie an, in der gleichen Weise, wie es, selber zu erkranken. Ihr Mund wurde blau, und ein Schaum trat vor denselben, so dass die Anwesenden sich darüber entsetzten, und nicht anders glaubten, denn sie werde rasend werden. Da die Nacht darüber eingebrochen, wollte sie durchaus mit dem Kinde in einem Bette bleiben; einmal legte sie ihre ausgestreckten Arme auf dasselbe, hielt ihren Mund auf den seinen, als ob sie den stockenden Atem wieder antreiben wolle. Die Frauen, die über Nacht am Bette gewacht, berichteten, wie man das Summen wie von einer Hornisse eine Zeit lang um das Kind gehört. Der Knabe, den man verloren gegeben, war am folgenden Morgen frisch und gesund; aber das Vieh im Hause dafür meist erkrankt.“[58]

Aggressivität von Tieren hängt häufig damit zusammen, dass sie von anderen Tierseelen, aber eben auch von Menschenseelen, besetzt werden. Tiere sind meist hellsichtig, werden ängstlich und agg-

58 Johann Joseph Görres: *Die christliche Mystik* Bd. IV, S. 490 f.

ressiv, weil sie nicht verstehen, was da vor sich geht. Die Ängste ihrer „Besetzer" übertragen sich auf sie. A. Styger erschienen diese Menschenseelen in Tierleibern gleich Schimären, „halb Mensch, halb Tier, beinahe den griechischen Sagen entstiegen. Die vordere Hälfte war bei den meisten von menschlicher Gestalt. Manche hatten nur noch ihren ehemaligen Menschenkopf." Es sind Seelen, die in ihrem Leben Tiere verachtet und misshandelt haben.

Tiere, die von Menschenseelen besetzt werden, können nicht nur abnorme Verhaltensweisen an den Tag legen, sondern sogar für spukhafte Ereignisse verantwortlich sein, wie es sonst nur von Menschenseelen bekannt ist. Ich zitiere einen weiteren Fall aus der Sammlung von A. Styger:

> Auf dem kürzlich übernommenen Bauernhof gab es nur noch Probleme. Kühe und Kälber verendeten ohne Vorzeichen. Wieder glaubte man an eine Verhexung. Doch Tierseelen trieben hier ihr Unwesen, sie kamen vom nahegelegenen Schlachthof. Während der Ablösungszeremonie der Tierseelen fing es draußen an zu rumpeln, als ob eine ganze Herde Tiere über den Hof stürmten. Die Kühe und Kälber rissen an ihren Ketten und brüllten ununterbrochen. Auch auf der Tenne spukte es; Heu wurde durcheinander geworfen, das schwere Scheunentor von drei auf fünf Metern wurde aus den Angeln gerissen und zerbarst krachend auf dem Boden. Nach Beendigung des Gebetes wurde es still, auch die Kühe beruhigten sich wieder; sie waren nie wieder krank.[59]

Tierseelen allein haben wohl nicht die Fähigkeit intelligenten, der jeweiligen Situation angepassten Spuk zu bewirken. Eine Verbindung mit Elementargeistern ist anzunehmen. Beide stehen allerdings den Menschen nahe und lernen von ihnen, ihren Geist zu entwickeln. Auch wenn Menschenseelen an spukhaften Ereignissen beteiligt sind, bestehen Zusammenhänge mit Elementarwesen, da alle materiellen Objekte aus ihren Energieformen und ihrem Be-

59 Anton Styger: *Erlebnisse mit den Zwischenwelten* (Band 1/3), S. 254 f.

wusstsein bestehen und damit ihrer Kontrolle unterliegen. Damit es zu einer solchen Symbiose überhaupt kommen kann, müssen gewichtige karmischen Gründe von Seiten der Menschenseele vorliegen, sie bilden in der Regel den Anlass zu den spukhaften Vorgängen.

> In einem neu bezogenen Haus konnte niemand richtig schlafen, ständig gingen Geräte kaputt, Geschirrspüler, Kaffeemaschine, insbesondere Waschmaschine und Trockner. Wäsche, die gewaschen wurde, bekam Flecken, wie eingebrannt, beinahe handtellergroß und farbig, klebte zusammen. Davon betroffen war nur die Wäsche der Hausfrau, die des Mannes und der Kinder waren sauber. Eine zu Rate gezogene Bauersfrau vermutete bewusst angewandte schwarze Magie, ihre Schutzmittel zeigten keine Wirkung. Techniker prüften die Waschmaschine und mussten beobachten, wie die Wäsche beim Waschen immer schmutziger wurde. Zweimal wurde die Maschine ausgetauscht, dann auf eine andere Marke gewechselt. Eine komplett neue Wasserleitung wurde verlegt. Es änderte sich nichts. Die Familie war mit den Nerven am Ende.[60]

Viele Faktoren wirkten in diesem Fall zusammen. Astralwesen befanden sich im Haus sowie auf dem Grundstück. Es bestand eine Wechselwirkung zwischen Elementarenergien und karmischen Prozessen. Auch bösartige Gedanken von Seiten einer Freundin kamen hinzu – sie war mit der Hausfrau auf karmische Weise verbunden. Alles zusammen löste gewaltige Energien aus. Ein Medium bestätigte die Zusammenhänge: Zwei Astralwesen trafen sich in dem Haus. Eine davon war ein Mann, der hier schon lebte, bevor das Gebäude erbaut wurde; er erhängte sich hier. Seine Seele heftete sich hilfesuchend an den Ehemann, weil er die gleiche Schwingung besaß. Hinzu kam ein weibliches Wesen, dass die Hausfrau wegen unerledigter karmischer Gründe selbst angezogen hatte. Je mehr sie die Freundin verdächtigte, umso schlimmer wurde zuhause die

---

60 Anton Styger: *Erlebnisse mit den Zwischenwelten* (Band 1/3), S. 342 ff.

Situation. Gebete zur Auflösung der Karma- sowie der Elemental-Energien und Ablösung der Seelenwesen änderten die Situation sofort.

Gemeinsame Aktionen von Menschen- und Tierseelen, Elementarwesen und anderen Naturgeistern mögen beim Leser auf Unverständnis stoßen, da es sich hier um Produkte der Schöpfung handelt, die ganz unterschiedlichen Kategorien angehören. Doch zwischen Natur- und Menschengeistern bestehen Berührungspunkte in ihrem Empfinden und in ihren feinstofflich-energetischen Eigenschaften. Die Naturgeister als unterste Stufe nach der Erdmaterie, sind aus vielen naturgeistigen Elementen zusammengesetzt und nehmen als Gnome die absonderlichsten Formen an. Auch der menschliche Körper besteht aus elementaren und anderen Energien der Natur und ebenso der tierische Körper. Auch Tiere besitzen eine Seele, haben Gefühle, empfinden Freude und Abneigung, haben Angst oder zeigen ein Verhalten des Wohlbefindens. Tierseelen werden immer wieder zu Tierseelen, Menschenseelen immer wieder zu Menschenseelen. Tiere aber, die lange Zeit gemeinsam mit Menschen leben – zumal die Menschen Tiere essen – streben nach einer höheren Entwicklung und einem selbstbestimmenden Leben. Solche Tierseelen werden zwar keine Menschen, doch sie können in die nächst höhere Entwicklungsstufe der Zwerge, Elfen und Feen eintreten, wobei insbesondere die Zwerge im Laufe wiederholter Leben immer menschlichere Züge annehmen. So werden sie zu Bindegliedern zwischen Tier- und Menschenseelen und können bei spukhaften Ereignissen eine Rolle spielen. Gern halten sie sich einerseits in der Nähe der Menschen auf, andererseits aber auch bei den Tieren, in Ställen, auf dem Hof, im Garten usw. und lernen dort von den Menschen. Feen und Elfen dagegen sind Bindeglieder zwischen den Menschen und den Pflanzen. Sie halten sich ebenfalls gerne in Häusern bei den Menschen auf und sind bei positiver Zuwendung mitunter als Lichtkugeln zu erkennen. Benimmt sich ein Mensch aber ungerecht gegenüber Tieren und Pflanzen, so vermögen sich die Zwerge, Feen und Elfen für sie zu wehren. Ihre Erlebnisse mit den Menschen werden in ihrem Kollektivbewusstsein gespeichert und an die nachfolgenden Generationen weitergegeben. So kommt es dazu, dass auf Grundstücken nichts wächst, dass die Menschen belästigt werden und als Folge von Ereignissen, die in größerem Stil auftreten, auch Naturkatastrophen eintreten.

Es existiert eine große Anzahl von astralen Elementen und Personifikationen, die als Peiniger der Menschheit infrage kommen. Sie begleiten uns alle mehr oder weniger permanent und warten auf eine Gelegenheit, sich mit dem menschlichen Energiefeld zu verbinden, wenn es aus karmischen Gründen zugelassen wird oder die Verbindung aus freiem Willen erfolgt. Dieser ist aber nicht unbedingt das, was wir bewusst zulassen oder wünschen, sondern betrifft unsere innersten seelischen Regungen, die uns oftmals nicht bewusst werden, über die nachzudenken wir es nicht für notwendig halten. Welche Arten dieser astralen Elemente sind uns bekannt?

- Karma-Energien, das heißt Energien, die wir in vergangenen Leben an uns gezogen bzw. selbst produziert haben und die sich uns nun ins Bewusstsein drängen, um nach dem Gesetz von Ursache und Wirkung aufgelöst zu werden.
- Aktuelle Elementale, die wir in dieser Lebensphase aufgrund unserer Vorlieben, Sehnsüchte, Triebe und Verlangen neu produziert haben. Sie sind in unserem Bewusstsein manifestiert, beeinflussen uns permanent und werden nach dem Ablegen des Körpers nicht gelöscht, sondern verbleiben in unserem Geistkörper, gehen in die neue Inkarnation mit ein und prägen unser Leben weiterhin.
- Komplette Seelenkörper von Verstorbenen mit hoher Anhaftungstendenz an das irdische Leben. Das sind Geistkörper mit mehr oder weniger ausgeprägtem Selbstbewusstsein und Wissen um das, was sie uns antun, indem sie uns besetzen und damit an unserem Leben teilhaben. Sie können komplett in unsere Aura eindringen und Teil unserer Persönlichkeit werden. Dieser Vor-

gang wird von ihnen als Inkarnation empfunden, weil sie wieder am menschlichen Leben teilnehmen können, indem sie das Bewusstsein des Menschen besetzen und lenken. Es ist aber keine Wiederverkörperung, sondern eine Besetzung durch ein nicht von irdischen Zwängen freigewordenes Geistwesen. Seelen dieser Art können direkt angesprochen werden, um ihnen ihre Situation zu erklären. Weilen sie allerdings schon sehr lange auf dieser Erde, fallen sie mehr oder weniger intensiv in eine Lethargie und Bewusstlosigkeit, so dass der Zugang zu ihnen erschwert ist. Seelenkörper Verstorbener sind wie auch Elementale und Karma-Energien ganztägig wirksam und scheuen kein Licht. Es ist allerdings anzumerken, dass die Seelenkörper Verstorbener oftmals von den Menschen (Angehörigen) durch eine falsch verstandene Zuwendung und Trauer selbst in den irdischen Bereichen festgehalten werden. Wenn sich Seelen Verstorbener an andere Menschen heften, können sie ihre mitgenommenen Krankheitsprogramme übertragen und kein Arzt kann die Ursache der Belastung im lebenden Menschen entdecken.

- Ein weiterer wichtiger Bereich der astralen Elemente sind Teilaspekte menschlicher Seelen, sogenannte „Seelenfragmente". Sie beinhalten kein Selbstbewusstsein mehr sondern ähneln geistfreien Hüllen mit definierten triebhaften Programmierungen und einem Erfüllungszwang. Wir finden sie meist an Objekte gebunden, an Häuser, Wohnungen, lokale Naturbereiche, sie können sich aber auch den Menschen bemerkbar machen und diese belästigen.
- Die Bezeichnung „Astralwesen" wird in der Regel als ein übergeordneter Begriff angewendet, der alle Arten von Wesenheiten im dimensionslosen Raum umfasst. Allerdings existieren bei diesen Astralwesen markante Unterschiede in ihrer Zwanghaftigkeit oder Bosheit, die mit ihrer Entwicklung im Jenseits zusammenhängt. Manche Autoren unterscheiden deshalb zwischen den Seelen unlängst Verstorbener und sogenannten „Astralwesen", wobei dann diesen ein boshafter, dämonischer Charakter zuge-

sprochen wird, was sehr hartnäckige Besetzungen und heftigste Spukphänomene zur Folge haben kann, wenn sie sich entdeckt fühlen. Astralwesen dieser Art kommen aus der Dunkelheit und haben sich bewusst zur Dämonie entschieden. Menschliches Gefühl scheint bei ihnen nicht mehr zu existieren. Sie finden sich oft in Gruppen zusammen und befallen die Geistkörper anderer Verstorbener, um deren Energien zu rauben. Menschen können solche Astralwesen anziehen, wenn sich die gegenseitigen Verhaltensmuster und mentale Leidenssituationen entsprechen.

- Eine nächste Steigerungsstufe entspricht den realen Dämonen, Schöpfungen aus der Dunkelheit und Gegenpole aller lichtvollen Entwicklungen. Sie entstammen frühen Entwicklungszyklen der irdischen Entwicklung sowie auch der menschlichen Schöpfung. Sie gehören also ebenfalls zur Schöpfungsentwicklung und dienen uns als Prüfsteine für unsere eigene positive Entfaltung. Dämonen dieser Art sind schwierig zu entfernen, da sie sozusagen einen Endpunkt für ihr eigene aber auch für die persönliche Entwicklung eines Menschen repräsentieren. Die Gründe, warum sie angezogen werden, liegen meist im Verborgenen und stehen in einem Zusammenhäng mit ältesten karmischen Entwicklungsstufen des Menschen.
- Eine weitere, energetisch zwar niedere, aber in ihrer Wirkung ausgesprochen erfolgreiche Gruppe von möglichen Peinigern betrifft die Element-Wesen, Verkörperungen sozusagen der vier Elemente Feuer, Luft, Wasser und Erde. Am Körper des Menschen ist es zumeist das Erdelement, das Probleme bereitet, indem Menschen versteifen, alle Lebenskraft verlieren und rasch an Entkräftung sterben. Die Ursachen der fatalen Zusammenhänge zwischen Mensch und Element bleiben meist unklar und werden gern auf karmische Zwänge zurückgeführt.
- Zu den Wesenheiten anderer Schöpfungen gehören zum Beispiel Tierseelen, Elementwesen, Naturwesen, Planetengeister, diverse Hierarchien von Engelwesen mit positivem oder negativem Charakter. Sie können zwar auch den Menschen belangen, doch ihre

eigentliche Aufgabe besteht in der Aufrechterhaltung der Schöpfungsordnung und der Entwicklung des kosmischen und irdischen Raumes. Wir wissen wenig darüber, was auf dieser Ebene wirklich existiert und wie weit es für uns persönlich von Bedeutung ist.

- Ein letzter und inhaltsmäßig sehr bedeutsamer Punkt betrifft die Wesenheiten anderer Planetensysteme. Dazu gehören menschenähnliche Wesen und nicht-menschliche Kreaturen, reptiloide, schlangenartige und insektoide Spezies sowie viele Arten von anderen Astraltieren. Auch sie besetzen die Menschen, sind anhand besonderer Kennzeichen mitunter zu identifizieren und lassen sich leider nur sehr schwierig entfernen. Es sind Wesenheiten ohne Seele.

Wir haben im Kapitel über den Geistkörper des Menschen seine Entwicklung und dessen Eigenschaften kennengelernt, wobei besonderer Wert auf die Informationen zum Aufbau der eigenen geistigen Schemen und Elementale gelegt wurde, weil sie den größten Anteil an Programmen stellen, die der Mensch in das Astralreich sowie in sein nächstes Leben mit hinübernimmt, Programme, die im menschlichen Geistkörper gespeichert sind und im neuen Leben zur Verwirklichung drängen.

Ein weiterer Bereich betraf das Verhalten des Geistkörpers im lebenden Menschen und seine Wirkungsweise als leibfreies Individuum. Noch im Körper eines Menschen gebunden, vermag sein Geist anderen Lebenden (und sogar Verstorbenen) zu erscheinen. Ebenso verhält es sich nach dem Ableben des Leibes.

Es scheint mehr Berichte über das Erscheinen der Geister Lebender zu geben, als der Geister von Verstorbenen. Alles, was nach dem Ablegen des Leibes frei wird, hat bei mangelnder spiritueller Entwicklung die Tendenz, wieder am irdischen Leben teilhaben zu wollen, kann sich deshalb an die Seelen Lebender heften und die Menschen über Zwangsgedanken, induzierte Verhaltensweisen oder spukhafte Vorgänge beeinflussen, auch wenn die Zusammenhänge nicht immer klar erkenntlich sind. Wir werden uns deshalb im nächsten Kapitel ausführlich mit den Themen beschäftigen, die deutliche Hinweise auf eine unerwünschte Einmischung der Seelenwesen in unser Leben aufzeigen, den sogenannten „Besetzungen“ oder der Besessenheit.

Das äußere Erscheinungsbild der Besessenheit

Historischer Überblick

Um die Besessenheit aber hat es eine andere Bewandtnis [als in bloß körperlicher Krankheit]. Es ist eine psychische Krankheit, ein Geist, zwar selbst in Irrung und Schein und argem Willen befangen, hat sich des ihm verwandten Truglebens bemächtigt, und in ihm eine wahre Einleibung und Eingeistigung vollbracht. Der Besessene ist nun nicht bloß zweileibig, er ist auch bis zu einem gewissen Punkte hin zweiwillig und zweigeistig, und ein Leben ist wider das andere; ein Wille kämpft mit dem anderen, und ein Geist ist bewaffnet gegen den anderen.

J. Görres: *Die christliche Mystik* Bd. IV, S. 404

Vergleichen wir Berichte der Autoren des Neuen Testaments mit zeitgenössischen Darstellungen von Besessenheitsphänomenen, so zeigen sich absolute Übereinstimmungen, wir finden eine völlige Gleichartigkeit der Beschreibungen. Die Erscheinungsformen müssen den Schriftstellern bereits zur damaligen Zeit sehr vertraut gewesen sein, was auch den Berichten aus späteren Jahrhunderten einen hohen Wahrheitswert verleiht und ein vollkommen realistisches Bild zeichnet.

Das Beispiel vom Besessenen am See Genezareth wurde bereits erwähnt (Markus 5. 5-10), wir finden es auch bei Lukas (8. 26-39) und Matthäus (8. 28-32). In der Apostelgeschichte wird angeführt, dass sich einige der jüdischen Geisterbeschwörer und Zauberer, die sich ebenfalls mit der Austreibung versuchten, von den Dämonen abgewiesen wurden: „Aber der böse Geist antwortete und sprach zu ihnen: Jesus kenne ich wohl, und von Paulus weiß ich wohl; aber wer seid ihr? Und der Mensch, in dem der böse Geist war, stürzte sich auf sie und überwältigte sie alle und richtete sie so zu, dass sie nackt und verwundet aus dem Haus flohen“ (Apostelgeschichte 19. 13-16). Auch in der Synagoge trieb Jesus einem Menschen den Teufel aus (Markus 1. 23-25; 3. 11-12). Ein anderer Fall handelt von einem von Kindheit an Besessenen. „Und Jesus bedrohte ihn; und der böse Geist fuhr aus von ihm, und der Knabe wurde gesund zu derselben Stunde. Da traten seine Jünger zu ihm, als sie allein waren, und fragten: Warum konnten *wir* ihn nicht austreiben? Er aber sprach zu ihnen: Wegen eures Kleinglaubens, denn wahrlich, ich sage euch: Wenn ihr Glauben habt wie ein Senfkorn, so könnt ihr sagen zu diesem Berge: Hebe dich dorthin!, so wird er sich heben; und euch wird nichts unmöglich sein“ (Matthäus 17. 14-21; Markus 9. 17-27; Lukas 9. 37-45). Die Heilung eines weiteren Besetzten, der blind und stumm war, findet sich unter Matthäus 12. 22 sowie Lukas 13. 10-13.

Das Wort „Exorzismus“ ist griechischen Ursprungs und bedeutet so viel wie „beschwören“. Es taucht bereits bei Matthäus auf (Matthäus 26.63), wo der Hohepriester zu Jesus sagt: „Ich beschwöre dich beim lebendigen Gott, uns zu sagen, ob du Christus, der Sohn Gottes bist.“ Es entspricht der allgemeinen Überzeugung der Menschheit, dass es gute und böse Geistwesen gibt, die auf die Erde und den Menschen einwirken können. Entsprechend häufig sind auch die Versuche, böse Geistwesen aus Menschen oder von Orten zu vertreiben. In primitiven Kulturen versuchte man durch Überreden, Zaubergesänge, Schläge, Anschreien, Heraussaugen des krankmachenden Geistes, magisches Umtanzen, Fragen nach den Bedingungen, unter denen der Dämon abziehen wolle, diesen zu entfernen. In höher entwickelten Kulturen (Babylonien, Griechenland) galten als Heilmittel insbesondere die Anrufungen einer Gottheit oder einer Gruppe von Göttern, damit diese die bösen Geister vertrieben. Dass ein Mensch aus eigener Machtvollkommenheit Dämonen vertreiben könne, findet keine Bestätigung im Alten Testament, auf vergebliche Versuche babylonischer Magier wird allerdings hingewiesen. Im jüdischen Schrifttum finden sich dazu aber Anweisungen und Riten, wie das Abreiben mit Öl, das auch in der heutigen Zeit noch erfolgreich angewandt wird (Anton Styger). In der Kabbala und in der islamischen Esoterik spielt der Exorzismus eine maßgebliche Rolle durch die Anrufung von Engelwesen (Michael, Gabriel, Raphael).

Das Neue Testament ist voller Berichte über Exorzismen, die von Jesus und später von seinen Jüngern durchgeführt wurden. Sie dienten der Heilung der Kranken, also nicht nur der Dämonenvertreibung. „Er ging umher, tat Gutes, und heilte alle, die unter der Herrschaft des Teufels standen" (Apostelgeschichte 10.38). Jesu Methode ist der kategorische Befehl mit sofortiger Wirkung. Er verleiht die Kraft denen, die zu ihm gehören. Die Fähigkeit ist also übertragbar, und die Jünger bestätigen, dass die Dämonen in Christi Namen weichen. Aber nur Demut, Glaube, Gebet und eventuell Fasten machen es möglich, diese Fähigkeit auszuüben. Christi Name wirkt nicht automatisch, sondern nur kraft der erteilten Vollmacht, die ein entsprechendes sittlich-religiöses Leben erst ermöglicht.

In den ersten christlichen Jahrhunderten hat sich diese Form des Exorzismus (Berufung auf Jesus, sittlicher Lebenswandel) sowohl bei Klerikern als auch bei Laien bewährt. Heidnische Völker, die sich dämonisch durchsetzt glaubten und mit ihren Exorzismen allerdings Probleme hatten, schätzten diese Eigenschaft der Missionare auf das Höchste und nahmen deshalb gern den christlichen Glauben an, da ihr Gott sich als stärker erwies, als die heidnischen Götter. Während im Frühchristentum alle Getauften zur Austreibung von Dämonen befähigt gewesen sein sollen, kennen wir noch vor dem Jahre 300 speziell geweihte Exorzisten. Dennoch gilt auch heute noch, dass grundsätzlich auch nicht geweihte Christen exorzieren können.

Da Exorzismen im Zusammenhang mit zahlreichen Weihehandlungen im Rahmen der Liturgie erfolgen, gehört die Weihe der Exorzisten zu den sogenannten „niederen Weihen", die bereits während des Theologiestudiums an angehende Kleriker erteilt werden. Für die Vornahme des feierlichen (großen) Exorzismus benötigt der Exorzist nach der Vorschrift der Römischen Rituale allerdings *Erlaubnis* und *Auftrag* seines Bischofs. Daneben existiert ein kleinerer, privater Exorzismus gegen Satan und die abgefallenen Engel, die jeder Geistliche und jeder Laie anwenden kann. Was den feierlichen Exorzismus anbetrifft, so kommen die meisten katholischen Geistlichen Zeit ihres Lebens nie in die Lage, ihn vorzunehmen. Der Beauftragte (meist ein würdiger älterer Mönch) ist angehalten, den Fall theoretisch und praktisch zu studieren und sich nicht auf medizinisches Gebiet einzulassen (das allerdings mit der Besetzung aufs Engste verknüpft ist). Als Anzeichen von Besessenheit gelten vor allem:

- Reden oder Verstehen von fremden Sprachen, wobei das Verstehen allerdings auch auf paranormalem Wege (Telepathie) erklärbar wird.
- Die Kenntnis verborgener und ferner Dinge, was nach bisherigem Kenntnisstand der Parapsychologie heute nur schwer als eindeutiges Charakteristikum angesehen werden kann.
- Das Verfügen über Kräfte, welche die Fähigkeiten der menschlichen Natur oder zumindest der betroffenen Person offensichtlich übersteigen. (Wir finden diesen Fall auch bei vielen Fällen von Geisteskrankheiten und Hysterie.)
- Die Wahrscheinlichkeit für eine Besessenheit gilt als umso größer, wenn die außergewöhnlichen Eigenschaften sich häufen, also mehrfach bei einer Person auftreten.
- Es sei zu beachten, welche Reaktionen sich beim Einsetzen religiöser Abwehrmittel zeigen.

Es ist anhand dieser Kriterien (die weiter unten noch näher ausgeführt werden) nicht leicht, aus den Phänomenen eindeutig auf eine Besessenheit zu schließen. Auch zeigen diese Hinweise an, dass Besetzung, Krankheit und Para-Normalität (und damit verbundene Spukphänomene) nicht zu trennen sind. Charismatische Personen (die Bibel erwähnt Jesus und Paulus) wissen durch eine Art innere Schau, ob eine Besetzung vorliegt, und die Heilerfolge bestätigten ihr Gefühl.

„Biblisch und menschheitsgeschichtlich betrachtet sind ja auch gewisse Körperkrankheiten dämonischen Ursprungs, und der Exorzismus Besessener ist nur ein Ausschnitt aus dem allgemeinen Phänomen der geistigen und religiösen Heilung.“[61]

Die Austreibung erfolgt unter Zuhilfenahme relativ einfacher Mittel wie Gebet, Handauflegung, Anwendung geweihten Wassers, Befehlsworte im Namen Gottes, im Namen Christi, im Namen der Kirche sowie Kreuzzeichen als Gesten. Doch ohne entsprechendes Charisma, eine wirksam erteilte Vollmacht, persönliche spirituelle Entwicklung sowie astrale Herkunft (Vor-Entwicklung innerhalb bestimmten Planetensysteme) werden die Gebete eher erfolglos bleiben. Dann besteht die Gefahr, selbst besessen zu werden. Oder anders ausgedrückt: Es kann nicht jeder einen Exorzismus erfolgreich durchführen.

Es kann auch nicht jeder Exorzismus erfolgreich sein, weil Besessenheit ebenso wie körperliche Krankheit einen tieferen Sinn für die Reifung des Menschen aufweist oder für Menschen seines Umfeldes. Man denke auch an das stellvertretende Sühneleiden einer Reihe von Personen des Heiligenstandes oder von Laien, das für die spirituelle Entwicklung der Menschheit generell einen Sinn aufweisen soll.

In der katholischen Kirche ist der *große* Exorzismus selten geworden, der *kleine* dagegen gehört zu einer Reihe von Ritualen wie Weihen, Taufe, Segnungen von Gegenständen und Räumen usw. und ist Bestandteil einiger Rituale innerhalb der Heiligen Messe. Doch auch außerhalb der katholischen Kirche begegnen wir begnadeten Personen, die Exorzismen erfolgreich durchführen können. Sie erfolgen zum Beispiel in Erweckungsbewegungen wie der Missionsarbeit von Dr. Kurt E. Koch, der darüber an der theologischen Fakultät Tübingen eine umfangreiche Dissertation unter

61 Gebhard Frei: *Probleme der Parapsychologie*. In: IMAGO MUNDI Band 2, S. 174 f.

dem Titel *Seelsorge und Okkultismus* erstellte, die 1953 in Buchform erschien. Thema seiner Arbeit sind Menschen, die durch Beschäftigung mit okkulten Themen belastet worden sind. Koch schließt auch die Seelen erdgebundener Verstorbener mit in die Reihe der jemanden besetzenden Wesenheiten ein. In den von ihm untersuchten Fällen ist der okkult Behaftete allerdings noch so frei, dass er selber durch innere Umkehr und Hinwendung zu Gott sich von seinen Dämonen und niederen Geistern befreien kann.

Wir brauchen die biblischen Berichte nicht näher zu betrachten, denn sie bieten nichts anderes, als das aus allen Zeiten Überlieferte, sie passen in die aktuelle Zeit ebenso wie in die historische. Auch die Lebensbeschreibungen der Heiligen der katholischen Kirche sind voll von Besessenen und deren Heilung. Desgleichen finden wir auch in der außerchristlichen Literatur. So wird in der Biographie des antiken griechischen Philosophen, Asketen und Wundertäters Apollonius von Tyana (1. Jh. n. Chr.), den Rudolf Steiner als hohen Adepten bezeichnet, der sich seine geistigen Fähigkeiten im Laufe vieler Inkarnationen erworben hat, berichtet:

> Zu ihm kam eine Mutter wegen ihres 16-jährigen Knaben, der seit zwei Jahren von einem Dämon besessen sei, der ihn in öde Gegenden hinaustreibe, durch ihn in einem tiefen und hohlen Ton spreche wie Männer ihn haben und der mehr mit fremden Augen schaue, als mit seinen eigenen. Seine Mutter, die ihn bringen wollte, erkannte er nicht. Der Dämon sprach zur Mutter, er sei der Geist eines Mannes, der im Kriege geblieben sei; bei seinem Tode habe er seine Frau geliebt, da sie aber gegen sein Bett gefrevelt und drei Tage nach seinem Tode einen anderen geheiratet habe, sei ihm von dieser Zeit die Liebe zu dem weiblichen Geschlecht verhasst worden, und er habe sich zu diesem Knaben gewendet. Der Junge war nicht zu bewegen, zu erscheinen, da der Dämon ihn umzubringen drohte. Dem Weibe wurde ein Brief an den Dämon mitgegeben, der schreckliche Drohungen enthielt.[62]

62 nach Traugott Konstantin Österreich: *Die Besessenheit*, S. 5 f.

Wir erkennen in diesem letzten Beispiel einen altbekannten Grund für die Besetzung: die emotionale Unzufriedenheit über eine bestimmte Situation, die den Sterbenden oder gerade Verstorbenen stark beschäftigt oder belastet. Der Bericht spricht hier von einem Dämon, es handelt sich aber eindeutig um den Geistkörper (die Seele) eines kürzlich Verstorbenen.

Einen interessanten Hinweis auf sakramentale Hilfe in Besessenheitsfällen liefert uns der fränkische Geschichtsschreiber Gregor von Tours aus dem 6. Jahrhundert. Er schreibt, dass es nicht selten vorkomme, dass Besessene in den Kirchen in Raserei geraten. „Sie zerschmetterten zum Schrecken der versammelten Gemeinde die Lampen. Wenn aber das Öl aus den Lampen dann auf sie tropft, so weiche der Dämon von ihnen und sie kommen wieder zu sich selbst."[63] Es ist das gesegnete Öl, an geweihten Orten brennend, und dort eine Kraft in sich aufnehmend, die heilsame Wirkungen auszuüben imstande ist. Es ist ein alter Wallfahrerbrauch, sich mit dem Lampenöl des „ewigen Lichtes" einzureiben, um Unheil zu vertreiben und Krankheiten zu heilen. In meinem Buch *Die Heilkraft der Wallfahrtsorte*[64] habe ich ausführlich darüber berichtet.

Der vom Klerus angewandte Exorzismus ist ein Verfahren, das mittels Gebet und Drohung unter Anrufung Jesu und zahlreicher Heiliger den vermeintlichen Dämon auszutreiben versucht. Dieses nun seit 2000 Jahren angewandte Verfahren erfordert mitunter zahlreiche Wiederholungen, ist für den Anwender selbst nicht ungefährlich (er wird zuweilen selbst besessen) und führt in vielen Fällen durchaus nicht zum Erfolg. Die sogenannten „unreinen Geister" plagt der Exorzismus zwar sehr, doch größer ist ihr Drang, in ihrem Wirte haften zu bleiben und damit am Leben der Welt teilzuhaben. Der Bischof und Heilige (der katholischen und der orthodoxen Kirche) Zeno von Verona († um 375) schreibt über die Leiden des Dämonen infolge des Exorzismus:

63 nach Traugott Konstantin Österreich: *Die Besessenheit*, S. 7.
64 S. Grabowski: *Die Heilkraft der Wallfahrtsorte*, Ohetaler Verlag, Riedlhütte o. J.

„Denn die herumschweifenden und unreinen Geister beiderlei Geschlechts dringen mit hinterlistigem Betruge von Schmeicheleien oder mit Gewalttätigkeit in die Leiber der Lebenden als ihre Wohnstätten ein und suchen sich, indem sie dieselben in verderbliche Gefangenschaft schmieden, ein Versteck auf. Sobald man aber auf das Feld des göttlichen Kampfes (Exorzismus) gelangt und man anfängt mit dem Pfeile des heiligen Namens (Jesu) sie zu vertreiben, dann wirst du, wenn du den anderen kennengelernt hast, den anderen bemitleiden, dass er solchem Kampfe preisgegeben ist. Es entfärbt sich plötzlich die Gesichtsfarbe, der Körper wird von sich selbst in die Höhe gehoben, die Augen des Wütenden drehen sich in schreckenerregendem Schielen im Kreise herum, die Reihe der Zähne, entsetzen erregend durch die Ballen schäumenden Gischtes, knirscht zwischen den bläulich blassen Lippen; alle nach allen Seiten verdrehten Glieder geraten in zitternde Bewegung; er seufzt, er weint; er fürchtet den angekündigten Gerichtstag und klagt, dass er ausgetrieben wird; er benennt sein Geschlecht, die Zeit und den Ort, wo er in den Menschen hineingefahren sei und bekennt seinen eigenen Namen und wann er gestorben, oder zeigt durch deutliche Zeichen, wer er sei, so dass wir meist erfahren, dass manche diejenigen sind, welche unserer Erinnerung nach in dem Götzendienste verharrend neuerlich oder zumeist auf eine gewaltsame Weise gestorben sind."[65]

Bischof Zeno ist sich darüber im Klaren, dass die als Besetzer erscheinenden Geister in der Regel Seelen von Verstorbenen darstellen, die in der irdischen Sphäre haften geblieben sind, statt in höhere Regionen aufzusteigen und damit der für sie vorgesehenen Entwicklungslinie zu folgen. Dennoch wendet er - wie auch seine Nachfolger - den Exorzismus an, um die Verstorbenen abzulösen und zu vertreiben. Wohin vertreiben? Eine abgelöste Seele, die keinerlei Hinweise über ihren Zustand erlangt und nicht über ihr Verhalten aufgeklärt wird, sucht sich sobald als möglich einen neuen Wirt, einen Menschen, ein Tier oder in der äußersten Not auch einen Gegenstand oder Raum im Nahbereich von Menschen oder

65 Traugott Konstantin Österreich: *Die Besessenheit*, S. 6 f.

Tieren. In der Regel wissen diese Seelen nicht, dass sie gestorben sind, frönen über die Menschen ihren Lüsten weiter, erwarten das Jüngste Gericht, wie es ihnen in der Kirche erklärt wurde, erwarten die ewige Verdammnis, die Strafe für ihre Sünden, fühlen sich in ihrem Leiden in die Hölle versetzt und benehme sich so, wie es von einem Teufel erwartet wird. Erschwerend kommt hinzu, dass sich die Seelen mit anderen leidenden Geistern ihrer Art verbinden und so ihre Macht und Gewalt über die Lebenden vervielfachen. Die Exorzisten sprechen Latein, doch nicht alle Dämonen haben ebenfalls studiert und sind in der Lage, ihnen zu folgen. Die Seelen benötigen eine für sie verständliche Aufklärung und Hilfe von Seiten höherer Mächte, um die Lebenden loszulassen und ihren vorgesehenen Entwicklungsweg zu beschreiten. Sie verschwinden dann von selbst und sind dankbar für die Aufklärung. Die Lösung ihrer geistigen Fixierungen an das Leben, an Leid und Strafe, löst auch sie selbst von den durch sie Betroffenen ab.

Obwohl Dämonen gern als „Geister der Lüge“ bezeichnet werden und sich sehr geschickt und schlau zu verteidigen wissen, so sagen sie doch in der Regel die Wahrheit, wenn es um sie selbst, um ihre Beziehung zu den durch sie Gepeinigten oder wenn es um Zusammenhänge und Gesetze der astralen Welt geht, denn sie befinden sich in der Situation einer relativen Hellsichtigkeit, sind zumindest im Besitz des Bewusstseins des von ihnen Besetzten. Ihre Entwicklung folgt den Polaritätsgesetzen der Schöpfung in positive und negative Hierarchien. Dafür kennzeichnend mag die Aussage eines Dämonen sein: „Hätten wir Teufel Gewalt, wir wollten Himmel und Erde untereinander werfen usw., was Gott nicht sein will, das ist unser!“

Betrachten wir die Schöpfungsgeschichte aus frühchristlicher Sichtweise, wie sie uns durch die Texte von Nag Hammadi[66] überliefert ist, so können wir von einem von Polaritäten freien (göttlichen) Ur-

66 Konrad Dietzfelbinger (Hrsg.): *Schöpfungsberichte aus Nag Hammadi*, Königsdorfer Verlag, Königsdorf 2010.

prinzip ausgehen, das im Schöpfer allein ruhte. Es existiert(e) ein von Polaritäten freies (göttliches) Urprinzip, das im Schöpfer allein ruht(e). Durch den Fall des ersten, göttlichen Lichtengels (Luzifer) aus der göttlichen Urkraft wurde eine im geistigen Sinne von Gott getrennte Gegenwart aufgebaut, die sich als sichtbare Schöpfung realisierte. Alle Materie wäre demnach des Teufels. Jesus bezeichnet Satan als den „Fürst der Welt" und nicht als den Fürst der Erde (Joh. 12,31), also als dessen Regenten. Diese Meinung äußert auch H. P. Blavatsky als Vertreterin der östlichen Lehren in dem Sinn, dass sie Luzifer als eigentlichen Herrn der Erde ausruft und in ihrer „Geheimlehre" von einem heiligen Satan spricht:

> „Es ist Satan (Saturn), welcher der Gott ist unseres Planeten und der einzige Gott." Er ist eins mit dem Logos und ist der erste und älteste der Götter. Er sei es gewesen, der Adam Leben einblies und mit dem jüdischen Gott Jehova identisch ist. „Wenn daher die Kirche den Satan verflucht, so verflucht sie den kosmischen Wiederschein Gottes; sie tut Gott in den Bann, der in der Materie oder im Gegenständlichen offenbar geworden; sie schmäht Gott oder die ewig unfassbare Weisheit, die sich selbst als Licht und Schatten, als Gutes und Böses in der Natur offenbart – die einzige Weise, die dem beschränkten Verstande fassbar ist."[67]

In vergleichbarem Sinne äußerten sich auch Geistwesen in Botschaften, die der Spiritist und Romanautor Arthur Conan Doyle erhielt:

> „Wir Dämonen sind der mit Gott in Widerstreit gekommene Abfall aus einer früheren Schöpfung. Wir haben keinerlei Hoffnungen. Unsere Tätigkeit den Menschen gegenüber besteht darin, sie zu belügen

---

67 H. Blavatsky: *Geheimlehre II*, S. 243 ff. (Strophe X: *Der heilige Satan*) (Teilweise von Blavatsky zitiert nach Anna Kingsford: *Perfect Way* 1882) – Andere Autoren sehen das Wesen Satans vollständig anders und in Saturn seinen Widersacher, auch werden die Erdgottheiten als Satan nahestehend gesehen (Anja Teillard: *Die unbekannte Dimension*. Reich-Verlag, Remagen 1959 S. 162ff.).

und irrezuführen. Ursprünglich waren wir geistig hochstehend, sind aber jetzt durch unsere Schuld und unseren Abfall beträchtlich zurückverdummt."[68]

Begnügen wir uns mit diesen Hinweisen auf die historischen Fallberichte und einleitenden Erklärungen über das Wesen der als Dämonen bezeichneten Menschengeister und befassen wir uns nun ausführlicher mit dem äußeren Bild der Besessenheit und den sich daraus ableitenden psychologischen Hintergründen.

Vorbereitende Dispositionen

Die Besessenheit ist eine psychische Krankheit, dadurch herbeigeführt, dass, gleichwie das Gute im Menschen, wenn gepflegt und gesteigert, ihn in Rapporte mit dem Prinzip des Guten in der objektiven Welt verschlingt; hier das Böse an sich oder in höherer Rückwirkung ihn mit einer Art von Notwendigkeit in solche Rapporte mit dem Prinzip des Bösen verwickelt. Beide Herren nun, jeder im Kreise seiner Herrschaft gebietend, wirken im Körper in der gleichen geistigen Weise; nur mit dem Unterschiede, dass der eine Naturgemäßes in der Ordnung des Lebens, der andere Naturwidriges in der Verwirrung desselben wirkt. Das geisterartig Bewegliche, Schnelle, rasch durch den ganzen Körper Schlagende, das Allgegenwärtige im ganzen Umfang desselben, ist beiden nahe gemein; und die regelrechten Lebensfunktionen durch den einen, und die regelwidrigen des anderen werden wenigstens mit derselben unmessbaren Zeit- und Raumlosigkeit hervorgerufen.

Johann Joseph Görres: *Die christliche Mystik* Bd. IV, S. 233 f.

Alle Themen, mit denen wir uns beschäftigen, aber auch Dinge, mit denen wir uns umgeben, bleiben nicht ohne Wirkung auf unser see-

68 Zitiert nach Kurt E. Koch: *Okkultes ABC*, S. 359.

lisches Empfinden und Befinden und können damit Dispositionen schaffen, die es fremden geistigen Energien ermöglichen, in unser Bewusstsein einzudringen und hier gewisse Steuerungsfunktionen auszuüben. Zunächst bilden sich aufgrund unserer Interessensgebiete und Neigungen Elementale, die bei häufiger Beschäftigung mit bestimmten Themenbereichen im Laufe der Jahre an Intensität und damit an Selbstständigkeit zunehmen bis sie in der Lage sind, uns mehr oder weniger zu beherrschen. Sie ziehen verwandte astrale Energien an sich und erhöhen auf diese Weise ihre Wirkungskraft und ihren Einfluss. In der Regel bleiben die Wirkungen der Elementale unbemerkt, denn jeder Mensch hat bestimmte Neigungen und Vorlieben, die er selbst im Extremfall (Rauchen, Alkohol, Drogen) kaum als krankhaft oder fremdgesteuert empfindet. Sie bilden in der Regel auch die Voraussetzung dafür, dass ein Mensch mit analogen Energien aus dem sogenannten „Jenseits", das immer um uns ist, in Verbindung kommt und darüber auch erdgebundene menschliche Seelen anzieht bzw. in seiner Aura aufnimmt. Wird dieses eigentlich persönlichkeitsfremde Potential nicht erkannt und abgewiesen, so besitzt es die Erlaubnis, in unsere Seelenstruktur einzudringen und uns zu besetzen. Hier versucht es sich zu verwirklichen und seinen eigenen Lüsten zu frönen, indem es seinen neun Wirt entsprechend drangsaliert.

Welche Arten von Themen führen zu derartigen Dispositionen oder Empfänglichkeiten, dass sie in Form beeinflussender Elementale und Besetzungen enden können? Es sind Themen, die Negativität, Grausamkeit, Gewalt, Missachtung, Hass usw. beinhalten, also das Gegenteil von Liebe und Harmonie ausdrücken. Entscheidend ist die seelische, emotionale Beschäftigung mit diesen Themen, wie sie beispielsweise in der Musik und im Film stärker zum Ausdruck kommt, als durch das Lesen von Büchern.

Auch wenn es für manchen Leser ungewohnt klingen mag: Bücher enthalten in geballter Form geistige Mächte und Kräfte. Was wir lesen, prägt unser Innerstes; was uns in unserem Innern bewegt, führt uns wiederum zu der Literatur, die wir lesen. Wirklich gefährlich können deshalb Bücher insbesondere über spirituelle Themen werden, wenn sie von besetzten Autoren geschrieben worden sind. Bücher sind ja dafür geschaffen, mit ihnen geistig zu arbeiten. Es sind sozusagen magische Symbole ihres Inhalts, Ritualgegenstände, die ein hohes energetisches Potential aufweisen. In jedem Text stecken die Glaubens- und Vorstellungskraft des Verfassers und der Geist der jeweiligen Intelligenz, die hinter ihm steht. Hinzu kommen die Macht und die Kraft aller Leser, die ebenfalls (in weiteren Exemplaren) das Buch in den Händen halten, die sich mit den entsprechenden Themen beschäftigen und mit den Büchern arbeiten.

Mit der Schöpfung eines Textes hat der Verfasser etwas geboren, eine geistige Kraft hat im Text Wort und Gestalt angenommen, wurde auf der stofflichen Ebene neu erschaffen. Deshalb kann das geschriebene (wie auch das gesprochene) Wort als Mittler dienen zwischen der grobstofflichen Welt und feinstofflichen (astralen) Ebenen. Sobald jemand einen Text liest, verdoppelt sich der ihm innewohnende Geist gewissermaßen, und es wird durch häufigeres Lesen ein immer stärker werdendes geistiges Potential geschaffen, zu dem jeder Leser Zutritt erhält. Für diesen ist insbesondere das von Bedeutung, was „zwischen den Zeilen" steht, denn das entspricht der Intention des Autors und beinhaltet das, was er ausdrücken möchte und was er in Worten auszudrücken versucht. Im Buch spiegelt sich seine ganze seelische Entwicklung in Form der Energiefelder, die es ausstrahlt. Die geistige Themenstellung ist dabei natürlich von Bedeutung. Sind es spirituelle Lehren, welche die Menschheit geistig erheben können oder wird hier das Böse verherrlicht. Von welchen Genien wurde dem Autor das Buch diktiert? Was wollen diese damit erreichen?

Ich habe selbst leidvolle Erfahrungen mit Büchern gemacht, die ich von Bekannten bekam oder die ich antiquarisch kaufte. Sie verursachten mir Schlaflosigkeit, Alpträume und Herzbeschwerden bis ich lernte, Bücher von Vorbesitzern vor dem Lesen energetisch zu reinigen. Jeder, der mit einem Buch arbeitet, gibt seine eigene Seelenkraft mit hinein, wodurch sich die Wirkung auf einen neuen Leser verstärkt. Immer mehr Menschen bekommen ein Empfinden dafür, welche Bücher ihnen guttun und welche sie besser meiden sollten.

Ein Erlebnis aus meiner Anfangstätigkeit als Rutengänger: Ich wurde gebeten, mir das Schlafzimmer einer Dame anzusehen, das ich zu einem späteren Zeitpunkt radiästhetisch untersuchen sollte. Sie hatte dort immer gut geschlafen, doch seit einiger Zeit wache sie nachts mehrfach auf und könne nicht wieder einschlafen, morgens war sie unausgeschlafen. Das war ganz plötzlich gekommen, ohne ersichtlichen Grund. Mehr unbewusst als willkürlich nahm ich zwei Bücher aus dem Regal über dem Bett, die ich ihr vor längerer Zeit geliehen hatte und trug sie aus dem Zimmer, um sie wieder an mich zu nehmen. Da ich meine Instrumente nicht dabei hatte, wurde die Untersuchung vertagt. Ich verließ die Wohnung und nahm die Bücher mit nach Hause. Zwei Tage später rief die Dame mich an: „Es ist alles wieder in Ordnung, ich schlafe wieder gut, seit du hier gewesen bist.“ – Das war für mich ein Rätsel, bis mir die Bücher in den Sinn kamen, die auf einem Tisch am Kopfende meines Bettes lagen und nun mir nächtliches Herzklopfen sowie gestörten Schlaf einbrachten. Ich wollte den Zusammenhang einfach nicht wahrhaben, bis ich sie untersuchte. Sie enthielten negative spirituelle Energien („böser Geist, dämonisch“). Die Autorin war eine spirituell befähigte Schriftstellerin, die in ihrer Kindheit hellsichtig veranlagt war und in diesem Buch ihre Erlebnisse schildert und wie sich diese Eigenschaft auf ihr Erwachsenwerden auswirkte.

Ich habe aus diesen Erfahrungen gelernt, Bücher unter einer Betrachtungsweise zu lesen, die mehr einer wissenschaftlichen Neugier als einer seelischen Anteilnahme entspricht, um mich auf diese Weise schützen zu können. Dennoch gibt es solche, die ich noch nicht einmal in die Hand nehmen möchte, weil ich ihr negatives Energiefeld spüre. Mein Lernprogramm bestand offenbar darin, die Existenz einer geistigen Kraft in Schriften zu erkennen, nachzuweisen und damit umgehen zu können. Gedankenlosigkeit kann zur Gefahr werden, insbesondere bei Themen, die seelisch berühren.

Der Leser mag sich die Frage stellen, wie ein geistiger Gehalt in einer solchen Intensität in eine Schrift gelangen kann, dass andere Personen sie spüren. Eine Niederschrift enthält ja ein bestimmtes Thema, das andere Menschen ansprechen soll. Dabei geht es nicht um logische mathematische Entwicklungen, sondern um Aussagen, die in einem anderen Menschen etwas bewirken sollen. Solche entscheidenden Leitgedanken stammen nur zum Teil aus der eigenen geistigen Arbeit des Autors, zum größeren Anteil werden sie durch Inspiration erhalten und repräsentieren damit die Energien einer geistigen Welt bzw. eines die Inspiration verursachenden Geistes. Der Autor selbst nimmt nur eine Umformung der erhaltenen Eindrücke vor. Er setzt die empfangenen Bilder und Gefühle in Text um und versieht sie zusätzlich mit seiner eigenen geistigen Kraft. Die Schrift drückt mehr aus, als eine verstandesbezogene Information. So wird die Schrift zum Abbild dessen, was den Geist des Autors beschäftigt.

Die geistige und damit energetische Produktion eines Schreibers ist offenbar kein einseitiger Akt. Denken und Fühlen mögen aus dem Schreiber selbst kommen, doch wenn andere geistige Kräfte dabei mitwirken (Bruno Gröning: „Sie können allein gar nicht denken.“), dann beruht die dem Schreiber anhaftende Schwingung auf einer Wechselbeziehung zu höheren Ebenen und ist nicht allein sein geistiges Eigentum. Die für uns maßgeblichen externen geistigen Energien sind vorwiegend in der Erdensphäre angesiedelt, latent vorhanden, sie verstärken sich aber durch Resonanz mit den analogen Gedankengängen der Menschen. Auf diese Weise kommen wir durch unsere geistige Arbeit stets auch mit den Energien leibfreier Geister in Kontakt, die auf uns zurückwirken.

Bücher und andere Schriften gehören wohl zu den schwächsten „Speicherorganen“ und Übertragungssystemen für geistige Energien, weil sie unsere Emotionen und damit unsere geistige Öffnung nicht so stark berühren, wie zum Beispiel Film, Fernsehen und Musik. Unsere Sinnesorgane sprechen nicht bloß auf Dinge der stofflichen Welt an, sondern sind zugleich auch Eingangspforten für geistige Energien.

Ein Film oder eine Fernsehsendung vermag mehr als lediglich einen psychologischen Effekt auszuüben, es ist eine Beeinflussung des Gemüts, die wir selber zulassen. Jeder Mensch besitzt über die bewusste Wahrnehmung hinaus ein besonderes Empfindungsvermögen, eine Sensibilität, ein gewisses übernatürliches Wahrnehmungs- und Aufnahmevermögen. Wir empfangen eine geistige Botschaft, ein Programm, das in uns weiter wirkt. Beobachten wir Jugendliche, die sich Gewalt verherrlichende Filme ansehen; sie werden aggressiv, schlagen sich, tyrannisieren ihre Kommilitonen. Beobachten wir Kinder, die sich Horrorfilme ansehen; sie neigen zu Ängsten und Gewalttaten ohne ihre eigene Situation bewerten zu können. Wie lange hält diese Wirkung an? Nur so lange, bis neue Eindrücke die alten verdrängen? Ist damit auch die Wirkung verschwunden? Könnte ich mir dann nicht ohne Sorge für meinen Seelenfrieden ansehen, was ich will? Wirken die Effekte nur für eine kurze Zeit oder gibt es da noch etwas Bleibendes, Nachwirkendes, Haftendes? Etwas, das wir in unseren Alltag mit hineinnehmen, unbewusst, etwas, dass in uns weiter wirkt, etwas, das uns verdirbt oder uns zur Erhabenheit führt?

Es geht um die Frage, ob von einem Film nur Impulse ausgehen, die uns nur kurz auf der geistigen Ebene berühren, oder auch auf der sinnlichen Ebene Auswirkungen zeigen, die unsere materielle Körpersubstanz anrühren, die physiologische Änderungen bewirken, die vielleicht sogar gespeichert werden und auf diese Weise lange Zeit nachwirken können. Beim Anschauen eines Films kann etwas radiästhetisch Messbares übertragen werden. Etwas, das messbare Änderungen in unserem Organismus bewirkt. Nach meiner Erfahrung gleichen Filme einer Droge, die einem zulassungspflichtigen Arzneimittel ähnlich sind, bei dem man zuvor seinen Arzt oder Apotheker fragen sollte. Tatsächlich wird über das Medium Film eine Energie übertragen, die nicht nur eine psychische, sondern auch eine physiologische Wirkung zeigt, die heilen aber auch schaden kann, je nach Thema und der Kraft, die in den Film hineingelegt wurde. Stärker als aus jedem Buch, kann aus einem Film etwas auf den sich öffnenden und entsprechend disponierten Betrachter überspringen, das in ihm ein Besetzungsprogramm hervorruft. Als Beispiel möchte ich einen weiteren Fall aus der Sammlung von A. Styger zitieren:

> Die Frau eines Hochschulprofessors bat um einen Untersuchungstermin. Ihr Mann sei in letzter Zeit zerstreut, apathisch, schaue sich abends immer grausame Psychofilme auf DVD an. Dann sei er außer sich, gehe in die Kinderzimmer und brülle wie von Sinnen, nicht wissend, was er da schreie. Nur schwer sei er wieder zu beruhigen. Jeden Abend derselbe Spuk. Es begann nach einem Gruselschocker im Kino. Die Frau bekam Angst und verließ das Kino. Sie berichtet: „Mein Mann kam nach Mitternacht heim, stürzte wutentbrannt in mein Zimmer und drohte mich umzubringen. Seither liest er nur noch Horrorromane, aus denen schon das Blut tropft." Das Zimmer des Mannes glich einem Gruselkabinett, Kinoposter von Psychothrillern, Alienmonster und andere Ausgeburten der Hölle. Boden, Poster und Wände waren mit roter Tomatensauce oder ähnlichem beschmiert, es roch modrig, sah aus wie auf einem Schlachthof. Um Rat bittend, konsultierte die Frau einen Arzt. Er empfahl ihr zwei Valium pro Tag, damit sie sich beruhige. – Die Bibliothek des Mannes war vollgestopft mit Grusel-Romanen und Horror-Schockern. Um die Bücherstapel züngelten (nur dem Seher sichtbar) schwarze Schleier. Nach Hause kommend, griff der Ehemann Herrn Styger sofort an, es kam zu heftigen Handgreiflichkeiten. Der Professor: „Ich weiß oft nicht mehr wer ich bin und was ich tun soll. Ein Kampf tobt in mir, und ich habe große Angst, ihn zu verlieren." – Durch Ablösungsgebete wurden die niederen Energien aus dem Haus entfernt, begleitet von einem starken Luftzug und Türenschlagen, also spukhaften Elementen. „Aus der Aura des Professors quollen schwarze Nebelschwaden und kreisten wild um ihn herum" bevor sie sich auflösten. Er war erleichtert: „Von mir ist ein schwerer Stein gefallen, ich fühle mich frei wie schon ewig nicht mehr." Der Mann trennte sich von allen diesen Büchern und Filmen, ließ die Zimmer neu streichen und blieb in der Zukunft frei von weiteren Anfechtungen.[69]

Bücher der Horrorliteratur werden von Menschen geschrieben, die selbst unter dem Zwang von Besetzungen stehen. Diese haben das Ziel, die Seele des Lesers zu zerstören. Erreichen sie das Ziel, kommt der Mensch in Resonanz mit weiteren astralen Energien dieser Art, die Zerstörung schreitet voran und treibt die Menschen oft in den Selbstmord. Viele Seelen benötigen offenbar diese Erfahrung, um sich der Wirkungen der eigenen seelischen Energien und den Kraftfeldern unserer Umwelt bewusst zu werden. Der eigene Wille kann dann helfen, sich selbst zu befreien. Psychologen veranlassen derartige Erlebnisse, sie als Zwangshandlungen zu bezeichnen, die auf einer autosuggestiven Basis beruhen und ebenso durch Auto- oder Fremdsuggestion (Exorzismus) zu beseitigen wären. Doch Besetzungen können auf diese Weise nicht entfernt werden.

Die schwarzen Nebelschwaden, die der Hellsichtige hier als Absonderungen beim Ausfahren des Bösen aus einem Menschen erblickt, finden vielfache Bestätigung auch in der älteren Literatur über Exorzismen. Beispiele, in denen das Böse in tierischer Form oder als Unrat den Körper verlässt, haben wir bereits kennengelernt. So wird von Schwefelgeruch berichtet, Dampf- und Feuersäulen, die dem Munde entspringen, brühend heißem Schaum, Dampf und Rauch, welcher der Brust entflieht oder auch Blut, das in Massen dem Mund, Nase und Ohren entströmt, worauf vollkommene Befreiung eintritt. Auf analoge Weise scheint das Böse mitunter auch in den Körper zu gelangen. So erging es einer Jungfrau, die vernahm, wie durch die Türe des Hauses eine schwarze grauenvolle Wolke hereinkam und sich über ihrem Haupt niederließ, worauf sie die Besinnung verlor und erst im Bett wieder zu sich kam.[70] Wegen dem Rauch, der durch die Nase in sie eindrang, wurde ein anderes Mädchen besessen, in der Kirche aber wieder befreit.[71]

69 Anton Styger: *Erlebnisse mit den Zwischenwelten* Bd. 1, S. 476-488.
70 Johann Joseph Görres: *Die christliche Mystik* Band III, S. 448.
71 derselbe: *Die christliche Mystik* Band IV, S. 244.

Ein weiterer Bereich, der nicht nur Dispositionen schafft, sondern über den auch Besetzungen erfolgen, ist die Musik, nicht nur die als „dämonisch“ empfundene, sondern auch die klassische Musik. Über diese Thematik habe ich in mehreren meiner Publikationen ausführlich berichtet und darf mich deshalb hier recht kurz fassen.[72]

Ob wir es beabsichtigen oder nicht, mit der Musik treten wir in eine direkte Verbindung zu einer anderen, einer geistigen Welt, mit der wir unbewusst oder bewusst in Beziehung treten. Diese geistige Welt kann *in* uns liegen oder *außerhalb* des Körpers. Denken wir einmal zurück an unsere Jugendliebe und an die Musik, die wir gemeinsam hörten. Diese geistige Welt ist nicht tot; mit dem Hören der entsprechenden Melodien steht sie wieder wie lebendig vor uns. Sofort können wir die Gefühlssituation der damaligen Zeit wieder in uns realisieren oder besser gesagt, sie wird in uns realisiert, weil wir mit der Musik etwas emotional Fixiertes berühren und wieder aufleben lassen. Doch auch ohne emotionalen Vergangenheitsbezug lassen wir uns von der Musik gerne tragen, wohin es *ihr* beliebt und lassen gern *ihren* Geist in uns eindringen. Das ist besonders der Fall bei meditativer Musik. Was wir auch hören und warum, wir können uns der Beeinflussung nicht entziehen.

Homer berichtet uns, dass fließendes Blut durch Musik gestillt und Demokrit äußerte, dass jeder kranke Körperteil durch Flötenspiel geheilt werden könne. Pythagoras setzte die Musik als Heilfaktor ein, weil sie eine Reinigung des Menschen bewirken könne. Timotheus konnte den König Alexander durch Musik nach Belieben in Wut versetzen und ihn wieder besänftigen. Athanasius Kircher nahm an, dass durch die Musik „Poren“ im Organismus geöffnet werden, durch die böse Geister den Körper verlassen (oder in ihn eindringen). David verjagte durch sein Saitenspiel den bösen Geist des Königs Saul. Jasmenias, der Thebaner, heilte sehr viele von den schwersten Krankheiten Geplagte durch Musik.

72 Insbesondere in: *Der Heilstrom* (vergriffen) sowie *Seelengefängnis (Buchverlag König, Greiz 2021).*

Paracelsus und Kepler beziehen die Heilwirkung der Musik auf den Anteil an Sphärenklängen. Wir sprechen von einer Sphärenmusik, wenn wir sie als von den Planeten ankommend empfinden. Diese Musik veranschaulicht, wie von sich bewegender Materie oder schwingender Energie ein Tonimpuls in Form einer elektromagnetischen Welle ausgehen kann, die unseren Organismus beeinflusst. Pythagoras übertrug die Gesetze der Toneinteilung auf die Bewegung der Himmelskörper, die durch ihre unterschiedlichen Umlaufgeschwindigkeiten eine Art von Sphärenmusik erzeugen. Kepler schrieb fünf Bücher über die Harmonien der Welt, ausgehend von den variierenden Umlaufgeschwindigkeiten der elliptischen Bahnen der Planeten. Aus diesen Geschwindigkeiten resultieren harmonische Grundgesetze zwischen Mikrokosmus und Makrokosmus. Spiritisten sprechen auch von einer Geistermusik, die von jenseitigen Wesenheiten herrühre, Mystiker von Himmelssinfonien. Gerade die *un*irdischen, *technisch veränderten* Formen finden im Zeitalter des New Age gerne Verwendung als meditative Musik, was uns zu denken geben sollte.

Musik kann zur Weissagung inspirieren, indem persönlichkeitsfremde Kräfte in das Bewusstsein eindringen. Als der Prophet Elisa dem König von Israel und Juda wider die Moabiter prophezeien sollte, sagte er: „So bringet mir nun einen Spielmann. Und da der Spielmann auf den Saiten spielte, kam die Hand des Herrn auf ihn, und er weissagte“ (2. Buch der Könige 3.15).

Erforscht wurden Analogien zwischen Ton- und Klangstrukturen einerseits und den Spin-Resonanzen der Atome andererseits. Die DNS der Körperzelle resoniert harmonisch zu Oktavtönen des Erdentages, das heißt, die aus der Umdrehungsgeschwindigkeit der Erde resultierende Tonfrequenz, wird von den Zellbausteinen empfangen und offenbar als orientierende Richtgröße für körpereigene Regulationen verwendet. Das ist auch nicht verwunderlich, da alles Leben auf der Erde unter den gegebenen astronomischen Bedingungen entstanden ist, und die Rotation der Erde ist die kürzeste Periode, die diese Entwicklung prägte.[73]

Biblische Quellen sowie der Visionsbericht des heiligen Franz von Assisi weisen auf die Dämonen vertreibende Wirkung gerade von Saiteninstrumenten hin, während Schlag- und Blasinstrumente eher in den Zusammenhang mit dämonischen Wirkungen gebracht werden. In der Bibel dienen sie der Erregung von Schrecken (Posaunen von Sinai und Jericho) oder verkünden die Endzeit (Apokalypse). Tieftönende Schlag- und Blasinstrumente dienen in nichtchristlichen Ländern als orgiastische Kultinstrumente (Kybelekult, Dionysuskult, Schamanismus). Sie dienen der Herbeiführung von Ekstase und Umsessenheit und wurden als Auslöser für kriegerische Begeisterung eingesetzt (Militärmusik).

Die Wirkungen der Tonfrequenzen gehen weit über den hörbaren Bereich hinaus, sie können empfunden werden, obgleich sie nicht mehr hörbar sind (z. B. Bassschwingungen). Sie sprechen bestimmte Organbereiche an und gewisse Ebenen der Energiezentren des Menschen (Chakren). Die verbale Intonation von Vokalen diente seit ältesten Zeiten als Mittel, um geistige Energien zu entwickeln oder geistige Kräfte in physische Kräfte zu transformieren. Denken wir an das „Hau-Ruck" beim Anheben von schweren Lasten, an das rhythmische Singen bei monotonen Tätigkeiten, die dann über längere Zeiten hinweg ermüdungsfrei durchgeführt werden können. Denken wir an den monotonen Singsang fremder Kulturvölker, mit denen sich Priester in Trance versetzen, um mit den Göttern kommunizieren zu können. Rhythmus und Takt spielen ebenfalls eine bedeutende Rolle bei der Öffnung der Seele für fremdgeistige Energieformen. Insbesondere die Monotonie eines stampfenden Taktes (bei der heutigen Musik der 4/4-Takt), hat einen bedeutenden Einfluss auf die Sinnlichkeit, bei der modernem Musikrichtung leider zumeist im negativen Sinne.

Die künstlerische Inspiration gehört ebenfalls zu den Themen, die auf eine Besetzung vorbereiten, sofern dieses nicht bereits erfolgt ist, wie viele Künstler es selbst zugeben. Künstlerische Inspi-

---

73 Hans Cousto: *Die kosmische Oktave*, S. 37.

ration ist nicht gleichzusetzen mit göttlicher Inspiration, denn die Menschen im Erdenkampf stehen zwischen zwei feindlichen Geisterscharen, die um ihre Seelen ringen. Der Mensch entscheidet selbst darüber, von wem er sich inspirieren lassen will, seine Bereitschaft dazu ist erforderlich. Die negative Art der Beeinflussung erfolgt eher über die Sinnesorgane, als über den Geist. Das Genie kann von guten wie auch von bösen Geistern inspiriert sein. Kunst kann der Heilung der Seelen dienen aber auch dem Verderben der Menschheit. Kunst wirkt über die Phantasie, die sowohl von der guten als auch der bösen Seite beeinflusst werden kann. Zeugnisse solcher Affektionen liefern uns zum Beispiel der katholische Romantiker Clemens von Brentano und seine Schwester Bettina von Armin, wie es uns der Dichter Joseph Freiherr von Eichendorff in seiner *Geschichte der poetischen Literatur Deutschlands* berichtet und als dämonische Tatsache hervorhebt.

> „Bettina jubelt noch bis heute eigensinnig fort in ihrer Eigenmacht, während Clemens, jene Eigenmacht vielmehr als eine falsche Fremdherrschaft erkennend, mit dem Phantom gerungen [hat] bis an sein Ende. Und eben darin liegt die eigentümliche Bedeutung Brentanos, dass er das Dämonische in ihm nicht etwa, wie so viele andere, beschönigend als geniale Tugend nahm oder künstlerisch zu vergeistigen suchte, sondern beständig wie ein heidnisches Fatum gehasst hat, das ihn wahrhaft unglücklich machte.“[74]

Auch Goethes Inspirationen stammen nicht vom Himmel. Er beschreibt selbst in seiner *Wahrheit und Dichtung*, wie sein nachtwandlerisches Dichten wider Willen vor sich ging. Ähnliche Zeugnisse finden wir bei Nietzsche, der seinen „dionysischen Wahnsinn“ nicht als Entartung sieht, sondern ihn als „Neurose der Gesundheit“ betrachtet. Erst später wurde bekannt, dass der junge Syphilitiker schon als Student Gesichts- und Gehör-Halluzinationen hat-

---

74 Joseph Frh. v. Eichendorff: *Geschichte der poetischen Literatur Deutschlands* Band II, Kapitel „Brentano“.

te, die ihm oft Grauen einflößten. Wagner pflegte sich bei seinem künstlerischen Schaffen mit Sekt zu berauschen, Baudelaire nutzte den Giftrausch und verführte seine Mitbürger zum Kult des Satanismus. Wenn man, wie der hochgelobte Goethe, weder an den Himmel noch an den Teufel glaubt und erklärt, dass er selbst dem Dämonischen unterworfen sei und es anbete, wird die kritiklose Übernahme der fremdgeistiger Inspirationen verständlich.[75]

Dass gerade Schallwellen-Phänomene dem Einfluss fremdgeistiger Kräfte unterliegen, erkennen wir auch an der Häufigkeit von Geräuschen aller Art im Zusammenhang mit Spukphänomenen und Besetzungen. Töne haben eine unmittelbare Wirkung auf die Sinne des Körpers und damit auf die Seele des Menschen.

Neben der Tonkunst gehören auch die sogenannten „bildenden Künste“ wie Malerei (Farben), Plastik (Darstellung) und Architektur (Raumkunst) zu jenen das Gemüt beeinflussenden Faktoren, welche der Aufnahme negativer Energien dienlich sein können. Dämonen-Darstellungen finden sich in unserem Kulturkreis heute nicht mehr so häufig, wie noch in den fernöstlichen und mittelamerikanischen Ländern mit ihren Darstellungen von Ungeheuern. Ein altes Symbol unseres Kulturkreises für solche Teufelsdarstellungen sind die sogenannten „Eidolon-Bilder“, meist mit Flügeln ausgestattete Bilder mit Schatten- Fantasie- oder Trugfiguren, für die aus Besessenen ausgefahrene Dämonen als Vorbilder verwendet wurden. Sie sind bereits seit dem 6. Jahrhundert nachweisbar und bilden einen besonderen Typus von Darstellungsformen des Teufels in der christlichen Kunst.Wir finden sie heute in abgeschwächter Form in den apokalyptischen Bildern der Höllenfahrt mit dem Teufel als Seelenverschlinger und Menschenfresser. Auf die Wirkungen der hierbei verwendeten Farben möchte ich nicht näher eingehen, denn auch sie haben eine vorbereitende Wirkung auf die Seele.

75 Übersicht über die Quellen: Egon von Petersdorff: *Dämonologie*, Kapitel XI: *Die Dämonen in der Literatur*.

Bei den Dispositionen zu Besetzungen geht es also darum, dass sinnlich wirkende Eindrücke in der Seele des Menschen erfolgen und hier eine Grundstruktur anlegen, die mit weiteren Eindrücken dieser Art in Resonanz kommt und darüber eine energetische Verbindung zwischen der Seele des Menschen und einem externen Kraftfeld oder Programm aufbaut, an dem auch fremdgeistige Kräfte beteiligt sein können, die darüber Eingangspforten in das Wesen des Menschen finden. Letztendlich geht es um alles, was seine Seele unkontrolliert vom bewussten Selbst zu öffnen vermag.

Eine solche unkontrollierte Öffnung der schützenden Aurahülle erfolgt zum Beispiel während einer Bewusstlosigkeit, im Trancezustand (Spiritismus) und in der Narkose.

> Seit der Geburt des zweiten Kindes vor sechs Jahren kommt es immer wieder zu nächtlichen Störungen. Der Junge schreit vor Angst und flüchtet ins Bett der Mutter, das Mädchen kommt meist hinterher. Alle Experimente bleiben erfolglos, ebenso die Therapieversuche des Haus- und Kinderarztes. Die Mutter berichtet: „Nachts erwache ich oft kurz nach dem ich eingeschlafen bin und sehe dunkle Schatten oder Figuren in Richtung Türe weglaufen. Jedes Mal geht es vielleicht ein, zwei Minuten, schon höre ich meinen Buben vor Angst schreien. Doch ich bin mir gar nicht sicher darüber, was ich da sehe. So verschlafen wie ich bin, könnte ich mir die Schatten auch einbilden. Jedenfalls hat es im Spital nach der Narkose bei der zweiten Geburt begonnen. Jeder, dem ich etwas davon erzähle, belächelt meine Aussage. Unser Hausarzt wollte mich sofort einem Psychiater zuweisen.“[76]

Der Hellseher bemerkte drei Wesenheiten in der Aura der Mutter, die sie während der Narkose im Spital besetzt hatten. Dann gab es noch zwei andere irdisch gebundene Seelen, die sich im Haus aufhielten. Sie stammten von dem Areal, auf dem das neue Haus gebaut worden war. Die Mutter war nach dieser langen Zeit der Be-

---

76 Anton Styger: *Erlebnisse mit den Zwischenwelten* Band II, S. 105 ff.

setzung nicht in der Lage, sich von den Geistwesen zu lösen. Der Sohn war als Indigokind teilweise hellsichtig und sah die nächtlichen Besucher. Der Ablösungsprozess wurde von der Mutter intensiv gespürt, sie bekam Erstickungsanfälle; schwarze Wolken lösten sich von ihren Händen und Schultern und verschwanden.

> „Ein starker, tiefer Schrei entwich aus tiefster Brust. Ihr Oberkörper wurde nach vorn geschleudert, ihr Kopf schlug hart auf dem Tisch auf. Die Kerzen erloschen alle und rollten zu mir [Styger] hinüber. Eine trübe, feinstoffliche Brühe von verschiedenen Nebeldämpfen trat aus ihr aus und verteilte sich an der Wand [...] Nun setzte sie sich aufrecht hin und fragte mich: ‚Was war los, wieso lag ich mit dem Kopf auf dem Tisch? Ich hatte das Gefühl ich müsste ersticken an diesem ätzenden Rauch oder Gestank, den ich in der Lunge spürte.'"[77]

Einen vergleichbaren Fall zeigt eine 30-jährige Lehrerin, die nach einem Motoradunfall operiert wurde und zwei Tage ohne Bewusstsein blieb. Danach stellten sich Anfallserscheinungen ein, die in einer psychiatrischen Klinik als Vorstufe einer Epilepsie gedeutet wurden, sowie Fehlgeburten. Anton Styger berichtet:

> Während des Gesprächs „stieß sie einen lauten Schrei aus, sprang auf und sackte wieder zurück auf den Stuhl. Dann griff sie sich an die Schläfen, an die Brust, dann an die Schultern. Als nächstes fasste sie mit beiden Händen in ihren Nacken und strich sich mit Kraft ihre kurzen, dunklen Haare nach vorn in die Stirn. Wie wild rieb sie sich nun den Kopf und, merkwürdige Laute ausstoßend, raufte sie sich die Haare. Richtig fest griff sie dabei zu, als wollte sie sie ausreißen. Gurgelnde, stammelnde Laute kamen aus ihrem Mund."[78]

Während der Ablösegebete fiel die Frau vom Stuhl und streckte alle Viere wild strampelnd in die Höhe, trat gegen die Glasplatte des

---

77 Anton Styger: *Erlebnisse mit den Zwischenwelten* Band II, S. 105 ff.
78 derselbe: *Erlebnisse mit den Zwischenwelten* Band II, S. 111 ff.

Tisches und teilte an die ihr helfen wollenden Personen Schläge aus, blies mit geiferndem Mund die Kerzen aus, verdrehte Kopf und Gliedmaßen, stieß gurgelnde, unverständliche Worte und Satzfetzen aus und war außer sich. Nach nahezu eine Stunde währendem Gebetskampf kam sie wieder zu sich und fühlte sich frei wie noch nie. „Ich fühlte mich wie in einem Schraubstock und viele Stimmen redeten auf mich ein. Sie gaben mir dauernd Befehle und quälten mich aufs Grausamste."

Es gibt noch eine Reihe weiterer seelischer Dispositionen, welche die Wechselwirkung zwischen Geist und Seele eines Menschen nachteilig beeinflussen können. Dazu gehören seelische Krisen, Beziehungskrisen und Schockerlebnisse, letztendlich aber auch die seelische Einstellung eines Menschen zu seiner Umwelt. Seelische Krisen eines Menschen basieren auf einem Ungleichgewicht zwischen dem Status seiner Geisteshaltung oder seinen Emotionen zu seinem äußeren Verhalten, einem Widerspruch zwischen Innenleben und erzwungenen Anpassungsvorgängen oder Verhaltensmustern. Wir können viele unserer seelischen Nöte über unser Bewusstsein und unser Verhalten vertuschen und verdrängen. Sie sind damit aber nicht verschwunden, sondern akkumulieren mit jeder neu auftretenden gleichartigen Belastung, bis sie endlich in irgendeiner Form nach außen drängen, um ans Oberbewusstsein zu gelangen. Das kann durch Krankheiten erfolgen aber auch durch Spukvorgänge oder Besetzungen.

Nach Wickland (*Dreißig Jahre unter den Toten*) sprechen die Geister davon, von der „magnetischen Aura" von der Menschen angezogen zu werden, deshalb ihre Opfer umlagern (Umsessenheit) und schließlich besetzen, wobei weder dem Geist noch dem davon betroffenen Menschen von dieser Aufdringlichkeit etwas bewusst zu werden braucht. So werden auf diese Weise Geister ohne es zu wissen – oft aber auch aus böswilliger Absicht – Urheber von Unheil und Elend, körperlichem Siechtum, moralischen Minderwertigkeiten, Verbrechen und scheinbarem Irresein. Die Geistwesen äußern sich auch zur Übertragbarkeit oder anders ausgedrückt, Ablösbarkeit ihrer Wesenheit vom Menschen, worauf für den Besetzten Befreiung eintrete. Durch „planmäßige Übertragung" – indem man solche Besetzungsgeister von ihrem Opfer ablenke und in ein Medium hineinlocke – lassen sich auch die seelischen Störungen auf ein Medium (oder eine andere Person) übertragen und so die Kranken von den Quälgeistern befreien. Auf diese Weise können die niederen Geister der Einwirkung fortgeschrittener Geister zugänglich gemacht werden, die dann weiter für sie sorgen und sie über die höheren Lebensgesetze belehren.[79]

Joseph Görres (*Die christliche Mystik*) zitiert eine Reihe von Spuk- und Besessenheitsfällen, die sich in Klöstern zu Zeiten der Reformation ereigneten. Schon die Unterbrechung des normalen Lebensrhythmus, die Ungewissheit bezüglich der Zukunft und die Angst vor Veränderungen nach einem langjährigen Gleichklang genügen offenbar, um sensible Personen für Besetzungen zu disponieren. Ethnologische Forschungen zeigen, dass gerade bei Naturvölkern eine hohe Assoziationsbereitschaft zu Besetzungen bei seelischen Krisen besteht: „Ich habe die Geschichte vieler Fälle von Besessenheit bei den Ba-Ronga sorgfältig studiert. Die meisten von ihnen begannen mit einer deutlichen Krise, in welcher der Kranke bewusstlos war, aber sie schien nicht durch irgendeine andere vorausgegangene Nervenaffektion hervorgerufen zu sein."[80] Görres belegt im IV. Band seiner *Christlichen Mystik* anhand von Beispielen Besessenheitsfälle, die als Folgen eines melancholischen Temperamentes, durch Kummer, Angst, Not, Sorge, Hass, Zorn, Hochmut, Missgunst, Zauberei, enttäuschte Liebe, Eifersucht, Verzweiflung, Schuldbewusstsein, Entsetzen und Epilepsie hervorgerufen wurden.

Ein Beispielsfall aus der Sammlung Görres diene uns zur Veranschaulichung. Es handelt sich um einen Mann, der vieler Wissen-

79 Carl Wickland: *Dreißig Jahre unter den Toten*, S. 43 f.

80 Henri-Alexandre Junod: *The life of a South African tribe*; Bd. II *The psychic life*. (1912). (Das Leben eines südafrikanischen Stammes.) Zitiert nach T. K. Österreich: *Die Besessenheit*, S. 137.

schaften kundig war, seiner Kenntnis sich überhoben habe und besessen wurde (oder bereits war). Eine Befreiung war trotz aller Bemühungen erst möglich, als er all das Wissen vergaß, das der Hochmut in ihm angeregte.

Ein etwa achtjähriger Knabe wurde von seinem Erzieher zu einem Ordensgeistlichen gebracht. Der Knabe hatte Thesen aufgestellt, worin die ganze Philosophie des heiligen Thomas enthalten war und die er vor Kardinälen, Bischöfen, Prälaten, Theologen, Ordensleuten und Zuhörern aus allen Ständen zu verteidigen wusste. Alle betrachteten ihn als ein unerhörtes Weltwunder, er wurde hoch geehrt und gefeiert. Als er mit seinem Erzieher nach Loretto gebracht und dort von mehreren Prälaten in die Kirche geführt wurde, bemerkte man, dass er weder das Weihwasser nahm noch sich bekreuzigte. Im Innern der Kirche angelangt, brach der Dämon mit einem Male hervor, und gab mit großem Geschrei sich als Inhaber und Besitzer des Eintretenden zu erkennen. Der Lehrmeister entfloh, und stürzte, da die Diener der Inquisition ihn aufsuchten, sich selbst von einem hohen Turm hernieder. Der Knabe, allen Dämonen absagend, verlor seine ganze ihm eingegossene Wissenschaft; und wieder auf seine alte Unwissenheit zurückgebracht, besserte er sein Leben unter der Leitung eines katholischen und frommen Lehrmeisters, in ein Kloster eingeschlossen.[81]

Äußere Kennzeichen

Alles, was die Besessenen im Paroxysmus tun und vornehmen, wird mit Recht dem Geiste, der sie besitzt, zugeschrieben. Er redet mit ihrem Munde, bewegt die Glieder, und treibt sie an, in Feuer oder Wasser sich zu werfen.

Johann Joseph Görres: *Die christliche Mystik* Bd. IV

81 Joseph Görres: *Die christliche Mystik* Bd. IV, S. 242 ff.

Das Bild eines Besessenen zeigt uns einen Menschen, der in einer Weise von einer fremden Macht beherrscht wird, als wäre eine andere Seele in seinen Körper eingedrungen und hätte seine Funktion im Extremfall vollständig übernommen. In der Realität gleicht das Bild eines Besessenen einem Anfallsleiden mit unterschiedlicher Ausformung in Stärke und Gestaltung. Viele Besetzte wissen nichts von dem Gast, den sie in ihrer Seele tragen. Bestimmte Handlungsweisen zu vollbringen fällt ihnen aber schwer, sie fühlen sich gedrängt. Typisch dafür ist die Abneigung gegen Symbole des Glaubens, geweihte Gegenstände und Räume. Die Abneigung gegen das Kruzifix wird gern in den Vordergrund gestellt, sie ist ja auch Realität. Aus dieser Beobachtung heraus erfolgte auch von Seiten der Kirche die Austreibung des Besetzers mit Hilfe von geweihten Gegenständen.

In der Anfangsphase einer Besetzung bilden Zwangsgedanken ein erstes Symptom, sie richten sich oft gegen Heiliges oder Erhabenes, Tugendhaftes. Es fällt schwer, diese Gedanken zu unterdrücken. Sie führen zu Abneigungen, die auch äußerlich erkennbar werden; man mag entsprechende Gegenstände nicht um sich haben, vermag sie mitunter nicht einmal mehr zu berühren. Mit viel Willenskraft kann es aber gegen alle inneren Wiederstände gelingen. In späteren Phasen der Entwicklung werden die Gelenke derart verzerrt, dass selbst Berührungen nicht mehr möglich sind. Diese Phasen wechseln mit scheinbarer Normalität, in der die Betroffenen ihrem Beruf nachgehen oder andere Aufgaben wahrnehmen können. Mehr oder weniger spontan kommt es dann zu Anfällen, in denen der Betroffene die Gewalt über seinen Körper vollständig verliert. Die Physiognomie verwandelt sich spontan, aus einem lieblichen Gesicht werden die scheußlichsten Fratzen der Hölle. Wenn sich die Physiognomie verändert, wird auch die Stimme anders, was aber nicht zutreffen muss. Es verändern sich aber nicht nur die Gesichtszüge, sondern die ganze Gestalt nimmt das Bild der sie besetzenden Seele an. Das kann so weit gehen, dass auch andere Personen den Besetzer erkennen. Die Personifikationen und die Gesichte können dabei wechseln in dem Maße, in dem unterschiedliche Charaktere (Besetzer) in einem Menschen vorhanden sind.

> „So oft der Dämon in ihr aufstieg, heißt es von N., die sich von dem Geist eines Verstorbenen besessen glaubte, bekam sie die ganz gleichen Gesichtszüge, die dieser im Leben gehabt hatte [Transfiguration], und die sehr markiert waren, so dass es nötig war, die N. in ihren Anfällen nun jedesmal von den Menschen zu entfernen, weil jeder, der jenen Verstorbenen im Leben kannte, ihn jetzt sogleich in den Gesichtszügen der Dämonischen wiedererkannte."[82]

Wenn der Dämon aus der besetzten Person heraus spricht, nennt er diese in der dritten Person, spricht von „der da", „dem da" oder wählt eine schlimmere Bezeichnung, welche die ursprüngliche Person herabsetzt, als dumm kennzeichnet und die es im Vergleich zu einer Wesenheit, die zum kosmischen Potential des Wissens zumindest einen begrenzten Zugang hat, ja auch ist. Besetzer und ursprüngliche Persönlichkeit verhalten sich wie zwei Aspekte einer psychischen Spaltung mit dem Unterschied allerdings, dass die bei einer psychischen Spaltung auftretenden Personifikationen Teile einer einzigen Psyche darstellen (so sieht es zumindest die Medizin), während bei einer Besetzung ein persönlichkeitsfremdes Seelenwesen agiert.

Ein wesentliches Merkmal der psychischen Veränderung betrifft die Stimme, die dem Charakter der neuen Individualität entspricht oder anders ausgedrückt, die aus dem Organismus zwanghaft zutage tritt. Eine Frauenstimme (oder eine Kinderstimme) verwandelt sich in eine Bassstimme, wenn die neue Individualität eine männliche ist.

Es verhält sich nicht so, dass das Dämonische sich sogleich als solches offenbart. Um seinen Zweck zu erfüllen, sucht die fremde Persönlichkeit sich gern in der Darstellung einer erhabenen Kraft ein-

82 Justinus Kerner: *Geschichte zweier Somnambulen* (1824), zitiert nach Traugott Konstantin Österreich: *Die Besessenheit*, S. 16.

zuschmeicheln, wobei dann Heiliges und Dämonisches abwechselnd zum Ausdruck kommen. Der Philosoph Franz von Baader (1765-1841) berichtet über einen von ihm selbst beobachteten Fall von Besessenheit bei einem 24-jährigen bayerischen Landmädchen, das neben seinem normalen, einen heiligen sowie einen dämonischen Zustand aufwies:

> „Wirklich nahm denn auch diese satanische Reaktion von Stunde zu Stunde zu, und dieselbe Somnambule, welche in der Krisis wie eine Heilige sprach, sprach im gemeinen Wachen ziemlich unheilig und weltlich. Physiognomie, Gebärde, selbst der Ton der Sprache nahmen hierbei etwas Widerliches, Rauhes und ihrem gewöhnliche Charakter ganz Fremdes an. Denn sie war sonst gutwillig und folgsam, zeigte sich aber jetzt mürrisch, unfolgsam und boshaft. Nachts, den 16. Oktober, trat endlich das Kakodämonische in seiner ganzen Scheußlichkeit mit einem wahrhaft grässlichen und gleichsam bellenden Gelächter hervor [...] Stimme, Gebärde, Physiognomie, Gesinnung usw. waren in diesen beiden letzteren Zuständen wirklich wie Himmel und Hölle voneinander unterschieden; und besonders die Gesichtszüge wechselten hierbei so schnell, dass man seinen Augen kaum trauen und sie in dem satanischen Anfall kaum für dieselbe Person wieder erkennen konnte.“[83]

Es ist auffällig, dass alles, was die Dämonen von sich geben, ganz gegen den normalen Charakter des betreffenden Individuums ist: Spott und Verwünschung gegen alles Heilige, Fluch und Verwünschung gegen die von ihnen besessenen Personen, die sie lästern und mit Fäusten schlagen.

> „In diesem Zustande sind die Augen fest geschlossen, das Gesicht fratzenhaft, oft über alle Maßen scheußlich verzerrt, der Ton der Stimme widerlich, gellend und in tiefen krächzenden Lauten schreiend, die Worte durchaus pöbelhaft, der Inhalt der Rede bald schadenfroh, bald

---

83 Franz von Baader, *Sämtliche Werke* – Leipzig 1853; Bd. IV S. 46 f. Zitiert nach Traugott Konstantin Österreich: *Die Besessenheit*, S. 18.

Gott und die Welt verfluchend, bald den Arzt, bald die Kranke selbst fürchterlich bedrohend mit dem hartnäckigen Vorsatz, den Körper der Frau nicht verlassen und sie und ihren Angehörigen immer mehr plagen zu wollen; so musste die Frau einst, getrieben vom Dämon, ihr liebstes Kind schlagen, als es bei einem solchen Anfalle neben der Mutter hinkniete, um für sie zu beten. Am schauderhaftesten musste sich die Arme gebärden, wenn sie während der Anfälle einnehmen oder sich einreiben lassen sollte; sie bedrohte, mit den Händen ausschlagend, jeden, der sich ihr mit solchen Mitteln näherte, schimpfte und schmähte in den allerniedrigsten Ausdrücken, der Körper wurde dann wie in einem Bogen, mit dem Unterleib in der Höhe ausgespannt, vom Stuhle niedergeworfen und auf dem Boden herumgezogen, auf dem sie dann völlig ausgereckt, starr und kalt liegen blieb, sodass ein wahrer Scheintod eingetreten zu sein schien. War dennoch der Kranken trotz des Widerstandes etwas beigebracht worden, so trat sofort eine gewaltsame Bewegung ein, das Aufgedrungene wieder von sich zu geben. Dies geschah jedesmal unter höllischem Gebrülle und furchtbarem Blasen, welches mit einem satanischen, in den höchsten Fisteltönen ausbrechenden Gelächter abwechselte."[84]

Parallel zu den psychologischen Erscheinungen finden sich motorische, die an Stärke denen echter Tobsuchtsanfälle entsprechen, aber teilweise gänzlich sinnloser Natur sind, so dass sie mit dem Gehabe der Person nicht in Einklang zu bringen sind. Auch sind diese Verdrehungen des Körpers nicht willkürlicher sondern zwanghafter Natur, sie sind willkürlich überhaupt nicht möglich, auch nicht dem gelenkigsten Menschen. „So wurden in einem von Kerner angezogenen Fall der Erkrankten im Anfall die Augen aus dem Kopfe getrieben, die Zunge wie eine zusammengedrehte Weide eine Spanne lang zum Munde herausgereckt, ihr das Angesicht auf den Rücken gewendet, so jämmerlich, dass es einen Stein hätte erbarmen können."[85] Weiterhin ist zu beobachten, dass die Kraft, mit der Besessene im Anfall ausgestattet sind, alles normale Maß über-

84 ebenda: S. 88. Zit. n. Traugott Konstantin Österreich: *Die Besessenheit*, S. 20 f.
85 ebenda: *Die Besessenheit*, S. 20 f.

steigt, so dass stets mehrere kräftige Personen vonnöten sind, um diese Kranken zu bändigen. Interessant ist in solchen Fällen die Beobachtung Österreichs, der sich ja als Arzt mit diesen Phänomenen beschäftigte, dass in Fällen, in denen die Person *nicht* von einem Dämon (also einem nicht-menschlichen Wesen) besetzt ist, sondern vom Geist eines Verstorbenen, die motorischen Begleiterscheinungen der Besessenheit *in der Regel* ausfallen. Österreich macht allerdings keine Aussage darüber, wie diese differierenden geistigen Kräfte zu unterscheiden sind. Dies ist aber ein sehr wichtiges Kriterium, denn die allermeisten geistigen Beeinflussungen von Menschen erfolgen durch anhaftende Seelenfragmente Verstorbener.

Der nachstehende Fall lässt alle genannten Begleiterscheinungen der Besessenheit noch einmal deutlich hervortreten. Er ereignete sich im Jahre 1891 in Wemding im schwäbischen Landkreis Donau-Ries; dem zehnjährigen Knaben Michael Zilk wurde von einem Kapuzinerpater der Teufel ausgetrieben. Viele Tageszeitungen berichteten darüber:

> Seit Fastnacht-Dienstag (10. Februar 1891), bemerkten die Müllerschen Eheleute Zilk von Oberlottermühle an ihrem ältesten Sohn Michael, welcher damals zehn Jahre zählte, ganz auffällige Erscheinungen. Er konnte nicht nur kein Gebet mehr verrichten, sondern auch von anderen kein Gebet sprechen hören, ohne in ganz außerordentliche Wutausbrüche zu verfallen, duldete keine geweihte Gegenstände mehr in seiner Nähe, erlaubte sich gegen seine Eltern die gröbsten Misshandlungen und zeigte in seinen Gesichtszügen eine solche Veränderung, dass auf etwas Außerordentliches geschlossen werden musste. Seine Eltern suchten in diesem traurigen Zustande ihres Kindes zunächst Hilfe bei einem Arzte, doch vergebens. Der alsdann um Hilfe angegangene Pfarrvikar sandte Eltern und Kind an das Wemdinger Kapuzinerkloster, wo man sich alsbald nach den kirchlichen Vorschriften des Erkrankten annahm. – [Folgendes wird berichtet:] „Beim erstmaligen Hiersein fanden wir am Knaben die oben berichteten auffälligen Erscheinungen. Wir sprachen zunächst über ihm die gewöhnliche Krankenbenediktion. Dabei zeigte er eine solche Unruhe oder, besser gesagt, solches Wüten und Toben, dass man nur zu

leicht an dämonische Einflüsse denken musste; zugleich legte er eine solche Körperstärke an den Tag, wie man sie bei einem zehnjährigen Knaben unmöglich finden kann, so dass ihn drei erwachsene Personen nicht zu bändigen vermochten. Was die Eltern gesucht und wir so sehnlich gewünscht hatten, wurde nicht erreicht. – So oft der Knabe an einer Kirche oder einem Kruzifix oder an einem zu Ehren der Mutter Gottes oder eines anderen Heiligen errichteten Denkmals vorübergehen musste, wurde er plötzlich ungefähr 30 Schritte vorher unruhig und sank dann wie leblos zu Boden. Man musste ihn ebenso weit über die frommen Denkmäler hinaustragen und erst dann konnte er wieder weitergehen. Außerdem wurde von uns [...] die Beobachtung gemacht, dass der Genannte in der Kirche eine fürchterliche Unruhe zeigte, ganz besonders auffallend bei der heiligen Wandlung, und seine Augen, die stets geschlossen waren, nie zum Altar richten konnte. In diesem traurigen Zustand befand sich der Knabe nun fast ein halbes Jahr, und da trotz angewandten Gebetes sich keine Besserung zeigte, vielmehr der Zustand des Knaben täglich trauriger wurde, wandte sich endlich der Vater schriftlich an den hochwürdigen Herrn Bischof von Augsburg mit der Bitte zur Vornahme des feierlichen Exorzismus.“[86]

Die damaligen Pater Remigius und Pater Aurelian nahmen, nachdem sie sich die Erlaubnis von Bischof Leopold von Eichstätt eingeholt hatten, am 13. Juli, früh 7 Uhr, zum ersten Male einen Exorzismus an dem Jungen vor. Erst nach längerem Ringen soll der Zehnjährige vom Vater, mehreren starken Männern und dem Laienbruder Makarius unter Aufbietung aller Kräfte in das Presbyterium gebracht worden sein. Bei diesen Exorzismen (es folgten weitere um 2 Uhr und um 5 Uhr) wollen die Patres herausgefunden haben, dass der Knabe von zehn Teufeln besessen gewesen sei. Am nächsten Tage (14. Juli) nach der heiligen Messe, früh 7 Uhr, begann ein weiterer Versuch des Exorzismus. Die Kirche blieb geöffnet. Eine große Menschenmenge, darunter eine große Zahl Wallfahrer, waren zugegen.

86 Traugott Konstantin Österreich: *Die Besessenheit*, S. 22 f.

> „Schweren Herzens, aber vertrauend auf Gottes Beistand, nahmen wir, Pater Remigius und Pater Aurelius [...] zum ersten Male den feierlichen Exorzismus vor. Schon lange vorher, ehe wir den Exorzismus begannen, beohrfeigte der Knabe seine Eltern auf eine ganz unbeschreibliche Weise. Und als wir ihn ins Presbyterium bringen ließen, da spielte sich eine wahrhaft schaudererregende Szene ab. Denn als man unsern Befehl ausführen wollte, da erhob der Besessene ein fürchterliches Geschrei. Nicht mehr die Stimme eines Menschen glaube man zu hören, als vielmehr die eines wilden Tieres, und zwar so gewaltig, dass das Gebrüll – dieser Ausdruck ist nicht zu scharf – noch mehrere hundert Meter außerhalb der Klosterkirche vernommen wurde, und so entsetzlich, dass alle, welche es hörten, mit Schauder erfüllt wurden. Bei einem solchen Auftritte lässt es sich wohl denken, wie auch uns Priestern zu Mut gewesen sein muss. Und doch sollte noch Ärgeres kommen. Als der Vater den Knaben in das Presbyterium bringen wollte, da war er ihm gegenüber schwächer als ein schwaches Kind. Das schwache Kind warf den starken Vater mit solcher Gewalt zu Boden, dass tiefes Bangen uns alle ergriff. Erst nach längerem Ringen konnte er vom Vater, von [...] Männern und unserem Laienbruder unter Aufbietung aller Kräfte in das Presbyterium gebracht werden. Zu größerer Vorsicht ließen wir ihn mit starken Riemen an Händen und Füßen fesseln, allein er bewegte seine Glieder so gut, als ob nichts desgleichen geschehen sei. Nach solchen Vorbereitungen schickten wir uns an, die sogenannte Handlung vorzunehmen voll des festen Vertrauens auf den Beistand von oben [...] Beim Segen mit [einem heiligen Kreuzpartikel] erhob der Knabe ein fürchterliches Geschrei. Zugleich spuckte er seinen Unflat beständig gegen das heilige Kreuzpartikel und die beiden amtierenden Priester P. Remigius und Aurelian. Geschrei und Spucken dauerten ununterbrochen fort bis nach Abbeten der Allerheiligen-Litanei.[87]

Bei der Beschwörung gestand der Teufel angeblich, dass er das Kind nicht verlassen könne, weil „die“ ihn immer verwünscht. Auf die Frage, wer diese „die“ sei, soll er ihren Namen genannt haben. Bei diesen Worten schlugen die Eltern des Besessenen die Hände über

87 Traugott Konstantin Österreich: *Die Besessenheit*, S. 22 f.

dem Kopf zusammen. Weinend sollen sie gesagt haben: „Diese Frau ist unsere Nachbarin." Pater Aurelian will es an dem Nachmittag dann gelungen sein, nach weiteren Beschwörungen die Teufel aus dem Körper des Buben zu vertreiben. Der Junge wurde später ein Schutzmann in München. Er selbst hat an dem Vorgang der Heilung von der Besessenheit niemals gezweifelt. Er ist 1942 in München gestorben.

Nachdem in diesem Bericht der Name der Nachbarin genannt wurde, erhob sie wegen öffentlicher Beleidigung als verschriene Hexe und Ursache der Besessenheit des Knaben danach gerichtliche Klage gegen Pater Aurelian. Die Staatsanwaltschaft fand ein öffentliches Interesse gegeben und erhob die Klage von Amts wegen, die im November 1892 vor der Strafkammer des Landgerichts in Eichstätt verhandelt wurde. Der Zudrang zur Verhandlung war ein enormer. Eine Menge von Leuten konnte wegen Raummangels nicht zugelassen werden. Und – was in Eichstätt wohl noch nie dagewesen sein dürfte – neun Vertreter von auswärtigen Zeitungsblättern waren im Saal anwesend. Der Klage wurde stattgegeben und der Pater wegen öffentlicher Beleidigung verurteilt. Er ist bald darauf infolge der Aufregungen in Altötting am 1. Februar 1893 gestorben.[88]

Befassen wir uns weiterhin mit den äußerlich sichtbaren bzw. erkennbaren Anzeichen und Auswirkungen der Besessenheit – wir sprechen hier von einer als „dämonisch" bezeichneten Besessenheit, also vom Bild seiner weitgehend ausgestalteten Form –, so finden wir folgende Anzeichen:

- *Das Verstehen und teilweise auch das Sprechen fremder Sprachen:* Es ist eine weit verbreitete Beobachtung, dass in einem Körper befindlichen Geistwesen Sprachen sprechen und verstehen, die der befallenen Person gänzlich unbekannt sein müssen, zu denen

88 Vgl. auch den Zeitungsartikel von Werner Waimann in: https://www.augsburger-allgemeine.de › Lokales (Nördlingen).

sie niemals Kontakt gehabt haben kann. Man könnte argumentieren, es handle sich bei dem betreffenden Geistwesen um die Seele eines Verstorbenen aus einem anderen Land, doch fehlt in solchen Fällen meist jegliches Beziehungsverhältnis, es sei denn, es handle sich um ein angedocktes Geistwesen aus dem Urlaub. Ein viele Sprachen verstehender oder sprechender Kranker muss allerdings nicht zwangsläufig ein von vielen Geistern Besessener sein. In den meisten Fällen können wir davon ausgehen, dass eine telepathische Verbindung zu dem Prüfer in dieser Angelegenheit vorhanden und der im Menschen sprechende Geist darüber zum Wortschatz des Prüfenden automatisch Zugang erlangt. Jeder Mensch ist in der Lage, eine fremde Sprache zu sprechen, wenn der ihm innewohnende Geist ihm die Worte und das Verständnis eingibt. Das Verstehen fremder Sprachen kommt häufiger vor, als das Sprechen weil es leichter ist, einen gedanklichen Inhalt zu erfahren, der ja mit der Sprache übertragen wird, als Worte zu formulieren, wobei ein bewusster Akt durchlaufen werden muss.

„So berichtete ein Geistlicher, dass, als er den bösen Geist, der aus einem besessenen Mägdlein redete, griechisch, hebräisch und bisweilen lateinisch angeredet, derselbe ihm allzeit in deutscher Sprache richtig geantwortet. Als besagter Geistlicher ihn nun darüber anging: dass er, der so klugwitzig und vorwissend sein wolle, ihm doch nun nicht mit einer einzigen Antwort in ausländischer oder fremder Sprache zu begegnen wisse, hat der Geist darauf diese Antwort versetzt: ‚Narr! die Geister verstehen alle Sprachen, aber alle reden sie dieselbe nicht; welches sich auch also befunden. Denn wenn er bisweilen mit anderen anwesenden Gelehrten etwas lateinisch diskutiert, hat der Geist alles verstanden, und was ihn betroffen, zu Deutsch beantwortet. Unterdessen gibt es doch gleichwohl viele Geister, die aus den Besessenen fremde Sprachen reden.“[89]

89 Johann Joseph Görres: *Die christliche Mystik* Bd. IV, S. 251. Weitere Beispiele auf den nachstehenden Seiten.

Das Verstehen und Sprechen fremder Sprachen ist kein sehr häufiges Phänomen, tritt nur in speziellen Besessenheitszuständen auf und auch dann nur im Anfallsfall, im Zustand der Bewusstlosigkeit bzw. des Somnambulismus.

- *Das Gedankenlesen und ihre sofortige Ausführung auch in der Ferne:* Dieses Phänomen ist dem Erkennen fremder Sprachen verwandt und beruht auf einem intuitiven – telepathischen – Erkennen des betreffenden Bewusstseinszustandes. Der von den körperlichen Einengungen freie Geist ist grundsätzlich mit dem Bewusstsein des Absoluten verbunden und nur durch die sich selbst auferlegten Zwänge in seiner Erkenntnisfähigkeit beeinflusst, so dass er empfangen und auch mit einer Informationsgewalt senden und damit in einem anderen Bewusstsein etwas bewirken kann. Hypnotische Empfänglichkeit und posthypnotische Befehle vermögen diese Vorgänge ein wenig zu veranschaulichen.
- *Das Vorhersagen künftiger Ereignisse, Prophetie und Hellsehen* beruht ebenfalls auf einer Verknüpfung des frei agierenden Geistes mit dem absoluten Bewusstsein des Kosmos sowie insbesondere den geistigen Regungen in dem speziellen Umfeld, in dem die betreffenden Aktionen stattfinden. Wir kennen diese Ereignisse am ehesten aus dem Umfeld der paranormalen Forschung, wo sie nicht mit Besetzungszuständen in Zusammenhang gebracht werden und doch oft auf solchen beruhen. In Zeiten der Hexenverfolgungen wurden die hellsehenden Eigenschaften der Besessenen gern genutzt, um Klarheit darüber zu gewinnen, ob sich in den vermeintlichen Hexen böse Geister befinden, was dann als Beleg für ihre zauberkundigen Eigenschaften gewertet wurde. Diese Befragungen fielen meines Wissens aber stets so aus, dass der Geist in den Besessenen gegen die Hexen aussagte, sie damit also der Hexerei überführt wurden.
- *Das Zaubern von Gegenständen in die Körper anderer Personen:* Hiermit haben wir einen Themenbereich vor uns, der sowohl bei Besessenheitszuständen als insbesondere auch im Hexenwesen

Bedeutung erlangte. Es ist ein recht schauerliches Kapitel der Beeinflussung der Körperfunktionen aber auch der Materie selbst. In abgewandelter Form finden sich derartige Phänomene auch in Spukvorgängen, in denen Materie verschwindet und an anderer Stelle wieder auftaucht, mitunter sogar im Körper einer Person. Görres behandelt solche Fälle ausführlich im Kapitel *Die dämonische Verirrung des Nahrungstriebes nach unten* im V. Band seiner *Christlichen Mystik*. Hier finden wir Vorgänge, in denen angeblich verzauberte (Besessene) Personen ungenießbare Gegenstände wie Haare, Steine, Hölzer, Metalle und Gegenstände unterschiedlichster Art verzehrt und wieder ausgewürgt haben.

Ein frommer Mann hatte eine Tochter, die von einer Frau bezaubert wurde und dadurch an einer verzweifelten Krankheit litt. Die Mutter bestellte einen bekannten Zauberer, der sie für verzaubert erklärte und durch zahlreiche Heilmittel und Beschwörungen der Verzauberung Herr zu werden versuchte und sie zuletzt in den Arm biss, wohl, um über die Wunde das Unheil auszuleiten, was offenbar auch gelang, da die junge Frau von ihrem Übel genas. [...] „von da an aber war es ihr, als ob von Zeit zu Zeit aus ihrem Herzen Nadeln herausdrängen. Sie litt dann heftige Schmerzen, bis durch den Biss im Arm, der nicht vernarbte, von einer geheimen Kraft Nadeln hervorgetrieben wurden. Mehr als dreißig derselben waren in solcher Weise nacheinander hervorgegangen [...] Später kamen aus dieser Wunde im Laufe des Jahres 17 keine Holzstückchen statt der Nadeln hervor, bis sie endlich durch Anwendung von Sakramentalien und einer Heiligen Messe sämtlicher Verzauberung ledig wurde.[90]

In einem anderen Beispiel wurde ein neunjähriges Kind bezaubert, bekam heftige Schmerzen und fiel wie tot zu Boden. Da alle Arznei nicht half, wurde ein Exorzismus durchgeführt, wodurch das Kind Nadeln, Glas, Federn und Nägel erbrach, wobei einige Objekte während ihrer Wanderung im Körper von außen gefühlt und

90 Johann Joseph Görres: *Die christliche Mystik* Bd. IV, S. 394 f.

verfolgt werden konnten, bis sie durch die Haut hervortraten. – Bei der südtiroler Mystikerin und stigmatisierten Ekstatikerin Maria von Mörl (1812-1868) erschienen Stecknadeln und ähnliche Dinge in ihrem Mund, auf denen sie herumbiss und dann von sich gab, eine Erscheinung, die sich mehrmals täglich wiederholte und über acht Wochen andauerte. Man sah die Nadeln tief aus dem Schlund hervorkommen, sich manchmal in die Quere stellend und durch Hervorwürgen aufsteigend. Dann kamen nach den Stecknadeln auch Nähnadeln, spiralförmig gewundene Drähte, Glasscherben, Rosshaare, Holzstücke und Nägel aller Art zum Vorschein und konnten ausgewürgt oder aus dem Halse herausgezogen werden. Auch über die unteren Wege wurden Gegenstände aus ihr ausgetrieben, einmal durch die Haut des Beines ein andermal zwischen den Schulterblättern austretend, ein andermal durch die Kopfhaut. Die Stecknadeln waren dabei mit der Spitze nach außen gekehrt. Die scharfen und verletzenden Gegenstände verursachten ihr keine Blutungen und hinterließen keine Wunden.[91]

- *Die extreme Abneigung gegen geheiligte Gegenstände und charismatische Personen, Heilige und ihre Reliquien im Anfallszustand:* Es handelt sich hierbei um ein besonders „klassisches“ Erscheinungsbild, bei dem davon ausgegangen wird, dass der Dämon alle geweihten Gegenstände und Orte scheut. Schon der Volksmund spricht von einem Überängstlichen: „Er scheut es, wie der Teufel das Weihwasser.“ Zur Veranschaulichung führe ich einige Sätze aus dem Kapitel *Die physischen Symptome der Obsession* aus dem Werk von Görres (Band V) an:

„Vor der Kommunion wurden sie [sie Besessenen einer Gemeinde] von Konvulsionen und sichtbar unfreiwilligen Bewegungen überfallen; so wie sie die heilige Hostie empfangen, schrien und heulten sie furchtbar auf, und wälzten sich an der Erde, während die genomme-

91 Johann Joseph Görres: *Die christliche Mystik* Bd. IV, S. 396 ff.

> ne Hostie immer auf der Spitze der Zunge blieb, die sie nach dem Gebote des Exorzisten hervorstreckten oder zurückzogen, ohne jedoch sich irgend eine Unehrerbietigkeit gegen das heiligste Sakrament zu Schulden kommen zu lassen. Das dauerte bisweilen eine halbe Stunde, mehr oder weniger, war aber endlich das Erhaltene verschluckt, dann blieb die, welche es zu sich genommen, sogleich ruhig, und ohne die Erinnerung dessen, was vorgefallen. Dass sie weiter die außerordentlichsten Abneigungen und Wutanfälle, bei der Annäherung der Reliquien der Heiligen, gespürt, die sie öfters erkannt und mit Namen genannt, ehe sie dieselben gesehen, und ohne dass sie etwas von ihnen gewusst [...][92]

In den klassischen Fällen, die wir aus älteren Zeiten kennen und belegt finden, wird stets davon ausgegangen, dass „teuflische" Wesenheiten von dem Betroffenen Besitz genommen haben. Dass hier eine intensive Vorprägung durch bestimmte Glaubensvorstellungen und Glaubensdogmen eine Grundvoraussetzung bildet, die den Gegenpol sozusagen herausfordert, wird bei der Bewertung nicht berücksichtigt. Dieses althergebrachte Abwehrverhalten findet sich allerdings auch in neuerer Zeit, wie zum Beispiel bei der Besessenheit von Anneliese Michel, die 1952 an den körperbezogenen Folgen ihrer Besetzung starb. Viel häufiger anzutreffen sind weniger spektakuläre Fälle, in denen mehr oder weniger bewusst gewordene Abneigungen gegenüber geweihten Objekten eine Rolle spielen, die durchaus willentlich überwunden werden können. So sind mir persönlich Beispiele bekannt geworden, in denen in die Türpfosten zur Abwehr von Geistwesen eingelassene Röhrchen mit geweihten Objekten einer Reihe von Personen das Eintreten verwehrten, was dann von Seiten der Zögernden mit fadenscheinigen Gründen zu erklären versucht wurde. Viele Seelen, die mit bösen Erfahrungen – vielleicht auch bezüglich kirchlicher Themen – ins Jenseits hinübergingen, gebärden sich wahrhaft dämonisch, um sich an den Lebenden zu rächen, agieren aber auch völlig unbewusst in

92 Johann Joseph Görres: *Die christliche Mystik* Bd. V, S. 336.

den Seelen der durch sie Betroffenen, unbewusst bezüglich ihrer eigenen Situation gegenüber und ahnungslos über das, was sie durch die Besetzung anderen Menschen antun.

- *Die Erinnerungslosigkeit (Amnesie) nach Beendigung des Anfalls:* Ein großer Teil der körperlichen Symptomatik des Besessenheitszustandes ereignet sich in einem Zustand des Somnambulismus, einem das Bewusstsein herabdämpfenden Befinden der Erinnerungslosigkeit. Dies ist immer dann der Fall, wenn der Anfall mit übernatürlichen Phänomenen einhergeht wie Reden und Verstehen fremder Sprachen, Schweben oder Leichterwerden des Körpers, Teleportationen, ungewöhnliche Biegsamkeit der Glieder und der Wirbelsäule, Vorauswissen, Kraftanstrengungen, die jede normale Körperkraft übersteigen, Spukphänomene jeglicher Art und vieles andere mehr. Der Zugang zu außerkörperlichen Kraftfeldern und Energien kann offenbar nur (oder doch zumindest weitgehend) in einem Zustand der Umgehung des Wachbewusstseins erfolgen.
- *Das Ausspeien von Zaubermitteln nach erfolgreichem Exorzismus:* Dieses Phänomen gehört wohl zu den besonders beeindruckenden Effekten, welche die Leidenden hervorzubringen gezwungen sind. Die althergebrachte Theorie geht davon aus, dass die den Körper verlassenen Gegenstände auf zauberische Weise in ihn hineingekommen sind, oftmals in Form verzauberter Nahrung. Als Begleitphänomen und Anzeichen des Negativen, das im Menschen wohnt, gilt das Erbrechen oder anderweitig Ausgeschiedene als Anzeichen einer dämonischen Kraft, die den Körper verlässt. So werden derartige Phänomene als Befreiung von einer Besetzung bzw. als Befreiung des Körpers von dem damit verbundenen Geistwesen gedeutet. So verlassen nach erfolgreichem Exorzismus sogenannte „Zaubermittel“ wie Wachs, Knochen, Haare, Steine, Glasscherben, Holzstückchen, Nadeln, Bruchstücke von Messerklingen, Kohlen, Würmer – mitunter sogar Geldstücke – und Gegenstände unterschiedlichster Art den Körper,

häufig durch Erbrechen oder besser gesagt, zwanghaftes und leidvolles Herauswürgen. Mitunter sind die Gegenstände von einer Größe, die auf natürlichem Wege den Körper kaum hätten verlassen können. So erbrach eine Bezauberte einen lebenden Frosch oder eine Kröte von der Größe einer Faust, man fing und verbrannte das Tier.

Anfälle, die sich täglich zur gleichen Stunde bei einer Besessenen in Rom einstellten, endeten jedes Mal mit einem tiefen Schlaf, worauf sie am Morgen stets viel stinkenden Schleim ausbrach, meist zwei Schüsseln voll; danach war sie wieder heiter und wohlaussehend. – Bei im Anfallsstadium auftretendem „Wolfshunger" werden oft merkwürdige Gegenstände verzehrt, die irgendwann wieder zum Vorschein kommen und zum Gedenken an die erfolgte Befreiung in der Kirche des Heiligen aufgehängt werden, wie wir es an Wallfahrtsorten von aus Holz oder Wachs geformten Gliedmaßen, Organen oder Wachspuppen kennen. So fand sich in der Kirche des heiligen Leontius von Muri (Schweiz) eine Frau ein, die offene Geschwüre an den Füßen hatte, aus denen Stroh und Ähnliches heraustrat. Eine andere Frau aus Zug gab dort einen neun Pfund schweren Stein von sich sowie ein Stück von einer Säge, einen halben Fuß lang und eine Palme breit; Dimensionen solcher Größe, dass man den vielen Zeugen, die zugegen waren, kaum glauben mag. – Einer anderen, seit 15 Jahren Besessenen, kamen Fischschuppen aus den Augen, Kirschbaumblätter usw. aus dem Rachen sowie 33 Backsteine, darunter einige von einem halben, andere von einem ganzen Pfund.[93] Viele dieser Objekte gelangen mittels verzauberter Nahrung in den Organismus der Menschen, die dann mitunter ein Leben lang besessen bleiben. „Einmal gegessen, immer besessen", ist der Ausspruch des Dämons eines Besessenen. Manche Besessene werden von einem Dämon in Schlangengestalt bedrückt, ein Hinweis auf reptiloide Wesensformen, die zu einer

---

93 Johann Joseph Görres: *Die christliche Mystik* Bd. IV, S. 216 f.

anderen Schöpfungsperiode gehören, als die der Menschen. Das Entweichen dieser Schlangengestalten wird in der Regel aber nur hellsichtigen Menschen kenntlich, wozu auch der Besessene selbst gehört, der im akuten Stadium oftmals hellsichtig wird.

Aktuelle Fälle von Besessenheit, bei denen Tiere ausgeschieden werden schildert uns A. Styger. Bei den von ihm durchgeführten Ablösung von Astralwesen sah er Echsen, Schlangen und anderes ekliges Gewürm den Körper der betroffenen Personen verlassen. Nicht in der stofflichen Realität, sondern als wesenhafte Astraltiere. Eine Betroffene selbst nahm diese Kreaturen aus geistiger Sichtweise folgendermaßen wahr: „Ich hatte das Gefühl, ich sei in einem Terrarium voller Echsen und Schlangen. Aus allen meinen Öffnungen wanden sich diese ekligen Viecher. Ich war wie gebunden und gefangen und konnte mich ihrer nicht erwehren. Das war schrecklich, es war die Hölle. Jetzt aber fühle ich mich frei, allerdings ist mir noch ganz schlecht von dem, was ich gesehen habe." Und im Zusammenhang mit einer weiteren Ablösung: „Als Sie seine [des Besetzers] böse Seite ansprachen, da schrumpfte er zu einer kleinen Mickymaus mit Schnauze zusammen und aus ihm krochen jede Menge von Drachen und echsenähnlichen Wesen heraus." Eine andere Frau berichtete von ihrer Beobachtung bei einer Ablösung: „Ich sah einen schwarzen, dicken Wurm aus meinem Bauch kriechen."[94] Um das Grausame solcher Ereignisse zu verstehen, sollten wir uns bewusst machen, dass dieses Erleben für den Betroffenen eine absolute Realität darstellt, die nicht nur vom Gesichtssinn erfasst wird, sondern auch vom Gefühl her, sich also körperbezogen darstellt. Nach A. Stygers Erfahrungen geht dämonische Besessenheit *immer* mit Erscheinungsformen von Schlangen einher.

Der Hinweis, dass dämonische Energien in Form von Tieren ausgeschieden werden, findet sich häufiger in der Literatur; ebenso der Fall, dass entsprechenden Energien, Wesen – oder nennen wir es Informationsprogramme – über in den Körper eingedrungene Tie-

94 A. Styger: *Erlebnisse mit den Zwischenwelten* Bd. III, S. 109 f., 119, 361 u. 378.

re, meist Insekten, im seelischen und körperlichen Gefüge des Menschen wirksam werden. Dem Hellsichtigen erscheinen sie in vielfacher Gestalt. Dabei handelt es sich keineswegs um Phantasieprodukte, sondern um feinstoffliche Energiewesen, die ihrer Art entsprechend geformt werden und wesenhaft in Erscheinung treten. Die Akten der Exorzisten enthalten einige Berichte solcher Fälle.

Es ist nicht geklärt, wie weit bei solchen Erscheinungen Störungen der Sinneswahrnehmung eine Rolle spielen, wenn ausgeschiedene Objekte von selbst wieder verschwinden, was insbesondere für den Besessenen selbst gilt. Das gilt nicht nur für die Sinne des Gesichts, sondern auch für alle anderen Arten der Sinneswahrnehmung, deren Irritationen für Besessene typisch sind und die wir auch bei den Spukphänomenen wiederfinden werden, bei denen das Bewusstsein entweder eingeschränkt ist oder halluzinatorische oder illusorische Züge annimmt.

> „Schreckende Stimmen von Innen und Außen, von Ferne und Nahe, manche Arten seltsamen Geräusches, ein stetes Schreiten und Gehen, Lachen oder Seufzen, Irren des Gehörs, während furchtbarer Gestank die Nase füllt. Das Gemeingefühl zeigt sich gleicherweise vielfältig geirrt. Es bedünkt die Leidenden, als würden sie aus dem Bette gezogen, oder ein Anderer lege sich zu ihnen; sie würden verbrannt, die Haare würden ihnen abgeschoren, sie würden mit Prügeln geschlagen, von der Höhe hinuntergeworfen, und in die Winkel gedrängt, und öfter ereignet sich wirklich etwas dem Ähnliches um sie. Bei allen diesen Erscheinungen gilt es als allgemeines Naturgesetz: welche Macht in den Kreis des Lebens eingeschlagen, die geht auch jedesmal bei der Wiederkehr des Paroxysmus, wie die Tarantel beim Gebissenen am Gesichtskreis des Leidenden auf; und der Kreis ihrer Wahrnehmbarkeit geht bisweilen bis zur untersten plastischen Sphäre, des Gemeingefühles hinunter.“[95]

95 Johann Joseph Görres: *Die christliche Mystik* Band IV, S. 288 f.

„Ein wütendes Weib gibt unter dem Gebete des Clunyazensers Abtes Hugo von Cluny, neben vielem Blute, ein Reptil, wie eine Hornisse gestaltet, von sich. Hugo lässt das Tier vor sich bringen und ins Feuer werfen; das Weib aber ist geheilt. Ein anderes Weib wurde nach Floriacum [Fleury an der Loire, Burgund] zur Kirche des heiligen Benedikt gebracht und in der inneren Krypta beschworen. Sie gab bei der Lösung drei Käfer, mit grüner Galle begleitet, in ein Erzgefäß von sich, so dass man den Fall der Niederstürzenden deutlich hörte. Nach dieser Krise fand sie sich sofort vollkommen gereinigt." Eine andere Frau wurde durch eine Erscheinung der Heiligen Franziskanermystikerin Rosa von Viterbo befreit. „Der Dämon ging in der Gestalt eines vierfüßigen Ungeheuers von ihr, fiel auf die Erde, und entfloh."[96]

Einen nahezu unglaublichen Fall berichtet Görres in Band V seiner *Christlichen Mystik* im Kapitel *Die Rapporte zu dem Tierreich.* Innerhalb eines halben Jahres gingen Hunderte von Tieren von einem Knaben ab, teils erbrochen, teils mit dem Stuhlgang, teils durch die Nase: Käfer, Würmer, Schlangen, Motten, Tausendfüßler, Frösche und sonstiges Getier, die teils gefangen wurden und dann mehre Tage am Leben blieben, bis sie verhungerten oder getötet wurden. Da sich Ärzte und andere glaubwürdige Personen um den Jungen bemühten, ist es unvorstellbar, dass er diese Personen über eine so lange Zeit hinweg zum Narren hätte halten können. Erst gegen Ende des Untersuchungsberichtes findet sich der Hinweis, dass der Knabe bei diesen Aktionen sich stets in einem „ekstatischen Schlafe" befand. Die Tiere hatten zu ihm eine besondere Zuneigung, verweilten in seiner unmittelbaren Nähe und ließen sich von ihm fangen und einsperren, während sie andere Personen flohen. Vor dem Ausbruch des Übels spielte der Junge bei einem nahe gelegenen Fischweiher und mag dort in einen schlafwachen Zustand verfallen sein, in dem die Tiere in geistiger Form in ihn eindrangen, ihn in Form geistig-seelischer Kraftwirkungen – analog einer Besessenheit – aufs Schwerste in seinem Leibe plag-

96 Johann Joseph Görres: *Die christliche Mystik* Band IV, S. 388.

ten und endlich in materialisierter Form ausgeschieden wurden.[97]

Einem besessenen Knabe, den der heilige Regulus (Rieul) von Senlis befreite, entfloh der böse Geist in Gestalt einer Fledermaus; bei einem Besessenen, den der heilige Prokopiusin Prag befreite, flog der unreine Geist in Gestalt eines überaus schwarzen Vogels davon, fiel auf die Erde und zerbarst in Stücke; ein anderer Besessener war befreit, nachdem man drei Fliegen aus seinem Mund davonfliegen sah. Eine ganze Schar von Fliegen entfloh dem Mund einer belgischen Besessenen, die durch Anrufung des heiligen Landoaldus befreit wurde. Man setzte die sich Sträubende dazu in den Weihwasserkessel.[98] Zu diesen Fällen muss allerdings gesagt werden, dass niemand von den Beteiligten die entweichenden Tiere in realer Gestalt sah, sondern entweder der Besessene selbst oder der Heilige, sofern er den Besessenen persönlich exorziere. Auch ist in den Quellen nicht immer deutlich ausgesagt, ob die Befreiung durch Anrufung geschah, durch Auflegen der Reliquien, Bilder usw.

Eine andere Bewandtnis hat es allerdings in einem Fall, der sich in der Kirche des heiligen Bedastus, nahe dem Münster des heiligen Beauvais ereignete. Hier bezeugten glaubwürdige Männer die Ereignisse, dessen Augenzeugen sie wurden. Einem frommen Mann war offenbart worden, dass der Besessene in dieser Kirche befreit werde.

> „Als er [der Besessene] dort angekommen, wütete der Dämon ungewöhnlich stark in ihm, und er riss sich los, und mit einem Sprunge außer der Kirche, warf er sich mit einer solchen Wucht gegen die Erde, dass diese unter ihm zu erbeben schien. Darauf floss viel Blutes aus seinem Munde, dem alsdann schwarze Galle mit großem Stanke folgte. Dann sah man, was nie und zu keiner Zeit erhört worden und gesehen: aus seinem Munde gingen kahle Fledermäuse hervor, in solcher Zahl, dass kein Bienenschwarm dichter schwärmt, so dass sie um ihn her den Himmel verfinsternd, die Luft erfüllten, und ei-

97 Johann Joseph Görres: *Die christliche Mystik* Band V, S. 410 ff.
98 Jderselbe: *Die christliche Mystik* Band V, S. 393 ff.

ne lange Zeit hindurch nur ihre Schwärze über ihm erschien. Der Mensch aber lag da leblos, so dass die Seinen ihn für tot hielten, und da er lange kein Zeichen von sich gab, ihn in die Kirche brachten, und die Exequien [liturgische Feier der Aussegnung, Sterbegebete] über ihn abhalten ließen. Um die vierte Nachtwache aber begann der Körper sich zu regen, und die Hand aus dem Sarge hervorzustrecken. Die Mutter eilte herzu, und fragte ihn, ob er noch lebe? Er erwiderte: Ich lebe und werde leben; auf das Gebet des Heiligen bin ich befreit! Er begehrte darauf zu trinken und trank, erhob sich dann durchaus gesund und frisch, und kehrte, dem Herrn und seinem Heiligen, mit der Masse des zulaufenden Volkes, Lob singend, wieder heim."[99]

Da Blut von Menschen oder Tieren ein Konzentrat ihrer Lebenskraft darstellt, ist es nicht verwunderlich, wenn die Dämonen im Besessenen Blut fordern, um ihre Gelüste zu befriedigen. Trickreich ist allerdings, dieses Verlangen als exorzierendes Heilmittel anzuwenden: So forderte ein Besessener das Blut einer frisch geschlachteten Ziege. Sie wird herbeigeschafft und der Besessene beginnt sich zu regen und Zeichen eines wütenden Wahnsinns zu zeigen. Der Besessene stürzt sich auf die Wunde, schlürft gierig das hervorströmende Blut ein und füllt sich in wahnsinniger Wut damit den Magen. Dann zieht man ihn mit Gewalt von dem Tier fort und gibt ihm ein Brechmittel. Er gibt das getrunkene Blut von sich und ist vom Dämon befreit.[100]

Wenn wir davon hören oder lesen, dass lebende Tiere oder andere Gegenstände aus dem Körper ausgeschieden werden, die kaum auf natürlichem Wege in ihn hineingekommen sein können und die mitunter durch die intakte Haut ausgeschieden werden, wie es vielfach bei Besessenen oder Ekstatikern, bei Heiligen und Hexern beschrieben ist, so erscheint uns dies unglaubwürdig und als ein Produkt der Phantasie älterer Zeiten. Abgesehen davon, dass auch in neuerer Zeit derartige Phänomene vorkommen und ärztlicher-

99 derselbe: *Die christliche Mystik* Band IV, S. 394 ff.
100 Traugott Konstantin Österreich: *Die Besessenheit*, S. 141.

seits bezeugt werden, erscheint es mir nicht ratsam, die gelehrten Männer vergangener Jahrhunderte, Äbte und Bischöfe, Priester und Ordensangehörige sowie Ärzte und eigens bestellte Gutachter der Täuschung zu bezichtigen. Diese seltsamen Erscheinungsformen einer gewissen Medialität sind teilweise über Monate und Jahre hinweg beobachtet und studiert worden und zeigten sich damit einer gewissen Experimentierfreudigkeit zugänglich.

Erforscher des Fernen Ostens, welche die Lebenskünste, Gebräuche und Rituale der einheimischen Bevölkerung beschreiben, berichten uns von Yogis, die mit Schwertern ihre Leiber durchbohren ohne Verletzungen davonzutragen, von verschluckten Gegenständen oder Giften, die jeden anderen Menschen töten oder zumindest doch schwer verletzen würden. Wieviel leichter als durch lebenslang geschulte Körpertechnik müssen deshalb ausgesprochene Ekstatiker oder vom Spuk Betroffene derartige Phänomene spontan vollbringen können, generiert durch geistige Kräfte, unter Ausschaltung der Oberbewusstseins. In meinem Buch *Wege zum kosmischen Bewusstsein* führe ich im Kapitel *Die Wandlung von Materie im körperbezogenen Bereich* mehrere Fälle an, bei denen Röntgenaufnahmen beweisen, dass Metallgegenstände lebenswichtige Körperorgane durchdringen können ohne Verletzungsspuren zu hinterlassen, sowie den Fall des (besessenen) Brasilianers Isaias Brago dos Santos, der größere Metallgegenstände schluckte und sie in zerlegter Form durch die Haut wieder zum Vorschein brachte. Mehrfach erwähnt habe ich in verschiedenen Schriften auch die Untersuchungen italienischer Ärzte, die Nadeln und andere Gegenstände durch die intakte Haut austreten sahen, die zuvor röntgenologisch im Körper nachgewiesen wurden und die über eine Behexung (Schwarze Messe) bewusst in den Organismus hineingezaubert worden waren. Auch die bekannten Phänomene der Schweizer Uri Geller und Silvio weisen in eine Richtung, die nur durch De- und Rematerialisation der Materie erklärt werden können.

Übernatürliche Zeichen und Spuk

Die Obsessionen[101] *sind dagegen* [im Vergleich zur Besessenheit durch Übertragung von Mensch zu Mensch] *bei Personen mit starkem religiösem Gefühlsleben sehr häufig gewesen: alle Mystiker, alle Heiligenbiographien sind voll von solchen Berichten. Diese Tatsache kann nicht überraschen, denn um zum Mystiker werden zu können, dazu gehört eine Neigung der Seele zu persistierenden Prozessen.*

Traugott Konstantin Österreich: *Die Besessenheit*, S. 77

Es ist sicher, dass ein sich seiner selbst bewusster Mensch die oben angeführten äußerlichen und inneren Zeichen nicht bewerkstelligen kann, da ihm der bewusste Gebrauch seiner verborgenen seelischen Energien sowie die Transformation anderer Kräfte versagt bleiben. So werden derartige außergewöhnliche Anzeichen und Fähigkeiten auch stets mit dem Wirken externer Kräfte erklärt, in den hier behandelten Fällen also mit einer Fremdbesetzung der eigenen Seele. Wie weit allerdings durch Aktivierung innerer Kräfte und Fähigkeiten derartige Phänomene erzeugt werden können, ist Gegenstand neuzeitlicher Untersuchungen auf medizinisch-psychologischer Basis, woraus sich die Fragestellung ergibt, ob die Phänomene nicht auch als Ausbrüche eigener seelischer Spaltprodukte gewertet werden können. Die Möglichkeit einer Besetzung im Sinne des Einwirkens persönlichkeitsfremder seelischer Kräfte wird von der modernen Wissenschaft trotz nahezu überwältigender Anzeichen ja bestritten.

In der klassischen Deutung von Besessenheitsvorgängen soll das Geben von übernatürlichen Zeichen die Anwesenheit eines Dämons

101 Obsession (obsidere = belagern) ist die von außen durch ein Geistwesen erfolgende Inbesitznahme eines Menschen (Umsessenheit); Besessenheit ist die Beherrschung der menschlichen Seele durch einen eingedrungenen Geist von innen heraus. Beides beinhaltet jedoch die Inbesitznahme durch Inkarnation einer fremden Entität (encyclopedia.com).

> bezeugen. So konnte eine Magd „den Puls des rechten Armes still stehen lassen, während er am linken ungestört fortschlug; dann das Schlagen von der Linken auf die Rechte hinüber verpflanzen, während er nun an der Linken stille stand, was alles im Beisein mehrerer Geistlicher und des Arztes, der es geprüft und bestätigt, auf das Pünktlichste ausgeführt [...] nach dem Gebote des Exorzisten [...] Dass die Schwester Lazara Arivey, genannt von der Auferstehung, zu einem Geistlichen gekommen, in ihrer Hand ziemlich lange eine Kohle in voller Glut tragend, ohne irgend ein Zeichen der Empfindung des Brandes von sich zu geben, und so mehrere andere Wirkungen ähnlicher Natur, die sich nicht leicht hier auseinandersetzen lassen.“[102]

Hier handelt es sich also nicht um Wirkungen eines lebenslang trainierenden Yogis, sondern um spontane Effekte einer einfachen Bauernmagd. So gelang es einer anderen Person auf den Befehl des Bischofs an den Dämon, ihre Sinne einzuhalten und der Arzt ihr ausdrücklich erklärte, dass sie gänzlich schmerzlos sei – wir denken hier natürlich heute an eine hypnotische bzw. suggestive Beeinflussung – eine Stecknadel unter den Nagel des Fingers schob, wobei sie nicht das Geringste spürte. Beim Wegziehen der Nadel erfolgte auch kein Blut. Auf den Befehl es fließen zu lassen, trat es in großer Menge hervor, beim Einhaltungsgebot versiegte der Blutfluss wieder.

Zu den übernatürlichen Anzeichen gehört auch eine relative Unverletzlichkeit. Wir kennen aus Märchen und Sagen das Phänomen, dass Menschen versuchen, sich durch Amulette oder Zauberpakte unverletzlich zu machen. Dass darüber glaubhafte Berichte existieren, hängt wohl mit der Beobachtung zusammen, dass Besessene und Verzauberte tatsächlich in gewisser Weise unverwundbar sein können. So wird von einer Besessenen berichtet:

> „Mit einem Male fuhr sie wie ein Blitz davon, in ein ziemlich starkes Feuer; das Gesicht und eine Hand wurde ihr in die glühenden Koh-

102 Johann Joseph Görres: *Die christliche Mystik* Bd. V, S. 337.

len gestoßen, und als man lief, um sie herauszuziehen, fand man keinen Brandschaden an ihr; nur einige Schwärze und etwas Asche lag auf dem Teile des Gesichts, den die Glut berührt, was sich leicht wegblasen ließ. Sie wurde im Klosterhofe mit Heftigkeit rückwärts auf den Kopf geworfen, ohne dass es ihr schadete; sie kletterte auf einem alten Holzstücke eine zehn Fuß hohe Mauer hinauf und lief an ihr hin an eine Stelle, wo keine Leiter anzubringen war. Die Nonnen baten sie, zurückzugehen, wo sie herabgebracht werden könne. Einer der Exorzisten beschwor ihren Geist, und begann kniend zu beten. Dragon schrie hervor: Lässt du nicht ab, werde ich das Aas hinunterstürzen! Und wirklich, er warf sie die zehn Fuß hinunter auf Steine und Ziegel, ohne dass sie im Mindesten sich verletzte."[103]

Die Unverletzlichkeit durch Feuer ist ein Phänomen, das vielfach im Zusammenhang mit ekstatischen Zuständen beobachtet wurde, bei Mystikern, bei Heiligen, im Hexenwesen aber auch in Berichten von Yogikünsten und beim Feuerlaufen. Der englische Historiker Herbert Thurston S J, widmet diesem Thema in seinem Buch *Die körperlichen Begleiterscheinungen der Mystik* ein eigenes Kapitel.[104] Als ein älteres Beispiel für die Feuerfestigkeit möge die belgische Beginenmystikerin und Heilige Christinamirabilis (die Wunderbare) dienen, die Patronin der psychisch Kranken. Ihre Heiligenvita beginnt mit einer Nahtoderfahrung aufgrund ihrer übermäßigen Kontemplation und Askese. Es heißt, sie sei bei der folgenden Beerdigung aus dem Sarg levitiert und habe von ihren Erlebnissen in Himmel, Hölle und Purgatorium berichtet. Ihre jungfräulichen Brüste sollen bei verschiedenen Gelegenheiten Milch und Öl abgesondert haben, um sie zu retten. Weitere Wunder umfassen ihre körperliche Unversehrtheit in Feuern, eisiger Kälte und weiteren Gefahren, obwohl sie dabei große Schmerzen litt. So ging sie in glühende Öfen ohne sich zu verbrennen, wohl aber den Schmerz erleidend. Auch stürzte sie sich in brennende Feuer, hielt auch Ar-

103 Johann Joseph Görres: *Die christliche Mystik* Bd. V, S. 314.
104 Herbert Thurston: Kap. 6: *Menschliche Salamander.*

me und Beine so lange in die Glut, dass sie zu Asche hätten verbrennen müssen. Bisweilen sprang sie in Kessel voll siedenden Wassers, das ihr bis zur Brust oder zum halben Leibe ging und begoss sich die freien Teile mit der heißen Flüssigkeit. Dabei schrie sie gleich einer Gebärenden, stieg aber unversehrt wieder aus dem Wasser heraus. Zur Winterszeit hielt sie sich oft in vereisten Gewässern auf und kam nur gezwungenermaßen wieder heraus. Ihre Vita endet mit weiteren Levitationen und Erweckungen von den Toten.[105]

Der Effekt, dass beim Ausfahren der Dämonen Ereignisse auftreten können, die einer natürlichen Erklärungsweise widersprechen, wurde gelegentlich zum Gegenstand des Experiments gemacht, um den übernatürlichen Charakter der Besessenheitsphänomene zu belegen. So befahl ein exorzierender Bischof dem Satan als Zeichen seiner Abfuhr eine bestimmte Scheibe zu zerbrechen, was dann auch geschah, eine Wirkung, die im Spuk häufiger zu beobachten ist. In einem anderen Fall sollte eine bezeichnete Kerze ausgeblasen werden, was ebenfalls korrekt erfolgte. Generell typische Phänomene der Austreibung sind Lärm, dem keine Ursache zugeordnet werden kann, Gegenstände, die umherfliegen, Schriftzeichen und Schmierereien, die spontan auftreten, Rauch und Gestank; gefesselte Personen sind plötzlich frei bei unversehrt vorgefundenen Fesseln. Gegenstände verschwinden und tauchen wieder auf. Als Folge von Zauberei, den eine aus einem Kloster entlassene besetzte Person veranlasst haben soll, ereignete sich folgendes:

> „Das Kloster wurde der Schauplatz der seltsamsten Ereignisse. Allnächtlich erhob sich Tumult und Unruhe in und außerhalb der Zellen; bald schien es den Schwestern, als führen Kutschen und Wagen durch den Schlafsaal; bald hörten sie im Garten, unter den Fenstern desselben, ein ungewöhnliches Geschrei. Lagen sie in ihren Betten, dann wurden sie gedrückt, geschlagen, gezwickt und gewürgt; so dass sie sich am Morgen kaum regen konnten, und mehr als einmal blaue Male davontrugen; das Abschließen der Zelle, Besprengen mit Weih-

105 Johann Joseph Görres: *Die christliche Mystik* Bd. III, S. 488 f.

wasser und Aussegnen half auf einige Zeit, nie aber auf die Länge [...] Begaben sie sich zur Ruhe, dann kamen sie, ohne wirklich zu schlafen, außer sich, und in diesem Zustande hellsehend geworden, sahen sie nun allerlei Personen [...] vor sich stehen, die sie in aller ersinnlichen Art und Weise quälten, ohne dass sie selbst sich zu regen, zu erwehren, oder auch nur aufzuschreien vermochten [...] Gingen sie zu Chore, dann wurde ihnen abwechselnd die Stimme genommen, und wieder hergestellt, und ihr Gesang zwischendurch in ein widriges Geheul verwandelt; wobei der Hals bisweilen hoch aufschwoll, und dann wieder zusammenfiel. Alles das war mit Zittern, Kopfschütteln, Schlagen an Händen und Brust und mancherlei konvulsivischen Bewegungen verbunden; dabei mit dem Gefühl, als bewege sich ein Tier in ihrem Leibe, große Kleinmütigkeit und verzweifelte Gedanken gesellten sich gleichfalls noch zu diesen Übeln."[106]

Wie weit Besessenheitsphänomene mit übernatürlichen Zeichen und Spuk einhergehen, ist individuell unterschiedlich. Leichtere Fälle verbleiben oftmals ohne äußerlich auffällige Anzeichen. Solche treten erst dann auf, wenn bestimmte Energieformen dem inneren Dämon entgegengesetzt werden. Das ist der Fall, wenn als heilig empfundene Objekte mit ihrem Energiefeld in den Empfangsbereich des inneren Dämons geraten. Der gleiche Effekt stellt sich ein, wenn mental aktivierte Kräfte ihm entgegengesetzt werden, wenn man also versucht, die inneren Zwänge zu überspielen bzw. sie nicht zur Auswirkung gelangen zu lassen. Viele Besessenheitsfälle sind deshalb unauffällig, weil ihnen keine Kraft entgegengesetzt wird. Das kann auf Unwissenheit beruhen, weil eine Beeinflussung nicht empfunden wird oder auf Akzeptanz, weil es sich damit leichter – häufig sogar besser – leben lässt, als ständig dagegen anzukämpfen. „Besser" damit zu leben bedeutet, dass die unauffällig Besessenen durch die in ihnen wirkende fremde Kraft oft Fähigkeiten erhalten, die ihnen sonst nicht zu Gebote stehen, die ihnen außergewöhnliche Fähigkeiten (Heilungen vollbringen, Hell-

106 derselbe: *Die christliche Mystik* Bd. V, S. 359 f.

sehen) verleihen, die sie über ihre Mitmenschen hinausheben. Gravierende Auffälligkeiten im Sinne nicht mehr beherrschbarer äußerer Begleiterscheinungen und mehr oder weniger auffällige spukhafte Phänomene zeigen sich meist erst dann, wenn die negativen Kräfte erkannt und ausgetrieben werden sollen.

***

Zusammenfassung: Fälle von Besessenheit wurden zu allen Zeiten berichtet. Obgleich eine Reihe von Eigenschaften und Ereignissen einen deutlichen Hinweis auf dieses Phänomen geben, so ergibt sich doch eine gewisse Schwierigkeit, zwischen „echter" Besessenheit, geistiger Krankheit und paranormalen Ereignissen zu unterscheiden, sofern nicht generell alle diese Erscheinungsformen als unterschiedliche Ausgestaltung eines Besetzungsvorganges angesehen werden. Ausgangsunkt der Besetzungen sind neben der inneren seelischen Veranlagung häufig Seelenfragmente Verstorbener, die sich oftmals dämonisch gebärden, in neuerer Zeit in zunehmendem Maße aber auch Astralwesen nicht-menschlicher Herkunft. Erfolgreich angewandter Exorzismus (auch von Laien) kann von allen negativen Begleiterscheinungen (auch von Krankheit und Spukbetroffenheit) befreien.

In den meisten Fällen handelt es sich um Neigungen, Gedanken und Emotionen des Menschen selbst, die fremde Wesenheiten anziehen, insbesondere Themen, die mit Negativität, Gewalt, Hass, Dämonismus und Okkultismus einhergehen. Dies sind Eigen-Elementale, die fremde, aber gleichartige (Resonanz) Energien anziehen. Auch künstlerische Impressionen, Musik und Film sind bedeutende Ausgangspunkte für Besetzungen. Eine Abweisung von Fremd-Energien, aber auch von eigenen seelischen Neigungen (Süchten) ist möglich, wenn sie bewusst wahrgenommen werden (Achtsamkeit) und entsprechende Änderungen in der seelischen Bereitschaft erfolgen. Die Gefahren gehen hauptsächlich von unkontrollierter oder unbewusster seelischer Offenheit aus.

Nicht immer sind es Zwangs*handlungen*, die eine Besetzung erkennen lassen, sondern Zwangs*gedanken*, schematisches Denken, schwer zu widerstehenden Neigungen, Abneigungen, Ticks, Spleens, aber auch Erkrankungsformen, die einem Neben-Sich-Stehen gleichen, Gedanken oder Handlungsformen, die automatisch, ohne die Beteiligung des Bewusstseins ablaufen, aber bei näherer Betrachtung unerwünscht sind. Kommt es bereits zu anfallartigen Verlaufsformen, Tobsuchtsanfällen, nicht zu überwindender Abneigung gegenüber allem Heiligen und Geweihtem, Veränderung der Stimme, ungewöhnlichen Gebärden, Visionen, paranormalen Erscheinungsformen usw., so liegen bereits krankhafte Besetzungsformen vor, die zu befreienden Maßnahmen zwingen. In vielen Fällen wird die krankhafte Symptomatik klassischer Besetzungsformen von einer Reihe übernatürlicher Phänomene begleitet wie relative Unverletzlichkeit und Unempfindlichkeit gegenüber Schmerz, nicht erklärbare und oft lebensbedrohlich wirkende Krankheitserscheinungen unbekannter Genese, die mit wunderbar anmutenden spontanen Heilungsphänomenen wechseln sowie in einigen Fällen das Auftreten klassischer paranormaler Ereignisformen mit Spukfällen, Poltergeistphänomenen, körperlichen Bedrohungen und anderen supranormalen Effekten.

Das innere Erscheinungsbild der Besessenheit

Psychologische Voraussetzungen der Besessenheit

Bisweilen knüpft sich die Umsessenheit an eine gewisse natürliche Anlage im Menschen, die ihn für dämonische Mächte affizierbar macht; sie ist dann eine Art von Vorkrankheit, die leicht in die Hauptkrankheit hinüberschlägt. So zeigt sich manchmal im Gefolge großer Gemütsbewegungen jene örtliche Entrückung, von der wir zuvor in der natürlichen Magie geredet, und es entwickeln sich dabei Umstände, die einen dämonischen Charakter zu tragen scheinen.

Johann Joseph Görres: *Die christliche Mystik* Band IV, S. 22

Betrachten wir die Thematik aus medizinischer Sicht, so existiert keine Besessenheit, weder durch die Seele eines Verstorbenen noch von Seiten einer nicht-menschlichen Spezies. Mediziner und Psychologen gehen von einer Spaltung der Persönlichkeit aus. Diese ist dadurch gekennzeichnet, dass unterschiedliche Anteile der eigenen Psyche die seelische Steuerung übernehmen, wobei das Individuum sich der seelischen Spaltung bewusst sein kann oder die auftretenden Personifikationen spontan wechseln. Ob und in welchem Fall dabei eine Fremdbesetzung eine Rolle spielt, kann vom äußeren Erscheinungsbild her nicht mit Sicherheit ausgesagt werden, da sich die Übergänge fließend gestalten. Eine Besetzung schleicht sich ein, verbleibt zunächst unbemerkt und gewinnt erst allmählich Raum im seelischen Gefüge; sie kann deutliche Auswirkungen zeigen, wie in den zuvor angesprochenen Fällen, sie kann aber auch gänzlich unbemerkt bleiben und unterschwellig Veränderungen der Persönlichkeit bewirken, die zwar gespürt, aber nach außen hin nicht auffällig in Erscheinung treten.

In einigen Beispielen von Besessenheit wird im Anfall eine völlige Abwesenheit des Bewusstseins bei zugleich geschlossenen Augen beobachtet, die mit dem Wechsel der Persönlichkeit (der Personifikation) einhergeht. Die Person scheint das Bewusstsein zu verlieren, ihr Selbst verschwindet, um einem anderen Ich Platz zu schaffen. Ein anderer Geist ergreift nun Besitz von diesem Organismus, von den Sinneswerkzeugen, von den Nerven und Muskeln, er spricht mit der menschlichen Kehle, aber in einer anderen Stimmlage, er denkt mit dem menschlichen Gehirn, doch es wird von einem anderen Befehlshaber genutzt und zwar auf eine gewaltsame Weise, die nicht dem Charakter der sich ihrer selbst bewussten Person entspricht. Auffällig ist, dass es sich bei dem Besetzer um einen stärkeren Geist zu handeln scheint, als er dem eigenen Ich zuzuordnen wäre, denn ihm kann nur wenig oder kein Widerstand entgegen gesetzt werden.

Es ist keine vollständige Bewusstlosigkeit, die im Anfallzustand eintritt, der neue Geist erhält in diesem Stadium nur die Oberhand. Das bewusste Ich weiß meist durchaus, was in der eigenen Seele vor sich geht. Es erkennt diesen anderen Bewohner, mit dem man sich unter Umständen sogar unterhalten und mit ihm diskutieren kann, wie mit jeder anderen normalen Person, und der über seine eigenen Belange und Wünsche Ausdruck geben kann. Ja, die fremde Individualität erzählt sogar häufiger ihre Lebensgeschichte, was uns einen Hinweis auf Besetzung statt Spaltung des eigenen Ich geben sollte. Es kann sich bei den Botschaften aber auch um Phantasieprodukte handeln.

In autobiografischen Berichten von Besessenen finden wir häufig die Angabe einer Schuld von Seiten des Besetzers – sofern der fremde Geist sich artikulieren kann. Einsicht in das eigene Vergehen liefert ihm den Grund, einen anderen Menschen zu besetzen, weil er von ihm Hilfe erwartet und Befreiung aus seiner Seelenqual. In diesen Fällen handelt es sich meist um Seelen Verstorbener, die sich ihrer Lage bewusst sind und auf Beistand hoffen. Sie gehen größtenteils moderat mit der Seele des lebenden Menschen um und lassen ihm weitgehend seine Freiheit. Werden sie über ihren Zustand aufgeklärt, befolgt man ihre Wünsche, betet für sie usw., so entfernen sie sich mitunter von selbst. Bei dämonischen Besetzern ist eher das Gegenteil der Fall, sie beharren auf ihrem Wirt und lassen sich nur äußerst schwer oder gar nicht vertreiben. Sie nehmen sogar den Tod ihres Opfers in Kauf, wohl wissend, dass sie sich damit ihrer eigenen irdischen Existenz berauben. Wieder anders verhält es sich bei besetzenden Seelen von Selbstmördern; sie suchen ihren Wirt in den Tod zu treiben und wiederholen damit halb-real ihren eigenen Sterbevorgang, den sie wie einen Automatismus immer aufs Neue erleben müssen.

In der theologischen Forschung gilt das Vorhandensein einer psychischen Spaltung im Zustand der Besessenheit als gegeben, wenn keine wirkliche Bewusstlosigkeit vorliegt und der Betroffene sich selbst *und* das fremde Wesen zu fühlen vermag, welches ihn zwingt und beherrscht. Er ist dann der Überzeugung, ein Doppelwesen zu sein und denkt und handelt in diesem Sinne. Dagegen sprechen jedoch Fälle, in denen die Person ihre gewöhnliche Individualität vollständig verloren hat. In diesen Beispielen werden „Bewusstlosigkeit" und das damit verbundenen Nichtwissen um die Ereignisse geradezu zum eigentlichen Wesen der Besessenheit. Es gibt in solchen Fällen keine Übergänge, und nach dem Erwachen bleibt keine Erinnerung zurück.

Psychologen unterscheiden diese beiden Gruppen mit den Begriffen einer luziden und einer somnambulen Besessenheit. Somnambul (schlafwachend) ist der Zustand des scheinbaren Verlustes des Bewusstseins mit anschließender Amnesie (Gedächtnisverlust), wie es die schweren Fälle von Besessenheit kennzeichnet. Als luzid (Bewusstseinsklarheit) werden Fälle bezeichnet, in denen das gewöhnliche Bewusstsein nicht verloren geht sondern beibehalten wird. Auch im Anfallzustand bleibt sich die Person all dessen einsichtsvoll bewusst, was in ihr und mit ihr vorgeht; sie wird zum passiven Zuschauer dessen, was sich in ihr abspielt. Justinus Kerner beschreibt diese Zustände in seiner naturwissenschaftlichen Schrift *Nachricht von dem Vorkommen des Besessenseins* (1836) mit folgenden Worten:

> „Einige solcher Leidender schließen, taucht in ihnen der Dämon im Innern auf und fängt zu sprechen an, die Augen und verlieren das Be-

> wusstsein wie im magnetischen Schlafe, und der Dämon spricht dann ohne ihr Wissen aus ihnen; bei anderen bleiben die Augen offen und auch das Bewusstsein bleibt, aber der Leidende vermag mit aller Geistesanstrengung der aus ihm sprechenden Stimme doch nicht zu widerstehen; er hört sie aus sich als eine in ihm steckende, ganz andere, fremde Individualität, der er nicht zu gebieten vermag."[107]

Wenn wir einmal in die Entwicklungsgeschichte der Besessenheit zurückblicken, erfahren wir, dass es die Menschen selbst gewesen sind, die Kontakte zu anderen Ebenen gesucht haben. Das Alte Testament ist angefüllt mit Berichten über Befragungen der Geister, die durch Opfergaben bewusst angezogen wurden, um ihre Anrufer zu besetzen. Man wusste sehr wohl, dass auf diese Weise Informationen erlangt werden konnten, die den normalen Sinnen nicht zugänglich sind. Derartige Verfahren finden sich auch im frühen Christentum, an allen bekannten Orakelstätten, in Schamanismus ausübenden Ländern bis in die Neuzeit hinein sowie bei vielen Naturvölkern. Der Spiritismus der Jahrhundertwende hat diese Anrufungen beinahe zu einer Religion werden lassen, auch in der Neuzeit „channeln" viele Personen Geister, um mehr oder weniger nützliche Informationen zu erhalten. Es handelt sich dabei also um eine bewusst durchgeführte „künstliche" Besessenheit, bei der die Initiative vom zu Besetzenden selbst ausgeht. Dahinter steht der Sinn, über die Aussage einer „Gottheit" oder eines Geistwesen wahrzusagen, die Zukunft zu enthüllen, Kranke zu heilen oder um sonstige Erfolge zu erzielen. Aber die Götter verlangen stets Opfer für ihre Leistungen. Sie begnügen sich heute nicht mehr mit Rauch oder Speiseresten, sondern fordern unsere Seele. Im Ursprung geht es bei Besetzungen also darum, über das Vehikel der Besessenheit, über den inner-seelischen Kontakt mit einem Geistwesen, übernatürliche, sprich paranormale Fähigkeiten zu erlangen. Wir kennen im Wesentlichen also folgende Besessenheitszustände:

---

107 Traugott Konstantin Österreich: *Die Besessenheit*, S. 38.

- erwünschte Besessenheit
- spontane Besessenheit

Zur erwünschten Besessenheit zählen der Schamanismus, der Mediumismus bzw. Spiritismus und die Orakelverfahren (Pythia, Sybillen usw.). Hier sind es hauptsächlich die Geister Verstorbener, die gerufen werden.

Zur spontanen Besessenheit zählen Besetzungen durch Elementarwesen, durch Eigen- oder Fremdelementale, durch Naturgeister, Dämonen oder Gottheiten, Übertragungen durch Fluch, Zauber usw. Dabei handelt es sich vorwiegend (mit Ausnahme der Elementale) um Wesenheiten, die anderen Schöpfungen angehören, als die Menschen.

Die Besetzungen können auf geistiger, seelischer und körperlicher Ebene offenbar werden. In der Regel werden alle drei genannten Ebenen gleichzeitig angesprochen und – wenn Spukphänomene hinzukommen – auch noch eine vierte, die ätherische Ebene.

Wir haben bislang unterschiedliche Stadien von Besessenheitszuständen kennengelernt, solche, bei denen die Bezeichnung durchaus gerechtfertigt erscheint und die als dämonisch klassifiziert werden und damit eher der kirchlichen Obhut unterliegen als der medizinischen und leichtere Formen, die im Sinne einer psychischen Spaltung eher in den medizinischen oder psychologischen Bereich zu gehören scheinen. Wir haben unterschiedliche Schweregrade kennengelernt und Ausprägungen, die mit einem verändertem Bewusstseinszustand einhergehen und solche, bei denen das Wachbewusstsein erhalten blieb. Dass es unterschiedliche Arten von „Besetzern" gibt (Seelen von Verstorbenen, degenerierte Seelen, nichtmenschliche Astralwesen) wurde erwähnt, auf die mentalen Ursachen der Besetzungen wurde bislang wenig eingegangen. Wir wissen, dass Fluch und Verwünschung oft Eingangspforten für Astralwesen bieten, doch unsere eigene psychische Konstellation darf bei der Ursachenforschung nicht außer Acht gelassen werden. Ich gehe davon aus, dass Besetzungen niemals ohne Grund erfolgen. Liegen keine äußeren Gründe vor (das ist leider nicht immer bekannt), so sollten wir in unserem eigenen Bewusstsein auf die Suche gehen.

Die Energien, die wir anziehen und die mit einer Besetzung enden können, sind uns nicht wesensfremd. Gern sondieren wir nach den Ursachen in unserem äußeren Umfeld, um uns von der Eigenverantwortung freizusprechen. Doch Leidenschaft und Neigungen – wir wissen nicht, woher sie kommen – können uns zu Handlungen verleiten, die uns später als persönlichkeitsfremd erscheinen, doch es sind logische Folgen von Denkweisen, die wir selbst aufgebaut und gepflegt haben. Diese Gedankenformen sind Teile unseres Bewusstseins, die „fixe Ideen" verursachen können, das eigene Ich hinausdrücken und Verhaltensstörungen bis hin zu geistigen Krankheiten verursachen. Sie stellen ein energetisches Ursachenfeld dar, das mit dem Kosmos und den Planeten in gleichem Maße verbunden ist wie mit uns selbst. Durch eben diese geistig-seelischen Kräfte schaffen wir Tore in unserem seelischen Umfeld, durch die energetische Potentiale unserer Umwelt eindringen können. Unsere Fehler und Schwächen haben zur Folge, dass Resonanzen zu entsprechenden Energiefeldern in unserem Umfeld aufgebaut werden.

Die Eindrücke, die unsere Gedankenformen hinterlassen, entsprechen Einprägungen in eine Weltmatrix. Über die Freisetzung elementarer Kräfte bewirken sie Änderungen im Energiefeld der Erde sowie im kosmischen Geschehen. So weist eine an uns gerichtete Information aus der geistigen Welt auf unsere eigenen Unzulänglichkeiten hin. Es entstehen eigenständige Energiefelder, die unser Ich zeitweise zu verdrängen vermögen. Der Mensch ist „nicht bei sich", er ist „außer sich". Es herrschen in ihm Kräfte, die scheinbar nicht seinem Wesen entsprechen. Die Person ist von einer Wesenheit besessen, die sie selbst aufgebaut hat. Mit einer klassischen Teufelsbesessenheit hat das nichts zu tun, dafür gelten andere Kriterien. Aber hier werden Grundlagen aufgebaut aus Energiefeldern, die gleichartige Strukturen aus dem astralen Raum anziehen und an uns zu binden vermögen, seien es Geister Verstorbener oder andere astrale Wesenheiten. Wir selbst schaffen mit den von uns aufgebauten psychischen Spaltungen die Voraussetzungen zur Kompensation fehlender oder fehlerhafter Seelenbestandteile durch Besetzungen.

Besessen zu werden beruht also auf einer tieferen inneren Ursache. Seelische Triebhaftigkeit und Unentschlossenheit, Gedanken und Wünsche schaffen einander entgegengesetzt wirkende Potentiale (Elementale), von denen der unliebsame Anteil verdrängt wird aber dennoch innerlich wirksam bleibt und eine seelische Potentialspannung aufrechterhält. Die Ganzheit ist verloren gegangen, die Psyche ist gespalten, und beide Spaltprodukte verlangen nach einem energetischen Ausgleich, nach einer Ergänzung. Die Besetzung erfüllt diesen uns unbewussten Wunsch nach Vereinigung. Wir ziehen die Seelenaspekte an, die einen inneren Ausgleich herzustellen vermögen. Da unsere verdrängten seelischen Anteile unserem Bewusstsein nicht mehr zur Verfügung stehen, wird die Besetzung als einseitig wirksames Artefakt empfunden.

Ein Beispiel für die Ausrichtung und Öffnung des Bewusstseins im Hinblick auf astrale Welten und ihre Bewohner liefert uns die Erfahrung des Chemikers Ludwig Staudenmeier (1865-1933), dessen Hinwendung zu Jenseitskontakten ihn in eine Psychose abgleiten ließ. Aus medizinischer Sicht wird eine Besetzung nicht diskutiert, weil sein Zustand dem klassischen Modell der Besetzung nicht entspricht, doch es ist zweifellos der Beginn einer entsprechenden Entwicklung, die, könnte man sein Leben über den Tod hinweg weiter verfolgen, zu den entsprechenden Zuständen führen müsste. Seine Selbstbeobachtungen sind von außerordentlicher Bedeutung auch für die später zu betrachtenden Phänomene im Zusammenhang mit den Spukerscheinungen.

Ludwig Staudenmeier ist ein zurückgezogen lebendes schwaches und kränkliches Kind mit frühem Interesse an den Naturwissenschaften und wird im Alter von 36 Jahren über einen Bekannten mit spiritistischen Experimenten und Theorien bekannt gemacht. Minderwertige Schriften gelangen in seine Hände, deren Inhalt er in Unkenntnis höherer Zusammenhänge begierig aufnimmt. Er beginnt mit Selbstversuchen, die er als Experimentalmagie bezeichnet. In Automatischer Schrift melden sich Geister, er hört Stimmen, entwickelt akustische und optische Illusionen sowie Halluzinationen. Es melden sich bei ihm Persönlichkeiten, welche die Namen der Geister tragen, die in diesen Schriften kursieren. Das Auftreten von Hellsehen scheint gesichert. Möglichen psychokinetischen Phänomenen (Bezug zum Spuk) wird keine Beachtung geschenkt. Es entwickeln sich in seiner Psyche selbstständig agierende Intelligenzen, die zu archetypischen Personifikationen heranreifen, multiplen Persönlichkeiten schizophrener Spaltungszuständen entsprechen und die eigentliche Persönlichkeit Staudenmeiers immer mehr verdrängen. Worte, die er schreibt, hört er bereits in seinem Innern, aus seinem Vorherwissen wird ein inneres Hören. Bald meldet sich die innere Stimme auch gegen seinen Willen, wird spöttisch, zänkisch, ärgerlich, raffiniert oder böswillig. Illusionen des Gesichtssinns treten auf, später auch optische Halluzinationen. Eine rauhe, unheimliche Stimme flüstert ihm spöttisch zu, Teufelsfratzen erscheinen mit völliger Klarheit und Schärfe, Drohungen werden ausgestoßen. Halluzinationen anderer Sinne fügten sich logisch ein; während einer Bedrohung fühlt er eine Kette um den Hals geschlungen und nimmt üblen Geruch nach Schwefelwasserstoff wahr. Die psychischen Feinde werden immer boshafter und bedrohlicher, monatelang scheint ihm „so ein Kerl“ auf dem Nacken zu sitzen. Durch Vereinbarungen gelingt es, für kurze Zeit vollständige Ruhe zu erzielen, doch sobald Staudenmeier seine Aufmerksamkeit nach innen richtet, äußert sich wieder „ein Kerl“ mit den Worten: „Wenn du keine Ruhe gibst, dann mag ich auch nicht.“

In Staudenmeiers Haus ereignen sich spukhafte Phänomene. Es erfolgen Schläge auf das Fenster, den Boden, an die Wände, dann wieder ein Knallen oder Krachen. Bücher werden aus dem Regal auf den Boden geworfen. Schwarze Wolken wälzen sich gegen ihn, formen sich zu Teufelsgestalten. Versucht er, die Geister unter seinen Willen zu zwingen, wird es noch ärger, sie werden handgreiflicher, werden zu Gestalten, während sie zuvor nur schattenhaft gewesen waren. Darunter befinden sich auch zwei diabolische Personifikationen: „Bockfuß“ ist die Erscheinung eines Satyr, halb Mensch, halb Bock. Sein Motto heiß: „Quälen ist Lust.“ „Pferdefuß“ erscheint als Personifikation des Teufels nach traditioneller Vorstellung. Auch ein Gegenpol meldet sich zu Wort, die Personifikation eines ehrwürdigen Greises mit voller kräftiger Stimme und wallendem Bart, eine Personifikation des Göttlichen und Erhabenen, die für Tugend und hohe Ziele zu begeistern versucht. Staudenmeier experimentierte mit seinen Fähigkeiten bis zur Grenze des Erträglichen und pflegte einige seiner Personifikationen bewusst.

Aufgrund der ständig drängenden Stimmen musste er mehrfach eine Nervenklinik aufsuchen (Diagnose „Schizophrenie“) mit immer längerer Aufenthaltsdauer. Schließlich verließ er Deutschland und begab sich nach Rom, wo er glaubte, in kurzer Zeit die Beweise für seine magischen Manifestationen, die psychischen Fernwirkungen, Levitationen, Fotografierbarkeit von Halluzinationen usw. erbringen zu können („Ich arbeite auf Leben und Tod!“); doch der Erfolg blieb aus. Staudenmeier starb in einem Krankenhaus auf der Tiberinsel.

Die medizinische Wissenschaft spricht von Zwangsfunktionen des eigenen Ich, von psychischen Automatismen, die dazu führen, dass autonom ablaufende Funktionen sich bis zu einem Grade anreichern, dass daraus Unterpersonen entstehen, die mit einem eigenen Triebcharakter ausgestattet sein können, der den Antrieben der Primärpersönlichkeit nicht entspricht, ja ihnen oft entgegengesetzt ist.

Staudenmeiers Fall ist nicht einzigartig. Das Automatische Schreiben setzt einen für fremdgeistige Einflüsse offenen Bewusstseinszustand voraus, der leicht zu geistiger Verwirrung führen kann. Durch Übungen dieser Art des Schreibens wurde in einem anderen Fall aus einer hochgebildeten Künstlerin eine gänzlich veränderte und jähzornige Persönlichkeit.

„In höchsten Tönen kreischend, rieb sie sich beständig die Schläfen und rief: ‚Herr Gott, hilf mir!' Sie lief auf die Straße, kniete betend im Straßenkehricht, verweigerte die Nahrungsaufnahme mit der Begründung, wenn sie vor sechs Uhr nachmittags etwas äße, käme sie in die Hölle." Eine andere Frau, „welche dieselben Versuche gemacht hatte, wurde ebenfalls geistig verwirrt, sodass die Polizei eingreifen musste. Nachts stand sie auf, behauptete, sie sei Napoleon, und stellte sich in entsprechender Haltung in das Fenster ihres Modegeschäfts. Und da sie noch viele andere Unzurechnungsfähigkeiten beging, die ihre Festsetzung notwendig machten, wurde sie in das Arrest-Hospital gebracht." Eine andere Frau bekam Halluzinationen, „in denen Gott beständig zu ihr sprach, ihr ihre Sünden vorhielt und sie dafür verdammte. Nachdem sie auf Verlangen dieses sogenannten Gottes einige Selbstmordversuche unternommen hatte, wurde sie in eine Anstalt gebracht."[108]

Es sind mehrere Fälle bekannt, in denen auf Automatisches Schreiben Zwangshandlungen folgen, die eine Einweisung in eine Nervenklinik erfordern oder einen Todesfall verursachen. Ähnlich wie Staudenmeier ging es dem Chemiker und Okkultisten Fritz Quade (1884-1944). Durch Experimente mit Medien entwickelte sich bei ihm das Phänomen des Hellhörens. Die Stimmen der Wesenheiten (auch eine, die sich als „Jesus" ausgab) plagten ihn so sehr, dass er vor unkritischen spiritistischen Praktiken entschieden warnte. Doch es gibt auch Gegenbeispiele wie den steirischen „Gottesknecht" Jakob Lorber der jahrelang automatisch schrieb und Stimmen hörte, ohne auffällige Krankheitssymptome zu zeigen oder Leidenszustände zu empfinden. Allerdings erwies sich auch bei ihm die Schreibtätigkeit als so zwanghaft, dass er ihr nicht widerstehen konnte.

Staudenmeiers Lebenslauf sowie die Entwicklungsgeschichte seiner Erkrankung weisen eine Reihe von Parallelen zu Persönlichkeiten auf, die von Besetzungen geplagt werden, worunter nicht

108 Carl Wickland: *Dreißig Jahre unter den Toten*, S. 42 f.

zwangsläufig ein dämonischer Einfluss verstanden werden soll, sondern eine gewisse Machtübernahme gegen den eigenen Willen. Was spricht in seinem Beispiel aber auch in anderen Fällen für eine Besetzung?

- Staudenmeier war vermutlich erblich vorbelastet.[109] Es ist nachweisbar, dass Besetzungen den Tod überdauern und in vielen Fällen an die Kinder oder Enkelkinder weitergegeben werden. Das kann die Seele eines Verstorbenen sein, Seelenfragmente oder mentale Programme, mit deren Hilfe sich im Laufe des Lebens Besetzungen herausbilden oder entsprechende Entitäten angezogen werden.
- Der bereits als Kind kränkliche Gesundheitszustand Staudenmeiers (funktionelle Erkrankung des Nervensystems, Darmneurose) spricht für eine bereits bei der Geburt mitgegebene Besetzung.
- Die intensive experimentelle Beschäftigung mit spiritistischen Experimenten mag aufgrund einer bereits bestehenden Disposition erfolgt sein; in jedem Fall schafft sie die Bereitschaft, eine Besetzung zuzulassen, sofern sie nicht bereits vorhanden ist.
- Die ungewöhnlich rasch erworbene Fähigkeit des automatischen Schreibens, des Hellhörens und Hellfühlens sowie diesowie psychokinetischen Phänomene und die Fähigkeit zum Halluzinieren sprechen für eine bereits vorhandene Besetzung.
- Das Auftreten von Stimmen und seelischen Impulsen, die gegen den ausdrücklichen Willen erfolgen und die schwer oder nicht zu unterdrücken sind, kennzeichnen typische Merkmale von Besetzungen.
- Typisch sind ebenfalls das Erscheinen von Teufelsfratzen, das Würgen um den Hals wie mit einer Kette sowie der Geruch nach Schwefelwasserstoff; es sind geradezu klassische Besetzungs-

109 Hinweis bei: Heinz Ahlenstiel: *Ludwig Staudenmeier's Experiment* in: *Neue Wissenschaft* 13. Jg., 1965 Heft 1 S. 11-24. Ahlenstiel erhielt Einsicht in die Krankenunterlagen.

merkmale. Das Auftreten diabolischer Gestalten wie bei Staudenmeier der „Pferdefuß“ als Synonym für den Teufel oder der „Bockfuß“, ein halb menschliches, halb tierisches Wesen gehören ebenfalls in diese Kategorie.

- Besetzungen haben oftmals einen Ansatzpunkt am Körper; es sind nicht immer die Chakren, sondern auch der Nacken ist bevorzugt. Hier lassen sich die Besetzungen auch gut radiästhetisch nachweisen. Der Besessenheitsfall des „Mädchen von Orlach“ ist ein Beispiel für das Eindringen des Besetzers über den Nacken: Da sie dem Geist keine Antwort gibt, spricht er: „‚Nun so gehe ich nun dir zum Trotz in dich hinein!‘ Hierauf sieht sie ihn immer auf ihre linke Seite treten und fühlt, wie er ihr mit fünf Fingern einer kalten Hand in den Nacken greift und mit diesem Griff in sie hineinfährt. Mit diesem verschwindet ihre Besinnung und eigentlich ihre Individualität. Sie ist nun nicht mehr in ihrem Körper, dagegen spricht aus ihr die rohe Bassstimme eines Mönchs, aber mit der Bewegung ihres Mundes und mit ihren, aber dämonisch verzerrten, Gesichtszügen.“[110] Typisch für die Besetzung über den Nacken sind auch die „Aufhocker“, die Menschen an Wegkreuzungen anfallen und von denen zahlreiche regionale Sagen berichten.
- Ein weiterer Beleg für eine Besetzung ist die Abhängigkeit der Phänomene von der Lenkung der Aufmerksamkeit. Ablenkung lässt die Ereignisse stagnieren und verschafft Ruhe, Aufmerksamkeit auf das seelische Innenleben, provoziert sie.
- Spukhafte Phänomene im Umfeld der betroffenen Person sind häufig zu beobachtende Begleiterscheinungen von Besetzungen. Während leichte Fälle ohne diese äußeren Erscheinungsformen ablaufen, nehmen die Phänomene an Intensität entsprechend der Boshaftigkeit der Besetzung zu. Geräusche wie Knallen, Schläge, Klopfen usw. gehören offenbar zu den am leichtesten zu rea-

110 Zitiert nach Traugott Konstantin Österreich: *Die Besessenheit*, S. 91. Vgl. Heino Gehrts: *Das Mädchen von Orlach*. – Ernst Klett Verlag, Stuttgart 1966.

lisierenden Phänomenen und sind wesentlicher Bestandteil praktisch aller Spukphänomene.

- Gegenstände, die mit Gewalt aus Regalen oder Schränken geworfen werden, kennzeichnen bereits stärkere Phänomene; sie haben aber auch immer irgendeinen Bezug zur Person und sind von ihrer psychischen Konstellation abhängig.
- Negativ agierende Seelenwesen sind Hellsichtigen oft in Form schwarzer Wolken sichtbar, die sich in der Aura einer Person, an Gegenständen haftend oder in Räumen befindlich vorfinden. Zu bedrohlichen Gestalten formen sie sich meist erst dann, wenn sie erkannt werden oder entfernt werden sollen. Hierzu gehört auch, dass Wesenheiten, die in der Regel nur schattenhaft oder aus den Augenwinken heraus wahrgenommen werden, plötzlich wie reale Gestalten erscheinen.
- Ablösungsversuche, kirchliche Exorzismen, Gebete oder andere Bemühungen, die Geister mental zu zwingen, machen sie in der Regel ärgerlich, wütend, bedrohlich, denn sie wehren sich mit aller Kraft dagegen, den Leib zu verlassen.
- Auch das Auftreten eines Gegenpols zum Dämonischen – bei Staudenmeier der alt-ehrwürdige Greis – der ihn zum tugendhaften Leben anhält, passt in die Besetzungskategorie wie in den Bereich psychischer Spaltungen generell. Aus Heiligenviten ist dieses Phänomen ebenso bekannt, wie aus dem klinisch-psychiatrischen Bereich.

Gefährdet, eine Besetzung zu erlangen, sind alle Personen, die es darauf anlegen, mit Geistwesen in Kontakt zu kommen, die mediumistische Ausbildungsgänge besuchen und „Einweihungen" erhalten. Um mit wesensfremden Energiepotentialen sicher umgehen zu können, bedarf es einer ausgeprägten charakterlichen Schulung, um den Geist langsam und auf nachvollziehbaren Wegen auf die später zu erlangenden Botschaften vorzubereiten. Der Verstand muss die Erkenntniswege nachvollziehen können; das bedeutet für den eigenen Geist Sicherheit und eine Rückzugsmöglichkeit.

Schwerer wiegende Besetzungen setzen allerdings recht spontan ein und ihr Entwicklungsweg ist nicht immer nachzuvollziehen. Aus medizinischer Sicht ist dies auch nur schwerlich möglich, da die Befähigung, spirituelle Zusammenhänge (Karma) zu erkennen, bei dem medizinischem Personal in der Regel nicht vorhanden ist und entsprechend kundige Personen selten zur Mithilfe gebeten werden.

Staudenmeier entwickelte auf mehr oder weniger freiwilliger Basis in seiner Seele eine Reihe unterschiedlicher Personifikationen, die abwechselnd seine geistigen und körperlichen Funktionen beeinflussten und denen er nur schwer oder überhaupt nicht entgegenwirken konnte. Bereits erwähnt wurden die teuflischen Manifestationen als „Bockfuß“ und „Pferdefuß“ sowie ihr Gegenpol in Form eines Greises, der ihn zu erhabenen Gedanken und Gefühlen anleitete. Eine weitere in ihm wirkende Gestalt beschreibt er als „Hoheit“, die sich ausschließlich für Erhabenes interessiert und ihm eine militärische Haltung verleiht, dann das „Kind“, für das Staudenmeier sogar ein separates Kinderzimmer einrichtete, „Rundkopf“, eine Gestalt der Geselligkeit und der Biertisch-Gemütlichkeit, ferner „Mädchen“, „Mistbube“, „Arbeiter“, „Pferd“ und ein Quälgeist in Gestalt eines „Schuster Simon“, die alle Produkte einer speziellen Weltanschauung und Emotionalität darstellen könnten.

Analoge Formen der Personifikationen finden wir auch in den Zuständen der klassischen Besessenheit. Sie erscheinen uns in großer Vielzahl beispielsweise in *Mutter Johanna von den Engeln*, von der uns der Jesuitenpater Jean-Joseph Surin berichtet, ein bedeutender Mystiker, der als Exorzist 1634-1637 nach Loudun zu den besessenen Ursulinerinnen geschickt wurde. Es waren im Wesentlichen vier Dämonen, die sich in ihr zu erkennen gaben:

> „Der ‚Balaam‘ hatte sich in ihrem Humore festgesetzt, ihr Naturell war der Spielraum, in dem er wirkte, und da sie nun von Natur gar lustig war, tat er nichts als Possen reißen; redete von Essen, Trinken und anderen Lustbarkeiten, was dann ihr Gemüt von aller Zerknir-

schung abzog, und sie allen göttlichen Dingen abgeneigt machte. Der ‚Isacaron' redete nichts, als von fleischlichen Wollüsten und Unflätereien. Der ‚Behemoth' hatte sich in den zornigen Teil gesetzt, warf mit einer Menge von Gotteslästerungen um sich, und sprach von keiner Sache als von vorhabenden Übeltaten, Mord und Totschlägen. Der vierte, ‚Leviathan', hatte sich in den Hochmut gesetzt, und Hoffart und Prahlerei und Prächtigtun war seine ständige Beschäftigung. Er gab ihr bisweilen ein hochmütiges Ansehen, dass sie daher prangte wie eine Äbtissin; sie redete dann mit stolz aufgerichtetem Haupte Wunderdinge [...]"[111]

Auch die Illusionen Staudenmeiers stehen nicht allein in der Geschichte der Besetzungen. Es handelt sich um Entwicklungsvorgänge, die, von einer gewissen psychischen Konstellation ausgehend, eine Umsessenheit herbeiführen, die von psychophysischen sowie spukartigen Ereignissen begleitet in eine wirkliche Besessenheit hineinführen kann, die auch Staudenmeier für sich selbst annahm, indem er schreibt: „Es konnte für mich kein Zweifel mehr bestehen, nach naiv-mittelalterlichen Begriffen war ich besessen."

Besessenheit, die sich allmählich aufbaut und nicht komplett übernommen wurde, beginnt ganz allmählich mit einer Folge von Illusionen, Erscheinungen und spukhaften Vorgängen, die, in vielen Zwischenstufen aufgebaut, ganz allmählich zunehmen und endlich in eine Art von Verzauberung hineinführen. So begannen die Ereignisse im Kloster Saint-Louis-Sainte-Elisabeth-Saint-François zu Louviers (Normandie) mit den Phänomenen, dass eine Schwester mehrfach zur Nachtzeit in ihrer Zelle eine große Anzahl von Lichtern angezündet fand, mit dem Knie stets gegen den Boden gestoßen wurde, dass sie stürzte, beim Gang zur Kommunion das Gitter mit Fackeln erleuchtet sah und von allerlei Phantomen verfolgt wurde. Schüsseln und Töpfe in der Küche fielen, ohne dass man sie berührte, das Phantom des verstorbenen Pater Picard kam zu ihr ans Bett und redete zu ihr. Die Zustände gingen schließlich

111 Johann Joseph Görres: *Die christliche Mystik* Bd. V, S. 382 f.

auf alle Klosterinsassen über, die auf unterschiedliche Art gepeinigt wurden. Ein Phantom in furchtbarer Gestalt blieb die ganze Nacht unbeweglich am Bett einer Schwester stehen, begleitete sie dann auf allen Wegen, machte ihr allerlei Gaukelwerk vor, um sie zu belustigen, und so ging es weiter über mehrere Jahre.[112] Die Ereignisse hingen mit dem verstorbenen Pfarrer Mathurin Picard der Gemeinde Le Mesnil-Jourdain zusammen, der in der Klosterkirche begraben wurde, worauf eine Welle der Hysterie das Kloster ergriff.

> Besonders die jüngeren Nonnen hatten Halluzinationen, in denen sie Pfarrer Picard sahen, der in ihrer Zelle erschien. In der Kirche sahen sie Flammen aus seinem Grab aufsteigen. In anderen Halluzinationen traten dämonische Fabelwesen auf. Es traten auch körperliche Symptome von Hysterie auf, junge Nonnen hatten Anfälle, in denen sie ihren Rücken extrem bogen, manchmal konnten sie sich nur ruckartig bewegen. ‚Besessene' stießen blasphemische Beschimpfungen und Beleidigungen aus. Von 1643 bis 1647 wurden die Fälle von ‚Besessenheit' untersucht, die [52] Nonnen wurden verhört und teilweise öffentlichen Teufelsaustreibungen ausgesetzt, was natürlich die Hysterie verschlimmerte. Der Bischof von Évreux, Péricard, musste aus Paris anreisen und die Fälle selbst untersuchen. Er ließ eine der Nonnen, Madeleine Bavent, lebenslang ins Gefängnis werfen. Picards Gebeine wurden ausgegraben und in eine Marnière [Mergelgrube] geworfen. Der Bischof dachte, damit sei die Sache erledigt und kehrte nach Paris zurück. Aber die Angehörigen von Picard protestierten und verlangten seine Gebeine zurück. Daraufhin übernahm eine königliche Kommission die Angelegenheit, sie wurde vom Kapuzinermönch Esprit-de-Bosroger geleitet. Madeleine Bavent wurde bis 1647 200 Mal meist öffentlich verhört beziehungsweise exorziert. Im Mai 1647 begann der eigentlich Prozess am Parlament de Normandie in Rouen. Picard und Boullay [sein Vikar] wurden wegen Zauberei und Hexerei zum Tode verurteilt, der tote Körper Picards und der gefolterte, lebende Körper Boullays wurden zusammen am 21. August 1647 in Rouen auf dem Platz ‚Vieux-Marché' (‚alter Markt') verbrannt.

---

112 derselbe: *Die christliche Mystik* Bd. V, S. 316 ff (Die geistige Obsession).

Auf dem gleichen Platz war 1431 Jeanne d'Arc verbrannt worden. Madeleine Bavent wurde nicht hingerichtet, man ließ sie als Zeugin am Leben. Sie war inzwischen verrückt geworden und starb im Gefängnis sechs Jahre später. Die Unterlagen aus der Untersuchung wurden nach dem Prozess vernichtet. – Das Parlament hatte angeordnet, das Kloster zu schließen. Stattdessen wurden die hysterischen Nonnen behandelt und kehrten fast alle später zurück. Das öffentliche Interesse verhalf dem Kloster sogar zu besserem Ansehen, da man Mitleid mit den armen ‚Besessenen' hatte.[113]

Psychologische Begleitumstände der Besessenheit

Von Gott erfüllt nennt man solche Menschen, denen durch eine Erscheinung die Vernunft genommen worden ist und die von dem Gott, der jene Erscheinung erzeugt, besessen sind und nach dessen Willen handeln.

Euripides (griechischer Dramatiker)

Wir werden in diesem Kapitel einige Zusammenhänge der Besessenheitszustände mit der psychischen Struktur der Betroffenen ergründen. Wie bereits mehrfach angeführt, erfolgt Besessenheit nicht ohne eine vorbereitende seelische Grundlage und auch nicht immer gegen den eigenen Willen. Wenn zum Beispiel Personen Verstorbene herbeirufen, so ist es nicht verwunderlich, wenn sie von ihnen oder von sie begleitenden Geistwesen besetzt werden. Durch die freiwillige Öffnung gegen die geistige Welt wird ihr Eindringen in die Aura des Menschen erleichtert. Betroffene vermögen dann unter Umständen zwei Seelen in sich zu fühlen, die eigene und eine fremde. Dieses Doppelbewusstsein kann in vielen Fällen fehlen, es scheint dann nur noch der fremde Geist im Organismus zu

113 https://stanzebla.wordpress.com/2010/10/17/die-besessenen-von-louviers

wirken, die Individualität ist verloren gegangen. Dieser Zustand entspricht einer Bewusstlosigkeit des eigenen Selbst, die ja das Wesen einer Besetzung ausmacht. Im Anfallzustand ist der Betroffene bewusstlos, und eine fremde Individualität beherrscht den Körper, bis die eigene Seele wieder die Kontrolle über ihn erlangt.

Gegen die Deutung, den Wechsel der Persönlichkeit als Besetzung anzusehen, spricht die Aussage einiger betroffener Selbstbeobachter und von Therapeuten, weil seelische Verdoppelungen, ja sogar Vervielfachungen, auch im Zusammenhang mit anderen Persönlichkeitsproblemen auftreten. Psychologen sprechen von einem Zwangscharakter, wenn zum Beispiel Wut und Freude gleichermaßen als Teile des eigenen Selbst empfunden werden. Doch wer von den Psychologen vermag in einem solchen Fall auszusagen, ob es sich nicht doch um das Resultat einer Besetzung handelt? Wenn sich beispielsweise ein Betroffener persönlich als Satan ausgibt und dem entsprechend handelt, entspricht dann wirklich eine satanische Grundhaltung einem Teil seiner Persönlichkeit? Sind Besessene im Verborgenen böse Menschen? Ist der Teufel in ihnen dann nur eine Verkörperung ihres Wesens, ihres Gewissens, der Angst, des Lasters, die Erinnerung an ein Vergehen, ein Affekt von Gewissensbissen? Bei einigen Besessenen mag es wirklich so gewesen sein, doch müssten dann nicht viel mehr Menschen die Symptome einer Besessenheit aufweisen? Der wohl größte Anteil der Besessenheitsfälle vergangener Jahrhunderte ereignete sich im klösterlichen Bereich, zumindest was die dokumentierten Fälle betrifft. Hier erfolgen die Besetzungen im Zusammenhang mit dem Streben nach höheren geistigen Erkenntnissen und nicht aus einer negativen Grundhaltung heraus.

Die inneren Vorgänge bei Besessenen sind äußerst vielfältig und für den Außenstehenden noch weniger nachzuvollziehen, als vom Betroffenen selbst. Wie bereits erwähnt, unterscheiden sachkundige Autoren zwischen einer somnambulen Besessenheit (dämonischer Somnambulismus), in der das Bewusstsein verloren geht und einer luziden Besessenheit, in der das Bewusstsein einer seelischen Verdoppelung erhalten bleibt. Justinus Kerner schreibt zu dieser Thematik:

> „Einige solcher Leidender schließen, taucht in ihnen im Innern der Dämon auf, und fängt zu sprechen an, die Augen und verlieren das Bewusstsein wie im magnetischen Schlafe, und der Dämon spricht dann ohne ihr Wissen aus ihnen; bei anderen bleiben die Augen offen und auch das Bewusstsein bleibt, aber der Leidende vermag mit aller Geistesanstrengung der aus ihm sprechenden Stimme doch nicht zu widerstehen; er hört sie aus sich als eine in ihm steckende, ganz andere, fremde Individualität, der er nicht zu gebieten vermag."[114]

Eine Kranke Kerners beschreibt diesen Zustand folgendermaßen:

> „Ich bin nie abwesend, weiß immer, was ich tue und spreche, kann aber nicht immer sprechen, was ich will, es ist etwas in mir, was mich bindet. Ich darf mir bei recht wütenden Ausbrüchen nicht einfallen lassen, den geringsten Widerstand zu leisten: denn ich würde mich dadurch nur noch unglücklicher machen, auch vermag eine Kraft nichts dagegen, und willig gebe ich mich oft der bösen Macht hin und lasse sie austoben, weil ich so nur wieder oft einige Ruhe finden."[115]

Diese Aussagen sprechen nicht für den Zustand einer seelischen Spaltung, die definitionsgemäß ausschließlich dem Wesen der eigenen Persönlichkeit entspringen sollte, sondern lassen eine fremdgeistige Einwirkung glaubhafter erscheinen.

Besessenheit und psychische Spaltung lassen sich nicht wirklich als unterschiedliche Krankheitsbilder definieren. Wenn ein fremder Geist – oder sagen wir besser ein fremdes Mentalprogramm – in der Seele des Menschen Einzug gehalten hat, so ist er bzw. es zum realen Bestandteil des eigenen Selbst geworden. Tritt der neu hervortretende Seelenaspekt auffallend in Erscheinung gegenüber der ursprünglichen Persönlichkeit, so können wir zwar von einem Spaltungsbewusstsein sprechen, doch es ändert sich an der Tatsa-

114 Zitiert nach Traugott Konstantin Österreich: *Die Besessenheit*, S. 38.
115 derselbe: *Die Besessenheit*, S. 40.

che der Besetzung dadurch nichts. Eine wirkliche Unterscheidung ist im Anfangsstadium nur über eine entsprechend hellseherische Begabung oder eine energetische Austestung festzustellen.

Jede Besetzung, sofern sie nicht spontan durch Übertragung, „Ansteckung“ oder Zauberei erfolgte, basiert auf einer längeren Entwicklungsperiode, die ein einzelnes Menschenleben meist überschreitet. Wie bei jeder Erkrankung liegen auch hier dem Problem Ursachen zugrunde, die sehr wohl in der Persönlichkeitsstruktur des Betroffenen zu finden sind, aber in den Anfangsstadien weder gesucht werden, noch zu Bewusstsein kommen. Es beginnt mit seelischer Unausgeglichenheit, Frustrationen, seelischer Zerrissenheit, Schuldgefühlen usw., Zustände, die wir bereits im Kapitel über die vorbereitenden Dispositionen kennengelernt haben und die in bestimmten Altersstufen oder Lebenssituationen vordringlich erscheinen. Der Aufbau von Eigen-Elementalen spielt dabei eine gravierende Rolle. Es kommt zu unbewussten Kontakten mit Kobolden und/oder anderen Astralwesen, die je nach ihrer Art die menschliche Seele von innen (psychische Spaltung, Umsessenheit) oder von außen in Form leichter spukhafter Ereignisse bedrücken und eine erfolgreiche Abwehr durch den eigenen Willen durchaus noch zulassen. Wird für die Abwehr lediglich äußere Willensstärke bemüht, so entwickelt sich daraus ein Kampf gegen Teile des eigenen Selbst, der das Oberbewusstsein zermürbt und letztendlich zum Scheitern verurteilt ist. Die Bedrängungen können so arg werden, dass die Leidenden sich nicht mehr zu wehren vermögen und auch offensichtliche Besetzungen hinnehmen, um nicht ständig leiden zu müssen, wie es eine Kranke Kerners bereits ausgedrückt hat. Die Folge des Gewährenlassens ist dann, dass die fremde und die eigene Persönlichkeit vollkommen verschmelzen; sie sind eines Sinnes und können nicht mehr unterschieden werden. Der Dämon, wenn wir ihn so bezeichnen wollen, und die betroffene Persönlichkeit, reden mit *einer* Stimme, das besetzende Agens geht konform mit der menschlichen Seele und verschmilzt mit *seinem* Wesen im Wesen des Betroffenen.

Die beginnende Pubertät ist (insbesondere bei Mädchen) eine Periode gravierender seelischer Umbrüche, die bei Nichtbewältigung ohnehin oft genug von Spukphänomenen begleitet wird und damit ein offenes Tor auch für andere Arten von Besetzungen bildet. In vergangenen Jahrhunderten war es oftmals der Brauch, Mädchen in frühesten Alter (etwa ab dem 7. Lebensjahr) in klösterliche Gemeinschaften zu geben, in denen bereits noch nicht bewusst werdende erste sexuelle Regungen unterdrückt wurden mit der Intention, über eine Transformation des Trieblebens das geistige Innenleben zu aktivieren, was wohl nie wirklich gelungen ist. Dies ist einer der Gründe, weshalb Spuk und Besetzungen aber auch ekstatische Zustände in Frauenklöstern besonders häufig auftraten und in einigen Fällen sogar die gesamte Gemeinschaft infizierten.

Bei Christina von Stommeln (1242-1312) begannen die Visionen im Alter von zehn Jahren in ihrem Elternhaus. Mit 13 Jahren begab sie sich gegen den Willen der Eltern in einen Kölner Beginenkonvent, lebte dort extrem asketisch mit der Folge zahlreicher Visionen, Entrückungszuständen und Verfolgungen von Dämonen. Die Quellen beschreiben, dass sie u. a. durch die Luft geschleudert wurde, Verbrennungen und Verletzungen erlitt, dass sie und ihr Umfeld von Dämonen mit Exkrementen beschmutzt wurde, Kröten, Schlangen und Spinnen in ihrem Essen auftauchten und anderes mehr. Bis zu 200.000 Teufel sollen sie geplagt haben, die Teufels- und Dämonenerscheinungen standen bei ihr im Vergleich zu anderen Mystikern im Vordergrund. Seit ihrem 15. Lebensjahr sollen sich vor allem in der Karwoche die Wundmale Christi an ihr manifestiert haben, womit sie eine der frühesten weiblichen Stigmatisierten der Christenheit darstellt. Auffällig ist nun, dass die Visionen und Verfolgungen mit beginnender Pubertät im Alter von zehn Jahren begannen und im Alter von 46 Jahren, mit Ausbleiben der Menses, abrupt endeten.

Ganz gleich, ob wir die Phänomene von Heiligen betrachten, die Beschreibungen der christlichen Mystiker studieren, ob wir von einer Besessenheit sprechen, eine theologische, psychologische, psychiatrische oder medizinische Betrachtungsweise zugrunde legen, ausnahmslos in allen Fallberichten scheinen persönlichkeitsfremde Kräfte zu wirken, welche Phänomene zu vollbringen vermögen, die nicht der Fähigkeit der menschlichen Natur zugrunde liegen.

> „Gleichwie in dem physischen Dasein fördernde und nachteilige Naturkräfte in das Leben einwirken, so greifen auch aus den unsichtbaren Reichen gute und böse Mächte unter gewissen Umständen an das ihnen Harmonische in Anlage, Temperament, Stimmung und dem moralischen Seelenzustande sich hängend, in dasselbe ein, und die letzten sind es, an die sich die ganze Folge der fraglichen Erscheinungen knüpft."[116]

Dieser Tatbestand, dass eine gemeinsame geistige Ursache allen Arten von Phänomenen zugrunde liegt, zeigt sich unabhängig von der Bewertung nach Gut oder Böse, nach Himmlisch oder Dämonisch, ob ehrlich gemeint oder in täuschender Absicht hervorgebracht. Das nachfolgende Fallbeispiel aus der Sammlung Görres mag die Zusammenhänge verdeutlichen. Heiligkeit oder dämonische Täuschung? ist eine Fragestellung, die gewöhnlich nur durch eine Wertung beantwortet werden kann, der gewisse Dogmen zugrunde liegen. Entscheidend ist jedoch das Bewusstsein des Menschen, es entscheidet darüber, mit welchen Kraftwirkungen er sich umgibt und wann und in welcher Form sie zum Ausdruck kommen. Betrachten wir die Lebensgeschichte der Nicole von Rheims, von der uns Görres berichtet und die sich in der Zeit der Unruhen um Heinrich III. und IV. von Frankreich ereignete und Einfluss auf die Politik dieser Zeit gewann:

> „Sie hatte die Gabe der Weissagung, in der sie viel Zukünftiges vorhersagte, das buchstäblich eingetroffen, und benützte sie zur Besserung der Menschen, die mit ihr in Beziehung kamen. Auf ihre Vorstellungen drängte das Volk sich wieder zu den verlassenen Kirchen;

---

116 Johann Joseph Görres: *Die christliche Mystik* Band III, S. 494 f.

öffentliche Gebete und Prozessionen wurden abgehalten; Fürsten und Könige und hochgestellte Personen, sowohl im Königreiche als außerhalb desselben, sandten Abgeordnete an sie ab, um sich ihrem Gebete zu empfehlen, und sie in ihren Angelegenheiten um Rat zu bitten. In der Messe zu Mundon wurde sie einst körperlich entrückt und fortgetragen, und blieb eine Stunde fern, dass niemand wusste, wo sie hingekommen. Als sie endlich wiederkehrte, und man sie befragte, was ihr geschehen, berichtete sie: wie sie in Tours gewesen, und dort unter den Angesehensten des Reiches eine Angelegenheit geschlichtet, die unter dem Anscheine des Guten die Religion benachteiligt hätte. Ihre Reden schienen einer höheren Welt entstammt; sie wusste Stellen aus dem hohen Liede so trefflich zu erklären, dass der gründlichste Theologe es nicht besser vermocht. Einst, aus einem todesähnlichen Zustande, in dem man schon ihr Begräbnis zugerüstet, wieder zu sich gekommen, hatte sie zu einem noch vollkommneren Leben, als sie bisher geführt, den Entschluss gefasst; und zu ihrem geistlichen Führer einen Priester aus einem sehr strengen Orden sich gewählt, den sie so genau beschrieb, dass jedermann überzeugt war, Gott habe ihn ihr im Geiste gezeigt. Ekstasen waren etwas Gewöhnliches, und als einst Theologen und Ordensmänner in ihrem Krankenzimmer sie besuchten, sah man plötzlich ihr Bett von großem Lichte umflossen, und man hörte eine Stimme rufen: Ave soror, salvete fratres! [Sei gegrüßt, Schwester, seid gegrüßt, Brüder!] und nachdem das Licht wieder verschwunden, war die Kranke zum Erstaunen Aller wieder vollkommen gesund."

Eine Mitschwester hegte Zweifel an der Göttlichkeit der Ereignisse und versuchte durch List sich Aufschluss über ihren Gewissenszustand zu verschaffen, und beobachtete sie schärfer als zuvor und machte dabei mancherlei Entdeckungen, die zum Schlusse führten, das Mädchen werde nicht vom guten, sondern vom bösen Geist der Täuschung und Lüge geleitet.

„Als sie nun einst, in Gegenwart des Mädchens, zur Rechtfertigung dieser Erklärung [einen von ihr beobachteten Täuschungsfall] mehreren Versammelten erzählte, erschien plötzlich auf dem Boden des

Zimmers ein langer feuriger Schweif mit einem unausstehlichen Gestank begleitet; der Geist war nun von ihr gewichen. Sie war fortan sich selber nicht mehr ähnlich; die Ekstasen blieben aus, keine tiefsinnigen Reden waren ferner mehr in ihrem Munde; sie war bäurisch, ungebildet, jeglicher Fehle ausgesetzt; sie konnte nicht mehr fasten, wie zuvor; mochte nicht mehr lange in der Kirche weilen; heiratete endlich gegen ihren Willen der Eltern [...]“[117]

Ein anderer Aspekt des mystischen Lebens ist das Phänomen der Nahrungslosigkeit, das uns von einer Vielzahl Heiliger oder Seliger aber auch von Menschen aus dem nichtchristlichen Raum berichtet wird. In klerikaler Tradition wird hier von einer himmlischen Speisung gesprochen, in unserer Zeit von Lichtnahrung. Das Phänomen an sich ist zu bekannt und gut untersucht, um angezweifelt werden zu können. Hier wirkt eine Kraft im Menschen, die ihm das Mindestmaß dessen zukommen lässt, was der Organismus benötigt, um existieren zu können. Aus der christlichen Mystik, aus Berichten über Wunderheilungen, über Zauberpraktiken, ja auch aus Spukphänomenen wissen wir, dass sowohl Dematerialisation von Material als auch Rematerialisation, also das Verstofflichen von strukturierter Energie, möglich ist. Der Mensch kann dies nicht aus eigenem Willen heraus bewerkstelligen, es bedarf einer geistigen Fremdbeeinflussung, eines geistigen Programms, das in der Seele des Menschen Einzug hält und die Transformation der Materie bewirkt. Wir haben bereits im vorangegangenen Fallbeispiel gesehen, dass alle Arten mystischer Phänomene durch die Besetzung mit einem Geistwesen hervorgebracht wurden und ein abruptes Ende fanden, nachdem dieses Wesen den Körper verlies. Im Falle der Nahrungslosigkeit können wir nun in einem weiteren Fallbeispiel einen fremden geistigen Einfluss erkennen.

Eine Jungfrau, die sich zum Klosterleben entschlossen hatte, wurde während des Bades, angesichts einer Statue der Liebesgöttin, unkeu-

117 Johann Joseph Görres: *Die christliche Mystik* Band III, S. 671 ff.

> schen Sinnes, und bereitete damit ihren Körper zur Aufnahme eines Dämons vor, der sich in ihrer Kehle festsetzte und siebzig Tage lang weder Speise noch Trank durchließ, so dass sie zu einem langwierigen Fasten gezwungen war. Ihre Mitschwestern wandten sich an einen Priester. Das Mädchen offenbarte ihm, dass ihr jedes Mal um Mitternacht ein Vogel erscheine, der ihr etwas in den Mund gieße, sie wisse aber nicht, was. Alle verwunderten sich, dass die Jungfrau trotz des langen Fastens kein entsprechendes Zeichen an ihr zu sehen, keine Schwäche, kein Übelsein, keine Blässe usw., sie war vielmehr wohlbeleibt und gekräftigt. Man brachte sie in ein Frauenkloster, welches Reliquien des hl. Stephan aufbewahrte und empfahl die den Vorgesetzten. Der Vogel erschien ihr auch hier und schalt sie wegen des Ortswechsels, wo ihr zu nahen, ihm nicht gestattet sei. Sie blieb jedoch in diesem Kloster, weiterhin ohne Nahrung lebend. Als man sie nach fünf Wochen zum wiederholten Male vor den Altar brachte, schien eine Änderung einzutreten. Die Hostie konnte sie eine halbe Stunde lang nicht hinunterschlucken, es gelang aber durch den Genuss des Messweins. Das Mädchen schrie auf, der Dämon hatte sie verlassen.[118]

Es ist sicher nicht abwegig, bei jungen Personen mit gravierenden Essstörungen, ebenfalls eine Besetzung anzunehmen: Unkeusche Blicke würden dazu allerdings in der heutigen Zeit nicht ausreichen, weil unsere Glaubensstrukturen nicht mehr in dem Maße von religiösen Vorstellungen und Dogmen geprägt sind, wie in vergangenen Zeiten, insbesondere den klösterlichen Bereich betreffend.

In den engen klösterlichen Gemeinschaften spielte ein weiteres Phänomen eine häufige Rolle, nämlich die Übertragbarkeit der Besessenheit auf andere Personen, mitunter sogar sämtliche Klosterinsassen betreffend. Doch auch Exorzisten wurden immer wieder von den Wesenheiten bedrängt und gar besessen, die auszutreiben sie sich vorgenommen hatten. Auch dieses Phänomen dauert bis in die heutige Zeit an, indem Seelenforscher während ihrer Tätigkeit durch geistige Wesenheiten körperlich angegriffen, geknufft,

118 Nach Johann Joseph Görres: *Die christliche Mystik* Band IV, S. 73 f.

gewürgt, geschlagen, gekratzt, akustisch und anderweitig sensorisch bedrängt und sogar in einer Weise verletzt werden, dass sie blutige Male davontragen. Das gilt auch im Zusammenhang mit Spukphänomenen. Auch hier können die daran beteiligten Kräfte von einer Person zur anderen wandern – ein Phänomen, das im Spuk allerdings seltener vorkommt.

Die medizinische Elite weigert sich von einer Besetzung zu sprechen, weil sie die auslösenden Entitäten weder sehen, erkennen noch anderweitig nachweisen kann. Psychologen sprechen hier von Zwangshandlungen, Zwangsgedanken, Beeinflussung der motorischen Tätigkeiten sowie der Sinnesorgane durch Programme und Vorstellungen, die im Seelenleben des Menschen selbst begründet sind. Auch diese Sichtweise entspricht der Wahrheit, denn das individuelle Seelenleben bereitet den Organismus auf die Übernahme persönlichkeitsfremder Kräfte vor und arbeitet mit ihnen vielfach in einer Weise zusammen, die keine Unterscheidung mehr zulässt. Erschwerend für eine denkbare Differenzierung kommt hinzu, dass die betroffenen Personen im Anfallzustand vielfach somnambul werden, also tranceähnliche Zustände entwickeln, in denen einerseits fremdgeistigen Einflüssen Tür und Tor geöffnet sind, andererseits das Persönlichkeitsbewusstsein in einem Maße erweitert wird, sodass alle Arten außergewöhnlicher Phänomene auch eine Steuerung von den unbewussten Seelenzuständen der Persönlichkeit selbst erhalten. Das Vorhandensein eines Dämonenglaubens spielt ebenfalls eine gewisse Rolle für die Aufnahmebereitschaft in Bezug auf fremde geistige Kräfte; auch autosuggestiv verursachte Deutungen unbewusster Triebregungen können in solchen Fällen als dämonisch verursacht angesehen werden.

Betrachten wir das Alter der Betroffenen, so finden sich alle Altersstufen, weil Besessenheit eine individuelle Zeit benötigt, um sich bemerkbar herauszubilden, doch kommen häufig auch spontane Besetzungen vor, besonders wenn es sich um Anhaftungen von Seelen Verstorbener handelt, die ihrerseits oft einen ganzen Schwung von astralen Seelenfragmenten und dämonischen Energieformen mit sich bringen. Bei Besetzungen, die sich vornehmlich in Form von klassischen Spukphänomenen zeigen, insbesondere den personengebundenen Spuk betreffend, herrscht ein jugendliches Alter vor (Pubertät). Hier zeigen die Besetzungen eine starke Abhängigkeit vom aktuellen Seelenleben des Betroffenen und verschwinden nach einer gewissen Zeit von selbst oder nach Änderung der die Phänomene auslösenden Lebens- oder Bewusstseinszustände.

Das Geschlecht der Besetzten ist eher weiblicher Natur, da Frauen naturgemäß mit einer aufnahmebereiteren Polarität versehen sind, als das männliche Geschlecht. Auch kommt praktisch nur der Zeitraum des Klimakteriums für die Besetzung infrage. Die diesbezügliche Schwäche des weiblichen Geschlechts zeigt sich auch in der praktischen Arbeit der Seelenbefreiung. Frauen als Exorzisten werden von fremden Seelen, (also den Seelen Verstorbener) insbesondere aber von dämonischen Kräften selten akzeptiert; wirken sie exorzierend auf sie ein, so verschlimmert sich die Situation eher, als das die fremde Kraft entweicht. Die bekannten Besessenheitsepidemien betrafen durchweg Nonnenklöster oder vergleichbare Anstalten. Dort wurden die Menschen durch Furcht, Aberglauben, Dogmatisierung, Glaubenssätze und erzwungene Bekenntnisse in Abhängigkeit gehalten und über das Wesen des Todes und das „Leben“ danach nicht in realistischer Weise aufgeklärt. Die Folge davon war, dass die Menschen durch ihre verkehrten Anschauungen als Geistwesen auf der Erde festgehalten wurden, ihre falschen Glaubensvorstellungen nicht ablegen konnten, und in ihrer Unwissenheit die Körper Lebender besetzten. Eine Seele macht den Anfang und weitere strömen nach, teilweise auch deshalb, weil sie im Zusammenhang mit den Exorzismen eine Möglichkeit sehen, von ihren Zwängen und Leiden befreit zu werden. Es resultieren Massenpsychosen und Massenbesetzungen, wie wir sie auch von den religiösen Erweckungsbewegungen und Bußpredigten her kennen. Religiöse Fanatiker, die nicht wissen, dass sie gestorben sind, und nicht ins höhere Leben gefunden haben, sammeln sich auf der Seite der Geistwesen und schüren durch ihre geistige Gegenwart den Eifer ihrer lebenden Glaubensbrüder bis hin zu Wahnsinnszuständen.

Es gibt allerdings auch klinisch relevante Erkrankungsformen, Wahnideen, die eine Besetzung vortäuschen, mentale Programme, die nicht abgelöst werden können, die bestenfalls ihre Gestalt wechseln. Dies sind allerdings deutlich seltenere Fälle. Solche Prozesse entwickeln sich in der heutigen Zeit nicht so leicht weiter als in Zeiten, in denen der Besessenheitsglaube weiter verbreitet war und zu autosuggestiven Deutungen Anlass gab. Auch der Gedanke, durch eine fremde Macht beherrscht zu werden, gehört in diesen Bereich.

Unter dem Gesichtspunkt der Glaubensvorstellungen ist es insbesondere das durch jahrhundertelange kirchliche Dogmatisierung hervorgerufene Gefühl der eigenen Sündhaftigkeit, das Voraussetzungen für eine Besetzung schafft, indem es den Glauben an diese Möglichkeit fördert und die Besetzung selbst als erforderliche Strafmaßnahme akzeptiert. In der Hoch-Zeit des Einflusses der Kirche waren es insbesondere vom Glauben Abgefallene, die eine Besetzung zu erleiden hatten. So berichtet Cyprian von Karthago, ein bedeutender Schriftsteller der alt-katholischen und Heiliger der orthodoxen Kirche: „Männer und Frauen seien von diesem Übel befallen worden, weil sie ohne gehörige Vorbereitung, durch Beichte und Reue, zu dem Tische des Herrn hinzugegangen." Der Glaube, durch Gottes Zulassung in diesem Masse gestraft zu werden, prägt sogar die Aussage der Dämonen, die sich dann „auf Gottes Geheiß" einfinden und den Betroffenen kaum wieder verlassen wollen, eine Vorstellung, die wir heutzutage nicht mehr akzeptieren können, die aber deutlich auf die fördernden oder gar vorbereitenden eigenen mentalen Programme hinweist. Die älteren Berichte über eine Zulassung als Art der Buße oder gar Strafe sind voll von Aussagen, nach denen sündhaftes, lügenhaftes, hochmütiges, lasterhaftes, blasphemisches oder diebisches Gebaren zu Besetzungen führt. Selbst die Versagung eines Almosens musste als Ursache für eine Besetzung angesehen werden. Die Folge dieser Sichtweise ist, dass die Dämonen nicht weichen, solange die Laster nicht beseitigt worden sind. So erkennt der Dämon, der aus einem Besessenen spricht, der Wahrheit entsprechend alle Sünden des Betroffenen, der Angehörigen und selbst auch des exorzierenden Priesters, ausgenommen jene, die gebeichtet und vergeben wurden. Demnach galt die Vorstellung, durch die Beichte gereinigt zu sein, als wirksamer Schutz von Besetzung.

Diese, teils durch Belanglosigkeiten hervorgerufenen Vorstellungen, prägen sich dem Bewusstsein ein, erscheinen äußerlich als seelische oder körperliche Erkrankungen, werden nach dem Ablegen des Körpers mit hinübergenommen und bilden dann die Ursache eines großen Teils der Vorgänge, die durch spukende Menschenseelen hervorgerufen werden.

Trotz aller Erkenntnisse der Zusammenhänge bleibt die Entwicklung der Besessenheit voller Rätsel. So wurden Menschen, bei denen keine auffällige Symptomatik erkennbar war, durch ihr spontanes Abwehrgebaren als Besessene erkannt, sobald sie zum Grab eines Heiligen geführt wurden. Selbst die Verlobung (ein Gelöbnis tun) an einen Heiligen kann von Besetzung befreien.

Durch Besetzung verursachte Krankheitsfälle

Es gibt also dämonische, in ihrer Ätiologie von den durch den Einfluss natürlicher Dinge entstandenen pathologischen Vorkommnissen grundverschiedene, mit Zulassung Gottes durch übernatürliche Kräfte und durch die Macht böser Geister erzeugte menschliche Krankheiten.

Traugott Konstantin Österreich: *Die Besessenheit*, S. 194.

Solche Krankheiten sind aber zu aller Zeit die Verzweiflung der Ärzte gewesen. Denn während sie mit der einen plastischen Seite sich ihnen lockend bieten, und ihre Hilfe in Anspruch nehmen, spotten sie mit der anderen, die über ihnen in einem ihnen unzugänglichen Gebiete steht, all ihres Tuns, und machen all ihre Praxis zu Schanden.

Joseph Görres: *Die christliche Mystik* Bd. IV

Die Lebensbeschreibungen, die uns von Besessenen vorliegen, offenbaren den krankhaften Zustand, in dem jene sich befinden, ohne eine weitere Erklärung herauszufordern. Ob die Krankheitszustände wirklich in jedem Fall auf Besetzungen zurückzuführen sind, ist nicht sicher zu belegen. Sind sie allerdings nach erfolgreicher Ablösung der vermeintlichen Dämonen beseitigt, so ergibt sich daraus eine klare Aussage, die unsere Vermutung zumindest in diesem Fall bestätigt.

Da der weiter oben bereits zitierte Fall Staudenmeier wie auch zahlreiche ähnlich gelagerte Fälle mit oder ohne spukhafte Begleiterscheinungen von Medizinern ausschließlich psychogen gedeutet werden, möchte ich an dieser Stelle bereits einige Beispiele anführen, bei denen ein Zusammenhang zwischen Erkrankung und Besetzung offensichtlich ist. Eine solche Beziehung ist dann deutlich erkennbar, wenn nach dem Entfernen der Besetzung eine spontane und vollständige Heilung eintritt. Ich zitiere einen Fall aus den Erlebnisberichten des Schweizer Hellsehers, Heilers und Exorzisten Anton Styger aus seiner Buchreihe *Erlebnisse mit den Zwischenwelten*:

> Ein bislang vollständig gesunder Berufspilot, kaum über 30 Jahre alt, konnte seiner Tätigkeit nicht mehr nachgehen. Bei jedem Start- und Landemanöver sowie bei raschen Bewegungen wurde ihm schwindlig. Beim Radfahren stürzte er bereits nach wenigen Metern, konnte auch nicht mehr Autofahren oder am Bildschirm arbeiten. So erging es ihm seit einem Jahr. Scheinbar ein klarer medizinischer Fall, doch alle neurologischen Test zeigten keine auffälligen Ergebnisse. Die mentale Abfrage des Hellsehers verwies auf ein ihn belastendes Geistwesen. Der Pilot fühlte sich auch seit etwa 14 Monaten entsprechend beeinflusst und habe extreme Alpträume. Der Besetzer war der Geist

> eines Menschen, der Selbstmord begangen hatte und bei einem Auslandsaufenthalt zum Piloten gestoßen sei. Der Pilot schenkte der Erklärung keinen Glauben, ohne sofortigen Beweis sei er nicht zu überzeugen. Der Geist in ihm begann sich während der Ablösung zu wehren. Plötzlich wurde der Blick des Piloten starr und leer. Er torkelte wie ein Betrunkener, begann zu zittern, dann durchzuckte es ihn so heftig, dass die Tasse mit Kaffee, die er in den Händen hielt durch die Küche geschleudert wurde. Es drehte ihn und schleuderte ihn auf einen Schreibsekretär, von dem er zu Boden sank. Sein Gesicht war verzerrt, um seinen Mund herum begann sich Schaum zu bilden, er tobte und schrie. Es hörte sich zuerst an wie Tiergebrüll, dann schrie er in einer fremden Sprache. Sein Körper zuckte, er bäumte sich auf, schlug auf den Holzboden, stand plötzlich wie hochkatapultiert mitten im Zimmer, schrie, riss gewaltsam die Balkontüre auf und fiel dort über Stühle und Tisch. Er konnte gehalten werden, bevor er in die Tiefe stürzte, ein Bein war schon auf dem Geländer. Plötzlich kam er zu sich und bat um Hilfe.[119]

Der Mann berichtete, dass sein Bewusstsein während der Ereignisse außerhalb seines Körpers verweilte und alles mit ansah. „Ein brauner Kerl wollte meinen Körper über den Balkon schieben [...] Ich sah, wie Sie zu mir rannten und mich festhielten." Der Mann wurde durch Gebete befreit, bald konnte er seine Arbeit wieder aufnehmen.

Wir kennen nicht die Vorgeschichte, die es der Seele des Selbstmörders ermöglichte, in die Aura des Piloten einzudringen. Niemand hatte jemals vor dem hier geschilderten Ereignis an eine Besetzung gedacht. Auch sind Angstträume und Schwindelgefühle normalerweise kein Grund, an eine Besetzung zu denken. Unter medizinischer Betreuung wäre er vermutlich für den Rest seines Lebens arbeitsunfähig geblieben.

Dass Krankheiten durch Besessenheit entstehen, ist kein neues Thema, es ist lediglich eine Angelegenheit der Gewichtung unserer Aufmerksamkeit. Bereits die biblischen Besessenen wurden als

119 Anton Styger: *Erlebnisse mit den Zwischenwelten* Bd. I, S. 156 ff.

kranke Menschen angesehen und durch Beseitigung ihrer Ergriffenheit geheilt. Auch zur Zeit der mittelalterlichen Mystik zeigten sich alle Besessenen als schwerkranke Menschen, allerdings in Unterscheidung zu Kranken, bei denen keine Besetzung erkannt oder offenbar wurde. Soweit diese Erscheinungsformen bei Heiligen, Mystikern oder im Klosterbereich auftraten, wurden sie als von Gott zugelassene Prüfungen gewertet, denen widerstanden werden musste.

Dass Krankheiten durch eine Besetzung hervorgerufen werden kennzeichnet eine Situation, in der Krankheit und Gesundheit im Wechselspiel auftreten und nach der Befreiung eine vollständige Heilung einsetzt. Dass Besessenheit gerade im Kreise von Personen mit starkem religiösem Gefühlsleben besonders häufig vorkommt, zeigen uns alle Biographien von Heiligen und Mystikern, was nicht überrascht, denn um zu diesem Personenkreis zugerechnet zu werden, gehören permanent andauernde seelische Prozesse, die sich – unter Vernachlässigung der körperlichen Belange – mit unserem geistigen Umfeld befassen und damit in eine verstärkte Resonanz zu geistigen Potentialen jeglicher Art kommen. Auch wer an seiner Vervollkommnung arbeitet, kann besessen werden und erkranken, vielleicht sogar häufiger als jener, dem alles Geistige gleichgültig ist. Langjährige Askese muss zu einer Zerrüttung des Nervensystems führen, Zwangsgedanken nähren, den Organismus schädigen und der Aura fremden Einflüssen öffnen. Versuchungen (sogenannte „Anfechtungen") und auch das Gefühl der Verdammnis gehören zu den intensiveren geistigen Entwicklungsprozessen. Nach Luther sind auch Krankheiten Folgen derartiger seelischer Anfechtungen, Kräfte, die sich gegen das Wollen des Individuums erheben und es zu einer Reaktion zwingen.

Der erste Schritt zur Vereinigung mit der Gottheit ist die vollständige Hingabe an das höhere Wesen und damit eine Entrückung über die sterbliche Natur, eine Ergriffenheit durch das Göttliche. Alle geistigen Kräfte werden an ein Gefühl der Verschmelzung mit einer höheren Macht hingegeben, um von ihr in Besitz genommen zu werden. Das menschliche Wesen aber ist niederer Natur, durch niedere Kräfte gebunden, ein Gegenpol zu seinem Geist und von Kräften gezwungen, die ein Aufstreben zu hindern suchen. Das niedere Wesen im Menschen kommt infolge der emotionalen Öffnung leicht mit Kräften in Kontakt, die seiner Sinnesart entsprechen und sich in Form von Zwangsgedanken, Umsessenheit und Versuchungen aufzwingen, die es zu bestehen gilt, wie wir es aus den Lebensbeschreibungen der Mystiker kennen. Gelingt dies nicht, drohen Besessenheit und Krankheit.

> Johanna Franziska von Chantal, Mutter und Ehefrau, Heilige der katholischen Kirche, Gründerin des Ordens der Salesianerinnen und geistliche Freundin des Heiligen Franz von Sales litt ihre letzten Lebensjahre unter heftigen Versuchungen und Seelenleiden und unter fortwährender moralischer Todesangst, welche erst im letzten Monat ihres Lebens wich. Zweifel über die Geheimnisse, Neigung zur Gotteslästerung, Gefühl, dass Gott sie hasse, schlechte Gedanken über den Nächsten und Gewissensskrupel quälten sie. – Die selige Maria von der Menschwerdung, französische Nonne und Mystikerin, litt wie Suso (Heinrich Seuse) an Selbstmordtrieb und fühlte sich durch eine schreckliche innere Gewalt dazu gedrängt [...][120]

Die klassischen Fallbeispiele für Besessenheit, wie sie aus älterer Zeit überliefert werden, finden wir heute selten, da die Anfallzustände mit Medikamenten unterdrückt werden, so die Betroffenen in entsprechende ärztliche Behandlung geraten. Einer der letzten klassischen und typischen Fälle mag wohl der Krankheits- und Besessenheitsfall der Anneliese Michel gewesen sein, über den ich in meinem Buch *Seelengefängnis* ausführlich berichtet habe.

In der heutigen Zeit des okkulten Unglaubens scheint das Thema der *Um*sessenheit bedeutungsvoller zu sein als das der eigentlichen *Be*sessenheit. Im Bereich der Umsessenheit geht es um weniger offensichtliche, aber dennoch oftmals sehr gravierende Ein-

---

120 Traugott Konstantin Österreich: *Die Besessenheit*, S. 78 f.

griffe in unterschiedliche Bereiche des menschlichen Lebens wie Schicksal, Partnerschaft, Depressionen, Häufung von Unglücksfällen, Überreaktionen der emotionalen Zustände sowie das weite Feld der auch von ärztlicher Seite „anerkannten“ Krankheiten. Zustände seelischer Unausgeglichenheit mit allen sich daraus ergebenden gesundheitlichen Folgen stehen heute im Vordergrund, im Gegensatz zu den klassischen Besetzungsfällen, die nur selten an die Öffentlichkeit geraten.

Seelische Erkrankungen werden in der heutigen Zeit nicht als Folgen von Fremdeinwirkungen gedeutet, sondern als endogen, von innen heraus kommend, angesehen. Diesem Gedankengang entsprechend folgen die diagnostischen Methoden und analytischen Vorgehensweisen. Obgleich in diesen Bereichen Erfolge nicht in Abrede gestellt werden können – wir werden auf die Zusammenhänge zwischen seelischen Krisensituationen und Besessenheit noch zurückkommen – enden die therapeutischen Verfahren oftmals in einer medikamentösen Unterdrückung der unbewussten Regungen in Bezug zum Oberbewusstsein, ohne dass eine wirkliche Heilung oder Befreiung erreicht wird.

Letztendlich beruhen alle seelischen Erkrankungen und Zerrüttung mit ihren körperbezogenen Folgen, die Lebensumstände und Schicksalsschläge, auf Zusammenhänge mit Fremdbeeinflussungen, die als solche nicht erkannt und deshalb unfreiwillig oder freiwillig assimiliert werden. Der Geist des Menschen ist seit dem Beginn seiner Bewusstwerdung eigebettet in ein System von geistigen Kräften innerhalb derer seine Individualentwicklung erfolgt. Was er zulässt, prägt sein energetisches Umfeld, ohne Rücksicht auf zeitliche und räumliche Strukturen. Erst der Zwang, in einem stofflichen Leib zu leben, hemmt das rein geistige Bewusstsein in Bezug auf die Interaktion mit der strukturierenden Matrix der kosmischen Kräfte und lässt den Menschen aus dem Steuerungssystem herausfallen. Die Anbindung zur lebenserhaltenden göttlichen Kraft wird gehemmt, und der Mensch wird anderen geistigen Kräften ausgesetzt, die ihre Rechte beanspruchen. So wird er gezwungen, über seine inneren und äußeren Wahrnehmungsorgane sein Bewusstsein dergestalt zu schulen, dass die Belange des Körpers mit einbezogen werden können, er wächst an seinen Leiden und Freuden, an Gesundheit und Krankheit und schafft sich so ein neues Bewusstsein, dass sich von dem des reinen Geistes unterscheidet. Jeder Gedanke, jede Emotion, jede unterschwellige Regung, also jedes vom Menschen selbst erzeugte oder aus seinem geistigen Umfeld aufgenommene Potential, jede geistige Kraft, muss sich nun gezwungenermaßen auch auf die körperliche Situation auswirken und auf das energetische Umfeld, dass für die Strukturen seines Schicksals verantwortlich zeichnet.

Derartigen analytischen Gedanken wurde in vergangenen Zeiten wenig nachgegangen. Dass Erkrankungen bzw. Besetzungen durch Gebet, Exorzismen oder andere befreiende Maßnahmen beseitigt werden konnten, genügte stets, um die Zusammenhänge zu dokumentieren. Ein Forscher, der sich sehr intensiv – Zeit seines Lebens – mit der Frage nach den Ursachen, insbesondere geistiger Erkrankungen, befasst hat, war der Chicagoer Arzt Carl Wickland, dessen lehrreiches Buch *Dreißig Jahre unter den Toten* in Nachdrucken erhältlich ist. Anhand von nahezu 100 Beispielen finden sich hier eindeutige Zeugnisse für die Tatsache, dass geistige Verwirrung in den meisten Fällen nicht auf Spaltungen des Bewusstseins oder ähnlichen psychologisch erklärbaren Zuständen beruht, sondern auf Besessenheit durch Fremdwesen, die vom Betroffenen Besitz ergriffen haben und ihm ihren Willen aufzwangen. Wicklands Frau diente bei den Untersuchungen und Befreiungen etwa 30 Jahre lang als Transmedium, sie wurde im Verlauf der langjährigen Untersuchungen weit über 1000 Mal, ohne gesundheitliche Folgen davonzutragen, von Geistwesen kurzfristig besetzt, die sich als Verstorbene ausgaben, und sich ihres veränderten Zustandes nach dem Tod nicht gewahr wurden; sie glaubten weiterhin, nach wie vor in ihrer gewohnten Umgebung zu leben. Die Gespräche, die Wickland über seine Frau mit den Verstorbenen führte, legen ein erschütterndes Zeugnis von dem verhängnisvollen Einfluss ab, den sie auf Lebende nehmen können.

Dass es überhaupt so weit kommen kann, hängt einerseits mit den emotionalen Anhaftungen an irdische Belange oder an geistige Programme, Dogmen und Vorstellungen zusammen, andererseits aber auch – und darauf bezieht sich ein großer Anteil der von Wickland untersuchten Fälle – auf einer fehlerhaften Interpretation des Re-Inkarnationsgedankens. Viele Verstorbene entwickeln keinen Sinn für den Zustand, in dem sie sich befinden und sind Hinweisen von Seiten der geistigen Welt oder von Lebenden schwer oder überhaupt nicht zugänglich, da sich ihr Geist in einer Art von schlafwachem Zustand befindet, der keinen Argumenten zugänglich ist. Ihr emotionales Seelengerüst hält sie im Bereich der Menschen fest, und sie suchen nach jeder Möglichkeit, weiterhin am menschlichen Leben teilzuhaben. So umschwirren sie Personen mit vergleichbaren emotionalen Strukturen und versuchen in ihr Seelenfeld einzudringen.

Etwas höher entwickelte Geister glauben, sich in den Menschen erneut inkarnieren zu können, indem sie diese besetzen. Inkarnation und Besetzung sind aber zwei grundverschiedene Dinge. Jeder Mensch erhielt vom Schöpfer eine Seele, die er in der Regel im Laufe seiner Entwicklung auch über viele Inkarnationen hinweg beibehält; ein Seelentausch kann nur in besonderen Fällen erfolgen. Bei einer Besetzung existieren im Leib zwei Seelen bzw. die ursprüngliche Seele und Seelenanteile des besetzenden Individuums. Darin liegt der wesentliche Unterschied. Das Bewusstsein des Betroffenen kann in leichteren Fällen der Besetzung schwer oder überhaupt nicht unterscheiden, welche der Seelen gerade die Steuerungsfunktion des Bewusstseins übernommen hat, so dass der Beeinflusste glaubt, aus eigenem Willen und Antrieb heraus zu handeln. Nur in schwereren Fällen ist offensichtlich und auch fühlbar, dass eine fremde Individualität die Steuerungsfunktionen aller Sinnesorgane übernommen hat, was dann auch mit krankhaften oder paranormalen Ereignissen einhergeht.

Ein Bewusstsein, das nach dem Ablegen des Leibes ins Jenseits übergeht, unterscheidet sich vielfach nicht von dem eines Lebenden. Aber es entsteht das Gefühl, sich leichter, freier und ohne Schmerzen oder sonstige Belastungen zu fühlen, im Vergleich zum Dasein im Körper. Dieses Gefühl des Freiseins einerseits und des Gebundenseins andererseits beruht auf der Anhaftung des Bewusstseins, des eigentlichen Selbst, an die mit ins Jenseits übernommenen Emotionen und sonstige Fixiertheiten an irdische Belange, die zur Erdennähe und dem Gefühl eines Inkarnieren-Müssens zwingen. Ein höher entwickeltes Bewusstsein wird nach einer mehr oder weniger langen Zeitspanne die Sinnlosigkeit der Anhaftungen eigener Seelenfragmente erkannt und sich von ihnen und damit von allen irdisch-seelischen Bindungen gelöst haben. Ist das Bewusstsein von allen Verbindungen befreit, besteht die Möglichkeit zu einer erneuten Inkarnation, wenn Zeit, Umstände und entsprechende Gelegenheiten zur Weiterentwicklung des Bewusstseins auf Erden oder einem anderen Planeten vorgegeben oder möglich geworden sind. Das Bewusstsein umschwebt dann gleichsam geeignete Menschenpaare mit dem Ziel, bei der Zeugung in einen neuen Leib einzudringen. Es ist aber auch möglich, dass das Selbst Besetzungen oder zumindest doch Dispositionen zu Besetzungen in das neue menschliche Leben mit hineinnimmt und dadurch einen unvollkommenen bzw. krankhaften Zustand des seelischen oder physischen Körpers erzielt. So können bereits Kinder krank auf die Welt kommen.

Der Glaube, im Sinne einer Besetzung – also „Inkarnation" in bereits lebende Menschen – wiederholte irdische Leben erzielen zu können, ist irrig und hindert nach dem Tod den Aufstieg in höhere geistige Bereiche. Zahlreiche Fälle von Besessenheit und damit verbundenen Krankheiten haben die Ursache in Geistern, die bei dem Versuch, sich in Kindern wiederzuverkörpern, mehr oder weniger ungewollt in deren Aura eingeschlossen finden und damit sich selbst und ihren Opfern große Leiden verursachen. Ich zitiere ein Beispiel aus der Fallsammlung von Carl Wickland:

Ein hübscher Junge [Jack T.], der sich bis zu seinem fünften Lebensjahr völlig normal entwickelte, zeigte plötzlich eine ungewöhnliche Frühreife, benahm sich wie ein Erwachsener und sich auch sonst ganz sonderbar, er äußerte Ahnungen und zeigte zeitweise unausstehliche Launen. Er sprach, dass er alt sei und hässlich aussähe; alles Schelten und Strafen blieb nutzlos. Dieser Zustand verschlimmerte sich so sehr, dass die Familie alle Hoffnung aufgab, den Jungen wieder bei Vernunft zu sehen. Ein Verwandter empfahl ihm sich an den Arbeitskreis von C. Wickland zu wenden. Dort meldete sich der ihn besetzende Geist über Wicklands Frau als Medium:

„Er war sich bewusst, gestorben zu sein, und erklärte, er sei sehr hässlich gewesen, habe ein recht unschönes Gesicht gehabt, das überdies noch mit Pockennarben bedeckt gewesen sei. Niemand habe ihn leiden können, und das sei ihm sehr zu Herzen gegangen. Irgend jemand hatte ihm mal erzählt, dass Menschen sich nach dem Tode wiederverkörpern und dann werden könnten, was sie gern sein möchten. Sein einziger Wunsch wäre, gut auszusehen, damit andere ihn nicht verabscheuten; und er habe den Versuch machen und sich wiederverkörpern wollen. Das Ergebnis dieses Versuchs war, dass er in die seelische Aura eines kleinen Jungen geriet und unfähig war, sich wieder davon zu befreien. Als er merkte, dass er hilflos gefangen war und nicht imstande, sich verständlich zu machen, bekam er derartige Wutanfälle, dass er meinte, zerplatzen zu müssen. ‚Eine Zeitlang rief man mich Jack, ich bin aber nicht Jack. So heiße ich doch nicht, und ich weiß gar nicht, wie sie dazu kamen‘ [...] [Wickland schreibt weiter:] Nachdem wir ihn über die Möglichkeit geistigen Fortschritts belehrt und ich ihm die Versicherung gegeben hatten, dass er nicht länger hässlich zu sein brauche, wenn er nur seine Gedanken daran aufgeben und überhaupt nicht mehr so viel an sich selbst denken, sondern sich ernstlich Mühe geben wolle, anderen zu helfen, wurde er sogleich gern bereit, mit den Geistern mitzugehen, die, wie er sagte, gekommen waren, ihm zu helfen.“ – Mit dem Jungen ging eine auffallende Veränderung vor. Bereits wenige Tage nach der Ablösung schrieb die Mutter: ‚Jack ist jetzt wieder ein Kind; er ist diese Woche sehr brav gewesen, wirklich so, wie er sonst immer war.' Er blieb auch normal und kam in der Schule gut voran, wo sein Fortschritt ein ganz ungewöhnlicher war.[121]

Die Belehrung über den Zustand, in dem sich die Geister Abgeschiedener befinden, gelingt vielfach nicht ohne Probleme. Durch den Tod wird der Seele ein stützender Rahmen genommen, ein Anhaftungsbereich entfällt. Sie wird in gewisser Weise hilflos, wenn sie in ihrem Erdenleben nicht gelernt hat, sich an den inneren Führer, den Geist, das Bewusstsein des Höheren Ich zu halten, an die Stimme des Gewissens. Wie weit sie dem Gewissen Folge geleistet hat, zeigt sich dann in ihrem Schicksal nach dem Tod. Fehlt ihr die stützende Struktur des eigenen Bewusstseins, ist ihre Tendenz groß, im Seelenumfeld eines anderen Menschen Halt und Stabilität zu suchen. Hat die Seele im Erdenleben eine gewisse Empfangsbereitschaft für die Stimme aus ihrem Innern erlangt, so ist ihr nach dem Tod auch zu helfen, völlig abgestumpfte Seelen sind nicht belehrbar, verlassen nicht freiwillig den Körper, sondern müssen durch geeignete Maßnahmen zwangsweise entfernt werden.

Das Vorstellungsbild der Abgeschiedenen, noch weiter mitten im Leben zu stehen, mag uns Lebenden befremdlich erscheinen, beruht aber auf unserem Glauben, dass Geist, Seele und Körper ein einheitliches Gefüge bilden, das nach dem Ablegen des Körpers zerstört wird. Auch wenn der leibliche Körper nicht vorhanden ist, so bleibt doch der Energiekörper, den wir auch als Astralkörper bezeichnen, unverändert bestehen. Dieser übernimmt die Funktionen des leiblichen Körpers vollkommen, er befindet sich lediglich in einem erhöhten Schwingungszustand und damit in einer anderen Dimension, in der unsere Raum-Zeit-Begriffe keine Gültigkeit besitzen. Für den Abgeschiedenen ist dieser Körper völlig real und ebenso physisch vorhanden, wie es einst der materielle Körper im dreidimensionalen Zustand war. Bezüglich des Körperbe-

121 Carl Wickland: *Dreißig Jahre unter den Toten*, S. 408 f.

wusstseins kann der Verstorbene nicht unterscheiden, in welcher Dimension er lebt. Für ihn ist sein jetziger Zustand vollkommen real, er sieht und fühlt seinen Körper, ist handlungsfähig, kann sich allerdings nicht den noch Lebenden mitteilen, was für ihn unverständlich ist. So entdeckt er die Möglichkeit, sich mit dem Geist eines lebenden Menschen zu verbinden, um auf diese Weise wieder einen Körper zu besitzen, der ihn in seinem gewohnten Sinne handlungsfähig macht. Er versteht es nicht, dass er damit einen anderen Menschen belastet und ihm durch die Besetzung seine Selbstbestimmung nimmt. Er weiß noch nicht einmal, dass er einen fremden Körper okkupiert hat. Der Exorzist muss ihn erst darauf hinweisen, dass er als männlicher Verstorbener vielleicht plötzlich Frauenkleider trägt, eine veränderte Figur hat, ein anderes Lebensgefühl besitzt usw. Dann erst vermag er dieses Befinden durch eigene Überzeugung zu erkennen und sich seinen aktuellen (jenseitigen) Lebensstand bewusst zu machen. Ist dieser Erkenntnisstand erreicht, so ist er meist gern bereit, den fremden Körper von selbst wieder zu verlassen. Werden ihm die Zusammenhänge nicht offenbart, so glaubt er entweder in seinem Körper weiterzuleben oder er bemüht sich im Sinne eines falsch verstandenen Re-Inkarnationsgedankens bewusst um die Besetzung eines jungen Menschenkörpers.

Ein weiteres Beispiel für die irrigen Vorstellungen der Geister von der Re-Inkarnation bieten uns die medial erlangten Aussagen der Theosophin Mary Baker Eddy, Gründerin der „Vereinigung der Christlichen Wissenschaft“ (1879), die das Weiterleben nach dem Tod und die Re-Inkarnation lehrte und nun selbst Wicklands Frau um Hilfe ersuchte. „Helft mir! Lieber Gott hilf mir!“ Die medial veranlagte Frau (Baker Eddy) von zerbrechlicher Gesundheit äußert (bei Wickland), seit ihren Kindertagen besessen gewesen zu sein. Sie ist hochgradig nervös, hat „eigentümliche Anfälle“, und niemand weiß, was ihr fehlt. Sie probiert verschiedene Heilmethoden der damaligen Zeit aus, aber nichts hilft ihr, kein Beten, keine Medizin. Als sie von dem Wunderheiler Phineas Parkhurst Quimby hört, wendet sie sich an ihn mit der Bitte um Hilfe, und es geht ihr tatsächlich bald besser. Nach wenigen Tagen fühlt sie sich gesund und hat das erste Mal seit langer Zeit wieder Lebensmut. Das ist ein Wendepunkt in ihrem Dasein. Sie beginnt sich sehr mit seiner Lehre auseinander zu setzen. Quimbys plötzlicher Tod 1866 zwingt Eddy dazu, sich auf sich selbst zu verlassen. In diesem Jahr stürzt sie und verletzt sich so schwer, dass der Arzt sie als hoffnungslos aufgibt. Sie wendet sich in dem Moment ganz Gott zu und liest in der Bibel die Geschichte von der Heilung des Gelähmten (Matthäus 9,2). Bei den Worten: „Steh auf!" fühlt sie sich direkt von Gott angesprochen und erhebt sich. Dieses Erlebnis führt zu ihrer vollständigen Genesung. Sie entdeckt ein System göttlicher Gesetze, die jederzeit anwendbar sind. Auf Grund dieser Entdeckung beginnt sie zahlreiche andere Menschen zu heilen. Eddy hält zahllose öffentliche Vorträge, bei denen stets Heilungen von oft hoffnungslosen Krankheiten ganz natürlich von statten gehen. Der Schwerpunkt ihrer Lehre ist die Beherrschung des Körpers über den Geist bzw. der Relativität der Materie überhaupt, wie wir es heute ausdrücken würden.

Baker-Eddy irrte in der Auffassung, dass der Körper und seine Funktionen ausschließlich eine Vereinigung geistiger Kräfte darstellen und das körperliche Leben selbst vollständig über den Geist zu beherrschen sei. Der Organismus als eigenständiger Teil der Schöpfung unterliegt zwar dem Einfluss des Geistes, besitzt jedoch auch autonome Funktionen, die von Natur-Energien gesteuert werden und unabhängig vom Geist des Menschen existieren. Sie berichtet (aus dem Jenseits durch das Medium) über ihre irrigen Ansichten bei Frau Wickland:

> „Dr. Quimby heilte mich schließlich von meinen Anfällen. Der wusste mit Besessenheit Bescheid. Aus seiner Lehre habe ich manches entnommen und mir zunutze gemacht [...] Wie sehnlich wünschte ich, ich hätte die Menschen über die Besessenheit aufgeklärt, von der ich genau wusste, dass sie Tatsache ist. Das habe ich leider nicht getan.

Als ich noch Trance-Sitzungen hielt, habe ich eine ganze Menge geschrieben; und wenn ich dann wieder zu mir kam, wollte ich durchaus nicht wahrhaben, was da stand. Ich war besessen von einem Geiste, der durchaus haben wollte, dass ich in dieser Weise wirkte, und ich konnte auch eigentlich gar nicht dagegen an. Hätte ich die Bücher nur herausgebracht, so wie sie mir (durch mediales Schreiben) gegeben worden waren und ihre Herkunft glaubhaft bezeugt, ich hätte auf die ganze Welt umwälzend wirken können [...] Wenn oftmals bei unseren Behandlungen ein ganz unmittelbarer Heilerfolg eintrat, dann handelte es sich immer um eine Austreibung eines Besessenheitsgeistes [...] Viele der von mir Geheilten sind besessen gewesen und verdanken ihre Gesundung der beharrlichen gedanklichen Sammlung auf die Vorstellung, dass sie ja gar nicht krank seien."

„ [...] Ich leugnete das Dasein in der Materie [...] auf Grund einer Schauung, in der ich gesehen, wie in der jenseitigen Welt Kranke behandelt wurden. Doch hielt ich das damals für einen Traum. Man belehrte die Geister dort, es gebe keine Materie, und sagte ihnen: Ihr seid ja gar nicht mehr krank, sondern bildet es euch nur ein [...] Ich bildete mir ein, mit dieser Schauung sei gemeint, ich sollte das auf Erden lehren und in die Tat umsetzen [...] Als Mensch steckt man doch nun mal in einem materiellen Körper und wird krank. Man wird krank, weil dem Körper irgendetwas mangelt, was er haben muss, irgendein Grundstoff, der irgendwie Abhilfe schafft. Aber unser Geist kann mithelfen, das zu überwinden [...] Ich dachte, was ich gehört und geschaut, solle auch hier auf Erden gelehrt werden; es gilt jedoch nur jenseits des Grabes, jenseits des Schleiers, und ist für die erdgebundenen Geister bestimmt, die im Finstern leben und sich an die Materie klammern. Diese Lehre hat also nur auf der jenseitigen und nicht auf der irdischen Ebene Geltung [...] Wenn Menschen die Grundlage, das Gesetz und die Erscheinungen des Daseins noch gar nicht begriffen haben, bevor der sogenannte Tod über sie kommt, dann steigen sie nicht auf der Stufenleiter des Daseins hinauf zu diesem einzigartigen Punkt des Erlebens, sondern bleiben genauso materiell wie vor ihrem Abscheiden, suchen weiter ihr Glück durch eine materielle anstatt durch eine geistige Lebenseinstellung zu erreichen und handeln aus niederen selbstsüchtigen Beweggründen. Solange sie in dem irrigen Glauben befangen sind, dass Leben und Geist endlich und irdisch seien und sich nur durch Gehirn und Nerven kundgeben könnten, so lange bleiben sie auch von Krankheiten geplagt und in der Gewalt von Sünde und Tod. Auf die anderen – nämlich die geistigen Menschen – bezieht sich das Wort der Schrift, dass über sie der zweite Tod keine Macht habe."

„Ich habe geglaubt, ich würde niemals sterben, musste aber dennoch denselben Weg gehen, wie jeder Sterbliche. Jetzt sehe ich natürlich selbst, wie lächerlich meine Einbildung war. – Als ich zum Leben erwachte, – beachtet wohl, ich sage zum Leben, weil das erst das wirkliche Leben ist – hatte ich einen geistigen Leib. In meinen Schauungen war ich zwar manches Mal in der geistigen Welt gewesen, aber immer wieder zur Erde zurückgekehrt. Dieses Mal merkte ich, dass ich wohl zur Erde zurückkehren konnte, aber mein Körper war nicht mehr da, der war beerdigt [...] Als ich in meinem geistigen Leibe erwachte, begriff ich noch nicht, dass es nicht mehr mein irdischer Körper war. Aber schließlich habe ich dann doch erkennen müssen, dass auch ich die große Wandlung, Tod genannt, hatte über mich ergehen lassen müssen. Das kam mich hart an, da ich mich doch unablässig auf den Gedanken konzentriert hatte, dass ich niemals sterben würde."[122]

Was die (Besetzungen hervorrufenden) geistigen Individualitäten (Geister) nach ihrer eigenen Aussage in Erstaunen versetzt, ist die Beobachtung, dass sie bloß an irgendwelche Personen zu denken bräuchten, um sich sofort bei ihnen und in ihre Angelegenheiten verwickelt zu finden. Und es fällt ihnen schwer, wieder davon loszukommen. Sobald sie sich im Leibe befinden, fühlen sie sich gefangen und unfähig, sich aus eigener Kraft wieder zu befreien. Ja, sie glauben sogar zu sterben, wenn sie ausgetrieben werden. Dabei machen sie oftmals dieselben körperlichen Zustände durch, unter denen sie bei ihrem Tod ihren eigenen irdischen Körper verlassen haben (Grundlage vieler Spukerscheinungen nach dem Tod).

---

122 Carl Wickland: *Dreißig Jahre unter den Toten*, S. 388-407.

„Kälteschauer und Hustenanfälle machten das Maß ihres Elends voll, und nach einem qualvollen vermeintlichen Todeskampf verließ uns die Verstorbene. Es waren dieselben Erscheinungen, unter denen die Frau [...] an Lungenentzündung gestorben war, wie ihr Gatte und die Mutter unserer Kranken nach ihrer Beobachtung versicherten. Danach erholte die Kranke sich schnell und konnte bald aus unserer Heilanstalt entlassen werden.“[123]

Es scheint für die Geister demnach ein Leichtes zu sein, in die Seele eines anderen Menschen eindringen zu können, sofern der Wille – oder sagen wir in diesem Fall besser der emotionale Trieb – dazu vorhanden ist. Ein weiterer, derart festgesetzter Geist berichtet:

„Ich wollte ins Erdenleben zurückkehren und mich in einem Kinde wiederverkörpern. Hinein in das Kind kam ich wohl, konnte aber nicht wieder heraus. Ich war völlig gelähmt, so dass ich mich überhaupt nicht verständlich machen konnte. Es war ein fürchterlicher Zustand. Ich war ein Theosoph und wollte mich wiederverkörpern, um etwas Großes zu werden. So geriet ich in den Körper eines Kindes und machte es zu einem Krüppel [...] Gleichzeitig geriet ich aber auch in die seelischen Schwingungen der Mutter [...] Ich hatte mir vorgenommen, den Theosophen zu zeigen, dass ich zurückkehren und mich in einem Kinde wiederverkörpern könne.“[124]

Einen ähnlichen Irrtum, wie der Glaube an eine Wiederverkörperung durch Besetzung, finden wir bei den angeblichen Erinnerungen an frühere Leben, die eine Re-Inkarnation beweisen sollen. Diese Erinnerungen werden durch Geistwesen hervorgerufen, die in die Aura der Menschen eindringen und ihnen ihre eigenen Gedanken, Gefühle und Emotionen mitteilen. Der Betroffene hat selbst keine Möglichkeit zu erkennen, ob es sich um Gedanken seines eigenen Bewusstseins handelt oder ob die Informationen aus einer

---

123 derselbe: *Dreißig Jahre unter den Toten*, S. 144.
124 derselbe: *Dreißig Jahre unter den Toten*, S. 409 ff.

anderen geistigen Welt herrühren. Die gedanklichen Vorstellungen, bereits in einem anderen Leben gestanden zu haben, entsprechen den Sinneseindrücken, des jemanden besetzenden Geistes aus seinen Erdentagen. Sie werden dem Betroffenen so tief eingeprägt, als hätte er alles selbst erlebt. Geister lassen ihre Gedanken, die wir gefühlsmäßig aufnehmen, in uns einfließen, so dass wir ihre Vergangenheit anschaulich vor uns haben und an ihren einstigen Fähigkeiten teilhaben, ihre Einflüsse als Inspirationen über uns ergehen lassen. Auf diese Weise bilden sich auch Fähigkeiten in unterschiedlichen Lebensbereichen heraus, die andere Menschen in Erstaunen versetzen in positiver oder in negativer Hinsicht. Alle bedeutenden Künstler und Genies verdanken ihre Inspirationen der geistigen Welt.

Besessenheit bzw. der die Besetzung hervorrufende Geist kann übertragen werden. Dies ist ein Beweis dafür, dass Krankheiten durch Besetzung erfolgen können. Befreiung von Krankheit ereignet sich schon, wenn der eine kranke Person besetzende Geist kurzfristig auf ein Medium übertragen wird. Damit ist das der belasteten Person aufgezwungene Programm zum Stillhalten gezwungen mit der Folge, dass das Individuum kurzfristig von allen Leiden befreit und alle krankhaften Zustände beseitigt sind. Das Medium gebärdet sich dann so, wie es zuvor die erkrankte Person getan hat. Dies ist ein deutlicher Beweis für die Erzeugung von Krankheiten durch Besetzung.

Ein anderes Zeichen ist die Vertreibung oder Ablösung des Geistes, wodurch dann Befreiung und Gesundheit eintritt. Viele dieser Krankheitsgeister lassen sich auf Verstorbene zurückführen. Selbst Psychosen lassen sich von einem Menschen auf einen anderen übertragen, und es ist förmlich absurd zu glauben, das Unterbewusstsein eines Menschen oder eine Persönlichkeitsspaltung würde die Ursache für die Belastung darstellen. Carl Wickland schreibt angesichts seiner Erkenntnisse:

„Jeder Versuch unsere Erlebnisse nach der bekannten Lehre vom Unterbewusstsein als ‚Autosuggestion' oder mehrfache Persönlichkeits-Spaltung zu erklären, wäre unhaltbar. Denn erstens ist es doch offenbar nicht gut möglich, dass meine Frau an die 1000 Persönlichkeiten haben sollte. Und dann ist es ja mit Leichtigkeit möglich, den krankhaften Seelenzustand von der angeblich geisteskranken Person auf meine Frau zu übertragen, wodurch gleichzeitig in dem Patienten die krankhaften Erscheinungen zum Verschwinden gebracht werden. Auf diese Weise kommt ja gerade deutlich zutage, dass diese Störung von entkörperten Geistwesen verursacht wurde, deren Persönlichkeit oft genug einwandfrei festgestellt ist."[125]

Obgleich Besetzungen von Seiten der Geistwesen ein scheinbar leichtes Unterfangen darstellen, so vermögen sie doch nicht jemanden ohne seine Einwilligung, oder sagen wir besser, ohne seine seelische Bereitschaft, zu besetzen. Solche Menschen leiden unter den gleichen Krankheitserscheinungen, mit denen jene zu ihren Lebzeiten behaftet waren. In derartigen Fällen versagen die herkömmlichen Therapieverfahren vollkommen.

Wickland berichtet uns von einem 84 Jahre alten Mann, der sechs Jahre lang von unerklärlichen Nackenschmerzen gequält wurde, verbunden mit Schwindelanfällen. Er hatte das Empfinden, als ob Mauern und Gebäude über ihm zusammenstürzen und ihn zermalmen würden. Wenn er saß, fiel er nach vorn mit dem Kopf unter die Knie und war dann für einige Zeit unfähig, sich ohne Hilfe wieder aufzurichten. Als in einer Sitzung der ihn besetzende Geist von Frau Wickland Besitz nahm, krümmte sie sich sofort zusammen, mit dem Kopf nach vorn zwischen die Knie. Der Geist nannte seinen Namen und äußerte, er sei zu Lebzeiten Insasse einer Anstalt gewesen, die er ebenfalls genau bezeichnete. Als Kind sei er am Rückgrat verletzt und dadurch hilflos geworden. Während eines Zyklons sei ihm irgendetwas hinten in den Nacken gefallen, wodurch sein Leiden sich noch verschlimmert habe. Das gebrochene Kreuz und

---

125 Carl Wickland: *Dreißig Jahre unter den Toten*, S. 56.

der verletzte Nacken hätten ihm Schwindelanfälle verursacht, die ihn zwangen, sich zusammenzuziehen und in dieser verkrampften Lage zu verharren, bis ihm Hilfe geleistet wurde. Er hätte das Empfinden, dass er von einem Dach herabglitt, oder als ob er von Mauern erdrückt würde. Nun (nach dem Ableben) habe sich alles geändert. Manchmal fühle er sich als kleiner Mann, dann wieder als sei er eine Frau oder ein großer Mann; Empfindungen, die auftreten, wenn der Geist verschiedene Menschen besessen macht. – Dieser wurde über seinen Zustand aufgeklärt und befreit und verließ die Gesellschaft mit den voller Inbrunst hervorgestoßenen Worten: „Gott segne Sie!“ Am nächsten Tag fühlte sich der betroffene Herr vollkommen frei von seinen peinvollen Beschwerden, und er meinte, er habe einen solchen Überschuss an Lebenskraft, dass er sich fühle, als sei er erst 48 Jahre alt, statt 84. Er hat auch nie einen Rückfall in sein altes Leiden bekommen.[126]

In einem anderen Fall litt eine Frau mehrere Jahre hindurch an einem Rückenmarksleiden, das alle Kunst der Ärzte zu Schanden machte. Es wurde ein Geist aus ihr vertrieben, der an Wirbelbrüchen im Genick und Rücken gestorben war. Er war bereits in die Aura der Kranken gelangt, als sie noch ein Kind gewesen war. Er habe sich tief in ihr Nervensystem verstrickt gehabt und dadurch seinem Opfer den körperlichen Zustand übertragen, an dem er gestorben war, und unter dem er selber noch zu leiden wähnte. Mit der Vertreibung des ungebetenen Gastes bekam die Kranke sofort Erleichterung und hatte keine Rückenschmerzen mehr.[127]

In einem ähnlich gelagerten Fall ging es um eine Frau, die seit neun Monaten unter heftigen Kopfschmerzen litt und dadurch bettlägerig wurde. Man vermutete eine Gehirngeschwulst, auch litt sie an einer Lähmung des Armes, der völlig bewegungslos war. Sie war besetzt vom Geist eines Mannes mit einer schrecklichen Kopfwunde und von einer Frau mit einem verkrüppelten Arm. Der Geist des

126 Carl Wickland: *Dreißig Jahre unter den Toten*, S. 231 f.
127 derselbe, S. 233.

Mannes äußerte, er sei Anstreicher gewesen und vom Gerüst gestürzt, wobei er sich den Kopf aufgeschlagen habe. Er gab an nicht zu wissen, dass er gestorben sei und leide an qualvollen Schmerzen im Kopf. Nun habe er wenigstens ein Bett. Nach Aufklärung über seine wahre Lage und Fortbringung durch andere Geistwesen hatte die Frau keine Kopfschmerzen mehr. Sie litt aber weiterhin an der Lähmung des Armes. In einer weiteren Sitzung übernahm Frau Wickland einen weiblichen Geist, der ihren Arm fest an den Körper presste und sie beständig stöhnen machte. Er äußerte krank zu sein, nicht tot, habe den Körper der betroffenen Frau vollständig übernommen und als den Seinen betrachtet. Es war schwierig, ihn über seine Situation aufzuklären. Er ging, und die Frau erlangte ihre Kräfte wieder.[128]

Krankheit ist oftmals eine leichtere Form der Besessenheit, an der wir selber nicht ganz unschuldig sind, weil wir durch unsere geistige Haltung und triebhaft-emotionale Energieproduktionen den Boden für sie bereiten im Sinne einer „magnetischen Aura", die verwandte Energien anzieht. Jegliche Kommunikation des Menschen mit astralen Energien verläuft über diese Schiene. Die Energien bzw. Aktionspotentiale kommen nicht aus dem Unbewussten, sondern *über* das Unbewusste an die Oberfläche unseres Bewusstseins. Da nur diese eine Leitungsbahn existiert, müssen sämtliche Informationen aus der geistigen Welt über die Seele des Menschen laufen, so dass für den außenstehenden Beobachter und Seelenforscher alles in gleicher Weise aus dem Unterbewusstsein zu kommen scheint. Die verbleibenden geistigen Energien Verstorbener und solche anderen Ursprungs sind ungebändigte, unwissende und irrende Triebwesen, die zwar noch gewisse Verstandesfunktionen (Bewusstsein) aufweisen, aber keine Vernunft in unserem Sinne, weil die Verbindung zu dem ihnen zugehörigen Geist fehlt bzw. unterbrochen wurde. Es ist wie bei einer Betäubung: ein gewisses Bewusstsein ist vorhanden, ein vernünftiges Denken und Empfin-

---

128 derselbe: *Dreißig Jahre unter den Toten*, S. 239 ff.

den aber unmöglich. Dass es sich so verhält, liegt an der ungenügenden Schulung des Geistes zu Lebzeiten, der mangelnden Kontrolle der niederen Triebenergien. Menschliche und nicht-menschliche Seelen sind von gleicher Art; nur die Menschenseelen haben den Vorzug, einen Teil des universellen Geistes darzustellen, was sie vor den Tieren und anderen Geschöpfen auszeichnet.

Die Zeichen, die mit den Besetzungen zusammenhängen, sind solche menschlicher Unzulänglichkeit, energetische Äußerungen, die mit wachem Verstand aufgenommen und in Bezug auf ihren Inhalt geprüft werden sollten. Vernunft und Erkenntnis, sinngemäßes Handeln und die Eigenschaft in gewisser Weise logisch zu denken und zu handeln, erlangen die Geistwesen erst in der Beziehung zum Menschen als Medium.

Carl Wickland weist darauf hin, dass Kranke oft von einer ganzen Schar von Geistern besetzt sind, die alle abgelöst werden müssen. Dass es überhaupt zu solchen Szenen kommt und die Geister bei ihrem Übertritt ins Jenseits nicht von höher entwickelten Wesen in Empfang genommen werden, liegt an dem an die irdischen Zustände fixierten Bewusstsein, das dem Aufwärtsstreben entgegenwirkt.

> „Viele Geister benehmen sich dabei, als ob sie nicht recht bei Verstande wären, und es ist sehr schwer, mit ihnen ein vernünftiges Wort zu reden. Das hat seinen Grund in starren Glaubenssätzen, vorgefassten Meinungen und irrigen Vorstellungen, die sie während ihres Erdenlebens in sich aufgenommen oder gebildet haben. Sie sind oft sehr ungebärdig; und wenn man sich deswegen genötigt sieht, dem Medium die Hände zu halten, um sie auf diese Weise in Schranken halten zu können, dann erheben sie heftigen Widerspruch dagegen. Haben sie alsdann ihre wahre Lage erfasst, dann überkommt viele Geister das Gefühl des Sterbens, und damit verlieren sie die Macht über das Medium.“[129]

129 Carl Wickland: *Dreißig Jahre unter den Toten*, S. 48.

Die Stumpfheit und Schlaftrunkenheit vieler Geistwesen rührt von ihrem Gefühl her, im Jenseits (oder in einem fremden Körper?) wie in einem Kerker gefangen zu sein. Sie haben nur noch den einen Wunsch zu schlafen und in Ruhe gelassen zu werden. Um sie abzulösen, müssen sie deshalb „aufgeweckt“ und in die Lage versetzt werden, zu verstehen, was sich mit ihnen ereignet hat, wo sie sich befinden und wohin sie gehören.

Geist und Psyche in Parapsychologie und Mystik

Seinem Wesen nach besteht der mystische Zustand aus einer geistigen Schwingung, die den Geist bis zum Äußersten bewegt, und aus dem Bestreben, über jede begriffliche Vorstellung hinauszugehen, um das Göttliche durch ein liebendes Erkennen zu erfassen: Auf diese Weise durchdringt das Göttliche die Seele bis ins Innerste, verwandelt die Persönlichkeit in ihrer Denk-, Handlungs- und Empfindungsweise.

Jean Lhermitte: *Echte und falsche Mystiker*

Besessenheit, paranormale und mystische Phänomene sind wahrnehmbare Effekte eines hintergründig magisch orientierten Weltbildes. Verzauberung, Fluch, Sehnsucht nach der okkulten Welt, Teufelsverschreibungen, Behexung, Besessenheit durch verzauberte Nahrung usw. sind Themen, die wir bereits kennengelernt haben. Sie erklären sich alle aus einem speziellen Gedankengut, nämlich der formenden Kraft der Wünsche und Vorstellungen. Geistesgüter dieser Art kommen allerdings nur insofern zur Ausführung, indem sie eine Zweckverbindung zwischen geistigen Wesenheiten und einem Menschen aufbauen helfen. Die Ausgestaltung der Verbindungsbestrebungen ist dem Wünschenden weitgehend entzogen, denn sie orientiert sich am Seelenleben des Betroffenen, indem sie seine unbewussten Sehnsüchte und Triebe mit verarbeitet.

Das Empfinden einer beseelten Natur, in der alles auf alles Wirkung zeigt, ist wesentlich älter, als alle uns bekannten andersartigen gedanklichen Ansätze und Erklärungsversuche. Zwischen den hier angesprochenen Themen parapsychologischer und psychologischer Forschung und dem naturgemäßen magischen Denken des Menschen bestehen Berührungspunkte, wie uns die Phänomene der Fernbewegung von Gegenständen, deren Verschwinden und wieder Auftauchen zeigen. Es gibt etwas im Menschen, dass losgelöst von seinen Körperfunktionen zu agieren vermag, und dem dabei eine schier unbegrenzte Kraft- und Informationsquelle zur Verfügung steht, die außerhalb des uns bekannten zeitlich-räumlichen Rahmens existiert. Heilmagnetische Behandlungen, die aus der Kraft des Geistes heraus durchgeführt werden, zeigen Wirkung auf Materie, Pflanzen und Tiere, und können zumindest in diesen Fällen weder durch Suggestion noch Autosuggestion erklärt werden.

Welcher Art die Phänomene auch sein mögen, sie stehen immer im Zusammenhang mit einer jenseitigen Welt und den Wesenheiten und Kräften, die in ihr wirken und der uns gleichfalls jenseitig anmutenden weil uns unbekannten Welt in unserem Innern. Immer geht es um Herrschaft und Gewalt über die feinstofflichen astralen und menschengemachten Kräfte in allen ihren Erscheinungsformen. Zwei Kräfte wirken im Menschen: die als Folge der materiellen Evolution angelegte magische Macht über die Urkräfte – Mein Wille geschehe! – und eine göttliche Kraft des beseelten religiösen Menschen mit der Grundhaltung: „Dein Wille geschehe!“, wobei wir leider auch im letzteren Fall nur allzu gern in Gedanken oder unbewusst hinzusetzen: „aber nur, wenn er mit meinem Willen übereinstimmt.“ Der Mensch ist Herr über die Schöpfung, zumindest über die, die er selbst geschaffen hat durch seine Gedanken, Worte und Werke. Die eigene seelische Haltung entscheidet oft darüber, ob seine Art der Schöpfung im Einklang mit den geistigen Gesetzen des Kosmos steht oder ihr entgegen gerichtet ist.

Betrachtet man dieses Zusammenwirken der Kräfte aus der Sichtweise der Seele, so könnte tatsächlich von einer Fernwirkung gesprochen werden, entsprechend einer Fernbewegung von Objekten auch im paranormalen Sinne, einer Tele- oder Psychokinese, also einem paranormalen Phänomen. Wenn die Psyche eines Menschen in der Lage ist, den Fall von Würfeln signifikant zu beeinflussen, wie es umfangreiche wissenschaftliche Laborexperimente beweisen, sollte auch angenommen werden können, dass der Geist eines Menschen aber auch einer leibfreien geistigen Kraft in der Lage ist, Gegenstände zu bewegen und Klopflaute hervorzurufen. Oskar Wilde beschreibt dieses dies sehr schön mit den Worten:

> „Wenn der Gedanke seinen Einfluss auf einen lebenden Organismus auszuüben vermochte, konnte er dann nicht vielleicht auch tote und anorganische Dinge beeinflussen? Ja, konnten nicht vielleicht auch ohne Gedanken und bewusste Wünsche Dinge außerhalb unserer Person im Einklang mit unseren Launen und Leidenschaften in Schwingung versetzt werden, Teilchen zu Teilchen in geheimer Liebe oder seltsamer Verwandtschaft sprechen?“[130]

Die Wirkung einer geistigen Kraft auf Materie ist kein rein physikalisches Phänomen, sie ist nicht durch elektromagnetische Wellen bewirkt, wie man anfangs glaubte, denn in diesem Fall sollte die Kraftwirkung auf Entfernung abnehmen, was nicht der Fall ist. Zumindest die mentalen Phänomene wie das Ankündigen Sterbender, Hellsehen, Telepathie und Vorherschau (Präkognition) ereignen sich zweifelsfrei über beliebige Distanzen auch unter Abschirmung aller bekannten Formen elektromagnetischer Wellen durch einen Faradaykäfig und Ummantelungen mit Blei. Wenn in einigen Spukfällen, die mit Fernbewegung von Gegenständen, Klopflauten usw. einhergehen, also mit physikalischen Phänomenen, die Aktionen in Entfernung zum Spukmedium geringer bzw. schwächer werden, so beweist dies lediglich, dass der Mensch selbst als Vermittler zwischen geistiger und physikalischer Energie fungiert und seine transformierenden Kräfte begrenzt sind.

---

130 Oskar Wilde: *Das Bildnis des Dorian Gray.*

Ein geistiger Anstoß ist ausreichend, um einen geordneten physikalischen Prozess in Gang zu bringen. Wir wissen aus Experimenten in der Biologie, dass zum Beispiel zerstörte Zellen sich wieder komplett regenerieren können, dass Gliedmaßen nachwachsen, also fehlende Teile vervollständigt werden. Bei paranormalen Phänomenen scheint es sich ähnlich zu verhalten: ein geistiger Anstoß genügt, und ein nicht-physikalisches Informationsfeld wird angewiesen, sich zu formieren und physikalisch in Erscheinung zu treten. Psychogen verursachte Magengeschwüre und hysterisch verursachte Schwangerschaften beweisen die strukturierende Kraft mentaler Programme, ohne dass ein kontrolliertes Nachvollziehen des dabei ablaufenden Vorganges notwendig und auch nicht möglich ist.

Dieses Zusammenwirken zwischen dem Geist und der durch ihn geformten Struktur ist ein Vorgang, der im paranormalen Rahmen dem Phänomen einer Transfiguration entspricht, einem mental induzierten Vorgang, bei dem eine geistige Gestaltungskraft äußere Vorgänge beherrscht und gegebenenfalls umwandelt. Wenn ein Trancemedium vom Geist eines Verstorbenen „besessen" wird, dann spricht es mit dessen Stimme, und seine Wesenszüge verändern sich optisch auffallend und lassen Charakteristika des Besetzers erkennen. In diesen Bereich gehören auch die Vorgänge der De- und Rematerialisation, indem substanzielles Material „aufgelöst" und eventuell an anderer Stelle neu formiert wird. Wir kennen solche Phänomene aus dem Bereich der Heilung auf geistigem Weg, sehen es aber auch im Verschwinden und Wiederauftauchen von Gegenständen im Spuk. Vorgänge dieser Art ereignen sich bei zahlreichen Arten von Besetzungsphänomenen sowie bei Spukvorgängen.

Die Parapsychologie als Arbeitsgebiet umfasst das Wissen über die Zusammenhänge und Gesetzlichkeiten in den Bereichen der Physik, der Biologie und der Seelenforschung. Sie lässt erkennen, dass geistige Kräfte durch Erleuchtung, Inspiration, aber auch negative Beeinflussung und Bedrückung in unser Leben eingreifen, ohne die Gesetze der Logik, der Medizin oder der Psychologie aufzuheben, die im materiellen Rahmen ihre volle Gültigkeit bewahren, sich aber auch auf der geistigen Ebene bewähren, auch wenn wir die Zusammenhänge nicht immer nachvollziehen können. Zwischen Geist und Materie gibt es Zusammenhänge, die wir nicht ignorieren können und die inzwischen von der Teilchenphysik (subatomare Energieformen) erklärt werden. Was wir heute als ideoplastische Vorgänge bezeichnen, in denen der Geist die Gesetze der Entwicklung der Materie formt, ist der Schlüssel zu allen Vorgängen des Lebens, des geistigen wie des materiellen Daseins.

Wir finden zahlreiche Beispiele für die schöpferische und transformierende Wirkung geistiger Kräfte in neurotischen Erkrankungsformen, Besessenheit und Spukphänomenen. Viele Beispiele haben wir bereits kennengelernt. Mit der Besessenheits-Thematik – aber auch mit der spiritistischen Deutung paranormaler Phänomene – gelangten wir in den Bereich der religiösen Themen und trafen auf erbauende, in der Mehrzahl aber auf destruktive bzw. erniedrigende Kräfte im Sinne eines Besitzen-Wollens oder Herrschen-Wollens von Seiten einer geistigen Kraft. Wenn wir in die Thematik der christlichen Mystik einsteigen, begeben wir uns in einen Bereich bekannter Phänomene mit positiver Zielsetzung. Hier geht es um eine erfahrbare Gotteserkenntnis im Sinne einer universellen Kraft, die unsere Existenz geschaffen hat und fortwährend auf sie einwirkt. Neben den bereits behandelten Themen von Besessenheit und den sie begleitenden Spukphänomenen untersuchen wir hier das Leben von Mystikern, extrem religiös lebenden Menschen, Heiligen und Personen, die sich als solche ausgeben.

Es ist ein Charakteristikum des mystischen Erlebens, dass es tief in die Wesensstruktur des Menschen eingreift, bestimmte Programme auflöst und neue schafft, das eigene Bewusstsein verdrängt und den Leib mit einem neuen Selbstbewusstsein anfüllt. Dementsprechend zeigt auch der äußere Körper des Menschen Effekte der Transformation, nicht nur bei Mystikern und bei Heiligen, sondern auch bei Besessenen und vom Spuk Betroffenen; es sind Veränderungen, die wir bereits kennengelernt haben. Das Eigenbewusstsein wird verdrängt oder durch Übernahme neuer Programme verändert, das zeigt sich in einer unterschwelligen Beeinflussung der Gedanken oder in sichtbar erkennbarer Form in den entsprechenden äußeren Phänomenen.

Wir erlebten in den Fallberichten von Besessenen, dass fremde geistige Programme durch Einschränkung des Eigenbewusstseins der Betroffenen zur Offenbarung gelangten, dass Bewusstlosigkeit die freie Entfaltung des Besessenheitsgeistes ermöglichte und damit im Zusammenhang stehend die begleitenden paranormalen Phänomene in diesem Zustand ein Maximum erreichten. Auch in Fällen des personengebundenen Spuks konnten wir Einschränkungen des Wachbewusstseins beobachten bis hin zur vollständigen Veränderung der Persönlichkeit. Wenn fremde geistige Kräfte im Körper zur Ausführung gelangen, sind mehr oder weniger kontinuierlich verlaufende Veränderungen des Wachbewusstseins nachzuweisen, beginnend mit Persönlichkeitsveränderungen über leichte und mittelschwere Bewusstseinstrübungen bis hin zur vollständigen Bewusstlosigkeit bezüglich der eigentlichen Persönlichkeit.

In den Erscheinungsformen der Mystik, der Suche nach Gottverbundenheit, ist der zwischen Eigenbewusstsein und einer fremden geistigen Kraft vermittelnde Zustand das Wesen der Ekstase, der religiösen Ekstase.

Diese bedeutet so viel wie „aus sich heraustreten“ und kennzeichnet einen außergewöhnlichen Bewusstseinszustand, der mit einem Gefühl der Entrückung oder Verzückung einhergeht und welcher der Kontrolle des normalen Bewusstseins entzogen ist. Begleitet wird diese Entrückung oft von Visionen oder Gehörshalluzinationen, mitunter ist sie auch verbunden mit motorischen Automatismen wie Tanz oder anderen zwanghaften Aktionen der Bewegung. Es kann das Phänomen des Redens in einer fremden Sprache auftreten oder das Verstehen aller Sprachen, paranormale Elemente wie Außersinnliche Wahrnehmung, psychokinetische Phänomene, Zu- oder Abnahme des Körpergewichts usw., alles Phänomene, die wir auch im Zusammenhang mit der Thematik der Besetzungen kennengelernt haben. Wie bei der Besessenheit wird auch hier der Entrückte ungewollt von einem „göttlichen Wahnsinn“ (theomania) ergriffen, wobei Ort und Dauer nicht vom Individuum selbst bestimmt werden. Von der stigmatisierten Mystikerin und Heiligen des Dominikanerordens Katharina von Ricci (1522-1590) wird berichtet:

> „Tief gingen die Wirkungen, die die göttliche Liebe kraft der heiligen Kommunion in ihr hervorbrachte; ja der geringste Anlass, der sie an Gott erinnerte – eine religiöse Handlung, ein heiliges Lied, ein frommes Bild oder ein Wort der Erbauung – genügte, um ihren Geist in höhere Sphären zu entrücken. Dieser Zustand kam über sie ohne Rücksicht auf Ort und Zeit, er konnte ebenso gut im Garten, im Kreuzgang, im Arbeitszimmer, im Refektorium wie im Chor und in der Kirche eintreten. Ihr allzeit zu Gott erhobener Geist schwebte so nah an dem himmlischen Gestade, dass ein Hauch genügte, um ihn hinüberzutragen. Außer solchen unvorhergesehenen Augenblicken gab es auch bestimmte Zeiten und Gelegenheiten, die bei Katharina ganz unfehlbar den ekstatischen Zustand herbeiführten, zum Beispiel jeden Morgen nach Empfang der heiligen Kommunion, jeden Abend bei der Salve-Regina-Prozession, wie auch jede geistliche Lesung und jede Zeremonie, die der Verehrung des heiligen Kreuzes und der heiligen Reliquien galt, dieselbe Wirkung auf sie ausübte.“[131]

Wie auch bei Besetzten des dämonischen Typus geht die Ekstase mit einem Verlust des Oberbewusstseins einher. Der Mensch ist „außer sich“, ein Vorgang, den wir auch aus den Themenkreisen der außerkörperlichen Erfahrung (Seelen-Exkursion) kennen. Viele Mystiker fühlen die Ergriffenheit durch die Ekstase schon in ihrer Entwicklung, wie auch manche Kranke die Übernahme ihres Bewusstseins durch eine fremde Kraft bereits im Voraus spüren.

---

131 E. Benz: *Die Vision* – Stuttgart 1969. Zitiert aus Werner F. Bonin: *Lexikon der Parapsychologie*; Stichwort: *Ekstase.*

Auch Epileptiker empfinden das Herannahen des Anfallzustandes. Bei starker übernatürlicher Krafteinwirkung fallen viele Betroffene in einen kataleptischen Zustand mit Unempfindlichkeit des ganzen Körpers gegenüber Stechen, Brennen und anderen Maßnahmen. Oft ist der Leib aber auch kalt wie der eines Toten, die Atmung kaum mehr bemerkbar, wovon uns zahlreiche Berichte auch aus der christlichen Mystik Zeugnis geben.

Während der Entrückungszustände verfügen die Betroffenen in gewissem Maße über ein außernatürliches Wahrnehmungsvermögen. Es melden sich Stimmen, sie werden gehört oder innerlich empfangen, geben Botschaften auf, versuchen in das Leben des Mystikers einzugreifen. Nur allzu gerne wird diesen Stimmen Glauben geschenkt. Der Betroffene fühlt sich geehrt, Werkzeug der geistigen Welt zu sein, eine fragwürdige Ehre allerdings, wenn ihr bedingungsloser Glauben geschenkt wird. Stimmen, die mit Befehlen einhergehen, die der naturgemäßen Entwicklung des Individuums nicht entsprechen, sind praktisch in allen Fällen von fragwürdigen geistigen Potentialen verursacht. Das ist insbesondere dann der Fall, wenn sich die Stimmen als Personifikationen von „Gottheiten“ ausgeben. Es kann nur eindringlich davor gewarnt werden, solchen Botschaften Gehör zu schenken, denn sie führen selten zu einem guten Ziel. Größte Vorsicht ist geboten, wenn geistige Kräfte sich von selbst anbieten oder gar aufdrängen, selbst wenn sie gerufen worden sind. Ein Geistwesen kann sich ausgeben, für wen es will, und wir besitzen nur schwerlich die Möglichkeiten, den wahren Ursprung der Quelle zu hinterfragen. Geistige Helfer können nur den Menschen zu Diensten sein, deren Seele bereits eine höhere Entwicklungsstufe erreicht hat. Unkenntnis über die spirituellen Zusammenhänge, auf denen die wechselseitigen geistigen Verbindungen beruhen, führen leicht zu Irrtümern. Es verhält sich nicht so, dass nur der Mensch einer göttlichen Gnade und Erleuchtung zugänglich sei, der bewusst mit einem geistigen Helfer in Verbindung steht. Wir erhalten diese Hilfen auch ohne einen bewussten Kontakt zu suchen oder zu pflegen, denn unser innerstes Wesen ist das Fundament für die Kräfte die wir heranziehen und die uns stets umgeben. Irrtümer bewirken besonders zerstörende Eigenschaften auf den menschlichen Geist, wenn sie unter einem religiösen Vorzeichen stehen und als Botschaften aus dem Jenseits ungeprüft für wahr und richtig angesehen werden. Spätestens wenn dem Empfänger einer Botschaft Zwang auferlegt wird oder er Aufträge erhält, die seinem normalen Lebensrhythmus fremd sind, ist höchste Vorsicht geboten. Kein hohes Geistwesen wird unerlaubt in die Willensfreiheit eines Menschen eingreifen. Wir erkennen anhand des nachstehenden Fallberichtes, dass der Mensch aufgrund leichtfertiger Öffnung gegen die geistige Welt unter einen Zwang geraten kann, der zeitweise das eigene Wesen verdrängt und ein anderes vom Gehirn Besitz ergreift und die Person zu einem willenlosen Werkzeug macht.

Eine gebildete gläubige Katholikin begann sich mit spirituellen Themen zu befassen. Es entstand in ihr der Wunsch, einen Führer aus dem Jenseits zu bekommen, der ihre geistige Entwicklung leite. Der Wunsch wurde so stark, dass sie an nichts anderes mehr denken konnte. Sie hatte wunderbare Träume, lag mitunter wie erstarrt in ihrem Bett, in den Ohren ein mächtiges Rauschen. Es drang das Bewusstsein in sie, ihre Seele hätte sich gelöst, und sie könne fliegen. In der Wohnung begann es zu krachen, sie fürchtete geisteskrank zu werden. In ihrer Verzweiflung betete sie: „Herr lass mir meinen Verstand." Da erhielt sie das innere Wort „Täuschung". – Sie verstand die Warnung nicht und befasste sich weiter mit derartiger Lektüre. Wirre Träume und Stimmenhören waren die Folge. Es kristallisierten sich die Stimmen Jesu und der Gottesmutter heraus und befahlen ihr, in ihrem Wohnort (inmitten einer ungläubigen Industriegemeinde) eine Wallfahrtsstätte zu errichten. Als sie die Kapelle ihrer Bestimmung übergab, gab es einen furchtbaren Aufruhr im Dorf; man hielt sie für verrückt, beschimpfte sie und bewarf sie mit Steinen. Sie war von der Wahrheit der Stimmen so überzeugt, dass sie sich sogar hätte kreuzigen lassen. Nach drei Tagen wurde sie von der Polizei gewaltsam in ein Irrenhaus gebracht, an Händen und Füßen ans Bett gefesselt und eingeschläfert. Nach neun Wochen wurde sie entlassen, die Stimmen waren weg. – Sie haderte mit Gott, befasste sich nun mit mystischer Literatur und entsprechenden Übungen, betete wieder, und die Ereignisse wiederholten sich in gleicher Form. Aus zahlreichen Stimmen kristallisierte sich die Stimme Jesu heraus, die ihr befahl Kerzen zu kaufen zur Erleuchtung des Berges der Erkenntnis. Die Kerzen würden bei ihr abgeholt werden. Sie kaufte für 2300 DM Kerzen.[132]

Im religiösen Wahn halten die betroffenen Personen geradezu fanatisch an den sensationellen Erscheinungsformen fest. Frömmigkeit verleitet oft dazu, sich fremder Hilfe auszusetzen und den eigenen Willen hintenanzustellen. So werden astralen Kräften Tür und Tor geöffnet. Sie tun sich kund als bedeutende Wesen und führen die Betroffenen weitab von den Realitäten des Lebens, machen ihn zum Sprachrohr für Jenseitige, der Sinn wird nicht mehr hinterfragt. „Fanatischer Glaube kommt nicht aus reinem Herzen, es verbergen sich darin alle bösen Eigenschaften, alles Unvermögen, den Aufgaben des materiellen Lebens gerecht zu werden."[133]

Parallelen zwischen Ekstatikern und Mystikern auf der einen und gewissen Kranken, Besessenen und vom Spuk Betroffenen auf der anderen Seite bestehen auch bezüglich des Lebensalters. Die Anfänge der „Zustände" reichen meist in die frühen Kindheitsjahre zurück, beginnend in der vorpubertären Phase der Entwicklung. Obgleich sich die Ekstatiker der christlichen Mystik selten mit paranormalen Themen beschäftigen, ereignen sich bei ihnen doch Phänomene vergleichbarer Art wie Doppelgänger-Ereignisse (Biolokation), Schweben, Reden in fremden Sprachen, Transfiguration (auch verbunden mit überirdischer Schönheit), eindeutige Besetzungsanzeichen, offensichtliche dämonische Verfolgungen, Schwebephänomene (Levitation), Schwererwerden und natürlich Spukvorgänge aller Art. Auch in diesem Kreise werden die bekannten physikalischen Phänomene aufgehoben, Glocken läuten spontan,

132 Karl Nowotny: *Mediale Schriften*, S. 667 ff.
133 derselbe, S. 831.

auch das unvermittelt auftretende Spielen der Orgel ist in einzelnen Fällen bezeugt.

Bei Betrachtung aller Begleitumstände finden sich zwischen dem Erleben der Mystiker und Ekstatiker neben den Gemeinsamkeiten auch Gegensätze und anders geartete Phänomene. Eben diese Einwände sind es, die im Fall der christlichen Mystiker auf geistige Quellen mit einer anderen (auch positiven) Zielsetzung verweisen. Nehmen wir das Beispiel der Licht- und Leuchtphänomene. In Berichten über paranormale Themen und Spuk finden sich Lichtkugeln oder andere Lichtphänomene, als Hinweise auf das Vorhandensein außerkörperlicher Seelen. In medialen Sitzungen beobachten wir Lichtstrahlen, die den Händen des Mediums entströmen, insbesondere den Fingern. In der christlichen Mystik finden sich Leuchterscheinungen des ganzen Körpers in Form von Strahlen, die von ihm auszugehen scheinen, Leuchten des Kopfbereiches in Form einer Aureole (Heiligenschein), in Form strahlender Augen (Feuerfunken), in Lichtphänomenen, die keiner Quelle zugeordnet werden können und unter Umständen einen ganzen Raum beleuchten. Diese zeigen sich insbesondere im Zustand der Ekstase, aber auch außerhalb dieses Befindens und treten in dieser Form wohl nur im Kreise von Heiligen und Mystikern auf.

Anzeichen für das Wirken lebenspositiver geistiger Kräfte in den Menschen zeigen sich auch in der Erhabenheit der Gedanken, in Tröstungen, positiven Erlebnissen, in Heilungsphänomenen, geistigen Kräften, die den gesamten Lebenswandel eines Menschen zum Positiven hin ausrichten, auf Gott hin, während in den dämonisch induzierten Fällen versucht wird, das Gegenteil zu erreichen. Mit den vermeintlich positiven Aspekten der geistigen Beeinflussung berühren wir aber auch Grenzbereiche. Lichterscheinungen zeigen sich vielfach in den Fällen des Spuks, erhaben und positiv wirkende Personifikationen treten auch in Zuständen der klassischen Besessenheit auf und können auf zwei unterschiedliche Charaktere in einer Seele verweisen.

Ein Thema der christlichen Mystik, das kaum Parallelen im profanen Bereich findet, sind außerordentliche Hitzeerscheinungen, die sich bei einigen Mystikern und Charismatikern als Auswirkungen eines inneren Liebesfeuers zeigen. Zahlreiche Fälle finden sich im Kapitel IX (*Das Feuer der Liebe*) des Buches *Die körperlichen Begleiterscheinungen der Mystik* von Herbert Thurston (englischer Priester der römisch-katholischen Kirche und Spiritualismus-Experte).

Die Dominikanermystikerin Schwester Maria Villani starb im Alter von 86 Jahren im März 1670, sie wurde ein „Ofen der Liebe“ genannt. Ihr Leben ist von der Leitidee einer fast unerträglichen Liebesflamme geprägt. Der innere Brand zwang sie an manchen Tagen 15-19 Liter Wasser zu trinken. Goss man es auf ihre Brust, um die brennende Glut abzukühlen, zischte es auf, als ob es auf glühendes Eisen gegossen würde. Sie gibt an, eine feurige Lanze der Liebe habe ihr Herz verwundet. Zeugnis geben drei ihrer Beichtväter – einer davon stand im Rufe der Heiligkeit – die zu verschiedenen Zeiten bei ihr weilten. Neun Stunden nach ihrem Tode wurde eine Autopsie vorgenommen. Obgleich ihr Leib im Sterben völlig ausgetrocknet und von dunkler Farbe war, nahm er nach dem Tode ein frisches Aussehen an und blieb biegsam, wie bei einer lebenden Person. Als der Arzt die Brust öffnete, strömte eine Menge leuchtend rotes Blut aus der Wunde, das abgefüllt wurde und nach drei Jahren immer noch flüssig war. Die Anwesenden sahen, wie dem Herzen Rauch und Hitze entströmten, die den Arzt so schmerzhaft berührten, dass er die Operation nicht sogleich beenden konnte und sich abwenden musste. Als er die Hand einführte, um das Herz herauszunehmen, war es so heiß, dass er sich brannte und er sie mehrmals zurückziehen musste. Zwei Ärzte setzten darüber eine formelle Urkunde auf. Im Herzen der Nonne fand man eine Zeichnung, die jener entsprach, die sie selbst zu Lebzeiten mit eigener Hand entworfen hatte. Die Wundränder waren hart und versengt, wie es bei einer Wunde der Fall ist, die ausgebrannt wurde und ihrer Erscheinungsform nach von einem feurigen Speer herrührte.[134]

134 H. Thurston: *Die körperlichen Begleiterscheinungen der Mystik*, S. 266 ff.

Phänomene dieser Art treten in Fällen von Besessenheit nicht auf. Wärmeentwicklung ist in gewissen Maße trainierbar, nicht aber in dieser Form. Das Phänomen der inneren Verbrennung begegnete mir bislang nur in Berichten über Heilige, Mystiker und dem Wunderheiler der Nachkriegszeit Bruno Gröning. Nach seiner Aussage handelt es sich bei diesem Phänomen um eine Anstauung von Lebensenergie, die einige begnadete Menschen in reichlichem Maße dem Kosmos entnehmen und in Heil-Energie umsetzen können. Ist dies aus irgendeinem Grunde nicht möglich (Unkenntnis der Zusammenhänge, Heilungsverbot bei Gröning) kommt es zu einer inneren Verarbeitung mit den genannten Folgen. In diesem Zusammenhang wird auch die Bezeichnung „Chakren-Brand" verwendet. Dabei wird unverhältnismäßig viel Lebenskraft aufgenommen, die, wenn sie nicht verwertet werden kann, sich gegen den Organismus selbst richtet.

Ein weiterer Aspekt der mystischen Entwicklung, der sowohl bei Besessenheitsfällen eine gewisse Rolle spielt als auch im Bereich paranormaler Phänomene, ist die Ausformung bzw. Bildung organischer Veränderungen durch meist unbewusste Vorstellungsbilder oder Vorstellungsinhalte. Bei Besetzungen hatten wir die Veränderungen von Gestik, Mimik, Stimme usw. bereits kennengelernt, im Themenkreis der Parapsychologie bzw. des Spiritismus treten derartige Phänomene in der Regel nur im Bereich von Trancemedien auf. In der medizinisch orientierten Psychologie sind derartige Vorgänge unter dem Begriff der „Ideoplastie" bekannt. Dabei handelt es sich um Wirkungen von Vorstellungen und Gedanken und deren Wirkungen auf den eigenen physischen Körper, die weit über die Phänomene der Suggestion oder Hypnose hinausgehen. In der Parapsychologie wird die Fortsetzung der ideoplastischen Formationskraft auch über den Körper hinaus diskutiert, zum Beispiel bei der Ausformung einer Geistergestalt, die einem bekannten Verstorbenen entspricht. Im Zusammenhang mit Materialisationsphänomenen handelt es sich also nicht nur um ein para-psychisches, sondern auch um ein para-physikalisches Phänomen, eine Ausgeburt des Mediums in Form einer verdichteten Halluzination. Es handelt sich also um eine dem seelischen Bereich entspringende Kraft, die nicht nur innerhalb, sondern auch außerhalb des Leibes in formgebender und substanzgebender Weise wirksam werden kann.[135]

Die oben zitierte Mystikerin gibt an, eine feurige Lanze habe ihr Herz verwundet. Die Obduktion zeigt ein solches Organ, das wie von einem feurigen Speer verletzt wurde, ein scharfer Schnitt mit ausgebrannten Wundrändern. Vergleichbare ideoplastische Gebilde im Herzen fanden sich bei zahlreichen Mystikern und Heiligen, zum Beispiel in Form von aus Fibrinmaterial gebildeten Leidenswerkzeugen, die sogenannten *Arma Christi*, deutlich vom übrigen Gewebematerial des Herzens unterscheidbar. Derartige Phänomene sind weder aus dem Kreis der Besessenen noch der vom Spuk Betroffenen bekannt.

Ideoplastische Ausformungen innerer Bilder mit massiver Auswirkung auf seelische und physische Bereiche des Leibes finden sich auch im Themenkreis der Stigmatisation. Solche Erscheinungen finden sich sowohl bei Heiligen als auch bei psychisch Kranken. Die umfangreichste Darstellung über das Thema der Stigmatisation in deutscher Sprache ist wohl das Werk des Theologen und Publizisten Johannes Maria Höcht: *Träger der Wundmale Christi*. Die Zahl der bekannten Stigmatisierten (Stand 1953) wurde mit etwa 400 Personen angegeben. Stigmatisation wird heute als ein psychogenes Phänomen angesehen, das auf einer hysterischen Grundstruktur des Menschen aufbaue, auf den transformatorischen Kräften der Seele. Dafür sprechen in gewisser Weise Effekte, die durch hypnotische Suggestion erzeugt werden, die sich allerdings auf leichte Blutaustritte, Zeichen auf der Haut, Erzeugung von Brandblasen usw. beschränken. Sie können nur bedingt mit den echten Stigmatisationserscheinungen verglichen werden. Stigmen und Blutun-

---

135 Nach Peter Ringger: *Parapsychologie* – Zürich 1972. Quelle: Werner F. Bonin: *Lexikon der Parapsychologie*.

gen treten aber auch bei Geistesgestörten auf, und nicht immer sind diese selbst produziert, worüber entzündete Wundränder, Eiterungen und Vernarbungen einen Hinweis ergeben würden. Echte Stigmen eitern nie, zeigen niemals eine Spur von Entzündung, zeigen sich regelmäßig und periodisch, heilen rasch und ohne Narbenbildung aus und können niemals getrennt von der Gesamtpersönlichkeit ihrem Lebenslauf, ihren Ekstasen und Visionen betrachtet werden.

Doch auch hier müssen wir Parallelen zumindest zum Bereich der Besessenheit akzeptieren. Die Blutungen des „Mädchen von Orlach" aus dem Fuß, ohne Verletzungsanzeichen nach deren Beendigung, sprechen eine deutliche Sprache. Magier und Fakire lassen sich durchbohren, ohne das Blut fließt und ohne zurückbleibende Anzeichen einer Verletzung. Besessene werden von massiven Gegenständen durchbohrt, sie empfinden Schmerzen, zeigen aber nicht die zu erwartenden Verletzungsmale. In reinen Spukfällen, die ohne erkennbare Anzeichen von Besetzung einhergehen, sind mir derartige Fälle nicht bekannt geworden. Zwar werden Personen von fliegenden Gegenständen getroffen und zeigen Merkmale einer Verletzung, doch heilen derartig erzeugte Wunden so langsam wie andere auch.

In der Literatur finden sich viele Hinweise auf einen „Geruch der Heiligkeit", einen übernatürlich anmutenden Wohlgeruch, der dem Leib einiger Heiliger oder Charismatiker entströmt, ihrem Atem, ihrem Blut usw. Gegenstände, die mit ihnen oder ihren Ausscheidungen in Berührung kamen, behielten diesen Duft bis zu 100 Jahre lang; er ist auch durch Waschen nicht zu entfernen. Auch der Leib der Heiligen weist nach dem Tod keinen Verwesungsgeruch auch und bleibt teilweise unverwest.

Beim Duftphänomen handelt es sich um ein zwar unverständliches aber experimentell in gewisser Weise durchaus nachvollziehbares Phänomen. Wir haben in unserem radiästhetischen Arbeitskreis mehrfach ein Experiment durchgeführt, indem wir mit einem Taschentuch ein „geheiligtes" Objekt (z. B. den „Blutschrein" im

Wallfahrtsort Walldürn; Reliquien des Pfarrers von Ars) berührten und uns auf die Übertragung der Energie konzentrierten. Die spezielle Energie ist mit Methoden der physikalischen Radiästhesie nachweisbar und übersteht einige Wäschen.

Das Gegenteil des Geruchs der Heiligkeit ist der satanische Gestank, der uns sowohl in Spukberichten begegnet, in Besessenheitsfällen, als auch beim Ableben von dämonisch besessenen Personen. Ähnlich polar verhält es sich mit der Unversehrbarkeit der Körper von Heiligen und Stigmatisierten im Gegensatz zum rapiden Zerfall satanisch angehauchter Leiber.

Bei allen diesen Phänomenen bleibt letztendlich die Frage offen, was hier eigentlich als wirksames Agens betrachtet werden kann. Ist es die Psyche des Menschen selbst, die derartige Vorgänge auslöst oder handelt es sich dabei um eine fremde Kraft? Und wenn es sich um eine solche handelt, dann stellt sich die Frage, ob diese von der eigenen Psyche unabhängig wirken kann oder – zumindest bezüglich einiger Phänomene – ihrer Mitwirkung bedarf. Ist eine Persönlichkeitsspaltung wirklich nur ein psychologisches Phänomen oder handelt es sich dabei um eine fremde geistige Beeinflussung? Können hilfreiche Geister, erscheinende Verstorbene oder Wirkungen dämonischer Kräfte wirklich als Teile der eigenen Psyche angesehen werden? Wir kennen kein über jeden Zweifel erhabenes Kriterium. Das einzig Zuverlässige ist die Wirkung des Zustandes bzw. der Phänomene auf die Persönlichkeit. Relativ sicher können wir zwischen destruktiven und aufbauenden Wirkungen unterscheiden. Ich sage relativ, denn um Neues aufzubauen, muss zuvor Altes zerstört werden. Mit Zerstörung einhergehende Phänomene bewirken einen Zerfall der Persönlichkeit, während lebenspositiv agierende Kräfte geistig, moralisch und physisch aufbauend wirken.

In Fällen von Spuk und Besetzung liegen die Positionen ziemlich klar vor uns, es handelt sich in den meisten Fällen um zersetzende Kräfte. In der christlichen Mystik dagegen finden sich beide Arten von geistigen Beeinflussungen, negative wie positive. Nirgends in der Literatur finden sich zahlreichere Beispiele dämonischer Effekte, als in der christlichen Mystik, aber es finden sich auch an keiner anderen Stelle vergleichbare moralische Erhebungen. Doch ist es als positiver Effekt zu werden, wenn der Leib dabei zugrunde geht? Kann tiefe Erkenntnis des Absoluten, ein Fühlen der göttlichen Präsenz in der Schöpfung und in der eigenen Seele als aufbauend gewertet werden, wenn der Körper darunter zugrunde geht? Auch im Drogenrausch findet sich ein entsprechender Wandel des Bewusstseins und der Erkenntnisfähigkeit. Der britische Schriftsteller und Universalgelehrte Aldous Leonhard Huxley schildert in seinem Buch: *Die Pforten der Wahrnehmung. Meine Erfahrung mit Meskalin*[136] seine Empfindungen in Ausdrücken, wie sie von Mystikern aller Länder und Glaubensrichtungen verwendet werden. Er spricht von einer „Sakramentalität aller Dinge in ihrem Hervortritt aus dem Unreinen und Ganzen", während der belgisch-französische Künstler Henri Michaux den ekstatischen Zustand als „Mitwirkung an der göttlichen Erschaffung der Welt" bezeichnet.[137] Es handelt sich um ein inner-psychisches und inner-kosmisches Erlebnis, in dem Raum und Zeit eine andere Struktur annehmen, weil sie nicht mehr vom Oberbewusstsein beherrscht werden. Doch wird eine solche Erfahrung durchaus nicht immer als eine unendliche Beseligung empfunden, sondern vielfach als äußerst schreckhaft oder grausam, denn das Durchbrechen der begrenzenden Schranken des Bewusstseins öffnet auch negativen geistigen Potentialen und Intelligenzen den Zutritt zur Persönlichkeit.

„Hervortritt aus dem Unreinen" bezeichnet in typischer Weise den Weg der mystischen Entwicklung des Menschen auf den mit zahlreichen Anfechtungen belegten Weg von der Unvollkommenheit zur Heiligkeit, zum Licht. Wohl kaum einer wird so sehr von Versuchungen, Bedrängnissen, Besetzungen und spukhaften Er-

136 Aldous Huxley: *Die Pforten der Wahrnehmung*. – Piper, München 1954.

137 Henri Michaux: *Turbulenz im Unendlichen. Die Wirkungen des Meskalin*. – Suhrkamp, Frankfurt a. M. 1961.

scheinungsformen angegangen, wie jemand, der der irdischen Unzulänglichkeit entsagt und der persönlichen Vervollkommnung entgegenstrebt. Der Weg vom Ich zum Höheren Selbst beinhaltet einen Kampf gegen die meist erst jetzt bewusst werdenden Kräfte der Finsternis, die in uns selbst angelegt sind und die uns täuschen und uns von unserem Weg abhalten wollen. Am Ende müssen wir erkennen, dass auch die Vereinigung mit dem Höheren Selbst keinen Gottesersatz darstellt, sondern dass dieser Zustand bestenfalls ein zeitlich begrenztes Erfassen der göttlichen Gnade beinhaltet und den Rückfall in die Normalität umso schwerer ertragen lässt.

Der Weg der inneren Reinigung beginnt zwar mit der Kontrolle über die eigenen Gedanken und Gefühle und unterliegt somit einer gewissen Bewusstseinskontrolle, doch ist er nicht ohne die Mithilfe eines göttlichen Partners zu begehen, einem Geistführer, einem Wesen aus der Hierarchie des Lichtes, also einer positiven Kraft, die in unser Bewusstsein eindringt und Hilfestellung zu leisten vermag, wenn unser Wesen „rein" ist. Es sind die eigenen Unzulänglichkeiten, die auf eben diesem Weg auch negative Kräfte anziehen, die uns ungefragt zu beherrschen versuchen. Wohl kaum jemand kann dieses Ziel aus eigener Entwicklung heraus erreichen.

Beschäftigen wir uns mit der persönlichen Entwicklung derer, die uns als Heilige und Mystiker bekannt geworden sind, so treffen wir auf entsprechende Veranlagungen, die oftmals schon in frühester Kindheit offenbar wurden. Mit vier Jahren setzten die Ekstasen bei Maria-Franziska von den fünf Wunden, Hildegard von Bingen, Catharina de Bacconigi, Dominique du Paradis und Katharina von Siena ein, mit sechs Jahren bei Petrus von Alcantara, mit acht bei Joseph von Cupertino. Es scheint also bei einigen Personen eine gewisse Veranlagung zu bestehen, deren Ursache noch nicht ergründet werden konnte, bei denen aber wohl Kontakte zu Astralwesen angenommen werden können. Auch in neuerer Zeit finden sich Personen, die mit vergleichbarer Veranlagung geboren wurden wie seinerzeit Bruno Gröning, Michael Oliver Brecht (Sananda) und Anton Styger, um nur die mir Bekanntesten zu nennen. Ihre Entwicklung unterscheidet sich allerdings deutlich von denen der klassischen Mystiker und ist den Erfordernissen der jetzigen Zeit angepasst.

Die Begabung, mit der Umgebung zu verschmelzen, ist nach Aussagen des Arztes und Naturphilosophen Carl Gustav Carus mit einem Eintauchen in die Entwicklungsgeschichte der Menschheit verbunden, mit einer Ausbildung des Bewusstseins. In einer ersten Phase hat die sich entwickelnde Seele lediglich eine „Idee" von der Existenz einer Welt. Sie erkennt, dass sie ein Teil des Ganzen ist, ohne sich davon zu unterscheiden. Diese Ur-Seele ist noch ohne Eigenbewusstsein, sie besitzt als Teil des Bewusstseins der Weltseele einen intuitiven Zugang zu allen kosmischen Quellen und ist ein Teil dieser. In einer zweiten Phase beginnt sich das Selbstbewusstsein zu entwickeln und erlangt einen Begriff vom eigenen Selbst, vom Bewusstsein als existierendes Geistwesen. Der archaische Mensch und das Kleinkind durchlaufen diese Entwicklungsphasen der Menschwerdung. Paranormal Begabte, Hellseher, Heiler, Mystiker und offenbar auch Besessene und vom Spuk Betroffene vermögen sich bewusst, unbewusst oder zwanghaft dem ursprünglichen bewusstlosen Zustand hinzuwenden und ihn als Informationsquelle zu nutzen oder sich ihm (zwangsweise) auszuliefern.

> Der Schlüssel zur Erkenntnis vom Wesen des bewussten Seelenlebens liegt in der Region des Unbewusstseins. Alle Schwierigkeit, ja alle scheinbare Unmöglichkeit eines wahren Verständnisses vom Geheimnis der Seele wird von hier aus deutlich. Wäre es eine absolute Unmöglichkeit, im Bewussten das Unbewusste zu finden, so müsste der Mensch daran verzweifeln, zum Erkennen seiner Seele, d. h. zur eigentlichen Selbsterkenntnis zu gelangen. Ist diese Unmöglichkeit nur eine scheinbare, so ist es die erste Aufgabe der Wissenschaft von der Seele, darzulegen, auf welche Weise der Geist des Menschen in diese Tiefen hinabzusteigen vermöge.[138]

138 Carl Gustav Carus: *Psyche. Entwicklungsgeschichte der Seele.* (einleitende Worte) – Pforzheim 1846.

Der Mensch ist nicht nur ein selbstständiges Individuum, sein geistiges Wesen ist zugleich Teil eines alles umfassenden Zusammenhangs. Er nimmt wahr, was der andere denkt oder fühlt, er erkennt seine eigene Persönlichkeit als Teil der geistigen Welt und vermag andere geistige Kräfte des Diesseits und Jenseits neben sich wahrzunehmen. Dieser Zustand, in den er meist unfreiwillig gerät, birgt Gefahren in sich, es kommt zu Vermischungen der Geister und gegenseitigen Beeinflussungen, die bis zur Übernahme des Eigenbewusstseins durch ein fremdes Bewusstsein gehen können. Alle Phänomene, die Gegenstand dieses Buches sind, scheinen in dieser Aussage eine Erklärung zu finden, obgleich das Wie weiterhin offen bleiben muss.

Paranormale Themen – aber auch solche, die mit Besessenheits- und ähnlichen Zuständen einhergehen – zeigen ebenso eine innige Verbindung zwischen Geist und Psyche des Menschen mit den ihn umgebenden geistigen Kräften, als auch mit der ihn umgebenden Materie, wie es sich in para-physikalischen Phänomenen ausdrückt. Wie diese Wechselwirkungen erfolgen, ist noch weitgehend ungeklärt. Einzig die Quantenphysik zeigt uns Wege auf, indem sie beweisen kann, dass psychische Kräfte die Organisation subatomarer Energiefelder beeinflussen, aus denen materielle Strukturen gebildet werden. Schon die griechische Philosophie weist darauf hin, dass Leib und Seele nicht wie zwei verbundene Dinge nebeneinander stehen, sondern dass zwischen ihnen eine substanzielle Einheit angenommen werden müsse. Somit existieren zwei nebeneinander ablaufende (seelische und substanzielle) Vorgänge, von denen niemand sagen kann, wie der eine auf den anderen wirkt, wie der Geist auf die Physis einwirkt und umgekehrt.

Von kirchlicher Instanz heiliggesprochene Menschen und solche, die sich auf dem Wege zu einem von Gott erfüllten Leben befinden, sind den Angriffen von Geistwesen ebenso ausgesetzt, wie Besessene und Kranke. Psychische Stabilität und eiserner Wille scheinen innere Kriterien zu sein, die Personen gegen die Anfechtungen des Bösen stabilisieren. Doch menschliches Vermögen ist gegenüber astralen Angriffen machtlos, wenn nicht positive geistige Kräfte die seelische Entwicklung unterstützen. Mittels geistiger Mächte höhere Erkenntnisse zu erlangen, ist eine zwiespältige Angelegenheit. Der Mensch kann sich der geistigen Welt gegenüber öffnen, doch besteht diese ausnahmslos aus zwei Seiten, aus positiven und negativen geistigen Kräften. Das individuelle Bewusstsein ist hier der einzige mögliche Filter. Da wir als Menschen einer aus der geistigen Schöpfung gefallenen Spezies angehören und dieser (Sünden)Fall über Jahrtausende hinweg von negativ wirkenden geistigen Wesenheiten begleitet und gefördert wurde, tragen wir alle ein mehr oder weniger großes negatives Potential in uns, das uns den Ausstieg aus der geistigen Gefangenschaft erschwert. Als Beispiel für den Kampf gegen die negativen Mächte aus dem Innern des Menschen und den Peinigern aus der Astralwelt möge das Leben des Jean Baptiset Marie Vianney gelten, bekannt als der „Pfarrer von Ars". Seine Bedrängnisse, die er durch den Teufel (er gab ihm den Spitznamen „Grappin") zu leiden hatte, sind legendär.

> „Vianney hörte in seinem Hause nächtlicherweile seltsame Geräusche. Er musste eine arge Beeinträchtigung seiner Nachtruhe erleben, indem seine Bettvorhänge zerrissen und die Bilder im Zimmer mit Kot beschmutzt wurden. Er hörte furchtbare Schläge an seine Türe klopfen, unheimliches Geschrei im Pfarrhof wiederhallen, das bald wie das Brummen eines Bären, bald wie das Bellen eines Hundes, bald wie das Flattern von Fledermäusen klang. In seinem Zimmer wurde er von unbekannter Stimme „Kartoffelfresser" gescholten, sah wie seine Möbel verschoben wurden und wie sich dies alles manchmal zu einem wahren Hexensabbat steigerte. Vianney hat es öfters wie eine Hand über sein Gesicht streichen und wie Ratten über seinen Körper laufen gefühlt. Der Pfarrer von Ars hat mit dem Satan, der ihn sogar an den Füßen packte und im Zimmer herumzerrte, jahrelang wilde Kämpfe von unheimlicher Art ausgefochten. Diese Teufelskämpfe lassen in einen Abgrund blicken, von dem wenige Menschen auch nur eine Ahnung haben."[139]

139 Walter Nigg: *Große Heilige*, S. 476 f.

Seinerzeit wurden die Erlebnisse als minderwertiger Aberglaube erklärt, den kein Mensch ernst nehmen könne. Vianney wurde lächerlich gemacht, seine Erlebnisse mit dem Bösen als Wahnvorstellungen betrachtet. Man versuchte, die Angelegenheit mit überreizten Nerven zu erklären, einer geistigen Verschrobenheit, was bei diesem „idiotischen Manne" [Aussage aus seiner Zeit] auch nicht verwunderlich sei.

Doch wenn die Seele geistige Höhen erreichen will und sich dem Lichtreich entgegenstreckt, kommt sie unweigerlich auch mit Kräften in Berührung, die sie zurückhalten wollen. Alle Heiligen hatten mit dämonischen Kräften Kämpfe zu bestehen und sich außerordentlichen Bedrohungen zu stellen.

Es wird gerne behauptet, dass solche Kämpfe nur auf einem inneren Geschehen beruhen, dem keine Realität zukomme, doch die spukhaften Erscheinungen, physikalische Phänomene und körperliche Angriffe beweisen das Gegenteil. Besetzung und Spuk sind immer miteinander verknüpft. Das Böse in der geistigen Welt ist real und doch nicht real, es kann umschrieben, aber nicht wirklich erklärt werden. Jedes Leben hat seine Versuchung, sie fehlt in keinem Menschen vollständig. Vianney starb 1859. Er wurde 1925 durch Papst Pius XI. heiliggesprochen.

Vor Kämpfen mit den Kräften des Bösen blieb auch der Schweizer Heilige, Einsiedler und Mystiker Nikolaus von der Flüe („Bruder Klaus", 1417-1487) nicht verschont. Die Heiligenviten klammern die damit zusammenhängenden merkwürdigen Ereignisse allerdings allzu gerne aus. Nikolaus war durchaus kein frömmelnder, sondern ein bodenständiger Mann, allerdings von starker religiöser Natur. Seine depressive Veranlagung, mit einem sich mit den Jahren immer mehr vertiefenden Hang zur Absonderung sowie sein eigenbrötlerisches Wesen veranlassten ihn, in der Religion Trost zu suchen.

Wie auch andere Heilige litt er unter den Anfechtungen des Teufels, der ihm nach Aussagen seiner Kameraden viel Ungemach zufügte und ihn hart peinigte. So wurde er einstmals über einen Hang hinab in ein Dornengebüsch geschleudert, wo er ohnmächtig und übel zugerichtet liegen blieb. Sein Sohn war Zeuge solcher Begebenheiten. Visionen verfolgten ihn und eine Stimme aus einer Wolke am Himmel schalt ihn einen törichten Mann, der sich besser dem Willen Gottes ergeben solle. Eine Vision wies ihn darauf hin, dass er sich in der Gefahr befinde, die Gnaden des Himmels zu verlieren, was seine ohnehin schon heftige innerer Erregung weiterhin steigerte und ihn nicht mehr froh werden ließ. Er wurde schwermütig und des Lebens überdrüssig, so dass „das Vorhandensein einer gemütsleidenden Neigung nicht geleugnet werden kann" und es wenig einsichtsvoll wäre, „das Krankhafte in diesen [seiner Biographie entnommenen] verschiedenen Äußerungen zu bestreiten." Als er sich auf seinem Pilgerweg ins Elsass abends unter einer Hecke zur Ruhe legte, hatte er ein für sein Leben einschneidendes Erlebnis. Ein himmlischer Strahl erleuchtete ihn und er empfing einen Schmerz, als ob ihm mit einem Messer der Leib aufgeschnitten würde, und wie von einem Seil gezogen, mahnte es ihn, in die Heimat zurückzukehren. Durch Fasten und Gebet gelang es ihm, alle Angriffe und inneren Widerstände zu überwinden, so dass er zu einem der letzten großen Mystiker des Mittelalters wurde. Durch Papst Pius XII. wurde er 1947 heiliggesprochen. Sein Opfer lag in dem Verlassen aller irdischen Bindungen, der Loslösung von Frau und Kindern, um seinen seelischen Frieden im Gehorsam dem Rufe Gottes gegenüber zu erlangen.

Mystiker, Schein-Heilige und Pseudo-Besessene

Wenn die Priester so sehr ihren Glauben verloren haben, dass sie nichts mehr von ihrem Privileg als Exorzisten halten, und keinerlei Gebrauch mehr davon machen, so ist das ein schreckliches Unglück, eine abscheuliche Pflichtverletzung, welche die angeblichen Hysteriker, mit denen unsere Hospitäler überfüllt sind, unweigerlich ihren schlimmsten Fein-

den ausliefert. Denn bekanntlich ist der Teufel ein entsetzlicher Buhle, der es vor allem auf Frauen abgesehen hat.

Jean Lhermitte: *Echte und falsche Mystiker*[140]

Im Vergleich zum biblischen Zeitalter und mittelalterlichen Glaubensvorstellungen wissen wir heute, dass viele innerpsychische Vorgänge wie Überleistungen der Sinnesorgane, Spaltungserscheinungen der Persönlichkeit, Gesichts- und Gehörhalluzinationen, eine Tendenz zur Personifizierung von Spaltpersönlichkeiten und autonomen Komplexen (Elementalen) aufweisen. Diese innerpsychischen Vorgänge vermögen eine Reihe von parapsychischen (Telepathie, Hellsehen) Eigenschaften sowie einige Fälle von Besessenheit als psychotische und neurotische Variationen der Psyche zu erklären, die teilweise durch entsprechende therapeutische Vorgehensweisen der Psychiatrie geheilt werden können. Eine eindeutige Grenze kann zwischen psychisch erkrankt und besessen allerdings nicht gezogen werden, da die Erscheinungsformen ineinander überzugehen scheinen. Der erfahrene Therapeut wird zugeben, dass eine Reihe von Fällen auf die üblichen therapeutischen Verfahren nicht anspricht, weil die Gesetze der analytischen Therapie wie von einer fremden Macht durchkreuzt zu werden scheinen und deshalb eine magische Beeinflussung oder Besetzung denkbar erscheinen lassen.

Tiefgreifende geistige Störungen vermögen Krankheiten, Besessenheit und mystische Tendenzen zu vermischen, so dass wir aus klinischer Sicht keine Erkenntnis über den wirklichen Zustand eines Menschen und den Zusammenhang mit den daran beteiligten Kräften gewinnen können. Dem Erkennen wahrer mystischer Zustände stehen Hindernisse gegenüber, die an der „Echtheit" vieler wundersamer Erscheinungsformen zweifeln lassen, die auf den ersten Blick ein Eingreifen übernatürlicher göttlicher Kräfte na-

140 Zitiert nach Dr. Gebhard Frei: *IMAGO MUNDI* Bd. II, S. 177.

helegen. Diese Hindernisse bestehen in der Einmischung abgespaltener, aber unbewusst gebliebener Seelenbestandteile der eigenen Psyche in die Erscheinungswelt der Phänomene. Sie bestehen aber auch in der Übernahme persönlichkeitsfremder Geistwesen, Seelenfragmenten Verstorbener als auch dämonischer Kräfte.

In der geistigen Welt existiert ein stetes Geben und Nehmen, oder besser gesagt, eine oftmals zwanghaft erfolgende Vermischung der an einem Vorgang bzw. Ereignis beteiligten menschlichen und astralen Kräfte. In welche Richtung sich das Gleichgewicht verschiebt, hängt wesentlich mit der Entwicklung des menschlichen Bewusstseins zusammen und seiner Erkenntnisfähigkeit in Bezug auf die Arten der Astral-Energien. Es ist ein Kampf, der sich – mit wenigen Ausnahmen bei spirituell hoch entwickelten Menschen – nicht im Bewusstsein des Menschen abspielt, sondern im Potentialfeld seiner geistigen Grundstruktur unter Einbeziehung aller daran beteiligten karmischen Zusammenhänge.

Besessenheit, die auch das Gebaren vieler Mystiker anzeigt, ist immer ein negatives, zwanghaftes Phänomen, während eine „göttliche Ergriffenheit“ vom bewussten Willen zur Vereinigung ausgeht. Doch sind hier wirklich Unterschiede aufzuzeigen? Wir haben bereits bei Staudenmeier gesehen, dass die geringste geistige Hinwendung an ein bestimmtes Thema zur Übernahme des Bewusstseins durch ein Geistwesen führen kann. Desgleichen erleben wir auch in der Heiligenmystik. Schon die geringste geistige Hinwendung an ein religiöses Thema oder einen Andachtsgegenstand genügt bei einigen Personen, um das Bewusstsein zu verlieren und in eine Ekstase oder einen anderweitig abnormen Zustand zu fallen. Wo hört die Freiwilligkeit auf, und wo beginnt der Zwang? Die Eigenschaft, für Gnadengeschenke würdig zu sein, muss in der Regel mühsam erarbeitet werden, selbst wenn gewisse Vorbedingungen aus vorangegangenen Leben dieses erleichtern. Fallen sie einem in den Schoß, so sind Zweifel an der göttlichen Herkunft durchaus angebracht. Viele, die sich ernsthaft um eine moralisch hohe Bewusstseinsbildung bemühen, müssen am Ende erkennen, dass sie ihre Erfolge negativen Kräften verdanken, deren Tarnung und Täuschung sie nicht zu durchschauen vermochten. Nicht durch Fleiß, Übung und Gewalt kann das Reich Gottes wahrgenommen werden, sondern durch Glaube, Demut und Entsagung in Bezug auf ablenkende sinnliche Wahrnehmungen. Gotteserkenntnis beruht auf innerlicher Erfahrung und nicht auf äußeren Kenntnissen und Eigenschaften.

Ekstatische Zustände brechen bei Heiligen wie auch bei Besessenen mit einer nicht zu kontrollierenden Gewalt herein, sie erschrecken und sind vom Gefühl begleitet, die Seele werde dem Leibe entrissen. Alle Beziehungsfunktionen sind aufgehoben und das äußere Befinden entspricht einem Zustand der Hypnose, dem Trancezustand oder einer Katalepsie. Es handelt sich aber um keine Geisteskrankheit, denn betroffen werden auch Personen, die niemals zuvor oder danach diesbezügliche Anzeichen zeigten. Die Erschütterungen der Seele treffen auch das körperliche Befinden schwer und hinterlassen einen Zustand äußerster Ermüdung, der mitunter mehrere Tage lang anhält, ein Zustand, wie wir ihn auch bei Besessenen kennengelernt haben. Schon die spanische Mystikerin und Heilige Teresa von Ávila warnt vor den Gefahren für die Seele, wenn diese an Wonnen und Freuden Gefallen findet, da keine Gewähr gegeben sei, dass sie von Gott stammen. „Die Seele, der Gott diese Gunst erweist, empfindet keinerlei Selbstachtung; sie weiß, dass es sich dabei um ein reines Geschenk handelt und dass sie es nicht von sich aus erzwingen oder erlangen kann."

Obgleich Ohnmacht, religiöse Ekstase und medialer Trancezustand äußerlich Ähnlichkeiten aufweisen, sind sie unterscheidbar, offenbar auch bezüglich ihrer Quelle. Bei der natürlichen Ohnmacht setzt die Geistestätigkeit aus, während sie in der Ekstase außerordentlich rege ist, was sich in den Gemütsbewegungen und der Mimik widerspiegelt. Der Körper mag bewegungslos und gefühllos sein, doch die Augen folgen der Ortsveränderung der Visionen. Ekstatische Trancezustände finden sich auch bei Psychopathen, sie sind jedoch durch inhaltliche Leere und Verwirrung gezeichnet, und starrsüchtiges Grimassieren ähnelt der Gemütsbewegung eines Toten. Hysterische Ekstasen können ebenfalls mit dem Gefühl einer geistigen Entrückung oder religiösen Verzückung einhergehen, was doch zumindest auf ihre physiologische Verwandtschaft hinweist. Sie sind beim weiblichen Geschlecht und bei minder begabten Kindern keine Seltenheit, sie sind den Ekstasen der Mystiker ähnlich.

Pierre Marie Félix Janet, der bedeutende französische Philosoph, Psychiater und Psychotherapeut, berichtet uns von einer geistig kranken Patientin, bei der sich wirkliche Frömmigkeit mit pathologischen Elementen mischt. Sie erlebt Tröstungen, Ekstase, gerät in Verzückung; der Körper ist starr, sowohl in Gebetshaltung als auch in der Kreuzigungspose. Die Ekstatikerin reagiert nicht auf äußere Reize, die physiologischen Funktionen sind intakt und gesteigert. Sie kann nach dem Erwachen erzählen oder aufschreiben, was sie empfunden hat. Dem Befehl ihres Beichtvaters folgend erwacht sie sofort. Sie berichtet:

> „Mein Geist ist nicht bei den Bewegungen, die ich ausführe, beteiligt; nur mein Körper reagiert wie eine Maschine. Ich bleibe im Grunde gelähmt, aber eine unsichtbare Hand bringt mich trotzdem zum Handeln und Sprechen. Der Gedanke an Gott hat mich gänzlich aufgesogen; meine Seele gehört nicht mir selber, denn Gott hat sich meiner völlig bemächtigt [...] Mein Zustand besteht in der Beherrschung des Körpers durch den Geist; der Körper stellt seine Tätigkeit ein, damit die Seele besser denken, betrachten und lieben kann. Die Lebensregungen setzen aus, als wenn ich keinen Körper, keine Glieder mehr hätte; es ist nur noch der Geist, der ein intensives Leben führt."[141]

Ihr Beichtvater erkennt in ihrem Zustand eine Mischung zwischen wirklicher Frömmigkeit und krankhaften Neigungen und weist den Gedanken an eine rein mystische Vereinigung von sich. Die Patientin ist mit geistigen und künstlerischen Fähigkeiten begabt, „ein hochstehender Typus einer inbrünstigen, an einen gebrechlichen

141 Jean Lhermitte: *Echte und falsche Mystiker*, S. 40 ff.

Körper gefesselten Seele, die an der Schwelle des wirklichen mystischen Zustandes innehält, da sie nicht die Welt der Sinne zu überwinden vermag, um die Sphären der reinen Geistigkeit zu erreichen."

Vergessen wir nicht, dass wir hier eine Kranke vor uns haben, die wegen ihrer „Zustände" in eine Heilanstalt eingeliefert wurde. Kämpfen hier zwei Seelen in einer Brust, zwei Geister unterschiedlicher Gesinnung? Liegt eine Besetzung durch externe Geistwesen vor oder eine Einflussnahme durch selbst erzeugte Seelenwesen, Elementale der Frömmigkeit? Für einen Kampf zweier widerstrebender Kräfte im Menschen gibt es jedoch keine Anhaltspunkte. Doch was ist es dann? Ein Steckenbleiben in der mystischen Entwicklung, wie der Pfarrer es vermutet oder eine Besetzung durch eine zur Frömmigkeit neigende Seele, die ihre Entwicklung in diesem Körper fortzusetzen versucht im Sinne einer Schein-Inkarnation?

Visionen, Trancezustände und Ekstasen mit religiösem Inhalt vermischen sich mitunter mit Zwangsgedanken, die eine Besetzung nahelegen. Es wäre unglaubwürdig, in einem Fall wie dem Folgenden von Teilen *einer* Psyche zu sprechen, von gegensätzlichen Polen, die gegeneinander kämpfen. Eine Ekstase ist kein Traum und eine Vision ebenso wenig.

> Eine Klosterfrau wird meist während des Schlafs von einem visionären Zustand überrascht, den sie als Ekstase bezeichnet. Ihr erscheint Jesus, der sie zu sich ziehen will, von dem sie sich aus Furcht, dem ekstatischen Zustand nachzugeben, aber abwendet. Dann erscheint ihr eine alte Frau, sie ansprechend: „Meine Verbannung wird bald ein Ende finden; ich habe täglich den Rosenkranz für dich gebetet. Bald werde ich der Prozession folgen, meine Verbannung hat dann ein Ende. Ich bin glücklich." – Ihr erscheint Christus, der sie in ein finsteres Gefängnis wirft; die Muttergottes stürzt sie in einen See voller Schlangen, spricht ihr dabei aber Mut und Schutz zu. Die Schwester fühlt sich als Beute des bösen Feindes; Jesus will sie in einen Kasten einschließen, damit Satan sie nicht erreichen kann. Ihr eigener

Wille ist ausgeschaltet. Mitunter glaubt sie, geträumt zu haben, kann sich einiger Szenen der Nacht vergegenwärtigen. Dann kommen wieder blasphemische Impulse hinzu: „Es gibt keinen lieben Gott; das Kruzifix ist doch nur ein Stück Holz." Sie fühlt sich unter der Macht des Bösen. Satan selbst zwinge sie zum Handeln. Er ist es auch, der ihr Nadeln oder Glassplitter unter die Speisen mischt.[142]

Bedeutende Mystiker und Heilige sind sich darüber einig, dass Visionen, Ekstasen, geistige Ansprachen sowie das Gefühl der Gegenwart Dritter und in gar keiner Weise das Auftreten von spukhaften Ereignissen als Kriterien eines göttlichen Eingreifens angesehen werden können. Die heiliggesprochene Karmeliterin Theresia von Jesus bezeichnet sie als Werke des Teufels oder durch Krankheit hervorgerufen und rät, ihnen zu misstrauen und sie unaufhörlich zu bekämpfen. Von Gott kommende Worte und Ansprachen kennzeichnen nach ihren Aussagen:

- sie verleihen Macht und Autorität, sind zugleich Worte und Werke
- sie verleihen einen tiefen Frieden in der Seele
- sie bleiben lange im Gedächtnis haften, sind teils unvergesslich
- sie sind klar und deutlich und verschieden von Dingen, die man halb geträumt hat
- sie antworten auf einen Gedanken, der schnell vorüberzieht oder uns früher beschäftigt hat
- sie wirken in positiver Weise auf das Verhalten, vermitteln Energie, Mut, Kraft und Liebe zum Nächsten

Einig sind sich die Geistesgrößen darin, dass die beeindruckenden äußeren Manifestationen einen übernatürlichen Ursprung haben und auf den ersten Blick als göttlich erscheinen können, es aber nicht sein müssen. Sie fragen sich, ob nicht die göttlichen Visionen und Ansprachen, physiologisch und psychologisch gesehen, menschliche Handlungen darstellen, die durch eine göttliche (oder dämo-

142 Jean Lhermitte: *Echte und falsche Mystiker*, S. 43 ff.

nische) Macht ausgelöst werden. Auch Mystiker und Heilige bestehen aus dem gleichen Stoff wie andere Menschen, unterliegen den gleichen Stimmungen und Abläufen der Gehirnvorgänge, was die Verschiedenartigkeit der Phänomene, ihren möglicherweise krankhaften Ursprung sowie ihren individuellen Umgang mit ihren erklärt.

Auch das beeindruckende und ausgesprochen mystische Phänomen der Stigmatisation kann nicht als Begründung für ein göttliches Eingreifen angesehen werden, sondern führt bei analytischer Untersuchung eher zu einer Trübung des Urteils; Stigmatisation ist *ein* Element der mystischen Entwicklung, nicht aber das Bedeutendste. Stigmatisationen sind – wie auch das Phänomen des Blutschwitzens – außerordentlich wandlungsfähig und stehen fast immer mit ekstatischen Krisen und Trancezuständen im Zusammenhang, gelten jedoch sehr wohl als das Vorrecht der fortgeschrittenen Seelen. Vom Typus der Stigmatisierten ist auffallend, dass es sich um Menschen aus dem Volk handelt, namentlich bäuerischer Herkunft, mit gerade noch durchschnittlicher intellektueller Entwicklung und von zarter Gesundheit. Betroffen sind hauptsächlich Frauen im geschlechtlich aktiven Alter, also etwa zwischen 15 und 50 Jahren. Die gesundheitlichen Störungen, die in den meisten Fällen die Stigmatisierten begleiten, sind denen der Hysteriker ähnlich: Taubheit, Blindheit, Stimmlosigkeit, Krämpfe und Muskelstarren, Lähmungen, Katalepsie, Veränderungen der Sinneswahrnehmungen. Außerdem sind sie „Spezialisten" für plötzliche Heilungen, die wie ein Wunder anmuten und physiologisch nicht erklärbar sind. Herbert Thurston fügt hinzu:

> „ [...] dass man der These einer übernatürlichen Stigmatisation nur wenig Glauben schenken kann: Nervöse Phänomene und Krankheiten gedeihen in der gleichen Atmosphäre, und man kann den Begriff eines Kreuzigungskomplexes ins Auge fassen, bei dem die religiöse Idee eine solche Wirkung hat, dass sie auf übermäßig sensible Personen einen bedeutenden Einfluss ausübt. Und aus diesem Grunde

hat auch die Gestaltung der Wundmale einen persönlichen Charakter und steht in enger Beziehung mit dem Gegenstand, dem Kruzifix, das der Stigmatisierte betrachtet. [Der zarte oder körperlich gebrechliche Zustand ist entscheidend.] Den physisch kräftigen Heiligen werden keine Wundmale zuteil, obwohl sie die Passion des Herrn verehren und an seinen Leiden teilnehmen. Zahlreiche fromme Frauen indessen, die niemals im Geruche der Heiligkeit standen und bei denen uns die Geschichte einen gewissen Überschwang ihres Gefühlslebens enthüllt, werden mit einer Blutung der fünf Wunden Christi bedacht."[143]

Der französische Arzt und Experte für Stigmatisationen, Antoine Imbert-Gourbeyre (1818-1912), weist darauf hin, dass Stigmatisierte gewöhnlich von physischen oder somatischen Anfällen heimgesucht werden, die ihren Ursprung in einer Besetzung durch den „bösen Geist" erkennen lassen. Dies äußere sich durch Geräusche, Gepolter, die Verrückung oder das Verschwinden von Gegenständen, Klopflaute, Brände, Fesselung der Glieder, dämonische Visionen usw. Auch zeichnen sich manche dieser Menschen durch eine ungewöhnliche Nahrungslosigkeit aus.[144] Spukphänomene sind also auch hier die begleitenden Aktionen bei Besetzungen.

Viele der Begleitphänomene der Mystik gehören in den Bereich der Hysterie, also in den medizinischen Zuständigkeitsbereich. Fieberanfälle, plötzliche Blindheit und ihr unerklärliches Verschwinden, Taubheit und seine wunderbare Heilung, „Meningitis", die von Erbrechen, Blutspucken und Erstickungsanfällen begleitet ist, Anästhesien, Verkrampfungen, Kontrakturen der Glieder, Starrsucht und Lethargie samt ihren theatralischen Erscheinungsformen sind Bilder, die sich in schweren Nervenleiden wiederfinden. Hinzu kommen ein übersteigerter seelischer Empfindungszustand, ein Hang zur Lüge und Verstellung, zum Phantasieren und Fabulieren sowie eine außerordentliche Empfänglichkeit gegenüber Auto- und Fremd-

143 Henri Thuston in: Jean Lhermitte: *Echte und falsche Mystiker*, S. 77 f.
144 Bei John Lhermitte: *Echte und falsche Mystiker*, S. 79, Fußnote 17.

suggestionen. Der Hysteriker vermag sowohl wirkliches organisches Leiden als auch übernatürlich verursachte Erscheinungsformen vollkommen wiederzugeben, obgleich ihm dies von der Entwicklung seines Bewusstseins und seinen natürlichen Fähigkeiten gemäß unmöglich sein sollte. Wenn auch noch paranormale Elemente hinzukommen, sollte kein Zweifel an einer Besetzung vorliegen, auch wenn das gesamte Erscheinungsbild nicht den klassischen Besessenheitsfällen entspricht und persönlichkeitstypische Elemente mit in die Vorstellung eingebaut werden.

Die Betroffenen haben gewöhnlich nicht einen Augenblick den Gedanken, dass ihre Intuitionen, Bilder und Gefühle einer unreinen Quelle entstammen könnten. Das ist aus menschlicher Sicht verständlich, denn wer würde sich nicht bevorzugt fühlen, wenn die geistige Welt an ihn herantritt und ihn mit angeblichen Gnadenbeweisen überschüttet. Diese egoistische Grundhaltung steht jedoch im Gegensatz zu den Erfahrungen und Lehren der wahren christlichen Mystiker, deren gesamtes Seelenleben auf Demut ausgerichtet ist. Viele kontemplative Geister, die sich dem inneren Leben hingeben, sind in ihrer Selbstliebe gefangen, weshalb ihnen die Heiligkeit abgesprochen werden muss. Allen Psychoneurosen liegt eine Ichbezogenheit zugrunde, das gilt für Hypochonder ebenso wie für Besessene. Das Feld des Bewusstseins beschränkt sich auf die eigene Person.

Der abwehrende Kampf gegen eine Besessenheit durch einen Akt des Exorzismus birgt eine Reihe von Gefahren, die seelischer (Angstzustände), aber auch körperlicher Natur (Angriffe) sein können. Auf die Möglichkeit der Übertragung des Dämons auf den Exorzierenden wurde bereits hingewiesen. Problematisch kann die Situation entarten, wenn nicht Besessene sondern seelisch erkrankte Personen (Neurotiker, Hysteriker) exorziert werden, die sich eine Besessenheit einbilden, weil sie keine andere Ursache erkennen können.

Jean Lhermitte (1877-1959), der französische Neurologe und Neuropsychiater, berichtet uns vom Fall einer 40-jährigen Klosterfrau, deren „Besessenheit" nach Angaben ihres Beichtvaters auf reiner Einbildung beruhe. Es handelt sich um eine Frau mit wenig entwickeltem Verstand, die sich immer wieder der gleichen (lässlichen) Sünden (fleischliche Versuchungen oder Vorstellungen) bezichtigt. Der genervte Beichtvater ließ sich unglücklicherweise zu den Worten hinreißen: „Aber meine Tochter, Sie sind ja besessen!" Damit begann dieser Gedanke in der Frau Wurzeln zu schlagen und sich zu einem Gefühl der Besessenheit zu entwickeln. Bald war auch der Beichtvater selbst überzeugt, dass sein Beichtkind vom bösen Geiste besessen sei und begann ohne bischöflichen Auftrag, den feierlichen Exorzismus durchzuführen. Die Betroffene zeigte Verrenkungen und Grimassen, neigte zu Gewalttätigkeit, schlug um sich, zertrümmerte Gegenstände, erging sich in Schmähungen und störte auf solche Weise die Andacht ihres Klosters.

Die Frau wurde zur Behandlung gebracht. Ein Befreiungsgebet an den Erzengel Michael löste anfallsartige Zustände aus, wie sie für Hysteriker und Besessene typisch sind. J. Lhermitte schreibt abschließend: „Nach einer zweiten Untersuchung entschloss ich mich, mehrere Sitzungen mit Elektroschock zu verordnen. Was ein Jahr Exorzismus nicht zuwege gebracht hatte, wurde in einer einmonatigen Behandlung erreicht, so dass sich sogar der Schatten des bösen Geistes verflüchtigte."[145]

Bezüglich der Fälle, die in der Literatur beschrieben werden, haben wir leider keine Möglichkeit auf radiästhetischem, hellseherischem oder medialem Wege nachzuprüfen, ob wirklich eine Besetzung vorliegt. Eine andere Deutung ist in diesem Fall möglich: Die über Jahre hinweg sich aufbauende erotische Seelenqual der Klosterfrau führte zum Aufbau eines sich verselbstständigen Elementals oder zur Anziehung eines entsprechenden Seeelenwesens, vielleicht dem Geist einer verstorbenen Nonne. Damit liegt eine Besetzung leichterer Form vor, die ursprünglich nicht als solche auffällig wurde, aber nach Bestätigung durch den Beichtvater auf-

145 Jean Lhermitte: *Echte und falsche Mystiker*, S. 219 f.

grund des zurückgedrängten inneren Widerstandes die Oberhand gewann. Sofern die seelischen und körperlichen Begleiterscheinungen während des Exorzismus nicht auf betrügerische Weise hervorgerufen werden, sind sie ein deutliches Zeichen einer dämonischen Kraft und Anzeichen einer Besetzung.

> Elektroschock-Therapie ist ein seit 1938 angewandtes Therapieverfahren für geistig Kranke und gehörte vor der Einführung der Neuroleptika zur Standardtherapie bei schweren depressiven Störungen. Eine schwedische Studie von 2012 zeigte bei depressiven Patienten eine nach Lebensalter gestaffelte Erfolgsrate durch Elektroschock von 74 (jüngere Menschen) bis nahezu 90 (ältere) Prozent. Je schwerer die Erkrankungsform, umso wirksamer die Therapie. Selbst bei Persönlichkeitsstörungen wurden zu 60 Prozent Erfolge erzielt. Optimal wirkte die Schocktherapie bei wahnhaften Depressionen, Starrezustand (Stupor), schizoaffektiver Psychose, Major Depression mit hoher Suizidalität oder Nahrungsverweigerung und lebensbedrohliche Katatonie.[146]

Therapieverfahren mittels Elektroschock können wirklich helfen, Besetzungen zu vertreiben, zumindest in leichteren Fällen, aber nicht immer dauerhaft. Geistige Potentiale, die mit dem seelischen System des Menschen verknüpft sind, haben Anteil am elektromagnetischen Umfeld des Menschen und sind deshalb durch ebensolche Maßnahmen zu beeinflussen, also mittels Elektrotherapie oder in geeigneter Weise angewandtem Magnetismus. Letzteres ist durch die Arbeiten der Magnetiseure vergangener Jahrhunderte ja hinlänglich bekannt geworden. Wir haben in unserem radiästhetischen Arbeitskreis selbst Untersuchungen zu dieser Thematik durchgeführt – nicht an Personen mit offensichtlichen Besetzungen, sondern an Probanden mit belastenden seelischen Energien in der Aura, wie sie auf jeden Menschen zukommen können. Durch eine mehrere Sekunden währende Anwendung eines „Elek-

146 https://eppendorfer.de/psychiatrie-unter-strom/.

troschockers“ (Gerät zur Selbstverteidigung) in der Aura des Betroffenen (also ohne Körperkontakt) gelang es, diese belastenden Energien vollständig zu beseitigen. Die mit dem Gerät erzeugten hochfrequenten Impulse werden von Geistwesen direkt empfangen, und sie besitzen meist nicht die Kraft, dagegen erfolgreich anzukämpfen. In diesem Fall verlassen sie den Organismus. Gelingt es nicht, sie auf diese Weise zu vertreiben, kann es allerdings auch passieren, dass sie sich nur umso fester an das machtlose Menschenwesen anklammern und andere ablösende Verfahren angewandt werden müssen.

Pseudo-Besessenheit liegt vor, wenn hysterisch veranlagte oder an Schizophrenie (Doppelbeseelung) erkrankte Personen, Erscheinungsformen ihres Leidens in eine Besessenheit umdeuten oder durch Angehörige oder sonstige Umstände in diesem Glauben bestärkt werden. Da diese Erkrankungen mitunter mit religiöser Symptomatik und eventuell sogar paranormalen Effekten einhergehen, ist es für den Arzt oder Seelsorger schwer, eine entsprechende Deutung auszusprechen. Oftmals zeigt nur die Entwicklung des Falles, welche Einflussgrößen eine Rolle spielen. Besondere Wachsamkeit ist geboten, wenn jemand vorgibt, himmlische Gnadenbeweise zu erhalten.

Die Einbildungen der Pseudomystiker wurzeln in der Wirklichkeit, ihr Denken zeigt eine gewisse Logik, während im Fall von psychischen Spaltungen (Schizophrenie) der Kontakt mit der Realität unterbrochen ist. Schizophrene befassen sich mit imaginierten Gegenständen, denen jegliche Objektivität fehlt und die die Betroffenen zu einer neuen Denkweise veranlassen, in der Raum und Zeit ihre Bedeutung verloren haben und der Mensch sich dem Einfluss okkulter Kräfte öffnet. Geistige Kräfte treten hier an die Stelle der Realität und schließen logische Zusammenhänge aus. Es entwickelt sich ein unwirkliches Denken, das von geistigen Kräften aus dem Innern des Menschen sowie von jenseitigen Entitäten gespeist wird. Die damit zusammenhängenden Visionen und Halluzinationen sind übernatürliche Vorgänge, die gegen die bekannten

Naturgesetze verstoßen. Das Selbstbewusstsein des Menschen geht verloren und wird durch eine Hingabe an Phantasie-Kräfte ersetzt, an Jesus Christus, an den Teufel, an heilige oder anderweitig prominente Personen der Jetztzeit oder der Vergangenheit. Es ist schwer zu unterscheiden, ob es sich dabei um den Einfluss realer geistiger Wesenheiten handelt, oder um reine Phantasie-Personifikationen. Besessenheit *erhält* das Selbstbewusstsein der Person, auch wenn sie es für eine Zeitspanne zurückdrängt, der krankhafte Zustand dagegen *zerstört* die Eigen-Persönlichkeit.

Fräulein B. wurde bis zu ihrem fünften Lebensjahr im Kloster erzogen, danach von ihrer Großmutter. Bereits im Alter von zehn Jahren hat sie Erscheinungen. Mit fünfzehn wird sie von einer seltsamen Krankheit befallen und gilt als schwer erziehbar, gerät auf Abwege, tritt in ein Kloster der Franziskanerinnen ein. Dort wird sie von Erscheinungen verfolgt, sieht Gott, die Muttergottes, die ihr Aufträge erteilen. Sie fällt in Ekstase, erstarrt, erleidet Bewusstseinskrisen, die sich mehrfach am Tage wiederholen. Danach ist sie von einer Vision besessen, die sie zu verscheuchen sucht. Trotz der nervösen Erscheinungen und zeitweiser Taubheit, vermag sie die ihr aufgetragenen Tätigkeiten gut auszuführen. Ihr Traumleben wird zusehends konfus. Der Papst erscheint ihr zusammen mit dem Erzengel Michael, der durch eine glühende Sonne erhellt wird. Ein Hund und weitere Tiere begleiten die Erscheinungen. Ein Kardinal kommt hinzu, ferner ein schwarzer Hund. Ein Tier, eine Kreuzung zwischen Hund und Stier, beißt den schwarzen Hund, dessen Kopf sich in das Haupt des Papstes verwandelt. Zahlreiche Träume ähnlicher Art verfolgen sie, in denen sie sich selbst in Erscheinung treten sieht. Später treten derartige Träume auch im Wachzustand auf. Visionen und Vorstellungen sind Ausdruck eines Traumes, der im Halbschlaf oder im Wachzustand fortgesetzt wird. In einer Phase des Ausbleibens der himmlischen Tröstungen beschließt sie, nicht zu kommunizieren. Angst und Beklemmung stellen sich ein. Als sie in ihr Zimmer stürmt, beginnen die Wände zu brennen, der Raum scheint in Flammen zu stehen. Ein riesiger Teufel erscheint in der Mitte, der verschwommene menschliche Züge trägt; mit Hilfe eines Kruzifixes gelingt es, die Vision zu

> vertreiben. In ihrem Innenleben treten Gefühle und Ideen mystischen Charakters auf. Sie erduldet den Todeskampf Christi, da alle Sünden der Welt auf sie niedergefallen seien. Sie stellt ein Gefäß des Göttlichen dar, verkörpert zugleich Christus, die Muttergottes, die Kirche, auch der hl. Paulus ist in sie inkarniert, sie stellt die Unbefleckte Empfängnis dar, in ihrer Brust ruht das heiligste Herz Jesu. Sie steht in dauernder Verbindung mit Gott und den Heiligen. Was sie mit den leiblichen Augen sieht, ist nicht die eigentliche Welt. Die Ärzte in der Heilanstalt sieht sie als Abgesandte des Papstes, die Krankenwärterinnen sind weiße Schwestern [...][147]

Es erübrigt sich, diese Aussagen weiter fortzusetzen. Wir erkennen die Unterschiede zu den klassischen Besetzungsformen, die konkrete Ziele verfolgen und die weiterhin erhalten gebliebene menschliche Logik begleiten. Obgleich zeitweilig Übereinstimmungen zwischen Kranken und Besessenen zu bestehen scheinen, zeigt doch das Gesamtbild der Kranken einen dauerhaften Verlust der Persönlichkeit, der bei Besetzungen nicht gegeben ist. Wie weit allerdings auch Erkrankungsformen dieser Art durch im klassischen Sinne unauffällige Besetzungen verursacht werden, kann wohl nur über mediale Jenseitskontakte wirklich geklärt werden. Die Untersuchungen von C. Wickland verweisen eindeutig in diese Richtung. Dafür spricht auch ein vielfach beobachteter Krankheitsverlauf, der vom hysterischen Erscheinungsbild ausgeht und in einer regelrechten Geisteskrankheit endet.

> Ein 31-jähriger Herr (die Vorgeschichte wird nicht mitgeteilt) glaubt sich zum Klosterleben berufen und tritt in ein Kloster ein. Während der Exerzitien spürt er, wie ein inneres Licht auf ihn zukommt, das sein Innerstes verwandelt. Schon in der zweiten Nacht wird er von einer ungewohnten Traurigkeit heimgesucht und empfindet die Gewissheit, dass ihm irgendeine Katastrophe bevorsteht. Er verlässt das Kloster und kehrt in seine Heimat zurück, wo sich die seelischen Störungen steigern. Halluzinationen und Sinnestäuschungen treten auf;

147 Jean Lhermitte: *Echte und falsche Mystiker*, S. 230 ff.

z. B. sieht er in der Kirche einen Priester mit einer Pappschachtel auftauchen, der wieder verschwindet. Er glaubt, übernatürliche Fähigkeiten zu besitzen, durch die er Fahrzeuge mit einer bloßen Handbewegung anhalten könne [diese Empfindung beobachteten wir bereits bei Staudenmeier]. Im Krankenhaus versinkt der Patient in ein Delirium mit verschiedensten Halluzinationen und Wahnvorstellungen. Ihm kommt der Gedanke, dass er vom Teufel besessen sei, der ihn lenke und sein Denken bestimme. Doch bald ist die seelische Auflösung so weit vorangeschritten, dass er nur noch unzusammenhängende und automatenhafte Geistestätigkeiten produziert, ohne von seinem Verhalten eine geistige Vorstellung zu haben.[148]

Im Gegensatz zu krankhaften Erscheinungsformen ist die echte christliche Mystik keine Gabe, die ohne eigenes Bemühen erlangt werden kann. Sie beruht auf einem Sieg gegen die eigenen negativen Triebe und Neigungen des weltlichen Menschen. Es ist ein Kampf, der oft von schmerzlichen Erscheinungen durchsetzt ist, die uns an Geistesstörungen hysterischer und paranormaler Art erinnern, trügerische Nachahmungen des Übernatürlichen.

***

Zusammenfassung: Automatisiert ablaufende Bewusstseinsprozesse, die dem medizinischen Bild einer psychischen Spaltung entsprechen, bilden die Grundlage für sich ganz allmählich einschleichende Fremdenergien, die eine schrittweise Veränderung der Persönlichkeit bewirken bis hin zur zeitweisen völligen Besitzergreifung. Aufgrund einer weitgehenden Vermischung fremder geistiger Individualitäten mit dem eigenen Selbst, wird eine Unterscheidung zwischen Fremd und Selbst weitgehend unmöglich. Es treten neue Gedankenformen auf, die von veränderten Neigungen und einem anderen seelischen Empfinden begleitet werden.

Besetzungen erfolgen nicht ohne Grund. Sie sind uns auch nicht wesensfremd, denn sie folgen unseren eigenen Leidenschaften und

148 Jean Lhermitte: *Echte und falsche Mystiker*, S. 235 f.

Neigungen. Unsere Gedankenformen sind nicht auf das eigene energetische Umfeld beschränkt, sondern prägen sich auch einer energetischen „Welt-Matrix" ein und wirken somit auch auf andere Menschen, astrale Wesenheiten und die gesamte Schöpfungsordnung einschließlich der elementaren Kräfte, welche die Entwicklung unserer Erde betreffen. Die freiwillige Öffnung der Seele gegenüber astralen Energien ist der häufigste Grund für das Eindringen persönlichkeitsfremder Geistwesen in die Aura des Menschen. Sie führt zu einem Doppelbewusstsein. Der fremde Gast wird zu einem realen Bestandteil der eigenen Seele, es ist ein Verschmelzen zu einer einheitlichen Persönlichkeit. Die Häufung von Besetzungen gerade im klösterlichen Bereich – zumindest die älteren Fälle betreffend – steht im Zusammenhang mit der dort herrschenden spirituellen Grundstruktur (Bildung von Elementalen); zahlreiche Personen wurden bereits im Kindesalter in klösterliche Obhut gegeben.

Psychologen und Ärzte meiden heute den Besetzungs-Begriff und sprechen von Zwangshandlungen, Zwangsgedanken, neurotischen Störungen usw. Aufgrund der Beobachtung, dass Besetzungen eine starke Abhängigkeit vom seelischen Zustand des Betroffenen zeigen, werden ihre Ursachen als im Menschen selbst liegend angesehen. Beziehungen zwischen Besetzung und Krankheit sind insofern beweisbar, da Ablösungen der fremden Geistwesen zu meist spontaner Heilung und Gesundung in Bezug auf körperliche und seelische Themen führen. Im klösterlichen Bereich wurde dem Gesichtspunkt der Prä-Disposition für Besetzungen, also der seelischen Grundlage, der Stempel einer göttlichen Prüfung auferlegt, der widerstanden werden müsse. Tatsächlich kann durch Überwindung negativer seelischer Eigenschaften ein Sieg über die dämonischen Anfechtungen errungen werden. Dies gelingt allerdings nur in seltenen Fällen.

Besetzungen werden – wenn es sich bei den Besetzern um Seelenwesen Verstorbener handelt – von diesen gern als eine Schein-Inkarnation empfunden. Durch die Besetzung von Lebenden haben die Totengeister das Empfinden, wieder am menschlichen Leben teilzuhaben. In diesem Zusammenhang verstehen sie allerdings nicht, warum sich als fremd empfundene Seelenstrukturen (nämlich die der Lebenden) immer wieder in ihre Entwicklung einmischen. Menschen, die aufgrund von Besetzungen an Krankheiten leiden, übernehmen die Symptomatik ihrer Besetzer, also die Erscheinungsformen und Schmerzen, unter denen diese zu Lebzeiten litten.

Betrachten wir unsere Welt aus energetischer Sicht, so wird deutlich, dass seelische Energien sowohl außerhalb als auch innerhalb unseres Selbst existieren, ja dass keine wirkliche Trennung zwischen innen und außen vorgenommen werden kann. Die Kraft unseres Geistes wirkt nicht nur in uns selbst, in unserem energetischen Umfeld, sondern auch im sogenannten „Jenseits", dem Bereich außerhalb unseres Selbst, dem Bereich außerkörperlicher Energien. Alle Arten von Phänomenen, mit denen wir uns hier befassen, stehen immer auch im Zusammenhang mit einer „jenseitigen" Welt und mit den Wesenheiten und Kräften, die in ihr wirken. Heilmagnetische Behandlungen wie auch paranormale und mystische Phänomene zeigen, dass geistige Kräfte in der Lage sind, materielle Strukturen in der Weise zu beeinflussen, wie es die Strukturierung der geistigen Kraft vorgibt. Durch die geistig-seelische Kraft wird ein nicht-physikalisches Informationsfeld angestoßen, das auch die para-physikalischen Phänomene zum Teil der Realität unseres kosmischen Lebens werden lässt.

Die christliche Mystik ist ein Sammelbecken von Beispielen des Wirkens negativer und positiver Kräfte. Es existiert kein Mystiker des klassischen Vorstellungsbildes, bei dem nicht auch Besessenheit, Krankheit und paranormale Phänomene eine bedeutende Rolle spielen. Die Suche nach Gottverbundenheit führt den Mystiker auf einen Weg, auf dem er sich durch die gesamte negative Thematik des menschlichen allgemeinen sowie des persönlichen Selbst hindurcharbeiten muss, um die inneren Unzulänglichkeiten, die jeder menschlichen Natur anhaften, zu entfernen, um des göttlichen Lichtes teilhaftig zu werden.

Treten auf diesem Wege der Erkenntnisfindung tiefgreifende geistige Störungen auf, so geraten wir in eine Scheinwelt, die nicht nur die Mächte des Lichts offenbart, sondern auch solcher Wesen, die sich als geistige Führer ausgeben, dem Ego schmeicheln, um akzeptiert zu werden, dann aber eine unheilvolle Wirkung entfalten, einhergehend mit besetzungstypischer Symptomatik und paranormalen Begleiterscheinungen. Pseudo-Mystik zeigt ein zwanghaftes, negatives Erscheinungsbild, in dem äußere Manifestationen allerdings nicht immer übernatürlich begründet sein müssen, sondern ihren Ursprung auch im seelischen Untergrund des Menschen selbst haben können.

Durch Besetzung hervorgerufene Spukfälle

Einführung und Übersicht

Besonders häufig werden von den Besessenen prophetische und hellseherische Fähigkeiten behauptet. Sie sollen die Zukunft vorhersagen können und zum Beispiel den Ort versteckter Gegenstände anzugeben vermögen.

Traugott Konstantin Österreich: *Die Besessenheit*

Prophetische und hellseherische Fähigkeiten sind ein fester Bestandteil der Besessenheitsphänomene und finden sich in vielen der bislang erwähnten Beispiele. Begabungen dieser Art sind in unterschiedlichem Maße ein fester Bestandteil des allgemein-menschlichen übernatürlichen Wahrnehmungsvermögens, das infolge der Gewöhnung, Informationen über die bekannten Sinnesorgane zu erhalten, unterdrückt ist. Besessene entwickeln die Erweiterung ihres Bewusstseins in mehr oder weniger langen tranceartigen Zuständen, und auch die meisten „normalen" Menschen benötigen bewusstseins-reduzierte Seelenzustände, um ihre derartigen Fähigkeiten zu entfalten. Es existieren allerdings auch erlernbare Mentaltechniken, die Personen ohne Einschränkung des Wachbewusstseins in die Lage versetzen, entsprechende Vorhersagen zu tätigen und Verborgenes aufzuspüren. Einigen Personen sind diese Fähigkeiten sogar angeboren. In solchen Fällen kann schwerlich jemand ernstlich von einem Zusammenhang mit einer Besetzung sprechen. Auch im Rahmen parapsychologischer Forschung wird dieser Thematik eine große Bedeutung eingeräumt, ohne eine Besetzungsthematik zu diskutieren.

Fähigkeiten des Vorauswissens und prophetische Vorhersagen spielen im Zusammenhang mit Spukphänomenen nur eine untergeordnete Rolle, da diese meist spontan auftreten und auf den ersten Blick auch keinen Zusammenhang mit einer Besetzung erkennen lassen.

Ein eigenständiges, aber dennoch weithin bekanntes Phänomen spukhafter Vorgänge sind die sogenannten „Geistererscheinungen", in der Regel visionär geschaute Gestalten, die sich mit einer Botschaft an den Menschen richten. Sie begnügen sich oft nicht mit ihrem Erscheinen in der Psyche des sie Wahrnehmenden, sondern sind vielfach durchaus in der Lage, sich auch auf andere Weise verständlich zu machen, am ehesten in Form von Geräuschphänomenen. Eine erste Erfahrung dieser Art schildert uns Carl Wickland aus seiner Zeit als Medizinstudent. Sein Erlebnis bildet ein anschauliches Beispiel für die Hartnäckigkeit, mit der manche Geister noch an ihrer sterblichen Hülle hängen, weil ihnen der Übergang ins Jenseits nicht bewusst geworden ist.

> Zur Sektion freigegeben war der Körper einer etwa 40-jährigen Frau, die im Spital gestorben war. Bereits Studenten, die an ihr zu arbeiten begonnen hatten, müssen eigenartige Dinge erlebt haben, denn sie rührten die Leiche nie wieder an. Anderen Tags, als Wickland mit der Arbeit begann, ertönte wie aus der Ferne eine leise Stimme: „Morden Sie mich nicht!" Dann ertönten Geräusche wie von zerknittertem Papier. Einige Tage später, während einer medialen Sitzung, meldete sich der Geist der Verstorbenen erneut und beschwerte sich: „Warum wollen Sie mich töten? Sie schneiden an meinem Arm und Nacken herum. Ich rief Ihnen zu, sie sollen mich nicht morden, und ich schlug auf das Papier am Erdboden, um sie zu erschrecken, aber sie wollten ja nicht hören!" Und dann fügte er unter schallendem Gelächter noch hinzu: „Aber die anderen Kerle (Studenten) habe ich tüchtig erschreckt!" Nach einigen Erklärungen über seinen Seelenzustand kam er zur Einsicht und verließ die Gruppe mit dem Versprechen, nach einem höheren Leben zu trachten.[149]

Unmittelbar nach dem Tode bzw. des Verlassens des irdischen Raumes unterliegt jedes Geistwesen mehr oder weniger ausgeprägt dem Bestreben, noch lebender Mensch zu sein, da ja sein Wesenskern unverändert geblieben ist. Das Verlangen, in der irdischen Sphäre zu verbleiben bzw. lebenden Menschen anzuhängen hat seinen

149 Carl Wickland: *Dreißig Jahre unter den Toten*, S. 45 f.

Grund in der Unwissenheit und vorübergehenden Orientierungslosigkeit der leibfreien Seele, die sich von den Menschen Hilfe und Unterstützung erhofft, die es aufgrund der Unzulänglichkeit sich bemerkbar zu machen, nur selten erhält. Die Verstorbenen vermögen aber sehr gut zu fühlen, ob sie wahrgenommen werden oder nicht und richten danach auch ihre Aktionen aus. Sie wissen es nicht, dass dieses Verhalten ihrer eigenen Entwicklung zum Nachteil gereicht.

Spukende Geister verfügen über eine ausgesprochene Vielfalt an Ausdrucksformen, zumindest was den Bereich anbelangt, der unsere Sinneswahrnehmungen betrifft. Spuk scheint aber auch alle uns bekannten Naturgesetze zu ignorieren und vermag damit in Bereiche einzugreifen, die jenseits unseres Vorstellungsvermögens liegen. Dass solches Verhalten möglich ist, liegt daran, dass sich leibfreie Entitäten je nach entwickeltem Bewusstsein außerhalb des Gefüges von Raum, Zeit, Materie und Gravitation befinden. Doch erst über Kontakte mit Menschen scheint es ihnen möglich zu sein, hier auf der Erde Wirkungen zu vollbringen.

Geistwesen und Menschen arbeiten gemeinsam, um die Erscheinungen hervorzubringen; ein Zusammenhang, der Psychologen und Mediziner zu Vorstellungen veranlasst, die verursachenden Kräfte der Phänomene ausschließlich im Menschen selbst zu suchen. Parapsychologen, die sich als Wissenschaftler verstehen, ist mehr daran gelegen, die Phänomene selbst zu dokumentieren und sie den wissenschaftlichen Kriterien entsprechend zu prüfen und zu beweisen, als die hinter den betroffenen Personen wirkenden Ursachen zu ergründen. Auch Physiker verstehen sich mehr als Wissenschaftler, denn als Magier; sie sind jedoch aufgrund ihrer Kenntnisse über wahrhaft okkulte Phänomene, die sich im Bereich der Kernphysik abspielen, in der Lage, Zusammenhänge zwischen den geistigen Potentialen eines Menschen – leibfreie Geister bleiben dabei unberücksichtigt – und den bekannten physikalischen Gesetzen hohnsprechenden Vorgängen der Kernphysik herzustellen und damit zumindest gewissen Spukvorgängen eine Bedeutung beizumessen. Sogenannte „Geistererscheinungen“ werden allerdings von ihnen ignoriert oder bestenfalls als Projektionen des menschlichen Bewusstseins angesehen, was ebenfalls in gewisser Weise der Realität entspricht; wir werden uns mit den Mechanismen noch ausführlicher auseinanderzusetzen haben. „Spiritisten“ vermögen in mancher Hinsicht klarer zu sehen, indem sie die Verursacher der Phänomene in der jenseitigen Welt suchen, dabei aber gern über das Ziel hinausschießen und die unumgängliche Mitarbeit der daran beteiligten Menschen gering bewerten.

Die wohl übersichtlichste und bekannteste Manifestation von Spukerscheinungen besteht im Erscheinen sogenannter „Geister“ oder „Gespenster“. Da diese gewöhnlich spontan auftauchen und dem Beobachter völlig unvorbereitet und meist nur einmal im Leben begegnen, unterbleibt eine verstandesmäßige Reflexion. Doch kein Geist erscheint ohne Grund. Er will sich bemerkbar machen, hat etwas mitzuteilen, wurde vielleicht durch unbewusste Seelenzustände herbeigerufen, ist das Ereignis eines hellsichtigen Moments an einem besonders dazu prädestinierten Ort oder ist wirklich nur das Ergebnis einer gestörten Psyche.

Sogenannte „Spukhäuser“ sind typische Beispiele für das Treiben von Geistwesen, die sich in irgendeiner Weise bemerkbar machen wollen, eine Schuld büßen zu müssen glauben oder sich infolge eines Hasses auf die menschlichen Bewohner dieses Hauses rächen wollen.

Während einer medialen Sitzung meldete sich ein Mann und behauptete, vom (zurzeit noch lebenden) Besitzer eines nahen Steinbruches ermordet worden zu sein. „Er hat mich ermordet, aber ich räche mich! – Ich spuke bei ihm!“ Der Geist war nicht bereit das Spuken aufzugeben, wollte von einem Aufwärtsstreben nichts wissen und verschwand. Den Nachbarn waren die zum Mord führenden Ereignisse bekannt, ein offizieller Beweis fehlte allerdings. Der Besitzer des Steinbruchs (der vermeintliche Mörder) entwickelte einen Widerwillen, dort zu arbeiten; man behauptete, er werde von seinem ermordeten Teilhaber verfolgt und in seinem Hause spuke es. Seine Bekannten erleb-

> ten dort Ungewöhnliches: Das im Stall abgestellte Pferd fing plötzlich an, wild zu schlagen, man hörte ein heiseres Lachen; sie sahen einen grinsenden Menschen in der Tür stehen, der Mann, der vor Jahren ums Leben gekommen war, sie hatten ihn gekannt. Er lachte und verschwand.[150]

Dieser einfach strukturierte Spukfall zeigt uns bereits mehrere Elemente, die das Wahrnehmungsvermögen des Menschen ansprechen: Das intuitive Meiden des Tatortes kann bereits als eine Umsessenheit angesehen werden, aber auch als ein in sich selbst gebildetes Elemental, hervorgerufen durch ein Schuldbewusstsein. Dass solche Elementale geistige Wesenheiten anziehen können, haben wir bereits kennengelernt. An dem Verhalten des Tieres (Pferde sind hellsichtig) erkennen wir, dass die wahrgenommene Gestalt nicht in der Phantasie der Seher existiert, sondern auf einer feinstofflichen Grundlage beruht. Hinzu kommen sensorische und akustische Phänomene. Und, dieses ist besonders zu beachten, die Erscheinung wird nicht von dem wahrgenommen, dem sie gilt, sondern von fremden Personen, was ein rein halluzinatorisches Geschehen wohl weitgehend ausschließt.

So wie sich Besessenheit im Bereich aller Sinnesorgane abspielen kann und nach außen hin wirksam wird, verhält es sich auch im Spuk. Er kann gefühlt, gesehen, gehört, gerochen und geschmeckt, aber auch über das innere Gefühl wahrgenommen werden. Dieses (Angst), Gehör und Gesichtssinn stehen beim Spuk im Vordergrund, bei der klassischen Besetzung dagegen mehr die Beeinflussung des Nervensystems. In beiden Fällen drängen die Phänomene auch nach außen hin, produzieren typische Spukerscheinungen.

Wir haben bereits gesehen, dass Krankheitsfälle auf der Ursache einer Besessenheit beruhen können. Wenn das der Fall ist, so ist auch eine Manifestation der zugrundeliegenden Kraft in Form spukhafter Phänomene denkbar.

---

150 Carl Wickland: *Dreißig Jahre unter den Toten*, S. 138 f.

Eine medial veranlagte, aber bislang völlig gesunde Person, Frau G., bezog ein anderes Haus und wurde dort bald von einem seltsamen Leiden befallen, von heftigen Schmerzen in Armen und Beinen gequält, und kein Arzt konnte ihr helfen. Sie wurde von einer ganzen Schar übler Geister heimgesucht, deren „geistige Führer" sie drängten, jeden Abend eine Sitzung abzuhalten. Sie erklärten ihr, sie werde geplagt vom Geist der Frau, die dieses Haus erbaut habe. Sie könne sich von ihr befreien, wenn sie eine bestimmte Freundin zu einer Sitzung einlade, der Geist werde dann mit jener fortgehen. So geschah es, die Freundin kam. Als sie wieder fortging, fühlte sie sich vom gleichen Leiden befallen, wie es auch Frau G. hatte, die nun tatsächlich befreit war. Dafür nahmen im Hause von Frau G. die spukhaften Phänomene zu. Es ging um, und man hörte die Geister sprechen, sie brächten jeden um, der ins Haus käme. – Das Haus wurde verkauft, neue Besitzer zogen ein. Eine ältere Dame schrie bereits in der ersten Nacht um Hilfe. Zwei Männer seien in ihr Zimmer gekommen und hätten ihr gedroht, sie umzubringen; bevor der Morgen kam, war sie tot! Frau G., die weiter ihre Sitzungen abhielt und bedrängt wurde, konnte sich nicht selbst von den Geistwesen befreien und wandte sich an Wickland. Während einer Sitzung bei Frau Wickland meldete sich ein Geist, der seine Frau so sehr misshandelt hatte, dass sie sich erschoss. Er behauptete steif und fest, dass er noch lebe und in seinem alten Hause mit einer ganzen Rotte Banditen (Geister) lebe und jeden umbrächte, der sich erdreiste, in dieses Haus zu ziehen. – Es dauerte eine Weile, bis die Geister über ihren Zustand aufgeklärt werden konnten, ihr Verhalten bereuten und fortgingen, worauf Frau G. frei wurde und sich erholte.[151]

Wir haben hier ein Beispiel des ortsgebundenen Spuks vor uns. Das ist in den meisten Fällen primär keine Besetzung einer Person, sondern eines Ortes, eines Hauses, aber auch Anhaftungen an einzelne Gegenstände kommen vor. Bei medial veranlagten Personen kommt es an solchen Orten zu einer Wechselwirkung des Kraftfeldes des ortsgebundenen Geistwesens mit dem Aurafeld der wahrnehmenden Person. Die Kraftfelder vermischen sich mit der Fol-

151 Carl Wickland: *Dreißig Jahre unter den Toten*, S. 139 ff.

ge einer bewussten Wahrnehmung über die Sinnesorgane. Liegt eine geöffnete Aurahülle vor oder signalisiert die Person durch unterschwellige Regungen Bereitschaft, so führt dies zu einem Eindringen des ortsgebundenen Kraftfeldes in die Aura des Mediums und damit zu einer Besetzung unter Übernahme des Leidenscharakters des Geistwesens. Da die Seelen Verstorbener oftmals eine ganze Reihe ihnen anhängender Seelen bzw. Seelenfragmente und Astralwesen mit sich bringen, vervielfältigt sich der Besetzungszustand. Es gelang in oben angeführten Fall, das die Schmerzen erzeugende Wesen auf eine andere Person zu übertragen, die anderen Geister blieben zurück. Infolge der Intensivierung der Wechselbeziehung zwischen Geist und Person kam es dann zu Spukfällen.

Die Aggressivität der spukhaften Ereignisse hängt stark mit den Kraftfeldern der beteiligten Astralwesen zusammen; eine Beteiligung lebender Menschen an solchen Prozessen ist jedoch sehr wahrscheinlich, sie sind offenbar in irgendeiner Weise an der Transformation geistiger Kräfte in physikalisch wahrnehmbare und damit dokumentierbare Aktionen beteiligt. Es gibt illusorische und halluzinatorische Phänomene, aber auch reale und damit dokumentierbare, nachweisbar durch Ton- und Bildaufzeichnungen.

In einem ähnlich gelagerten Fall wie dem vorangegangenen, stehen die Poltergeistphänomene im Vordergrund. Klopfen und Poltern hielt die Familie allnächtlich stundenlang wach. „Jede Nacht zwischen zwölf und vier Uhr wurde die Tür eines Kabinetts zwischen zwei Schlafräumen laut geschüttelt und gerüttelt, und hielt Klopfen und Krachen die Familie wach.“ Es stellten sich folgende Zusammenhänge heraus: Herr und Frau C. hatten das Haus von den Kindern einer älteren Dame gekauft, die hier verstarb. In einer Sitzung mit Frau Wickland meldete sich der Geist der Verstorbenen, welche die Familie mit heftigen Vorwürfen bestürmte, wie sie dazu kämen, in „ihrem“ Haus zu wohnen. „Dies ist mein Haus, und diese Leute haben darin nichts zu suchen! Ich werde sie hinaus jagen!“ Erkundigungen in der Nachbarschaft bestätigten die erhaltene Botschaft. Die Verstorbene konnte nicht begreifen, dass sie tot sei und blieb dabei, sie lebe und wohne noch in ihrem Haus, wenn auch von Eindringlingen belästigt. „Wenn ich tot bin, warum bin ich dann nicht im Himmel?“ Unter vielfachen Erklärungen kam sie schließlich doch zur Einsicht und räumte reumütig das Feld. Damit hörten alle Ruhestörungen im Haus vollkommen auf.[152]

Spukphänomene und Besessenheit, wie passen diese Themen zusammen? Als typisches Merkmal der Besessenheit gilt nach üblichem Sprachgebrauch der Verlust der Kontrolle über die eigene Persönlichkeit, die vom Auftreten einer neuen, dämonisch agierenden Personifikation begleitet wird, ein Phänomen, das ebenso für viele Krankheitszustände, die mit einer Persönlichkeitsspaltung einhergehen, typisch ist. Optische Erscheinungen von Wesenheiten kennen wir aus Spukvorgängen ebenso, wie aus Berichten über Besetzungszustände, als auch im Zusammenhang mit neurologischen Störungen. Vorgänge, die in den Bereich der physikalischen Phänomene führen – also nach außen hin auftretenden Erscheinungsformen wie Poltern, Bewegungen von Gegenständen usw., finden sich bei sehr vielen Besessenheitsfällen, wenn auch nicht in so ausgeprägter Form, wie beim klassischen Spuk. Beim diesem hingegen drängen sich eben gerade diese physikalischen Phänomene in den Vordergrund, wogegen der Besetzungszustand meist wenig offensichtlich erscheint. Nur in einigen Spukfällen wird – eher am Rande – von einer Beeinträchtigung des Bewusstseins der mit dem Spuk zusammenhängenden Person berichtet. Um diese unterschiedlichen Gewichtungen zu verstehen, müssen wir uns dessen bewusst werden, dass bei der Besetzung ganz unterschiedliche Intensitätsformen auftauchen, mit völlig unbemerkt verlaufenden Zuständen beginnend, die aber sehr wohl als Besetzung nachweisbar sind.

Warum finden wir in den älteren und neueren Berichten über Spukphänomene so wenig (meist überhaupt keine) Hinweise auf Fremdpersönlichkeiten oder doch wenigstens auf psychische Spaltprodukte bzw. auf selbst geschaffene Personifikationen und Ele-

---

152 Carl Wickland: *Dreißig Jahre unter den Toten*, S. 141.

mentale, die als Besetzung gelten können? Es ist ein eklatanter Mangel in der Untersuchung als auch bei der Berichterstattung über insbesondere ältere Spukfälle, dass die Zusammenhänge zwischen Astral-, Geist-, Seelen- und Elementar- bzw. Elementalwesen und den äußeren Ereignissen nicht hinterfragt werden und keine exorzierend wirkenden Ablösungsversuche unternommen werden. In der spätmittelalterlichen Hoch-Zeit der Heiligendarstellungen und Berichten über Besessenheitsfälle waren diese Zusammenhänge bekannt. Spukfälle galten allgemein als dämonisch verursacht und waren dem Exorzismus ebenso zugänglich wie die damit zusammenhängenden Besessenheitszustände. Etwa von der ersten Hälfte des 19. Jahrhunderts ausgehend, im Wesentlichen geprägt durch die Ereignisse in Hydesville 1847, begannen die physikalischen Phänomene das besondere Augenmerk der Forscher auf sich zu ziehen, eine Ära, die bis etwa zur Mitte des 20. Jahrhunderts andauerte. Die Bemühungen der Wissenschaftler gipfelten darin, die Phänomene zweifelsfrei zu dokumentieren und die physikalischen Hintergründe zu erfragen. Es galt, hiermit eine neue Wissenschaft zu begründen. Der Ursachenforschung wurde weniger Gewicht beigelegt. Forscher der ärztlichen Seite, von denen ich hier besonders Justinus Kerner erwähnen möchte, der bereits in der ersten Hälfte des 19. Jahrhunderts wirkte, als auch Philosophen, waren allerdings mehr an den seelischen Hintergründen der Vorgänge interessiert, denn die Betroffenen wurden zu ihnen gebracht, um geheilt zu werden. Doch auch unter dieser Voraussetzung erfolgte eine Gewichtung und Verlagerung der Thematik in einen mehr oder weniger sich ausprägenden medizinischen Bereich, der die Ereignisse mit Vorerkrankungen, insbesondere im psychischen Bereich, in Zusammenhang zu bringen versuchte.

Besessenheit als Ursache der Spukphänomene

Zur Geisterhierarchie gehören nämlich auch die abgeschiedenen Geister der Verstorbenen, und auch sie können, wie wir früher bemerkt, in Verbindung mit den Lebenden geraten. Da auch sie sich auf die gute und die böse Seite ordnen, so können nach zwei Seiten hin solche Verhältnisse bestehen. Das ganze Gespensterwesen ruht auf ihnen; und wird, nach der dunklen Richtung hin, in seinen Anfängen als die Umsessenheit von dieser Art von Geistern erscheinen.

Johann Joseph Görres: *Die christliche Mystik*, Bd. IV, S. 133 f.

Wir haben bereits in vorangegangenen Fallbeispielen einen Zusammenhang zwischen der Umsessenheit bzw. einer Besetzung des Menschen und spukhaften Phänomenen feststellen können und werden nun näher auf diese Thematik eingehen. Spuk kann dann erfolgen, wenn astrale Wesenheiten – häufig die Geister oder Seelenreste Verstorbener – in die Aura eines Menschen eindringen und dessen Bewusstsein in ihrem Sinne beeinflussen. In welchem Fall nun ein Spuk ausgelöst wird und in welchem nicht, bleibt zunächst unklar. Auf jeden Fall beinhaltet der Spuk eine Botschaft an die betreffende Person und sei es nur die, von ihr erkannt zu werden und ihm ihre Zuneigung zu schenken.

„Es ist der Wunsch solcher Geistwesen, die sich über die wahren Zusammenhänge noch weitgehend in Unkenntnis befinden, sich in der irdischen Welt weiter zu zeigen, als existierend anerkannt und gewürdigt zu werden, oder doch ihr Vorhandensein durch Akte zu beweisen, die sichtbar, hörbar oder in anderer Weise vernehmbar sind. – Die Intensität, mit der solche Identitätsbeweise erbracht werden, ist sehr verschieden und richtet sich ebenso wie in der materiellen Welt nach Charakter und Reife der Geistwesen. – Ein großer Unterschied besteht aber darin, dass das Geistwesen keine Körperkraft benötigt und auch nicht besitzt, dass also ein im irdischen Dasein schwaches, krankes Wesen vom Jenseits her recht energisch auftrumpfen kann, wenn es zum Beispiel darin einen Ausgleich für sein irdisches Missgeschick zu finden glaubt."[153]

Spuk ist eine Form der Umsessenheit, die von außen kommt, ein Kraftfeld, das ganz subtil in die menschliche Aura eindringt, der Person schmeichelt, sie in ihren Vorhaben unterstützt und vorhandene Neigungen stärkt und ausnutzt. Dann kommt es zu sogenannten „Anfechtungen“, das heißt, zu einem sanften Eindringen in die Gedanken und Gefühle bis hin zu leichten körperlichen Beeinflussungen, Krämpfen, Zuckungen, Versteifungen von Gliedmaßen, Muskulatur usw., zu Störungen, die zunächst unerkannt bleiben, dann aber immer offensichtlicher werden bis hin zu körperlichen Einschränkungen und zwanghaften Bewegungen, also typischen Besessenheitserscheinungen, die sich in den meisten Fällen allerdings nur in geringerem Ausmaße manifestieren und mit den klassischen Besessenheitssymptomen nur in abgeschwächter Form verglichen werden können.

Die im Zusammenhang mit den Spukaktionen gelegentlich beobachteten körperlichen Reaktionen, insbesondere Zuckungen oder Krampfzuständen, gelten für viele Psychologen als Argument, die Quelle der Spuktätigkeit in das Unterbewusstsein der ihn auslösenden Person zu verlegen.

Bei einem Spukfall im Londoner Stadtteil Westminster läuteten die Hausglocken in mehreren Teilen des Hauses über zweieinhalb Stunden hinweg in einem fort ohne erkenntlichen Grund. Wächter in den Zimmern fanden keinerlei Anhaltspunkte. Das Phänomen rief eine überraschende Wirkung auf ein junges Dienstmädchen auf. „Schon von Anfang an war sie mehr als alle erschreckt gewesen, und als das letzte wütende Geklingel ertönte, wurde sie von Krämpfen befallen, die 16 Stunden andauerten und so stark waren, dass der Beistand mehrerer Menschen erforderlich war. Als die Krämpfe vorbei waren, fiel sie in einen Zustand allgemeiner Unempfindlichkeit und dann

153 Karl Nowotny: *Mediale Schriften*, S. 558.

in eine Art Erstarrung, in der sie fast eine Woche verharrte, obwohl man zu jedem Mittel griff, um sie aus dem herauszureißen. Sonderbar ist die Tatsache, dass die Glocken zu läuten aufhörten, sobald sie von Krämpfen befallen war."[154]

Die äußeren Umstände dieses Falles verweisen auf eine Pubertätshysterie, die mit erhöhter Sensitivität einhergeht. Eine Kraft, die sich zunächst in physikalischen Phänomenen kundtut, zieht sich auf eine Person zurück und verlagert damit ihren Aktionsbereich von außen nach innen, wobei die Manifestationen der jeweiligen Situation angepasst sind. Die aufgrund unterschwelliger Besetzung entstandene psychische Spannung sucht eine Entladungsmöglichkeit, findet sie zunächst in Spukphänomenen und verlegt sich dann auf eine innere, körperbezogene Symptomatik. Was das Läuten betrifft, so wird darauf hingewiesen, dass seine Heftigkeit nicht nachzuahmen gewesen sei, auch entsprachen die Glockenbewegungen nicht denen, die beim Läuten von Hand (Klingelzug) auftreten würden.

Auch in anderen Spukfällen zeigt sich eine kausale Beziehung zwischen der Manifestation einerseits und einer Person andererseits: „Wenn die Erscheinungen begannen, wurde sie von einer besonderen Schwäche befallen und von einem unwiderstehlichen Schlafbedürfnis erfasst. Diese Schläfrigkeit erfasste sie oft vollständig, sodass die hauptsächlichsten Manifestationen erst eintrafen, als sie schon tief eingeschlafen war."[155] In diesem Beispiel gehen die Aktionen gleich von der Person aus, die sich in einer Art mediumistischem Trancezustand befindet, eine Beobachtung, mit der Poltergeisterscheinungen den Phänomenen in Experimentalsitzungen nahegebracht werden.

Auch die Formen sogenannter „Versuchungen", wie wir sie von den Kämpfen oder Anfechtungen Heiliger aus der Literatur ken-

154 Ernesto Bozzano: *Die Spukphänomene*, S. 180 ff.
155 ebender: *Die Spukphänomene*, S. 227.

nen, gehen mit spukhaften Erscheinungen *und* Phänomenen der Besetzung einher, was seit ältesten Zeiten belegt ist. So sind die Versuchungen des heiligen Antonius in der Wüste nahezu sprichwörtlich geworden.

> Die bösen Geister bedrängten ihn so hart, „und versehrten durch ihre Misshandlungen ihn so sehr, dass er vor Größe der Schmerzen weder gehen noch reden konnte; ja einmal fand ihn der Bruder, der ihm das Essen zuzutragen pflegte, wie tot an der Erde liegen, und trug ihn deswegen nach Hause in seinen Meierhof. Kaum aber wieder zu sich selbst gekommen, ließ der Misshandelte nicht ab, bis er ihn wieder an seinen vorigen Ort gebracht. Da er also höhnend den Feinden Trotz geboten, wurden diese nur umso mehr erbittert, und urplötzlich hob sich ein Getümmel um ihn her, und es war, als ob die Wände sich öffneten, und Scharen von bösen Geistern aus ihnen sich ergössen. Plötzlich war der ganze Ort voll von wilden Tieren: Nattern, Löwen, Wölfen, Stieren, Bären, Panthertiere und Skorpione drängten sich durcheinander. Alle erhoben miteinander ihre Stimmen, und zischten, fauchten, heulten und brüllten ihn an, so dass der Einsiedler hart ins Gedränge kam, und große Not und Schmerzen litt."[156]

Beispiele dieser Art, wenn teilweise auch in abgeschwächter Form, Besetzung, Halluzinationen, Gesichte und Spuk verbindend, haben wir aus den Lebensbeschreibungen der Heiligen sowie aus aktuellen Spuk- und Besessenheitsberichten bereits zur Genüge kennengelernt. Es sind nicht nur die klassischen Besessenheitsfälle, die auf eine Aussegnung hin weichen, sondern auch die spukhaften Ereignisse, was auf eine Zusammengehörigkeit beider Gruppen von Phänomenen hinweist.

> Im Hause eines Tribunen wurden Menschen und Tiere von Geistern vielfältig behelligt. „Saß das Gesinde zum Mittag- oder Abendessen bei Tische, dann wurden Steine auf denselben hingeworfen, so dass ein großer Schrecken alle überfiel. Auch wurde den Mägden das Garn

156 Johann Joseph Görres: *Die christliche Mystik* Bd. III, S. 433 f.

auf dem Stuhle zerrissen, und eine solche Menge von Schlangen und Mäusen erfüllte zuletzt alle Räume, dass niemand aus Furcht mehr dort zu weilen wagte. Endlich betrat der Diener Gottes das Haus, brachte die Nacht mit Singen und Beten in ihm zu, segnete es mit Weihwasser, das er geweiht, überall aus, und es wurde vom Spuke befreit."[157]

Stirbt ein Mensch, dessen Bewusstsein und Emotionen in der Sterbephase an irdischen Themen anhaften, bleibt sein Geist zusammen mit der Seelenenergie noch für längere Zeit an seinem Wohnort oder Personen seines Umfeldes fixiert. Drängen ihn seine Emotionen, auf dem irdischen Plan noch etwas zu erreichen, kann sich dieses Verlangen leicht in spukhaften Ereignissen manifestieren.

Nach dem Tode eines Hausbewohners in Riga, kam es zu heftigen Störungen: „Während die Hausgenossen am Tisch saßen, wurde ihnen dieser weggenommen, ohne dass jemand, der es getan, sichtbar geworden wäre. Alles Stroh, das im Menge dort aufbewahrt war, wurde kurz und klein zerstückt. Die Türen der Zimmer, wenn auch mit Riegeln verschlossen, ja auch noch überdem mit Vorlegschlössern versehen, wurden aus ihren Angeln gerissen, und dabei von oben herab ungeheuere, mit Pech bestrichene Steine geworfen. Ein Pole, der sich bei solchen Würfen dort befand, wurde von einem derselben so schwer am Scheitel getroffen, dass er mehrere Tage halb tot da lag. Ein Priester, der mit einem Gefährten das Haus betretend, Augenzeuge von dem Allen gewesen, segnete es mit Weihwasser und Weihrauch aus, und vor dem üblichen Exorzismus wich sofort aller Tumult, was in der Folge unter vielen Danksagungen die Eigner des Hauses bezeugten."[158]

Spukphänomene, die rasch auf den Tod eines Menschen folgen, legen nahe, dass der Verstorbene die Ursache dafür bildet. Weicht der Spuk nach aufklärenden Informationen oder anderen helfen-

157 Johann Joseph Görres: *Die christliche Mystik* Bd. III, S. 357.
158 ebender: *Die christliche Mystik* Bd. III, S. 402.

den Maßnahmen, die den Vorstellungenoder Glaubensgrundlagen des Abgeschiedenen entsprechen, so kann davon ausgegangen werden, dass er der alleinige Übeltäter ist und nicht im Zusammenhang mit anderen dämonischen Kräften agiert. Heften sich solche an eine Seele, lässt sich der Spuk nicht so ohne weiteres vertreiben, und die Wahrscheinlichkeit ist groß, dass die Geistwesen einen lebenden Menschen besetzen und ihn möglicherweise ein Leben lang begleiten, auch ohne dass er es gewahr wird.

Eine ausschweifend lebende Dienstmagd hatte allem Kirchlichen entsagt, ihren Beichtvater mit Schmähworten bedacht und sich seinen Ermahnungen gänzlich entzogen. Während ihrer Niederkunft, sich ihrem Ende nahe fühlend, verlangte sie nach einem Priester, starb jedoch vor seinem Erscheinen und wurde im Winkel des Kirchhofs begraben. Bald darauf hört der Pfarrer in seiner Schlafkammer ein Gehen und Schreiten. Anfänglich nur wenige Schritte und von kurzer Dauer, dann mehrere und endlich die ganze Nacht andauernd. Der Schall der Schritte ist so durchdringend, dass man auch vom härtesten Schlaf erwachen muss. Ein Gebet hilft kurzzeitig, vermag den Spuk aber nicht zu vertreiben. Der Pfarrer wendet sich an einen geistlichen Kollegen, einen Thomasianer,[159] der allem Gespensterglauben entsagt hat. Gemeinsam überprüfen sie die Treppenstufen, den Vorsaal, das anliegende Zimmer, Schloss, Fenster, alle Wände, alle Bücher, bestreuen den Boden mit Sand und Holzasche, beschließen die Türe und begeben sich wieder nach unten. Es schreitet wie zuvor. Sie begeben sich hinauf und finden alles, wie sie es verlassen, keine Spur eines Menschen oder Tieres. Der Weg der Schritte lässt sich verfolgen, sie scheinen eine Wand zu durchschreiten. Man räsoniert und überlegt, findet aber keine natürliche Erklärung. Es kommt sogar einige Stufen die Treppe herunter, die Pfarrersfrau und die Magd nehmen erschrocken Reißaus. Der Pfarrer ruft sie zurück und geht mit ihnen gemeinsam den Schritten entgegen, die wieder mit dem Tone eines Weibes, das den Rock nachschleppt, ihnen die Stufen entgegenkommt. Bist du der Teufel? Dann tue, wie du zuvor getan! So-

159 Thomasianer = Personen, die mit der Päpstlichen und Königlichen Universität des hl. Thomas von Aquin verbunden sind.

gleich schreitet es wie vorher. Willst du der Teufel sein, so wundert es mich, dass du es nicht ärger gemacht hast. Es folgt närrisches Gepolter. Der Pfarrer betet, und allmählich verschwindet der Spuk, der ein viertel Jahr andauerte und viel Aufsehen in der Gegend erregte.[160]

In diesem Fall brauchen wir der Aussage, dass ein spukender Teufel der Auslöser sei, keinerlei Glauben zu schenken. Es ist naheliegend, eine Besetzung der Seele der Dienstmagd mit niederen Elemental-Energien anzunehmen, die dem Spuk mitunter ein dämonisches Gepräge geben. Die Erwartungshaltung des Pfarrers, in allem Spuk einen teuflischen Akt zu sehen, mag zu der Aussage beigetragen haben. Triebhafte Naturen kommen gern und häufig in Situationen (Versuchungen), denen sie nur schwer widerstehen können. Es ist dann oftmals leichter, den Versuchungen nachzugeben, um den Seelenfrieden wieder herzustellen, wodurch sich die Situation längerfristig aber nicht bessert. Möglich ist aber auch der Fall, dass jemand, um es den Heiligen und Mystikern gleichzutun, um Versuchungen bittet, denen er widerstehen zu können glaubt. Dies ist eine offene Einladung an die Dämonen, ihn zu besetzen mit allen daraus entstehenden Folgen, wie seelischen Extremzuständen, körperlichen Erkrankungen und Spukereignissen. So ergangen ist es einem Jesuiten-Novizen gegen Ende des 16. Jahrhunderts:

Johann del Castillo machte große Fortschritte im inneren Leben, Erleuchtungen und Tröstungen wurden ihm zuteil. Er fühlte in sich eine immer stärker werdende Eingebung, dass es Gott wohl gefalle, sich in die Gewalt böser Geister zu begeben. [Dieser Zustand könnte auf eine bereits vorhandene Besetzung hinweisen.] Während eines Messopfers fühlte er den Zuspruch des Herrn und übergab sich sogleich diesem Willen, bereit, auch Höllenqualen zu erleiden. „Kaum war die Erscheinung verschwunden, da gewahrte er, wie ganze Rotten böser Geister in sein Zimmer einbrachen, die gewaltigen Lärm und Tumult verführten, unter größten Frohlocken ihn umringten, und ihn aufs al-

160 Johann Joseph Görres: *Die christliche Mystik* Bd. III, S. 408 ff.

lerhärteste bedrängten [...] Von da an wurde der Streit mit den bösen Geistern immer heftiger, und er litt an Leib und Seele nicht Geringeres, als ein Besessener.“ Einflüsterungen, die Gesellschaft zu verlassen, waren ihm am beschwerlichsten. „Ich will dich zu einem Wunder der Einsicht machen, dass niemand an Weisheit und Gelehrsamkeit dich übertrifft, und du sollst zu Würden erhoben werden, dass du es nicht höher erlangen kannst.“ Während seiner Betrachtungen erschienen vor seinen Augen mimische Gestalten, die seine Aufmerksamkeit abzulenken versuchten, plötzlich umgab ihn laute Musik. Wenn er in der Frühe aufstehen wollte, fand er sich häufig an das Bett gebunden, dass er sich nicht aufrichten konnte. So sehr setzten ihm die Geister mit ihrem Geschrei zu, dass er wie betäubt wurde und ihm der Kopf zerspringen wollte. Man hielt ihn zur Freude der Geister für besessen, denn er zeigte bei Exorzismen alle diesbezüglichen Symptome. Nächtelang durchlitt er die heftigsten Kämpfe. Er erkrankte an einem hitzigen Fieber, das Übel schien tödlich, der Arzt war machtlos. Johann empfahl sich dem Schutz der hl. Anna, was die Geister besonders erzürnte. Sie rückten mit großem Lärm und Geheul auf ihn ein. „Die Lampe wird nun zuerst ausgelöscht, Kleider und Decke werden vom Bette herabgerissen, und im Zimmer umhergestreut; der Kranke selbst lange umhergezerrt, geschlagen, und mit Krallen zerkratzt, wovon P. Sarmiento am Morgen die deutlichen Spuren an Armen und Füßen bemerkte.“ Man macht Ordnung. Die Ungetüme kommen wieder wütend herbeigestürzt, reißen ihm die Kleider aufs Neue weg, und er wird überdem gegeißelt und herumgestoßen. Der Arzt erklärt das Befinden für höchst gefährlich. Als er am Abend wieder den Kranken besuchen will, erkennt er ihn nicht, denn er ist vollkommen gesund. „Unmöglich, er muss wundervoll und vom Himmel sein.“ Die Dämonen melden sich noch eine Zeitlang in schwacher Form wieder und verlassen ihn bald ganz.[161]

Wie kommt es dazu, dass überhaupt eine Affinität zwischen dem menschlichen Bewusstsein und außerkörperlichen Bewusstseinsformen existiert? Dieses Phänomen hängt mit den polaren Strukturen unserer dreidimensionalen Welt zusammen, mit der überall

161 Johann Joseph Görres: *Die christliche Mystik* Bd. III, S. 435 ff.

anzutreffenden Polarisierung von Gut und Böse, von Positiv und Negativ. Das zwischen den Polen existierende Kraftfeld ist ein Bereich, in den fremdgeistige Kräfte eindringen können und das im Menschen vorhandene Böse für ihre eigenen Zwecke nutzen. Es ist sozusagen eine Assimilation des Gleichartigen (Görres), die es dem bösen Geist ermöglicht, sich in der Aura des Menschen festzusetzen. Es können auch gute Geister in die menschliche Aura eindringen und an Manifestationen beteiligt sein; sie tun dies aber nur auf ausdrücklichen Wunsch und Billigung, sie agieren im Gegensatz zu negativen Wesenheiten niemals aus eigenem Antrieb. Es existieren aber auch Fälle von Besetzungen, bei denen sich Dämonen als Geister verstorbener Menschen ausgeben. An dieser Stelle sei gleich angemerkt, dass auch Tiergeister in die Aura des Menschen eindringen und ihn besetzen können. Tierische Schreie und tierisches Gebaren sind eine sehr häufige Begleiterscheinung bei Besessenheit. Gern macht der Dämon aber auch tierische Stimmen nach, ohne dass eine Tierseelen-Besetzung vorliegt.

> „Allmählich offenbarte sich der Teufel täglich mehr und mehr. Während er bisher nur stets einen gewissen schrillen Pfiff von sich gab durch den Mund des Gequälten, ging er die letzten Tage zu anderen Tönen über, die den Tönen verschiedener Tiere ähnlich waren. Bald krähte er wie ein Hahn, bald zischte er wie eine Schlange, bald miaute er wie eine Katze, gleich darauf rief er wie ein Kuckuck, nachher wieherte er wie ein Pferd.“[162] Letzteres war auch bei Staudenmeier der Fall, als er unter der Personifikation „Pferd“ zu leiden hatte.

Werden Besessenheitsfälle als solche dokumentiert, so liegt das Augenmerk stets auf den körperlichen Begleiterscheinungen, den psychischen und physischen Sensationen, während paranormalen Begleitphänomenen selten ein Augenmerk geschenkt wird. Der medizinischen Forschung und Berichterstattung wird hier stets der Vorrang eingeräumt. Leichtere Formen von Affektionen lassen

162 Traugott Konstantin Österreich: *Die Besessenheit*, S. 42.

häufig tatsächlich keine paranormalen Momente erkennen, diese werden oft erst in schwerer wiegenden Fällen offenbar. Doch allein das Vorauswissen von künftigen Ereignissen, gewisse hellsehende Eigenschaften, das intuitive Erkennen geweihter Gegenstände usw. kennzeichnen supranormale Fähigkeiten, die anderweitig erkrankte Menschen nicht aufweisen. Andere Formen von Besetzungen sind gerade dadurch gekennzeichnet, dass sie mit spukhaften Phänomenen beginnen, ohne dass körperliche Sensationen oder psychische Beeinflussungen festgestellt werden können. Personen werden mit Steinen beworfen, Gegenstände wechseln ihren Platz, Schmierereien tauchen plötzlich auf, nicht zuzuordnende Geräusche werden wahrgenommen, Personen fühlen sich angegriffen, werden von unbekannter Kraft geschlagen usw., obgleich der freie Wille unbeeinflusst ist und keinerlei Zwang ausgeübt wird, Fälle, die dann dem personengebundenen Spuk zugeordnet werden.

Illusionen sind eine häufige Begleiterscheinung bei Besetzungen im Zusammenhang mit Spukphänomenen, wie wir es bereits bei Staudenmeier gesehen haben. Auch die von Görres gesammelten Berichte weisen auf diesen Zusammenhang hin. So erscheinen einem Angehörigen des Karmeliterordens während des Gebets in seiner Zelle die Einrichtungsgegenstände mal in menschlicher, mal in tierischer Gestalt. Die Farben werden vertauscht. Helles erscheint dunkel, dunkles erscheint hell. Will er einen Bruder anreden, so erscheint ihm dieser plötzlich in der Gestalt eines anderen, so dass er nicht sicher weiß, wen er vor sich hat. Dinge, die vor seinen Augen liegen, scheinen plötzlich in die Ferne gerückt. In der Küche werden vor seinen Augen Töpfe, Schüsseln, Teller, Löffel und andere Küchengegenstände weggenommen und versteckt. Will er ausgehen so scheint ihm, als werde er gerufen. Auf das Kreuzzeichen oder ein Stoßgebet hin, verschwinden diese Zustände stets. Benötigt er etwas für die Krankenpflege, so wird es ihm verdeckt, auch wenn es unmittelbar vor seinen Augen liegt. Man zeigt mit dem Finger auf die Gegenstände, doch er kann sie nicht gewahren, bis er seine Gedanken auf Gott richtet. Auch Gegenstände seines persönlichen Gebrauchs wie Gebetbuch, Rosenkranz usw. werden auf diese Weise verborgen, obgleich sie vor ihm liegen. Spricht er eine kurze Beschwörung aus, hört er ein schallendes Gelächter oder einen starken, die Zelle erschütternden Knall.[163]

Optische Erscheinungen, die nicht zum Formenkreis der Illusionen gehören, sind eine ausgesprochene Domäne des ortsgebundenen Spuks. Doch wer sind die Personen, die ihn wahrnehmen, die mit ihm eventuell sogar kommunizieren können? Es sind Personen, die am Ort des Geschehens in das Umfeld einer geistigen Kraft hineingezogen werden. Ihre Erfahrungen beruhen auf dem Eindringen einer persönlichkeitsfremden Kraft in die Aura des Wahrnehmenden, einer Kraft, die seelische (Angst) und physische (Haare stehen zu Berge, Gänsehaut, Fluchtinstinkt) Wirkungen zeigt. Das sind Anzeichen für eine temporäre Besetzung, die beim sogenannten „ortsgebundenen Spuk" eben nur an einem bestimmten Ort erfolgt und beim Verlassen des Ortes wirkungslos ist.

Alle paranormalen Fälle sind gekennzeichnet durch das Einwirken einer fremden oder zumindest persönlichkeitsfremd erscheinenden geistigen Kraft auf Seele und Körper des davon betroffenen Menschen. Dabei muss allerdings eingeräumt werden, dass die uns fremd erscheinenden Kräfte Teile einer einzigen Psyche darstellen können, abgespaltene Produkte der Persönlichkeit, einem selbst unbewusst. Dies ist das Gebiet der Besetzung durch selbst aufgebaute, oder von anderen Personen (Familienerbe) übernommene Elementale, die durch Akkumulation mit gleichartigen astralen Kräften gestärkt und damit der eigenen Persönlichkeit immer fremder, als nicht zum eigenen Selbst gehörend, erscheinen. Aber gerade dieser Zusammenhang erklärt, dass Spukphänomene mitunter psychisch beeinflusst und über eine Analyse der unbewussten Zusammenhänge und Hintergründe zum Weichen gebracht

163 Mehrere Beispiele bei Johann Joseph Görres: *Die christliche Mystik* Bd. III, S. 460 f.

werden können, weil die Besetzung ihren Zweck, eine bestimmte Information zu liefern, erfüllt hat.

Woher stammen nun die Basisinformationen, die Programme oder Kräfte, mit denen der Spuk beginnt? Wer oder was sind diese Kräfte? Und wie kommen sie dazu, mit den geistigen Potentialen des Menschen zusammenzuwirken und Phänomene hervorzubringen? Es sind zwei Reiche, die sich dazu begegnen müssen – das uns umgebende geistige Reich mit all seinen Energien, die wir als Wesenheiten bezeichnen und jenes, das in uns liegt, und für das wir durchaus analoge Bezeichnungen wählen dürfen. Es handelt sich also um Personifikationen des Inneren und des Äußeren, die zur Erzeugung von Spukereignissen zusammenwirken müssen. Die Anfänge dieser Zusammenarbeit liegen in uns selbst, wir bereiten den Nährboden für das Eindringen eines geistigen Reiches, das normalerweise jenseits unseres Erfahrungsbereiches liegt und von sich aus gesehen kaum Tendenzen oder Notwendigkeiten verspürt, mit uns Kontakt aufzunehmen. Erst wenn wir es einladen, von uns Besitz zu nehmen oder wir uns derart gegen ihr Reich versündigen, dass die Existenzgrundlage der Wesen gestört ist, besteht für sie eine Notwendigkeit, uns auf unser destruktives Verhalten aufmerksam zu machen.

Es sind die Kobolde und Spukgeister, die harmlos oder dämonenhaft in unsere Lebensbereiche eingreifen und ihr Spiel im Mittelreich zwischen Licht und Dunkelheit mit uns spielen, scherzend und witzelnd, aber auch ernst, neckend oder gar strafend. Das harmlos Erscheinende kann aber zugleich auch als Larve zur Verhüllung dämonischer Aspekte dienen, Kräfte, die Licht und Dunkelheit miteinander zu verbinden suchen und damit Einfluss auch auf unser Seelenleben nehmen. Es sei deshalb davor gewarnt, sich mit diesen Kräften in ein vertrauliches Verhältnis einzulassen.

„Ich rede hier [schreibt ein Autor Mitte des 18. Jh.] von jenen Geistern, die man gemeinlich in Italien Folletti oder Hausgeister nennt, und deren Vertraulichkeit man scheuen muss, wie die des Bösen. Sie beginnen diese Vertraulichkeit mit Neckereien; kleine Dinge aus dem häuslichen Kreise werden geraubt, besonders solche, die dem gehören, an den sie sich gehängt, und ihm dann meist wieder zugestellt; so dass alles ein unschuldiges Spiel zu sein scheint. Aber vor den spielenden, schmeichelnden Geistern ist gerade am meisten sich zu hüten. Einigen erscheinen sie sichtbar, in verschiedenen Formen, bei Tage oder bei Nacht, oder nur zu bestimmter Zeit; Anderen wieder geben sie sich nie zu schauen. Meist, wenn sie zum Vorschein kommen, sind sie kleiner Gestalt, hüpfen in den Winkeln des Zimmers umher, lachen, rumoren, schleichen an die Betten, und ziehen den Schlafenden die Decken weg. Solche wollen nicht den, dem sie nachstellen, besitzen; sie drängen sich nur zur Vertraulichkeit an ihn heran, am liebsten an Frauen in blühendem Alter."[164]

Der Berichterstatter des obigen Zitates führt auf den nachfolgenden Seiten (bei Görres) Fallbeispiele an, die denen des personengebundenen Spuks entsprechen, wie er zu allen Zeiten beobachtet wurde und auch heute noch in dieser Form anzutreffen ist. Die Fallberichte betreffen in diesen Fällen pubertierende Mädchen: Gegenstände, die den betreffenden Person gehören, werden verlegt, geraubt, zurückgebracht. Schwer lassen sich die Übeltäter vertreiben. Theologen und Exorzisten werden aufgebracht, die Geister sind erzürnt und treiben es umso ärger. Kleider werden zerrissen und wieder hergestellt, Scherze getrieben, Gegenstände zerbrochen, Steine werden geworfen, niemand fühlt sich mehr sicher, es poltert im ganzen Haus, abwehrende Maßnahmen bleiben fruchtlos, plötzlich tritt Befreiung ein, der Spuk verschwindet, ebenso, wenn die den Spuk anziehende Person entfernt wird. Mitunter zieht er mit ihr, schwächt sich ab und hört auf. Oftmals genügt es, die Person aus dem Umfeld des Spuks, aus dem affektgeladenen Bereich der häuslichen Gemeinschaft zu entfernen, um eine Normalisierung zu erreichen.

164 Stephan Coleti; zitiert nach Johann Joseph Görres: *Die christliche Mystik* Bd. IV, S. 141 f.

Die Ursachen für das Einsetzen der Phänomene sind unterschiedlicher Art. Bei jungen Menschen handelt es sich meist um vorübergehende Persönlichkeitsstörungen, affektgeladene Seelenzustände, Frustrationen, Hassgefühle und ähnliche seelische Notsituationen, aber auch ausdrückliche Sehnsüchte, mit der jenseitigen Welt in Verbindung zu treten, Beschäftigung mit Zauberei, Hexerei oder gar Verschreibungen (Versprechen, Gelübde), mit denen fragwürdige Mächte herbeigezogen werden, sie bilden die Basis der jenseitigen Übergriffe.

Das vielfach bemühte Element des Betruges, Halluzination oder unbeabsichtigte Täuschung kann aufgrund der Vielzahl der Fälle, die unter genauester Beobachtung standen und sich immer noch ereignen, für unangebracht erklärt werden. Wenn Bewegungen und Würfe beobachtet werden, die Schnelligkeit der Bewegung, die zum Teil bedeutende Masse der bewegten Objekte, die entgegen der physikalischen Gesetze zielgerichtet einer scheinbaren Führung unterliegen, vor dem Ziel plötzlich Halt machen und senkrecht herunterfallen, teils ohne, teils mit Geräuschen verbunden, die der Wucht und Masse der Objekte nicht entsprechen, wenn Steine im Glas einer Fensterscheibe stecken bleiben oder vor ihr plötzlich herabfallen, kann niemand ernstlich von einem Betrug oder einer Täuschung sprechen.

Das Zusammenwirken seelischer Energiefelder mit denen außerkörperlicher Entitäten ist in unzähligen Fällen von Besessenheit und Spuk belegt worden als ein Eindringen persönlichkeitsfremder Kräfte in den Kreis des individuellen Lebens gegen den eigenen Willen.

Religiöse Glaubensgemeinschaften, über Jahrhunderte hinweg an eine geistige Ordnung und Disziplin gewohnt, geraten in eine heftige Aufregung, wenn diese Pflicht in ihren Grundlagen in Frage gestellt wird. Bislang im Zaum gehaltene Leidenschaften brechen plötzlich hervor und bringen eine Weltordnung ins Wanken. So geschah es in vielen Klöstern in der Zeit der erzwungenen Reformation. Eine Folge dieses emotionalen Aufbruchs waren Besetzungen im Gefolge von spukhaften Ereignissen. In einem ostfränkischen Kloster ereignete sich folgendes:

> Die Phänomene in der Wohnstätte der Geistlichen begannen mit einem Spuk unklarer Herkunft und Zuordnung. Fenster wurden zerbrochen, Geräte stürzten um, Fässer wurden aus ihrer Halterung gelöst, Glockenseile zerschnitten und das Cymbalum [eine Kastenzitter] zur Nachtzeit geschlagen. Die Brüder waren dem Wahnsinn nahe. Man zweifelte nicht an einer dämonischen Ursache. Am Tage agierte der Dämon in den unteren Räumen des Klosters, bei Nacht im Dormitorium [Schlafsaal]. Keiner wagte mehr allein durchs Kloster zu gehen. Die Ereignisse [den Spuk sowohl als die Besetzung betreffend] kristallisierten sich um einen 24-jährigen Novizen. Seine Kleider wurden zerrissen, und auf seiner Haut fanden sich Krallenspuren, wie von einem Tier des Waldes. [Dieses typisch dämonische Erkennungszeichen tritt auch bei aktuellen Besetzungen und Spukfällen in der gleichen Weise auf.] Der Dämon erschien dem Novizen in Gestalt einer schwarzen Katze, ihn zum Ausziehen des Ordenshabits drängend, drohend, wenn er nicht Folge leiste, werde er ermordet. Beim Versuch des Novizen, den Dämon durch Gebet zu vertreiben, kam es in seiner Zelle zu schweren Handgreiflichkeiten und Gepolter, was die anderen Brüder herbeirief, die den Erschöpften inmitten der umgestürzten Möbel fanden. Als man den Novizen zur Erholung ans Feuer tragen wollte, wurde er ihren Händen entrissen und ins Feuer geworfen, das Haupt in den Flammen liegend. Sie retteten ihn unter großen Mühen und trugen ihn zum Altar, wo er abermals ihren Händen entrissen und im Chor von unsichtbaren Händen herumgezerrt wurde. So sehr wurde ihm zugesetzt, dass man ihn endlich für tot hielt. Gebete richteten ihn wieder auf, der Dämon schien ihn verlassen zu haben und wanderte in andere Räumlichkeiten aus, so dass man glaubte, alle Schmiede der Umgegend seien hier im Kloster versammelt. Trotz weiterer Unannehmlichkeiten ließen die Brüder nicht ab von der Reformation.

Die Ereignisse im Katharinenkloster zu Nürnberg hingen ebenfalls mit der Reformation zusammen. Elf Nonnen wurden von einem bereits reformierten Kloster hierher gebracht. Doch waren alle Schwestern der Reformation abgeneigt. Deshalb wurde das Kloster nach der Reformation auch geschlossen und „das widerspenstige schwache Geschlecht ins Joch gebracht." Dann fand sich im Kloster ein Dämon ein.

> Die Ereignisse begannen mit ungewohntem nächtlichen Lärm, der einige der Nonnen bedrängte. Eine der Schwestern wurde so gedrückt, dass man glaubte, sie werde anderentags sterben. Allnächtlich stellte man Wachen auf, weil keine der Klosterfrauen mehr allein umherzugehen wagte. Die Phänomene setzten den Nonnen so zu, dass sie alle Taten ihres Lebens beichteten, ihre alte Tracht ablegten, die neue Ordensregel annahmen, und zu einem neuen Leben sich entschlossen. Als der Dämon das gewahrte, wanderte er ab.[165]

Dieses letzte Beispiel ist insofern von besonderem Interesse, da es als Ursache der Besetzung bzw. des Spuks die innere Unruhe und Widerspenstigkeit der Klosterfrauen offenbart. Während Gebet ihn nicht vertreiben konnte, entwich er nach Beruhigung der Gemüter, also nach Auflösung der emotionalen Ursachen. Emotionen öffnen die Aura und schaffen eine Verbindung zwischen Diesseits und Jenseits. Sowohl in Fällen von Spuk als auch bei Besessenheit sind emotionale Unruhen ein wesentlicher Ausgangspunkt für das Eindringen fremdgeistiger Einflüsse in die Seelen der Betroffenen und ihre Verschmelzung mit der Persönlichkeit.

Im nachstehenden Fallbeispiel aus der Zeit eines in Frankreich grassierenden Sektenwahns scheint es sich zunächst um eines der vielfachen Spukereignisse zu handeln, die gerade im Zusammenhang mit jungen Mädchen besonders häufig auftreten.

> Nicola, einem 15- bis 16-jährigen Mädchen aus der französischen Gemeinde Aubry, erschien ihr Großvater. Er bat sie für ihn zu beten

---

165 Beide Fallbeispiele nach Johann Joseph Görres: *Die christliche Mystik* Bd. IV, S. 19 ff.

> und für seine Seelenruhe Messen lesen zu lassen. Die Erscheinung beunruhigte sie sehr, und bald ereigneten sich an ihrer Person die merkwürdigsten Phänomene. So wurde sie im somnambulen Zustand mehrfach an andere Orte entrückt, sogar im Beisein von Personen, die sie bewachten und festzuhalten versuchten, ein im Spuk selten vorkommendes, aber in den Lebensbeschreibungen der Heiligen häufiger erwähntes Phänomen.[166]

Die Beobachter vermuteten, dass ein böser Geist dieses bewirke, doch Nicola war nur schwer davon zu überzeugen. Auf Anordnung des Bischofs wurde nun ein Exorzismus anberaumt mit Notaren als Protokollanten. Die Exorzismen zogen sich über drei Monate hin und ließen keinen Zweifel daran, dass das Mädchen besessen sei. Körperstarre trat ein, sie redete in verschiedenen Sprachen und verkündete Ereignisse, die sich zu gleicher Zeit an fernen Orten abspielten. Vielen entdeckte sie den Zustand ihres Gewissens, drei verschiedene Stimmen machten sich durch ihren Mund bemerkbar. In der Kathedrale von Laon wurde ein öffentlicher Exorzismus durchgeführt unter Anwesenheit von über 10.000 Schaulustigen. Erst nach mehrtägigem Ringen zogen die Dämonen es vor, den Körper zu verlassen.[167]

Der zuletzt angeführte Fall ereignete sich zur Regierungszeit des französischen Königs Karl IX. gegen Ende des 16. Jahrhunderts, einer Zeit des Sektenunwesens sowie der Hexenverbrennungen. Den Verbrennungen von Hexen und Zauberern – und schließlich auch von Ketzern – lag die Annahme zugrunde, das mit der Vernichtung des Körpers die besagten Phänomene ein Ende haben sollten, da dieser dem Bösen nicht mehr als Wirt und ausführendes Organ zur Verfügung stünde. Beispiele belegen allerdings, dass zumindest im Fall von Spukphänomenen, die ebenfalls den Hexern und Zauberern zugesprochen wurden, ein Andauern der Ereignisse auch nach der Verbrennung beobachtet wurde.

---

166 Johann Joseph Görres: *Die christliche Mystik* Bd. III, S. 448 f.
167 derselbe: *Die christliche Mystik* Bd. IV, S. 316 ff.

Kommen wir nun zu Fallbeispielen der Neuzeit, die sich ohne mystisches Gepräge und frei von dogmatischen Glaubensvorstellungen zeigen und dennoch die bekannten Elemente von Spuk und Besetzung in vernetzter Form aufweisen. In dem folgenden Beispiel sehen wir, dass Besetzungen nicht zwangsläufig an menschliche oder tierische Seelen gebunden sein müssen, sondern sich auch an Gegenstände heften können.[168] Im nachstehenden Fall bewirkt eine an den Ort gebundene Seele die typischen Spukerscheinungen.

> In einem größeren Haus im Schwarzwald lebte eine Familie mit drei bereits erwachsenen Kindern, zwei Söhne und eine Tochter. Stundenlang erklangen dort kratzende und rasselnde Geräusche aus der Besenkammer, besonders nachts. Der Kommentar des Vaters: „Es macht uns allen zu schaffen, aber es existiert schon, seit ich denken kann." Die Kammer war voller verstaubter Möbel, darunter ein massiver Bauernschrank, eine Tür halb geöffnet, daneben ein Gewehr und ein ausgestopfter Wildschweinschädel. Plötzlich bewegte sich etwas im Schrank. Die zweite Tür sprang von allein auf, darin, nur für den Seher erkennbar, ein junger Soldat mit Schnauzbart in abgewetzter Uniform aus dem Ersten Weltkrieg; daneben ein zweites Wesen, größer und hagerer, eine ausgemergelte, halbverhungerte Frau im Nachthemd. Die Mutter: „Als Sie die beiden angesprochen haben, konnte ich sie auch plötzlich sehen. Immer hatte ich Angst, hier reinzugehen." Auch der Sohn sah die Erscheinungen und bestätigte ihren Ausdruck von Leiden und Traurigkeit. Man vermutete, der Mann sei der Bruder vom Großvater, der in Frankreich an der Front ums Leben kam, die alte Frau die Urtante, sie war geistesgestört und starb in diesem Hause vor über 80 Jahren.[169]

Dann meldete sich der Vater zu Wort. Er litt seit seiner Kindheit unter starken Schmerzen. „Es kommt wie angeschossen, es durchbohrt mich richtiggehend. Der Schmerz dauert dann so zwei bis

168 Johann Joseph Görres beschreibt in Bd. III S. 371 ff. einen Fall, in dem der Spuk an eine Trommel gebunden ist.
169 Anton Styger: *Erlebnisse mit den Zwischenwelten* Bd. I, S. 234 ff.

drei Stunden und verschwindet ebenso plötzlich." Die Ärzte fanden keine Ursache, ein Psychologe sprach von einem Geburtstrauma. Es stellte sich heraus, dass er in seinem Vorleben im Ersten Weltkrieg getötet worden war, im Zweiten Weltkrieg ebenso. In längerem Todeskampf erschuf er durch Hass auf den Gegner dieses Elemental, das jetzt der Grund für seine Schmerzen war. Durch Gebete lernte die Familie sich von den Geistwesen und den damit verbundenen Geräuschen zu befreien, auch der Vater verlor seine Schmerzen und die Angst davor.

Im nachstehenden Fall, in dem wieder spukhafte Ereignisse eine Rolle spielen, geht es noch einmal um die Wirkung von selbsterzeugten Elemental-Energien.

> Ein altes Haus sollte umgebaut und renoviert werden. Während die Familie dort sporadisch übernachtete, hörten sie zu wiederholten Malen ein Poltern, Rumpeln und Kreischen im Kamin, im Estrich, aus dem Keller kommend. So ging es drei Jahre lang. Sieben Monate dauerte der Umbau, nur drei Tage hielt es die Familie dort aus, sie zogen in eine Ferienwohnung im Nachbardorf. Der Spuk war um vieles stärker geworden. Das Doppelbett schaukelte, hüpfte und drehte sich um mehr als hundert Grad. Im Treppenhaus schlug die ganze Nacht etwas auf die Metallstäbe des Geländers. Der Architekt kam am Tage, hörte den Lärm ebenso und verließ nach zwei Stunden voller Entsetzen das Haus. – Die Untersuchung zeigte kein Astralwesen, keine gebundenen menschlichen Seelen, aber eine Menge dunkler Elemental-Energien.[170]

Die Befragung der Nachbarn ergab folgendes: Die Vorbesitzer des Hauses schienen rechte Ekel gewesen zu sein, nie war hier Frieden. Mehrere Nachbarn mussten sich über Generationen hinweg auf das Thema Hass eingeschworen haben. Damit schufen sie Elementalwesen mit einem festen Auftrag, den sie zu verwirklichen suchten. Die Familie betete gemeinsam zwei Wochen allabendlich

---

170 Anton Styger: *Erlebnisse mit den Zwischenwelten* Bd. I., S. 222 ff.

für die Ablösung der Energien aus dem Haus und vom Grundstück. Dann fühlten sie sich wieder wohl und frei, auch die Angst war gewichen.

Die spirituelle Dimension der Spukphänomene

Denn im Tode gehe allerdings das Bewusstsein unter;
hingegen keineswegs das, was bis dahin dasselbe hervorgebracht hatte.

Arthur Schopenhauer: *Parapsychologische Schriften*

Um die Bedeutung von Spukphänomenen und ihr Wirken im Zusammenhang mit der seelischen Energie des Betroffenen verstehen zu können, ist es vorteilhaft, Verständnis für eine Reihe von Themenbereichen zu entwickeln, die zur Ausgestaltung der Phänomene beitragen:

Die Wirksamkeit des eigenen Geistes: Dass geistige Potentiale Kräfte darstellen, die nicht nur im Innern des Menschen Wirkung zeigen, sondern auch in seinem energetischen und substanziellen Umfeld, wurde vielfach in den vorangegangenen Kapiteln betont. Die Akzeptanz dieser Kräfte ist die Voraussetzung zum Verständnis sowohl für die Bereiche von seelischer als auch von körperlicher Gesundheit, Krankheit und Heilung sowie für die Wirkungen von Umsessenheit, Besetzung und Spukphänomenen.

Die Bildung von Elementalen: Die Bildung von Elementalen durch Gedanken, Worte, Emotionen und andere seelische Regungen ist wohl die bedeutendste Eigenschaft, die den seelischen Kräften des Menschen zugesprochen werden kann. Dementsprechend ausführlich haben wir uns mit diesen Energieformen und ihren Wirkungen beschäftigt. Elementale wirken wie eigenständige Personifikationen formend und wegweisend im Innern des Menschen und auch darüber hinaus in seinem energetischen Umfeld, beeinflussen also auch die Dynamik der ätherischen Kräfte, die uns umgeben, sowie die energetischen Strukturen der uns umgebenden Materie. Elementale wirken auch ohne den Zusammenhang mit einem physischen Körper. Es ist nicht der sterbliche Körper, der sie erschuf, sondern der unsterbliche Geist.

Das persönliche Überleben des Todes: Es ist unfruchtbar, das Für und Wider des Glaubens an ein Leben im Jenseits zu diskutieren. Jede auch nur ein wenig medial begabte Person wird keinen Zweifel an diesem Fakt aufkommen lassen, und jeder Leser, der in der Vielzahl der paranormalen Effekte ein wenig bewandert ist und die Fallberichte vorurteilsfrei zu würdigen weiß, wird zu der Überzeugung und zu dem Glauben gelangen, dass nicht nur die Elementale sondern auch die Persönlichkeit des Menschen, sein Bewusstsein, den leiblichen Tod überlebt und aus der jenseitigen geistigen Welt heraus in unserem Lebensbereich Wirkung zeigen kann, wenn wir es zulassen. Gerade das Phänomen des ortsgebundenen Spuks in ihrer Abhängigkeit von den Emotionen bzw. Elementalen, die das Bewusstsein des Verstorbenen zu einem längeren erdnahen Aufenthalt zwingen, sprechen hier eine deutliche Sprache.

Die Wirksamkeit externer geistiger Kräfte: Ob auch äußere geistige Kräfte, also zum Beispiel die Energiefelder Verstorbener oder anderer leibfreier Entitäten aus sich selbst heraus Wirkungen in unserer physikalischen Welt entfachen können, ist eine Frage, für die eine glaubwürdige Antwort besonders schwer zu finden ist. Wenn einem Seher oder anderweitig Betroffenen Personen erscheinen, die weder ihm noch seinem Umfeld bekannt sind, sich aber tatsächlich als vormals existierende Menschen erweisen oder wenn kürzlich verstorbene Menschen einer weit entfernten Person erscheinen, die von ihrem Ableben nichts wissen kann, so wäre die Annahme, dass hier ein Impuls vom Verstorbenen ausgeht, eine naheliegende und durchaus befriedigende Erklärung. Auch bei Besetzungen mit schwerwiegenden psychischen und körperlichen Wirkungen scheint oft die Annahme des Wirkens einer außerkörperlichen Existenz die einzige glaubwürdige Erklärung darzustellen. Andererseits ist es geboten, die noch in ihrer Gesamtheit wenig erforschten schöpferischen geistigen Kräfte des Menschen in die Überlegungen mit einzubeziehen. Über die Verbindung unseres Geistes mit dem universellen geistigen Bewusstsein des Kosmos und die Wechselwirkungen unserer Gestaltungskraft mit den Energiestrukturen der uns umgebenden Materie bzw. der Transformation ihrer Energiefelder, ist gleichfalls eine Erklärung der Phänomene aller hier angesprochenen Bereiche möglich, obgleich sie allerdings in vielen Fällen recht konstruiert erscheinen mag. Wir werden in den folgenden Kapiteln, die sich eingehender mit den Spukphänomenen und der Besetzung als einer ihrer Voraussetzungen beschäftigen, immer wieder auf diese Thematik eingehen müssen und sie von unterschiedlichen Seiten beleuchten.

Das Phänomen der Besetzung: Nachdem wir die klassischen Besetzungsfälle in ausreichender Form gewürdigt haben und Zusammenhänge mit den Spukphänomenen offenbarten, werden wir bei der Betrachtung dieser Phänomene selbst auf Beispiele stoßen, in denen die Besetzung nicht oder nur unzureichend erkennbar ist und Ereignisse im Umfeld des Betroffenen im Vordergrund stehen. Es wäre angebracht, im Spuk von einer *Um*sessenheit statt einer *Be*sessenheit zu sprechen, weil sich der Einfluss der geistigen Kraft nur zeitweise offenbart und die äußeren Phänomene im Verhältnis zur inneren Beteiligung der betroffenen Person im Vordergrund stehen. Dennoch möchte ich auch bei den Spukfällen den Begriff der Besessenheit beibehalten, weil es sich in jedem Fall um ein Zusammenwirken interner seelischer Kräfte mit äußeren Einflussgrößen handelt. Auch ist nicht wirklich zu ergründen, wie weit äußere geistige Einflüsse bereits in der Aura des Menschen manifestiert sind und unter gewissen Umständen, wie dem aktuellen seelischen Zustand des Betroffenen, aktiviert werden und auf diese Weise an den Spukphänomenen beteiligt sind oder diese auslösen.

Bei näherer Betrachtung müssten wir zwischen den Begriffen Umsessenheit, Besetzung und Besessenheit differenzieren. Bei der Umsessenheit hält sich das Astralwesen im Umfeld einer Person, einer Wohnung oder einem Gebäude auf und agiert zeitweise, wobei sein Wirken nicht einmal erkannt zu werden braucht und sich in wechselnden persönlichen Neigungen erschöpft. Bei einer Besetzung ist das Wesen bereits in die Aura des Menschen eingedrungen und beeinflusst seine seelischen Regungen mehr oder weniger dauerhaft; Süchte sind ein Beispiel für diese Art der Einflussnahme. Bei einer Besessenheit verdrängt das Wesen das menschliche Bewusstsein vollständig und übernimmt zeitweilig die Steuerung. Die Kontrolle über den Körper erlischt, es regen sich fremde Stimmen aus der Person.

Spuk mit reinen seelischen Spannungen zu begründen, wie es heute von medizinischen und psychologisch operierenden Wissenschaftlern gesehen wird, erscheint wenig glaubwürdig, wenn klassische exorzierende Maßnahmen oder Gespräche mit der geistigen Welt diese Phänomene aufzulösen imstande sind. Zwar gelingt es befähigten Personen, mit vereinten seelischen Kräften Elementale zu schaffen, die sich verselbstständigen und im Sinne einer eigenständigen Personifikation bis hin zu Spukphänomenen zu agieren imstande sind, doch das allein Frustrationen und zwischenmenschliche Spannungen imstande sein sollen, Spukphänomene hervorzurufen, wie es die Deutung der wissenschaftlich arbeitenden Parapsychologie heute fordert, erscheint weder belegbar noch glaubwürdig.

Die Wirksamkeit geistiger Kräfte in materiellen Strukturen: Mit dieser Thematik wird die Fragestellung dieses Buches nach dem Zusammenhang zwischen Besetzung und Spukphänomenen bereits überschritten, obgleich es sich hierbei um eine Schlüsselfrage handelt, wenn es um die Klärung der Zusammenhänge zwischen internen oder externen geistigen Kräften mit den bei Besetzungen wie auch beim Spuk auftretenden physikalischen Phänomenen geht. Ist ein Mensch allein in der Lage, diese Phänomene zu vollbringen? Können Verstorbene, Astralwesen oder Elementale selbstständig, aus sich heraus, Phänomene im physikalischen Bereich erzeugen? Was wäre dann der Sinn dieser Handlungen? Ich gehe davon aus, dass ein Sinn in derartigen Aktionen nur im Zusammenhang mit dem Menschen zu finden ist, basierend auf einer Potenzierung seelischer Kraftfelder mit dem Ziel, Menschen auf Disharmonien in ihrem eigenen seelischen Umfeld oder in ihrer Verbindung mit äußeren unkörperlichen Kräften aufmerksam zu machen.

Justinus Kerner und das Mädchen von Orlach

Aber wie können wir die Zukunft erkennen, die dem natürlichen Blick verschlossen ist, wohin der Ton der Stimme nicht reicht, die keine Gelehrsamkeit entziffern und keine Gewalt sich öffnen kann? Hier treten wir ein in das Reich neuer Kräfte, die aus einer anderen Quelle fließen, als wir in dem gewöhnlichen Tagestaumel erblicken. Hier stellen wir uns auf die Schwelle der Geisterwelt, die wir aufzuschließen gesonnen sind.

Justinus Kerning: *Der Schlüssel zur Geisterwelt*, 2. Buch

Einer der ersten Forscher der neueren Zeit, der einen Zusammenhang zwischen Besetzung, dem Wirken Verstorbener und damit zusammenhängenden Spukphänomenen und verwandten Erscheinungen herstellte, war wohl der Weinsberger Oberamtsarzt Justinus Kerner, der sich durch seine dichterischen Qualifikationen sowie durch seine medizinischen und naturwissenschaftlichen Forschungen bereits einen Namen gemacht hatte.[171] Er war schon zu Beginn seiner medizinischen Studien mit den Gesetzen des Lebensmagnetismus und den damit zusammenhängenden Heilwirkungen bekannt geworden und konnte die wunderbaren Zustände und Fähigkeiten, die sich im "schlafenden" (somnambulen) Menschen ereigneten

171 Heino Gehrts: *Justinus Kerners Forschungsgegenstand*, in: *„Neue Wissenschaft“* - Zeitschrift für Grenzgebiete des Seelenlebens., 10. Jahrgang 1961/1962, Heft 3, S. 130-145.

bzw. zum Ausdruck kamen, persönlich erfahren und erforschen. Während bei seinen ersten Untersuchungsobjekten hauptsächlich hellseherische Fähigkeiten der Somnambulen im Vordergrund standen und sich in den Schauungen eine religiös-motivierte Grundhaltung offenbarte und ihm ein nüchternes Forschen ermöglichte, wurde er doch schon sehr bald mit Beobachtungen und Phänomenen konfrontiert, die sein bisheriges naturwissenschaftlich orientiertes Weltbild vollkommen erschütterten.

Den Anlass zu dieser Veränderung seiner Ansichten bildete eine Frau, die Ende 1826 zu ihm in die Behandlung kam und deren Gesichte sich nicht bloß auf die inneren Kräfte der Natur sowie auf Verborgenes und Entferntes in der Sinnenwelt bezogen, sondern deren Blick auf die geheimen Bezirke und inneren Kräfte der Seele und das Reich nach dem Tode und die Geisterwelt gerichtet war. Die auf diese Weise erlangten Informationen waren mit Kerners bisherigen Überzeugungen absolut unvereinbar und er versuchte mit allen ihm zur Verfügung stehenden Mitteln derartige Schauungen seiner Patienten teilweise gewaltsam zu unterdrücken. Aber der Nachdrücklichkeit, mit der diese Informationen aus dem Jenseits auf ihn wirkten, war seine bisherige Überzeugung nicht gewachsen. Ein Tor in eine Wunderwelt hatte sich für ihn geöffnet und forderte zwangsläufig das Eingeständnis und gleichzeitig die religiöse Überzeugung, dass eine Geisterwelt in die unsere hineinrage. Diese Frau war die bereits in den einleitenden Kapiteln erwähnte Friederike Hauffe, bekannt geworden als „Seherin von Prevorst“ (benannt nach ihrem Geburtsort) aufgrund Kerners 1829 erschienener Veröffentlichung. Kerner erhielt zahlreiche Beweise für den Verkehr seiner Kranken mit abgeschiedenen Seelen, die ihn und viele namhafte Forscher seiner Zeit von der Kontaktmöglichkeit mit einer anderen Welt überzeugten bis hin in unsere Gegenwart.

In der Folge von Kerners Forschungen sollte sich allerdings alsbald ein neuer Gesichtspunkt einschleichen, indem sich in die bislang in den übermittelten Botschaften und Informationen erhaltene moralisch Gute eine andere Erscheinungsform hineindrängte, die einem bösen, dämonischen Aspekt entsprach. Nachdem er bereits bei der Arbeit mit seiner Seherin erste Spukphänomene und Geistererscheinungen erleben musste, begegnete ihm Ende 1832 ein an sich gutes, harmloses Bauernmädchen, das von einem „bösen Geiste", nach ihrem eigenen Zeugnis von einem vor Jahrhunderten gestorbenen Mönch, besessen wurde. Aus ganz normalem Zustand heraus wurde sie urplötzlich von dem Totengeist überfallen, ihr eigenes Bewusstsein erlosch, und aus ihrem Mund sprach mit grober Stimme ein anderes Ich, das ein ganz anderes, längst gelebtes Leben, seine eigenen Taten und Gesinnung zum Hintergrund hatte. Auch andere Patienten, die später zu Kerner kamen, mussten ihn von der Wirklichkeit einer Totenwelt überzeugen, denn alle diese Kranken fühlten sich von Geistern Verstorbener gequält, deren Angaben über ihre Lebensschicksale sich zum Teil durch den Vergleich mit älteren Akten bewahrheiten ließen.

Bereits die Geistererscheinungen der Seherin von Prevorst waren mit Spukphänomenen verknüpft, was Kerner schon früh die Vielschichtigkeit des „Hereinragens der Geisterwelt in die unsere" zu Bewusstsein brachte. Aber auch ohne offenkundig erkennbare Besessenheit oder Somnambulismus traten bei einer in Weinsberg inhaftierten Frau spukhafte Elemente wie Licht-, Schall- und Geruchserscheinungen auf, zu denen Kerner als Oberamtsarzt hinzugezogen wurde („Eine Erscheinung aus dem Nachtgebiet der Natur"[172]).

Im *Mädchen von Orlach*, dessen Entwicklung Justinus Kerner in seinen *Geschichten Besessener neuerer Zeit* beschreibt, finden wir ein Fallbeispiel vor, in dem alle klassischen Elemente von Spuk und Besessenheit in Erscheinung treten und eine für viele vergleichbare Fälle typische Entwicklung vorweisen. Es beginnt mit der Übertragung eines Geistwesens von einem möglicherweise besetzen Haus-

172 Der originale Text steht dem interessierten Leser in der Sammlung digitalisierter Schriften der Bayerischen Staatsbibliothek zur Verfügung.

tier auf einen Menschen, dann folgen koboldartige Spukphänomene, eine von schwerem Spuk begleitete Umsessenheit, die sich bis hin zur Besessenheit des klassischen Typus entwickelt und endlich in vollständiger Befreiung endet. Ich folge in meiner Darstellung dem Bericht von Heino Gehrts – in seinem Buch *Das Mädchen von Orlach* (siehe Literaturverzeichnis) – dem alle zugänglichen Akten, Briefe und Berichte zu diesem Fall zur Verfügung standen. Das Ereignis spielt in der protestantischen Gemeinde Orlach, gelegen im nördlichen Baden-Württemberg in den 1830-er Jahren.

Die Handlung: Die Ereignisse drehen sich um die 20-jährige Magdalena (Magdalene) Gronbach (Grombach), geboren am 12. September 1812, ein gesundes und kräftiges, fleißiges Bauernmädchen, ein Kind der Natur, niemals krank und ohne Frömmelei. Unter mehrfachen Spukvorfällen erscheinen ihr zwei Geister, ein weißer und ein schwarzer. Der Weiße gibt an, vor 400 Jahren als Nonne in Orlach gelebt zu haben. Aufgrund ihrer Sünden im Jenseitsschicksal gehemmt, hofft sie auf Erlösung durch Magdalena. Das Mittel sei der Abriss des elterlichen Hauses, Bau eines neuen und Stillschweigen gegenüber dem Schwarzen. Dieser, zu jener Zeit Inhaber eines Männerklosters, sucht das Erlösungswerk zu durchkreuzen und das Mädchen zum Sprechen zu bringen. Aus der anfänglichen Drangsalierung entwickelt sich eine konkrete Besessenheit. Als es zum Abbruch des Hauses kommt, zeigt sich auch der Schwarze erlösungswillig; mit dem tatsächlichen Abbruch hören Besessenheit und alle Geistererscheinungen auf. Der weiße Geist hatte schon zuvor Abschied genommen und hinterließ ein Brandzeichen seiner Hand in dem Taschentuch des Mädchens.

Der Spuk beginnt spontan im Februar 1831, als der Vater (Johann Michael Gronbach) eine neue Kuh gekauft hatte, mit der möglicherweise Geistwesen im Gehöft einzogen, denn das Tier fand sich zu wiederholten Malen an anderer Stelle, als man es im Stall angebunden hatte. Ein typischer Stallspuk beginnt. Den vorhandenen drei Kühen werden die Schwänze so kunstreich geflochten und untereinander verknüpft, als hätte es der beste Bortenmacher getan. Die Zöpfe sind nur sehr schwer wieder zu lösen. Löst man sie, werden sie alsbald mit einer solchen Geschwindigkeit neu geknüpft, wie es keine Menschenhand hätte vollbringen können. Trotz größter Aufmerksamkeit dauert dieses Flechten mehrere Wochen lang täglich an. Das An- und Abbinden der Kühe sowie das Flechten erfolgt nur bei Tag, in der Nacht herrscht Ruhe. Stallbesen und Dunggabel werden stets im Futtertrog vorgefunden, wohin man sie auch stellt. Als Magdalena einmal beim Melken sitzt, erhält sie von unsichtbarer Hand in Anwesenheit des Vaters eine solche Ohrfeige, dass ihre Haube vom Kopf an die Wand fliegt. Häufig erscheint eine schwarze Katze, deren Herkunft niemand kennt, ebenso erscheint im Stall ein großer schwarzer Vogel (typische tierische Elemente, wie wir sie bereits aus den Fallbeispielen Besessener kennengelernt haben; sie sind Anzeichen eines übernatürlichen Wirkens). Unter solchen Neckereien verfließt das Jahr.

Die Katze sollte in der neueren Bewertung dieses Falles noch eine besondere Bedeutung erlangen. Im Jahre 1830 – also bereits vor dem Beginn der geschilderten Ereignisse – ist Magdalena auf dem Feld von einer schwarzen Katze mit weißem Kopf in den Fuß gebissen worden; Spuren davon waren noch nach einem Monat sichtbar. Diese Begebenheit wurde einerseits von Psychologen als traumatisierendes Ereignis dargestellt, andererseits von praktischen Ärzten mit einer Infektion in Zusammenhang gebracht und daraus Folgen für die späteren Ereignisse abgeleitet. Erlebnisse solcher Art können bei Personen mit hysterischer Charakterveranlagung mitunter zur Ausbildung von Phänomenen führen, wie sie hier beschrieben werden. Eine Hauskatze fällt normalerweise keinen Menschen an. Wenn sie beißt, ist sie tollwutverdächtig. Bei 15 bis 20 % der Fälle führt eine solche Infektion nach Monaten bis zu Jahren zu tetanischen Anfallsleiden. Hysterische Charaktere beziehen derartige traumatisierende Ereignisse in ihr Krankheitsbild ein. Der Schweizer Neurologe Otto Binswanger berichtet von einem Fall von Pubertäts-Hysterie: Ein 16-jähriges Mädchen wurde von einer Katze in die Hand gebissen. Es stellten sich hysterische Krisen mit Delirien ein. „Sie lief dann auf allen Vieren, sprang auf Stühle, miaute, fauchte, versuchte zu beißen oder spielte mit einer Papierkugel, die ihr zugeworfen wurde.“[173]

Wieder im Februar, als das Mädchen und ihr Bruder damit beschäftigt sind, den Stall zu reinigen, erblickt Magdalene im Hintergrund desselben ein helles Feuer, das bereits zum Dach herausschlägt und mit Nachbarschaftshilfe gelöscht werden kann. Dieses wirkliche Brennen wiederholt sich an mehreren der folgenden Tage in verschiedenen Teilen des Hauses, trotz eigens Tag und Nacht aufgestellter Wächter, in und vor dem Gebäude. Wegen der Gefahr räumen die Bewohner das Haus, und trotz aller Wachen brennt es nach wie vor in dem nun leeren Anwesen. Amtlicherseits wird ein Feuerbeschauer bestellt, der ebenfalls vor einem Rätsel steht. Insgesamt werden neun reale Brände gelegt. Mehrfach finden sich im Haus glühende Kohlen, eingewickelt in Papier, Tücher, Werg oder Lumpen. Bläst man die Kohlen an, gibt es keine Flamme; sie erlischt aber auch nicht, erst, als man sie mit Wasser übergießt. Hält man ein Schwefelholz an die Kohlen, flammt es auf. Die Kohlen zünden also wirklich, das Einwickelmaterial brennt aber nur oben, unten nicht, auch nicht das Papier. Dennoch verbreitet sich ein brandiger Gestank im ganzen Gebäude. Einmal vergräbt man die Kohlen im Freien. Als man sie wieder ausgraben will, sind sie verschwunden.

Feuer legen bzw. das Erscheinen von Flammen sind Phänomene, die im Spuk relativ häufig beobachtet werden. Es kann dabei zu lokalen oder größeren Bränden kommen, aber auch das Erscheinen von nicht brennenden Flammen ist beobachtet worden, wie hier bei den glühenden Kohlen, die einerseits zu zünden vermögen, andererseits das Material, in dem sie vorgefunden werden, nicht ansengen. Kohlen sind in Märchen und Sagen ein bekanntes Entlohnungsmittel des Teufels für ihm geleistete Dienste; glühende Kohlen zeigen Schätze an, Gold

---

173 Otto Binswanger: *Die Hysterie,* S. 714.

verwandelt sich in Kohlenstaub, Kohlen wie auch Gold tauchen auf und verschwinden wieder. In unserem Fall sind die Kohlen so real, wie das von ihnen entzündete Feuer, obgleich hier paranormale Gesichtspunkte eine Rolle spielen (Feuerfestigkeit) und gezieltes Legen von Feuer durch Personen ausgeschlossen wird. Ein archaisches Element scheint in Bezug auf die Kohlen in diesen Ereignissen eine Rolle zu spielen, und das Feuerlegen wird zu einen wichtigen Bestandteil der gesamten Szenerie, die mit dem Abbruchvorhaben des alten Hauses beginnt und nach erfolgter Beseitigung auch wirklich endet.

Feuerlegen ist auch in anderen Spukfällen häufiger beobachtet worden. Das Orlacher Kirchenbuch von 1695 berichtet von einer entsetzlichen Feuersbrunst, bei der 16 Häuser und 14 Scheunen vollständig abbrannten. Das Feuer soll durch einen Poltergeist, den sogenannten „Klopfhans“ entstanden sein. Im gleichen Jahr ereignete sich in Schottland, etwa über zwei Monate hinweg, ein Tag und Nacht andauernder sehr schwerer Spukfall (Telfair-Mackie), der ebenfalls als Stallspuk begann und in ähnlicher Weise wie in Orlach vom Feuerlegen (Eimer mit brennendem Torf im Hausflur) begleitet war. Steine und brennender Torf regneten auf die Leute, ohne sie zu verletzen. Feuerkugeln wurden in und um das Haus geworfen, das Stroh zum Dachdecken entzündet, das Bettzeug angebrannt.[174]

Eines Tages vernimmt Magdalena in einer Ecke des Stalles winselnde Geräusche, wie von einem Kind stammend und erblickt die

---

174 Fanny Moser: *Spuk*, S. 311-320. Spontanes Feuer erschien auch im Spukfall Steudner (Moser, S. 163) im Jahre 1863 in Zittau, das Abbrennen eines ganzen Dorfes durch Feuerspuk (Georg Friedrich Daumer, *Das Geisterreich*, Dresden 1867, S. 269 f). Auch Herbert Thurston SJ bringt in seinem Buch *Poltergeister* (Luzern 1955) zahlreiche Beispiele für teils neckende, teils vernichtende Spukfeuer. Bei Johann Joseph Görres (*Christliche Mystik*) findet sich im 3. Bd., S. 399 f. ein Bericht von Feuerlegen durch ein als Kobold bezeichnetes Geistwesen (später sichtbar in Erscheinung tretend), beginnend mit typischen Poltergeist-Erscheinungen und Steinewerfen und Übergang zum Anzünden von Scheunen und Häusern. „Sonderlich an einem aber hatte er viel Schalkheit und Plage verübt, indem er nicht allein sein Haus und all sein Getreide abbrannte, sondern an ihm auch sonst allerlei Bosheit angetan.“

Schattengestalt einer ihr winkenden Frau, die um Kopf und Leib wie mit einem schwarzen Band gewickelt war, auf hochdeutsch sprechend: „Haus weg! Haus weg! [Diese Worte hörte Magdalena schon von jener Vision.] Ist es nicht bis zum 5. März kommenden Jahres abgebrochen, geschieht ein Unglück! Vorderhand aber zieht nur in Gottes Namen wieder ein, und das heute noch, es soll bis dahin nichts geschehen. Wäre das Haus abgebrannt, so wäre das nach dem Willen eines Bösen geschehen, ich habe es, euch schützend, verhindert; wird es aber nicht bis zum 5. März kommenden Jahres abgebrochen, so kann auch ich das Unglück nicht mehr verhüten und verspreche nur, dass es geschieht."

Ein mit dem Abriss des Hauses zusammenhängendes Spukereignis tritt bereits Monate vor den geschilderten Ereignissen auf. Es ist das spontane Niederstürzen von sechs, einen Zwischenboden tragenden Bohlen, innerhalb des Stalles, unter lautem Getöse, ein Ereignis, das nicht mit einer Materialschwäche zu begründen ist. Hätte die weiße Frau (nach ihren Angaben) die Kräfte des Bösen nicht gehindert, so wäre schon zu diesem Zeitpunkt das ganze Haus zusammengefallen. Etwa einen Monat später, als Magdalene in die Küche geht, hört sie einen heftigen Knall im Stall, gewahrt auf dem Herd zahlreiche gelbe Frösche und wird von der Stimme der Weißen gewarnt, diese aufzunehmen.

Am 19. Februar erscheint die Frau am Bett des Mädchens und spricht: „Ich bin wie du von weiblichem Geschlecht und mit dir in einem Datum geboren. Wie lange, lange Jahre schwebe ich hier! Noch bin ich mit dem Bösen verbunden, der nicht Gott, sondern dem Teufel dient. Du kannst zu meiner Erlösung mithelfen." Und in einer weiteren Erscheinung: „Ich bin auch von Orlach gebürtig, und mein Name war Mariana Susana. Ich bin geboren am 12. September 1412 [Magdalena am 12. September 1812]. Im zwölften Jahre meines Alters bin ich mit Hader und Zank ins Kloster gekommen, ich habe niemals ins Kloster gewollt [...] [Es] sind am 7. März 119 Jahre, und 120 Jahre muss ich da verbleiben, das mir gesprochen worden ist [...] O Gott! Wann werd ich erlöset doch werden [...] Unter dem Haus ist ein Keller so groß wie des Haus, 24 Schuh tief.“

Es besteht eine merkwürdige und gewissermaßen wundersame Übereinstimmung der Daten von Magdalenas Geburtstag zu dem der Weißen vor 400 Jahren. Eine Geburtsangabe „zur gleichen Stunde“ und „zur gleichen Minute“, wie es im vollständigen Text angegeben ist, verweist nicht nur auf eine Relativität der Zeitlinie zwischen 1412 und 1812, sondern möglicherweise auch auf vergleichbare Identitäten. Die Weiße spricht hier als Hauptperson der Ereignisse, mit Magdalena als Sprachrohr. Aufgrund des Zusammenfallens der Daten, heißt es, sei Magdalena gezwungen, zur Erlösung der Erscheinung beizutragen. Was bedeutet diese Übereinstimmung, wenn die Zeit in der geistigen Welt nicht existiert, wenn Vergangenheit und Gegenwart (wie auch die Zukunft) Eins sind und nur in Bezug zur irdischen Zeitachse eine Bedeutung aufweisen? Sind Magdalena und der Geist ein und diese selbe Person im Sinne einer Wiedergeburt? Tritt hier *ein* Bewusstsein in geteilter Form auf? Eine nicht lösbare Unstimmigkeit ergibt sich zwischen der mit 120 Jahren angegebenen Bußspanne und dem Geburtenabstand von 400 Jahren.

Es entwickelt sich zwischen dem Geist und dem Mädchen eine regelrechte Kommunikation auf geistiger Ebene; das heißt, die Worte werden nur angedacht und sind auch schon beantwortet. Die ehemalige Nonne erweist sich als gutartige, religiöse Worte gebrauchende Erscheinung und beklagt immer wieder ihre Verbundenheit mit dem bösen Geist. In einer Botschaft verkündet sie ihr längeres Ausbleiben [mehrere Monate, was aber nicht ganz eingehalten wurde], verbunden mit dem Hinweis, das Mädchen werde durch jenen schwarzen Geist Anfechtungen erleiden, solle ihm jedoch nie eine Antwort erteilen, was sie in der Folge der Ereignisse auch einhält. Auch sagt die Nonne Magdalena weitere Ereignisse voraus, die später auch eintreffen.

Voraussagen waren schon in alter Zeit ein Mittel, eine Besessenheit von der fallenden Sucht zu unterscheiden. War der Kranke in seinem durch Anfall hervorgerufenen Zustand befähigt, auf Befragen Vorhersagen zu machen und war sein Zustand über einen Exorzismus erfolgreich zu beeinflussen, so handelte es sich um eine Besetzung; ereignete sich nichts, war er von der Fallsucht niedergeworfen worden.

Magdalena hat in der Folgezeit mehrere Erscheinungen anderer Art, sieht Tiere auf dem Feld, sieht Nachbars Knecht sich in eine Katze verwandeln, dann in einen Hund, später in ein Fohlen, anderen Tags kommt ihr ein Pferd ohne Kopf entgegen. Der Vater und andere Personen sehen die Erscheinungen nicht, wie sie auch den Geist niemals sehen. Dann erscheint ein schwarzer Mann, der ihr Versprechungen macht, Reichtum und Glück verheißt, sie bedroht, wenn sie nicht mit ihm sprechen wolle und sich ihm nicht anschließen würde. Seine Worte weisen ihn als den angekündigten Bösen aus. Er bittet sie jedoch eine Messe lesen zu lassen, in Braunsbach, dem einzigen katholischen Ort in der Nähe – damit das Wetter zum Heu machen schön bleibe. Später erklärt der Schwarze, dass er im Leben ein Mönch gewesen sei und gibt an, hier gelebt zu haben: „Nicht wahr, das ist doch schön, wenn man jedes Mal wieder dahin darf, wo man gewesen ist?“

Magdalenas mehrtägige Arbeiten auf dem Feld werden im Beisein des Schwarzen von wundersamen Ereignissen begleitet. Er wehrt ihr die sie stechenden Fliegen ab, den ganzen Tag kommen keine mehr an sie heran; ihre Sense bleibt wundersamer Weise den ganzen Tag scharf, ohne gewetzt zu werden.

Im Juli des Jahres findet Magdalenas Schwester – die wie auch der Vater die Erscheinungen nie zu Gesicht bekommen – im Stall auf einem Balken ein Säckchen mit Münzen, elf Gulden, die niemandem im Hause fehlten. Da kommt der Mönch und spricht: „Das gehört dir, Magdalena, und ist für die Ohrfeige, die ich dir einmal im Stalle gegeben. Das Geld habe ich von einem Herrn in H. genommen, der an diesem Tage um sechs Caroline[175] betrogen hat." Abends erscheint Magdalene die weiße Gestalt und spricht: „Es ist gut, dass du ihm auf sein Gerede nicht antwortest, und auch das Geld sollst du nicht behalten, sondern den Armen geben." So geschieht es dann auch. Die Geldspenden sind urkundlich belegt.

Der Vater wird ungehalten über die Ereignisse um Magdalena, droht, sie in ein Kloster zu geben oder sie zu verheiraten. Der Schwarze, der seine Stimme wohl verstellen kann, aber nicht seine Gestalt, versucht ihr mit der Stimme des Nachbarn Hansel beides schmackhaft zu machen. Tatsächlich erscheint gegen Abend der Nachbar in Person und hilft ihr, Garben aufzustellen, ohne zu wissen, dass sich der Schwarze für seine Person ausgegeben und jenes Versprechen in seinem Namen gemacht hatte.

Am 12. Juli erscheint wieder die weiße Frauengestalt: „O Jesu, wann soll ich erlöset doch werden! Du vermehrst meine Unruhe! Halte dich standhaft gegen die Anfechtungen des Bösen! Antworte ihm doch ja nie! Hättest du ihm eine Antwort gegeben, nur ein Ja gesagt, wäre das Haus plötzlich in Flammen gestanden: denn er ist es, der es schon mehrmals durch Feuer verdorben hätte, hätte nicht ich entgegengestrebt. Er wird dich immer mehr ängstigen, aber antworte ihm nie, spreche gegen ihn nie ein Wort!" Sie gibt an, Magdalene die Stelle zeigen zu wollen, wo vormals das Nonnenkloster gestanden hat, führt sie eine Strecke durch das Dorf und gibt ihr die Stelle bei der Scheune des Wirts an.

Nach den Angaben des Schwarzen soll es im Ort zwei Klöster gegeben haben, das Kapuzinerkloster, in dem er selbst wirkte und das sich an der Stelle des Gronbach'schen Hauses befand, und ein nicht sehr weit entferntes Nonnenkloster mit 100 Frauen an der Stelle der Scheune des Wirts mit dem Bierkeller darunter. Darinnen müsse man ein Zeichen finden von der Nonnengruft; es müsse ein Loch darinnen

---

175 Karolin (Carolin) = wertvolle bayerische Goldmünze nach dem Vorbild des franz. Luis d'or. Zur Zeit der Ereignisse betrug der Wert eines Karolin etwa drei Goldgulden = 11 Gulden.

sein, wo die Gruft gewesen ist. Auch gibt er an, dass sich zwischen dem Nonnenkloster und dem Bierkeller des Kapuzinerklosters ein unterirdischer Gang befände, über den die Nonnen Bier herbeibrächten. Man müsse diesen Gang noch finden können. Im Kapuzinerkloster seien sechs Priester gewesen, ein Prior und viele Brüder, von denen er der höchste gewesen sei. Das Haus des Bauern stehe auf dem Besitztum des Klosters.

An dieser Stelle muss angeführt werden, dass die Vorgeschichte nach Wiedergabe der Geister den bekannten historischen Tatsachen widerspricht. Weder die Klöster noch eine Burg lassen sich für Orlach nachweisen. Auch war zu dieser Zeit das nahe Zusammenliegen von Mönch- und Nonnenkloster unzulässig. Kapuzinerklöster gab es zu dieser Zeit im Hohenloh'schen überhaupt nicht, Kapuziner kamen erst um 1700 ins Land. Auch kann Orlach nicht aus einer spätmittelalterlichen Burgsiedlung hervorgegangen sein. Was die genau angegebene Zahl der Kleriker im Männerkloster anbelangt, so könnte es sich aber um Anspielungen auf das Klosterleben zu Zeit des Mittelalters handeln. Ein protestantisches Bauernmädchen kann kaum diese Angaben aus eigener Phantasie erschaffen haben. Im Gegensatz zu vielen anderen Spukfällen, in denen Personen aus vergangenen Zeiten auftreten, fehlt hier jeglicher Hinweis auf historische Persönlichkeiten, die wirklich in den 1430-er Jahren lebten.

Der Schwarze erscheint ihr am 15. Juli und bedrängt sie erneut, ihm eine Antwort zu geben und verspricht dann, von ihr abzulassen. „Nur eine Antwort, und du bist reich und darfst dich um all den Plunder dein Leben lang nicht mehr zu kümmern! Nur eine Antwort, und ich plage dich nicht mehr, und jene Schachtelgret, die dir doch nur vorlügt und nichts gibt, kommt auch nicht mehr. Aber antwortest du mir nicht, so sollst du sehen, wie ich dich noch plage." [Ankündigung der später erfolgenden Besetzung.] In der Folgezeit erscheint ihr der Schwarze nur noch drohend in Gestalt scheußlicher Tiere wie Bär, Schlange, Krokodil, verspricht ihr Geld, droht mit Martern. Hält sie ihm die Bibel entgegen, verschwindet er.

Am 21. August erscheint ihr der Geist in Form eines monströsen Tieres. Magdalena stammelt nur, „der Schwarze“, fällt in Ohnmacht und ist mehrere Stunden lang bewusstlos. Der Anfall wiederholt sich. Sie schlägt nach allem, was sich ihr nähert mit dem linken Arm und dem linken Fuß.[176] Dieses Wüten zeigt sich besonders heftig, wenn man die Bibel gegen sie bringt. Der Schwarze hat ihr Bewusstsein übernommen, die Besetzung ist voll ausgeprägt. Ein Geistlicher und ein Arzt werden hinzugezogen. „Hast du Krämpfe?“ „Nein!“ „Bist du sonst krank?“ „Nein!“ „Was ist es dann?“ „Der Schwarze!“ „Wo ist er?“ „Da!“ Sie schlägt sich mit der rechten Hand auf die linke Seite. – Man lässt sie zur Ader, setzt Blutegel. „Das nützt alles nichts, ich bin nicht krank, mir kann kein Arzt helfen.“ „Wer kann dir denn helfen?“ „Das Fräulein hat geholfen.“ (Sie meint die weiße Nonne).

Magdalena berichtet, der schwarze Geist sei in scheußlicher Gestalt auf sie losgegangen, habe sie niedergedrückt und zu erwürgen gedroht, wenn sie nicht antworte – jetzt müsse es sein. Als sie schon fast am Tode gewesen, sei die weiße Frau zu ihr gekommen, habe sich zu ihrer Rechten gestellt, während der schwarze Geist zu ihrer Linken gewesen. Beide Geister schienen in einer fremden Sprache miteinander gestritten zu haben, ihr laut vernehmbar. Endlich sei der Schwarze gewichen und sie wieder zu sich gekommen. Von Fragen, die man an sie während ihres Zustandes gerichtet hatte, wusste sie nichts.

---

176 Diese halbseitige Körperreaktion hatten wir bereits bei Staudenmeiers Personifikation „Pferd“ kennengelernt, wir finden solche halbseitigen Körperaffektionen besonders häufig im Krankheitsbild der Hysterie. Dieses basiert auf nicht kontrollierbaren, aber sehr wohl koordinierten Muskelzuckungen, die zum Springen, Tanzen oder anderen individuell typischen Bewegungsformen führen. Bei Anneliese Michel - ich beschrieb diesen Fall ausführlich in meinem Buch *Seelengefängnis* (Buchverlag König, Greiz 2020) war es ein kräfteverzehrendes länger andauerndes Hüpfen im Sinne von Bocksprüngen oder der Zwang zu unzähligen Kniebeugen. Otto Binswanger schildert in seinem Buch *Die Hysterie* zahlreiche Fälle dieser Art. Auch aus einem persönlichen Erlebnisbericht ist mir ein solcher Fall bei dämonischer Umsessenheit bekannt geworden.

Die weiße Frau beteuert, dass Magdalenas Zustand keine Krankheit sei, keine fallende Sucht und verweist auf das Ende aller Belästigungen, wenn nur das Haus bis zum 5. März des kommenden Jahres abgerissen worden sei. Allerdings werde es wohl dahin kommen, dass der Schwarze sich völlig ihres Leibes bemächtige. – Tatsächlich werden in der Folgezeit die Anfechtungen durch den schwarzen Geist immer heftiger, er bemächtigt sich zeitweise ihres ganzen Inneren und spricht aus ihr in dämonischer Rede. Der Vater beginnt nun mit dem Abriss des Hauses, das schon seit längerer Zeit einem Neubau weichen sollte.

Magdalena sieht den Schwarzen stets kommen, er tritt an ihre linke Seite, greift ihr in den Nacken und tritt in sie ein. Damit schwinden ihr Bewusstsein und ihre Individualität. Eine rohe Bassstimme spricht aus ihr mit der Bewegung ihres Mundes aber mit dämonisch verzerrten Gesichtszügen. Es sind Verwünschungen, Schimpfreden und Lästerungen, auf das Mädchen selbst bezogen („die Sau") sowie auf alles Heilige. Die Augen sind geschlossen, der Kopf auf die linke Seite gesenkt, der linke Fuß bewegt sich immer heftig hin und her, die Sohle schlägt hart auf den Boden während des oft stundenlangen Anfalls; die Bodenbretter werden dadurch ganz abgerieben, aus der Fußsohle tritt Blut aus; wäscht man es ab, sieht man nicht die geringste Abschürfung; der Fuß ist eiskalt und gefühllos. Von den Bodendielen lässt sich das Blut nicht abwaschen, sie müssen abgehobelt werden. Magdalena macht zahlreiche hellseherische Angaben über die Geschichte der Region und ihre Altertümer betreffend, die ihr den Titel „Königin der Hellseher" einbringen.

Gelegentlich ist aus den Worten des Schwarzen die Hoffnung zu erkennen, doch noch begnadigt und erlöst zu werden. „Wenn ich noch zu Gnaden angenommen werde, so muss ich noch 500 Jahre schweben. Es geht hart zu."

Man spricht von einer Dämonomanie aus körperlich-krankhafter Ursache, von Epilepsie, die in partiellen Wahnsinn übergehe, von einer wohl bereits eingetretenen Desorganisation des Rückenmarks, findet allerdings keinerlei krankhafte Störungen, auch nicht das Krankheitsbild der Epilepsie; klassische therapeutische Ansätze bleiben wirkungslos, magnetische Striche werden durch Gegenstriche des schwarzen Geistes aufgehoben. Magdalene ist monatelang den schwersten Leiden unterworfen. Der Aufenthalt vom 11. Dezember bis zum 13. Januar bei Justinus Kerner in Weinsberg dient lediglich der ärztlichen Begutachtung, nicht der Therapie. Kerner erklärt in seiner Funktion als Oberamtsarzt, dass weder Krankheit noch Verstellung vorläge, aber auch hier zeigt sich die Besetzung in bekannter Weise in Phänomenen, die er genau beschreibt. Kerner hat zu dieser Zeit mit Besetzungen kaum Erfahrung, er meidet exorzierende Experimente, wendet lediglich Magnetismus an. „Ärztlich behandelte ich sie durchaus nicht, weil ich den magnetischen Kreis, in dem sie offenbar war, nicht stören wollte." Im Zusammenhang mit der Untersuchung weiterer Besetzungsfälle lernt Kerner erst durch den Kontakt mit dem Schneider Jakob Dürr, der als „der letzte deutsche Schamane" in die Literatur einging, Besetzungsfälle durch Zaubermittel wie Amulette und Sprüche, die dämonisch induzierten Zustände zu beeinflussen.

Die Ereignisse eskalieren am 4. März, einem Tag vor der angekündigten Befreiung. Die weiße Frau erscheint in strahlendem Glanz, umgeben von einem glänzenden weißen Faltengewand, Gesicht und Kopf von einem weißen Schleier bedeckt und sie berichtet ihre Lebensgeschichte: In ihrem 22. Lebensjahr wurde sie, als Koch verkleidet, von jenem Kapuzinermönch ins Männerkloster gebracht, dass sich auf dem Platz des Gronbach'schen Hauses befand. Vier Jahre dauerte der unselige Bund, während dessen sie ihm zwei Kinder gebar, die er gleich nach der Geburt ermordete, wie auch zwei weitere Mönche. Als sie sein Verbrechen verriet, wurde sie selbst ermordet. Auf die Frage, ob ein Mensch einen Geist in den Himmel hinauf erlösen könne, gibt die Weiße eine interessante Antwort: „In den Himmel kann kein Mensch einen Geist erlösen [...] Nur des Irdischen, an dem ich zu hart hinge, wollte ich durch dich erlöst werden" [weil sie ihre Untaten noch immer in sich getragen und erst jetzt, durch Magdalenas Vermittlung, also durch ihren Mund sie der Welt habe sagen können]. „An mir und demselben [dem Schwarzen] sollte sich doch die Leute ein Beispiel nehmen, dass man nicht zu hart sein Herz an das Irdische hängen soll.“

Als die Weiße zum Abschied Magdalene die Hand reichen will, wagte das Mädchen dieses nur vermittels eines Schnupftuches. Sie sieht das Tuch aufglimmen und gewahrt darin ein großes Loch gebrannt, wie das Innere einer Hand und über diesem Loch noch fünf kleinere, wie von fünf Fingern.

Sich zurückziehend, um zu beten, begegnet Magdalene dem Kapuziner, der diesmal mit einer weißen Haube bekleidet ist und auch ausdrücklich darauf hinweist. Er besetzt sie erneut mit allen bekannten Begleiterscheinungen. Sie bleibt nun unausgesetzt bis zum anderen Tage besessen. Eine ungeheure Menschenmenge strömt in Orlach zusammen, um an den letzten Ereignissen teilzuhaben. Viele Fragen werden dem Schwarzen gestellt, insbesondere über Klöster und Schlösser sowie weitere Altertümer der Umgebung, die er nachgewiesenermaßen richtig beantwortet, unsinnige Fragen aber mit spöttischen Bemerkungen abtut. Auch gibt er seine Schuld an. Während einer seiner Brüder den Familienstammsitz erbte und der andere während des Krieges starb, kam er selbst in das Kloster zu Orlach, wo er bald der Obere wurde und in Heimlichkeiten weitgehend freie Hand hatte. Er berichtet vom Mord an den Klosterbrüdern, Nonnen und Kindern – er lockte die Unglücklichen ins Verborgene, erstach sie und warf die Leichen in ein gemauertes Loch – und beging schließlich Selbstmord im Jahre 1438.

Mittags am 5. März werden die letzten Mauerreste gebrochen. Darunter befindet sich Mauerwerk gänzlich anderer Beschaffenheit, wohl von einem sehr alten Gebäude stammend. Mit dem Sinken des letzten Gebäudeteils (was das Mädchen nicht sehen konnte) setzt bei ihm ein dreimaliges Neigen des Kopfes auf die rechte Seite hin ein und ihre Augen schlagen sich auf. Der Dämon ist aus ihr gewichen, und sie ist voller Verwunderung über die vielen Personen, welche sie umgeben. Pfarrer Gerber schreibt: „Nie werde ich das Überraschende dieses Anblicks vergessen, nie den wunderbaren Übergang von den entstellenden dämonischen Gesichtszügen der – wie soll ich sie nennen – Kranken, zum rein menschlichen, freundlichen Antlitz der Erwachten; von der widrigen, hohlen Geisterstimme zu dem gewohnten Klang der Mädchenstimme, von der verborgenen, teils gelähmten, teils rastlos bewegten Stellung des Körpers zu der schönen Gestalt, die wie mit einem Zauberschlage vor uns stand."[177]

Beim Abräumen des Schutts in den späteren Tagen findet man ein brunnenähnliches Loch, gefüllt mit Schutt und menschlichen Knochen, auch die von Kindern. Das Mädchen bleibt von diesem Zeitpunkt an gesund, nie mehr kehren bei ihr die früheren Erscheinungen zurück.

Wir haben im *Mädchen von Orlach* einen kombinierten Spuk- und Besessenheitsfall vor uns, der zu zahlreichen medizinischen und psychologischen Deutungen und Spekulationen Anlass gegeben hat, die definierte Elemente des gesamten Geschehens in einen Zusammenhang mit der jeweiligen Deutung zu bringen und damit zu erklären versuchen.

Was die Sehergabe des Mädchens anbelangt, so wird uns aus den Akten des Amtes von Schwäbisch Hall berichtet, dass in manchen Gegenden des Hohenloh'schen Fälle von natürlichem Somnambulismus und „dämonischer Krankheit" in dem Bezirk häufiger auftraten.

Der Stallspuk dauerte in diesem Fall vom Februar bis kurz über Ostern. Viele Spukerscheinungen beginnen mit der Bedrängnis von Tieren, bevor Personen in die Ereignisse mit einbezogen werden. Möglicherweise dient diese vom Spuk offenbar bevorzugte Vorgehensweise dem Aufbau eines affektgeladenen Kraftfeldes aus Angst und Besorgnis, aus seelischer Pein und den aus den Vorgängen entstehenden Notlagen, welche die psychische Spannung immer mehr ansteigen lassen. So entsteht ein Kraftfeld, das von einer externen Intelligenz (Geistwesen) aber auch von psychischen

177 Heino Gehrts: *Das Mädchen von Orlach*, S. 82.

Spaltprodukten der Persönlichkeit des oder der vom Spuk bzw. Besetzung Betroffenen gesteuert werden kann. Da die Zeit in dieser Zustandsform keine Rolle zu spielen scheint und reale Gegebenheiten sich mit Phantasievorstellungen vermischen können, entsteht ein eigenartiges Drama, das unter Verwendung realer historischer Fakten und individueller Vorstellungsbilder im Sinne synchronistischer Phänomene Verknüpfungen erstellt und damit Vorgänge kreiert, die nach außen hin als reale Fakten in Erscheinung treten, die einer Nachprüfung allerdings nicht in jedem Fall standhalten können.

Ein anderes Phänomen der Spuk-Besetzungs-Thematik ist das Hellsehen in Vergangenheit, Gegenwart und Zukunft, das über ein Hinausversetzen des eigenen Geistes aus dem Körperbewusstsein (nach der Art einer Seelenexkursion, Nahtod oder Somnambulismus) oder durch Besetzung von einem dem Bewusstsein fremden Geist realisiert werden kann. Auch hier kann eine mehr oder weniger ausgeprägte Vermischung unterschiedlicher Bewusstseinsinhalte erfolgen mit dem Ergebnis, reale Vorhersagen zu tätigen oder sie mit Vorstellungsinhalten zu vermischen und dadurch in einer Form zu produzieren, die Unglaubwürdiges mit Realem vernetzt.

Dass diese mental induzierten Phänomene nach außen zu dringen vermögen, ist eine Besonderheit der mit der Besetzung oder Umsessenheit verbundenen physikalischen Phänomene, deren Entstehung und Ausbildung bis heute nicht wirklich geklärt werden konnte, obgleich Ansätze aus der Physik erfolgversprechend zu sein scheinen. Wie kann Psyche auf die Materie wirken oder gar Materie hervorbringen? Das sind Fragen, die zu allen Zeiten gestellt worden sind und deren Beantwortung wir nur annäherungsweise begegnen können. In weiteren Spukfällen werden wir immer wieder auf diese Thematik stoßen.

Auf einen Bereich der Geistererscheinungen möchte ich aus dem hier gegebenem Anlass ausdrücklich hinweisen, weil er mit der Besetzungsthematik eng zusammenhängt. Viele Geister erscheinen mit der Bitte, von irdischen Anhaftungen erlöst zu werden, es ist der Hauptgrund ihres Erscheinens, und sie weisen vielfach ausdrücklich darauf hin. Sie werden erlöst, wenn ein gewisser Wunsch erfüllt, ein Unrecht wieder gut gemacht, heilige Messen gelesen, für sie gebetet wird usw. Aber auch auf anderem Wege sind Ablösungen – das heißt, die Befreiung von Spuk und Besetzung – möglich, sie erfolgen aufgrund einer dem beseelten Menschen eigenen Machtvollkommenheit heraus, die einen Aspekt des göttlichen Seins darstellt. Wir fragen uns, was mit den abgelösten Seelen geschieht. Gehen sie in ein Reich der Seligen ein? Sind sie durch unsere Maßnahmen und Gebete von ihrer Schuld befreit?

Im *Mädchen von Orlach* weist die weiße Nonne ausdrücklich auf diesbezügliche Zusammenhänge mit den Worten hin: „In den Himmel kann kein Mensch einen Geist erlösen. [...] Nur des Irdischen, an dem ich zu hart hinge, wollte ich durch dich erlöst werden.“ Was der Mensch vermag ist Aufklärung der Seelen zu leisten über ihren gegenwärtigen Zustand und darüber Anhaftungen und Programme aufzulösen, welche die Seelen an die irdische Materie fixieren. Gelingt dies, bezeugen sie in der Regel ihre Dankbarkeit auf eine Weise, die ihnen zu leisten möglich ist. Dabei kann es sich um bestimmte Erscheinungsformen handeln, welche die Veränderung ihres Wesens sichtbar dokumentieren, meist ist dies eine Veränderung ihrer Farbe vom Schwärzlichen ins Weiße oder ihrer Gebärden. Die Dankbarkeit kann sich aber auch im Bereich physikalischer Phänomene äußern wie Ausblasen von Kerzen, wenn dies vereinbart wurde, bestimmte Geräusche, direkte Stimme, Erscheinen von Schriftzeichen oder wie hier dargestellt, im Phänomen der eingebrannten Hand, über das dank der Untersuchungen von Bruno Grabinski zahlreiche Beweise und Fotos vorliegen.

„In den Himmel kann kein Mensch einen Geist erlösen.“ Der Zustand der Verstorbenen im Jenseits kann vom Menschen in der Regel nicht beeinflusst werden, da er Zwängen unterliegt, auf die wir keinen Einfluss haben. Wir können aber eine Seele aus den irdischen Verstrickungen befreien und sie anderen hilfreichen Geistern anempfehlen, die sich dann ihrer annehmen und sie weiter geleiten, doch wir vermögen nicht, ihr weiteres Schicksal zu beeinflussen.

Kraftfelder, die auf Besetzungen und Spuk Einfluss nehmen

[Carl Wicklands Buch „Dreißig Jahre unter den Toten"] „darf als Werk eines ernsthaften Psychiaters nicht einfach ignoriert werden, weil seine Erklärungen und Behandlungsmethoden weder im Konzept der heutigen Schulpsychiatrie, noch in das der heutigen psychologischen Lehrsysteme passen.

Hans Naegeli-Osjord, *IMAGO MUNDI*, Bd. III S. 187

Sehen wir uns bei Naturvölkern um und untersuchen ihren Umgang mit besetzungstypischen Erkrankungsformen, so beobachten wir eine ausgeprägte Wechselbeziehung zwischen dem Betroffenen einerseits und astralen geistigen Quellen andererseits. Die intuitive Naturverbundenheit der Gemeinschaft geht mit einem Wissen um die Kräfte einher, die jeglicher Materie innewohnen. Es sind solche, die als göttliche oder dämonische Mächte personifiziert werden, die sowohl der durch diese Mächte geschaffenen Materie als auch dem lebenden Menschen innewohnen und seine Geschicke leiten. Ärztliches Behandeln und priesterliches Bemühen gehen bei den Heilungsvorgängen Hand in Hand. Der Kranke gilt von einer Gottheit, einem astralen Wesen, einer jenseitigen Macht ergriffen und ist somit stets eingebettet in ein kosmisch-astrales Geschehen. Diese Form der Umsessenheit oder Besetzung ist hier ein notwendiges Gestaltungselement des menschlichen Lebens, ein Gesichtspunkt, der den geistigen Horizont des Betroffenen weit übertrifft, der dem Erkrankten nicht im eigentlichen Sinne bewusst wird, aber in seiner Gefühlswelt und seiner Intuition vorhanden ist und deshalb einen Kontakt zum Übernatürlichen sicherzustellen vermag.

Psychiater, welche die magischen Praktiken der Zauberpriester bei Erkrankungsformen studierten, die den Zustandsbilden der Schizophrenie ähnlich sind, beobachteten bei den Heilungspraktiken der Naturvölker eine höhere Heilungsquote als bei der bei uns üblichen medikamentösen Behandlung. Wenn solche Behandlungsformen – die mit den bekannten exorzierenden Elementen keinen Vergleich zu scheuen brauchen – erfolgreich sind, muss davon ausgegangen werden, dass eine magisch-astrale Komponente auch bei der Entwicklung des Krankheitsgeschehens eine Rolle gespielt hat. Da in solchen Fällen keine Heilung auf intellektueller oder naturwissenschaftlicher Basis erfolgt, sondern diese sich an einem Naturgeschehen orientiert, sind wir durchaus berechtigt anzunehmen, dass auch die Krankheitsbilder der in diesem Buch angesprochenen Themen einschließlich der sie begleitenden Spukerscheinungen als eine Form der Besessenheit durch ein Geistwesen transzendenter Natur angesehen werden können.

Noch Paracelsus reihte die Geisteskrankheiten unter die Kategorie der Besessenheit ein, wobei er diesen Zustand als Einwirkung eines Fremdwesens verstanden wissen wollte; über die Möglichkeit einer Besetzung durch Teile der eigenen Persönlichkeit verlor er dagegen kein Wort. Sicherlich waren die Erscheinungsformen geistiger Krankheiten in älteren Zeiten anders gelagert als heute, doch müssen wir aufgrund der Konstanz der Ereignisse über Jahrtausende hinweg erkennen, dass die damaligen Phänomene von den heute zu beobachtenden nicht wesentlich verschieden sind, sie weisen lediglich andere Akzente bezüglich der äußeren Erscheinungsformen auf.

Das Leben des Menschen ist – wie alles Leben in der Natur – mehr den kosmischen Gestaltungskräften unterworfen, als einer eigenen Wesens- oder Charakterreifung. Aber aufgrund seiner Bewusstseinsbildung ist der Mensch in der Lage, einen Teil der externen Steuerungskräfte anzunehmen oder abzulehnen. Astrale Kräfte vermögen unser Bewusstsein gemäß unserem eigenen Willen wertvoll zu gestalten oder degenerieren zu lassen. Die kosmischen Harmoniegesetze gelten für astrale Kräfte und menschliche Entsprechungen in gleichem Maße, während unsere inneren Gestaltungskräfte das Geschehen anziehen, das unsere Seele begehrt. In unserem Wesen vermögen wir deshalb ein Spiegelbild der angezogenen äußeren Gestaltungskräfte zu erkennen.

Nach indischer Weisheit haben wir „die Aufgabe, der grausigen Welt der Geister Herr zu werden, denn sie sind sowohl in uns wie draußen. Alles außerhalb von uns, ob wir es nun in seinem wahren Verhältnis zu uns erkennen oder ob es für uns scheinbar bedeutungslos und ohne Bezug auf unseren Verstand und unser Herz bleibt, ist in Wirklichkeit Spiegelung unseres eigenen Innern.“[178]

Der Mensch ist nicht nur mit der ihn umgebenden Außenwelt sowie der Welt seines Innern konfrontiert, sondern auch mit den Einstrahlungen, die einem gemeinsamen geistigen Potential der Menschheit (nach C. G. Jung das „kollektive Unbewusste“) entspringen, als auch einer gemeinsamen Kraft dessen, was sich an seelischen Gestaltungskräften in der astralen Welt befindet. Das engere energetische Umfeld des Menschen ist nicht nur von seinen eigenen Potentialen erfüllt, sondern auch von den Kräften der Wesenheiten, die den Menschen nahestehen, den Kontakt mit ihnen suchen und sich in deren geistige Belange einzumischen verstehen. Das „kollektive Unbewusste“ Jungs ist eine Sphäre, die immer an die Erscheinungsformen des Menschen gebunden ist. Doch die menschliche Psyche ist auch im kosmischen Energiegefüge wirksam, das heißt in einer Sphäre, die unser Leben mindestens ebenso beeinflusst, wie die dazu parallel verlaufenden irdischen Geschehnisse. Auch die nicht von Menschen geschaffene geistige Außenwelt weist eigenständige Entwicklungsform auf, die einerseits anderen Vor-

178 Nach Hans Naegeli-Osjord: *Die Psychopathologie des Menschen*. In: *IMAGO MUNDI* Bd. III, S. 180.

gaben folgt, als die des menschlichen Geistes, die aber doch mit den geistigen Potentialen der Menschen zu kooperieren vermag und für einen Großteil der paranormalen Phänomene sowie auch für diverse krankhafte Zustände verantwortlich gemacht werden kann. Vereinfacht ausgedrückt, ergeben sich daraus folgende Kraftfelder:

- Das energetische Umfeld des Menschen auf der physikalischen Ebene.
- Das ihn umgebene (nach außen projizierte) Feld seiner geistigen Kräfte.
- Die nach außen projizierten unbewussten Vorstellungsbilder, die auch im Kosmos wahrgenommen werden (z. B. die Götterwelt der Antike, Teilaspekte kosmischer und menschlicher Prägung).
- Des Menschen innere, ihm unbewusste Gedanken- und Triebstrukturen (Elementale).
- Das von allen Menschen geschaffene kollektive Unbewusste.
- Die Gestaltungskräfte der vom Menschen unabhängigen astralen Welt.
- Die Einwirkungen der den menschlichen Tod überlebenden Seelenbestandteile.
- Die selbstbewussten Lebensformen nichtmenschlicher Spezies.

Alle diese Feldstrukturen zeigen Vermischungen untereinander, wobei verwandte Energieformen akkumulieren, dadurch eine stärkere Gestaltungskraft erlangen, die sich bis hin zu einer Art von Selbstbewusstsein entwickeln kann und in Zusammenarbeit mit den physischen Energieformen des Menschen auch materielle Phänomene zustande zu bringen vermag.

Die persönlichen Energien koordinieren das energetische Umfeld des Menschen oder drängen es in eine bestimmte Richtung, was bis hin zur Beeinflussung der Materie reicht, wie wir es in zahlreichen Spukvorgängen und anderen Widrigkeiten der Materie (Störungen von Uhren, technischen Geräten, Wetterereignisse usw.)

vorfinden. Wir sprechen von der Tücke des Objekts, als ob dieses beseelt wäre, doch weigern wir uns zu erkennen, dass es tatsächlich in gewisser Weise als beseelt angesehen werden kann und wenn auch nur bezüglich des Argumentes, dass es einer seelischen Behandlung durchaus zugänglich ist, wie ich mich selbst durch Handauflegen und Sprechen mit gestörten technischen Geräten überzeugen konnte. Zwischen Schaffendem und Geschaffenem besteht aufgrund einer gewissen seelischen Übereinstimmung (magisches Potential der Seele wie auch des Objektes) eine enge Verflechtung. Eine ebensolche Verflechtung mit unserer Seelenkraft erfolgt durch die Einwirkung des magischen Potentials Lebender oder Verstorbener.

Diese (magisch orientierte) Denkweise widerspricht natürlich den gewohnten naturwissenschaftlichen Erklärungsformen, wie sie auch in der Psychiatrie, bei Geisteskrankheiten, Besetzungsphänomenen und auch für paranormale Elemente und Spukerscheinungen angewandt werden, in diesen Fällen aber wenig gewinnbringend erscheinen. Wenn ein Mensch über lange Perioden hinweg störungsfrei lebt und ohne erkennbaren Grund in eine der genannten Krankheitsformen fällt oder von Spukereignissen heimgesucht wird, so kann die Ursache nicht allein in seiner psychischen Entwicklung gesucht werden, sondern muss auch unter Einbeziehung persönlichkeitsfremder Strukturen erfolgen, zumindest, wenn sich diese Ursachen wie in vielen Fällen des Spuks geradezu aufdrängen. Psychische Erkrankungen und Spukerscheinungen sind allein auf psychologischer Ebene kaum zu fassen. Sie entspringen einem Zwischenreich, das sowohl der Materie als auch dem Geist angehört, weil jeder Materie eine geistige Komponente innewohnt und allem Geistigen auch ein materieller Aspekt zugebilligt werden muss.

Die Anzeichen einer Vermischung zweier Welten zeigen sich am deutlichsten im Krankheitsbild der Schizophrenie, des Spaltungsirrseins, in dem der Betroffene neben seiner normalen Lebenssituation zeitweise in einer anderen Welt zu leben scheint, von geistigen Kräften einer anderen Existenz beeinflusst oder gar gänzlich eingenommen wird, wie wir es auch im Krankheitsbild der Besetzung vorfinden, in dem Spukerscheinungen zwar eine Nebenrolle zu spielen scheinen, aber dennoch einen wesentlichen Bestandteil der Gesamtzusammenhänge darstellen. Persönlichkeitsfremde Anteile vermischen sich hier mit unbewussten seelischen Eigenproduktionen zu einem Gesamtwerk, das für unterschiedliche Erklärungen der Zusammenhänge offen ist und ihnen ausreichenden Nährboden bietet. Tatsache bleibt, dass der Kranke einem unverständlichen psychischen Fremdgeschehen unterliegt, das auf- und abschwillt oder zeitweise gänzlich auszusetzen vermag, um dann wieder mit erneuter Gewalt hereinzubrechen mit teilweise aggressivem oder dämonischem Charakter. Nur bedingt kann den psychischen Einwirkungen gegenüber Widerstand geleistet werden.

Der von einer fremden geistigen Kraft beeinflusste Mensch kann nur auf entsprechender Ebene behandelt werden, jede medikamentöse Therapie verschlimmert die Situation trotz äußerlich positiver Effektwirkung. Das menschliche Wesen ist ein von unterschiedlichen Wirkkräften beseeltes geistiges Potenzial, das innerhalb einer astralen Gesamtstruktur steht, in ihr wirken muss und von ihr beeinflusst wird je nach ererbter Veranlagung, Bewusstseinsbildung, auch astrologischem Typus sowie einem der Zeit und der persönlichen Entwicklung gemäßen unterschiedlichen Intensitätsgrad.

Wir können die Probleme der Besetzungen als auch der paranormalen Phänomene nicht von einer Theorie ausgehend betrachten, die sich zwangsläufig ergibt, indem wir sie in ein Schema hineinpressen, sondern wir sind gefordert, die Problembereiche empirisch zu erfassen, auf uns wirken zu lassen, unterschiedliche Aussagen in Theorie und Praxis zu erwägen und zu vergleichen, wobei die Bereiche der Seelsorge, der Psychologie, des Exorzismus aber auch der Magie eine Berücksichtigung finden müssen.

Der nachstehende Fallbericht[179] betrifft eine durch verzauberte

179 In gekürzter Form entnommen: Gebhard Frei: *Probleme der Parapsychologie*, Kap. 12: *Konkrete Fälle des Alltags*. In: *IMAGO MUNDI* Bd. II, S. 118-131.

Nahrung übertragene Besessenheit, verbunden mit einem ausgeprägten Krankheitsgeschehen im Zusammenhang mit Hysterie oder Schizophrenie sowie Heilung auf religiös-magischem Weg. Er wird uns berichtet von Dr. Gebhard Frei, dem bekannten Schweizer Religionswissenschaftler und Parapsychologen, der zu dem Fall im Jahre 1959 als Gutachter hinzugezogen wurde. Hier spielen weniger paranormale Elemente als religiöse Aspekte eine Rolle.

> Bis zum 15. Lebensjahr zeigte Eva [Pseudonym] keine Symptome. Als sie einst erkrankte, wurde sie von einer Bekannten besucht, die ihr ein Stück Lebkuchen aufdrängte. Diese Frau stand in schlechtem Ruf und galt als Hexe. Von nun an bekam Eva eine Krankheit nach der anderen, im Hals, an den Zähnen, Gallenblasenentzündung Herzasthma, Fieberanfälle usw., Krankheiten, die ebenso plötzlich begannen, wie sie aufhörten. Die Ärzte kannten sich nicht mehr aus, sprachen von Hysterie, von Nervenkrämpfen. Wieder zuhause, stand sie plötzlich aus dem Bett auf und begann zu schweben, so dass nur noch die Spitze der großen Zehen das Leinentuch berührten und sprach: „Kniet nieder und betet mich an." Damit begannen auch die Angehörigen an etwas anderes als an eine normale Krankheit zu denken. In diesem Zustand bekam Eva eine rauhe, total andere Stimme, mit der sie ihre Mutter mit unflätigen Beschimpfungen überschüttete. Geistliche und Ordensfrauen, die in ihre Nähe kamen, wurden mit einem grausigen Auswurf angespien.

Nach etwa eineinhalb Jahren versuchte es ein Geistlicher mit einem Exorzismus und gebot dem Dämon in ihr im Namen Christi das Spucken und die Beleidigungen zu unterlassen, was seither auch nie mehr vorkam. In anderen Dingen blieb Evas Zustand über 23 Jahre mehr oder weniger unverändert, obgleich mehrere Geistliche sich um sie kümmern und die Phänomene untersuchen. Sie schlief nur wenig gegen Morgen, kauerte sich sonst des Nachts unter Todesangst zusammen, lebte fast nahrungslos, besorgte am Tage aber korrekt den Haushalt, besaß ein übernatürliches Wissen. Auffallend war ihre außerordentliche (paranormale) Sensibilität in Bezug auf geweihte Dinge, (Weihwasser, geweihte Öle) Gebet und allem, was irgendwie mit Heiligem zu tun hatte; sie besaß in gewisser Weise auch hellsehende Eigenschaften. Handauflegen, Anhauchen, Befehle kraft des priesterlichen Amtes hatten auf sie eine andere Wirkung, als von Seiten eines Laien. Das Wesen fühlte sich durch geweihte Dinge gequält. Die Stimme sagte, das wäre bei jedem Geistlichen so, auch wenn er nicht persönlich von der Weihe durchdrungen sei. Wenn er dies aber sei, potenziere sich die Wirkung gleichsam.

Dr. Frei möchte Eva in ihrem normalen Zustand sehen, der nach Aussagen aller Gutachter nie länger als eine halbe Stunde anhält. Da Exorzismus und Gebet nichts helfe, dann helfe nur noch die Kommunion, und so besorgte sich der Geistliche aus einer Pfarrkirche eine geweihte Hostie. Eva kniete nieder mit krampfhaft verschlossenem Mund. Man betete und zeigte ihr die Hostie. „Eva, glaub' doch, Christus hat dich gern." Nun ging ein Wechsel in ihr vor sich, den keine Worte beschreiben können. „Es war, als ob plötzlich ganz von innen her eine menschliche Seele in die Augen stiege, ins Gesicht. Eva empfing die Kommunion und betete mit einer leisen, innigen, schlichten Stimme, wie ein Kind, das gläubig seine Erstkommunion empfängt." Sie sprach wieder normal, zeigte sich nicht hysterisch, wie der Ortspfarrer es behauptete. Nach etwa einer halben Stunde erlosch das Licht in ihren Augen wieder und kein religiöser Befehl konnte mehr etwas ausrichten. – Das Wesen äußerte, es sei ein verstorbener Lehrer, der als Kindesverführer und Selbstmörder, oft zusammen mit seiner ähnlich gesinnten Geliebten, dieses Wesen Eva wie ein Haus bewohne.

Die Besetzung geht einher mit klinisch manifester und hysterischer Krankheitssymptomatik und wird von paranormalen Phänomenen unterschiedlicher Art (Hellsehen, Nahrungsenthaltung, Schweben, extreme Sensitivität usw.) begleitet. Als Besetzer meldet sich ein Geistwesen, das als Mensch einst den typischen Lebenswandel eines Mannes aufwies, dessen Seele nach dem Tod keine Ruhe finden konnte, die dem Irdisch-Menschlichen anhaften musste und sich in ihrer Selbstzerfleischung zu einem förmlichen Dämon entwickelte. Obgleich eine vollständige Ablösung in diesem Fall mit kirchlichen Mitteln nicht gelang, zeigte die halbstündige Befreiung doch ein typisches Element, das die Sehnsucht des Geistes nach Erlösung offenbarte. Die Ansprache bezüglich der Kommunion war nicht an Eva gerichtet, sondern an den Dämon in ihr, denn sie befand sich zu dieser Zeit unter seinem Einfluss. Dieser nahm sehr wohl wahr, dass ihm geholfen werden konnte („Christus hat dich gern."), vermochte diese Hilfe aber aufgrund der Verstrickung in sein Schuldgefühl nach der Eingewöhnung in den menschlichen Leib (23 Jahre) nicht anzunehmen.

Fälle dieser Art lassen sich medizinisch nicht wirklich erklären, weder als Folgen einer hysterischen Veranlagung, Schizophrenie oder sonstigen Formen des Spaltungsirrseins. Gelingt keine Ablösung des Geistwesens, kann keine Heilung erfolgen. Kleriker sind in ihren Hilfeleistungen eingeschränkt, da sie meist von feststehenden Vorstellungsbildern ausgehen, die Bandbreite der astralen Einflussmöglichkeiten nicht kennen und vielfach nicht über die spirituelle Machtvollkommenheit verfügen, den Wesenheiten zu gebieten. Auch eine Weihe zeigt sich nicht bei jedem Priester in gleicher Weise wirksam.

Ich möchte einen weiteren Fall von Besetzung und den sie begleitenden Phänomenen aus der Sammlung von Dr. Gebhard Frei anfügen, bei dem Spukphänomene eine bedeutendere Rolle spielen; er findet sich in der gleichen Quelle, wie das vorangegangene Beispiel im *IMAGO MUNDI*, Bd. II: Ein Stadtpfarrer wandte sich hilfesuchend an Dr. Frei in einem rätselhaften Fall. Es handelte sich um eine dem Pfarrer seit langem wohl bekannte ältere Dame und der bei ihr seid einem Jahr tätigen Magd Lieschen.

Letztere kam zu einer Aussprache ins Pfarrhaus und berichtete im Detail von einer lesbischen Beziehung zu der Dame, bei der sie arbeite. Bei einem Gesprächstermin, bei dem auch diese anwesend war, berichteten beide, an so etwas in ihrem Leben noch nie gedacht, geschweige denn in dieser Art getan zu haben. Die Magd beteuerte, niemals im Pfarrhaus gewesen zu sein. Es stellte sich heraus, das die Dame selbst wie auch die vorangegangenen Dienstherren des Mädchens mit ihm schlechte Erfahrungen gemacht hatten, weil unglaubliche Dinge in ihrem Umfeld geschehen würden, die sie nervlich und finanziell sehr schädigten. Das Urteil war vernichtend, es handle sich um eine unheimliche und hysterische Person. Die Ereignisse bei der Dame begannen wenige Tage nach dem Dienstantritt der Magd:

> Frisch gekochte Spagetti wurden im Kotkübel gefunden; niemand wusste, wie diese dorthin gekommen seien. Man vermutete, dass eine Spaltpersönlichkeit sich dergestalt betätigt habe, von der der Magd im Wachbewusstsein nichts bekannt war. Die Ereignisse eskalieren: Kleider (beider Personen), die in den Schränken hängen, werden zerschnitten, Urinlachen finden sich an verschiedenen Stellen der Teppiche, man hört Klopfgeräusche im Estrich, ein Emaillebecher geht langsam die Stiege hinunter, Spezereien fliegen umher, Stühle werden umgeworfen, auch der Tisch in der Stube, Blumentöpfe fliegen auf den Boden, Gläser werden umgeschlagen, Urin und Menschenkot finden sich in den Betten und auf dem Tisch, Gegenstände verschwinden. Eine rauhe Stimme beginnt zu sprechen oder zu schreien, oft wie aus der Luft, häufig durch den Mund der Magd: „Betet mich an!“ und beschimpft die Dame mit hässlichen Ausdrücken. „Er werde schon dafür sorgen, dass die Dame im Irrenhaus oder im Zuchthaus lande.“ Ein Nachttopf wird ihr an den Kopf geworfen, die blutige Schramme muss genäht werden.

Dr. Frei berichtet anlässlich eines Telefongesprächs, über das er die Phänomene mitbekommt: „Ich hörte ein so schreckliches Geheul, dass das Geschrei, das ich als Kind aus den damals gebräuchlichen Deckelbädern[180] der Irrenanstalt Will hörte, und das mich nächtelang verfolgte, wie nichts dagegen ist. Ich, der ich alle diese Dinge sonst so ruhig nehme, spüre, wie mir die Haare zu Berge steigen und wie es mir eine halbe Stunde nach dem Telefon noch kalt über den Rücken läuft.“

> Die Dame fühlt sich nachts von unheimlichen Kräften gequält, wird mit ihrem Bett in die Höhe gehoben, ist Zielscheibe der auf sie geworfenen Gegenstände, sie wird geschlagen. Die elektrischen Sicherungen werden beschädigt, elektrische Herdplatten finden sich angeschaltet und rotglühend, Streichhölzer werden angezündet. Die Stimme sagt, sie wolle das Haus anzünden. Asche wird auf den gedeckten Tisch geschüttet. Während die Magd abwesend ist, hört die Dame drei oder vier Menschen auf- und abgehen und sprechen. Eine erkennt sie als die Stimme der Magd, aber die ist in der Kirche. Eine andere Stimme scheint die des Geistlichen zu sein. Die Magd geht einkaufen und die Stimme sagt der Dame, was sie gerade erwerbe. Während die Magd in der Kirche ist, taucht sie plötzlich in der Wohnung auf und schlägt der Dame mit einem Holzscheit ins Gesicht.

Zwischen Lieschen und der Dame scheint eine besonders enge spirituelle Verbindung zu bestehen, wie nachstehendes Beispiel zeigt: Die Dame geht Samstag auf Sonntag nach Einsiedeln wallfahren. Sonntagmorgen sieht sie die Magd in die Kirche eintreten und ihr den Platz anweisen, wo die Devotionalien gesegnet werden und begleitet sie zum Mittagessen. Die Hotelrechnung (Dr. Frei hat die persönlich eingesehen) enthält außer der Pension für die Dame ein Extramenü. Lieschen hatte die Stadt niemals verlassen. Ein Zeuge (Pensionär bei der alten Dame) bestätigt, dass die Magd ihm zur gleichen Zeit das Mittagessen gekocht und serviert habe, als sie im Hotel in Einsiedeln gesehen worden sei. Eine Schwester der Dame hatte diese mit ihren drei Töchtern häufiger besucht und nun jeden Verkehr abgebrochen, weil sich nach jedem Besuch bei ihr und ihren Kindern zuhause spukhafte Erscheinungen zeigten.

---

180 Deckelbad: Eine Wanne mir abschließbarem Deckel, aus der nur noch der Kopf herausragt. Dieses Bad galt bei psychisch kranken Menschen Ende des 19. Jahrhunderts als humane Methode, die Patienten zur Ruhe zu bringen. Bei so einer „Dauerbad-Kur", die der Beruhigung dienen sollte, wurden Patienten bei Wassertemperaturen zwischen 20 und 30 Grad Celsius über Tage und Wochen hinweg mehrere Stunden am Tag in der Badewanne festgehalten. Aufgebrachte Patienten wurden darin bis zu 14 Stunden lang im Wasser liegend eingesperrt

Ein unabhängiger Zeuge, der sich mit paranormalen Phänomenen auskannte, bot sich an, mehrere Tage bei der Dame zu wohnen und notierte detailgenau die von ihm beobachteten Phänomene: „Urinlachen, Menschenkot, zerrissene und zerschnittene Kleider, ein Nachthemd unter dem Brustteil ganz weggeschnitten, ein Nachthemd am Rücken von unten bis oben aufgerissen. Briefe mit unflätigem Inhalt werden hinterlegt mit Schriftzügen der Magd. In einer Wärmflasche liegt ein Zettel: ‚Ich verlange deine und deiner Schwester Seele.' Er hört Stimmen, sei es aus der Magd, sei es aus der Luft. Er bestätigt das Herumfliegen von Gegenständen, das unerklärliche Verschwinden von Geld und Speisen [...] Als die drei das Lied singen: ‚Näher mein Gott zu dir' hört er eine Stimme mitsingen: ‚Näher mein Satan zu dir!' [...] Er sieht Tischbewegungen mit eigenen Augen [...]" Dabei geht der Zeuge äußerst kritisch vor. So oft sich Menschenkot vorfindet, schaut er, ob an den Strümpfen oder Schuhen der Magd irgendwelche Spuren zu finden sind. Das ist nicht der Fall. Er bittet Lieschen, einige Beruhigungstabletten zu nehmen und gibt ihr stattdessen ein Kohlepräparat. Solange die dadurch bedingte Verstopfung anhält, zeigen sich keine Kothaufen mehr.

Wir haben hier einen Besessenheitsfall mit außerordentlich geweitetem Wirkungsspektrum vor uns: satanische Äußerungen, Aggressionshandlungen, Doppelgänger-Ereignisse, übernatürliches Wissen, telekinetische Phänomene an Tischen, Töpfen, Gläsern, Emporheben des Bettes, das seltene Phänomen der „direkten Stimme" aus der Luft, geheimnisvolles Verschwinden von Gegenständen, von Briefen und Aktenstücken, die sich auf diesen Fall beziehen und vieles andere mehr.

Wer oder was bewirkt solche Phänomene? Einerseits handelt es sich um Elemente, die sich auch bei Psychotikern und Neurotikern finden, bei Hysterikern, bei Formen des Spaltungsirrseins. Andererseits finden sich paranormale Ereignisse, die bei den genannten Erkrankungsformen nur sehr selten auftreten, niemals aber in der hier beobachteten Häufigkeit und Intensität. Aus der Sicht des Oberbewusstseins betrachtet ist die Magd eine fromme, korrekte und fleißige Angestellte, die ihre Arbeit zuverlässig erfüllt und die im Verkehr mit anderen Menschen völlig natürlich wirkt. Im Anfallzustand dagegen spricht aus ihr ein dämonisch agierendes Element, eine zweite Persönlichkeit. Wir fragen uns, ob diese zweite Persönlichkeit einen Teil ihres Selbst darstellt (ist so etwas überhaupt möglich?) oder ob hier ein fremdes Geistwesen in ihre Seele Einzug gefunden hat – mit ihrer unbewussten Zulassung?

Äußert sich in dem Bewusstseinswandel eine verdrängte Libido, um infantile Regressionen, lesbische Phantasien, wie sie sich bei Psychotikern finden? Fällt Lieschen in eine anale Phase zurück, wofür Kothaufen und Urinlachen als Zeugnis gelten können? Handelt es sich um unterdrückte Aggressionen, die sich im Verschleudern von Speisen, im Zerreißen und Durchschneiden von Kleidungsstücken, im Quälen von Personen wiederfinden? Weder bei der Magd noch bei der Dame zeigte sich jemals irgendeine geistige Verwirrung oder Unlogisches, Affekthaftes.

Psychotisch verursachte Phänomene gehen normalerweise nicht mit einem Übermaß an paranormalen Elementen einher (wenn überhaupt) – es sei denn, es handelt sich um eine durch Besetzung induzierte Erkrankungsform. Wie ist es sonst zu erklären, dass sowohl die Dame als auch Besucher in solch intensiver Weise in die paranormalen Elemente mit einbezogen wurden?

Zwischen den psychotisch induzierten Phänomenen und der vermuteten Besetzung bestehen Zusammenhänge. Könnten wir den Zustand des Unbewussten von Lieschen, ihre Triebregungen näher analysieren, würden wir die Voraussetzungen für eine Besetzung erkennen können. Was wissen wir darüber: Lieschen wurde im Krieg infolge eines Bombardements, bei dem sie auch ihre Eltern verlor, verletzt und erhielt einen Nervenschock. Seelische Zustände dieser Art öffnen die Aura für das Eindringen fremder Geistwesen und legen gleichzeitig einen Grundstock für später auftretende Nervenleiden, in denen unbewusste Aggressionen und andere Triebregungen ein Ventil suchen, das einen Ausbruch der Kräfte ermöglicht. Damit besteht das seelische Energiepotential des Betroffenen aus zwei unterschiedlichen Elementgruppen: den „hausgemachten“ (endogenen) und den durch die Besetzung übernommenen seelischen Regungen. Eine Unterscheidung ist nicht möglich, die Elemente vereinen sich zu einer einheitlichen Seelenstruktur, die aus beiden Aspekten der Persönlichkeit schöpft und sie in vermischter Form zum Ausdruck bringt, wobei transzendentale Kräfte personifiziert und als Dämon vorstellig werden können. Ob mit dem Begriff „Kräfte“ allerdings das Wesen der Erscheinungen getroffen wird, muss offen bleiben. Tatsache ist, dass der „Dämon“ sich bereitwillig auf Diskussionen jeglicher Art einlässt, die einen psychologisch-hysterischen Hintergrund der Phänomene hervorheben, um seinen wahren Charakter zu verschleiern.

Fragen wir die Betroffenen selbst, welcher Art die sie bedrängenden Kräfte darstellen, so erhalten wir zwei Arten von Aussagen: Entweder handelt es sich um Besessenheit durch Teufel, Dämonen, von Satan oder andere Ausgeburten der Hölle, oder es handelt sich um Besetzungen durch Verstorbene, dunkle, unerlöste Geister. Es liegt vielleicht nur an fehlendem Wissen oder mangelnder Vorstellungskraft, dass andere astrale Wesenheiten nicht als Besetzer in Betracht gezogen werden, obgleich besser analysierte und neuere Fälle eindeutig in diese Richtung verweisen (Besetzungen durch Archonten, Reptiloide (Nagas der asiatischen Mythologie), Insektiode (Mantissen), Elementale, Naturgeister und ähnliche selbstbewusste Mächte). Die begrenzte Differenzierung durch die Betroffenen selbst, durch Kleriker oder Psychologen erfolgt aufgrund von fehlendem Wissen bezüglich spiritueller Themen und ist auch durch unzureichende Diagnostik zu begründen, die keinen Kontakt mit der geistigen Welt kennt und auch nicht auf besonderen mentalen Fähigkeiten beruht.

Das Erkennen von Besetzungen und Heilung der damit verbundenen Begleiterscheinungen und Krankheiten sind magische Aspekte unseres Seins, die nicht ohne bewusste Einbeziehung der uns umgebenden positiven Kräfte erfolgen können. Die klassische Unterscheidung zwischen „natürlicher“ Krankheit oder Besessenheit, die seit ältesten Zeiten angestrebt wird, um darüber die Art der Behandlung zu begründen, ist nur insofern legitim, weil die meisten Fälle von Besetzung nicht auffällig werden. Eingebettet in die astralen Schöpfungsenergien und unter bewusster Mitwirkung nichtmenschlicher Schöpfergötter, wird der sich seiner Selbst nicht bewusste Mensch zu einem Spielball der ihn umgebenden spirituellen Kräfte. Allein sein göttliches Selbst, seine ihm gegebene Seele, vermag den in ihm wirkenden fremden Kräften Einhalt zu gebieten, ihn zu einer eigenständigen Persönlichkeit heranreifen zu lassen.

Heilung bedeutet Entfernung der Besetzung aufgrund der jedem beseelten Menschen gottgegebenen Macht über das sogenannte „Böse“ und damit Wiederherstellung der individuell vorgesehenen Ordnungskräfte. Heilung ist ein magisches Phänomen, das mit der Akzeptanz einer astralen Wesenheit beginnt, gefolgt von einer Kontaktaufnahme und Klärung des Anlasses, dem diese Krankheit oder Besetzung zugrunde liegt. Bei Besetzung durch Verstorbene sind aufklärende Informationen mitunter ausreichend, um die Wesen zum Verlassen der Person zu bewegen. Bei anderen selbstbewussten Mächten ist dieses Verfahren oft nicht ausreichend, sie können aber mit Hilfe von geistigen Helfern (Jesus Christus, Erzengel Michael) zum Verschwinden gebracht werden. Hoch entwickelten Menschen ist sogar eine Vernichtung hartnäckiger Wesenheiten möglich. Was sich in Form eines Dämons darstellt, ist glücklicherweise oftmals nichts anderes als eine geistige verwirrte und in ihrem eigenen Hass verbliebende Menschenseele, die dann zügellos wird, sich mit gleichgesinnten Energien umgibt und sich aufgrund ihrer Seelenpein in der Hölle zu befinden glaubt. Daneben existieren aber auch wirkliche satanische Kräfte, von der Schöpfergottheit abgefallene Engelwesen, die letztendlich für die Bildung der Materie überhaupt, der Schöpfung des Menschen und seiner genetischen Beeinflussung bis zum heutigen Stand als weitgehend degenerierte und ihrer göttlichen Fähigkeiten beraubter Menschengeister verantwortlich sind.[181]

Der personengebundene Spuk

Man hat auch wohl bemerkt, dass ein unheimlicher Spuk in der Nähe, wo die Austreibung [des Dämon] geschehen, zurückgeblieben.

Johann Joseph Görres: *Die christliche Mystik* Bd. IV, S. 411

Wir befinden uns nun wieder in der Neuzeit, bei einer Familie mit zwei bereits erwachsenen Kindern. Die Frau des Hauses litt unter Anfällen, die sie schüttelten, und krampfartigen Bauchschmerzen, die bis hin zu nächtlichen Besuchen der Notaufnahme führten. Alle Ärzte gaben an, keine Ursache für die Schmerzzustände zu finden, die vor allem nachts auftraten. Irgendwann sagte man dem Ehemann, dass seine Frau Krebs im Endstadium habe, was ihnen keiner habe mitteilen wollen. (Diese Aussage sollte sich als falsch erweisen.) Ein Hellseher gab an, dass dem keineswegs so sei, sondern dass ihre Seele von einer niederen Wesenheit besetzt worden sei. Der ungläubige Ehemann war empört: „Was erzählen sie mir da? So einen Blödsinn habe ich noch nie gehört. Wir gehen in eine Bibelgruppe, deshalb weiß ich, dass es so etwas gar nicht gibt. Verzapfen Sie solche Märchen doch bei anderen!" Ein erstes Gebet um Schutz – in der Nacht und aus der Ferne von Seiten des Hellsehers – zeigte bereits Wirkung, die Frau schlief ungestört. Ein persönliches Gespräch ergab folgenden Sachverhalt:

An der Stelle des jetzigen Hauses stand einst das Gebäude der Eltern, die vor etwa 20 Jahren gestorben waren. Bald nach dem Einzug in das neue Haus fingen die Beschwerden an. Die Zustände begannen mit dem Einbrechen der Dunkelheit, steigerten sich im Laufe der Nacht und endeten gegen Morgen in einer Art Ohnmacht. Eine mentale Abfrage ergab, dass die Eltern ihre Tochter nicht loslassen konnten und selbst durch Astralwesen belastet waren. So kam

181 Nähere Informationen zu dieser Thematik in meinem Buch *Seelengefängnis*, Buchverlag König, Greiz 2021.

es zu den nächtlichen Besetzungen. Auch war die Frau (also die betroffene Tochter) selbst durch bösartige Astralwesen besetzt. Eine nähere Untersuchung ergab, dass etwa 20 Verstorbene etwas mit dem Grundstück bzw. dem alten Haus zu tun hatten. Nachdem die Verstorbenen über ihre Situation aufgeklärt worden waren und das Gebäude verließen, begann die belastete Frau unruhig zu werden. Es meldeten sich nun ihre eigenen Besetzungen:

> „Sie begann auf ihrem Stuhl umherzurutschen, sich in die Haare zu greifen und dabei ihr Gesicht zu Fratzen zu ziehen. Sie stieß eigenartige, gurgelnde Laute aus [...] Der ganze Raum begann zu vibrieren und in den Hängeschränken oberhalb der Spüle klirrten Gläser, Tassen und Teller. Die Frau selbst schien auf einer Betonrüttelmaschine zu sitzen. Ihr ganzer Körper hatte ein so großes Schütteln, dass ihre Unterarme, die auf der Tischplatte lagen, bis zu 20 Zentimetern in die Höhe geworfen wurden und wieder aufschlugen. Ihr Mann wollte ihre Hände auf den Tisch drücken, da wurden seine Hände in gleicher Weise geschüttelt, synchron sozusagen. Das Verrückte war, dass auch noch der Tisch zu hüpfen begann. [Während eines länger andauernden Gebetes] endete schlagartig das Lärmen und Gerüttel. Einzig die beiden großen Kerzen wurden mit Wucht noch in Richtung Türe geschleudert, wo sie in viele Stücke zerbrachen." Die Anspannung löste sich, die Frau fühlte sich befreit. Erleichtert berichtete sie: „Ich hatte schon ewig so einen Druck auf dem Kopf gespürt, der ähnlich einer Migräne war, nur ohne Schmerz. Und es war alles grau und schwarz um mich [...] Ich hasste mich und meinen Körper und an ein Gebet oder an Gott konnte ich gar nicht mehr denken, sonst bekam ich sofort einen Anfall. Ich war ferngesteuert wie ein Roboter und glaubte nicht mal mehr, dass ich am Leben bleiben würde. Ich war buchstäblich wie in einer schwarzen Wolke gefangen."[182]

Wie es zu einer Besetzung oder Umsessenheit, den damit verbundenen körperlichen und seelischen Begleiterscheinungen einschließlich der damit mehr oder weniger häufig zusammenhängenden spuk-

---

182 Anton Styger: *Erlebnisse mit den Zwischenwelten* Bd. 3, S. 353 ff.

haften Erscheinungen (hier die Vibrationen und Bewegungen von Gegenständen) kam, ist nicht eindeutig zu klären. In dem hier angeführten Fall hatte sich über Jahrzehnte hinweg eine größere Gruppe von seelischen Entitäten angesammelt, Seelen von am Ort Verstorbenen und solchen, die sich sozusagen aus Sympathie hinzugesellten infolge einer natürlichen Affinität seelischer Energien gleicher Art zueinander. Hinzu kamen dämonisch agierende Astralwesen, die durch die Energien der Seelenfragmente angezogen wurden. Zu den verstorbenen Vorfahren existiert von Seiten der Lebenden eine ganz natürliche seelische Verbindung auch über den Tod hinaus. Über diese Schiene können auch fremde Astralwesen, welche die Seelen der verstorbenen Angehörigen besetzten, leicht in das seelische bzw. astrale Feld der Lebenden eindringen und diese in ihrem Sinne manipulieren, um an der Kraft, die infolge des Leidensdrucks freigesetzt wird, teilhaben zu können.

Besessenheitssymptome, wie wir sie im hier geschilderten Spukfall vorfinden, werden vorherrschend als dämonisch verursacht angesehen, insbesondere wenn sich die Aktionen gegen geweihte Gegenstände richten oder sich beim Gebet verschlimmern. Wenn ein solcher „Dämon" angibt, nicht mehr beten zu können, kann diese Aussage als Beweis für das Wirken einer gefallenen Menschenseele angesehen werden, denn die Wirkungen eines Gebets bzw. das Verlangen ein solches zu sprechen und auf seine Wirkung zu vertrauen, kann wohl nur von einer Menschenseele ausgehen, die in einem geistigen Kollektiv aufgewachsen ist, das seit mindestens 2000 Jahren das Gebet kennt. Nicht mehr beten zu können, ist immer als ein Hinweis auf eine Besetzung zu werten, im Sinne einer Kraft, welche die freie Entfaltung des menschlichen Bewusstseins hemmt.

In dem oben angeführten Fall von Spuk und Besessenheit handelt es sich um eine häufig anzutreffende Mischform von drei Phänomengruppen: dem sogenannten ortsgebundenen Spuk, auf den wir noch ausführlicher zu sprechen kommen und der an einem bestimmten Ort verankert zu sein scheint, dem personengebundenen Spuk, mit dem wir uns auf den folgenden Seiten näher befassen wollen und der bislang schon ausgiebig behandelten Besessenheitsthematik.

Besetzungs- sowie Spukphänomene können an bestimmte Personen gebunden sein, aber auch an Örtlichkeiten, von denen ausgehend sie über meist eine Person oder über das Verhalten von Tieren offen in Erscheinung treten. Das eingangs dieses Kapitels angeführte Fallbeispiel zeigt, wie über die Ortsbesessenheit (die Stelle des ehemaligen Elternhauses) eine Personen-Besessenheit erfolgt, die von spukhaften Phänomenen leichterer Art sowie von Krankheitszuständen begleitet wird. Krankhafte Zustände treten in typischen Spukphänomenen allerdings seltener offen in Erscheinung, es ist eher ein ängstlicher, apathischer Zustand betroffener Personen mit zeitweiser Abwesenheit des Bewusstseins, der auf eine fremde Einflussnahme schließen lässt. Nicht jeder wird von Spuk und Besetzung angegangen, es sind meist Kinder, Jugendliche oder Personen, die durch kränkliche Veranlagung, erbliche Disposition (Übertragung der Besetzung von einem Elternteil auf das Kind) oder momentane seelische Krisen über damit zusammenhängende Auradefekte ein Empfangsportal für astrale Energien unfreiwillig bereitstellen.

Die bekannte Spukforscherin Fanny Moser (1872-1952) berichtet uns von einem Fall, der sich 1932 in Freising bei München ereignete und von Dr. August Ludwig, Professor für Kirchengeschichte, sowie mehreren Ärzten untersucht wurde.[183] Es handelt sich um ein blasses, körperlich zurückgebliebenes und äußerst schüchternes Kind (Alter ist nicht angegeben), das plötzlich (?) in der Nacht von Spukerscheinungen heimgesucht wird. Es begann mit Klopfgeräuschen in der Mauer am Kopfende seines Bettes. Das entfernen der Haustiere aus dem der Wand benachbarten Stall brachte keine Änderung, Ratten waren nie beobachtet worden, Grabungen unter der Mauer erbrachten kein Resultat. Dann begann es auch

183 Fanny Moser: *Spuk in neuere Sicht*. In: *Neue Wissenschaft*; Zeitschrift für Grenzgebiete des Seelenlebens. 13. Jahrgang, 1965, Heft 2/3, S. 80-92.

in der Stube, in der Mauer zu klopfen, wenn das Kind sich in der Nähe bewegte. Das Klopfen folgte dem Kind, obwohl es die Mauer nicht berührte. Selbst wenn es draußen war, klopfte es im Zimmer im Getäfel. Trat es aus dem Raum in den Gang, trat gleichzeitig mit dem Öffnen der Tür an der Seitenwand eines Büchergestells ein solches Klopfen ein, dass sogar Eindrücke im Holz zurückblieben. Die Phänomene steigerten sich: Verschiedene Gegenstände im Zimmer gerieten ohne erkennbare Ursache in Bewegung; als das Kind im Bett lag, bewegte sich der Nachttisch zur Seite, der Leuchter flog herunter, die Zündholzschachtel hinterher. Prof. Ludwig packte das Kind in eine fest verschnürte Decke, setzte es auf eine Kommode und stellte eine Kiste mit Leuchter und Licht daneben. Sofort flog der Leuchter, ohne zu zerbrechen, auf den Boden. Der Vorgang ließ sich wiederholen. Das Klopfen umfasste allmählich das ganze Haus, auch am hellen Tag, Gegenstände fernab vom Mädchen bewegten sich, der schwere Esstisch wurde viermal umgeworfen, einmal mit allem Geschirr, das in Trümmer ging.

> Folgen wir den sorgfältigen Beobachtungen und Experimenten von J. Maxwell (siehe Literatur im Anhang), dann lassen sich Klopflaute einfacher Art von einigen Sensitiven durch kaum bemerkbare Muskelzuckungen produzieren, ohne ein Objekt wirklich zu berühren. Das scheint auch in einigen Fällen des personengebundenen Spuks der Fall zu sein. Diese Geräusche erweisen sich allerdings als auf wenige Meter im Umfeld der vom Spuk Betroffenen begrenzt, weisen aber bezüglich ihrer gesamten Erscheinungsform wenig Gemeinsamkeiten mit den klassischen Spukgeräuschen und Poltergeistphänomenen auf.[184]

Man brachte das Kind nach München zu einem bekannten Facharzt, denn zugleich mit den Erscheinungen setzten schwere Krampfzustände ein (wir werden den Zusammenhang im hysterischen Krankheitsbild noch näher kennenlernen), so dass es wie vom Blitz ge-

---

184 J. Maxwell: *Neuland der Seele*, Kap. II: *Von den Raps.*

troffen, in sich zusammenfiel, für etwa 15 Minuten das Bewusstsein verlor, nur noch Hände und Füße bewegend. Die Anfälle wiederholten sich einmal täglich, auch in der Schule. Der Spuk zeigte sich zunächst nur zuhause. Später trat er auch in der Klinik auf, jedoch nur selten und schwach und endete nach kurzer Zeit vollständig.

Wie in fast allen Fällen, die dem an eine Person gebundenen Spuk zugerechnet werden, finden sich auch hier weder Angaben bezüglich der gesundheitlichen Entwicklung des Kindes noch der der Eltern. Die Disposition zu eventuell mit einem Spuk in Zusammenhang zu bringenden Besetzungen kann in der Entwicklung des Kindes zu finden sein als auch im seelischen Umfeld der Eltern oder Großeltern, von denen Besetzungen an Kinder und Enkelkinder weitergegeben werden. Für eine Besetzung auf seelischer und körperbezogener krankhafter Grundlage spricht das Erscheinungsbild des Kindes – blass, körperlich und seelisch unterentwickelt, ein Bild, das sich dem hysterischen Formenkreis vollkommen anpasst. Das sich entwickelnde Anfallsleiden mit Verlust des Bewusstseins lässt wenig Zweifel an einer akuten Besetzung offen. Personen dieses Typus verfügen meist über eine besondere Sensibilität auch bezüglich astraler Erscheinungsformen. Wir wissen nicht, ob oder wie weit hier Seelenfragmente Verstorbener eine Rolle gespielt haben, Geistwesen, die sich an die Seele des Kindes geheftet hatten oder Elementale, die das Kind in Krisensituationen selbst produzierte. Ortsgebundene Wesen müssen dabei eine Rolle gespielt haben, vielleicht in Verbindung mit dem häuslichen Personenkreis, da das Phänomen nur zögerlich mit dem Kind an andere Orte gewandert ist. Seine Gesundung nach einfachen therapeutischen Maßnahmen (Kräuterbäder, Massagen, Tee, Homöopathie) ist kein Indiz, das gegen eine Besetzung spricht, sondern kennzeichnet das Vermindern der Sensibilität wegen innerer seelischer Stabilisierung, hervorgerufen durch die sechswöchige Trennung aus einem affektgeladenen Umfeld.

Fanny Moser, deren Buch ich das oben angeführte Fallbeispiel entnahm, fasst (a. a. O.) eine Reihe kennzeichnender Eigenschaften für den Spuk zusammen (im unten folgenden Text kursiv), ohne den Gesichtspunkt einer Besetzung auch nur ansatzweise in Erwägung zu ziehen. Nach ihrer Ansicht „hat das Jenseits mit diesem Spuk nicht das Geringste zu tun. Im Gegenteil: er ist physikalisch, physiologisch und psychisch zu erklären.“

Wenn wir die Spukphänomene unter der Betrachtung einer ihnen vorausgehenden oder bei der Ausgestaltung der Phänomene teilhabenden Besetzung analysieren, so können wir dies nicht unter Anwendung des klassischen Besetzungsbegriffes mit Bewusstseinsverlust und dem Auftreten einer dämonisch artikulierten Stimme. Eine mehr oder weniger ausgeprägte Fremdsteuerung ist (radiästhetisch) bei sehr vielen Menschen nachzuweisen, auch wenn diese niemals etwas davon zu verspüren angeben. Der Spuk kann – muss es aber nicht – zutage treten, wenn gewisse emotionale Voraussetzungen wie Auradefekte infolge von seelischen Krisen, Krankheiten, Schock usw. eintreten.

Moser: *Spukphänomene sind zeitlich begrenzt und unterliegen einer regulären Gesetzmäßigkeit, die allerdings mitunter zugunsten eines irregulären Verhaltens durchbrochen wird. Sie zeigen eine Entwicklung vom Einfachen zum Komplizierten.*

Die Voraussetzungen und Bedingungen, unter denen Spuk auftritt, sind bis auf wenige Gesetzmäßigkeiten weitgehend ungeklärt. Es bedarf oftmals eines emotional geladenen Umfeldes, mit dem er an Intensität zu- oder abnimmt. Zwischen der geistigen Fremdsteuerung und der seelischen Kraft des Betroffenen muss zunächst eine stärker ausgeprägte Verbindung oder Wechselwirkung zustande kommen. Auch die Kraft selbst, die wohl nicht von der agierenden Wesenheit, sondern vom lebenden Menschen zur Verfügung gestellt wird, muss vorerst entfaltet werden; zwischen mentalem Programm und Bereitstellung bzw. Steuerung der psychophysischen Kräfte erfolgt im Laufe der Ereignisse eine Schulung, eine im Unbewussten ablaufende Erfahrung zwischen innerer Ursache und nach außen hin erfahrbarer physikalischer Wirkung. Die Aussage von Fanny Moser bezüglich der zeitlichen Begrenzung bezieht sich auf den personengebundenen Spuk; beim ortsgebundenen gibt es kaum eine zeitgebundene Einschränkung. Bei Spuk infolge von Besessenheit, hängt die Dauer vom Willen des Besetzers ab; lässt er die Person frei, endet dieser.

Moser: *Vom Spuk betroffene und medial veranlagte Personen sind eng verwandt. Eine vom Spuk heimgesuchte Person kann sich zu einem Medium entwickeln.*

Die psychologischen und physiologischen Voraussetzungen machen einen Menschen zur medial veranlagten Person und nicht erst die Besetzung, die allerdings auf diesen Vorbedingungen aufbaut. Insbesondere gewisse Funktionsstörungen der Chakren führen zu spezifischer Sensibilität. Die Regulationsfähigkeit dieser Energiezentren wird wieder mental gesteuert. So hängen die psychologischen und physiologischen Voraussetzungen mit der Entwicklung des Spuks zusammen. Echte Medialität ist zumeist angeboren, kann aber auch durch eine langjährige Schulung entwickelt werden oder beruht auf krankheitsbedingten Regulationsstörungen oder Schwächezuständen.

Moser: *Spukbedrängnisse haben ebenso wie* [freiwillige oder unfreiwillige] *mediale Tätigkeit schwere Erschöpfungszustände im Gefolge.*

Wir kennen die Erschöpfungszustände der Medien, wir können sie bei allen Arten von Nervenkranken beobachten, und auch vom Spuk Betroffene zeigen je nach körperlichem Gesamtzustand mehr oder weniger ausgeprägte Erschöpfungssymptome.

Moser: *Die Erschöpfungszustände in Verbindungen mit den Erscheinungen sind Folgen der Verausgabung einer Kraft, die in den Betroffenen ihren Sitz hat, ihnen entströmt und dadurch wirksam wird.*

Die Kraftwirkung im Spuk hängt in noch wenig geklärter Weise mit dem Menschen zusammen. Es sind fremd- oder selbst-induzierte Mentalprogramme, die im Spuk zur Auslösung drängen. Diese bilden gewissermaßen eine Matrix, ein Gerüst zur Kanalisierung der Kräfte. Die Art der Wirkungen ist fast nie vorherzusagen, was auf eine Fremdbestimmtheit hinweist; nur in seltenen Fällen ist eine bewusste Einflussnahme möglich, eventuell auch unter hypnotischer Suggestion. Diese selten zu beobachtenden Manipulationsmöglichkeiten sind kein Argument gegen eine Fremdbestimmung der Phänomene durch Besetzung. Diese bedeutet, dass die mentale Steuerung der Person teilweise von einer fremden Entität beeinflusst wird, die äußere Aktion geht aber wohl eher vom Betroffenen selbst aus.

Das Zusammenwirken zwischen den fremdgesteuerten Kräften des Spukmediums und den Aktionen des Spuks möchte ich an weiteren Beispielen ausführlicher erläutern. Im ersten der nachstehenden Fälle handelt sich um ein Klopfgeist-Phänomen, das sich über mehrere Monate hinweg in den Jahren 1958/59 im Oberwallis in der Schweiz ereignete. Ort der Ereignisse ist das Internat des Klosters „St. Ursula" in Brig.[185]

In dem mit acht Mädchen belegten Schlafraum klopfte es ab etwa 22 Uhr bis kurz nach Mitternacht in Interwallen von 15-20 Minuten immer wieder an die Tür, es stand aber niemand draußen. Die verängstigten Mädchen kuschelten sich zu zweit zusammen. Man überwachte die Tür von innen und außen. Es klopfe etwa auf Höhe der Türmitte, also dort, wo man gewöhnlich anklopfen würde. Blitze die Taschenlampe auf, erlosch das Klopfen rasch. Die Internatsleitung, eine Krankenschwester sowie zwei Patres wurden Zeugen der Ereignisse und natürlich die Mädchen selbst. Der Direktorin fielen der „wilde Blick" und das „eigenartige Lächeln" eines starr auf dem Rücken liegenden 15-jährigen Mädchens auf, von dem die Phänomene auszugehen schienen. Dieses äußerte, dass es bei ihrer Familie auf der Alp manchmal auch so geklopft habe.

Die Direktorin lehnte sich mit dem Rücken gegen die Innenseite der Tür und vermochte dort das kommende Klopfen bereits im Voraus zu spüren. Es war, als ob vom Bett des Mädchens ein Kraftstrom ausginge, den die Direktorin im Bereich des Zwerchfells

185 F. A. Volmar: *Berner Spuk und Mysteriöses aus dem Wallis*. – Franke Verlag, Bern 1969, S. 195 ff.

empfing und dann warm in sich hochsteigen fühlte. Dann hörte sie das Klopfen und fühlte es gleichzeitig in ihrem Rücken. Auch andere Personen gaben an, das Klopfen immer deutlich im Voraus zu empfinden. Man konnte auch mit Bestimmtheit sagen, wann die Klopfserie beendet war. – Die Zwerchfellgegend (Sonnengeflecht) ist eines der Hauptzentren des vegetativen Nervensystems. Dieses Geflecht, das als Empfangszentrum für mentale und astrale Energien wirkt, wurde von Carl Ludwig Schleich, dem Begründer der Lokalanästhesie, als „Empfangsapparat der menschlichen Seele“ bezeichnet.

Das aus einfacher Familie stammende Mädchen, hatte Schwierigkeiten, dem Unterricht zu folgen, die angestrebte Ausbildung zur Lehrerin schien auch aufgrund ihres unausgeglichenen und unbeständigen Wesens fraglich – sie bestand das Examen auch nicht und kehrte auf die Alp ihrer Eltern zurück. Sie neigte zur Lüge und zum Fabulieren. Nach einem Zahnarztbesuch berichtete sie von einem verführerischen Herrn im Wartezimmer, der sie vergewaltigen und in seinem Auto entführen wolle. Eine Lüge, wie sie schließlich eingestand.

Wir haben es hier mit einem zur Hysterie neigenden Mädchen in den Entwicklungsjahren zu tun, mit ungenügenden Schulleistungen und kompensatorischem Geltungsdrang. Eine unter geeigneten Umständen aktiv werdende Besetzung kann aufgrund der Symptomatik (Starre, wilder Blick, Grimassieren usw.) angenommen werden. Leider werden bei Spukfällen gewöhnlich (aber verständlicherweise) keine Fotos der Betroffenen veröffentlicht, eine Besetzung hätte an einem solchen Bild zweifelsfrei festgestellt werden können. Das Mädchen wirkt hier als Agent und Produzent der Kraft, die auslösende Quelle ist das sie besetzende Wesen, das sich der physiologischen menschlichen Möglichkeiten bedient.

Der Zusammenhang zwischen einer den Spuk verursachenden Kraft und körperlichen Reflexen seitens des Mediums oder anderer Anwesender und den üblichen physikalischen Begleiterscheinungen ist häufiger beobachtet worden. So wird von der bereits erwähnten Seherin von Prevorst berichtet, dass sie im „magnetischen Zustande“ befähigt war, sich von ihrem Bett aus einer in einem anderen Hause wohnenden Freundin durch nächtliches „Anklopfen“ kundzutun. Selbiges geschah auch bei Kerner selbst. Als er nachts gegen 11 Uhr mit seiner Frau noch im Wohnzimmer saß, „klopfte es auf einmal wie über unserem Haupte in der Luft des Zimmers, so sechsmal in Interwallen von einer halben Minute, ein hohles und doch helles Klopfen, sanft und doch äußerst vernehmbar.“ Später versicherte ihm die Seherin – in deren Zimmer an anderen Tagen wiederholte Eigenbewegungen verschiedener Gegenstände sowie „Steinregen“ beobachtet werden konnten – „dieses Klopfen sei mit dem Geiste und der Luft, nicht mit der Seele geschehen, und zwar durch den festen Willen in tiefem magnetischen Zustande“ (in dem also das Eigenbewusstsein ausgeschaltet und eine fremde Kraft wirksam werden konnte).[186]

Die Verknüpfung von unwillkürlichen Muskelreaktionen mit dem damit verbundenem Spuk zeigt sich auch im Fall eines Jugendlichen aus Rochester (USA) den eine „unerklärliche Krankheit“ befallen hatte. „In täglich sich wiederholenden Konvulsionen gerieten die Muskeln seines ganzen Körpers in Bewegung und synchron auch die Möbel des Zimmers, die sich jeweils erst mit Abflauen des Krampfanfalls beruhigten – bis auf Klopflaute, die sich auch in den Wänden, in der Decke und im Fußboden hören ließen. – Vergleichbares berichtet 1943 der englische Ingenieur, Physiker und Parapsychologe George Nuyent Merle Tyrrell von einem 14-jährigen nervösen und labilen Mädchen: während es ruhig schlief, konnte man starkes Vibrieren und Knacken seines Bettes wahrnehmen; andere unerklärliche Geräusche machten sich auch außerhalb des Bettes in der jeweiligen Umgebung des sichtlich erschrockenen Mädchens bemerkbar. Auch F. A. Volmar (der Berichterstatter dieser Beispiele) vermutet in Fällen dieser Art eine zugrundeliegende Be-

186 F. A. Volmar: *Berner Spuk und Mysteriöses aus dem Wallis*. – Franke Verlag, Bern 1969, S. 200.

sessenheit, die sich im Zusammenhang mit seelischen Konflikten über psychische Spaltungsprozesse und Zwangsneurosen verursachte oder bedingte Zustände in spukhaften Phänomenen manifestiert.[187]

Moser: *Bei schwacher Kraftwirkung beginnen die Ereignisse im Dunkeln* [abends, im und unter dem Bett, zur „Geisterstunde“], *starker Spuk tritt auch tagsüber auf.*

Dunkelheit wird gern als Voraussetzung für Aktionen negativer Wesenheiten angesehen, was durch die Art des Auftretens der Spukphänomene häufig belegt ist. Licht gilt als positive Kraft, unter der Negativität zurückgedrängt wird. Werden energetisch belastende Gegenstände (z. B. Heilsteine) in die Sonne gelegt, so entweichen die belastenden Energien in kurzer Zeit bzw. sie werden transformiert. Licht ist also ein Mittel der Reinigung, aber es schließt das Auftreten negativer Energien nicht aus. Andererseits kommt der Mensch gerade abends (Müdigkeit) und in der Dunkelheit leichter zur Ruhe als am Tag. Ruhe und mentales Lösen von den Tagesereignissen sowie das Hineindämmern in den Schlafzustand begünstigen den mentalen Kontakt zu Fremdenergien einerseits und zum Aufsteigen eigener mentaler Kräfte und Programme andererseits.

Auch scheuen Geistwesen das *elektrische* Licht. Teils deshalb, weil sie es nicht kennen (Seelen aus weiter zurückliegender Zeit), teils wegen des speziellen Energiecharakters. Es ist bekannt, dass mittels Funkeninduktion oder Leiten von elektrischem Strom über die Haut, Geistwesen auch aus menschlichen Körpern ausgetrieben werden können. Personen, welche die Schemen bei vollem Bewusstsein sehen, berichten aus eigener Erfahrung, dass Spukgestalten, die sich in Häusern aufhalten, sich nicht bei elektrischer Beleuchtung zeigen, wohl aber im Lichtschein einer Kerze. Bezüglich der akustischen Sensationen oder sonstiger spukhafter Ereignisse,

---

187 F. A. Volmar: *Berner Spuk und Mysteriöses aus dem Wallis.* – Franke Verlag, Bern 1969, S. 228 f.

die von Seelenfragmenten ausgelöst werden, hat elektrisches Licht oder Tageslicht, eine geringere Bedeutung.

Moser: *Spuk benötigt von Seiten des Betroffenen einer gewissen Medialität. Sie wird erreicht im Zusammenhang mit krankhaften Störungen des psychologischen Gleichgewichts* [Entwicklungsalter, seelische Krisen, schwächende körperliche Erkrankungen, hysterische bedingte „Anfälle", spannungsgeladenes Milieu].

Medialität ist anlagebedingt, entwicklungsspezifisch und psychologisch-physiologisch bedingt. Das gilt auch für „normale" Menschen, die ein paranormales Phänomen vielleicht einmal im Leben oder niemals erfahren. Anlagebedingt heißt, durch ererbte Übertragung erworben, was sich auf Einflussnahmen positiv oder negativ wirkender Geistwesen in gleicher Weise bezieht aber auch auf die Gewichtung dessen, was zur Ausbildung kommt. Kinder weisen eine „natürliche Medialität" auf, die von positiven, die Entwicklung steuernden Kräften geleitet wird. Sogenannte „anlagebedingte Störungen des Nervensystems" werden erst in späteren Lebensjahren (Trotzphase, Pubertät) erfahrbar. Was darüber hinausgeht, ist „hausgemacht" und meist durch Funktionsstörungen der Chakren infolge seelischer Krisen, Unfall, Narkose usw. verursacht. Voraussetzung ist in jedem Fall der Ausbau eines Informationskanals zwischen diesseitiger (das heißt realer, physisch bedingter) und jenseitiger (astraler aber auch individuell-mental) bedingter Welt.

Der Spuk endet, wenn durch geeignete Maßnahmen der Informationskanal zwischen diesseitiger und jenseitiger Welt verschlossen wird – durch Genesung, psychotherapeutische Maßnahmen, medikamentöse Blockaden usw. – oder die Person aus dem affektiven Umfeld des Spuks (Familie, Arbeitsplatz) herausgenommen wird. Eine andere Möglichkeit besteht in der Befreiung der Menschenseele von fremden geistigen Einflüssen, wie es insbesondere die lebenslange Forschung des amerikanischen Arztes Dr. Carl Wickland, aber auch dem Begründer der protestantischen Evangelisationsbewegung Dr. Kurt E. Koch, dem katholischen Priester Johannes Greber und in aktueller Zeit den Bemühungen des Geistheilers Sananda sowie Anton Styger in deutlichster Weise aufzeigen. Ihre Vorgehensweise kombiniert klassische exorzierende Elemente mit der Aufklärung der für die Fremdbesetzung verantwortlichen Seelen über ihren Zustand.

Hierzu noch eine Anmerkung bezüglich des Exorzismus, wie er von der kirchlichen Seite in älteren Zeiten offenbar sehr erfolgreich angewandt wurde und dem ebenfalls zu allen Zeiten beobachteten Unvermögen der Priester, Besetzte, Kranke und vom Spuk Betroffene auf diese Weise zu heilen: Die Kirche unterscheidet deutlich zwischen Exorzismus (Austreibung eines Dämon) und Benediktion (befreiende Segnung). Sie bezieht sich über ihren Religions-Begründer (nach Matthäus 10.8 sowie Markus 16.17) auf die ihr übertragene Kraft zur Austreibung von *Dämonen*. Dazu schreibt Dr. Ludwig:

> „Der Exorzismus enthält den Befehl an den Dämon, Ruhe zu geben. Dass das leichtgläubige und kritiklose Mittelalter den Exorzismus an gar manchen Nervenkranken vornahm, die man für Besessen hielt, ist der Theologie wohlbekannt. Anders verhält es sich mit solchen Arten des Spuks, die man aus bestimmten Gründen als Kundgebungen sogenannter ‚Armer Seelen' ansehen kann. Diesen gegenüber hat der Exorzismus keine Wirkung; denn gebietende Gewalt ist der Kirche nur über die Dämonenwelt verliehen. Bei Beunruhigungen, die von büßenden Seelen ausgehen, wird Benediktion und Gebet (Fürbitte) angewandt [...] Dieses Gebet wird aber ebenso wie rein private Gebete ohne Erhörung bleiben, wenn mit Gottes Zulassung solche Seelen bei Lebenden Hilfe suchen dürfen. Bleiben Benediktionen und Gebete fruchtlos, so empfiehlt die Kirche die Zelebrierung von Seelenmessen [...] Und es weiß die Erfahrung des katholischen Volkes in allen Ländern unzählige Fälle von der Wirksamkeit des hl. Messopfers zu berichten."[188]

188 Geh. Reg.-Rat Dr. Ludwig, Freising: *Über das Problem kirchlicher Schutzmittel gegen Spukbelästigung*. In: *Zeitschrift für Parapsychologie*, Jahrgang 1932, S. 209-211.

Dr. Ludwig bezieht sich anlässlich dieser Aussage auf einen konkreten Fall, der ihm berichtet wurde: Ein Geistlicher, der etwas leidend war, bezog eine neue Pfarrei auf dem Land und freute sich, in einen so ruhigen Ort zu ziehen und ein isoliert stehendes Haus zu beziehen, um seine Gesundheit zu kräftigen. Er lebte dort ruhig, bis er bald nach seinem Einzug von einem Amtsvorgänger erfuhr, dass dieser dort vom Spuk belästigt worden war. Zwei weitere Jahre lebte der Pfarrer dort in völliger Ruhe. „Im dritten Jahre jedoch gab es wiederholt nachts auf dem Boden des Hauses ein Gepolter, als ob ein Regiment Soldaten mit Pferd und Wagen exerziere. Auch die Haushälterin und deren Schwester (die einmal auf acht Tage zur Aushilfe da war) hörten dies und ängstigten sich furchtbar. Der Pfarrer streute Asche auf den Boden, aber nie war die Spur eines Menschen oder Tieres zu entdecken. Auch Besucher wurden Zeugen der Vorfälle, hörten nachts das Öffnen von Kästen und Türen und flüchteten schließlich in das Zimmer des Pfarrers. So ging es jahrelang, bis eines Nachts der Geistliche auf unerklärliche Weise sich geweckt fühlte und etwa zwei Meter vom Bett entfernt eine menschliche Gestalt sah. Dieselbe war glühend rot, mit scharfen schwarzen Linien in Gesicht und Gestalt. Sie war bewegungslos, dauerte 1-5 Minuten, um sich dann langsam aufzulösen oder zu verschwinden. Der Priester betete und machte das Kreuzzeichen über sie, jedoch ohne Erfolg. Die Gestalt anzureden, dazu fehlte ihm der Mut. Auch zwei der Besucher sahen diese Gestalt und kamen nie wieder [...] Da aber von jetzt an das Gepolter und die Erscheinungen immer häufiger wurden, (früher zeigte sich das Phantom 5-6 mal im Jahre, jetzt oft zweimal in der Woche), so suchte der Pfarrer den Generalvikar [Vertreter des Bischofs in der Diözesanverwaltung] ein zweites Mal auf und erhielt die Erlaubnis der Vornahme einer Benediktion. Sie war erfolglos. Jetzt kam der Geistliche zur Vermutung, es könne vielleicht ein früherer Pfarrer sein, der noch büßen müsse. Er zelebrierte für die Seelenruhe des Erscheinenden drei hl. Messen und siehe da, es trat völlige und dauernde Ruhe ein. Der Spuk hatte nahezu zwölf Jahre gedauert.

Wir können in einem Spukfall dieser Art – er gehört allerdings eher zur Gruppe des später zu behandelnden ortsgebundenen Spuks – keine Medialität von Seiten der Betroffenen erkennen und auch keine allmählich erfolgende Ausbildung hierzu, da selbst ortsfremde Personen die Erscheinungen nicht nur akustisch wahrnehmen, sondern auch mit eigenen Augen sehen. Und doch scheint sich im Kraftfeld des Spukhauses beim Pfarrer eine besondere Sensibilität herausgebildet zu haben, die ihm erst nach einem Aufenthalt von zwei Jahren am Ort die Wahrnehmung ermöglichte. Dass seine Sensibilität sich offenbar auch auf zufällig anwesende Personen übertrug, ist nicht ungewöhnlich. Es ist mir aus eigener Erfahrung bekannt, dass sich bei Personen meiner Kurse eine Rutenfähigkeit (also die dazu gehörende Sensibilität) sofort einstellt, wenn ich ihnen während ihrer Tätigkeit meine Hand auf die Schulter lege. Ich selbst brauche mich nur im Kreis besonders befähigter Personen aufzuhalten, um über meine gewohnte mentale Leistungsfähigkeit hinauszuwachsen.

Wir erkennen in dem geschilderten Spuk-Ereignis, dass die Erscheinungen auf eine seit Jahrzehnten im Pfarrhaus zurückgebliebene Seele zurückzuführen sind, die sich mitteilen will, um über menschliche Teilnahme eine Erlösung von ihrem irdischen Dasein, von ihrer irdischen Anhaftung zu erreichen. Eine Anhaftung ist eine Besetzung, hier eine Besetzung des Pfarrhauses und nur indirekt der sie wahrnehmenden Personen im Sinne eines wirksamen Kraftfeldes in das die Beobachter hineingezogen werden, dem auszuweichen aber ebenso möglich ist. Ein Kraftfeld ist eine räumlich (hier im Haus) fixierte Information, die unter Einbeziehung vorhandener physikalischer Kräfte und einem mentalen Steuerungsprogramm – hier ausgelöst und gesteuert durch die anhaftende Seele – auch in der dinglichen Welt sinnlich wahrnehmbare Erscheinungsformen zustande zu bringen vermag. Diese Kraft wirkt auch auf fremde Personen, die in diesen Prozess mit einbezogen werden können, aber *nicht zwangsläufig* daran teilnehmen müssen.

Forscher, die Spukphänomene ausschließlich als unbewusste Wirkungen psycho-mentaler Kräfte darzustellen versuchen, argumentieren mit Beispielen, in denen besonders begabte Personen, also ausgesprochene Medien, in seltenen Fällen ganz bewusst Fernbewegungen zustande bringen konnten wie das bekannte italienische Trancemedium Eusapia Palladino, das österreichische Medium Rudi Schneider, das russische Psychokinesemedium Nina Kulagina, der israelische Psychokinet Uri Geller und viele andere medial begabte Personen. Doch niemals hat ein Medium bewusst oder unbewusst Erscheinungsformen zustande gebracht, die sich auch nur annähernd mit den Ereignissen des wahren Spuks messen können. Die Fähigkeiten der genannten Personen belegen, dass der bewusste Wille unter Einwirkung der individuellen seelischen Kraft Energien in der Weise zu strukturieren vermag, dass dadurch physikalische Kräfte wirksam werden; Kräfte, die aber in keiner Weise an das Aktionsvermögen einer leibfreien Entität heranreichen, für die zwischen Materie und Energie kein Unterschied besteht. Materie ist geformte Energie und durch seelische Aktionspotentiale strukturierbar.

Eine Besonderheit des personengebundenen Spuks oder besser gesagt der Personengebundenheit eines Geistwesens ist sein Auftreten als Beschützer und Ratgeber einer Person in der Funktion eines Hausgeistes. Ein solcher ist stets dem Wohle des Hauses bzw. einer oder mehrerer Personen verpflichtet. Koboldartiges Verhalten oder neckende Spukphänomene bilden allerdings ebenfalls einen Teil seiner Aktivitäten. Der nachstehende Fall gehört zu der Sammlung des Mediziners, Parapsychologen und Erforscher der Medialität Joseph Maxwell. Er betrifft einen Schutzgeist, der sich einer in bescheidenen Verhältnissen lebenden Familie V. offenbarte, als diese 1867 die Statuette einer Madonna erwarb. Dieser kündigte sich mit nächtlichen starken Schlägen an Möbeln und Wänden an, die aber bald aufhörten. Es hat den Anschein, dass mittels dieser Statue ein Geistwesen auf eine Person des Familienkreises übertragen wurde.

Frau V. und ihre beiden hysterischen (also medial veranlagten) Dienstmädchen sahen mehrfach, wie die Statue sich auf dem Sockel neigte, wie um sie zu begrüßen. Dann bewegten sich Bilder und Degen, die an der Wand hingen. Eines der Dienstmädchen wurde auf Anweisung des Geistes magnetisiert und erlangte dadurch eine gewisse Hellsichtigkeit. Sie sah einen Mann mit einem Buch in der Hand vor sich und bemerkte, dass es der Mann war, der die Figur in Bewegung setzte. Nachdem das Mädchen fast die ganze Nacht in magnetischem Zustand verbrachte, hatte sich ihr Wesen infolge der Einwirkung des Geistes verändert. Sie redete nun in gewählter Sprache über philosophische Themen, gab moralisch bedeutsame und streng religiöse Ratschläge und beschäftigte sich mit dem Wohlergehen aller Personen. So warnte der durch sie sprechende Geist im Voraus, dass dem Mädchen durch einen Liebhaber Gefahr drohe. In der Tat schlich jener verkleidet um das Haus in der Absicht, ihr ein Leid anzutun.

Wenn ein Mitglied der Familie einen Wunsch hatte, so glaubte das magnetisierte Dienstmädchen dieses wörtlich zu hören. Machte es seine Arbeit schlecht, so riss ihm der Geist das Kopftuch herunter und warf ihm Brot ins Gesicht. Das schwere Bett des Mädchens wurde mehrfach nachts von einer unsichtbaren Kraft in Bewegung gesetzt. Dies schien auch dann nicht aufzuhören, als niemand von der Familie im Haus war, denn die Nachbarn hörten die Geräusche. Ein ganzes Jahr hindurch öffnete der Geist dem Mädchen täglich das Gartentor, wenn sie zum Einkaufen ging. Kam die Herrschaft heim, wurde sie von ihrer Ankunft unterrichtet. – Eines Tages hörte Frau V., dass eine Stimme sie mit ihrem Namen rief. Man solle das Mädchen nicht mehr magnetisieren, der Geist wolle jetzt durch sie (Frau V.) reden und riet ihr diverse Geldgeschäfte zu unternehmen und den Gewinn zu wohltätigen Zwecken zu spenden, die ihr noch angegeben würden. Niemand von der Familie hatte Erfahrung mit Börsengeschäften und den dabei verwendeten Begriffen. Der Geist kannte den Börsenjargon. Seit jenem Tage sagte er ihr jeden Morgen den Wert der Titel voraus, den der Telegraph dann nachmittags mitteilte. Der Geist wusste, wieviel Geld jeder in der Tasche hatte und gab den genauen Inhalt des Tresores an. Er berechnete genau den Wert der Geldgeschäfte, kannte die Höhe der Telegramm- und Provisionsgebühren und sagte einmal: „Du brauchst dich um deine Geldgeschäfte gar nicht zu kümmern. Ich übernehme sie, und du hast nur zu gehorchen. Ich werde dich mit Reichtümern überschütten."

Einst zerbrach die Statuette der Jungfrau. Der Geist bezeichnete dann einen Gipsgießer in einer Straße, die der Familie völlig unbekannt war. Dort fand man die gleiche Gipsfigur. Von den 3000 Francs (französische Währung), die man bei den ersten Börsengeschäften gewann, bestimmte der Geist ein Drittel für die Armen. Für die Tochter des Hauses solle in einem genau bezeichneten Geschäft für 650 Francs ein Klavier gekauft werden. Der Geist gab genau an, wer von den minderbemittelten Personen mit wieviel Geld unterstützt werden sollte. Die Familie kannte weder Namen, Straße, Hausnummer oder Etage, in der die Betreffenden wohnten, und die Geldboten mussten oft lange laufen, bis sie das bezeichnete Haus fanden. Als schließlich eine Kapelle gebaut werden sollte, änderte der Geist seine Börsentaktik. Man hätte inzwischen 30.000 Francs flüssig machen können, doch er gab es nicht zu. Dann brach der Krieg von 1870 aus und der Familie entstanden große Verluste. Schließlich antwortete der Geist nicht mehr auf Fragen, und die Familie wurde ärmer als zuvor. - Dieser zugegebenermaßen recht eigenartige Fall beginnt mit der Besetzung einer dafür disponierten Person. Dann erfolgt deren mediale Ausbildung, welche die Einwirkungsmöglichkeit des Geistes festigt, der ein äußerst intelligentes Verhalten an den Tag legt und zu Handlungen veranlasst, die von keiner Person der Familie aus eigener Regie hätten bewerkstelligt werden können. Es sind hellseherische und organisatorische Qualitäten, die keine lebende Person überblicken kann. Telepathische oder hellseherische Qualitäten der beteiligten Personen dürften in einem solchen Fall wohl keine Rolle gespielt haben. Leider können wir über die Absicht des Geistes keinerlei Information erhalten.[189]

Familiärer Spuk - Der „Fall Regulski“

Der Spuk ist somit in der Familie gewissermaßen erblich und lässt sich nunmehr auch schon einige Jahrzehnte bis in die Stube des Großvaters zurückverfolgen.

Dr. Paul Sünner (in nachstehendem Fallbericht)

Übergeordnete organisatorische Qualitäten begegnen uns auch in dem nachstehenden Spukfall, der sich im Jahre 1929 ereignete und bei seinem Auftreten in Berlin weitläufige Verknüpfungen offenbarte, die weder eine strenge Personen- noch eine Ortsbindung beinhalten. Die Ereignisse beginnen bei der Familie Albert Regulski, einer strenggläubig katholischen Familie in einem großen Berliner Mietshaus im Stadtteil Charlottenburg. Der Spuk scheint von der 11-jährigen Tochter Lucie auszugehen, einem etwas schwächlichen und nach dem Erscheinungsbild durchaus zu medialer Veranlagung disponierten Kind. Mehrere namhafte Forscher, eine Untersuchungskommission der „Berliner ärztlichen Gesellschaft für parapsychische Forschung“, sowie der zuständige Pfarrer befassten sich etwa ein halbes Jahr lang mit diesem Fall.[190]

Die Phänomene ereignen sich auch am Tage: Gegenstände bewegen sich, werden zu Boden oder durch den Raum geworfen. Eine Blechdose mit Inhalt macht sich rasselnd durch die Luft auf den Weg zum Fußboden, um sich dort tänzelnd weiter zu bewegen. Die Schublade am Nachttisch wird herausgerissen und zu Boden geschleudert; als man sie mit einer Wäscheleine festbindet, wird diese zerrissen und der Inhalt erneut ausgeschüttet. Kleidungsstücke werden durch den Raum geworfen, ein Tisch bewegt sich, ein Stuhl spaziert mit lauten Getöse dreimal durchs Zimmer. Man hört den Schlüssel des Kleiderschranks sich drehen, sieht das Öffnen und

---

189 Cesare Lombroso: *Hypnotische und spiritistische Forschungen*, S. 334 ff.
190 *Zeitschrift für Parapsychologie*, 4. Jahrgang, 10. Heft, Okt. 1929 S. 553- 586.

wieder Zuschlagen der Tür. Es zieht an der Bettdecke, man stellt Stühle daneben, damit das Deckbett nicht herunterfällt, sie werden auf das Bett geworfen, in dem das Kind liegt. Auch auf das Bett der Eltern springen Stühle und machen dort tänzelnde Bewegungen. Klopfgeräusche ertönen in den Wänden, in Möbeln, am Bett des Kindes, zischende und pfeifende Geräusche schallen durch den Raum.

Mittels Klopfalphabet bringt man in Erfahrung, dass der Spuk vom kürzlich verstorbenen Onkel auszugehen scheint, an dem Lucie sehr hing; er verstarb im Krankenhaus. Als sie nachts zur Toilette geht, erscheint ihr der Onkel als schwarzer Schatten mit leuchtenden feurigen Augen und einer glänzenden Sense, bei anderer Gelegenheit erblickt sie in ihrem Zimmer einen aufrecht stehenden Sarg. Häufig hört man Geräusche wie von einem Hobel; Onkel Hans war Zimmermann. Je intensiver der Kontakt mit dem Verstorbenen wird, umso heftiger manifestieren sich die Phänomene: Schlagen und Klatschen an der Wand und auf dem Boden, dem Bettgestell mit heftigen Vibrationen. Kratzen wie mit Krallen am Kissen und in der Matratze, aus den Eisenteilen des Bettes kommend, dröhnende Schläge an die Zimmerwände.

Man konnte nie genau angeben, von welcher Stelle des Bettes die Vibrationen ausgingen. Die Schläge waren rhythmisch, erschütterten das ganze Bett, hallten dröhnend durchs Zimmer und antworteten deutlich auf gestellte Fragen. Das schwere Bett mit der darin liegenden Lucie wandert mehrfach von der Wand um bis zu 40 Zentimeter ins Zimmer hinein mit rollenden Geräuschen und Kratzer hinterlassenden Spuren auf dem Boden. Wenn das Mädchen schläft, hört der Spuk auf, oft träumt sie dann von ihrem Onkel. Untersuchungen zeigen, dass sie sich dabei für kurze Zeit in Tieftrance befindet und dann laut zu ihrem Onkel spricht. Beim Erwachen weiß sie nichts von dem Gesprochenen.

Ein Phänomen verdient eine besondere Würdigung: das Erscheinen einer Schrift – allerdings mehr ein Gekritzel auf einer Schiefertafel, auf die ein Stück Kreide gelegt worden war. Unter anwesenden Zeugen wurden Tafel und eine Glocke unter das Bett gelegt und „Onkel Hans“ gebeten, eine Schrift zu hinterlassen und bei Fertigstellung die Glocke zu läuten. Auf diese Weise erhielt man einmal ein Kreuz (in der Form, als wenn etwas angekreuzt wird) und ein andermal ein Gekrakel mit der Kreide auf der Tafel.

Würden wir die Beschreibung an dieser Stelle beenden, hätten wir einen klaren Fall vor uns. Eine Person verstirbt, sie erscheint den ihm nahestehenden medial veranlagten Verwandten, Spukphänomene stellen sich ein. Die Verwandtschaft der Familie Regulski ist aber recht groß, sie ist über mehrere Stadtteile Berlins verteilt. Man stellt fest, es spukt auch in der Wohnung der Witwe des Verstorbenen Hans Regulski im Ostteil der Stadt: Bilder bewegen sich, Lichterscheinungen treten auf, Musik ertönt, Steine werden geworfen. Geräusche ertönen, als ob Erbsen geworfen würden. Man hört Schritte im Korridor, sie kommen ins Schlafzimmer. Die Anwesenden sind im Glauben, den Mann an der Charakteristik seines Schrittes zu erkennen. Es raschelt in den Blumentöpfen, die Witwe fühlt sich an der Stirne wie von einer kalten Hand berührt. Eine hohle Stimme spricht: „Guten Abend, gnädige Frau! Sorgen sie nur tüchtig für die Kinder, und geben sie ihnen viel Milch zu trinken.“ Diese Anrede passe zu der vom Verstorbenen gewohnten scherzhaften Art. Bruder und Schwester waren häufiger hier zu Besuch, sie geben an, oft die Geräusche gehört und Schritte wahrgenommen zu haben, nach der Art des verstorbenen Schwagers. Ein Sausen und Brausen erfüllt die Luft, öfters verspürt man einen kalten Hauch, ein weißer Schein wird wahrgenommen, der sich über die Betten beugt. Die vierjährige Tochter gibt an, den Vater zuweilen nachts gehört und gesehen zu haben.

Eine Cousine des Verstorbenen aus dem Berliner Bezirk Lichtenberg, Frau Hackenberg, wusste ebenfalls von Erscheinungen zu berichten. Noch vor der Beerdigung des Cousins hörte sie morgens zwischen fünf und sechs Uhr Schritte auf dem Korridor. Kurze Zeit später habe sie, im Bett liegend, deutlich gefühlt, wie ein Fuß von ihr angefasst, hochgehoben und wieder herunterfallen gelassen wurde. Als sie bei anderer Gelegenheit auf dem Sofa lag, machte sich etwas an der Decke zu schaffen und bedeckte ihre Füße. Frau Hackenberg gibt an, bereits als Kind okkulte Wahrnehmungen gemacht zu haben. Kurz nach dem Tod ihres Großvaters (sie war bei dieser Gelegenheit bereits 14 Jahre alt) habe sich plötzlich ein sicher verschlossenes Fenster lautlos und ohne äußeren Anlass von selbst geöffnet und sei dann mit Wucht und unter lautem Gedröhn, als wenn die ganzen Scheiben in Trümmer gingen, zugeschlagen.

Auch eine ebenfalls in Berlin wohnende Schwester weiß von Spukerscheinungen zu berichten: Ein Bild an der Wand setzte sich in schaukelnde Bewegung und soll von einem Lichtschein umgeben gewesen sein. Sie selbst hatte es nicht gesehen, aber ihre Schwester (die Frau von Albert Regulski), die zu Besuch war. Ein Neffe des Verstorbenen berichtet, dass kurz nach dem Tod des Onkels die eiserne Kette des Wachhundes in der Nacht zerrissen sei. Das Tier war nach diesem Ereignis so ängstlich, dass es acht Tage lang nicht mehr in seine Hütte wollte, sondern mit in die Stube genommen werden musste. Als die Witwe des Verstorbenen ihrer Schwester eine Karte mit der Todesnachricht sandte und diese ihrem Mann zeigte, hatte dieser plötzlich ein merkwürdiges Erlebnis, das er als Erscheinung des verstorbenen Onkels auffasste. Ein Taschentuch, das auf einer vom Onkel gezimmerten Blumenkrippe lag, fiel vor seinen Augen langsam zu Boden und breitete sich aus, als ob es von einer unsichtbaren Hand glattgestrichen worden wäre. Selbst bei der Mutter der Witwe in einem anderen Berliner Ortsteil, zeigte sich ein Phänomen: Eine defekte Wanduhr, die der Verstorbene zu reparieren versprochen hatte, fing wieder an zu gehen.

Wir erfahren weiterhin, dass der Verstorbene sich auch in seiner Heimat, im zur Zeit der Ereignisse preußischen Bromberg (Schlesien), bei einer dort wohnenden Schwester gemeldet habe, ein bis zwei Tage nach dem Tod, aber noch vor der Beerdigung. Ein Küchenstuhl erhob sich und stieß dreimal auf dem Boden auf. Von Lucies Mutter erfahren wir noch, dass ihr Elternhaus ein altes, am Wald gelegenes und über 100 Jahre altes Gebäude gewesen sei, in dem den Berichten zufolge schon viel Spuk vorgekommen war. Schon vor langer Zeit habe sie durch vielerlei Erzählungen von merkwürdigen Vorgängen in diesem Haus gehört und begreiflicherweise diesen Dingen gegenüber eine große Angst gezeigt. Als sie einmal am Allerseelentage in ihrem Elternhaus zu Besuch war und mit ihrer damals zweijährigen Tochter zusammen in einem Bett schlief, fühlte sie sich von fünf Fingern am Oberschenkel angefasst und hatte das Gefühl, als wenn sich eine Erscheinung neben sie legen würde. Als sie schreien wollte, wurde ihr der Mund von einer unsichtbaren Hand zugehalten. Ein Traum wies sie darauf hin, dass diese Erscheinung von ihrem verstorbenen Bruder ausging, bei dessen Tod es bereits gespukt hatte. Auch ein Bruder von Frau Regulski berichtet von okkulten Erlebnissen während der Kriegszeit.

Der Bruder der Witwe, Hans Pischowski, berichtet aus dem Jahre 1922 von einem nächtlichen Erlebnis aus seiner schlesischen Heimat. Als er am Friedhof vorbeikam, auf dem seine zuvor verstorbene Mutter beerdigt war, sah er bei Vollmondschein eine hohe leuchtende Erscheinung, die dann plötzlich verschwand und die er mit der Verstorbenen in Verbindung brachte, die ihm eine Kundgebung machen wollte. Auch der Vater von Lucie, Albert Regulski, konnte über paranormale Erlebnisse aus dem Jahre 1920 berichten: Als er einst mit seinem Fuhrwerk durch ein Dorf fuhr, erblickte er an einem Fenster das Gesicht seines Freundes mit einer Schusswunde im Kopf, die dieser durch Bedeckung mit der Hand zu verbergen suchte. Er berichtete von diesem Erlebnis der Frau des Freundes, die Albert daraufhin des Mordes bezichtigte und Anzeige erstattete. Obgleich Regulski angab, nur ein Phantom gesehen zu haben, wurde er des Mordes verdächtigt und verhaftet. Sechs Wochen blieb er in Haft, bis der Täter ermittelt wurde und gestand. Es handelte sich um einen Raubmord. Der Ermordete wurde aufgrund der Angaben des Verhafteten im Wald gefunden.

Wir entnehmen den geschilderten Ereignissen, dass offenbar in der gesamten Familie eine mediale Veranlagung bzw. okkulte Wahrnehmungsfähigkeit vorhanden war, die sich rückwirkend bis ins Elternhaus der Beteiligten nachweisen lässt. Der Spuk im ersten Halbjahr des Jahres 1929 zeigt sich in vier unterschiedlichen Berliner Wohngebieten sowie in der Heimat des Verstorbenen. Es ist unglaubwürdig, für alle diese Ereignisse das Kind Lucie verantwortlich zu machen und sie als alleiniges Medium für die weit ausgreifenden Phänomene anzusehen. Die Medialität ist hier Familientradition, sie vermochte sich über mehrere Generationen hinweg auszubilden und auszuweiten, obgleich sie nicht immer in Erscheinung trat. Im Verlauf der Generationen sind es mehrere Verstorbene, die sich bei ihren (auch weitläufigeren) Verwandten melden und nicht nur bei den nahen Angehörigen, was für eine begrenzte „Allgegenwart" der feinstofflichen Struktur des überlebenden Energiepotentials spricht und keiner Fixierung an einen Sterbeort.

Die Beobachtungen zeigen weiterhin, dass die Welt der Verstorbenen und die der Lebenden nicht vollständig voneinander getrennt sind und bei entsprechender Veranlagung der Lebenden Überschneidungen ermöglichen. An den Erscheinungsformen sind die Verstorbenen sowie die dem Familienkreis angehörigen Lebenden beteiligt, fremde Geistwesen haben keinen Zugang, außerhalb der in unserem Fall weit verzweigten Familie treten keine Phänomene auf. Das verweist auf eine „natürlich" vorhandene, gesunde Medialität, die fremden Wesenheiten keinen Zugang lässt und die Grenzen der verwandtschaftlichen Beziehungen nicht überschreitet. Alle Verstorbenen, die in ihrer irdischen Emotionalität verhaftet geblieben sind, bilden eine wandelbare Feldstruktur mit auflösenden und zusammenführenden Eigenschaften gleich einer wachsenden und sich wieder auflösenden Energiewolke, die alle Lebenden umhüllt, die mit ihr im Rahmen der familiären Entwicklung in Verbindung stehen und die Ausbreitung des Spuk entsprechend begrenzen.

Spuk in einer Ordensgemeinschaft

In der Trance verlässt der irdische Körper des Mediums den eigentlichen Leib, der dann ein traumartiges Dasein führt. Das Gehirn des Mediums ist leer, und wir bemächtigen uns desselben. Eure Unterhaltung hören wir wie ein Telefongespräch, das auf große Entfernungen geführt wird. Uns fehlt in der schweren Atmosphäre der Welt jede Kraft, besonders am Ende der Sitzung.

Pelham (Geist von James Hyslop)[191]

In dem nun folgenden Fallbeispiel zeigt sich neben schweren Spukereignissen und Anzeichen des orts- sowie des personengebundenen Spuks ein weiteres Mal, dass ein Geistwesen jeglicher Art, sei es die Seele eines Verstorbenen, ein Astralwesen oder auch nur ein von Menschen gebildetes Elemental, also ein mentales Programm, sich weder orts- noch personengebunden verhalten muss. Den leiblichen Tod überlebende geistige Programme zeigen zwar eine gewisse Gebundenheit an die irdischen Materiestrukturen, doch ist diese eher von einer intuitiven, traumhaften Art, eher eine Neigung verwandter seelischer Regungen, als eine feste Zuordnung. So kann es passieren, dass Mentalprogramme von einem Menschen zum anderen springen oder sogar mehrere Personen gleichzeitig „besetzen“, in ihnen und über sie wirksam werden, sie zu bestimmten Aktionen veranlassen.

Ort der Ereignisse ist ein 300-Seelen-Dorf in Frankreich im Winter 1940. Ort der Handlung, eine kleine Ordensgemeinschaft mit Wohnhaus, Wirtschaftsschule und einer Pension für ältere Damen sowie zwei von den Hauptgebäuden etwas abseits gelegene Wirtschaftsgebäude (Pavillons) mit einigen Zimmern im Garten der Pension. In diesen Zimmern wohnen die Serviermädchen Josiane (19 Jahre) und Marie (51 Jahre).

---

191 Zitiert nach Cesare Lombroso: *Hypnotische und spiritistische Forschungen*, S. 359 f.

Eine der Pavillonbewohnerinnen, Mademoiselle Raymonde, wird abends durch heftige Schläge auf Tür, Möbel und Vitrinen, die auch außerhalb des Gebäudes hörbar sind, aufgeschreckt. Dieser Lärm ist auch am Fenster – kein Verantwortlicher ist aufzufinden. Die Serviermädchen Marie und Josiane suchen nach einer Erklärung, legen sich in der Nähe des Zimmers auf die Lauer, spannen Schnüre auf der Treppe – ohne Erfolg. Als Beschwerden laut werden, lässt sich auch die Oberin, Mutter T., von den Ereignissen überzeugen, insbesondere, da sie durch ein Klopfalphabet eine Verbindung zu dem „Klopfgeist" herzustellen vermag. Dieser gibt an, aus der Familie von Mademoiselle Raymonde zu stammen, ihr verstorbener Bruder Louis zu sein, sich im Fegefeuer zu befinden und bittet um eine Messe und Almosen. Vorübergehend herrscht Ruhe, anderentags beginnen die Phänomene erneut. Im Beisein der Mutter Oberin, von Marie, Mademoiselle Raymonde und zwei weiteren Schwestern legt Josiane die Hände an die Fensterscheibe, an der die Schläge ertönen. Sie erhält einen heftigen Schlag, der sie von oben bis unten durchfährt, gleich einer elektrischen Entladung. Als Folge dieses Kontaktes verlassen die Spukerscheinungen Mademoiselle Raymonde unwiderruflich und heften sich nunmehr an die unglückliche Josiane. Die Geräusche verlegen sich noch an diesem Abend in ihr Zimmer. Bei anderer Gelegenheit zerbricht eine der Fensterscheiben ohne erkennbare Ursache, einen Sprung in gezackter Form hinterlassend. Zu einem späteren Zeitpunkt entdeckt man auf einer Scheibe, an die besonders häufig geklopft worden war, einen Abdruck wie von Klauen, mit Fingern und einer Handfläche, der sich auch mit Hilfe von Chemikalien nicht entfernen lässt. Die Scheibe ist nur mit Hilfe einer Leiter zu erreichen.[192]

192 Ein verwandtes Phänomen ereignete sich 1797 in der Pfarrkirche von Absam (Tirol) im Zusammenhang mit der 18-jährigen Rosina Bucher. Hier entstand ein nicht von Menschenhand gemachtes Gnadenbild auf einer Fensterscheibe, das sich nicht entfernen ließ und noch heute als ein verehrungswürdiges Objekt aufbewahrt wird.

In Josianes Wohnung kommen neue Phänomene hinzu, indem religiöse Gegenstände angegriffen werden – Bilder der Mutter Gottes und religiöse Bücher – man findet sie zerrissen auf dem Fußboden. Auffällig ist in diesem Zusammenhang der apathische Zustand und geschlossen gewordene Charakter von Josiane. Da die Klopfgeräusche für die Mitbewohner unerträglich werden, verlegt man das junge Mädchen in ein abseits gelegenes Zimmer, begleitet von heftigen Schlägen, die im ganzen Haus hörbar sind.

Marie, die allein einen anderen Pavillon bewohnt, nimmt Josiane zu sich ins Zimmer. Hier spielen sich nun über einem Monat lang außergewöhnliche Phänomene ab, die das Interesse der gesamten Bevölkerung des Ortes erregen: Schläge in den Mauern von so großer Heftigkeit, dass sie auf der Straße und sogar in den Häusern, die 100 Meter entfernt liegen, gehört werden. Heiligenstatuen fliegen umher und zerspringen. An den Sprungfedern des Bettes kratzt es wie mit starken Nägeln, so dass man sich entschließt, Josiane auf dem Fußboden schlafen zu lassen. Häufig erhält sie Schläge ins Gesicht; man sieht nichts, hört den Schlag, sieht, wie das Mädchen eine Abwehrbewegung macht und die Wange in der Größe einer Handfläche rot wird. Man bindet die Statuen mit Bindfäden an den Möbeln fest; die Fäden werden zerrissen und die Gegenstände auf den Boden geworfen. Wenn gebetet wird oder Andachtsgegenstände um Josiane herum aufgestellt werden in der Absicht, sie zu schützen, erreichen die Vorgänge ihren Höhepunkt. Der Lärm nimmt ein solches Ausmaß an, dass auf der Straße die Leute zusammenlaufen. Der Fußboden wird von Schlägen erschüttert, als ob ein großer Körper von der Decke fallen würde.

Die Oberin sowie eine weitere Ordensschwester beziehen das Zimmer neben Josiane, eine der Lehrerinnen zieht bei ihr ein, die Verbindungstür bleibt geöffnet. Die Wache wechselt jede Nacht, weitere Zeugen werden hinzugezogen. Neben den Geräuschen und Schlägen sieht man die Möbel sich bewegen; ein schwerer Nachttisch wird geschüttelt, dass die Schubladen herausspringen und ihren Inhalt verstreuen. Ein Glasschrank wird ruckweise heftig geschüttelt. Zeugen bestätigen übereinstimmend, dass alle Möbel der Räume in Bewegung beobachtet wurden, Stühle gingen vor und zurück, als ob sie durch seitliche Stöße geschoben würden, die Deckenbeleuchtung bewegte sich, ein Zugschalter wurde hin und her geschleudert und zerschellte, eine schwere Kommode rückte hin und her, alle Schubladen fielen heraus. Betttücher wurden völlig in Fetzen gerissen. Mutter T. legt ein geweihtes Skapulier neben Josiane auf den Nachttisch, begibt sich bei geöffneter Tür im Nebenzimmer zur Ruhe. Sie sieht wie der Nachttisch mit dem Skapulier an ihr eigenes Bett kommt, mit einer brüsken Schleuderbewegung das Skapulier auf ihr Bett schleudert und sich tänzelnd auf seinen alten Platz zurückbegibt. Als sich die ältere Marie zu Josiane ins Bett legt, hören die Geräusche auf, doch letztere erhält jetzt unerträgliche Stiche, Berührungen und Verbrennungen an den Handflächen und Fußsohlen. Verlässt Marie das Bett, treten die Geräusche um Josiane erneut auf.

Die Phänomene treten in der ersten Hälfte der Nacht bis ein Uhr morgens auf, verstummen und beginnen mit dem Angelusläuten (Gebetsläuten), das sie in Form von heftigen Schlägen imitieren. Wird der Geist von der Oberin beschimpft, ergibt sich ein Lärmen, „als ob das ganze Haus zusammenfiele". Man glaubt eine große Ratte sich in Bewegung setzen zu sehen und in Josianes Matratze zu verschwinden. Als Mutter T. dem Geist befielt, das Zimmer zu verlassen, scheint er zu gehorchen, aber an der Tür angekommen, verhält er den Schritt, und die Phänomene kehren zurück.

Als Mutter T. in ihr Bett zurückkehrt und Josiane in ihrem Zimmer auf der auf dem Boden liegenden Matratze zurücklässt, hört sie den entsetzten Schrei: „Ehrwürdige Mutter, er nimmt mich mit!" Die Zwischentür wird heftig aufgeschlagen, die Knöpfe auf jeder Seite der Tür herausgerissen und auf den Boden geworfen, Marie wird auf dem Boden mit einer unglaublichen Geschwindigkeit in dem winzigen Zimmer umhergeschleudert.

Zwei mutige Nachbarinnen nehmen Josiane zu sich und werden „reichlich bedient". Bereits um neun Uhr beginnt das Gepolter.

Schläge an der Wand scheinen das ganze Haus zum Zittern zu bringen. Ein Regal wird besonders angegriffen, Bücher geistigen Inhalts herausgerissen, während profane Bände unberührt bleiben. Der Nachttisch läuft durchs Zimmer, fällt gegen das Bett. Die Katze macht bizarre Sprünge, als ob sie elektrisiert würde. Man hat große Eile, Josiane wieder ins Kloster zurückzubringen.

Eine andere Zeugin, Oberin eines Nachbarklosters, verbringt eine Nacht in Josianes Zimmer und Mutter T. begibt sich ins Nebenzimmer. Josiane bittet, ihre Wärmflasche aus Metall fortzunehmen; sie fühlt vage, dass sich damit etwas ereignen, der Verschluss aufgeschraubt und das Wasser verschüttet werde. Man legt diese weit entfernt auf den Boden. Lärmend springt die Flasche über den Fußboden und legt sich auf Josianes Füße, die Bettdecken werden dabei nicht verschoben, das Mädchen rührte sich nicht. Das Experiment wird wiederholt. Mutter T. versteckt sich mit einer Taschenlampe hinter einer spanischen Wand. Als sie nach etwa zehn Minuten in ihr Bett zurückkehrt, hört sie ein Geräusch, knipst die Lampe an und sieht die Wärmflasche sich springend fortbewegen und in der Zimmermitte anhalten.

Am Tage dauern die Phänomene an, wenn auch in schwächerer Ausprägung. Zuerst nur Lärm, dann mit Neckerei verbunden und schließlich mit offensichtlicher Bosheit, besonders im Zusammenhang mit dem Kirchgang – sogar die Schuhe werden ihr von den Füßen gerissen. Schutzobjekte, die an Josianes Körper geheftet oder gebunden werden, reißen ab, ohne dass die Knoten gelöst werden, Kleidungsstücke zerreißen. Sobald das Mädchen den Raum wechselt, um ihren Pflichten nachzukommen, folgt ihr eine Reihe von Geräuschen und Schlägen, Statuen werden zu Boden geworfen. Wasser wird aus einer Kanne auf den Boden geschüttet, ohne dass der Behälter sich bewegt. Abends finden sich Neugierige unter den Fenstern ein; ihre Schmähungen scheinen den Geist besonders zu ärgern. „Mach mal ein Maschinengewehr nach.“ Und darauf hört man das Tack-Tack-Geräusch eines solchen Gewehrs. Die Polizei wird informiert, nach kurzer Zeit der Ruhe wird auch sie Zeuge der Phänomene. Auch Pfarrer und Kaplan müssen sich von der Realität der Phänomene überzeugen lassen, da sich auch in der Kirche massive Ereignisse abspielen. Beim Besuch der Apotheke spukt es so sehr, dass die Lehrlinge erschreckt werden, der Hausarzt begnügt sich mit einigen theoretischen Ratschlägen.

Der Bischof sowie die Oberen des Ordens reagieren sehr zurückhaltend, zumal die Ordnung des Hauses nie gestört wird; weder Panik noch Hysterie stellen sich ein. Als Mutter T. sich in Begleitung von Josiane zum Ordinariat begibt, erfolgten Schläge unter den Sitzen des Karrens; in der Bahnhofshalle drehen sich alle Fahrräder, die zum Abtransport bereitstehen, auf dem Boden um, zum Entsetzen der Reisenden. Auch im Zug und beim späteren Mittagessen in einem Kloster sowie noch später im Priesterseminar hören die Schläge, das Poltern und sonstige Neckereien nicht auf. Erst der Missionsobere der Ordensprovinz erkennt die Realität der Erscheinungen an. Man rät Josiane, sich vom Ort dieser zu entfernen. Der Geist versucht nun alle Reisevorbereitungen zu sabotieren. Als Josiane tatsächlich abreist, hören alle Erscheinungen im Kloster auf. Seltsame Begebenheiten ereignen sich allerdings auf der Reise. Als alle Mitfahrenden schlummern, hört man einen infernalischen Lärm, so dass man glauben könnte, eine Bombe hätte in den Wagen eingeschlagen. Die Fensterscheiben werden „pulverisiert", die Vorhänge von oben bis unten zerrissen, die Reisenden flüchten in den Gang. Ein flüssiger Körper – sagt Josiane – tritt aus ihrer Ferse aus und hinterläßt dort eine Wunde, die mehrere Monate blieb und in der man einen Teufelskopf erkennen konnte.

Einige Monate, nachdem im Kloster Ruhe eingetreten ist, treten auf das Neue einige Phänomene auf. Man hört Geräusche auf dem Flur vor Josianes ehemaligem Zimmer, als ob dort jemand umherschleichen würde. Das Licht im Flur geht an und aus, man hört jeweils das Umlegen des Schalters. Man schreibt diesen Ereignissen keine besondere Bedeutung mehr zu, da sie auch bald aufhören. Es stellte sich im Nachhinein heraus, dass sich Josiane in der Nähe aufgehalten hatte, um Verwandte zu besuchen, weil sie sich befreit glaubte. Nun wurde sie wieder geschlagen und ihr auch sonst übel mitgespielt. Es schien, dass der Geist sie gesucht hatte, als sie wieder in seinen Aktionsradius zurückkehrte.

Beenden wir die Auflistung der Ereignisse und wenden wir uns den Hintergründen zu, soweit sie aus dem Bericht ersichtlich sind. Bezüglich einer gewissen Medialität der Beteiligten (und damit unvermeidlichen Besetzung) lassen sich folgende Aussagen machen: Mademoiselle Raymonde hatte sich früher mit spiritistischen Themen und der Praxis des Tischrückens befasst; in weitaus ausgiebigerer Form auch ihre Zimmernachbarin, Madame Marner, die sich nie über den Lärm beklagt hatte und sich auch nicht für die Phänomene interessierte. Zwischen beiden bestand eine starke Spannung, die wohl Ausgangspunkt der Phänomene war. Nachdem Josiane abgereist war, wurde Frau Marner krank und erholte sich nicht mehr. Das Spannungsverhältnis zwischen den beiden Frauen sowie ihre spirituelle Vorbelastung in Verbindung mit der durchaus denkbaren Besetzung durch den verstorbenen Bruder bilden hier die Grundlage für ein über dem Areal des Ordensgelände liegendes Kraftfeld, das sich in schwacher Form zunächst im Umfeld von Mademoiselle Raymonde manifestiert, aber mangels Eignung der Betroffenen nicht zur Entladung gelangt. Erst als die psychisch labilere Josiane in die Ereignisse mit einbezogen wird, findet der Spuk ein unverhofftes Ventil für die Umsetzung spiritueller Energien in physikalische Manifestationen.

Der Grund für die Belästigungen wird uns nicht angegeben, vermutlich hat auch niemand dies zu ergründen versucht. So stehen wir hier vor Phänomenen, die uns psychologisch erklärbar scheinen, deren Ursache wir aber nicht entschlüsseln können und deren Zweck wir nicht einzusehen vermögen. Heilige Messen und Almosen – vom Geistwesen so gewünscht – sind nicht ausreichend, seine Anhaftung an lebende Personen zu lösen und ihn damit aus den irdischen Energiesphären zu befreien. Aufgrund des Verhaltens des Geistwesens scheint gesichert, dass dieses selbst durch weitere Astralwesen bösartiger Natur belastet ist, die es zu einem dämonischen

Verhalten drängen, das dem Gebaren von Geistern frisch Verstorbener nur in den seltensten Fällen entspricht.

Es scheint eine Intelligenz zu wirken. Durch ein Klopfalphabet kann mit ihr Kontakt aufgenommen werden, Geräusche werden wie gewünscht produziert, auf Schmähungen wird in konsequenter Weise reagiert, Experimenten ist der Spuk in gewisser Weise zugänglich. Über diesen erfolgt eine Transformation von psychischer in elektrische Energie; dies zeigt sich am elektrischen Schlag, den Josiane beim Berühren der Scheibe erhält, im Verhalten der Katze, in den Störungen am Elektrosystem sowie im Zusammenzucken und unwillkürlichen Muskelbewegungen von Josiane im Augenblick der Manifestationen. Es ist bekannt, dass Strahlungsphänomene, insbesondere elektrischer (kapazitiver) Natur, über das Nervensystem auf die Muskulatur des Menschen einwirken, bei manchen auf das Reizleitungssystem des Herzens, wovon ich mich selbst aufgrund meiner Sensibilität immer wieder überzeugen muss. Es dürfte sich also nicht gemäß der Deutung vieler Parapsychologen so verhalten, dass unwillkürliche Muskelbewegungen eine auslösende Rolle bei der Produktion der Phänomene spielen, sondern dass der Augenblick der Transformation psychischer in physikalische Energie einen Impuls setzt, der zur Auslösung der Muskelbewegungen führt.

Der französische Medienforscher, Arzt und Jurist Joseph Maxwell schreibt zur Thematik der Klopflaute und der damit verbundenen Muskelbewegungen: „Das Klopfen ist auch bei Licht zu hören und meist in einer Entfernung von zwei bis drei Metern vom Medium. Es ruft im Medium und bei den Anwesenden ein Gefühl der Anstrengung hervor. Es macht sich bemerklich in Restaurationen, auf Bahnhöfen, in Museen, in Bettdecken, in Stoffen, auf Büchern, an der Bleistiftspitze des Schreibmediums. Die Stärke der Klopflaute steht in keinem Verhältnis zur Entfernung des Mediums, hat aber irgendeine Beziehung zu jeder Muskelbewegung des Mediums und der Anwesenden. Doch hängt die Stärke der Laute nicht mit der Kraft zusammen, mit der diese Bewegungen ausgeführt werden. Die Klopflaute ertönen auch, wenn von den Anwesenden gehaucht oder gesprochen wird."[193]

Ein weiteres Phänomen der Transformationserscheinungen sind die klassischen De- und Rematerialisations-Phänomene, wie sie sich hier in verschiedenartigen Zeichen offenbaren: Einprägungen auf einer Glasscheibe, Bewegungen und Zerstörungen von Gegenständen, Verbringung von Wasser, Zerreißen von Kleidung und verknoteten Bändern, reale Schläge mit Eindrücken in Gegenständen sowie Wirkungen auf den Körper. Diese sind objektiv, die Phänomene werden von unabhängigen Zeugen beobachtet und gehört.

Die Ereignisse enden nicht deshalb mit der Abreise von Josiane, weil der Spuk mit ihr entfernt wurde oder sie selbst in einen harmonischen Zustand geriet, der die von Parapsychologen so gern zitierte Auflösung von psychischen Spannungsphänomenen bewirkte, sondern weil der sie zeitweise besetzende Geist im Umfeld seiner natürlichen Anhaftungen (der Lebensraum seiner Schwester) zurückblieb. Die Manifestationen endeten, weil kein geeignetes Medium mehr zur Verfügung stand. Diese Argumentation wird dadurch bekräftigt, dass die Phänomene im Zusammenhang mit der allen Anwesenden unbekannten Rückkehr von Josiane in die Nähe ihres ehemaligen Aufenthaltsortes in schwächerer Form wieder aufleben.

Der Geist bemüht sich, über geeignete – und für ihn machbare – Manifestationen, Josianes Abreise zu verhindern, begleitet sie soweit es ihm möglich ist und tritt unter Hinterlassung eines stigmatisierenden Zeichens an ihrem Körper aus, kehrt in sein gewohntes Umfeld zurück und sucht dort nach einer neuen Möglichkeit, sich bemerkbar zu machen.

Ohne auf die Belange des Geistwesens einzugehen, kann keine wirkliche Lösung der Besetzungsthematik und damit der Spukthe-

193 J. Maxwell: *Neuland der Seele*, Stuttgart 1916. Zitiert nach Cesare Lombroso: *Hypnotische und spiritistische Forschungen*, S. 353 f.

matik gefunden werden. Ein Kontakt kann auf unterschiedliche Weise hergestellt werden:

- Über ein Trancemedium, das den Geist in Form einer temporären Besetzung in sich aufnimmt, so dass über eine Mittelsperson der Grund seines Erscheinens in Frage und Antwort geklärt werden kann. Dies ist die Methode, die Carl Wickland anwandte, wobei ihm seine Frau als Medium diente. Dieses Verfahren dient der Aufklärung des Geistes über den Zustand seiner irdischen Anhaftung. In den meisten Fällen wird darüber ein freiwilliges Verlassen des betroffenen Besetzten bzw. Erkrankten erreicht.
- Über eine medial veranlagte Person, welche in der Lage ist, den Geist in optischer Form zu sehen oder zumindest in einer Form zu erfühlen, so dass mit ihm in einen sinnvollen Kontakt getreten werden kann. Dies ist die Methode, die Anton Styger anwendet. Aufklärung über den jenseitigen Zustand sowie in uneinsichtigen Fällen gewaltsame Ablösung sind Methoden, die Personen mit entsprechendem spirituellem Hintergrund zum Erfolg führen. Styger bedient sich dabei helfender Engelwesen sowie der Anrufung des Erzengels Michael. Als Indigo-Venusier (Indigoseele mit Ursprung von der Venus) besitzt er dazu die Macht. In analoger Weise ist der Geistheiler Sananda tätig.
- Auch spirituell höher entwickelte Menschen anderer planetarer Herkunft können Besetzungen ablösen und damit Spukphänomene auflösen. Es bedarf dazu einer gewissen Schulung und Entwicklung, vor allen Dingen aber hilfreicher Geistwesen. Erfahrene Rutengänger sind in der Lage, Besetzungen nachzuweisen und gegebenenfalls auch zu beseitigen, das Erfragen der Hintergründe ist bei ihnen allerdings nur über eine Mentaltechnik möglich.
- Vor dem Anwenden klassischer exorzierender Verfahren durch Laien ist abzuraten, sie sind für klerikale Kreise vorgesehen und bedingen einer gewissen Machtübertragung. Es existieren auch Ablösegebete für Personen weltlichen Standes, die zum Erfolg führen können, man findet sie in entsprechenden Gebetbüchern.

Anwendungsformen dieser Art berücksichtigen jedoch weniger das Seelenheil der jemand besetzenden Seele, als das physische Heil des Besetzten. Eine Seele, die vertrieben, aber nicht erlöst wird, heftet sich an einen anderen Menschen, gern auch an die exorzierend tätige Person selbst, wie es zahlreiche Beispiele aus alter Zeit bezeugen.

Luthers Spuk- und Teufelserlebnisse

Sein Geist war zweier Zeiten Schlachtgebiet,
Mich wundert's nicht, wenn er Dämonen sieht.

Conrad Ferdinand Meyer (Zitat über Luther) [194]

Die Erlebnisse Martin Luthers beinhalten sowohl Elemente des personengebundenen als auch des ortsgebundenen Spuks; eine Verknüpfung bzw. Abhängigkeit der Ereignisse von seiner Persönlichkeitsstruktur, seinem ruhelosen Geist, aufgefressen von dem Glauben an seine eigene Verdammnis, ist offensichtlich. Seine Überlieferungen wurden teils für bare Münze genommen, teils aber auch als mittelalterlicher Aberglaube verworfen. Dennoch lassen Vergleiche mit Spukereignissen, wie sie zu allen Zeiten vorkamen, zumindest einen großen Teil seiner Erlebnisse als Tatsachen bestehen. Als halluzinatorisch mag noch angesehen werden, dass Luther überall Dämonen am Werk sah, weil er den ganzen Reichtum des mittelalterlichen Aberglaubens in sich trug. Von der Kanzel herab weiß er vieles von der Hexerei zu erzählen, fordert erbarmungslose Verfolgung, will die Hexen selbst mit eigener Hand verbren-

194 Textquelle für dieses Kapitel sowie all hier angeführten Zitate: Pfarrer Alfred Müller: *Luthers Spuk- und Teufelserlebnisse* in: *Zentralblatt für Okkultismus*. XVIII. Jahrgang, (1924/25), S. 497-502.

nen. Seine Autorität ließ im 16. und 17. Jahrhundert Hunderte den Scheiterhaufen besteigen. Teufel sah er hinter allen Ereignissen am Werk, gute Geister erschienen ihm kaum einmal. Schreckliche Visionen nötigten ihn 1525 eine Messe abzubrechen. Als ihm einst in hellem Glanz an der Wand seines Stuhlbeins die Gestalt Christi mit den fünf Wunden erschien, hielt er dies für des Teufels Gespenst und rief dem Bilde zu: „Hebe dich, du Schandteufel", worauf die Erscheinung verschwand.

Halluzinatorisch gedeutet wird heute die Teufelserscheinung, die Luther 1530 auf der Coburg zu Gesicht bekam: Eine feurige Schlange, die verschiedenste Drehungen und Windungen machte und sich vom Dach des benachbarten Turmes auf den Wald stürzte. Bei einer Bibelrevisionssitzung 1531 verwendete er dieses Erlebnis zur Illustration einer Psalmenstelle. Bei anderer Gelegenheit erschien ihm der Teufelsspuk in Gestalt eines großen, flammenden Sterns auf einem Acker, was ihn dort und in der darauffolgenden Nacht in so große Aufregung versetzte, dass er fast ohnmächtig wurde. Ein andermal erblickte er den Teufel in Gestalt einer großen schwarzen Sau in seinem Hausgarten. Kurz vor seinem Tod ist eine Teufelsvision bei seinem Aufenthalt in Mansfeld belegt: Als er am Fenster steht und betet, sieht er den Teufel auf dem Röhrenbrunnen sitzen, das Maul gegen ihn aufgesperrt und ihm die Posteriora zeigen. „Der Teufel spottet unser, wie ich sehe, streckt mir der Satan den Hintern dar und lacht dazu." Auf der Wartburg erschien Luther zweimal der Teufel in Gestalt eines großen schwarzen Hundes[195], um ihn umzubringen. Auch sein Arzt weiß von Fällen „vielen Gespensts und Unruhe von Poltergeistern zu erzählen, die ihm zu schaffen machten." Als Luther sich einmal zu Nacht schlafen legen wollte, lag ein großer schwarzer englischer Hund auf dem Bett

195 Der schwarze Hund ist ein häufiger Begleiter von okkulten Erlebnissen. Wir finden ihn in Spukerscheinungen sowie besonders häufig als Wächter verborgener Schätze. Aus spiritueller Sicht ist das Tier ein Warner auf dem astralen Plan. Es tritt auf, wenn ein Fehler begangen wurde oder kurz bevorsteht.

und ließ ihn nicht los. Der Gelehrte befielt sich unserem Herrgott, betet den 8. Psalm, worauf das Tier verschwindet.[196]

Ein Lutherforscher spricht von einem Überwuchern von seiner Phantasie, namentlich auf der Wartburg und der Coburg, und stellt sie als etwas so charakteristisches von ihm dar, dass die Möglichkeit der Entstehung falscher Sinneseindrücke des Gesichts oder Gehörs auch ohne äußeren Anlass oder Gegenstand nicht zu leugnen sei. Man kann sich leicht vorstellen, welchen Anteil die Verzerrung wirklicher Vorgänge bei seinen abergläubischen Ideen hatte. Dass gerade auf der Wartburg sowie auf der Coburg dem sensiblen Luther besonders viele Erscheinungen und Spukvorgänge begegneten, kann allerdings auch anders, als aus seiner Phantasie stammend, begründet werden, denn es handelt sich hier um bekannte Spukorte.

Die Spukereignisse, von denen Luther berichtet, beginnen bereits in seiner Kindheit und setzen sich in seiner Studienzeit fort. Als junger Mönch im Kloster wird er von nächtlichem Lärmen beunruhigt, das er dem Teufel zuschreibt. Er spricht von einem „Polterteufel", der ihn behelligt, denn in seiner Nähe häufen sich merkwürdige Geräusche. Wir können diese Aussage durchaus als einen Hinweis auf den personengebundenen Spuk werten, mit ihm selbst als medial veranlagter Person.

Zu Wittenberg, als angehender Professor, wird Luther ebenfalls durch Poltergeister belästigt. Er erzählt: „Als ich anfing, den Psalter zu lesen und nachdem wir die Nachtmetten gesungen hatten und ich im Remter [Refektorium] saß, studierte und schrieb an meiner Lektion, da kam der Teufel und rauschet in der Höllen [die Feuerung] drei Mal, gleich als wenn einer einen Scheffel aus der Höllen schleifte. Zuletzt, da es nicht wollt aufhören, rafft ich meine Bücherlein zusammen und ging zu Bette."

196 Der 8. Psalm beinhaltet keine exorzierenden Elemente, er ist eine Offenbarung der Herrlichkeit Gottes am Menschen. Luther bezieht sich hier auf die Textstelle „[...] alles hast du unter seine Füße getan."

Seine Haltung diesen Erscheinungen gegenüber ist jedoch weder eine spiritistische (Geisterglaube) noch eine katholische, die sogenannte „Arme Seelen" als häufige Verursacher für den Spuk ansieht. Luther verwirft diese Anschauungen als irrig und das Lesen von Messen für die Verstorbenen und Poltergeister als nutzlos und weist ausdrücklich darauf hin, dass es sich dabei um Teufelswerk handle. „Wisset, dass es der Teufel ist." Man solle ihn nicht beschwören (wofür er die Wirkung der Messen wohl ansieht), sondern verachten und das „Gespüknis der Geister" mit Glauben und Geduld willig von den Teufeln leiden, weil Gott einmal zulassen will, dass sie uns erschrecken. Von ihm nahestehenden Bekannten weiß er allerdings Geistergeschichten zu erzählen, die das Hereinwirken von *Verstorbenen* in unsere Sphäre nahelegen. Doch sind seine Jenseitsvorstellungen nicht mit denen des Katholizismus vereinbar. Er lehnt das sogenannte „Zwischenreich" (Fegefeuer) ab und spricht von einem Seelenschlaf der Verstorbenen.[197]

Wenn wir uns mit den Spukereignissen auf der Wartburg beschäftigen (hier zeigen sich die Spukereignisse am häufigsten und am heftigsten), nähern wir uns dem ortsgebundenen Aspekt des Spuks, den Luther als medial veranlagte Person häufiger und heftiger wahrgenommen haben muss, als andere Beobachter, denn die Burg gilt nach den Aussagen des Burgenforschers Dr. Otto Piper als Spukort. Der damalige Kommandant wurde häufiger durch die Meldung geweckt, man höre ein Rumoren in der Waffensammlung. In bewaffneter Begleitung begab man sich in den verschlossenen Rüstsaal, findet ihn jedoch menschenleer. Aber dort steht das Ross, das sonst die angebliche Rüstung des sächsischen Ritters des Kunz (Konrad) von Kaufungen trug. Es steht reiterlos da, während die Rüstung auf dem Fensterbrett sitzt. Auf einen Anruf des Kommandanten bewegt sie wie in drohender Abwehr ein Arm und fällt dann, in al-

197 Während die katholische Frömmigkeit Manifestationen der „armen Seelen" anerkennt, ist dies in Amerika etwas ganz Neues und Außerkirchliches, ein zum Spiritismus führendes Gedankengut.

le Einzelheiten aufgelöst, zu Boden, worauf die Männer entsetzt davoneilen. Ein persönliches Erlebnis auf der Wartburg schildert Luther in einer seiner Tischreden im Jahre 1525:

> „Als ich in Pathmo [Luther nannte die Wartburg sein Patmos, nach der Insel, auf welche der Evangelist Johannes verbannt worden war] saß, hatte ich einen Sack mit Haselnüssen in einem Kasten verschlossen. Als ich des Nachts zu Bette ging, zog ich mich in der Stuben aus, thät das Licht auch aus und ging in die Kammer und legte mich ins Bett. Da kömpt mirs über die Haselnüsse, hebt an und quizt eine nach der anderen an die Balken mächtig hart; rumpelt mir am Bett; aber ich frage nichts darnach. Wie ich nun ein wenig entschlief, da hebts an den Treppen ein solches Gepolter an, als würfe man einen Schock Fässer die Treppe hinab; so ich doch wohl wußte, daß die Treppe mit Ketten und Eisen wohl verwahrt, daß Niemands hinaufkonnte; noch fielen so viel Fasse hinunter. Ich stehe auf, will sehen, was da sei; da war die Treppe zu. Da sprach ich: ‚Bist du es, so sei es!' und befahl mich dem Herrn Christo [...] und legte mich wieder ins Bette."

Im Jahre 1538 berichtete Luther seinen Freunden von den sinnfälligen „Vexierung" (vexieren = ärgern, quälen) seiner Person auf der Wartburg. Anlass dazu gab ihm der damals in Wittenberg anwesende Pfarrer von Sublitz, der darüber klagte, dass er auf seinem Pfarrhof von Poltergeistern heimgesucht werde. Diese schleuderten dem Pfarrer Töpfe und Schüsseln an den Kopf und verrichteten anderen Unfug. Der lutherische Theologe und Reformator Konrad Cordatus erzählt in seinem Tagebuch von den mannigfachen Verfolgungen Luthers durch Spuk auf der Wartburg: „Da nahm er [der Satan] die wellischen Nüsse [Walnüsse] aus dem Tische und schnallet sie in die Decke durch die ganze Nacht." Bei anderer Gelegenheit (1546) hatte man Luther wegen des Gepolters ausquartiert. „Da hats die Nacht über ein solch Gerümpel in der Kammer gehabt, daß sie [seine Vermieterin] gemeint hatte, es wären tausend Teufel drinnen."

Obgleich die Zeit, in der sich diese Ereignisse abspielten, vom Hexen- Geister- und Teufelsglauben geprägt war, wissen weder Melanchthon noch sonst einer seiner Zeitgenossen von solch beständigen Spukphänomenen, wie die von Luther erlebten. Wir kennen vergleichbare Erlebnisse aus dem Leben der Heiligen und wissen um Zusammenhänge zwischen Spukerscheinungen und verdrängter Sexualität, wobei der Trieb den Menschen in mediumistische Zustände zu versetzen vermag, die visionäre Ereignisse begünstigen und nach einer energetischen Abfuhr drängen. Wir wissen von Luther, dass ihm die Abstinenz besonders schwer fiel. So schrieb er 1521 an Melanchthon: „Ich brenne von großen Feuern meines ungezähmten Fleisches, ich glühe von Leidenschaften des Fleisches.“ Da seine Medialität sich jedoch bereits in der Kindheit zeigte, kann in seinem Fall wohl von einer angeborenen Medialität gesprochen werden, die in späteren Jahren (wodurch auch immer) eine ausgeprägtere Entwicklung zeigte.

Ortsgebundene Aspekte des Spuks

Diese unreinen Geister nun, [...] verstecken sich hinter den heiligen Statuen und Bildnissen und werden infolge ihrer geistigen Einwirkung als eine gegenwärtige göttliche Macht angesehen, indem sie [...] sich in den Heiligtümern aufhalten, manchmal die Eingeweidefasern beleben, den Vogelflug beherrschen, die Lose leiten und Orakelsprüche, eingehüllt in mehr Lüge als Wahrheit [...]

Bibliothek der Kirchenväter, Kempten 1873
(nach Traugott Konstantin Österreich S. 325 f.)

In den Eingangskapiteln über den Beginn der experimentellen Spukforschung sowie über die historische Entwicklung der Parapsychologie wurden bereits die grundlegenden Eigenschaften des ortsgebundenen Spuks dargelegt. Es entspricht der klassischen Vorstellung sowohl der Bevölkerung als auch zahlreicher Forscher, dass Spuk der ortsgebundenen Art im Zusammenhang mit den Seelen Verstorbener steht, was vor allem durch das scheinbar intelligente Verhalten der Spukaktionen begründet wird. Wie wir es bereits bei den personengebundenen Phänomenen beobachten konnten, sind auch die ortsgebundenen Ereignisse durch unterschiedliche Arten von Aktionen und Erscheinungsformen charakterisiert. Eines aber scheint allen Begebenheiten gemeinsam zu sein: der Spuk benötigt lebende Personen in seinem Umfeld, die ihn wahrnehmen, ihm Aufmerksamkeit zukommen lassen, und die ihm über ihr Lebenskraftfeld die Energie zuführen, die er zur Ausführung seiner Aktionen benötigt. Es ist zweifelhaft, ob es an Orten spuken kann, an denen keiner anwesend ist und denen niemand Aufmerksamkeit zukommen lässt. Obgleich im Rahmen von experimentellen Untersuchungen im Umfeld von Spukaktionen sich die Phänomene gern in Abwesenheit des Blickkontaktes der Forscher ereignen, so fließt ihnen doch ihre gespannte Aufmerksamkeit zu und integriert sie damit in ein menschliches Kraftfeld.

Wir wissen aus dem Bereich des experimentellen Mediumismus, dass paranormale Phänomene physikalischer Natur das Medium in dem Maße schwächen, in dem sie sich für unsere Sinne wahrnehmbar manifestieren. Auch bei den klassischen Spukphänomenen verhält es sich so, dass die betroffenen Personen bei genauer Beobachtung geringfügige Abwesenheitssymptome im Moment der Spukaktionen zeigen und generell an Lebenskraft verlieren. Diese Schwächung ist die Folge eines Mangels an Vitalität, die der Erscheinung zur Aktivierung zur Verfügung gestellt wird und eine Transformation mentaler Kräfte in physikalische Vorgänge bewirkt. Da die spukenden Elemente vom Bewusstsein des Verstorbenen isolierte Programme darstellen, ist ihr Aktionsumfang begrenzt und erschöpft sich in kurzen, sich immer wieder gleichenden Handlungsszenen.

Die ortsgebundenen Spukerscheinungen zeigen einen ausgeprägten Automatismus der Handlung, indem Vorgänge in gleichartiger

Weise wiederholt werden, Erscheinungen immer wieder den gleichen Weg nehmen usw., was mit einem intelligenten Verhalten eines jenseitigen Wesens schwer vereinbar erscheint. Es sind Elementale, aus Emotionen gebildete Programme, aus denen die Medien ebenso schöpfen, wie der unvorbereitete Seher einer Erscheinung. Solche Programme sind keine toten Objekte im physiologischen Sinne, aber auch keine lebenden Persönlichkeiten, sondern automatisierte Gedächtnisinhalte, die erst über den Kontakt mit einem lebenden Menschen aktiviert werden und damit eine Scheinpersönlichkeit vortäuschen. Eine geistige Wesenheit aus dem Sternbild der Plejaden beschreibt den Aufenthaltsort der Seelenprogramme und ihre Wirkungsbefähigung mit folgenden Worten:

> „Der Aufenthaltsort der Seelen ist eine Art Zwischendimension oder Zwischen-Weltraum, der über Verbindungsgänge in jede Dimension verfügt [...] Je nach Wissens- oder Erkenntnisstand der Seele hat sie Zugang zu einer gewissen Anzahl von Traum-Räumen [...] Alle Seelen in diesem Traum-Raum ergänzen energetisch ihre einzelnen Träume miteinander Auf diese Art und Weise können die Seelenaspekte sich untereinander ergänzen und ihre Erfahrungen miteinander verknüpfen."[198]

Die Notwendigkeit der Präsens von Menschen an Spukorten sowie das der jeweiligen Situation angepasste Verhalten des Spuks weisen darauf hin, dass hier eine Interaktion einer mehr oder weniger ausgeprägten Intelligenz mit dem Bewusstsein der Beobachter stattfindet, eine Vermischung eines ortsgebundenen Kraftfeldes mit dem Energiefeld der Menschen, ein Vorgang, den wir als temporäre Besetzung bezeichnen müssen. Ein ursprünglich ortsgebundenes Kraftfeld wird über diesen Kontakt zu einem personengebundenen Phänomen. Ein solcher Vorgang verläuft allerdings stets unter dem Vorbehalt, dass die anwesenden Personen (meist

---

198 Quelle: KEMAN (Dieter Schwickart): *Wege ins Licht*, Bd. 3 (*Das Spiel der Seelen*), S. 99 f.

handelt es sich ja nur um eine) über ein erforderliches Maß der paranormalen Wahrnehmung verfügt, womit die Eigenschaft gekennzeichnet sein soll, das ortsgebundene Kraftfeld in sich aufzunehmen und mit Hilfe der darin vorhandenen Intelligenz (mitunter handelt es sich lediglich um einen Automatismus) in eine dramatische Situation umzugestalten vermag, ein unbewusst verlaufender Vorgang, der nur von wenigen Personen mental steuerbar ist.

In den bereits weiter oben angeführten Fallbeispielen aus den persönlichen Erlebnissen von Anton Styger haben wir gesehen, dass diese den Spuk verursachenden Kraftfelder über mehrere Generationen hinweg an einem Landschaftsbereich, dem Fundament eines Hauses, dem Ort selbst, an dem ein Haus stand aber auch an einem bestimmten Gegenstand anhaften können und immer dann wirksam in Erscheinung treten, wenn sich hier Personen aufhalten, die über ein entsprechendes Wahrnehmungsvermögen verfügen. Die Beispiele zeigen, dass es sich fast ausschließlich um Seelenfragmente Verstorbener handelt, die mit der jeweiligen Lokalität emotional verbunden sind und in einer Welt zu leben scheinen, die nicht mehr existiert. Die Belästigungen (auch gesundheitlicher Art), welche die dort lebenden Personen erfahren mussten, hörten spontan auf, nachdem die spukenden Wesenheiten über ihre Situation belehrt und fortgeschickt worden waren, eine Aktion, die von Seiten der Seelenwesen durchaus eine gewisse Intelligenz erfordert, da sie sich freiwillig bereit zeigten, die von ihnen besetzten Orte zu verlassen.

Dass hinter dem Auftauchen von sogenannten „Gespenstern und Spukerscheinungen" reale geistige Kräfte stehen, die sich in den meisten Fällen auf einen Zusammenhang mit verstorbenen Menschen beziehen, deren geistige Potentiale den leiblichen Tod zu überdauern vermögen, scheinen eine ganze Reihe von Beobachtungen zu bekräftigen. Medial veranlagten Personen fällt es beispielsweise relativ leicht, in Spukfällen die Verursacher zu ermitteln, weil diese sich ihnen mehr oder weniger sichtbar zeigen, und es so den Schauenden möglich ist, mit diesen Geistern zu kommunizieren.

Frau R. bewohnt ein Schloss in der Grafschaft Kent im Südosten Englands. Vom ersten Tage an wird sie durch Klopflaute erschreckt, die nicht erklärt werden können. Ihre Besucherin, Frau S., ist medial veranlagt und seit ihrer Kindheit an Geistererscheinungen gewöhnt. Gleich beim Betreten des Hauses sieht sie auf der Schwelle ein Paar altmodisch gekleideter alter Leute. Sie erscheinen ihr alle Tage und sind von einer Art Nebel umgeben. Eines Abends beginnen sie zu sprechen und beteuern, die Hausbesitzer zu sein, sie nennen sich „Children". Es sei ihnen schmerzlich, ihr Haus nun in fremden Händen zu sehen. Frau R. vermochte die Erscheinungen zunächst nicht zu sehen, vernahm aber die Geräusche. Das änderte sich nach etwa einem Monat, als sie in ihrem hell erleuchteten Zimmer die zwei Gestalten selbst sah. Über dem Kopf der Alten kamen an der Wand phosphoreszierende Schriftzeichen hervor: „Frau Children". Bei Nachforschungen erfuhr man von einer alten Frau, dass sie vor vielen Jahren einen Greis gekannt hatte, der von einer das Schloss bewohnenden Familie erzählte. Ein Mitglied der Familie starb vor etwa einem Jahrhundert im Alter von 83 Jahren. Die Familie war dann ausgewandert. Chroniken bezeugten die Richtigkeit des Namens.[199]

Erscheinungen Verstorbener werden aufgrund der sie begleitenden Umstände häufig als Argument für eine spiritistische Deutung, also für das Fortleben der Seele oder eines seelischen Bestandteils angeführt, wobei insbesondere das Zusammentreffen solcher Erscheinungen mit einem Todesfall dominiert. Es existieren zahlreiche Beobachtungen, die als beweiskräftig für das Überleben angesehen werden. Zum Beispiel das Auftreten von Phantomen, die dem zufälligen Beobachter vollkommen unbekannt sind. Die Erscheinung wird für eine lebende Person gehalten, und es gibt keinerlei Anlass, sie mit einem Todesfall in Verbindung zu bringen. Jemand begibt sich an einen Ort, an dem er zuvor nie gewesen ist, hatte auch nie zuvor irgendwelche Erscheinungen oder Visionen, sieht plötzlich eine unbekannte Person, hält sie für einen zufällig erscheinenden Besucher und wundert sich lediglich über die Art seines

199 Cesare Lombroso: *Hypnotische und spiritistische Forschungen*, S. 328 f.

Auftretens, seines Aussehens, über sein plötzliches Verschwinden. Die Situation ist merkwürdig, aber keinesfalls erschreckend. Erst im Nachhinein, bei genauerer Überlegung oder in Anbetracht der Umstände, dass andere Personen die Erscheinung nicht sehen, mag sich ein unangenehmes Gefühl einstellen. Man denkt nach, spricht mit anderen Menschen darüber und erfährt schließlich, dass die Person, die man gesehen hat, längst verstorben ist. In einigen Fällen ist sie sogar identifizierbar. Wer vermag hier zu deuten, dass es sich bei dem Phantom um ein abgespaltenes Teil der eigenen Psyche handeln solle oder eine phantastische Ausgestaltung eines vielleicht hellseherisch wahrgenommenen Vorganges? Die Erscheinung ist und bleibt an den Ort ihres Auftretens gebunden und kann von anderen medial begabten Personen in gleicher Weise ebenfalls wahrgenommen werden.

> Mrs. Kate Clerke bewohnte einige Monate lang mit ihren Töchtern ein Hotel in Sorrent. Sie hatte ein Umschlagtuch aus ihrem Zimmer geholt und sah auf dem Rückweg zur Terrasse durch die geöffnete Hälfte einer zweiflügligen Tür die Gestalt einer alten Frau, regungslos und stumm, mit dem Ausdruck verzweifelter Traurigkeit im Gesicht. Sie erschrak und glaubte, eine Verrückte vor sich zu haben und begab sich auf einem anderen Weg zur Terrasse. Sie schickte eine ihrer Töchter zu der Stelle, doch diese sah nichts. Die Hotelbesitzer waren bestürzt, vermochten aber keine Aussage dazu zu machen. Zwei Wochen später gab Mrs. Clerke dem Gemeindepriester eine bis ins Kleinste gehende Beschreibung der Erscheinung und ihrer in jener Gegend ungewöhnlichen Kleidung und versicherte, dass sie nie jemanden im Ort getroffen, der ihr geähnelt hätte. Der Priester erkannte in der Beschreibung die frühere Besitzerin des Anwesens, welche sechs Monate zuvor in dem Haus gestorben war. Eine Dame, welche die ehemalige Hausherrin kannte, bestätigte die Angabe des Priesters. Mrs. Clerke hat nie zuvor an Geister geglaubt, nie dergleichen gesehen, niemals Träume besonderer Art gehabt und war nicht im Geringsten nervös.[200]

---

200 Emil Mattiesen: *Das persönliche Überleben des Todes*, Bd. I S. 19.

Wir erinnern uns an die Feststellung, dass Erscheinungen nicht grundlos erfolgen, dass ein innerer Antrieb vorliegt, der ihr Auftreten erklärt, und dass diese Ursache den lebenden Menschen mitgeteilt werden soll. Das Phantom will und muss Aufmerksamkeit erregen und die Lebenden zu bestimmten Handlungen veranlassen. Wir erkannten diesen Grund bereits in den Fallbeispielen über die Ereignisse von Hydesville, dem Klopfgeist von Dibbesdorf, den Ereignissen um das Mädchen von Orlach sowie weiteren bereits angesprochenen Berichten. Der Spuk will erkannt werden und möchte etwas bezwecken, auf etwas hinweisen, ein Ereignis, das ihn nicht zu Ruhe kommen lässt. Im nachstehenden, stark gekürzten Bericht geht es wie in bereits anderen angesprochenen Fällen um den Hinweis auf ein gewaltsames Ereignis:

> Beim Bezug einer Pension in London hören Mrs. G. und ihre Freundin raschelnde Geräusche im Nebenzimmer, wie von Damen in seidenen Kleidern, hören Tritte auf der Treppe und sehen ein schwaches grünliches Licht die Treppe heraufschweben. Die Ereignisse ziehen sich über mehrere Monate hinweg und nehmen an Intensität zu. Eines Nachts erwacht Mrs. G. mit dem Gefühl, dass jemand im Zimmer sei und sieht in einer Entfernung von 3 oder 4 Fuß die Gestalt einer etwa 50-jährigen Frau mit dunklen Augen und Haar, in rotem Kleid und einer Morgenhaube. „Ich blickte sie an und fragte, was sie wünsche. Sie bog den Kopf langsam zurück, und ich sah, was ich zuerst für einen sehr großen Mund hielt. Dann sah ich, dass ihr Hals durchschnitten war.“ Nach dem Bericht von Mrs. G. meldete sich ein weiterer Bewohner der Pension. Er war in dieser Nacht plötzlich aufgewacht und hörte ein Geräusch, als entferne sich jemand in einem seidenen Kleid von seinem Bett. Auch er hatte bei früheren Gelegenheiten das Licht auf der Treppe, die Geräusche und zweimal eine Erscheinung in seinem Zimmer wahrgenommen. Andere Hausbewohner äußerten ähnliche Beschwerden.[201]

201 Emil Mattiesen: *Das persönliche Überleben des Todes*, Bd. I S. 48 f.

Wir können in diesem Fall wohl schwerlich von einem seelischen Automatismus sprechen, von einem sich immer gleichmäßig wiederholenden Ereignis, das einer psychischen Spaltung zu entspringen scheint, da hier ein offenbar intelligentes Verhalten vorliegt. Die Erscheinung tut sich mehreren Bewohnern des Hauses kund, wird auch von mehreren Personen unabhängig voneinander wahrgenommen, und es gelingt ihr endlich, den Grund ihres Erscheinens darzulegen und auf ihre Ermordung hinzuweisen. Die Phänomene steigern sich von wahrnehmbaren Geräuschen über Lichtphänomene bis hin zu einer sichtbaren Erscheinung. Es bleibt unklar, ob sie damit ihr Ziel erreicht hat und der Spuk aufhört. Solange niemand den Geist von dem ihm anhaftenden Zwang sich kundzutun befreit, dürfte es hier weiterhin spuken und damit den Ruf eines Spukhauses rechtfertigen.

Ein anderer Fall ist den bereits angesprochenen Ereignissen ähnlich. Wieder handelt es sich um veruntreutes Geld, auf das von einem Geistwesen erst nach einem Jahrhundert durch Spukereignisse aufmerksam gemacht wird. Berichte und Aussagen in Chroniken zeugen von der Richtigkeit der Angaben des den Fall aufklärenden Mediums:

> Als der Vater des Grafen Galateri sich aus dem Kriegsdienst auf ein neu erworbenes Landgut zurückzog, ereigneten sich nach einigen Jahren seltsame Erscheinungen. Türen öffneten sich nachts von selbst. Möbel, Stiefel bewegten sich. Man beschloss das Landhaus zu verkaufen. „In den letzten Tagen vor dem Auszug bemerkte die Gräfin, dass die Geräusche in einem kleinen Keller, von dem sie meist ausgingen, stärker wurden. Sie ließ dort mit der Hacke nachgraben, und alsbald hörten die Geräusche auf" [...] Drei Jahre darauf wandte sich Galateris Mutter an ein Medium, das ihr erklärte, sie sehe an der Tür des Spukhauses eine Militärperson mit einem Holzbein. „Dieser Soldat habe ihr anvertraut, dass er in den Napoleonischen Schlachten Tote geplündert habe, auf diese Weise reich geworden sei und mit diesem so erworbenen Gelde dieses Landhaus gekauft habe. Der Rest des Schatzes liege im Keller versteckt. Jetzt bereue er seine Taten und

wolle die Gräfin durch die Geräusche veranlassen, das Geld wieder hervorzuholen und an Arme zu verteilen. – Zwei Jahre danach erfuhr die Gräfin, als sie in die Nähe ihres alten Landsitzes zurückkehrte, dass die neuen Besitzer wegen der andauernden Geräusche das Haus zu jedem Preis veräußern wollten. Denn auch die Beschwörungsformeln eines Priesters hatten nichts geholfen. Sie bat, sich nur zwei Tage in dem Haus aufhalten zu dürfen, grub im Keller nach und fand dort ein Gefäß mit mehreren Tausend Franks in Gold. Sie verteilte dieses Geld unter die Armen, und seit jener Zeit hörten die spiritistischen Phänomene auf."[202]

Wir erkennen in diesem Fall mehrere Versuche des Geistes, sich den Bewohnern verständlich zu machen, um sie zu entsprechenden Handlungen zu veranlassen, die ihm Erleichterung verschaffen. Was der Priester durch Vertreibung nicht erreichen konnte, gelang über Hinwendung und Ergründen der Ursachen durch ein Medium.

Mord ist ein Motiv, das dem Geist des Mörders wie auch dem Geist des Ermordeten offenbar höchste Seelenqualen bereitet. Dem entsprechend hoch ist die Wahrscheinlichkeit der Verstorbenen, sich über Spukphänomene oder Erscheinungen zu offenbaren und gegebenenfalls um Genugtuung zu bitten. In beiden nachstehenden Fällen ist der Geist an das Haus gebunden. Sein Erscheinen ist eine Folge der traurigen Ereignisse, die sich hier abgespielt hatten. Die Beobachter zeigten niemals an anderen Orten mediale Fähigkeiten.

Eine Familie bezog ein Haus auf der Insel Wight. „Eines Nachts – man war zu Bett – öffnete sich plötzlich unter lautem Getöse die Tür, und jemand kam herein. Man konnte deutlich merken, dass ein Luftzug dadurch entstand. Dann wurden den Schläferinnen die Bettvorhänge und die Decken weggezogen. Die zwei Schwestern sprangen aus den Betten, und in demselben Augenblick waren auch die Matratzen weggezogen. Die Schwestern rannten aus dem Zimmer und schrien um Hilfe. Die englische Erzieherin und das Dienstpersonal

202 Cesare Lombroso: *Hypnotische und spiritistische Forschungen*, S. 329 f.

kamen herbei, fanden aber das Zimmer völlig in Ordnung. Die Bettdecken lagen zusammengelegt in drei Ecken des Zimmers. Die Matratzen lehnten an der Wand, und eine Wolldecke steckte im Kamin. Man erfuhr dann, dass das Haus für ein Spukhaus gehalten wurde, und dass derartige Begebenheiten auch anderen Personen schon passiert waren. In jenem Zimmer hatte einst eine Frau ihr Kind getötet. Manchmal war das Phantasma auch selbst sichtbar, öfters zeigte es aber seine Gegenwart nur durch Lärm und Herumwerfen von Gegenständen an."[203]

„Miss Gladstone besuchte eine Familie Maxwell in Glenlee. Nachmittags ging sie in das ihr zur Verfügung gestellte Zimmer, um sich auszuruhen. Nach kurzer Zeit erschien es ihr, als träte eine Art Nebel an der ihr gegenüberliegenden Wand auf. Erst glaubte sie, es wäre Rauch aus dem Kamin. Aber dort war kein Feuer. Sie sah nach dem Fenster, aber draußen war heller Sonnenschein. Allmählich schien der Nebel bestimmte Formen anzunehmen. Schließlich bildete sich eine Frauengestalt daraus, die nach der Uhr blickte. Miss Gladstone wurde ohnmächtig. Als sie wieder zu sich kam, war die Gestalt verschwunden. – Auch Frau Stamford Raffles ging nach Genlee. Es war Winter. Nachts erwachte sie. Sie brannte Licht an und sah dasselbe Nebelbild. Abermals verdichtete es sich zu einer Gestalt, die nach der Uhr sah. Frau Raffles fühlte deutlich einen kalten Luftzug. Sie wurde ohnmächtig, nachdem sie vergeblich versucht hatte, ihren Mann, der neben ihr schlief, zu wecken. Sie konnte ihn nicht wecken, weil die Glieder ihr wie gelähmt waren. Die Familie Maxwell verließ Glenlee kurze Zeit darauf. – Glenlee war ein abgelegenes Landhaus. Es hatte früher einmal eine Frau darin gewohnt, die ihren Mann vergiftete, um einen jungen Offizier zu heiraten. Dieser behandelte sie aber so schlecht, dass sie sich schließlich von ihm trennte und dann allein in Glenlee wohnte. Dort verbrachte sie einsam und traurig ihre Tage, ruhelos durch das ganze Haus wandernd, bis sie in hohem Alter starb. Sie ist die Erscheinung, die man dort sieht. Zur Ruhe sei sie erst gekommen, erzählt man sich, nachdem ein Bewohner des Hauses, der Katholik war, ihr eine Messe lesen ließ.[204]

203 Cesare Lombroso: *Hypnotische und spiritistische Forschungen*, S. 318.
204 derselbe, S. 319 f.

Erscheinungen erfolgen nicht willkürlich, sondern zu Zeitpunkten, die mit der Intention ihres Auftretens zusammenhängen. In sogenannten „Spukhäusern" ist das spukende Agens permanent vorhanden, sein Auftreten kann mit bestimmten Terminen zusammenhängen (Todestag), seine Wahrnehmbarkeit hängt allerdings von den anwesenden Personen ab, die dazu befähigt sein müssen. Die häufigsten Erscheinungen dieser Art sind Ankündigungen über einen Todesfall, wobei die Erscheinung in der Regel in den ersten Tagen bis Wochen danach bei den Angehörigen erfolgt. Von besonderer Bedeutung sind allerdings Fälle, bei denen der Wahrnehmende die Erscheinung nicht kennt, also auch keiner Erwartungshaltung unterliegen kann. Der Todestag ist dem Wahrnehmenden unbekannt oder liegt mitunter so weit zurück, dass er als vergessen angesehen werden kann und keine emotionale Reaktion mehr zustande zu bringen vermag.

Als der Berichterstatter sich am 22. September um etwa ein Uhr nachts zur Ruhe begeben wollte, sah er den von ihm betretenen Gang von einem hellen Licht erfüllt, „weiß wie das Tages- oder elektrisches Licht, und heller als Mondlicht" sowie am Ende des Ganges einen alten Mann in gemustertem Schlafrock. Das von Hässlichkeit gekennzeichnete Gesicht war deutlich erkennbar und einprägsam. Die Gestalt verschwand und das Licht mit ihr. Die Aussage zweier Dienstboten, die wegen unerklärlicher Lärmerscheinungen gekündigt hatten, veranlasste zu Nachforschungen. Man erfuhr von einem Rechtsanwalt, dass der Großvater des gegenwärtigen Hausbesitzers seine Frau erdrosselt und dann sich selbst die Kehle durchgeschnitten hatte, und zwar an der Stelle der Erscheinung. Im Gemeinderegister war der Todestag zum 22. September dokumentiert. Auch der gemusterte Schlafrock erwies sich als wahrheitsgetreu. – Ein Jahr später wurde ein Gast des Hauses, der von den Ereignissen nichts wusste, durch den Klang von Weinen und Stöhnen sowie gotteslästerlichen Verwünschungen und verzweifelten Schreien erschreckt, die von der Stelle der früheren Erscheinungen herkamen. In seinem Schlafzimmer war der Mord geschehen, und vor der Tür hatte der Mörder sich selbst entleibt. – Drei Jahre später sah der Berichterstatter ein Bildnis jenes Großvaters des Besitzers, in welchem er sofort die Erscheinung wiedererkannte. Hier liegt ein halbes Jahrhundert zwischen den Ereignissen und der ersten berichteten Erscheinung.[205]

Es ist verlockend, von der zeitlichen Nähe von Tod und Erscheinung auf den Verstorbenen als Verursacher zu schließen. So im nachstehenden Fall, in dem der Verstorbene bereits zu Lebzeiten die Absicht bekundet hatte, seinen Tod durch Erscheinen anzuzeigen, sofern dieses möglich sein sollte. Von besonderer Bedeutung sind Fälle dieser Art, in denen der Wahrnehmende von dem Ableben des Erscheinenden nichts weiß und folglich auch keine Erscheinung erwarten kann. Allerdings dürfte eine solche Abmachung schon dem Sterbenden, also noch nicht Toten, zumindest im Hintergrund einer Seele bewusst sein und deshalb auf den potentiell Wahrnehmenden wirken können (telepathisch erlangtes Wissen). Fälle dieser Art finden sich nämlich auch in Berichten, in denen die Erscheinung nicht den Tod, sondern nur einen Augenblick höchster Lebensgefahr anzeigt. Der nachstehende, von Johannes Illig beschriebene Fall hängt mit dem bekannten Stehenbleiben von Uhren im Zusammenhang mit einem Todesfall zusammen.

Eine Dame war von der Fortdauer des Lebens nach dem Tod überzeugt. Kurz vor ihrem Ableben, als sie noch vollkommen bei Bewusstsein war, versicherte sie, ihrem Mann ein Zeichen zu geben, wenn sie nach dem Tod weiterlebe und dazu imstande sei, am liebsten an der Uhr. Etwa eine Woche nach dem Ableben befand sich der Witwer gegen acht Uhr abends mit beiden Töchtern im Wohnzimmer, als eine von ihnen den Drang verspürte, nach der Uhr zu sehen. Sie gewahrte gerade noch, wie das Pendel letzte schwache Schwingungen machte und dann stillstand. Die Uhr war am Morgen erst aufgezogen worden. Nachdem man bald danach das Pendel anwarf, lief die Uhr wie gewohnt weiter. In den folgenden Wochen wiederholte sich dieses Phänomen mehrmals; nach dem Stehenbleiben setzte sie sich nach

205 Emil Mattiesen: *Das persönliche Überleben des Todes*, Bd. 1 S. 72 f.

einer bis anderthalb Stunden von selbst wieder in Bewegung, ohne zuvor berührt worden zu sein. Zur gleichen Zeit spielte sich auch an der Taschenuhr des Witwers der gleiche Vorgang ab. Er spürte den Drang, sie herauszuziehen, und während er dies tat, stand sie still, um sofort wieder weiterzulaufen, sobald er sie in die Tasche gesteckt hatte. Nach einigen Wochen liefen die Uhren von selbst wieder normal. – Einige Wochen nach der Beendigung der Uhren-Phänomene erschien die Frau ihrem Mann in sichtbarer Weise, aber nur Kopf und Brust waren ausgebildet. Dem Erscheinen ging ein Knallen und Sausen voraus, das auch dem Verschwinden folgte. Wochen später zeigte sich die Erscheinung erneut und wurde angesprochen. Sie befinde sich wohl, aber es sei alles ganz anders, als man es sich vorstelle.[206]

In anderen Fällen geht es um eine sinnvolle Verknüpfung zwischen einer Erscheinung und dem Sterbevorgang, denn schon der Volksmund weist darauf hin, dass der Zustand eines Kranken hoffnungslos sei, wenn er bereits mit seinen verstorbenen Angehörigen spricht bzw. diese ihm erscheinen, ihn abholen. Dieser Vorgang kann als Zeichen des Hellsehens im Zustande des Ablebens gedeutet werden, ein Wahrnehmen der Gestalten, die uns immer umgeben. Sterbebett-Visionen dieser Art haben durchaus nicht immer Personen zum Inhalt, von denen der Tod bekannt ist. Es spricht sehr für spiritistisches Gedankengut, wenn dem Sterbenden jemand erscheint, der für einen Lebenden gehalten wird, weil der Schauende nicht weiß, dass die erscheinende Person bereits verstorben ist.

Mary Wilson, eine 45-jährige Krankenschwester, pflegt die gelähmte Mrs. Rogers, 72 Jahre alt, auf ihrem Krankenlager. Von Mrs. Rogers vor 35 Jahren verstorbenen Mann aus erster Ehe ist ihr nichts bekannt. In Gesprächen bezog sich die Kranke lediglich auf ihren inzwischen auch verstorbenen Mann aus zweiter Ehe. In der Sterbenacht wachen die Krankenschwester und Mrs. Rogers 25-jährige Tochter Ida im Nebenraum bei offener Verbindungstür. Die Türen zum Flur sind abgeschlossen, eine Lampe erhellt das Wachzimmer. Mrs.

206 Emil Mattiesen: *Das persönliche Überleben des Todes*, Bd. 1 S. 67 f.

> Wilson ist ängstlich, sie erwartet das Ableben, und die Kranke hat wiederholt davon gesprochen, dass sie ihre Verstorbenen sehe. Zwischen 2 und 3 Uhr morgens (die Tochter schläft) blickt Mrs. Wilson zufällig nach der ins Nebenzimmer führenden offenen Tür und sieht einen breitschultrigen Mann mit rückwärts gezogenen Achseln, einer blühenden Gesichtsfarbe, rötlich-braunem Haar, Bart, einen breiten braunen Überrock tragend. Ohne sich zu bewegen scheint er erst Mrs. Wilson und dann Mrs. Rogers anzublicken. Sie hält ihn für eine lebende Person und versucht sich klarzumachen, wie er ins Haus gelangt sein könnte. Da er regungslos verharrt, kommt er ihr unheimlich vor, sie beginnt sich zu fürchten und wendet ihren Blick der Tochter zu, um sie aufzuwecken. Als sie kurze Zeit später wieder zur Tür blickt, ist die Erscheinung verschwunden.[207]

Es bedarf keiner besonderen Betonung darauf hinzuweisen, dass Erscheinungen nur an Orten erfolgen, die in einem sinnvollen Zusammenhang mit ihrem Auftreten stehen. Insbesondere der ortsgebundene Spuk zeigt ein sehr stationäres Verhalten, da die überlebenden Seelenbestandteile der ihn verursachenden Menschen relativ fest an einem Ort oder einem Objekt verankert sind. Dabei handelt es sich um Orte oder Stätten, die vom Verstorbenen stark emotional belegt wurden, z. B. durch Gewalttaten, Hass, Selbstmord, Gier usw. Es hat den Anschein, dass dem Geist daran gelegen ist, sich an einem bestimmten Ort zu offenbaren und damit auf diese Gewalttaten oder andere Vergehen hinzuweisen.

Die Erscheinung ist innerlich motiviert, sie will etwas ausdrücken, bittet um Hilfe, um Vergebung, um Rückgabe veruntreuten Geldes oder Gutes, bittet darum, dass ein Unrecht wieder gutgemacht wird, bittet um Gebete, heilige Messen usw. Es sind oft lächerliche Kleinigkeiten, die dabei zutage gefördert werden, aber doch einen menschlich-natürlichen Sinn aufweisen, eine beunruhigende Vorstellung, die mit ins Jenseits hinüber genommen wurde.

---

207 Emil Mattiesen: *Das persönliche Überleben des Todes*, Bd. 1 S. 95 f.

Es fällt der Erscheinung häufig schwer, sich verständlich zu machen, zumal es zu ihrer Offenbarung einer Person mit gewisser medialer Veranlagung bedarf. Aufgrund der Vermischung (temporäre Besetzung) der seelischen Strukturen des Geistwesens mit den seelischen Inhalten des Sehers, kommt es oftmals zu Traumzuständen, ähnlichen verwirrenden Nebenerscheinungen, welche die Intention der Erscheinung mitunter schwer kenntlich werden lassen. Zu den Begleiterscheinungen dieser Art gehört z. B. die Anpassung an die örtlichen Gegebenheiten: der Geist schwebt eine Treppe hinab oder hinauf, er benutzt vorgegebene Flure und Gänge, erscheint in Türen, die sich von selbst öffnen oder benutzt sie als Durchgänge, geht er an einer Lampe vorbei, wirft er wirft einen Schatten, gleich einer materiellen Person, er lehnt am Bett oder Bücherregal, sitzt im Sessel usw. Dies alles sind Anzeichen, dass der Geist sich seiner selbst nicht voll bewusst ist und teilweise wie ein automatisiertes Schemen handelt, denn Materie ist für ihn durchdringbar, so dass er sich nicht den räumlichen Gegebenheiten anzupassen braucht. Dass es sich so verhält, zeigen Spukereignisse in Häusern, die abgerissen und neu erbaut wurden. Der Geist agiert hier so, als wären die alten Strukturen noch vorhanden, die in seinem Weltbild real existent sind, gleich unseren Traumbildern von nicht mehr existierenden Orten und Gegebenheiten unserer Jugendzeit.

Zu dieser Thematik gehört auch, dass außer dem Seher andere anwesende Personen mit berücksichtigt werden, indem der Geist sich beispielsweise um sie herum bewegt, ihnen ausweicht, wenn sie sich ihm nähern, oder sie in den Prozess des Sehens mit hineingezogen werden. Er scheint sehr genau zu wissen, wen er vor sich hat und ist bestrebt, auf seine Eigenheiten einzugehen, wie er auch selbst sein Eigenleben und seine Charakterzüge offenbart, sich in der Kleidung präsentiert, in der er erkannt zu werden glaubt. Seine Gesten sind ebenso angepasst und seine Mimik entspricht der Situation. Die Kundgabe persönlicher Erinnerungen sowie die Offenbarung unbekannter Dinge sind weitere Punkte, die seiner Identifizierung dienen.

Ein Klassiker des ortsgebundenen Spuks ist der sogenannte „Pfarrhausspuk“, dem wir bereits an verschiedenen Stellen der vorangegangenen Kapitel begegneten. Pfarrhäuser sind in der Regel uralt, weil sie über Jahrhunderte hinweg eine kontinuierliche Besiedelung aufweisen. Ihre Bewohner haben schon berufsmäßig einen Hang zum Spirituellen, sind an feste Glaubensdogmen fixiert, die aktive Elementale schaffen, und ihre Bewohner sind ebenso wenig frei von menschlichen Lastern und Untugenden, wie andere Bürger. Erschwerend kommen seelische Probleme hinzu, die durch die erzwungene Ehelosigkeit katholischer Priester und Verstöße gegen die sexuelle Enthaltsamkeit verursacht werden. Es ist also nicht verwunderlich, dass Spuk hier besonders häufig anzutreffen ist.

Im Haus eines evangelischen Dorfpfarrers spukte es gewaltig, die Familie getraute sich nachts nicht mehr ohne Licht zu sein, so dass das Pfarrhaus auch zu dieser Zeit immer hell erleuchtet war. Die Pfarrersfrau war ohne Energie, mit tiefen schwarzen Augenhöhlen, ihre Aura nicht mehr sichtbar. Der Pfarrer war abwesend: da könne man ja doch nichts machen, die Theologie gäbe keine nützlichen Hinweise, er habe keine Zeit, um sie mit nutzlosen Gesprächen zu verplempern. Auch gab er an, dass derartige Phänomene ihn bereits seit seiner Kindheit verfolgten (ein Hinweis auf seine mediale Veranlagung, die sich Astralwesen zu Nutze machen). – Eine schwere, traurige Energie hing in der Luft und entströmte den Mauern. Das Haus mochte ein Alter von 300 bis 400 Jahren aufweisen und wirkte wie ein Palast, Treppenhaus und Wände angefüllt mit Portraits ehemaliger Pfarrherren. Nachts hörte man Kettengerassel und Schreie aus dem Keller und vom Dachboden; man wagte sich dann weder ins Untergeschoss, noch auf den Boden. Die Nachbarn bezeugten: jeder wisse, dass es dort spuke. Beim Betreten des Kellers, in dem der Heizöltank platziert war, bemerkte der Hellseher, dass sich hier etwas bewegte. Ein schauerlicher Anblick: Zwei gebundene männliche Seelen in erbärmlichem Zustand hockten gedrängt an der Außenwand, mit schweren Handschellen und kurzen Ketten an die Wand gehängt. In einem weiteren Kellerraum war wieder diese bedrückende Energie. Ein Unglückseliger hing, von schweren Ketten gehalten, an der Wand, zur Hälfte eingemauert (die

Trennwand war erst später eingezogen worden). Neben ihm lag etwas wie ein schwarzer Stoffhaufen, der sich plötzlich zu bewegen begann. Eine Gestalt kroch hervor, rappelte sich auf und stieß mit einem alten Dolch immer wieder auf das angekettete Opfer ein. Der Schwarze trug ein Priestergewand und folterte das Opfer zu Tode, ein Martyrium, das bereits Jahrhunderte andauerte. – Der Dachboden war vollgestopft mit alten Utensilien, wie in einem Museum; das Gebälk war uralt, von Hand behauen und mit Holznägeln stabilisiert, massiv gemauerte Kamine mit eingelassenen Rauchkammern drängten sich durch das Dach. Der Hellseher berichtet: „Vor mir sah ich zwei ausgemergelte Frauenkörper. Die jüngere der beiden war auf Kopfhöhe mit Handschellen an die Kaminmauer angekettet, die andere mit den Armen um einen massiven Dachpfosten gebunden. Mehrmals war ein Strick um den Hals der Zweiten gewunden, ihr Kopf hing nach vorn herunter. Beide waren in Lumpen gekleidet, wobei mir die Jüngere den blanken Rücken zeigte, der zerschunden und voll blutiger Wunden war. Die Peitsche hing noch neben ihr. Sie hingen dort wie verwelkte Blumen, die man auch noch zerstört hatte. Ein schauderhaftes Bild. Diese beiden Frauen waren hier getötet worden, sonst wären sie nicht so lange Zeit als erdgebundene Seelen in dieser Position hängen geblieben." Wer vermag das Elend zu ermessen, das sich hier abspielte. – Der Hellseher betete für sie. Sie richteten sich etwas auf und ihre Aurafarbe kam zum Vorschein. Für einen Augenblick wirkten sie wie lebendig und verschwanden kurze Zeit später. Im Keller wurde das Gebet wiederholt und liebevoll auf die Viere eingeredet, um sie von ihrem gebundenen Zustand und der erlösenden Liebe Gottes zu überzeugen. Auch sie verschwanden. Die Erlösung, die alle in diesem Hause verspürten, war dauerhaft.[208]

Wir erkennen an diesem Beispiel aus der Neuzeit, dass die älteren Erzählungen und Spukgeschichten von kettenrasselnden Gespenstern durchaus auf realen Vorgängen beruhen. Es sind die Elementale von Hass und Leid sowie die Fixierungen an dogmatische Glaubenslehren wie die von der ewigen Verdammnis, welche die Seelen

208 Anton Styger: *Erlebnisse mit den Zwischenwelten*, Bd. I S. 73 ff.

der Verstorbenen in dem von ihnen selbst geschaffenen Energiefeld auf Erden festhalten und ihnen den Aufstieg in höhere Seelensphären unmöglich machen. Wer weiß schon, wie viele ungezählte gebundene Seelenwesen auf diese Art und Weise auf Erden herumgeistern und andere Menschen bedrängen, statt sich von den Anhaftungen zu lösen und einer weiteren Entwicklung entgegenzustreben. Das Warten auf das von kirchlicher Seite immer wieder gepredigte „Jüngste Gericht" ist ein bedeutender Hemmschuh für die Entwicklung der Seele nach dem Tode.

Während der Volksglaube infolge der Geistersichtigkeit zahlreicher Personen im Erscheinen von Geistern das Fortleben Verstorbener erkennen kann, ist die wissenschaftliche Welt eher geneigt, von einer Halluzination zu sprechen, wobei der Ausgangspunkt der Erscheinung nicht im Geistwesen, sondern im Empfänger des Bildes selbst gesehen wird. Der Ursprung des das Sehen auslösenden Impulses bleibt dennoch ungewiss. Geht dieser in Form einer telepathischen Information vom Verstorbenen aus und veranlasst dies den Seher, die Erscheinung zu produzieren, oder nimmt der Sehende einen Impuls war und produziert anhand dieser Information aus sich selbst heraus die Erscheinung?

Ohne hier ausführlich auf die doch sehr zentrale Bedeutung dieses Themas eingehen zu wollen, existieren immerhin eine ganze Reihe von Beobachtungen, die eine gewisse Objektivität der Phantome zu belegen scheinen und gegen eine halluzinatorische These sprechen: Einige Erscheinungen werfen einen Schatten, zeigen sich im Spiegel, viele werden kollektiv beobachtet. Auch Fotografien von Erscheinungen sind in der älteren Literatur bekannt, werden allerdings sehr kritisch beurteilt. Neuere Aufnahmen zeigen menschlich geformte Lichtwesen oder Schatten, oftmals auch weniger klar strukturierte Lichterscheinungen, doch auch eindeutig menschliche Bilder sind belegt.[209] Durch Kontakt mit Geistern sind Brand-

209 Zum Beispiel auf der Internetseite von Anton Styger www.antonstyger.de oder www.ghoststudy.com.

wirkungen bezeugt, an Gegenständen als auch an Personen. Türen werden geöffnet (auch verschlossene) oder geschlossen, Kerzen ausgeblasen, Bettdecken heruntergezogen, Glocken geläutet, Saiten zum Klingen gebracht, Seile verknotet, Zöpfe geflochten (Stallspuk) und andere Vorrichtungen vollbracht, die nach unserem Verständnis nur mit wirklichen menschlichen Händen ausgeführt werden können. Viele dieser Vorgänge konnten experimentell überprüft werden (Mediumismus).

Zu den realen Handlungen, die von Wesenheiten des ortsgebundenen Spuks ausgehen, gehören auch körperliche Belästigungen und Angriffe, wie wir sie bereits aus dem personengebundenen Spuk und aus dem Bereich der Besetzungen kennengelernt haben. Es sind oft ganze Heerscharen von Seelenwesen, die mit vereinten Kräften Eindringlinge in ihr regional begrenztes Wirkungsgebiet abzuwehren versuchen. Mehrere meiner Seminare führten uns zu alten Kultstätten, an denen immer noch Menschenseelen aktiv sind und Besucher kurzfristig besetzen und bedrücken. Nicht jeder ist allerdings in der Lage, diese Besetzung zu erkennen und intuitiv zu spüren. Fühlbar werden allerdings die möglichen gesundheitlichen Folgen, die in der Regel nach wenigen Tagen wieder ausgeglichen sind, da diese Wesen nur selten dauerhaft in die Aura der Menschen eindringen. Hellsichtige Menschen erkennen Orte, an denen Kämpfe oder Schlachten stattgefunden haben an den hier weiterhin agierenden Kriegern, die Besucher als Feinde ansehen und entsprechend zu bekämpfen suchen. Ganze Heerscharen durchziehen zuweilen das Gelände, sie nehmen von den Lebenden nur selten Notiz. Wer allerdings durch die Entwicklung seines Bewusstseins zur übernatürlichen Wahrnehmung befähigt ist, wird erkannt. Dass diese Krieger aber auch Menschen real verletzen können, war für mich bislang unbekannt.

So geschehen bei einem meiner Seminare: In einem großflächigen, mit einer hohen Mauer umgebenen Areal einer kleinen Ortschaft war ein „Kraftweg" eingerichtet worden, bestehend aus 18 Stationen speziell eingerichteter Plätze, die der Besinnung auf die eigenen körperlichen, geistigen und seelischen Kräfte und Energien dienen und eine Rückverbindung „des individuellen Daseins mit der kosmischen Ganzheit“ bewirken sollen. Die Stationen wurden von einer Landschaftsarchitektin angelegt, kultische Symbolfiguren aus Stein. Ein Rutengänger scheint hier nicht Pate gestanden zu haben, um diese so auszurichten, dass die Plätze eine positive Ausstrahlung erhalten. Viele Gruppen kommen hierher, um zu meditieren. Das Areal gehörte einst zu einer Schlossanlage, die über den Fundamenten einer Burg aus dem 11. Jahrhundert erbaut wurde. Kriegerische Fehden sind von hier ausgehend überliefert, einer der alten Haudegen geriet wegen einer dieser in Reichsacht. Im Dreißigjährigen Krieg wurde die Burg 1634 geschleift und über den alten Fundamenten ein Barockschloss errichtet.

Ich hatte meiner Seminargruppe die Aufgabe gestellt, die hier errichteten Natursteingebilde (Dolmen, Steinkreis, Besinnungsplätze) auf ihre energetische Eignung für das jeweilige Meditationsziel hin zu untersuchen; (die Stätten erwiesen sich dazu aufgrund ihrer energetisch negativen Konstellation nahezu durchweg als ungeeignet). Einige Teilnehmer bekamen bereits beim Betreten des Geländes ein ungutes Gefühl, es sei dort eine Stimmung, wie auf einem Friedhof. Hellsichtige Personen nahmen hier Wesenheiten wahr, im Kampf begriffene Krieger, mit Lanzen bewaffnet. Dennoch führten wir hier unsere Untersuchungen durch und kamen zu dem Schluss, dass alle hier meditierenden Menschen wohl kränker aus diesem Hof herauskommen mussten, als sie hineingegangen waren. – Als wir uns dann zum Mittagessen begaben, stellte ich fest, dass sich bei einem Teilnehmer Blutstropfen auf dem Fußboden sammelten. Er blutete heftig am Ellenbogen, ohne dass ihm bewusst geworden war, sich irgendwo verletzt zu haben, auch spürte er nichts von einer Wunde. Es stellte sich durch die Aussage einer hellsichtigen Teilnehmerin heraus, dass er von einem der Geisterkrieger mit dem Speer verwundet worden war. Der Betroffene hatte den Angriff nicht bemerkt.

Nicht nur Menschen, sondern auch Tiere nehmen solche Erscheinungen wahr, versuchen sie anzugreifen (Hunde), ziehen sich ängstlich zurück (Katzen) oder scheinen sie sogar zu erkennen und eilen freudig auf sie zu, ziehen dann aber den Schwanz ein und verkriechen sich winselnd. Können auch Tiere in telepathische und halluzinatorische Prozesse mit einbezogen werden oder sehen sie die Erscheinungen ganz real? Tiere vermögen Erscheinungen zu sehen, die Menschen nicht wahrnehmen. Sie „sehen" diese eher als Menschen, die sie meist erst dann wahrnehmen, wenn sie in ihren Gesichtskreis treten oder in hörbarer Form erscheinen. Wie erkennt ein Tier, dass es sich bei solchen Erscheinungen um okkulte Dinge handelt und warum reagiert es darauf mit Angst? Wir vergleichen eine Erscheinung mit der Realität und vermögen sie aufgrund vieler Umstände als nicht-real einzuordnen. Ein Tier kann offenbar nicht vergleichen. Es wird ihm unbehaglich, wenn es keine natürlichen Ursachen findet. Ihm stehen auch keine schützenden Geisteskräfte zur Verfügung, wie dem Menschen. Das Tier ist dem Übersinnlichen ausgeliefert, kann sich nicht dagegen wehren.

Das Bestreben der Geistwesen, ihre eigene Persönlichkeit darzustellen, findet seinen Höhepunkt in der Arbeit mit Transmedien, die eine zeitweise Besetzung zulassen, um der Kraft der fremden Persönlichkeit die Möglichkeit zu geben, ihren Körper und ihre mentalen Fähigkeiten zu einer Selbstdarstellung zu benutzen. Schreibt das Medium mit der Handschrift eines Verstorbenen, so kann dieses Charakteristikum seiner Identifizierung dienen, auch unabhängig von der Tatsache seines Erscheinens. Ebenso werden persönliche künstlerische Leistungen wie Schreibfähigkeit, schreiben in Geheimschrift, Malen, graphische Gestaltung, Kompositionen, ein Instrument spielen, handwerkliche Fähigkeiten, wissenschaftliche oder medizinische Kenntnisse, der Besitz von Fremdsprachen, Artikulation in Gebärdensprache (Taubstummenalphabet) usw. als Beweis für die Identität eines Verstorbenen angesehen. Beispiele dieser Art gehören in den Bereich der Erforschung medialer Fähigkeiten, mit denen wir uns hier nicht näher befassen wollen.

Obgleich Aktionen in Spukhäusern mitunter recht offensichtlich mit der Medialität ihrer lebenden Bewohner in Verbindung gebracht werden können, verbleibt doch ein größerer Rest, bei dem diese Erklärung nicht ausreichend erscheint, weil die dort anzutreffenden Wesenheiten mitunter über ganze Jahrhunderte hinweg ihr Unwesen treiben. Dass es sich bei diesen Kräften um die Wirkungen Verstorbener handelt, muss aus zahlreichen Mitteilungen, Erscheinungen, Stimmen usw. zwingend gefolgert werden. Spukhäuser sind die ältesten und am weitesten verbreiteten Zeugnisse eines aktiven Willens Verstorbener. Die Wesen erscheinen oft erst lange Zeit nach ihrem Tod zu meist nächtlicher Stunde und in der Bekleidung ihrer Epoche, sprechen selten, wiederholen aber zwanghaft bestimmte Handlungen und Aktionen. Sie werden von Personen erkannt, oft helfen Nachforschungen bei ihrer Identifizierung. Sie kündigen sich durch Geräusche an und werden vereinzelt sichtbar. Die Gründe für ihr Handeln erscheinen uns vielfach absurd und lächerlich, scheinen aber mit ihrer Gemütsstimmung im Zusammenhang zu stehen, einem Kraftpotential, dass sie an die Erde bindet und das sie selbst nicht auflösen können.

Sind medial veranlagte Personen gegenwärtig, so zeigen sich die Erscheinungen lebhafter und können sich über Jahre hinweg mehr oder weniger gleichförmig und regelmäßig wiederholen. Lange Zeit stehen Spukhäuser leer, kein Medium ist vorhanden, dass ihnen seine Kraft für ihre Manifestationen zur Verfügung stellen könnte. Doch die Energie liegt gleich einer verhaltenen Botschaft an alle, die sie wahrzunehmen vermögen, über dem Ort und wartet darauf, sich offenbaren zu können. Die Bewohner ziehen um, der Spuk bleibt am Platz. So wie eine Besetzung von Personen möglich ist, existiert auch eine Besetzung von Orten oder Objekten. Ob es auch spuken kann, wenn kein menschliches Wesen an der Stätte anwesend ist, vermag niemand sicher zu beantworten. Lichterscheinungen und Steinwürfe in unbewohnten Spukhäusern scheinen eine solche Möglichkeit zu bestätigen, zumindest weisen sie auf eine Anwesenheit hin. Es existieren unbekannte Verbindungen zwischen Medien und bestimmten Orten, für die wir keine Erklärung finden können, die aber aus übergeordneter Sichtweise einem karmisch bedingten oder synchronistisch erklärbaren Zusammenhang unterliegen könnten oder aber mit einem Doppelgänger-Ereignis im Zusammenhang stehen.

> Dass es offenbar auch in einem leeren Hause spuken kann, illustriert ein Ereignis, dass sich im französischen Dorf Kermarc de Plouguernével abspielte, ohne dass die Polizei noch die Bewohner den Hergang zu entdecken vermochten. Es handelte sich um das im Spuk weit verbreitete Steinewerfen: „Die Steine wurden in großer Menge in das Innere durch ein schmales Dachfenster oder durch den Kamin geworfen; andere kamen durch die ganz unverletzte Decke oder aus den Federbetten oder von verschlossenen Möbeln her. Beide Häuser mussten verlassen werden; das eine war ziemlich verwüstet, und es wurden auch auf die Bewohner Steine geworfen. In einem der Häuser schienen die oft ziemlich großen Steine aus der Mauer selbst genommen zu werden; das Werfen geschah am hellen Tage um 1 Uhr und von 5-6 Uhr nachmittags, hauptsächlich am Freitag und Samstag, und dauerte auch fort, als niemand mehr im Hause war."[210]

Spukphänomene bedürfen zu ihrer physisch wahrnehmbaren Manifestation einer Kraft, die normalerweise einer oder mehreren lebenden Personen entnommen wird. Dies bestätigen die Erfahrungen, die in medialen Sitzungen gewonnen werden, wobei die Erscheinungen die Teilnehmer schwächen und sogar die Raumtemperatur erniedrigen, zumindest ein Frösteln hervorrufen. Kranke Menschen verlieren bei solchen Aktionen mehr Lebenskraft als Gesunde, zumindest spüren sie den Energieverlust stärker; Kranke (z. B. Hysteriker) erzeugen auch die stärkeren spontanen Phänomene. Ob die am Ort fixierten Geister auch von weiter entfernt wohnenden medialen Personen Energie entziehen können, bleibt un-

---

210 Puls: *Spukgeschichten,* Nr. 78 Quelle: Maximilian Perty: *Der jetzige Spiritualismus,* (1877), S. 314-323.

geklärt. Ein Zusammenwirken mit anderen Seelenwesen, Kobolden, Naturwesen, Astralwesen nicht-irdischer Herkunft kann angenommen werden und wird teilweise durch Aussagen professioneller Medien bestätigt.

In dem abschließenden Fallbeispiel dieses Kapitels handelt es sich um ein recht selten vorkommendes Ereignis, gewissermaßen um ein Kuriosum des Traumgeschehens. Es beweist, dass der ortsgebundene Spuk tatsächlich mit den Seelenstrukturen eines Menschen zusammenhängt, denn sie sind bei Lebenden und Verstorbenen von gleicher Art. Wir haben im Kapitel über den *Aufbau von geistigen Schemen* bereits Beispiele angeführt, die aufzeigen, dass auch die Geister lebender Personen anderen Menschen erscheinen können. Dabei handelte es sich allerdings um optische, gewissermaßen halluzinatorische Bilder. Wir erfahren nun im Traumereignis von Frau Butler, dass selbst ortgebundene Spukphänomene, einhergehend mit Erscheinungen und physikalischen Phänomenen, auch von Lebenden ausgehen können, wenn sich der Geist vom Körper loszulösen vermag. Es handelt sich um eine Art von Doppelgänger-Ereignis, wie es mitunter von schlafenden Personen ausgelöst werden kann. Beachtenswert ist hier die Entfernung zwischen Irland und London und die Unbekanntheit des Objektes:

> „1891 wohnte eine Frau Butler mit ihrem Mann zusammen in Irland. Dort träumte sie, dass sie sich in einem sehr schönen Haus, das alle Bequemlichkeiten bot, aufhalte. Jener Traum wiederholte sich viele Nächte hindurch. Alle Familienmitglieder machten sich deshalb über die Frau und ihre Luftschlösser lustig. 1892 verließ die Familie Irland und ließ sich in England nieder. Sie verschafften sich in London von mehreren Vermittlungsgeschäften Listen von käuflichen Landhäusern. Sie hörten von einem Haus in Hampshire und reisten dorthin, um es sich anzusehen. Bei ihrer Ankunft sagte Frau Butler sofort: Das ist das Haus, von dem ich geträumt habe! [...] Das Haus sollte nicht viel kosten, und deshalb entschlossen sich Butlers, es zu kaufen. Nach dem Kauf schien ihnen aber der Preis selbst so niedrig, dass sie irgendwelche Mängel vermuteten und sich wieder an das Vermittlungsgeschäft

wendeten. Dieses antwortete, das Haus gelte als ein Spukhaus; doch brauche man deshalb keine Befürchtungen zu hegen, da Frau Butler diejenige gewesen sei, die immer dort erschienen war."[211]

Wir haben uns bislang bei den Spukphänomenen vorwiegend mit den Hinterlassenschaften Verstorbener und den von ihnen ausgehenden Aktionen befasst und werden uns in den weiteren Kapiteln in gleicher Weise mit den „Hinterlassenschaften" Lebender befassen. Sind es denn immer Verstobene, die spuken oder vermögen Spukerscheinungen auch von Lebenden auszugehen? Aus dem Kreis der spiritistischen Sitzungen ist bekannt, dass in seltenen Fällen auch lebende Personen im Transzustand der Medien erscheinen können, die sich mitunter sogar fälschlicherweise als Verstorbene ausgeben.[212] Fälle dieser Art wurden natürlich gern als Beweis dafür angesehen, dass der Ursprung der Gespenster auch in anderen Fällen im Geist der Medien zu suchen sei bzw. im Beobachter der Erscheinung. Solche Fälle weisen aber lediglich darauf hin, dass im Beobachter selbst eine Vermischung fremdgeistiger Potentiale mit den eigenen seelischen Strukturen und Wertungen erfolgt und keine klare Abgrenzung erkennen lässt. Dass lebende Personen anderen Menschen erscheinen, ist aus zahlreichen Fällen unter dem Stichwort „Bilokation", also das Erscheinen einer Gestalt an zwei oder mehreren Personen zu gleicher Zeit, hinreichend belegt. Einige Beispiele dafür habe ich in meinem Buch *Seelenwelten* angeführt. Auch ein Buch mit zahlreichen, sorgfältig dokumentierten Fallberichten dieser Art erschien zu diesem Thema.[213]

***

Zusammenfassung: Für das Erscheinen von Geistern, die sich als Urheber der Spukphänomene ausgeben, existieren zahlreiche Beispiele. Doch nicht immer geben sich diese als Urheber zu erkennen.

---

211 Cesare Lombroso: *Hypnotische und spiritistische Forschungen*, S. 311 f.
212 Emil Mattiesen: *Das persönliche Überleben des Todes*, Bd. II S. 227 ff.
213 Gurney, Myers, Podmore: *Gespenster lebender Personen und andere telepathische Erscheinungen.*

Die Übernatürlichkeit eines Vorganges ist oft nur unterschwellig wahrnehmbar. Eine Vielfalt der paranormalen Erscheinungsformen scheint den Naturgesetzen zu widersprechen, was aber wohl auf der begrenzten Wahrnehmungsfähigkeit des Menschen in Bezug auf energetische Ereignisse beruht. Die Wechselwirkungen zwischen leibfreien Wesenheiten und lebenden Menschen basieren auf vergleichbaren geistigen Potentialen (Kraftfeldern) und Angleichungen seelischer Regungen. Spuk erfolgt niemals ohne Grund, er wird in vielen Fällen direkt mitgeteilt. Dabei handelt es sich um Themen, die zu Lebzeiten der sich offenbarenden Seelenwesen für sie von Bedeutung waren.

Die Wahrnehmung von Spuk- und Geistererscheinungen geht vielfach mit Beeinflussungen des Wachbewusstseins einher, was eine zumindest zeitweise „Besessenheit“ (vom „Spukgeist“) glaubhaft werden lässt. Spuk wird bewirkt, indem astrale Wesenheiten oder entsprechend organisierte Energien in die Aura des Menschen eindringen und das Bewusstsein beeinflussen. Dabei entstehen psychische Spannungen, die sich sowohl in körperbezogenen Reaktionen als auch in physikalischen Phänomenen offenbaren können. Außerkörperliche Phänomene (Geräusche, Bewegungen von Gegenständen usw.) verstärken sich in dem Maße, in dem das Bewusstsein der betroffenen Personen eingeschränkt ist oder seelische Erregungszustände (z. B. Angst) die Wechselwirkung zwischen Innenwelt und Außenwelt verstärken. Experimente mit professionellen Medien bekräftigen diese Beobachtungen. Zusammenhänge der Spuk-Aktionen mit dem Wirken von Seelenbestandteilen Verstorbener sind auffallend, sie können Menschen ein Leben lang begleiten, beeinflussen oder besetzen. Auch im positiven Sinne wirkende Geistwesen können mit Menschen in Kontakt treten, sie drängen sich im Gegensatz zu Spukgeistern jedoch niemals auf und handeln keinesfalls gegen den Willen des Menschen. Es ist weitgehend ungeklärt, ob der eigenen Persönlichkeit fremde geistige Energien die Spukphänomene von sich aus hervorrufen, oder ob psychische Spannungen für das Auslösen zumindest einiger Phänomene verantwortlich gemacht werden können, zumal zwischen beiden Kraftfeldern Wechselwirkungen bestehen, die eine nachvollziehbare Zuordnung erschweren. Im Beispiel des „Mädchen von Orlach“ erkennen wir eine solche Vermischung von geistiger Fremdeinwirkung und Eigenbeteiligung der menschlichen Psyche, einhergehend mit Spuk und einem übernatürlichen Wahrnehmungsvermögen sowie halluzinatorischen bzw. visionären Erlebnissen.

Nach medizinischen Vorstellungen von Naturvölkern sind Krankheiten und übernatürliche Ereignisse die Folge einer Besetzung. In diesen Kreisen werden die Gebrechen durch Beseitigung bzw. Vertreibung der sie verursachenden Dämonen durchaus erfolgreich geheilt. Die Auseinandersetzung des Menschen mit den ihn umgebenden guten und bösen Geistern gilt hier als wesentlicher Bestandteil der Bewusstseins- und Charakterreifung. Diese Völker sehen den Menschen als eingebildetes Glied in die Geschehnisse des Kosmos, der an allen Veränderungen im sowohl nehmenden als auch im gebenden Sinne teilhat. Zwischen allen Gegenständen der Schöpfung (einschließlich des Menschen) existiert demnach eine wechselseitige Beeinflussung, worin die geistigen Potentiale Lebender als auch die der Verstorbenen eingeschlossen sind. Zu den sich daraus ergebenden Wechselwirkungen gehören auch Spukereignisse, die einem Zwischenreich entspringen, das weder dem reinen Geist noch der reinen Materie angehört.

Die Seele des Menschen entspricht einem Kraftfeld, das inner- und außerpsychische (astrale) Energieformen verbindet, woraus sich sowohl anziehende als auch abgebende (beeinflussende) Wirkungen ableiten lassen. Astrale Potentiale beeinflussen die Entwicklung des Menschen bis hin zu Erkrankung und Spuk, beides kann aber auch durch seelische Kräfte unterbunden oder zum Stillstand gebracht werden. Treffen energetisch verwandte innere und externe Kraftfelder aufeinander, können sie sich zu Energieformen entwickeln, die sich verselbstständigen, den Menschen besetzen und schwer wieder abzulösen sind. Die Vermischung beider Welten zeigt sich vornehmlich in Krankheitsgeschehen mit seelischer Beeinflussung, einhergehend mit psychischer Gespaltenheit bis hin zu schizophrenen Zuständen, die nicht nur mit Illusionen und Halluzinationen einhergehen, sondern gern auch in Vermischung mit paranormal erworbenen Erkenntnissen und entsprechenden Phänomenen auftreten. Während Besetzungen relativ einseitig von Verstorbenen oder anderen astralen Wesenheiten ausgehen, bedürfen die klassischen seelischen Erkrankungen eher einer Wechselwirkung mit den im Menschen selbst angelegten bzw. erworbenen Strukturen.

Der personengebundene Spuk ist die Folge einer Wechselwirkung zwischen astralen Wesenheiten und personengebundenen seelischen Kräften, die emotional belegten Lebenskrisen und seelischen Unausgeglichenheiten entspringen, also mit einer individuellen (meist unbewussten) Prägung des persönlichen Energiefeldes zusammenhängen. Diese Art von Spuk äußert sich in klassischen Phänomenen wie Geräuschen, Bewegungen von Gegenständen, seltener einhergehend mit optischen Erscheinungen, ist eng an eine Person gebunden und endet von selbst, wenn die Krise überstanden ist. Ein Übergang zur Besetzung, an der Astralwesen, Kobolde, meist aber Verstorbene beteiligt sind, ist möglich. Es ist die seelische Krisensituation selbst, die eine gewisse Medialität und Empfängnisbereitschaft bedingt, die zur Wahrnehmung bzw. Produktion des Spuks erforderlich ist. Die zur Ausübung der Phänomene erforderliche Kraft wird der betroffenen Person selbst entnommen und resultiert aus einem Zusammenwirken astraler Steuerungspotentiale mit den seelischen Kräften des Menschen. Die zur Verfügung gestellte Kraft entscheidet über die Intensität der Phänomene, die dann entweder bei Dunkelheit oder auch tagsüber erfolgen. Wird der Informationsaustauch zwischen Mensch und astraler Wesenheit – wodurch auch immer – beendet, erlischt der Spuk ebenfalls. Spuk macht sich die Tatsache zunutze, dass Materie eine Form strukturierter (veränderbarer) Energie darstellt, die durch psychische Aktionspotentiale (gleich welcher Herkunft) steuerbar ist.

Obgleich auch der ortsgebundene Spuk ein gewisses paranormales Wahrnehmungsvermögen erfordert, zeigt seine feste Bindung an eine Örtlichkeit (emotionale Fixierung), dass hier Seelen Verstorbener im Vordergrund stehen, denn Astralwesen, die niemals in menschlichen Leibern inkarnierten, unterliegen keinerlei lokalen Zwängen, sofern sie nicht durch Fluch oder Magie an einen Ort gebannt wurden. Die spukenden Elemente stellen isolierte, vom Bewusstsein des Verstorbenen abgespaltene Programme mit begrenztem Aktionsumfang dar. Nur selten legen sie das umfassende Gebaren und intelligent anmutende Verhalten an den Tag, das wir vom personengebundenen Spuk kennen. Die Spukaktionen dieser Art sind gekennzeichnet durch einen gewissen Automatismus, bei dem aus menschlichen Emotionen gebildete Programme (Seelenfragmente) mehr oder weniger schematisch ablaufen und nur einen begrenzten Aktionsraum zulassen. Ausgangspunkt des Spuks ist die seelische Energie Verstorbener; die wahrnehmbaren Aktionen gleichen allerdings eher einer Scheinpersönlichkeit, deren Handlungsspielraum einer starken Begrenzung unterliegt.

Der ortsgebundene Spuk vermag Jahrhunderte zu überdauern, während der personengebundene lediglich Teile der Lebensspanne eines Menschen umfasst. Dennoch kann er noch weniger als der personengebundene Spuk als Beweis für das Fortleben nach dem Tod herangezogen werden, da sich hier nicht das Bewusstsein eines Menschen äußert, sondern lediglich vom Bewusstsein abgespaltene Aktionsprogramme. Allerdings scheint der Drang des Spuks, erkannt und ernst genommen zu werden, dieser Aussage zu widersprechen. Ebenso auch einige Besonderheiten seines Erscheinens wie Aktionen zu bestimmten Zeiten, Führen des Beobachters an einen bestimmten Platz, spezifische Hinweise und Äußerungen eines emotionalen Verhaltens usw., die eine gewisse, hinter den Aktionen stehende Intelligenz vermuten lassen. Möglicherweise hängen die Spukaktionen auch mit einer dramatischen Ausgestaltung durch die Seelenkraft der ihn Wahrnehmenden zusammen, denn auch sie benötigen die seelischen Kräfte lebender Menschen, um die Aktionen wahrnehmbar entfalten zu können.

Medizinische und psychologische Begleitumstände im Spuk und bei Besessenheit

Hysterische Aspekte im Spuk – „Der Fall Karin“

Der Verstand der Geister, auch derer, die als Menschen sehr begabt waren, arbeitet nur unvollkommen, da sich die Geister der Gehirne Lebender bedienen müssen. [Es scheint], als ob die Geister der vor langer Zeit Gestorbenen wie geblendet und verwirrt seien, wenn sie wieder die alten irdischen Plätze aufsuchten.

Stainton Moses (englisches Medium)[214]

Spukphänomene scheinen aufgrund eines Zusammenwirkens mit der menschlichen Psyche zu „leben“, sie ereignen sich wohl niemals unabhängig von der seelischen Beteiligung des Menschen. Wie weit astrale Kräfte oder Seelenfragmente Verstorbener oder auch Spaltprodukte der eigenen Psyche (der Psyche des Betroffenen) dabei eine Rolle spielen, ist ungeklärt. Wenn gewisse krankhafte Veranlagungen das Auftreten des Spuks begünstigen oder sogar auszulösen vermögen, so mag daraus nicht zwingend gefolgert werden, dass die Ausbildung der Phänomene auch ursächlich in der Psyche der Kranken zu suchen sind.

Ein Fallbeispiel, das ich bereits in meinem Buch *Seelenwelten* ausführlich wiedergegeben habe, wird von den das Thema bearbeitenden Autoren gern als Beweis für die ausschließliche Wirksamkeit der Psyche eines lebenden Menschen bei der Produktion der Spukphänomene angesehen, weil über die Eingriffe in die seelische Struktur (hier in der Hypnose und Suggestion) eine Beeinflussung der Phänomene möglich ist. Hier soll der Fall unter einem anderen Gesichtspunkt erneut besprochen werden.

Es geht um die Deutung des deutschen Psychologen Oskar Lockowandt, dem der Bericht des schwedischen Nervenarztes Poul Carl Bjerre „Der Fall Karin“ zugrunde liegt. Die Untersuchungen

214 Zitiert nach Cesare Lombroso: *Hypnotische und spiritistische Forschungen*, S. 359.

sollen belegen, dass die Triebkraft zur Erzeugung der Phänomene in autonomen Persönlichkeitsstrukturen liegt, in unbewussten psychischen Komplexen, die auf diese ungewöhnliche Art und Weise zur Bewusstwerdung drängen oder eine Entladung psychischer Spannungen herbeiführen sollen:

Spukgerüchte ranken sich um ein Haus in Schweden, die Villa des Oberförsters umgibt der Charakter des Unheimlichen. Die Vorgänger der Försterfamilie sollen dort „umgehen" und ihr spukendes Unwesen treiben: Klopfen gegen die Tür und in anderen Bereichen des Hauses – eine Stunde lang, später die ganze Nacht hindurch. Es beginnt immer mit dem Einbruch der Dunkelheit. „Warum klopft es immer nur im Fußboden? Warum kann es nicht auch einmal an der Wand klopfen?" Nach diesem Ausspruch hört man das Geräusch an der Wand. Eine fremde Intelligenz scheint sich hier kundzutun. Weitere Fragen führen zu einer Veränderung der Phänomene, sie werden unüberschaubar.

Die Vorgeschichte: Die Ereignisse stehen mit der Frau des Försters mit den Namen Karin im Zusammenhang. Sie ist erblich vorbelastet, Vater und Mutter starben an Paralyse, das ist eine im hysterischen Symptomenkomplex häufiger zu beobachtende Lähmungserscheinung aufgrund einer Unterbrechung der nervösen Versorgung der Gewebe unterschiedlicher Genese. Nach der Ehe erleidet sie einen Nervenzusammenbruch, von dem sie ein nervöses Leiden, gekennzeichnet durch Ohnmachtsanfälle, heftigem Weinen und Zittern am ganzen Körper, zurückbehält. Die Ohnmacht wird später durch eine nicht zu begründende und unbezwingbare Angst abgelöst.

Die Übertragung eines Mentalprogramms von Seiten der Eltern (Besetzung?) auf Karin scheint durch die Vorgeschichte gesichert. Die Frau beschäftigt sich mit okkulten Praktiken, kommuniziert mit einem Geistwesen (Personifikation „Piscator"), das weder als fremde Intelligenz noch als Geist angegeben wird, woraus vom Autor des Fallberichtes gefolgert wird, dass es sich hierbei um einen unterbewusst personifizierten Teil ihrer eigenen Persönlichkeit handelt, einen triebhaften, abgelehnten Persönlichkeitsteil.

Unter dem Gesichtspunkt einer Besetzung handelt es sich hier um multiple Persönlichkeitsfragmente (Seelenwesen), die in dem Bewusstsein Karins ununterscheidbar wirksam werden. Es sind die Fragmente der verstorbenen Eltern, die eine erste Besetzung bewirkten und zu einer in Bezug auf geistige Energien erhöhten Sensibilität führten (sie zeigen sich im nervösen Leiden und in den Angstzuständen) sowie Besetzungen, die aus der praktischen Beschäftigung mit okkulten Themen herrühren; Karin zeigt eine Veranlagung zum Automatischen Schreiben. Als weitere wirksame Kräfte kommen aus der Persönlichkeit heraus gebildete Eigen-Elementale hinzu, die sich zu verselbstständigen vermögen und dann ebenfalls den Charakter einer Besetzung annehmen. Alles in allem handelt es sich hier nicht um eine Besetzung im klassischen Sinne mit Übernahme des Bewusstseins durch eine fremde Gewalt, aber doch eine massive Beeinflussung der Persönlichkeitsstruktur durch externe Kräfte. Dies ist die Ausganssituation für die Phänomene.

Alle drei Aspekte der multiplen Persönlichkeitsstruktur fließen im Bewusstsein von Karin zusammen. Sie sind nicht mehr voneinander unterscheidbar. Was kommt von den Eltern, was aus der Astralwelt, was entspringt dem eigenen Unbewussten? Es ist nunmehr *ein* Bewusstsein, dessen unterschiedliche Aspekte sich je nach erforderlicher Situation zu offenbaren vermögen und durchaus noch einer gewissen Steuerungsmöglichkeit durch das Wachbewusstsein unterliegen. So geht es Karin längere Zeiten hindurch gut; als sie während der Überhandnahme der Spukphänomene zur Erholung zu ihrer Freundin zieht, hört der Spuk im Forsthaus auf. Dies ist ein Hinweis darauf, dass mit den Ereignissen im Haus verbundene Affekt-Erlebnisse zu einer Aktivierung der Eigen-Elementale und Besetzungsprogramme sowie zu einer Intensivierung der Beziehung zu möglicherweise darüber hinaus vorhandenen astralen Energien führen.

Damit es zu Störungen im Gleichgewicht der in Karin wirkenden Kräfte unter Ausbildung von Spukphänomenen kommt, bedarf es eines traumatisierenden Ereignisses, das den psychischen „Normalstatus" unterbricht. Dieses Ereignis tritt im Verlauf eines Dämmerzustandes ein, als sie sich zu Bett begeben hat und sich in der Einschlafphase befindet: Lärm im Hausflur, als der Besucher eines Mieters das Haus verlässt. Karin ist allein, ihr Mann ist verreist. Kurze Zeit nach dem erneuten Einschlafen lassen sie schwere Schritte und heftige Schläge gegen die Haustür erneut aufschrecken. Der abendliche Besuch des Mieters hat sich verlaufen und kehrt, bald nach dem er gegangen ist, zurück, um eine Laterne bittend. Mit diesem Schreck im Gemüt versucht Karin, wieder einzuschlafen. Gerade im Halbschlaf, wird sie abermals von Schlägen an die Tür geweckt. Sie steht auf und begibt sich nach draußen; nirgendwo in der näheren Umgebung der Villa ist jemand zu sehen. Nachdem sie sich zu Bett begeben hat, neuerliches Klopfen gegen die Tür und in anderen Bereichen des Hauses, eine Stunde anhaltend. Nach kräftigen drei Schlägen ist um drei Uhr nachts endlich Schluss mit dem Spuk.

Am folgenden Tag um 23 Uhr ertönen wieder die Schläge, zwei Stunden lang, aber ihr Charakter verändert sich; die Dienstmagd wird Zeuge des unheimlichen Geräusches, auch einige Gäste. Der Oberförster ist zurückgekehrt, schleicht in der Nacht mit entsicherter Flinte ums Haus; die Klopfgeräusche setzen wieder ein. Man streut Sand, um Spuren zu erkennen, stellt Wachen auf; kein lebendes Wesen kann für die Schläge verantwortlich sein. Der Förster stellt fest, dass Licht das Klopfen dämpft. Seine kritische Haltung ist gebrochen, er glaubt jetzt an eine fremde, unsichtbare Intelligenz, zumal mit Hilfe eines Klopfcodes eine gewisse Korrespondenz geführt werden kann. Diese Fixierung und mentale Hinwendung an die Phänomene vertieft die Intensität, ihr Charakter verändert sich, der Komplex von Lauten wird unüberschaubar, kann durch heftige Gemütsbewegungen ausgelöst werden, hält mitunter die ganze Nacht lang an.

Als Karin hypnotisiert wird, erscheint ihr nebelhaft die Gestalt einer alten Frau; über den Ursprung der Geräusche kann diese keine Angaben machen. Durch posthypnotischen Befehl gelingt es, Klopfgeräusche zu produzieren, die sich aber dann doch verselbstständigen. Karins Bewusstsein ist dabei getrübt, Arme und Kopf bewegen sich krampfartig. Auf die Bitte, etwas zu bewegen kommt die Antwort: „Das kann er [Piscator] nicht." Und auf die Frage, wer denn den Stuhl bewegt habe: „Das war die alte Frau." (Neben den akustischen Phänomenen sind also noch Bewegungen von Gegenständen hinzugekommen).

Der Nervenarzt P. C. Bjerre sieht in den Klopfgeräuschen eine Transformation der pathologischen Kraftausbrüche durch Krämpfe. Er schreibt:

> „Die erste und einzige Ursache der Klopfgeräusche ist Karin und ihre psychische Konstitution. Ohne direkt von hysterischem Temperament zu sein, hat sie doch mehrere Jahre an einer organischen Hysterie gelitten und mit bisweilen sehr ernsten Symptomen. In dieser Krankheit hat ihr psychographisches Vermögen seine Wurzeln; die Auflösung des Selbstbewusstseins, die typisch für die Hysterie ist, prädisponiert zur Bildung von unterbewussten Persönlichkeiten und Vorstellungssphären. So wurde eine unterbewusste Welt ausgebildet, die von ‚Piscator' beherrscht wurde."[215]

Die Klopfgeräusche sind eindeutig an die Person Karins gebunden und treten auch an anderen Orten in ihrem Beisein auf. Durch hypnotische Suggestion gelingt nach längerer Zeit eine vollständige Auflösung der Klopfgeräusche. Bjerre zieht aus seinen Untersuchungen den Schluss, dass Klopflaute im Spuk krankhaften Nervenprozessen angehören, die Analogien zu bekannten hysterischen Symptomen aufweisen. Die psychischen Konstitution Karins bedinge die Phänomene.

215 Oskar Lockowandt: *Spuk und Hypnose.* (*„Der Fall Karin"* von Poul Carl Bjerre) In: *Neue Wissenschaft. Zeitschrift für Grenzgebiete des Seelenlebens*, 11. Jahrgang, 1962/1963, Heft 1, S. 25-35.

Psychische Traumata bilden den Grundstock für eine Vielzahl von Phänomenen des hysterischen Krankheitsbildes, aber nicht unbedingt die Ursache, die eher in einer seit der Kindheit bestehenden Vorbelastung zu suchen ist. Wiederholen sich im späteren Leben Situationen, die mit dem Trauma in Verbindung gebracht werden, kann dies zum Ausbruch von Affekthandlungen führen, die für dieses Krankheitsbild typisch sind, mit dem ich mich als medizinischer Laie ausgiebig beschäftigte. Eine Therapie kann das Trauma bearbeiten und darüber (löschen von Resonanz-Phänomenen) gewisse Phänomene oder Sensationen zum Verschwinden bringen, sie kann aber nicht die „krankhafte" Disposition beseitigen, die immer wieder zum Ausbruch drängt.

Karin zeigt in den vorangegangenen Jahren ein schweres hysterisches Krankheitsbild. Sie ist ausgesprochen medial veranlagt. Das einsam gelegene, villenartige Gebäude gilt unter der Bevölkerung als Spukhaus. (!) Karin vermag auf psychometrische Weise die Seelenreste derer wahrzunehmen, die in diesem Gebäude gewohnt haben. Ihre labile psychische Situation ist noch unbeeinflusst, die unterschwellig wahrgenommenen Energien noch nicht verarbeitet, sie fühlt sich in der Einsamkeit, weit ab von allen mentalen Stresssituationen zunächst wohl. Erst die sie erschreckenden Ereignisse im Zusammenhang mit den Besuchern führen zu einer schicksalshaften Verknüpfung ihrer innerpsychischen Komplexe mit den am Ort vorgefundenen geistigen Schemen sowie den Aspekten, die sich in der Schrecksituation manifestieren konnten. Die hypnotischen Experimente liefen längst nicht so eindeutig ab, wie sie hier der Kürze wegen angeführt wurden. Das beweist, dass die innerpsychischen Komplexe von Karin nicht allein für die Phänomene verantwortlich gemacht werden können, da diese – wie bei posthypnotischen Befehlen üblich – auf das Genaueste hätten befolgt werden müssen. Eine Deutung der Phänomene unter Zuhilfenahme von externen, also fremden psychischen Steuerungsfaktoren erscheint logischer.

Gehen wir in Gedanken zurück zu den Erlebnissen Staudenmeiers, die ich im Kapitel *Die psychologischen Voraussetzungen der Besessenheit* beschrieb. Staudenmeier konnte sich den Aktionen – die in geringem Maße auch in spukhaften Ereignissen bestanden – seiner Personifikationen oder seiner ihn steuernden fremdgeistigen Entitäten durch geistige Ablenkung nur in geringem Maße entziehen. Kaum kehrten seine Gedanken zu sich selbst zurück, flammten die Phänomene wieder auf. „Wenn du keine Ruhe gibst, dann mag ich auch nicht." An ein Phänomen zu denken, reicht aber nicht aus, um es auszulösen; das gilt für die durch Hypnose erzeugten Phänomene ebenso, wie die Aktionen im hysterischen Krankheitsbild. Es muss noch etwas dazu kommen, dass nicht in der Persönlichkeitsstruktur des Betroffenen beheimatet ist. Spuk wird auch im Zusammenhang mit vollständig gesunden Personen beobachtet, was die Vermutung nahelegt, dass ein persönlichkeitsfremdes Steuerungselement ursächlich vorhanden sein muss, dessen Übernahme – insbesondere in einem durch seelische Krankheit geprägten Zustand – an der Auslösung der Phänomene unter Mitwirkung individualtypischer Vorstellungsmuster maßgeblich beteiligt ist.

***

Wir haben im Beispiel des „Mädchen von Orlach" Ereignisse kennengelernt, in denen einerseits das Thema Besetzung eine Rolle spielt, die andererseits in den Bereich des personengebundenen Spuks hineinspielen und in denen darüber hinaus psychologische Deutungen einen Zusammenhang zwischen den auslösenden seelischen Ereignissen und den realen Gegebenheiten (Spuk und Besetzung) erkennen lassen. Eine weitere Besonderheit dieses Falles bestand in der Beobachtung, dass das als „der Schwarze" bezeichnete Geistwesen nicht nur einen besonderen Bezug zu „Magdalena" zeigte (Besetzung, Personengebundenheit), sondern auch mit dem Hauswesen (Stall, Gebäude) besonders verbunden schien. Schwer erklärbar war die wiederholt zu beobachtende Abwesenheit des „Schwarzen" von Haus und Person, die vom Aussetzen sämtlicher

Phänomene begleitet war, so dass von medizinischer Seite bei Magdalena eher ein temporär auftretendes „Anfallsleiden“ als Erklärung für Besetzung und Spuk herangezogen wurde, als eine paranormale Deutung in Erwägung zu ziehen.

Danach haben wir einen Fall kennengelernt (personengebundener Spuk, Anton Styger), in dem ganz offensichtlich die Seelenfragmente Verstorbener für durch Besetzung hervorgerufene Krankheit und Spukphänomene verantwortlich gemacht werden müssen. Ein ortsgebundenes Phänomen (Seelen der in dem Haus verstorbenen Personen) offenbarte sich durch Übergang in Besetzung und Spuk und vermischte dabei Gruppen von Phänomenen, die in der parapsychologischen Forschung nur zu gern auseinandergehalten werden. Sie bilden aber einen Hinweis darauf, dass allen angeführten Ereignissen eine gemeinsame Ursache zugrunde zu liegen scheint.

In dem von Moser berichteten Spukfall (Klopfspuk in Freising) geht es weniger um die Phänomene als solche, sondern um ihre Deutung als Erscheinungsformen eines gestörten Seelenlebens. Es wird von einem mit Krämpfen einhergehenden Anfallsleiden gesprochen, und die Forscherin ist der Ansicht, dass „das Jenseits mit diesem Spuk nicht das Geringste zu tun habe und physikalisch, physiologisch und psychisch erklärbar sei“, was sie aber nicht näher ausführt. Das Argument wird mit der Beobachtung begründet, dass das Klopfphänomen – zumindest zu Beginn der Ereignisse – der lokalen Anwesenheit des Kindes und den ansatzweise erkennbaren Bewegungen ihrer Körperglieder zu folgen scheint und die Ereignisse sich als teilweise produzierbar darstellen.

Wir folgen dem Ansatzpunkt des zerrütteten Seelenlebens im Spukfall „Karin“, indem wir dem Zusammenhang zwischen Schockerlebnis und sich darauf aufbauenden Spukereignissen nachgehen. Dabei finden wir eine ausgesprochene Disposition zur Aufnahme von Energiefeldern vor, die astralen Welten zugeordnet werden müssen, hervorgerufen durch die praktische Ausübung spiritistischer Kontakte und Praktiken. Hier scheint bereits eine bislang nicht offenbar gewordene Besetzung vorgelegen zu haben, aus der sich ein bereits latent vorhanden gewesenes hysterisches Krankheitsbild herauskristallisierte. Durch die Übernahme degenerativer Krankheitsprogramme von Seiten der Eltern – Paralyse (vollständige Lähmung) als Spätfolge einer Geschlechtserkrankung (Lues) – ist die Vorbelastung auch aus medizinischer Sichtweise belegt.

Paranormal zu interpretierende Ereignisse auf hysterischer Grundlage finden sich auch in folgendem Fallbeispiel, das uns vom italienischen Psychiater Cesare Lombroso überliefert ist: Es handelt sich dabei um ein 14-jähriges Mädchen mit einer bis zur Pubertät normalen Entwicklung.

> „Mit eintretender Menstruation stellten sich schwere hysterische Magenstörungen ein, so dass sie einen Monat lang nur feste Speisen, im nächsten nur Flüssigkeiten genießen konnte. Im dritten Monat traten hysterische Krämpfe auf und große krankhafte Empfindlichkeit (Hyperästhesie), dass sie einen auf die Hand gelegten Faden schwer wie eine Eisenstange empfand. Ein anderer Monat brachte Blindheit, hysterogene Stellen am kleinen Finger und am geraden Kopfmuskel, die bei jeder Berührung Krämpfe hervorriefen, zugleich eine geminderte Bewegungsfähigkeit in den Beinen mit übertriebenen Reflexbewegungen, Neigung zu Krämpfen, Kontrakturen [...] Und nun begannen sich außergewöhnliche Erscheinungen bei ihr einzustellen: Zuerst trat Somnambulismus auf [...] später zeigte sich eine Änderung in ihrem Charakter, eine unmoralische, männliche Keckheit [...] Dann traten bei ihr Prophetengabe und Hellsehen auf." Sie sagte in optischen Visionen Ereignisse voraus, die zwei Jahre später richtig eintrafen. Dann sagte sie Krankheitsfälle und kataleptische Anfälle voraus, gab ungewöhnliche Heilmittel an (insbesondere Gold und Silber), die auch wirklich halfen.[216]

Wenn wir auch in diesem Fall eine Besetzung als Ausgangspunkt der Phänomene annehmen dürfen, so äußert sie sich hier in einer Krankheitssymptomatik sowie in parapsychologischen (im Gegensatz zu para*physikalischen*) Phänomenen und erfährt auf diese Wei-

216 Cesare Lombroso: *Hypnotische und spiritistische Forschungen*, S. 3 ff.

se eine Ableitung, die in anders gelagerten Fällen zu physikalischen Phänomenen drängen würde. Spuk und Besetzungen stellen äußerst komplizierte und ereignisreiche Phänomene dar mit chamäleonartigen Wandlungsphänomenen. Hat sich die geistige Kraft allerdings in bestimmter Weise eingerichtet, so verbleiben die Phänomene auch meist in diesem Bereich, also im medizinischen, psychologischen oder physikalischen Gebiet. Nur selten beobachten wir Übertragungen auf ein anderes Gebiet oder auf Phänomene, die auf unterschiedlichen Ebenen gleichzeitig erfolgen.

Im nachstehenden Fall handelt es sich um spuktypische physikalische Phänomene, auch sie gehen von einem Mädchen mit hysterischen Zügen aus:

„In einem Haus wurde Wasser herumgespritzt. Elektrische Klingeln ertönten, auch wenn man die Leitungsdrähte durchschnitt. Eine Frau wurde hochgehoben und von unsichtbaren Wesen an den Haaren gepackt und zu Boden geworfen. Küchengerät, Möbel, Hüte wechselten von allein ihren Ort, selbst wenn man sie festnagelte." Nachdem das Mädchen geheiratet hatte und in eine andere Stadt gegangen war, hörten die Phänomene auf. Sie waren zwei Jahre lang aufgetreten.

Ein anderer Fall: „Immer nach Mitternacht hörte man in der Wand Detonationen, die fast wie Kanonenschüsse klangen. Türen und Fenster gingen unversehens weit auf. Die Haare der Kinder wurden in Unordnung gebracht. Alles das trat ein, nachdem der Arbeiter eine junge Frau zu Besuch gehabt hatte. Diese wurde dann ärztlich untersucht. Man fand bei ihr hysterogene Stellen [...] und einen sonderbaren Krampf der Bauchmuskeln, durch den eine Art Bauchtanz hervorgerufen wurde. Im Krankenhaus fand die Frau nach einiger Zeit Heilung. Am Wichtigsten ist aber, dass während ihrer Abwesenheit die Phänomene aufhörten. Auch die mechanischen Erscheinungen, die sie unbewusst im Schlaf hervorrief, fanden nach ihrer Genesung nicht wieder statt."[217]

217 Cesare Lombroso: *Hypnotische und spiritistische Forschungen*, S. 305 f.

Ähnliche Vorgänge gehen allerdings auch von nicht-hysterischen Personen aus. Hysterisch Veranlagte zeigen sich sensibler bezüglich der Aufnahme fremdgeistiger Energiefelder und vermögen deshalb ihre Inhalte leichter umzusetzen als gesunde Personen.

Auch in einem von Prof. Vincenzo Tummolo beschriebenen Fall handelt es sich um eine hysterische Person, die als Ausgangspunkt für physikalische Phänomene dient. Hier ist die medial veranlagte Person nicht am Ort des Geschehens anwesend. Es handelt sich um die Molkereibesitzerin Carnevale Nomentina. Das vermutete Medium litt an hysterischen Krämpfen und kataleptischen Zuständen. Die Poltergeist-Phänomene, um die es hier geht – öffnen von Türen in der Molkerei, Umhertanzen von Stühlen, ein Nagel in der Wand fängt an zu glühen usw. – treten auch dann auf, wenn die Frau sich in einer Entfernung von eineinhalb Kilometern von der Molkerei entfernt aufhält. Die Klopflaute und die Bewegungen der Gegenstände traten genau in der Stunde auf, in der die Frau ihre Anfälle hatte.[218]

Vielfältige Gedanken werden von Forschern zur Erklärung dieses Falles herangezogen: Kann sich eine mediale Wirkung auch auf solche Entfernungen hin auswirken? Welcher Art ist dieser Einfluss? Geht vom Medium eine Kraft aus, welche die Phänomene bewirkt, gleich den Kräften, die im physikalischen Mediumismus wirken? Das widerspräche allen Erfahrungen. Schöpfen Geister von Verstorbenen ihre Kraft zu spuken aus einem selbst ausgewählten Medium in dieser Entfernung? Entsendet das Medium unbewusst einen Doppelgänger zu dem Ort, an dem es physikalisch wirkt?

In einigen Fällen dieser Art – so selten sie auch sind – finden sich Hinweise, die einen Zusammenhang mit einem Verstorbenen glaubhaft wirken lassen. Handelt es sich also doch um ein Zusammen-

---

218 Cesare Lombroso: *Hypnotische uns spiritistische Forschungen*, S. 312. Vgl. auch die Kommentare bei Emil Mattiesen: *Das persönliche Überleben des Todes*, Bd. III S. 69. (Mattiesen führt weitere Beispiele dieser Art an.)

spiel von Verstorbenen und einer als Medium wirkenden Person? Vielleicht liegt es nur an unserem Vorstellungsvermögen über den Wirkungsmechanismus physikalischer Energien, dass wir uns Ereignisse dieser Art kaum erklären können. Selbst mit der Annahme, dass vom Verstorbenen eine Botschaft ausgehe, ein Impuls, können wir uns schwer anfreunden. Aber diese Art der Informationsübermittlung ist kein Phänomen, das einer logischen Entwicklungskette folgt im Sinne von Sender und Empfänger. Die Botschaft oder das Kraftfeld eines Verstorbenen ist kein bewusst ausgelöstes Programm, sondern ein räumlich fixiertes Kraftfeld, das immer dann zur Auslösung oder Ausgestaltung kommen kann, wenn ein „Empfänger" mental mit dem Ort des Ereignisses bewusst oder unbewusst verbunden ist, weil er dort arbeitet, wohnt, die Lokalität kennt oder an sie emotional gebunden ist. In diesem Fall spielt die Entfernung keine Rolle. Mentalprogramme sind physikalisch gesehen Skalarwellenfelder[219], wobei das Potential des Verstorbenen den Sender darstellt mit einer Botschaft an „alle", also unbegrenzt und ohne physikalisch irgendwie in Erscheinung zu treten. Kommt nun ein geeigneter Empfänger hinzu – ein auf den Sender ausgerichtetes Mentalprogramm –, so kommt es zur Resonanz und damit automatisch zu einer Umwandlung des Skalarwellenpotentials in physikalisch fassbare Energie, ein Übertragungssystem, mit dem sich bereits Nikola Tesla in der ersten Hälfte des 20. Jahrhunderts ausgiebig beschäftigt hatte und das zur Zeit unter Physikern lebhafte Diskussionen hervorruft.

Eine Feldstruktur, die Phänomene an unterschiedlichen Orten auszulösen vermag, ist keine feste Bindung an eine Örtlichkeit, sondern gleicht eher einer Botschaft, die sich mit allen Empfängern verknüpfen lässt, die dazu Zugang erlangen. Im Fall des Spuks in der Molkerei haben wir *eine* mediale Person vor uns und *einen* Spuk-

219 Ausführliche Informationen zur Skalarwellen-Thematik im Zusammenhang mit mentalen Informationsprogrammen in meinem Buch *Wege zum kosmischen Bewusstsein*, Buchverlag König, Greiz, 2022.

ort, auch wenn diese weit auseinanderliegen. Die Theorie von der übergeordneten Feldstruktur, die alle Individualitäten zu verknüpfen vermag, die damit in einem Zusammenhang stehen, gewinnt an Beweiskraft, wenn sich die Spukphänomene so weit verzweigen, dass eine direkte Wechselbeziehung zwischen medialer Person und ausgelöster Spukaktion nicht mehr glaubwürdig erscheint. Wir haben einen solchen Fall im familiären Spuk „Regulski" bereits kennengelernt, der einwandfrei dem personengebundenen Spuk zugeordnet werden konnte.

Medizinisch-hysterische Gesichtspunkte der Besetzung

Das Leiden kommt aus dem Lager einer gottlosen übersinnlichen Geheimorganisation. Mit euren Worten: Aus der Hölle. Für dieses Ziel gibt es eine ganze Schöpfung, von den Bakterien angefangen, einschließlich der Fauna und Flora. Hinzu kommen die durch Inspiration hervorgerufenen Schäden durch Technik und Wissenschaft oder aus dem falschen Verhalten der Industrie und der Menschen selbst.

Martin Fieber: *Die Botschaft der Santiner*

Wenn wir uns intensiver mit den psychischen Dispositionen als Ursachen für spukhafte Phänomene beschäftigen, kommen wir an einem Vergleich mit dem Krankheitsbild der klassischen Hysterie nicht vorbei. Klassisch deshalb, weil der Begriff der „Hysterie" aus dem medizinischen Vokabular des beginnenden 20. Jahrhunderts vollständig gestrichen wurde und im Symptomenkomplex der Neurasthenie (Nervenschwäche, psychovegetative Erschöpfung) mit allen seinen Facetten aufging.

Jean-Martin Charcot, der bedeutende französische Neurologe des Hôpital de la Salpêtrière berichtet uns von einem Fall, in dem es bei drei Kindern der gleichen Familie zu einem hysterischen Anfallsleiden kam (psychische Infektion), nachdem man sie an einer spiritistischen Sitzung hatte teilnehmen lassen.[220] Dabei handelt es sich um mehr als eine Erschütterung des kindlichen Gemüts durch eine schwüle Gespensteratmosphäre oder Ammenmärchen von Hexern und Zauberern, von himmlischen Geistern, sondern um ein typisches Eindringen von fremden geistigen Strukturen in die Seele der Kinder mit den entsprechenden Folgen, die sich hier in den Anzeichen des hysterischen Krankheitsbildes ohne bekannt gewordene Spukphänomene offenbarten. Hysterische Epidemien sind uns reichlich vertraut aus Pensionaten, Klosterschulen und Ordensgemeinschaften. Es sind Beweise für die Züchtung phantastischer Sinnesarten, die oft im Zusammenhang mit erotischen und religiös motivierten psychischen Spannungen stehen. In Form von klassischen Besetzungsepidemien finden wir dieses Phänomen in der mittelalterlichen Klosterliteratur reichlich belegt. Wird vom Erscheinungsbild einer Besetzung gesprochen, werden die damit zusammenhängenden Ereignisse in vielen Fällen von Spukphänomenen begleitet.

Spuk gehört ebenso wenig in das medizinische Krankheitsbild, wie die klassische Besetzung. Und wenn die eine oder andere Form sichtbar wird, so werden die Erscheinungsformen auf medizinisch-wissenschaftliche Begriffe reduziert und als Gemütsleiden klassifiziert. Auch die dämonischen und visionär-ekstatischen Zustände der Besessenen des Mittelalters sowie der religiösen Ekstatiker erscheinen ihrem Ausdruck nach als hysterische Anfälle im Sinne von Erkrankungen des Nervensystems.

Es sind pathologisch gesteigerte Gefühlsreaktionen, die den Charakter der hysterischen Vorgänge mit krankhafter Steigerung des Schmerzempfindens und generellen Empfindungsstörungen ausmachen, im Anfallstadium der Epilepsie ähnlich sind und mit ihr Mischformen bilden. Typisch sind mehr oder weniger rhythmisch verlaufende generalisierte oder auf bestimmte Muskelgebiete be-

220 Otto Binswanger, *Die Hysterie*, S. 69.

schränkte krampfhafte Zwangsbewegungen, wie wir sie auch aus den hier dargestellten Krankheitsbildern Besessener kennen. Diese gehen oftmals mit leichteren Graden von Bewusstseinsstörungen wie geringfügige Benommenheit einher, die parallel zu den hysterischen, epileptischen aber teils auch spukhaften Ereignissen auftritt.

Den Zwang, bestimmte Ereignisse häufig zu wiederholen, finden wir sowohl im ortsgebundenen als auch im personengebundenen Spuk: Erscheinungen benutzen immer den gleichen Weg, vollziehen die gleichen Handlungen; hat der Spuk sich auf eine bestimmte Thematik eingeschworen, wird diese bis zur Ermüdung wiederholt, bevor ein neues Gebiet angegangen wird.

Bei der klassischen Besetzung haben wir die zwanghaften Körperreaktionen der Betroffenen ebenso kennengelernt, wie in den hier angeführten Spukereignissen. Bei Besessenheit mit begleitendem Spuk haben wir dieses Phänomen z. B. bei Anneliese Michel beobachtet, die zu unzähligen Kniebeugen gezwungen wurde sowie zu kräfteverzehrendem Hüpfen im Sinne von Bocksprüngen und beim „Mädchen von Orlach“ im stundenlangen Aufschlagen des Fußes.

Auch das klassische hysterische Erscheinungsbild ist von derartigen Aktionen geprägt, sie wechseln hier allerdings schneller, als in den Spukphänomenen. „Die Bewegungen selbst erfolgen bei vollständig schlaffer Muskulatur; ein und dieselbe Bewegung kann sich 15-20-mal mit größter Schnelligkeit und Regelmäßigkeit wiederholen, z. B. brüsken Rumpfbeugen, bis die Stirn auf die Knie aufstößt, und dann so stürmisches Rumpfstrecken, dass der Rücken und Kopf mit großer Gewalt auf die Unterlage aufschlägt.“[221]

Psychische Erschütterungen, die teils als verursachend für die genannten Erkrankungsformen angesehen werden, finden wir als Auslöser ebenfalls bei Spukbetroffenheit, sei es im Zusammenhang mit selbst aufgebauten Mentalprogrammen als auch durch Einwirkun-

221 Otto Binswanger: *Die Hysterie*, S. 755.

gen astraler Wesenheiten verursacht. Erblich-degenerative Faktoren sind für die Hysterie und Epilepsie ebenso typisch wie für eine Disposition zu Spukphänomenen. Vergessen wir dabei nicht, dass auch die Vererbbarkeit von Dispositionen bis hin zu genetischen Veränderungen auf Ursachen beruht, die in der psychischen Struktur der Betroffenen verankert sind (Besetzungen) und sich erst nach längerer Einwirkungsdauer als Matrix für eine vererbbare abgewandelte Genstruktur heranbilden. Entsprechend vorbelastete Kinder weisen oftmals eine disharmonische intellektuelle Entwicklung auf, entweder mit geistiger Schwäche einhergehend oder mit einer verfrühten Entfaltung der geistigen Anlagen, wie wir sie bei den sogenannten „Wunderkindern" finden, die ihre Fähigkeiten oftmals der Besetzung durch höher entwickelte Geistwesen verdanken. Aber auch Entwicklungshemmungen können auf vergleichbarer geistiger Grundlage beruhen.

Unterschiedliche Augenfarben und voneinander stark abweichende Strukturierungen der Iris galten im Volksglauben stets als Anzeichen für den „bösen Blick" und als Merkmal von Hexen; auch bei Hysterikern ist dieses Bild vielfach zu beobachten. Ob dieses Phänomen als Hinweis auf eine Besetzung gewertet werden kann, bliebe zu überprüfen.

Wenn wir uns außerhalb unseres Kulturkreises umschauen, finden wir Besetzungen, epileptische Anfälle und hysterische Anwandlungen insbesondere in Ländern des asiatischen und afrikanischen Kulturkreises bei Bevölkerungsgruppen mit niedriger kultureller Entwicklung, wenn wir unsere heutige Sichtweise als Maßstab nehmen. Es handelt sich dabei um Völker mit einer naturnahen, magisch geprägten Lebensweise, in der Zauber, Magie und paranormale Fähigkeiten zur Lebensart gehören und praktiziert werden. Dies ist eine Lebensform, welche die Psyche für alle astralen Einflüsse öffnet und jenseitige Wesenheiten als Hilfsmittel zur Erreichung egoistischer Ziele nicht nur akzeptiert, sondern befürwortet und erstrebt. In diesen Fällen ist der Besetzung Tür und Tor geöffnet, es sind Dämonen und Verstorbene, die aus den Zauberpriestern sprechen, ihnen ihre Fähigkeiten verleihen, in körperlichen Sensationen der Betroffenen Auswirkungen zeigen und damit Krankheitsbilder vortäuschen, die mit denen der Epilepsie und Hysterie, aber auch der dämonischen Besessenheit vergleichbar sind.

Hysterische Dispositionen manifestieren sich gewöhnlich bereits im vor-pubertären Alter in Form von Persönlichkeitsstörungen und beruhen in den meisten Fällen auf erblicher Vorbelastung; das Maximum wird nach Binswanger im 11. bis 13. Lebensjahr erreicht, wobei das weibliche Geschlecht überwiegt. Bei schlummernder hysterischer Veranlagung bewirken die zahlreichen physischen und psychischen Reize, die dieser Entwicklungsperiode eigentümlich sind, eine Verstärkung der Disposition, und geringfügige Gelegenheitsursachen genügen, um hysterische Krankheitserscheinungen hervorzurufen.

Vergleichbare psychische Dispositionen und Belastungen finden sich auch bei vom Spuk betroffenen Kindern und Jugendlichen. Ihre psychische Labilität, verbunden mit den psychischen und physischen Reizen und Belastungen der beginnenden Pubertät führt zu Überreaktionen im Gemütsleben, beruhend auf der in diesem Alter typischen Ich-Schwäche, die unterschiedlichste seelische Regungen nicht mehr angemessen verarbeiten kann. Es sind verschiedenartigste geistige Fremdeinflüsse, die bereits seit der Geburt (genau genommen bereits vorher) auf die Kinder eindringen, sie vorprägen und die im pubertären Konflikt mit dem sich in den Vordergrund drängenden Verstand zu Krisensituationen führen können. Diese seelischen Konflikte brechen in unterschiedlichsten Erscheinungsformen an die Oberfläche und äußern sich in Beeinträchtigungen des Nervensystems und damit verbundenen physiologischen Reaktionen wie hysterisch anmutenden Empfindlichkeitsstörungen, seelischen und emotionalen Ausbrüchen, Verhaltensstörungen sowie mitunter der Produktion von Spukerscheinungen, die einen engen Bezug zum augenblicklichen seelischen Zustand des Betroffenen aufweisen. Analytische Untersuchungen vermögen die hinter den Produktionen stehenden geistigen Kräfte aufzudecken und durch therapeutische Maßnahmen zu entschärfen. Die dahinter stehende und letztlich alles verursachende Besetzung wird nicht erfragt, ist mit medizinischer Diagnostik auch nicht zu erfassen, sie bleibt unerkannt und vermag im Verborgenen weiter zu wirken, wird aber in der Regel nach einiger Zeit der inneren Stabilisierung akzeptiert und als fester Bestandteil der eigenen Persönlichkeit angesehen.

Einer der bedeutendsten Gelehrten des 19. Jahrhunderts, Wilhelm Maximilian Wundt (1832-1920), Physiologe, Psychologe und Philosoph beschreibt die angesprochenen psychischen Affektstörungen (die wir in den äußeren Erscheinungsformen von Besetzungen bereits kennengelernt haben und die in dieser Form auch bei Hysterikern auftreten), als Sensationen, die mit einer spontanen Änderung der Stimmungslage einhergehen sowie Wirkungen auf das Herz, die Blutgefäße, die Atmung und die äußeren Bewegungsorgane aufweisen:

> „Es treten zunächst Bewegungen der Mundmuskeln, mimische Bewegungen, dann solche der Arme und des Gesamtkörpers (pantomimische Bewegungen) ein. Bei stärkeren Affekten gesellen sich ausgebreitete Innervationsstörungen (Muskelzittern, lähmungsartiger Nachlass des Muskeltonus) hinzu. Diese Ausdrucksbewegungen treten unwillkürlich auf, entweder reflexartig den Affektregungen folgend oder in der Form impulsiver, aus den Gefühlsbestandteilen des Affekts entspringenden Triebhandlungen. Die Ausdrucksbewegungen sind aber zum Teil auch willkürlich beeinflussbar, sowohl im Sinne der Hemmung, als auch der Verstärkung der Bewegungsaktionen.“[222]

Die äußeren Gefühlsstörungen gehen oftmals mit dem Auftauchen innerer Bilder einher, womit wir uns der parapsychologischen Thematik weiter annähern. Bei großer Erschöpfung treten deutlich greifbare Bilder hervor, die wie wirkliche Dinge aussehen.

222 Zitiert nach Otto Binswanger: *Die Hysterie*, S. 101.

„So sah ich, als ich nach schwerer Krankheit als 15-jähriges Mädchen zum erstenmale wieder bei Bewusstsein war, meine vor elf Jahren verstorbene Mutter in einem Kleide, das ich heute noch malen könnte. Ich hörte sie auch ganz deutlich sprechen. Da wir zuhause sehr abergläubisch sind, ist's gar nichts Seltenes bei uns, Gespenster zu sehen [...] [Ich sah] immer meine Kranke sich im Sarge aufrichten. Das ging viele Wochen, und immer war der Grad der Verwesung fortgeschritten. Es war mir immer, als müssten die Anderen es auch sehen. Außerdem sah ich sehr oft einen ganz sinnlosen Menschen, der sich mit einem Handtuch die Hände trocknete und einen kleinen braunen Dachshund [...] [Ein andermal] sah und hörte ich Fräulein T. mit ihrem eigentümlichen Gang den Korridor entlang kommen. Sie öffnete meine Türe und winkte mit der Hand. Ich sah sie ganz deutlich, ebenso wie mein Bett oder den Korridor, in dem das Gas brannte, oder die Wärterin, die bei mir im Zimmer war. Fräulein T. machte die Tür zu und ging fort, ganz wie ein Mensch. Die beiden Male hätte ich auf Wirklichkeit schwören mögen. Was mich am meisten peinigt, sind eigentlich gar keine Bilder; ich sehe sie nicht, sie sind nur in meinen Gedanken. Ich kann es von wirklichen Dingen ganz gut trennen. Ich weiß, dass es Einbildungen sind, und kann doch nicht meine Gedanken davon abziehen [...] Ebenso unüberwindlich sind diese Vorstellungen wie der Zwang, dann irgendetwas Unsinniges zu tun. In solchem Zustande habe ich unsinniges Geld ausgegeben, habe ganz aberwitzige Reisen über Hals und Kopf gemacht, gute Stellen, wo ich wie ein eigenes Kind gehalten wurde, mit einem Krach aufgegeben, kurz, mein Leben genauso zugrunde gerichtet, wie schon eine Reihe meiner Vorfahren und Verwandten. Ist es vorüber, so begreife ich mich selbst absolut nicht. Ich glaube, ich muss aus zwei Menschen bestehen. Vielleicht gibt es psychische siamesische Zwillinge."[223]

Dieser Auszug aus einem Fallbeispiel des hysterischen Krankheitsbildes zeigt zahlreiche Parallelen zu Berichten über Besetzungen und paranormalen Phänomenen, die wir bereits kennengelernt haben. Was für die klinische Diagnostik ein Rätsel bedeutet, erscheint aus spiritueller Sichtweise als eindeutiger Fall einer über mehre-

223 Otto Binswanger: *Die Hysterie*, S. 128 f. (Krankengeschichte Nr. 8).

re Generationen hinweg mit der Geburt übernommenen Besetzung bzw. Besessenheit. Typisch dafür ist das Gefühl, aus zwei unterschiedlichen Menschentypen zu bestehen, das Gefühl der seelischen Verdoppelung. Die Unterschiede zeigen sich in unsinnigen Handlungen, wenn die eine (persönlichkeitsfremde) Personifikation die Oberhand gewinnt im Vergleich mit der realistischen Anschauungsweise der selbstbewussten Kranken. Wie weit die optischen oder halluzinatorischen Erscheinungen paranormale Elemente darstellen, die auf realem Hintergrund beruhen, ist aus dem Fallbericht nicht ersichtlich. Aus medizinischer Sicht handelt es sich um endogen erzeugte Halluzinationen, also unwirkliche Bilder und Ereignisse. Aus paranormaler Sichtweise könnten diese allerdings auch Botschaften beinhalten, die der Seherin unbekannt sind und in diesem Fall für ein übernatürliches Wahrnehmungsvermögen sprechen. Von einem Spuk, der auf das Einwirken einer astralen Entität hinweisen könnte, wird hier nicht gesprochen, akustische oder anderweitig sinnenbezogene Erfahrungen scheinen in diesem Fall nicht aufzutreten.

Eine andere Patientin hört im Erkrankungsstadium Stimmen, die sie ängstigen. Sie sieht des Nachts ihren Mann einem fremden Mann die Tür des Schlafzimmers öffnen und diesen hereinlassen. Sie sieht diesen sich unter das Bett legen und hört ihn an dasselbe klopfen.[224] Auch in diesem Fall wird leider nicht hinterfragt, ob sich bezüglich der Erscheinung oder der Klopfgeräusche Hinweise auf reale Vorgänge finden lassen.

Hysterische, epileptische oder gemischte Anfälle innerhalb dieser medizinischen Kategorien lassen sich dem Bilde nach nicht von klassischen Besetzungsfällen unterscheiden. Die Krankheitsgeschichte einer 20-jährigen Kindergärtnerin, von mütterlicher Seite erblich belastet, zeigt uns folgendes Anfallstadium:

> „Eines Tages war sie angestrengt mit Schneiderei beschäftigt, fühlte sich innerlich erregt, klagte über Kopfschmerzen und Unwohlsein.

224 Otto Binswanger: *Die Hysterie*, S. 179.

> Plötzlich fiel sie mit lautem Geschrei um, machte beständig die Hände auf und zu und führte dann heftige Bewegungen mit dem Rumpfe und den Armen aus. Sie stöhnte und schrie laut, dass man es über zwei Etagen hörte. Der Anfall dauerte eine viertel Stunde, und war sie dabei völlig bewusstlos [...] [Ein anderes Mal sank sie] ohnmächtig zusammen und machte regelmäßige, zuckende Bewegungen mit beiden Armen und Schultern [...] plötzlich verzieht sie das Gesicht, fällt um und bricht in lautes Stöhnen aus. Sie liegt in benommenem Zustand, hört aber Befehle [und folgt ihnen]. Sie ist unfähig, irgendwelche Willkürbewegungen auszuführen. Öfters wird sie von plötzlichem allgemeinen Zittern befallen (wie wenn man friert) oder von unregelmäßigen Schüttelbewegungen beider Arme."[225]

Anfallsweise auftretende temporäre Blindheit ist ein hysterisch bedingtes Phänomen, das uns aus der Leidensgeschichte Besessener ebenso überliefert ist, wie aus den Lebensbeschreibungen der Heiligen und Mystiker. „Manche Hysterische werden plötzlich blind; abends sehen sie noch sehr gut, am anderen Morgen unterscheiden sie weder Tag und Nacht. Sie haben überhaupt keine visuelle Empfindung. Diese Blindheit [desgleichen auch Taubheit] besteht im Allgemeinen während einiger Tage, doch sie kann auch Wochen und Monate dauern. Dann verschwindet sie, ohne Spuren zu hinterlassen."[226] Auch Gefühlslosigkeit (Anästhesie) kleinerer oder größerer Körperbereiche ist ein häufiges Begleitphänomen der Hysteriker, Mystiker und Besessenen, ein Phänomen, das schon bei den Hexenprozessen die Verwunderung der Richter erregt hat. Selbst schwerste Verletzungen wie auch Verbrennungen bleiben ohne jede Schmerzempfindung.

Wir haben im weiter oben angeführten Fall des „Mädchen von Orlach" einen von Spukphänomenen begleiteten Besetzungsfall kennengelernt, in dem nicht zu unterdrückende eigenwillige Muskelkontraktionen auftraten: „Der linke Fuß bewegt sich immer hef-

225 Otto Binswanger: *Die Hysterie*, S. 188 f.
226 derselbe, S. 204.

tig hin und her, die Sohle schlägt hart auf den Boden während des oft stundenlangen Anfalls; die Bodenbretter werden dadurch ganz abgerieben, auf der Fußsohle tritt Blut aus; wäscht man es ab, sieht man nicht die geringste Abschürfung." Dieses Erscheinungsbild ist auch für zahlreiche Hysteriker im Anfallsstadium typisch und könnte auch im nachstehenden Beispiel einen Hinweis auf eine Besetzung geben.

> „Ein 13-jähriger Knabe, welcher sonst keinerlei Störungen der intellektuellen und motorischen Funktionen darbot, wurde [anfallsweise?] von eigentümlichen Bewegungen ergriffen, nämlich von unwillkürlichen Muskelkontraktionen, welche den ganzen Körper nach vorwärts warfen, wie wenn er durch Federkraft getrieben worden wäre: Der Patient machte 7-8 Fuß (etwa 2,5 Meter) weite Sprünge, er wurde plötzlich, sozusagen mechanisch, von dem Sitze, auf dem er sich niedergelassen hatte, emporgehoben, ohne dass er von dem Sitze herabgeschleudert wurde." [...] [Eine andere] „Patientin wurde zu verschiedenen Malen von rhythmischen Konvulsionen der unteren Extremitäten befallen. In liegender Körperstellung waren weder Lähmungen noch Muskelspannungen, noch Zuckungen vorhanden. Sobald sie aber die Füße auf die Erde anstellte, wurden beide Beine von klonischen Konvulsionen ergriffen, welche den ganzen Körper heftig erschütterten. Diese konvulsivischen Stöße traten synchron in beiden Beinen auf, und wiederholten sich ungefähr 2-3-mal in der Stunde. Sie waren so heftig, dass die Fersen mehrere Zoll vom Fußboden empor geschleudert wurden und wieder heftig auf den Boden zurückschlugen. Sie dauerten so lange, als die Kranke aufrecht stand, und hörten sofort auf, wenn sie sich niederlegte. Krankheitsdauer 4 Monate."[227]

Derartige rhythmische Spasmen wirken wie auch andere auffällige hysterische Erscheinungsformen auf andere Kranke und vermögen bei ihnen dieselben Formen hervorzurufen. Diese Art der Übertragung von mentalen Programmen ist für Besetzungen typisch.

---

227 Beide Fälle: Otto Binswanger: *Die Hysterie*, S. 488 f.

Wir finden dieses Phänomen in den Berichten über Besessenheitsepidemien in mittelalterlichen Klöstern ausdrucksstark geschildert. Selbst geweihte Exorzisten oder exorzierende Priester sind dieser geistigen „Ansteckung“ ausgesetzt. Historische Zeugnisse belegen, dass kaum einer von ihnen ihr gänzlich entronnen ist. Auch bei Spukvorgängen kommt es vor, dass der „Geist“ von einer zur anderen Person wechselt oder ganze Menschengruppen auf einmal beeinflusst (Massen-Halluzination?). Diese Gemeinsamkeit verweist bei Spukbetroffenen, Hysterikern und Besessenen auf gleiche Ursachen. Der Anblick oder der Umgang mit letzteren ist eine bedeutende Quelle der Verbreitung dieser Phänomene. Die eigentliche Wurzel dieses Übertragungsphänomens ist nicht der bloße Anblick, sondern zugleich der vorhandene feste Glaube an den dämonischen Charakter ihres Zustandes und die Übertragbarkeit desselben. Diese bezieht sich nicht allein auf typische Besetzungsprogramme, sondern ebenso auf andere emotionale Strukturen, die als Energiefelder auf alle Beteiligten gleich einer Umsessenheit einwirken, aber nur bei wenigen, speziell dafür disponierten Personen Aufnahme finden. Eine Hysterika schildert:

> „Ich muss mich in Acht nehmen im Kreise meiner Geschwister und Freundinnen, bei anstrengendem Geplauder, beim Spiel und Scherz, mich zu sehr zu beteiligen. Ich gerate zu leicht in eine heitere, ausgelassene Lustigkeit, besonders dann, wenn irgendeine meiner Gespielinnen ebenfalls ausgelassen heiter ist. Am schlimmsten ist es, wenn die anderen in ein Gelächter ausbrechen [emotionale Auflösung und Freisetzung]. Lasse ich mich dann zur Lustigkeit mit fortreißen, bin ich verloren. Dann werde ich von einem krampfartigen Lachen ergriffen, bei dem mein ganzer Körper erschüttert wird. Dann werde ich im Zimmer hin und her getrieben, klopfe gegen Tische und Wände mit den Fäusten, mit den Füssen, werfe mich auf einen Stuhl oder ein Sofa, fuchtele mit den Armen, stampfe mit den Beinen. Während der ganzen Zeit stoße ich ein wieherndes Lachen aus, das nur von tiefen Kreischlauten unterbrochen wird, wenn ich Luft holen muss. Das dauert so lange, bis ich müde, matt, mit röchelndem Atem, unfähig,

ein Glied zu rühren, zusammenbreche. Ich bin dann mehrere Tage wie zerschlagen. Von Freudigkeit und Ausgelassenheit ist bei diesen Ausbrüchen meines Temperaments gar keine Rede. Sobald dieses krampfartige Lachen einsetzt, bin ich wie verwandelt [!], da ich ganz klar weiß, was mit mir vorgeht, dass ich nämlich ein unwürdiges Schauspiel vor den Anderen aufführe. Scham, Ärger beherrschen mich dann. Ich muss es aber vermeiden, diesen Gedanken und Gefühlen zu sehr nachzugeben. Dann wird die Sache nur noch schlimmer, ich breche in lautes Weinen aus, und Wein- und Lachsalven lösen sich ab. Diese gemischten Krämpfe dauern immer etwas länger als die eigentlichen Lachkrämpfe, und ich bin nachher noch viel elender. Ich ziehe mich dann möglichst von heiterer Gesellschaft zurück.“[228]

Dieses Beispiel demonstriert die Aufnahmebereitschaft sensibler Menschen, die ihren Gemütsstimmungen freien Lauf lassen. Ein solches Verhalten führt zu ungeprüfter Übernahme von Programmen anderer Menschen, insbesondere von Menschengruppen, aber auch von geistigen Kräften, die uns ungebetener Weise umgeben und die wir nicht bewusst wahrnehmen können. Das bezieht sich auf positive wie auf negative Kräfte gleichermaßen, wobei in der Regel nur die Kräfte Zugang erhalten, die auch in uns selbst angelegt sind. Gegen den eigenen Willen und entgegen einer disponierenden Veranlagung wird niemandem etwas aufgezwungen. Prüfen wir uns selbst, indem wir uns einer wohltuenden Musik öffnen oder unser Innerstes vor Tönen verschließen, die als Missklänge empfundenen werden. „Der Teufel geht umher wie ein brüllender Löwe und sucht, wen er verschlinge.“ (1. Petrus 5.8).

Eines der wohl erschütterndsten Beispiele für Massenbesetzung und Übertragung sind die Ereignisse in einem Kloster der Ursulinen in Loudon. Der französische Jesuit und bedeutende Mystiker Jean-Joseph Surin wirkte von 1634 bis 1637 als Exorzist für die besessenen Nonnen. Er war so schockiert über die Ereignisse, dass er anbot, sein eigener Geist möge statt jenem der Priorin Jeanne

228 Otto Binswanger: *Die Hysterie*, S. 508.

de Anges besessen werden, was auch geschah. Von 1635 bis 1651 zeigte er die Zeichen einer (heute als Schizophrenie bezeichneten) Besessenheit und musste selbst exorziert werden. Beim Betreten der Kanzel, beim Kreuzzeichen wie auch beim Niederschreiben seiner Erlebnisse und beim Diktieren waren die Besessenheitszeichen verflogen, was seinem Arzt äußerst wundersam erschien. Acht Jahre vor seinem Tod wurde er geheilt und widmete sich anschließend ganz dem spirituellen Leben. Einige Worte mögen sein Befinden schildern:

> Es ist ein Zustand, wie er vielleicht noch nie in der Kirche gesehen worden ist. „Während ich mein Amt [als Exorzist] ausübe, der Teufel den Körper des Besessenen verlässt und, in den meinigen hinüberfahrend, mich zu Boden wirft, und mich herumwälzt, meine Glieder herumschlägt und mich sichtbar durchherrscht, indem er mich mehrere Stunden wie ein Energumenen[229] besessen hält. Ich kann nicht beschreiben, was während dieser Zeit in mir vorgeht, und wie dieser Geist sich mit dem meinigen vereinigt, ohne mir jedoch das Bewusstsein und die Freiheit meiner Seele zu rauben, indem er dennoch wie ein anderes Ich waltet, als ob ich zwei Seelen hätte, von denen die eine außer dem Besitz und Gebrauch ihres Körpers und ihrer Organe gesetzt und gleichsam in einem Winkel zurückgedrängt ist und zusieht, was die andere eingedrungene tut. Beide Geister kämpfen auf demselben Gebiete d. h. im Körper, und die Seele ist wie geteilt [...] Ich fühle, dass das Geschrei aus meinem Munde gleichmäßig von beiden Seelen kommt, und kaum kann ich unterscheiden, ob es die Fröhlichkeit oder die rasende Wut in mir ist, die es hervorbringt."[230]

Besessenheitsepidemien, wie sie Surin vorfand, ereigneten sich nahezu ausschließlich in Nonnenklöstern. Nur in seltenen Fällen, überschritten sie die Klostermauern und griffen auf einige Bewohner

---

229 Aus dem Französischen: Person, die von einem bösen Geist besessen, dem aber eine begrenzte Teilnahme an der heiligen Messe gestattet ist. (Begriff aus der frühchristlichen Kirche.)

230 Traugott Konstantin Oesterreich: *Die Besessenheit*, S. 49 f.

der Ortschaften über. Traugott Konstantin Oesterreich zitiert Quellen, nach denen von etwa 1500 bis in die 1880-er Jahre hinein 25 Epidemien angegeben werden mit jeweils etwa 30 bis 80 betroffenen Personen, unter den Institutionen auch Waisenhäuser und Findlingsheime, in denen beiderlei Geschlecht erkrankte.[231]

Das Studium der Krankengeschichten von Hysterikern zeigt immer wieder Bilder, die uns Hinweise auf Besessenheit als Ursache geben. So schildert eine Betroffene den Beginn ihres Anfalls:

> „Ich merke immer den Eintritt der Krämpfe. Es wird mir zuerst übel, dann schwindlig, als vergingen mir die Gedanken; ein eigentlicher Schwindel, als ob alles sich drehe, ist nicht vorhanden. Mein Kopf ist ganz wüst; ich weiß alles, was ich sagen will, sage aber häufiger verkehrte Worte, z. B. statt Wasser irgendein anderes Wort. Ich werde dann unruhig, ängstlich. Der Hals wird mir zugeschnürt, Hände und Füße sterben mir ab, alle Glieder werden steif und kalt, und dann kommt der Anfall."[232]

Was hier geschildert wird, ist das zeitweise Eindringen einer fremden Macht in den Körper bzw. eine Machtübernahme durch ein im Leib selbst erzeugtes Programm, das mehr oder weniger gegen den Willen zur Ausführung drängt. Solche Anfälle beginnen mit einer geistigen Abwesenheit, Traumverlorenheit mit Auftreten von Bildern und Illusionen, Unkonzentriertheit, sie können aber auch Folgen von Gemütsbewegungen (in 81 Prozent der untersuchten Fälle), Schockerlebnissen, Unfällen usw. sein. „Ich werde dadurch ängstlich erregt, wie ans Bett gebannt und kann mich nur schwer aus solchen Zuständen losreißen" berichtet eine Betroffene, die infolge Tagträumerei hysterisch wird. Je näher der Anfall rückt, desto ausgeprägter werden die einengenden (Konstriktion) Empfindungen und Angstgefühle, die meist in der Magengrube und Herzgegend lokalisiert sind. Im Anfallstadium unterhalten sich die Kran-

231 Traugott Konstantin Oesterreich: *Die Besessenheit*, S. 183 f.
232 Otto Binswanger: *Die Hysterie*, S. 513.

ken oft stundenlang mit lauter Stimme mit einer imaginären Person und fühlen sich von der Außenwelt abgeschlossen. Die Bewusstseinszustände, in denen die Anfälle zur Auslösung gelangen, sind unter Umständen sogar bewusst produzierbar. Eine junge Prostituierte, die häufiger in bewusstlosem Zustand mit Zungenbiss und schweren äußeren Verletzungen infolge des gewaltsamen Hinstürzens in die Charité gebracht wurde, gestand, „dass sie die Anfälle jederzeit willkürlich hervorrufen könne, indem sie lebhaft an dieselben dächte, oft genügte auch die Reproduktion an irgendeine häusliche Szene, um Anfälle hervorzurufen. Sie machte von dieser Fähigkeit jedes Mal Gebrauch, wenn ihr eine Gefängnishaft oder die Unterbringung in eine Besserungsanstalt drohte. Sie hat in unserer Gegenwart [Ärzte der Charité] mehrfach dieses Experiment ausgeführt.“[233]

In zahlreichen Fallberichten Hysterischer zeigen sich eindeutig besetzungstypische Körperreaktionen: schwere affektive Veränderungen, Angsteffekte, explosive Ausbrüche, Ruhelosigkeit, Verzweiflung, schlagende Bewegungen der Extremitäten, zwangsweises Hin- und Herlaufen oder andere Zwangsbewegungen, starke motorische Entladungen, Hin- und Herwälzen auf dem Boden, lautes Schreien, wechselnde Schmerzen in den unterschiedlichsten Organen oder Extremitäten, Erbrechen, Bluterbrechen, allgemeine Muskelschwäche bei übernatürlicher Kraftentwicklung im Anfallstadium. Es besteht eine Tendenz der Schmerzen, sich in bestimmten Körperreaktionen gewissermaßen einzunisten und dort unter wechselnder Intensität oft jahre- und jahrzehntelang zu verweilen. Halluzinationen des Gesichts und Gehörs sind häufige Begleiterscheinungen der Anfälle; eindeutig paranormal interpretierbare Ereignisse werden in diesem Zusammenhang bei Hysterikern allerdings nicht berichtet.

---

233 Otto Binswanger: *Die Hysterie*, S. 672.

Ein 12-jähriger Knabe aus erblich vorbelasteter Familie wird im 2. und 3. Lebensjahr durch mehrfache Anfälle von Pavor nocturnus auffällig, eine Schlafstörung, die durch nächtliches Aufschreien, Angstzustände und Alpdrücken charakterisiert ist, häufig mit Schlafwandel einhergeht und allgemein als harmlos gilt. [Diese Nachtangst ist ein typisches Anzeichen einer Besetzung!] Im 10. Lebensjahr treten erneut Anfälle dieser Art auf. Der sonst intelligente und gut entwickelte Knabe geht munter zu Bett, wird plötzlich unruhig und wirft sich mit angsterfülltem Gesichtsausdruck im Bett herum, gestikuliert lebhaft mit den Armen, klagt über Beklemmung und Atemnot und schreit gelegentlich laut auf. Der Zustand hält über mehrere Stunden an und geht dann in ruhigen Schlaf über. Am anderen Morgen besteht diesbezüglich völliger Gedächtnisverlust. Der Knabe wird in eine psychiatrische Klinik überführt, die begleitende Symptomatik charakterisiert ihn als Hysteriker.[234]

Aber auch geistig völlig normale Menschen erleben Angriffe dieser Art, wenn sie nachts von Astralwesen bedrängt werden. Die Überfälle ereignen sich meist in einer Phase des Halbschlafs während des Aufwachens am Morgen oder in der Nacht, seltener während des Einschlafens. Dabei handelt es sich um mehr oder weniger schwere Bedrückungen durch Kräfte oder geistige Wesenheiten, die sich auf die Brust setzen, bei den Erwachenden zu Atembeklemmungen führen und die Abwehrreaktionen des Körpers zu lähmen scheinen. Wem es in diesem Zustand gelingt, helfende geistige Kräfte herbeizurufen oder aus eigener Machtvollkommenheit Widerstand zu zeigen, ist meist nach kurzer Abwehrreaktion befreit. Ich selbst wende in einer solchen Situation einen mental induzierten Lichtblitz an, der die Kraft bzw. die Erscheinung auflöst. Es handelt sich bei diesem Phänomen um die typischen „Aufhocker“, von denen die ältere Literatur im Sinne von Behexung berichtet, Phänomene, die von Psychologen nur zu gern als Folgen eines überfüllten Magens oder Atembeschwerden infolge Belastung durch die Bettde-

234 Otto Binswanger: *Die Hysterie*, S. 503 f (Krankengeschichte Nr. 71).

cke, Kissen usw. gedeutet werden. Es handelt sich hierbei um reale Angriffe aus der Astralwelt im Sinne von Besetzungsversuchen, unter denen insbesondere spirituell fühlende Menschen gelegentlich zu leiden haben.

Typisch für Besetzungen bei Hysterikern ist auch das abgeschwächte Wachbewusstsein bezüglich äußerer Sinnesreize bei lenkbarer Aufmerksamkeit und ungestörtem Selbstbewusstsein. Die Betroffenen können sich aus der Stimmung des Brütens herausreißen, doch es fällt schwer, gegen diesen Zustand anzukämpfen.

> Bei einer 23-jährigen Patientin setzte das hysterisch bedingte Unvermögen zu gehen oder zu stehen infolge heftiger Gemütsbewegung (Lösen eines Verlöbnisses) ein, im Zusammenhang mit einer im Anschluss durchgeführten langwierigen gynäkologischen Behandlung. Für eine Besetzung typisch ist insbesondere die in diesem Zusammenhang beobachtete Persönlichkeitsveränderung, die auf einer Beeinflussung durch eine geistig höher entwickelte Persönlichkeit hinweist. Die Patientin „konnte auf den Knien rutschend sich mit großer Behändigkeit im Zimmer herumbewegen, wurde aber bei jedem Versuche zu gehen oder zu stehen, von heftigem Zittern und Schüttelkrämpfen befallen. Sie beschäftigte sich fast ausschließlich mit historischen und philosophischen Werken, zeigte eine scharfe Auffassungsgabe und klares Verständnis.“[235]

Auf das Gefühl, dass Insekten als Sinnbild eines bezaubernden Agens in den Körper eindringen und ihn besessen machen, wurde bereits an mehreren Stellen hingewiesen. Auch dieses Phänomen finden wir bei Hysterikern belegt. Bei einer 26-jährigen Dame mit gestörtem Sensibilitäts- und Gefühlsleben herrschte die Zwangsvorstellung (so der medizinische Begriff) vor, dass ein schmutziges Insekt in ihre Scheide gekrochen sei, sie befruchtet habe und sie nun etwas Scheußliches gebären müsse.[236] Eine andere Patientin sieht des Nachts Schlangen und Mäuse auf ihrem Bett herumlaufen.

---

235 Otto Binswanger: *Die Hysterie*, S. 314.
236 derselbe, S. 329.

Persönlichkeitsveränderungen sind ein charakteristisches Besetzungsmerkmal. Eine erblich vorbelastete Patientin, die oft die Unwahrheit sagt und deren Motive dazu sich nicht ergründen lassen, verteidigt sich mit den Worten: „Wenn ich das tue, so weiß ich es nicht." Dabei ist sie bei vollem Bewusstsein dessen, was sie sagt. Die Stimme in ihr drückt sich über sie aus, ohne dass ihr der Gehalt der Aussagen bewusst wird. Eine andere Patientin klagt: Es ruft mir immer wieder ins Ohr, „es ist gut, wenn Du Dir das Leben nimmst." Sie kämpft tagelang dagegen an, aber es hört nicht auf und endet in Selbstmorddrohungen. Ein anderer Patient äußert, er könne keinen Gedanken zu Ende denken, weil sich immer neue dazwischendrängen. Dieses schwer zu unterdrückende Andrängen von Gedanken ist ein typisches Merkmal einer Besetzung oder zumindest doch eines intern erzeugten Mentalprogrammes, das an die Oberfläche des Bewusstseins drängt.

Der hysterische Symptomenkomplex geht mit Veränderungen an den Chakren einher. Die unteren sind weitgehend geschlossen, die mittleren zu weit geöffnet. Weit offene Chakren besitzen keine Abwehrfunktion mehr, wenn es darauf ankommt, wenn energetische Störpotentiale auf den Menschen zukommen. Deshalb ist auch die Angst in der Magengegend lokalisiert. Sie öffnet die Chakren noch weiter, lässt Fremdenergien eindringen und führt gleichzeitig zu einem Energieverlust, der den Organismus noch weiter schwächt. Da die Regulationsfähigkeit der Chakren nicht nur von der Psyche sondern auch von dem Zustand der Nervenwurzeln am Rückenmark abhängig ist, vermögen Störungen an der Wirbelsäule massiv auf die Chakren einzuwirken. Viele Heilige, Hysteriker, Mystiker und Besessene aber auch mit paranormalen Fähigkeiten begabte Personen „verdanken" ihre Eigenschaften Verletzungen am Rückenmark.

Eine bislang gesunde junge Frau wurde in der vierten Schwangerschaftswoche von einer Kuh in den Rücken gestoßen. Nach der Frühgeburt erlitt sie (das Kind starb) erneute Verletzungen durch einen

Sturz auf einer steinernen Treppe, wobei sie mit dem Rücken und dem Hinterkopf aufschlug. Sie wurde bettlägerig mit Kopfschmerzen und häufigem Erbrechen. Plötzlich zeigte sie anfallsartige Verwirrungszustände, sah in halluzinatorischen Erregungszuständen Gestalten vor sich, wurde ängstlich und schwatzhaft. Obgleich sie das Bewusstsein nicht ganz verlor, bestand völlige Amnesie für die Ereignisse während des Anfalls. „Ich bekam plötzlich einen Schüttelfrost, dann das Gefühl als ob etwas Warmes von dem Leib her in die Höhe stiege, dann verlor ich das Bewusstsein.“ Die Anfälle verschwanden nach zwei Wochen.[237]

Ähnliche Verletzungen, die in diesem Fall allerdings recht deutlich auf karmische Zusammenhänge hinweisen, führten bei der Stigmatisierten und zeitweise nahrungslos lebenden Visionärin Therese Neumann zu den uns überlieferten Leidenszuständen und mystischen Schauungen, die unter klinischer Betrachtungsweise in das hysterische Krankheitsbild einzuordnen wären. Auch der Protestant Arthur Otto Moock wurde durch Unfallfolgen zum stigmatisierten Mystiker. Näheres darüber in meinem Buch *Seelenwelten*.

In einem anderen, der klinischen Hysterie zugeordneten Fall,wurde ein bislang gesundes und normal entwickeltes Mädchen im 18. Lebensjahr beim Futterschneiden von den Riemen der Schneidemaschine erfasst, geriet mit der rechten Hand zwischen Riemen und Riemenscheibe und wurde zweimal herumgeschleift. Die Quetschung verheilte normal. Länger verbleibende Schmerzen wurden als hysterisch verursacht gedeutet. Es folgten Krampfanfälle, die einen Klinikaufenthalt erforderlich machten. Nach temporärer Heilung kam es zur Zwangshaltung des Armes, zur vollständigen Versteifung bei klinisch unauffälligem Befund und zu hysterischen Anfällen.[238] – Eine andere Patientin aus gesunder Familie fiel mit dem Rücken auf eine Tischkante, klagte über Schmerzen im Rücken, arbeitete aber weiter. Allmählich veränderte sich ihr Befinden, Erbrechen trat auf, Schlaf und Appetit verschlechterten sich. Ihr Gesamtzustand verschlimmerte sich

237 Otto Binswanger: *Die Hysterie*, S. 218 f.
238 derselbe, S. 476 f. (Krankengeschichte Nr. 66).

derart, dass sie in eine Klinik eingewiesen werden musste. Tremor und Nachziehen eines Beines verwiesen auf eine Nervenerkrankung. Sie leidet unter schmerzhaften hysterischen Anfällen unterschiedlicher Art, fühlt sich an Händen und Füßen gefesselt und könne sich deshalb nicht bewegen, fühlt sich in einen schwarzen Kasten eingesperrt, glaubt das sie fällt. Es folgen Schüttelbewegungen mit dem Kopf, Strampelbewegungen mit den Beinen, sie rennt im Bett auf und ab, versucht an der Wand emporzuklettern, springt und überschlägt sich, weiß nachher nichts von ihren Anfällen. Bei einem zweiten Klinikaufenthalt kommen Angstzustände hinzu, die sie zu Selbstmordversuchen treiben. Sie sieht Bilder, menschliche Gestalten, Tiere, die sie zu verjagen sucht, ein Bär liegt ihr auf der Brust. Sie spricht mit leblosen Gegenständen, Tischen, Tapeten, sieht viele schreckhafte Bilder, hat die paranoide Vorstellung, die Großmutter wolle sie töten. Sie wissen nicht, woran ich leide „[...] aber ich werde ganz gesund, ganz gesund, wenn nur meine Großmutter nicht wäre.“[239]

Klinische Berichte verweisen mitunter auf abdominale (im Bauchraum, also im Bereich der unteren Chakren liegende) Verwachsungen, von denen vasomotorische (die Blutgefäße betreffende) und sensible (das Nervensystem betreffende) Reizungen ausgehen, die mit besonderen Arten von Schmerzanfällen einhergehen und mitunter als postoperative Hysterie (auch Besetzungen erfolgen leicht in der Narkose) in Erscheinung treten.

Selten findet sich in der medizinischen Literatur der Nervenkrankheiten ein Hinweis, der in direkter Weise eine zeitweise Besetzung nahelegt und die Erkrankung (hier die Hysterie) mit spiritistischen Themen in Zusammenhang bringt. Die Krankheitsbilder zeigen vielfach recht deutlich eine Spaltung der Geamtpersönlichkeit, bei der einzelne Seelenaspekte zwanghaft in den Vordergrund gedrängt werden und das Wachbewusstsein verschleiern. Dabei treten im Dämmerzustand Vorstellungskomplexe auf, die vom normalen Bewusstsein völlig losgelöst sind und eine selbstständige Scheinexi-

239 Otto Binswanger: *Die Hysterie*, S. 723 ff. (Krankengeschichte Nr. 98).

stenz führen, wie es für Besetzungen typisch ist. Auf suggestive Weise können solche verborgenen Vorstellungskomplexe geweckt werden, welche nach Beendigung des Dämmerzustandes wieder ausgelöscht sind. In späteren Anfällen werden die entsprechenden Handlungen – mündliche und schriftliche Aussagen – dann folgerichtig wieder aufgenommen und weitergeführt und gegebenenfalls in sogenannter *automatischer Schrift*[240] niedergelegt als Zeichen einer dahinter stehenden selbstständig agierenden Personifikation. Da die entsprechenden kranken Personen eine erhöhte Suggestibilität aufweisen, fällt es mitunter leicht, die Zweitpersönlichkeit aus ihnen hervorzulocken und zu Handlungen zu bewegen, aber auch, um therapeutische Maßnahmen zu ergreifen.

***

Wir beschäftigen uns mit drei Bereichen von Phänomengruppen, in denen paranormale Ereignisse eine mehr oder weniger deutliche Rolle spielen. An erster Stelle stehen die klassischen Begebenheiten der Erscheinungen von Verstorbenen und anderen Wesenheiten sowie poltergeistartige Aktionen wie Geräusche, Stimmen, Bewegungen von Gegenständen usw., die teils in einer Art und Weise auftreten, das selbst unabhängige Beobachter von den Ereignissen betroffen werden und an ihrer Objektivität nicht gezweifelt werden kann.

An zweiter Stelle stehen die Beispiele von Besessenheit, für die aus neuerer Zeit weniger Darstellungen zur Verfügung stehen, weil die davon betroffenen Personen sehr schnell in den Bereich der klinischen Psychiatrie geraten und von Personen untersucht wer-

240 Automatische Schrift = ein bei getrübtem aber auch scheinbar normalem Bewusstsein ausgeführter Schreib-Automatismus unter Produktion einer zwanghaft ausgeführten, oft persönlichkeitsfremd erscheinenden Schrift, in der mitunter Nachrichten oder Botschaften auftreten, die der schreibenden Person unbekannt sind. Im Spiritismus wird dieses Phänomen oft als geistiges Gedankengut eines Verstorbenen angesehen, in der Medizin als von einem isoliert auftretenden Spaltprodukt (Schizophrenie) der eigenen Psyche.

den, die weder dafür ausgebildet sind, die Paranormalität der damit verbundenen Aktionen zu erkennen noch sie zu bewerten. Die hier anfallartigen auftretenden Zeichen wurden in älteren Zeiten entweder Gottheiten, dem Satan bzw. Dämonen zugeschrieben und in neuerer Zeit als endogen (die eigenen Psyche betreffend) verursachte Nervenerkrankungen angesehen und entsprechend behandelt bzw. unterdrückt, wobei eine Reduzierung der Anfallshäufigkeit als Therapieerfolg angesehen wird. Treten dabei offensichtliche oder doch zumindest vermeintliche paranormale Elemente zutage, werden diese negiert, und es wird alles darangesetzt, die Phänomene in irgendeiner Weise medizinisch zu erklären.

Dringen wir weiter in den medizinischen Bereich hinein, so stoßen wir als dritten Bereich unserer Phänomene zu der Gruppe der noch offensichtlicher in den klinischen Bereich hineingehörenden Fälle von Epilepsie und Hysterie, auch wenn letztere Bezeichnung heute keine Anwendung mehr findet. Alle drei Bereiche zeigen als Gemeinsamkeit das mehr oder weniger deutliche Auftreten von paranormalen Elementen, die ursächlich auf eine mehr oder weniger deutlich ausgeprägte Besetzung hinweisen, so dass wir an dieser Stelle der Frage nachgehen müssen, wer oder was hier eine solche bewirkt. Sind es Wesenheiten einer anderen Welt? Sind es Verstorbene, die hier über einen fremden Körper agieren? Oder handelt es sich um abgespaltene Teile der eigenen Psyche, um das Wirken selbst produzierter Elementale?

Dass in allen diesen Fällen schwerlich eine eindeutige Zuordnung getroffen werden kann, liegt in der Natur der Sache, die sich unseren physikalischen Untersuchungstechniken weitgehend entzieht und deren philosophische Relevanz in unserem Zeitalter wenig gewürdigt wird. Wer Rutengänger und Hellseher bzw. medial begabte Personen von den Untersuchungen ausschließt und sich nicht der Mittel bedienen kann, die uns die geistige Welt über unsere eigene Psyche zur Verfügung stellt, der wird wohl niemals zu einer wahren Lösung der Problemfälle gelangen und sein Heilungserfolg muss lückenhaft sein oder gänzlich ausbleiben. Doch selbst unter Ausnutzung aller uns zur Verfügung stehenden Hilfsmittel, müssen viele Fragen offen und Zusammenhänge ungelöst bleiben, da unsere eigene geistige Wirklichkeit mit all ihren Schwächen und Vorurteilen bei der Vermischung mit außerpersönlichen Welten und den aus ihr erlangten Informationen nicht ohne Auswirkung auf den Informationsgehalt geistiger Botschaften bleiben kann. Diese Vermischung von Eigen-Elementalen, eigenen geistigen Vorstellungen und Emotionen, also der eigenen geistigen Welt mit außerpersonellen Kraftfeldern ist ein entwicklungsgeschichtlicher Aspekt unseres Seins, der bei allen Deutungen und Erklärungsversuchen nicht unberücksichtigt bleiben kann und Auswirkungen auf unsere Erkenntnisfähigkeit haben muss.

Letztendlich bedeutet dies, dass wir in unserer Erkenntnisfähigkeit niemals frei und objektiv urteilen können, da es für uns nicht möglich ist, einen geistigen Impuls unserem Selbst oder der astralen Welt eindeutig zuzuordnen. Ich erinnere an den Ausspruch Bruno Grönings: „Sie können gar nicht denken, die Gedanken werden ihnen gesendet!“ So werden wir letztlich immer im Unklaren darüber bleiben müssen, wo die Wahrheit zu finden ist und müssen mit Pontius Pilatus sprechen: „Was ist Wahrheit?“ Auf diese Frage gibt es keine wahre und immer richtige Antwort. Allerdings hat sich die Erkenntnis durchgesetzt, dass Wahrheitsfindung ein Prozess ist, bei dem die Menschen der Wirklichkeit immer näher kommen, jedoch ohne sie ganz erreichen und begreifen zu können. In diesem Sinne wollen wir uns einer Antwort auf die Grundfragen der Parapsychologie nähern.

Die Phänomene des orts- sowie des personengebundenen Spuks drängen uns förmlich dazu, die überlebenden Seelenanteile Verstorbener als Verursacher einer Spuk-Besessenheit anzusehen, da ihnen eine mehr oder weniger deutlich vorhandene Zielstrebigkeit zugrunde liegt (auf etwas aufmerksam machen wollen), die mit ihrem eigenen Selbst zu Lebzeiten in einem Zusammenhang steht. Neben den Menschenseelen bzw. ihren irdisch gebundenen Fragmenten (Seelenbestandteile) spielen auch Naturgeister eine Rolle im Spuk, insbesondere im Bezug zu Tieren. Astralwesen nicht-menschlicher Herkunft scheinen bei dieser Art von Phänomenen eine seltenere Rolle zu spielen. In allen Fällen ist zu bedenken, dass sich geistige Kräfte der „jenseitigen" Entitäten mit den seelischen Strukturen der Lebenden vermischen und oftmals eine Abgrenzung unmöglich machen. So ist es zu erklären, dass starke emotionale Regungen dem Spuk sozusagen entgegenkommen, seine Phänomene stärken und mit ihm eine gewisse Interaktion eingehen, die aus therapeutischer Sicht genutzt werden kann, um die vom Spuk betroffenen Personen zu befreien.

Die klassische Deutung der Besessenheitszustände geht aus klerikaler Sicht von einer dämonischen Ursache aus, aus medizinischer Sicht eher von einer organischen Erkrankung des Nervensystems, wobei eine Besessenheit vom eigenen Ich (von Spaltprodukten der eigenen Persönlichkeit) ebenfalls eine Rolle spielt. Neuere, besser untersuchte und leichter zu deutende Besessenheitsfälle (das zeigen am deutlichsten die Untersuchungen von Anton Styger) verweisen auf Menschenseelen als Verursacher. Dabei handelt es sich meist um Seelen, die bereits sehr lange (oft Jahrhunderte) innerhalb menschlicher Strukturen verhaftet sind und aufgrund ihrer verzweifelten Lage (sie können ihren Zustand nicht erkennen) einen bösartigen Charakter angenommen haben und sich in der von klerikalen Kreisen in Jahrhunderten aufgebauten Dämonenfurcht der Menschen wiederfinden und zu erkennen glauben. Sie passen sich den Seelenstrukturen der Menschen an, die im Dämonenglauben groß geworden sind und agieren dementsprechend.

Besessenheitsfälle werden fast ebenso häufig von paranormalen Phänomenen begleitet, wie die klassischen Spukereignisse, die Gewichtung ist allerdings eine andere. Während im Spuk die Botschaft im Vordergrund steht, geht es in der Besessenheit eher um eine Drangsalierung des Menschen, ein Hinführen zu Schmerz und starken Emotionen, um die eigene Identität darüber zu stärken und im Körper des Betroffenen zu festigen. Auch Astralwesen nicht-menschlicher Natur (sogar Tierseelen) können als Besetzer auftreten, wobei der Grund weniger in Anhaftung und Quälerei zu suchen ist, als in der Lenkung der Gedanken, die meist aus persönlichen karmischen Gründen heraus passiert. Deshalb erfolgen nach außen drängende Phänomene (Spuk, Paranormalität) bei Besetzungen durch Astralwesen nur in geringerer Form.

Die großen Gruppen der Nerven- und Gemütserkrankungen, zu denen auch die Hysterie sowie die Epilepsie zählen, scheinen Langzeitfolgen von Besetzungen darzustellen. Der größte Anteil der Erkrankten gibt mehr oder weniger ausgeprägte erbliche Vorbelastungen an, oftmals bereits über mehrere Generationen hinweg. Meines Wissens hat sich bislang niemand ernstlich mit diesen Krankheitsfällen im Sinne einer Besetzungstheorie beschäftigt. Dass Nervenerkrankungen durch Auflösung von Besetzungen heilbar sind, haben bereits die Untersuchungen von Carl Wickland (*Dreißig Jahre unter den Toten*) bewiesen und in neuerer Zeit auch die Heiler Sananda sowie Anton Styger. Zur Zeit der Untersuchungen Wicklands in der ersten Hälfte des 20. Jahrhunderts handelte es sich bei den besetzenden Kräften in erster Linie um Seelen bzw. Seelenfragmente Verstorbener, meist aus dem familiären Kreis stammend. In neuerer Zeit scheint immer häufiger eine Kombination von Seelen Verstorbener mit anderen Astralwesen (oft reptiloider oder insektoider Herkunft) vorzuliegen. Da größer angelegte Untersuchungen fehlen, sind wir hier auf geheilte Einzelfälle angewiesen, über die kaum Veröffentlichungen vorliegen.

Die Kombination von Seelenresten Verstorbener mit astralen Wesenheiten nicht-menschlicher Herkunft scheint ein besonderes Phänomen unserer Zeit darzustellen. Den Hintergründen zu dieser Thematik bin ich in meinem Buch *Seelengefängnis* ausführlicher nachgegangen. Während in älteren Zeiten die Aktionen der Besetzer nach außen drängten und die bekannten körperlichen und seelischen Aktionen produzierten, stehen heute schleichende Persönlichkeitsveränderungen im Vordergrund, die nicht auf den ersten Blick als Erkrankungsformen oder gar Besetzungen erkannt werden. Hinzu kommt die Unterdrückung der Körperreaktionen durch

Medikamente, die das Krankheitsbild verschleiern und die Hintergründe nur schwer erkennbar machen.

Die veränderten seelischen, aber auch körperbezogenen (Lähmungen) Reaktionen der Hysteriker sind in weniger ausgeprägten Krankheitsfällen über eine Beeinflussung ihrer Psyche teilweise kompensierbar, sei es über eine Suggestivtherapie oder Hypnose. Dabei handelt es sich um keinen wirklichen Heilungsvorgang, sondern lediglich um eine erzwungene Bewältigung der Symptomatik, eine Verdrängung der wahren Ursachen.

Psychoanalytische Betrachtungsweisen der Spukdeutung

Die kranke Seele will in taube Kissen entladen ihr Geheimnis.
Sie bedarf des Beicht'gers mehr noch als des Arztes.

Der Arzt in Shakespeares *Macbeth*

Die Abhängigkeit der Spukphänomene von der psychischen Konstellation der Betroffenen wurde aus mehreren der bislang angeführten Beispiele ersichtlich. Psychische Labilität und mentale Erschöpfung sind wichtige Voraussetzungen, um geistige Kräfte über den eigenen Organismus im Sinne eines mentalen Fremd-Steuerungsprogramms wirksam werden zu lassen. Ärzte, Psychologen und Parapsychologen gehen heute davon aus, dass eine Stabilisierung des seelischen Zustands des vom Spuk Betroffenen zur Auslöschung desselben führt, was auch in zahlreichen Fällen eine Bestätigung findet. Im Einspruch bezüglich dieser Erkenntnis gehe ich davon aus, dass die entsprechenden therapeutischen Maßnahmen zwar zu einer Symptomfreiheit führen (Beenden der Spukbelästigung), die verursachende Besetzung damit allerdings nicht beseitigt ist und unterschwellig das weitere Schicksal des davon betroffenen Menschen unmerklich begleitet. Da „Besessenheit", die nicht in der bekannten klassischen Form erscheint, für Ärzte und Psychologen nicht festzustellen und damit das Therapieziel auf Symptomfreiheit ausgerichtet ist, werden spirituelle Ursachen nicht hinterfragt, obgleich sie nachgewiesen werden können.

Um Verständnis für die Tragweite der gesamten Thematik zu erlangen, werden wir uns im Folgenden näher mit einer anderen Seite der Phänomene befassen, nämlich mit den geistigen Programmen, die für Spuk und Besetzung verantwortlich sind. Spuk tritt in jedem Fall gegen den Willen des oder der Betroffenen auf. Die mentalen Programme, die dabei zur Auslösung drängen, können losgelöste Spaltprodukte der eigenen Psyche sein, aber auch Programme, die nach dem leiblichen Tod eines Menschen weiter existieren. Tritt Spuk als internes Programm eines lebenden Menschen auf, so kann es sich dabei um einen Teil der eigenen Psyche handeln im Sinne eines selbst geschaffenen Elemental oder der Auswirkung eines externen Programms, einer Besetzung durch ein Fremd-Elemental oder ein andersartiges Astralobjekt.

Worum es sich bei diesen Spaltprodukten auch immer handeln mag, sie weisen eine Tendenz zur Wiederholung bestimmter Vorgänge auf, die mit der Entwicklung des Elemental zu tun haben, wobei die Nachahmung von bestimmten Vorgängen bzw. die Auslösung spezifischer Programme sowohl der Erregung von Aufmerksamkeit dienen als auch der Entladung und damit der Auflösung. Mit Aufmerksamkeit erregen meine ich, das offensichtlich werden von Ereignissen und das damit verbundene Eindringen in das Wachbewusstsein des Betroffenen aber auch gegebenenfalls anderweitig beteiligter Menschen.

> Eine junge Dame, Miss V., verbringt zwei Wochen im Haus ihrer Tante, das den Ruf eines „Spukhauses" hatte. Das „Spukzimmer" wurde nur in Ausnahmefällen benutzt. Weil eine große Gesellschaft gegeben wurde, erklärte sich die Nichte gern bereit, in diesem Zimmer zu schlafen. Sie erwachte um Mitternacht und erblickte die Gestalt einer älteren Frau, die im Zimmer hin und her ging, sehr sauber, aber ein wenig altmodisch gekleidet. Die Nichte hielt sie für eine Diene-

rin, bis sie sich erinnerte, die Tür abgeschlossen zu haben. Die Gestalt kam auf das Bett zu, beugte sich über sie und bemühte sich vergeblich zu sprechen. Die junge Frau verbarg ihr Gesicht in den Kissen, und als sie wieder aufschaute, war die Gestalt verschwunden. Die Türe war abgeschlossen. – Monate später besucht Miss V. eine Freundin, die mediumistische Mitteilungen erhält und entschließt sich, durch ihre Erfahrung neugierig geworden, an einer spiritistischen Sitzung teilzunehmen. Es manifestierte sich eine Persönlichkeit namens Sarah Clarke, ein Name, der beiden unbekannt war. Diese berichtete, einst die Kammerzofe bei der Tante von Miss V. gewesen zu sein und während des Besuchs von Miss V. bei ihrer Tante vergeblich versucht habe, mit ihr zu sprechen mit der Absicht, Diebstähle zum Schaden der Tante zu beichten und um Verzeihung zu bitten. Der Wunsch, ihren Fehltritt zu gestehen, sei so stark in ihr, dass er sie gegen ihren Willen zwinge, in dem Zimmer zu spuken, das sie bei Lebzeiten bewohnt habe. Sie schilderte die gestohlenen Gegenstände und bat Miss V. ihrer Tante diese Botschaft zu überbringen und sie in ihrem Namen mit dem Ausdruck tiefer Reue um Verzeihung zu bitten. – Die Diebstähle waren bekannt gewesen, die entsprechenden Gegenstände vermisst, auf Sarah Clarke fiel jedoch nie ein Verdacht. Die Tante verzieh ihrer ehemaligen Kammerzofe aus ganzen Herzen, womit der Spuk aufhörte und die Zofe nie wieder gesehen wurde.[241]

Wir erkennen in diesem Beispiel, dass der Spuk aufhört, wenn das ihn veranlassende Programm gelöscht wird. Es ist ein Geheimnis, das sozusagen mit in Grab genommen wurde und in Form eines sich verwirklichen wollenden Plans (Elemental) weiter existiert, so lange, bis es über die Bewusstwerdung gelöscht wird oder – das kann aus diesem Beispiel nicht gefolgert werden – sich in ständiger Wiederholung irgendwann selbst erschöpft. Der dem Spuk zugrundeliegende und an den Ort fixierte Plan wurde von der Nichte während des Schlafs in ihrem unbewussten Seelenzustand aufgenommen (temporäre Besetzung) und in dramatischer Form in das

241 Quelle: Alfred Winterstein: *Zur Psychoanalyse des Spuks*, in: *Neue Wissenschaft,* 14. Jahrgang, 1966, Heft 1/2, S. 39 f.

Wachbewusstsein gehoben. Dieser Plan blieb solange in ihrer Innenwelt haften, bis äußere Umstände ihre Auflösung ermöglichten.

Nicht jeder Diebstahl oder jedes Mentalprogramm kommt auf diese Weise ans Licht, sonst wäre die Welt voller Spukerscheinungen und merkwürdiger Begegnungen. Die Tante von Miss V. machte sich aus dem Diebstahl „ein Gewissen", die aus einer Notlage heraus begangene Tat belastete sie. Mit jedem Gedanken daran oder jedem Blick auf die gestohlenen Gegenstände summierten sich die Energiepotentiale, bis sie sich zu einem selbstständig agierenden Elemental herausbildeten, ein programmiertes Energiefeld, das den Tod seines Wirts überlebt und sich weiterhin zu verwirklichen sucht im Geständnis der Tat, da diese wiedergutzumachen nun nicht mehr möglich ist. Stirbt eine Person, bei der eine Tat das Gewissen nicht belastet, so ist das freigesetzte Bewusstseinsprogramm aufgrund mangelnder emotionaler Belegung nicht imstande, aus sich selbst heraus in das Bewusstsein eines anderen Menschen einzudringen und einen Spuk zu veranlassen. Dennoch verbleibt das Elemental in der Astralwelt, vereinigt sich über Resonanzphänomene mit analogen Programmen und ist dann in der Lage, andere Menschen unterschwellig zu beeinflussen und sie zu bestimmten Taten, Aktionen oder Denkweisen zu veranlassen. Medial veranlagte Menschen sind über die Eigenschaft der Psychometrie[242] in der Lage, an Gegenständen haftende oder in Räumen vorhandene Programme selbst subtilster Art zu erkennen und zu deuten, sie in ein Gesamtkomplex des Seelenlebens der hier zu Lebzeiten agierenden Person einzubinden und zu beschreiben.

Carl Gustav Jung berichtet uns von einem Fall, in dem Psychometrie als Quelle einer Information angesehen wird, die unter hal-

242 Psychometrie ist die Befähigung einiger Menschen, anhand von Gegenständen (sog. „Induktoren") Aussagen über das seelische Umfeld der Personen zu machen, die mit diesen Objekten in intensiver Beziehung standen. Es hat den Anschein, dass seelische Energien auf Objekte oder Räumlichkeiten übergehen können, nach dem Tode der sie verursachenden Person weiterhin existent bleiben und somit die Atmosphäre eines Raumes oder Gegenstandes prägen.

luzinatorischer Bearbeitung eine Geistererscheinung bewirkt haben soll: Ein Verwandter berichtet ihm, dass er im Ausland auf einer Reise in einem Hotel abgestiegen sei, wo er in der Nacht einen wilden Angsttraum erlebte habe, wonach in seinem Zimmer eine Frau ermordet worden sei. Tags darauf erfuhr er, dass in der Nacht vor seiner Ankunft in seinem Zimmer tatsächlich eine Frau umgebracht worden war.[243]

> Der Schlaf ist ein Zustand, in dem intellektuelle Überleistungen erfolgen können, die mit den Ergebnissen hypnotischer Experimente durchaus vergleichbar sind. Das betrifft Dichtungen und andere literarische Erzeugnisse, die im Traum entworfen oder vollendet werden, Zeichnungen und Malereien, die mit größter Schnelligkeit und Genauigkeit ausgeführt, mathematische und wissenschaftliche Leistungen, deren Lösungen im Schlaf gefunden werden, Synthesen, die im wachen Zustand durch andersartige Sinneseindrücke blockiert sind. Auch sind die Assoziationszeiten im Schlafzustand verkürzt, was eine praktisch zeitlose Verknüpfung von Details ermöglicht. So ist im Schlaf auch das Außersinnliche Wahrnehmungsvermögen geschärft und vermag paranormal erworbene Sinneseindrücke in komprimierter Form zu erfassen. In dem Maß, in dem die Verbindung vom unbewussten Schlafzustand zum Verstandesbewusstsein blockiert oder getrübt ist, vermögen die außersinnlich erworbenen Impulse sich *nicht* in eine quasi-sinnliche Form zu wandeln mit der Folge, dass keine *realen* Ereignisse in Traumbewusstsein fassbar werden, sondern diffuse, nicht verwertbare Impulse dem Wahrnehmenden den Schlaf rauben.

Der Verwandte Jungs nahm hier offensichtlich ein Informationspotential war, dass sich in dem betreffenden Zimmer befand und verarbeitete es in Form der Produktion einer Erscheinung. Doch was löste diese Information aus? Phantasie allein ist nicht in der Lage, aus einer psychometrisch aufgenommenen Information eine naturnahe und der Wahrheit entsprechende Produktion eines Ereignisses zu erzeugen, wie es uns aus zahlreichen Berichten über-

243 Bei Fanny Moser: *Spuk*, S. 260.

liefert ist, in denen die Erscheinung gesehen wird und sich ihrem Anliegen gemäß kundtut. Derartige, dem Ort anhaftende Programme, werden von entsprechend sensitiven Menschen wahrgenommen. Die den Programmen eigene mentale Kraft spürt es, wenn sie von einem lebenden Menschen wahrgenommen wird und entnimmt ihm die Kraft, die für eine Manifestation benötigt wird, wobei eine gute Verbindung zumindest akustische Phänomene, aber auch sichtbare Erscheinungen ermöglicht. Aufgrund dieser Verbindung ist der „Geist“ – wenn wir ihn der besseren Verständlichkeit halber so nennen wollen – in der Lage, sich in relativ intelligenter Weise zu äußern oder im Falle nicht-beseelter Elementale automatisierte Handlungen zu vollbringen. Es ist stets eine mehr oder weniger intelligente Kraft, die hinter den den Tod überlebenden Programmen steht und Anlass zur ihrer Wahrnehmung gibt.

Ein weiteres Beispiel für überlebende und Spuk verursachende Seelenprogramme sind Spukerscheinungen, die mit veruntreutem oder verstecktem Geld zusammenhängen.

Ein Bauer hat die Angewohnheit, Geld vor seiner Frau zu verstecken. Noch auf dem Sterbebett verweigerte er die Auskunft darüber. Die Phänomene beginnen etwa sechs Wochen nach seinem Tod und dauern über ein Jahr an: Geräusche und Schritte werden hörbar, die Tochter hat das Gefühl, als ob etwas um sie wäre. Eine auswärts wohnende Tochter, die anlässlich ihres Besuchs im Sterbezimmer schläft, hört nachts stundenlang Tritte, Stöhnen und Klagen, wie das des Vaters während seiner Krankheit. Die Mutter wird gekniffen, wie es ihr Mann zu Lebzeiten tat. Türen öffnen und schließen sich von selbst. Eine andere Tochter erhält am hellen Tag anlässlich eines Familientreffens einen solchen Schlag auf die Hand, dass der Kuchen auf dem Tisch in die Höhe fliegt, den sie gerade anschneiden will. Ein Bruder hört das Schlagen der Türen sowie lautes Getöse, dessen Ursache er nicht ergründen kann. Je mehr er deshalb flucht, umso größer wird der Lärm. – Nach über einem Jahr findet die Mutter in einem Loch in der Zimmerecke einen Geldbetrag, den der Verstorbene versteckt hatte. Von diesem Augenblick an tritt Ruhe ein.[244]

Die Ereignisse entsprechen zahlreichen anderen Beispielen, obgleich hier keine sichtbare Erscheinung auftritt. Die Ursache des Spuks ist analog, es handelt sich um veruntreutes Gut, eine emotional belegte Tat. Es ist zu erwarten, dass die Aktionen mit der Auffindung des Geldes enden, wie es auch zunächst der Fall ist. Die auslösende Tat ist entdeckt, der Spuk hört auf, das verursachende Elemental scheint aufgelöst worden zu sein.

Existieren in diesem Beispiel neue Elemente, die den Spuk im Sinne einer Besetzung zu deuten vermögen? Wie weit betreffen derartige Elementale eine einzelne Person, wie weit mehrere? Wir befinden uns hier in einem Familienverbund, in einer Seelenfamilie, der unterschiedliche Einzelindividuen angehören. Das bedingt, dass Seelenprogramme Verstorbener weiterhin im Umfeld der Familie existent bleiben, da sie an den Seelenstrukturen der anderen Mitglieder anhaften können. Das Phänomen des Familienkarmas lehrt uns, dass die Verstorbenen uns aus der geistigen Welt weiterhin begleiten und um uns sind, dass wir ihre Lasten, die sie nicht mehr zu tragen vermögen, zu einem gewissen Anteil mit ertragen müssen. Die Seele eines Verstorbenen kann einen anderen Menschen der Familie komplett besetzen und darüber in gewisser Weise vereinnahmen. So lehrt es uns die Fortsetzung des zuletzt angeführten Fallbeispiels.

> Mehrere Jahre nach den geschilderten Vorgängen stürzt der oben erwähnte Sohn (Bruder der erwähnten Tochter) von der Leiter und stirbt. Nun beginnt der Spuk von neuem, diesmal sogar noch schlimmer, als nach dem Tod des Vaters. Jetzt ist es keine Nachahmung der Geräusche, die den dahinterstehenden Geist des Vaters erkennen lassen sondern ein Lärmen, das die Beschäftigung des Sohnes nachzuahmen scheint: Es poltert, pocht und klappert in Haus und Werkstatt, dass man meint der Tote wäre noch am Leben und mitten in seiner Zimmermannsarbeit. Man glaubt sogar, die einzelnen Beschäftigungen erkennen zu können, so das Werfen und Bearbeiten von Brettern.

244 *Neue Wissenschaft*, 14. Jg., 1966, Heft 1/2, S. 40 f.

Wir können hier keine auffällige emotionale Belegung erkennen, die das überlebende Selbst des verstorbenen Sohnes zu solchen Aktionen veranlasst. Dennoch scheint ein Zwang zu bestehen, die irdische Realität noch nicht vollständig zu verlassen. Was verursacht diese Behinderung? Wird ein Mensch plötzlich und unverhofft aus dem Leben gerissen, so weiß er zunächst nicht, dass er gestorben ist und führt das ihm vertraute Leben fort. Das „Leben" nach dem Tod, das astrale Leben, geht normalerweise nicht mit Aktionen einher, die für Lebende offensichtlich sind. Um sie wahrzunehmen, bedarf es stets eines übernatürlichen Wahrnehmungsvermögens, hier alle Familienmitglieder betreffend. Es ist schwer auszudrücken, was sich in solchen Fällen ereignet. Jeder Mensch, der sehr an seinem Leben hängt, nimmt den Tod nicht wirklich wahr und verbleibt im astralen Umfeld seiner Angehörigen bzw. seiner gewohnten Umgebung. Personen mit spezifischen Aura-Defekten oder einfacher gesagt Eigenschaften, die ein übernatürliches Wahrnehmungsvermögen begünstigen, sind potentiell in der Lage, Aktionen der Verstorbenen wahrzunehmen. Das sind Dispositionen, die in der Familie liegen, die vererbt werden, die aber auch auf andere Menschen übertragen werden können, wie es der Fall ist, wenn auch Fremde die spukenden Aktionen wahrzunehmen vermögen. Es ist eine Eigenschaft, die Besetzungen von lebenden Personen durch die Mentalenergien Verstorbener erleichtert. Doch die astralen Energien dringen niemals vollständig in lebende Personen ein, da unsere Aura mit entsprechenden Sperrfunktionen versehen ist, die nur bestimmte, charakteristische Energieformen durchlassen. Nur selektierte Energien vermögen diese Sperrschicht zu durchdringen, um dann ihren Weg in das Oberbewusstsein, in das Wachbewusstsein anzutreten, um dann auch sinnenbezogen wahrgenommen zu werden. Diese Transformation astraler Energien über den lebenden Menschen in sinnlich oder sogar physikalisch wahrnehmbare Kraftfelder ist eine Aktion, die immer mit einem oder mehreren lebenden Menschen verbunden ist und über die Vitalität des Lebens zur Ausführung gelangt; der Mensch wird besetzt, nimmt etwas wahr und projiziert das Wahrgenommene unter Anwendung individueller Filtermechanismen, die mit seiner eigenen Bewusstseinsentwicklung zusammenhängen, nach außen in wahrnehmbare Aktionen.

Der Psychoanalytiker Alfred Winterstein vergleicht den Spuk mit einer psychogenen Erkrankung. Demnach wird Spuk von einer Absicht getragen und versucht, diese zum Erfolg zu führen, ein Vorhaben durchzusetzen, wobei seine Mittel – da er nur bedingt aus dem Kraftfeld Lebender schöpfen kann – allerdings unzulänglich sind. Der Psychologe führt weiterhin aus, dass die Kundgebungen des Spuks seiner Ansicht nach über die Aktionen reiner Automatismen hinausgehen, was dafür spräche, dass eine Intelligenz hinter den Vorgängen wirksam ist. Also ein überlebendes Agens, das sich der jeweiligen Situation der Lebenden anzupassen vermag und intelligente Handlungen vollbringt. Dafür spricht, dass der Spuklärm an Intensität zunahm, als der Sohn des verstorbenen Bauern im Anblick der Phänomene zu fluchen begann.

In vielen Spukerscheinungen tritt das Motiv offen zutage als ein Wunsch, der erfüllt werden soll oder sich zumindest in der Nachahmung von Lebenserscheinungen bemerkbar macht, die zum Denken an den Verstorbenen zwingen, die Aufmerksamkeit von Seiten der Lebenden erregen will. Kann der Spuk seine Absichten nicht über die von ihm betroffenen Zielpersonen – aufgrund ihrer mangelnden Medialität – offenbaren, so bedient er sich der Medialität dazu geeigneter Personen, z. B. berufsmäßig arbeitender Medien. Das Sich-selbst-offenbaren-Wollen des Spuks geschieht nicht ohne Grund, denn die Aufmerksamkeit führt dem überlebenden Selbst Lebensenergie zu, die es in seinem Wahn, noch unter den Lebenden zu verweilen, bestärkt. Jedes menschlich-geistige Programm – sei es noch an den Lebenden gebunden oder im Tod freigesetzt – verhält sich dabei wie ein Lebewesen mit intuitiver Triebhaftigkeit aber minderer Intelligenz und ist bemüht, seine Individualität durch Akkumulation von Lebenskraft zu stärken und zu festigen.

Es handelt sich nicht um die gesamte Individualität eines Menschen, die sich nach dem Tode zu offenbaren vermag und mit der Intelligenz eines Lebenden vergleichbar wäre, sondern um Elementale, vom Selbst des Menschen abgespaltene seelische Aspekte. Das Bewusstsein des Menschen, sein Geist ist noch mit dem seelischen Energiefeld verbunden. Es ist die seelische Energie, die im Irdischen verhaftet ist und den Spuk hervorbringt; das Bewusstsein, der Geist des Menschen, ist daran nur in geringerem Maße oder überhaupt nicht beteiligt, denn er gehört einer anderen Realität an, aus der heraus zumindest von den menschlichen Individuen keine Einwirkung in die Energiefelder Lebender erfolgt. Spuk besteht aus seelischen Rest-Energien mit einer scheinbaren Intelligenz, die aus gewohnten Handlungen und „Denkweisen" zu Lebzeiten herrührt.

Spuk ist keine energetische Äußerung neurotischer, geistiger, elementarer oder phantastischer Seelenstrukturen. Phantasien erzeugen keine Spukphänomene und verhalten sich auch nicht wie lebende Wesen. Spuk agiert unabhängig vom äußeren Beobachter, vermag allerdings mit seinem Geist in Beziehung zu treten, ahnt sein Vorhaben, versucht ihn zu lenken usw. Der Tod ist keine unüberschreitbare Grenze, zumindest nicht aus der Sichtweise des Verstorbenen.

Betrachten wir dem Leben und der Erfahrung zugängliche sowie das Jenseits betreffende Vorgänge oder Themen aus philosophischer Sicht, so können wir von einer einheitlichen Grundlage dieser Gegenstände ausgehen, die sich lediglich in ihrer Wahrnehmungsfähigkeit unterscheiden. Demnach existiert nur *eine* Gesetzlichkeit für das Leben, und es existiert auch nur *eine* Gesetzlichkeit für die Ordnung der Welt – *eine* Welt und nicht zwei Welten. Es gibt keine Welt des Natürlichen und keine Welt des Übernatürlichen. Die Unterscheidung, die zu treffen wir es gewohnt sind, basiert auf unserer Wahrnehmungsfähigkeit. Sobald das Übernatürliche in der Wahrnehmung unseres Intellekts erscheint und in dessen Formgebung eintritt, wird es zu einem natürlichen Vorgang.

Diesseits und Jenseits sind lediglich in der Wahrnehmung durch unsere Sinne getrennt. Der jenseitige Mensch oder das jenseitige Wesen ist ein Teil unserer eigenen seelischen Erlebenswelt, ausgegliedert lediglich aufgrund unserer mangelhaften Erkenntnisfähigkeit. Aufgrund der Vermischung beider Welten kommt es zu Resonanzen zwischen den geistigen Potentialen Abgeschiedener sowie den immateriellen Kräften der Lebenden. Die Folge dieser Vermischung zeigt sich – sofern sie sich überhaupt zeigt – in den Erkenntnissen, die wir aus einer psychoanalytischen Betrachtungsweise der Spukphänomene gewinnen. In der Komplexität dieser Phänomene erscheinen sowohl die emotionalen Strukturen der den Spuk wahrnehmenden Personen – sie vermögen ihn ja auch in gewisser Weise zu beeinflussen – als auch die seelischen Kräfte der Verstorbenen, die wiederum die Phänomene selbst bzw. ihre Wahrnehmungsfähigkeit begründen. Eine Seite wirkt auf die andere; erst die Wechselbeziehung zwischen den beiderseitigen geistigen Kräften vermag die Phänomene zu produzieren und zu steuern. Die Verstorbenen sind gebunden an die Emotionen, die ihnen von Seiten der Lebenden immer noch zufließen und die Lebenden werden von den Seelenstrukturen der Abgeschiedenen beeinflusst. Es ist ein Vorgang ähnlich einem Bühnenstück, in das die Zuschauer mit einbezogen werden. Das Thema des Theaterspiels ist vorgegeben und beginnt, seine Ausführung und sein Ende wird von den Zuschauern mitbestimmt.

Psychometrische Sichtweise der Spukdeutung

Die Psychometrie ist die Entwicklung und Ausübung der göttlichen Fähigkeiten im Menschen. Diese dunkle Sphäre des Intellekts, zu der die Weissagungen und Enthüllungen der Somnambulen gehören, die Prophezeiungen der Heiligen wie die Voraussagen der Schicksalsforscher, die geheimnisvollen Zeichen und plötzlichen Gefühle, die das

Verhalten so vieler Menschen bestimmen, die Vorgefühle des Todes oder des Unglücks, die geheimen Einflüsse, die von manchen Gegenständen ausgehen – diese Sphäre erhellt die psychometrische Wissenschaft; denn sie gibt dem Menschen Aufschluss über die Orientierung seiner transzendentalen Kräfte, welche die philosophischen Theorien bisher verspottet hatten.

Joseph Rodes Buchanan 1849[245]

In diesem Kapitel wollen wir der Frage nachgehen, wie weit eine übernatürliche Wahrnehmungsfähigkeit von Seiten des Menschen die Spukerscheinungen erklären kann.

Unser seelisches Empfinden orientiert sich sowohl an inneren als auch an äußeren Energiepotentialen oder Informationsfeldern. Die innerpsychischen, also aus dem eigenen Selbst entspringenden Aktionen und Effekte beziehen sich auf bewusste oder unbewusste psychische Vorgänge, aber auch auf Informationspotentiale, die von unseren Eltern, Großeltern oder anderen Vorfahren übernommen wurden und in ihrer Gesamtheit Teile unseres Schicksals, aber auch unsere Empfindlichkeiten ausmachen. Diese Informationsfelder sind genetisch gespeichert und damit auf einer energetischen Basis für unser Seelenleben dauerhaft wirksam.

Jeder Mensch ist also in gewisser Weise bezüglich seines übersinnlichen Wahrnehmungsvermögens vorprogrammiert. Die ihm ins Leben mitgegebene Sensibilität stellt allerdings kein starres Wahrnehmungsgefüge dar, sondern variiert in seiner Intensität innerhalb einzelner Lebensphasen. So zeichnet Kinder bis zu etwa dem dritten oder vierten Lebensjahr eine ausgesprochene Hellsichtigkeit aus. Sie ist die Grundlage für ihre Ängste, des Nachts in einem dunklen Raum zu schlafen; sie ist auch verantwortlich für zahlreiche Träu-

245 Zitiert nach Robert Amadou: *Das Zwischenreich*, Baden-Baden, 1957. Buchanan: Amerikanischer Arzt und Physiologe, gilt als Schöpfer des Wortes „Psychometrie", die er 1842 selbst untersuchte und den Wortsinn als „ein Messen, Erfassen durch die Seele" gemäß oben angeführtem Zitat wiedergab (*Lexikon der Parapsychologie*, Stichwort *Psychometrie*).

me von Wesenheiten, welche die Kinder ängstigen oder sie bedrängen, so dass sie schreiend oder weinend aufwachen. Diese Wahrnehmungen erfolgen mitunter noch bis in die späteren Lebensjahre hinein, von der ursprünglichen Angst bleibt ein Unbehagen zurück, seltener Neugier. Kinder, deren Eltern, Großeltern oder andere Vorfahren latente hysterische Züge aufweisen, sind dabei stets von erhöhter Sensibilität gekennzeichnet. Gewisse Geschlechtserkrankungen (Lues) in der Reihe der Vorfahren scheinen für die Disposition hysterischer Züge und der damit einhergehenden erhöhten Sensibilität eine Rolle zu spielen.

Eine zweite Phase erhöhter Sensibilität ist die Zeit von der beginnenden Pubertät bis zu ihrem Ende. In diese Zeitspanne fallen sowohl der Ausbruch hysterischer Krankheitssymptome als auch das paranormale Wahrnehmungsvermögen. Die Statistik der vom Spuk betroffenen bzw. den Spuk wahrnehmenden Personen ist eindeutig: es sind meist Jugendliche, Mädchen sind häufiger betroffen als Knaben. Effekte, die in dieser Lebenshase auftreten, enden in der Regel mit zunehmendem Alter, seltener verschwinden sie aber bei hysterisch Veranlagten oder im Zusammenhang mit anderen Vorbelastungen des Nervensystems, die auf Besetzungszustände hinweisen und ein Leben lang erhalten bleiben können.

Bei Frauen stellen Schwangerschaft und Geburt nochmals eine Phase erhöhter Sensibilität dar; gewisse krankhafte Dispositionen (Nervenkrankheiten) können verschwinden, weil sie an das Kind weitergegeben werden. Von den Erwachsenen besitzen nur wenige Menschen ein ihnen bewusst werdendes paranormales Wahrnehmungsvermögen. Diese Beschränkung ist für die menschliche Entwicklung sinnvoll, weil das Bewusstsein von der Fülle der uns umgebenden Energiepotentiale astraler Herkunft überfordert wäre. Es ist allerdings möglich, die verloren gegangene Sensibilität durch Übung wieder zu erwerben.

Doch auch Erwachsene sind von seelischen Krisen und nervlichen Belastungen, die mit ihrer internen Informationsverarbeitung zusammenhängen, nicht geschützt. Dies sind Zeiten, die mit einer erhöhten Wahrnehmungsfähigkeit auch bezüglich astraler Energiefelder einhergehen, die Wahrnehmung von Spukphänomenen ermöglichen oder selbst Veranlassung geben, spukhafte Ereignisse zu produzieren. Treten Nervenkrisen auf, so können sich ganz spontan Kontakte zu einer geistigen Welt einstellen, die von einem erhöhten Wahrnehmungsvermögen, Geistersichtigkeit und Spukaktionen begleitet werden. Auch Unfälle, die mit Irritationen des Rückenmarks einhergehen, können diese Phänomene hervorrufen.

Das Verbindungsglied zwischen den astralen Welten und dem Bewusstsein des Menschen sind seine Chakren.[246] Wird ihre Regulationsfunktion durch Training verändert, durch Vorbelastungen, Nervenerkrankung oder Unfallfolgen geschädigt, verbleibt eine mehr oder weniger offene Brücke zu außerkörperlichen Energiefeldern, die von beiden Seiten begangen werden kann. Das Bewusstsein des Menschen kann mehr oder weniger aktiv in jenseitige Sphären eindringen und dort wirken, die Wahrnehmungsfähigkeit bezüglich paranormaler Themen und astraler Energien ist gesteigert, astrale Energien – aber auch seelische Kraftfelder anderer Menschen – können in die eigene Seelenwelt eindringen, sich mit vorhandenem seelischen Potential vermischen, es beeinflussen und so eine Reihe von Phänomenen produzieren, deren Ursprung – aus der eigenen Psyche oder fremder Quelle? – nicht mehr ermittelt werden kann. Dem entsprechend erfolgt die Beurteilung paranormaler Fallberichte aus zwei gegensätzlichen Ansichten heraus, als von Verstorbenen oder anderen Geistwesen ausgehend oder als ein in der menschlichen Psyche aufgrund eines paranormalen Wahrnehmungsvermögens heraus entstandenes und nach außen projiziertes Phänomen. Damit stellt sich konkret die Frage, ob Spukerscheinungen von Geistwesen erzeugt oder veranlasst werden oder ob die eigene Psyche aufgrund eines übernatürlichen Wahrnehmungsvermögens vergangene Ereignisse erkennt und dramatisch in eine Aktion umsetzt, die zur Wahrnehmung auch für das Wachbewusstsein geeignet ist.

246 Näheres zu diesem Thema in meinem Buch: *Wege der Seelenreinigung.*

Während man noch vor etwa 100 Jahren sowohl der Meinung des Volkes als auch der parapsychologischen Forschung folgend eher geneigt war, das Erscheinen Verstorbener als bewusste oder unbewusste Manifestation eines überlebenden Selbst des Abgeschiedenen anzusehen, tendieren heutige Erklärungen in eine Richtung, die in der parapsychologischen Forschung als Psychometrie (griechisch *Seelenmessung*) bezeichnet wird und eine Eigenbeteiligung der betroffenen Personen in Bezug auf Wahrnehmung und Produktion der Phänomene voraussetzen.

Der Person, die eine psychometrische Begabung aufweist (Psychometer, Hellseher) wird ein Gegenstand (psychometrisches Objekt, Induktor) in die Hand oder zur Betrachtung gegeben. Über diesen kommt der Hellsehende in eine telepathische oder wie auch immer zu nennende Verbindung mit der Person, der dieser Gegenstand gehört oder gehörte, kann Aussagen über ihr vergangenes Leben (Retrokognition) oder gar zukünftiges Dasein (Präkognition) tätigen. Das verwendete Objekt kann ein lebloser, aber auch ein organischer Gegenstand sein, er kann einem Menschen gehört haben, es kann sich aber auch um eine Gesteinsprobe oder Ähnliches aus vorgeschichtlicher Zeit handeln, dessen Vergangenheit dann hellseherisch erschlossen wird. Die Schilderungen sind keine Phantasie, sie lassen sich in geeigneten Fällen verifizieren. Es wird davon ausgegangen, dass jedem Objekt ein Energiefeld anhaftet, aus dem sich seine Geschichte ablesen lässt. So kann die psychometrische (eigentlich hellseherische) Erfassung des energetischen Umfeldes einer Person, eines Ortes oder eines Objektes als Erklärung für viele paranormale Phänomene herangezogen werden. Der Hellseher befühlt einen Gegenstand, der einer ihm unbekannten Person gehört oder gehörte und vermag anhand dieses Objektes nahezu alle Details aus ihrem Leben anzugeben, insbesondere in Bezug auf Themen, die mit dem konkreten Objekt in einem Zusammenhang stehen. Zahlreiche Experimente dieser Art wurden über Jahrzehnte hinweg in allen parapsychologischen Forschungsstätten getätigt und als wissenschaftliche Realität anerkannt.

Dass seelische Energien auf Objekte übertragen werden können, bewies der russische Nervenarzt Naum W. Kotik bereits zu Beginn des 20. Jahrhunderts. Der Vorgang soll auf der Übertragung einer psychophysischen Energie basieren, die im Gehirn gebildet werde, durch die Extremitäten abgleitet wird und über einen geeigneten Leiter, z. B. einen Kupferdraht, auf andere Personen (Empfänger) übertragen werden könne. Kotik glaubte, darüber den Nachweis für die Existenz der Telepathie erbracht zu haben. So solle diese auf dem Transport einer psychophysischen Energie beruhen, die im Gehirn gebildet werde. Er führte auch Versuche zur Psychometrie durch. Kotik forderte Briefschreiber auf, ein frisches, leeres Blatt Papier in die Hand zu nehmen, etwas zu denken und ihm dann dieses Blatt zuzusenden. Das von ihm hinzugezogene Medium „las" dann richtig den Inhalt. Genauer gesagt, das Medium nahm von dem leeren Blatt eine Information auf, die es dann sprachlich und inhaltlich richtig umsetzte. Im Zusammenhang mit radiästhetischen Untersuchungstechniken lassen sich Versuche dieser Art leicht verifizieren. Für die Übertragung seelischer Energien ist ein Berührungskontakt nicht erforderlich, die psychische Konzentration ist ausreichend. Neuere Untersuchungen zeigen, dass auch Lichtstrahlen (aber auch Laserstrahlen und andere elektromagnetische Strahlungen) sehr geeignet sind, psychophysische Energien (z. B. im Sinne von Heilkräften) zu transportieren bzw. zu übertragen.

Neben der objektgebundenen (Übertragung auf einen Gegenstand) befasste sich Kotik auch mit freier psychischer Energie; sie solle als Gedankenformation in die Atmosphäre übergehen und sie damit infizieren, worauf das Phänomen des „Zeitgeist" beruhe, also eines von Menschen geschaffenen atmosphärischen Kraftfeldes, das auf die Menschheit sowie auf die Erde zurückwirke und damit ihre Entwicklung beeinflusse, ein heute wieder sehr aktuelles Thema. Späteren Forschern gelang es dann, psychische Energien auf einer Fotoplatte festzuhalten und auf diese Weise erstaunlich reale Bilder von gedachten Objekten zu erhalten.[247] Dabei gehen die „Gedankenstrahlen“ durch Glas (auch durch Quarzglas) und durchdringen einen Faradaykäfig, gehören also nicht dem elektromagnetischen Formenkreis an, obgleich sie physikalische Wirkungen hervorrufen. Die Ergebnisse lassen die Frage aufwerfen, wie weit das Leben auf diesem Planeten, aber auch die Entwicklung im Umfeld unserer Erde (Wettergeschehen, Katastrophen usw.) von den Seelenkräften beeinflusst wird, die wir selbst aussenden und die dergestalt auf uns zurückwirken.

Die Übertragung seelischer Energien auf Objekte oder gar Personen erfolgt nicht bloß vom lebenden Menschen ausgehend sondern, wie entsprechende Experimente es zeigen, auch in bewusster Aktion von geistigen Wesen ausgehend, also von Seelenresten Verstorbener. Schreibt z. B. eine Person einen Text, der ihr von einem Geistwesen diktiert wurde oder als Folge einer geistigen Inspiration, so ist auch die typische geistige Energie der daran beteiligten Wesenheit im energetischen Feld der Schrift nachweisbar. Eine solche drückt also weit mehr aus, als eine verstandesmäßig zu erfassende Information.

Für Friederike Hauffe (1801-1829), die Seherin von Prevorst, war das geschriebene Wort fühlbar. Ihr wurden beschriebene Zettelchen auf die Herzgrube gelegt oder auf andere Nervengeflechte, mitunter auch nur in die linke Hand gegeben. Neben der wörtlichen Wiedergabe des Textes erzeugte jeder in ihr eine *Stimmung*, die mit dem geschriebenen Inhalt in Einklang war: „Es macht mich traurig; würde ich es lange liegen lassen [das Zettelchen], so müsste ich weinen [...] Das macht mich ganz fröhlich, das ist von meinem Kinde, ich muss es immer sehen.“ Sie sagt über dieses Gefühl: „Es geschieht dies durch das Ahnungsvermögen, das im Geiste, nicht in der Seele liegt.“ Dies ist eine wichtige Aussage, die uns zeigt, dass es sich hierbei um eine Energieform handelt, die nicht in den physikalisch bekannten Bereich gehört, sondern um ein Informationspotential – wir verwenden heute auch den Begriff „Ska-

247 Vgl. Jule Eisenbud: *Gedanken-Fotografie - Die PSI-Fotografien des Ted Serios.*

larwellen“ dafür –, das nicht von der Physis, sondern nur vom Geist wahrgenommen wird, sich aber in der Physis, über das seelische Energiefeld auszudrücken vermag.

Der bekannte Prager Graphologe und Hellseher Rafael Schermann äußerte, dass die Schrift eines Menschen ein Abbild dessen sei, was seinen Geist beschäftigt. Er nannte sie eine Fotografie seiner geistigen Verfassung. „Wenn ich eine Schrift ansehe, lösen sich die Buchstaben, das Blatt Papier wird mir zum Spiegel, darin ich Figuren erscheinen und sich bewegen sehe, wie auf einem Film.“ Und was für die Schrift gilt, trifft ebenso bei der Übertragung geistig-emotionaler Energie-Äußerungen zu. Die Erkenntnisse Schermanns gehen weit über die übliche graphologische Schriftdeutung hinaus. Er erlebte hellsehend die geistige Verfassung des Schreibers *an dem Augenblick, wo jener den Text verfasste* und konnte darüber hinaus weitere hellseherische Angaben zur Person und ihrem Umfeld machen, wobei ihm das Schriftstück lediglich als „psychischer Induktor“ diente – Psychometrie.

Was immer ein Text an geistiger Information beinhaltet, ob es sich dabei um ein bewusst hineingegebenes Programm oder eine unbewusste innere Emotionen handelt – sogar die äußeren Umstände des Schreibenden in diesem Augenblick – spiegeln sich in der Schrift wider. Als Beispiel diene die Aussage einer hellsichtigen Person, mit welcher der parapsychologische Forscher Gustav Pagenstecher experimentierte. Frau Maria Reyes de Z. (die Sensitive) machte die folgende Aussage anhand eines versiegelten Briefes, dessen Inhalt auch dem Experimentator (Pagenstecher) nicht bekannt war und den er über eine Postsendung erhielt. Es handelt sich um eine Notiz, die unmittelbar vor dem Sinken eines Schiffes geschrieben und als Flaschenpost ins Meer geworfen wurde. Natürlich ist ein solcher Text besonders emotional belegt und mit entsprechend starker Ausstrahlung versehen. Die Schilderung der Sensitiven wird hier stark gekürzt wiedergegeben. Sie befand sich in Hypnose, und der Zettel wurde ihr zwischen die Finger geschoben:

Es ist Nacht, zwischen 2 und 4 Uhr. Ich fühle eine gewisse schwankende Bewegung, sie veranlasst Übelkeit, und die Empfindung der Seekrankheit führt mich zu der Vermutung, dass ich mich an Bord eines Schiffes befinde. Ich stehe auf einem ungeheuer großen Dampfer. An Deck sehe ich Hunderte von Personen, einige vollständig, andere halb angekleidet, manche fast nackt, aber alle vor Schrecken zitternd, die Augen angstvoll aufgerissen. Sie scheinen zu erwarten, dass sich etwas Schreckliches ereignen wird. Zwischen den einzelnen Gruppen eilen Seeoffiziere hindurch und geben der Mannschaft Befehle, die sich bemüht, die Rettungsboote so rasch wie möglich ins Wasser herabzulassen. Weshalb suchen sie Hilfe, ich verstehe nicht ganz, was hier vorgeht. Nur das erkenne ich deutlich, dass sich etwas Furchtbares vorbereitet, trotzdem gar keine Gefahr zu sehen ist. – Vor mir steht ein hochgewachsener Mann [den sie auch detailliert beschreibt], er sieht energisch und gefasst aus. Plötzlich reißt er eine Seite aus einem Notizbuch, zieht einen Bleistift aus der linken Brusttasche seines Rockes und schreibt etwas auf das Papier. Plötzlich hört man eine laute Detonation, viele kleinere folgen, während das riesige Schiff erzittert und kracht, als wolle es zerbersten. Sobald der Spanier die Explosion hört, hält er im Schreiben inne, blickt einen Augenblick gespannt auf die See und schreibt dann noch ein paar Worte. Er rollt das Papier zwischen den Fingern zusammen und lässt es in eine Flasche gleiten, die er aus seiner Rocktasche gezogen hat. Dann schließt er die Flasche ganz dicht mit einem Korken, indem er sie fest gegen die Kabinenwand stemmt. Jetzt fasst er die Flasche am Halse und wirft sie mit aller Kraft ins Meer hinaus .– Unwillkürlich stoße ich einen Schreckensruf aus, man hört eine neue schreckliche Explosion, und der Dampfer mit seiner ganzen lebenden Last sinkt schnell unter; auch mich reißt er in die Tiefe.[248]

Hier stößt das Medium Schreckensrufe aus und gerät in qualvolle Aufregung, ringt nach Luft und scheint zu ertrinken, worauf sie geweckt wird. Sie zittert am ganzen Körper und stößt hervor: „Alle, alle sind sie ertrunken! Es war entsetzlich, entsetzlich, entsetz-

248 Richard Baerwald, *Eine Flaschenpost*, in: Hans Bender: *Parapsychologie*, S. 195 ff.

lich!“ Sie steht ganz unter dem Banne ihrer Erregung, muss sich Mühe geben, sie niederzuhalten. Der Zettel (im versiegelten Briefumschlag) enthielt die letzten Worte eines Menschen, der dem Tod Auge in Auge gegenüberstand, sein Lebewohl an Frau und Kinder. Der Brief wurde erst nach Beendigung aller Aussagen unter Zeugen geöffnet und vorgelesen.

Dieses emotional beeindruckende Beispiel einer auf psychometrischen Grundlage (anhand eines Gegenstandes) erfolgten hellseherischen Aussage bezieht sich natürlich nicht nur auf Geschriebenes, sondern auf Objekte jeglicher Art. Je emotionsgeladener diese sind, umso klarer werden allgemein die Aussagen über den Besitzer, über den Verfasser eines Briefes, aber auch über einen Raum, in dem starke emotionale Entladungen stattgefunden haben.

Wir erhielten die Aussage, dass sich vor dem geistigen Auge des Hellsehers ein Ereignis abspielt, das die stattgefundenen Begebenheiten, die zu der Imprägnation geführt haben, mehr oder weniger deutlich wiederspiegelt. Dies vor allem auch deshalb, weil es bei dem Problem des Hellsehers darum geht, eine intuitiv erfasste Situation verbal oder bildlich wiederzugeben, was die Möglichkeit von Fehlinterpretationen beinhaltet. Nun ist es von der bildlichen Schauung des Hellsehers nur ein kleiner Sprung bis zu einer halluzinatorischen Projektion der geschauten Ereignisse vor das äußere Auge. Doch kann dieses Phänomen Spukerscheinungen erklären, die weit über ein geschautes Bild hinausgehen? Kann es erklären, dass auch andere Menschen eine Erscheinung sehen oder ihre Aktionen in anderer Art und Weise wahrnehmen?

Psychometrie zur Erklärung von Spukphänomenen heranzuziehen bedeutet folgendes: Es wird davon ausgegangen, dass gewisse Energiefelder eines Verstorbenen (seine Seelenreste oder Seelenfragmente, aber auch seine Elementale) sich nach seinem Ableben noch in Zimmern oder Wohnungen aufhalten, in denen der Spuk dann gesehen oder anderweitig erlebt wird. Das Anhaftungsprinzip gilt auch für Objekte, die ein Verstorbener lange Zeit benutzte. Diese Objekte, Räume oder Areale dienen dann dem Sensitiven als Anhaltspunkt (Induktor), um dem Hellsehenden einen Kontakt zum überlebenden Selbst – oder doch zumindest zu überlebenden Programmen – des Verstorbenen herzustellen, die Situation, die zu einer Anhaftung an irdische Objekte führte zu verinnerlichen, und aufgrund eigener Intuition und Gestaltung des Erfahrenen aus sich selbst heraus entweder Spukvorgänge zu produzieren oder auf halluzinatorische Weise zu erleben, Erscheinungen zu sehen und die Handlungsweise zu erkennen, die zu ihrer irdischen Anhaftung geführt hat.

Obgleich diese Theorie zu Diskussionen durchaus Anlass gibt, so vermeidet sie doch die klassische Erklärungsform nach der es der Verstorbene selbst ist, der die Phänomene produziert. Diese Annahme mag für einige halluzinatorische Erlebnisse eine gewisse Berechtigung aufweisen, keinesfalls aber für das gesamte Umfeld der Spukereignisse. Da der psychometrische Aspekt jedoch immer wieder gern zu Erklärungen herangezogen wird, ist es sinnvoll, auf einige Bereiche näher einzugehen, die eine Akzeptanz dieser Ansicht erschweren.

Spukaktionen beziehen sich auch auf Räumlichkeiten, in denen weder Tote noch Lebende anwesend sind oder in welchen sich die Personen in anderen Zimmern aufhalten als dort, wo sich die Ereignisse abspielen. Und wenn sie sich im Zimmer des Beobachters abspielen, so sind die Ereignisse selten auf diesen einen Raum beschränkt und äußern sich an verschiedenen Orten der Wohnung. Auch werden die Ereignisse von Außenstehenden wahrgenommen, die keinerlei Bezug zum Spukort selbst haben. Die Abwesenheit von Beobachtern scheint sogar auf Erscheinungen zuzutreffen, die von automatisch auslösenden Kameras fotografiert wurden (Fotos der „weißen Frau“, Bewegungen von Lampen im Spukfall Rosenheim 1967/68 bei laufender Kamera). Auch die Gründung vieler Wallfahrtsorte hängt mit Erscheinungen (Lichterscheinungen, Personen, Prozessionen) zusammen, die von vielen Zeugen aus der Ferne wahrgenommen wurden und als übernatürlich eingestuft werden mussten.

Viele Spukerscheinungen sind durchaus nicht von der Art, dass Ereignisse immer wieder automatisch reproduziert werden. Wenn Türen auf- und zuschlagen, Gläser zerbrechen oder herabfallen, Steine in verschlossenen Räume geworfen werden, Wasserpfützen entstehen, Gegenstände aus verschlossenen Räumen verschwinden und anderenorts wieder auftauchen usw., dann haben diese Erscheinungsformen nichts mit einen blutigen Drama zu tun, mit vergrabenen Knochen, mit Gewissenskonflikten oder Todeskampf. Psychometrie vermag wohl Einflüsse zu erkennen, aber vermag sie auch Ereignisse zu produzieren? – Spukfälle sind nicht auf alt-ehrwürdige Gebäude begrenzt, sie ereignen sich auch in Neubauten. Hier können noch keine Anhaftungen stattgefunden haben. Sind es die Personen selbst, die Astralwesen mit sich bringen, die dann Spukereignisse bewerkstelligen?

Wenn die Annahme richtig ist, dass Spuk in ursächlichem Zusammenhang mit Krisen höchster Erregung von nervösen Menschen und seinen dadurch hervorgerufenen Ausstrahlungen steht, dann sollte die Intensität der Phänomene mit wachsendem Störungsgrad zunehmen. Jedes dramatische Ereignis und jeder natürliche Todesfall sollte dem Psychometer Anlass zu ähnlichen Manifestationen geben, was durchaus nicht der Fall ist. Wäre Psychometrie im Spiel, sollten sich die Phänomene auch dann produzieren lassen, wenn eine Krisensituation zwar auftritt, doch keinen tödlichen Abschluss findet. Niemand vermag einen seelischen Notstand, wie z. B. einen Mordversuch, mit Spukerscheinungen in Zusammenhang zu bringen.

Spukphänomene folgen eigenen Gesetzlichkeiten, unterbrechen sich selbst und treten zu Zeiten wieder auf, die niemand vorhersagen kann, wenn nicht der spukende Geist selbst. Lange Zeiten der Ruhe wechseln mit plötzlichen Wiederholungen. Das Ende des Spuks bestimmt er selbst, die Phänomene hängen nur in speziellen Fällen des personengebundenen Spuks mit der Beseitigung seelischer Krisen zusammen. Der Spuk hört auf, wenn der Wunsch des Phantoms oder der sich zeigenden Intelligenz erfüllt ist. – Einige Fälle von Erscheinungen folgen bestimmten Zeitrhythmen, sie treten stets zur gleichen Stunde auf, im Zusammenhang mit besonderen Ereignissen oder ausschließlich am Jahrestag des Todes. Diese Umstände weisen auf eine Absicht hin, deren Existenz sich nicht mit einer psychometrischen Hypothese erklären lässt.

Spukphänomene können spontan einsetzen, wenn gewisse Abmachungen zwischen einem inzwischen Verstorbenen und Lebenden nicht eingehalten, wenn Verträge missachtet werden, Testamente unauffindbar sind, eine Störung der Grabesruhe erfolgt. Einige Erscheinungen treten nur dann in Aktion, wenn der Familie ein Todesfall oder anderes Unglück bevorsteht. Gegen eine psychometrische Hypothese spricht auch die Kommunikationsfähigkeit vieler Spukerscheinungen, die sich aktiv in die gegenwärtige Situation einbringen und nichts mit einer Reproduktion vergangener Ereignisse zu tun haben. Darüber hinaus enthüllen sie allen Anwesenden Dinge, die auch in deren Unbewussten nicht existent sein können, von denen auch sonst niemand Kenntnis hat.

Jeder Leser ist selbst in der Lage zu überprüfen, ob sich die in diesem Buch angeführten Fälle durch ein Erfühlen der örtlichen Situation erklären lassen – es ist schier eine Unmöglichkeit. Dennoch weigern sich viele Menschen vehement, eine aktive Intelligenz zu akzeptieren, die nicht mit dem Bewusstsein lebender Menschen zusammenhängt.

Aspekte der spirituellen Entwicklung des Menschen

Religion ist nichts anderes als die Einstellung des ganzen Menschen auf die Kräfte der Einheit, des Alls, also nicht bloß ein Reden, sondern ein Handeln danach.

Alfred Strauss: *Theurgische Heilmethoden,* S. 129 f.

Wir haben in den vorangegangenen Kapiteln vorwiegend die negative Seite der Besetzungsthematik kennengelernt, wie sie sich in abnormen psychischen Effekten, seelischen Krankheiten und Spukphänomenen äußert. Im Zusammengang mit den Untersuchungen sind Grenzbereiche aufgetreten, die einer gesonderten Betrachtungsweise bedürfen. Es handelt sich dabei vorwiegend um Themen in Verbindung mit der christlichen Mystik und den besetzungstypischen „Versuchungen" der Heiligen bzw. Personen, die entweder ein aktives Leben im Glauben anstreben oder ihre spirituelle Entwicklung im Sinne einer Verschmelzung mit dem Bewusstsein des Kosmos vorantreiben möchten. Es geht also hier um die Entwicklung eines persönlichen Gottesbewusstsein, in dessen Verlauf zwangsläufig Entwicklungsstadien durchlaufen werden müssen, die mit übernatürlichen Erfahrungen und Fähigkeiten einhergehen und die nicht selten von unerwünschten Besetzungen und Spukphänomenen begleitet werden.

Treten im Zusammenhang mit der spirituellen Entwicklung übernatürliche Fähigkeiten auf, so wird gerne von einer sich entwickelnden Medialität gesprochen. Doch wie diese erlangt wurde, bleibt meist undiskutiert. In solchen Fällen handelt es sich weder um eine angeborene Fähigkeit, keine durch krankhaften Zustand erworbene Eigenschaft und kein spontanes Hereinragen der Geisterwelt in unsere irdischen Strukturen der Wahrnehmung, sondern um eine Entwicklung, die aus der Kraft des Glaubens erwächst und uns ein wenig mehr als bisher an den energetischen Ereignissen unseres Umfeldes teilhaben lässt. Es ist ein kleiner Schritt auf dem Weg zur Vereinigung mit den kosmischen Gesetzen und den sie steuernden Schöpfungsenergien.

Die spirituellen Entwicklungsmöglichkeiten der Menschen sind unterschiedlicher Art und nicht vom Verstand geprägt. Darauf weist bereits der Apostel Paulus hin, indem er im 1. Korinther (12.28) spricht: „Und Gott hat in der Gemeinde eingesetzt, erstens Apostel, zweitens Propheten, drittens Lehrer, dann Wundertäter, dann Gaben, gesund zu machen, zu helfen, zu leiten und mancherlei Zungenrede." Das sind Eigenschaften, die dem Menschen zwar mitgegeben sind, die aber erweckt werden müssen, nicht nur durch eigenes Bemühen, sondern auch durch die Mithilfe geistiger Helfer aus dem Astralreich. Über das Gebet können alle diese Kräfte herangezogen werden, die zu einer Synthese bei der Entwicklung des Bewusstseins benötigt werden. Die darüber hervorgerufenen Erkenntnisse und gewonnenen schöpferischen Kräfte verleihen Macht und können in der Hand eines Unwürdigen auch zerstörend wirken.

Der tiefere Ursprung aller bislang angesprochenen, infolge der individuellen Entwicklung herangezogenen energetischen Phänomene, ist ein „strukturiertes Nichts", ein non-energetisches Potential, das auf einem „Glauben" basiert. Es geht hier nicht um den Glaubensbegriff konfessioneller Prägung – obgleich er bei vielen der hier bereits angesprochenen Phänomene eine bedeutende Rolle spielt –, sondern um eine geistige Basis oder Grundlage, die noch in keiner Weise durch Gedanken oder Vorstellungen konfiguriert wurde, die also noch nicht zielgerichtet ist. Diese Glaubens-Basis ist allerdings durch unser Bewusstsein lenkbar, beeinflussbar und durch unterschwellig vorhandene Energien in uns vorgeprägt. Wir erkennen diese steuernden Effekte an der Beobachtung, dass sich bei unseren Bemühen, die geistige Entwicklung voranzutreiben, sowohl positive als auch negative Effekte einstellen. Die Kräfte unseres Geistes werden von höheren Mächten in positivem wie auch in negativem Sinne begleitet, je nach unserem spirituellen Voranschreiten und in Abhängigkeit der Glaubenskraft, die wir zur Verfügung stellen, die wir aufbringen können. Wer intensiv und glaubensstark zu beten vermag, wird raschere Erfolge erringen, als der laue, von dem schon die Bibel spricht und der verworfen wird. Die Fähigkeit, wirksam beten zu können, ist eine Gnade, die das Gemüt empfindlicher macht und darüber auch weitere Gnadengaben anzuziehen vermag. Das Gebet ist dazu da, uns für den Empfang der Geschenke empfänglicher zu machen, die eigene Wellenlänge auf den Empfang der Gotteshilfe abzustimmen. Das Wort des Gebets ist unser Schöpfungswerkzeug, es muss gefühlt werden, um wirksam werden zu können; das Mittel des Gefühls und zugleich das Instrument aber ist unser ganzer Körper.

Ein wahrer Meister des Gebets war Martin Luther, trotz aller fragwürdigen Eigenschaften, die ihm nachgesagt werden. Er empfahl uns, Gott an seine Verheißungen zu erinnern, sie ihm direkt „vorzuwerfen", ihn zu bestürmen und zu bedrängen. „Wir sollen unverschämte Bettler sein und geilen lernen und uns nicht lassen mild machen." [...] „Man soll nicht allein eine Stunde bitten, sondern man muss schreien und anklopfen; alsbald musst du Gott *zwingen*, dass er komme." [...] „Solch *unverschämt* Gebet, das fest anhält und sich nicht lässt abschrecken ihn anzuschreien, gefällt Gott wohl."[249] Wie man auch immer diese Aussagen bewerten mag, die Glaubens- und Gebetskraft sind schwer zu erlangende Güter, die vom Durchschnittsbeter nur erlangt werden können, wenn er aus der Tiefe seiner Seele heraus aufgewühlt schreit. Der Zweck des Gebets hat keine Umstimmung Gottes zum Gegenstand (das wäre dunkle Magie), was ja auch eine Unmöglichkeit wäre, sondern eine Einstimmung auf den Empfang der göttlichen Gnade. Der Körper ist das Instrument des Beters, der sich durch den Geist bezüglich seiner Seele stimmen lassen muss, um als Resonanzorgan dienen zu können. Damit wird das Gebet zu dem gewaltigsten Mittel einer Rückverbindung, die der heutigen Menschheit weitgehend verloren gegangen ist.

Bezüglich einer vermeintlichen *Umstimmung* Gottes vertritt Luther aufgrund eigener Glaubenserfahrung eine spezielle Meinung. Er betont in seinen Schriften immer wieder, dass dem Gebet eine *magische* Wirkung zukomme, mit der er Gott *überwinden* könne: „Wenn ich nicht wüsste, dass unser Gebet erhöret wäre, so bete der Teufel an meiner statt!" [...] „Gottes mächtig zu sein ist noch mehr, als aller Dinge mächtig zu sein." Aussagen dieser Art galten nach Ansicht der katholischen Kirche als Ketzerei, sie charakterisieren aber auch die Draufgängernatur Luthers.

---

249 Zitiert nach Alfred Strauss: *Theurgische Heilmethoden*, S. 19.

Die über das Gebet herangezogenen Kräfte zeigen sich mitunter als ein zweischneidiges Phänomen. Häufiger wurde mir (Verfasser) berichtet, dass sich die gesundheitliche Situation belasteter Menschen durch Gebet und Meditation verschlechtert, die Belastungen sich intensivieren; eine Beobachtung, die ernst genommen werden muss und nach einer Erklärung verlangt. Zwei Gründe sind für diesen Effekt maßgeblich: Es ist häufig der Fall, dass Menschen in diesem oder in einem ihrer zahlreichen Vorleben dem Bösen freiwillig einen Zugang zu ihrem Körper verschafft haben. Dazu gehört schon die einem Gelübde ähnlich wirkende Aussage: „Wenn ich dieses oder jenes (wieder) tue, dann soll mich der Teufel holen." Diese Redewendung wird auch in Bezug auf andere Menschen gern angewendet und kann auf Dauer nicht ohne Wirkung bleiben, auch wenn sie „nur" leichtfertig dahingesagt wurde. Erschwerend kommt hinzu, dass sich gerade in weiter zurückliegenden Notzeiten viele Menschen dem Bösen verschrieben oder sich zumindest von ihm Hilfe gewünscht haben, wenn auch nicht verbal oder schriftlich, sondern „nur" in Gedanken. Diese Programmierungen des Geistes wirken bis heute nach und erfüllen ihre Aufgabe, wenn sie nicht ausdrücklich aus eigenem Willen heraus gelöscht werden. Ist diese Erlaubnis nicht zurückgenommen worden, wirkt sie über viele Inkarnationen hinweg weiter fort. – Ein zweiter Wirkungsbereich betrifft eine durch das Böse veranlasste spirituelle Entwicklungshemmung. Je mehr sich ein Mensch den höheren geistigen Welten zu öffnen versucht und je weiter er in seiner spirituellen Entwicklung voranschreitet, umso mehr treten Kräfte auf den Plan, die diese Entwicklung zu blockieren versuchen und den Menschen im Bereich der niederen Schwingungsebenen zu halten versuchen. Die Erlebnisse der Mystiker sprechen hier eine eindeutige Sprache. – Diesen beiden Effekten kann wohl nur durch 1. innere Reinigung und 2. durch Bitte und Visualisierung von äußerem Schutz ausgewichen werden.

Luther dürfte infolge seiner Fähigkeit zur Hingabe, über das Mittel des Gebetes übernatürliche Kräfte erlangt haben, die er weder ausbaute noch sie zu nutzen verstand (Weigerung, Besessene zu exorzieren). Darüber hinaus hatte er eine Reihe spiritueller Erlebnisse, die er nicht zu deuten vermochte. Seine spirituellen Fähigkeiten verdankt er aber wohl nicht einer sublimierten Sexualität, wie es Pfarrer Müller annahm, sondern einer inneren Entwicklung, mit der sein Verstand nicht mitzuhalten vermochte, da er zu sehr mit Angstzuständen unterschiedlicher Art zu kämpfen hatte und damit seine eigene Bewusstseinsentwicklung und die damit einhergehende Ausbildung übernatürlicher Eigenschaften und Fähigkeiten aus den Augen verlor. Sobald Luther seinen Verstand und nüchterne Überlegung einsetzt, verschwinden die Spukerscheinungen; als er sich fürchtet, wird er fast ohnmächtig.

Seine Christuserscheinung, die er für ein Gespenst des Teufels ansieht, zeigt nach Ansicht des Theosophen Alfred Strauss, wie hoch Luther bereits in seiner inneren Entwicklung vorangeschritten ist und wie rein und kindlich die Natur seines Betens ist, da das Erscheinen des Christus nichts anderes sei als das Heraustreten des inneren Christusmenschen als Zeichen, dass man der Wahrheit nahe sei.

> „Es war eine regelrechte Ekstasis, die Luther in ungemessene Höhe hätte führen können, wenn er sie nicht durch das Dazwischentreten seines furchtbeladenen Verstandes wieder zurückgetrieben hätte. Wir erinnern uns doch an die kleine reine Bernadette von Lourdes, die durch das Verbot des Vaters die Fähigkeit zur Ekstase verlor, bis das Verbot aufgehoben wurde, und wie das Dazwischentreten vom Pfarrer das Strömen der Ekstase beeinträchtigte.“[250]

Was wir als Medialität bezeichnen, ist eine vorzeitige (also noch zu Lebzeiten) Ablösung unserer geistigen Strukturen von den seelisch-energetischen Zwängen, die den Geist hernieder halten. Dieser befindet sich in der Entwicklungsperiode des Erdenlebens auf der Rückreise in seine ureigene Heimat. Die dazu erforderliche seelische Bereitschaftshaltung muss allerdings erst mühsam erobert werden und bedarf einer spirituellen Schulung, einer magischen Schulung, die aber nicht ohne Risiken oder Gefahren verläuft. Eine Um-

250 Zitiert nach Alfred Strauss: *Theurgische Heilmethoden*, S. 204.

polung der geistigen Kräfte des erwachten Menschen oder die gewissenlose Ausnutzung bereits erlangter medialer Fähigkeiten führt zur Anziehung negativer Wesenheiten und Energien und kann zu geistiger Umnachtung und Schwachsinn führen – aber auch zu einem Absinken in die bekannteren Formen der Medialität und Sensitivität mit allen ihren paranormalen Erscheinungsformen, wie Geistererscheinungen und Spuk. Wer Herr seines Selbst werden will, muss eine starke Geisteszucht aufrechterhalten, wenn er nicht Gewalten verfallen will, die sich durch Einmischung in das menschliche Seelenfeld nur ausleben wollen.

Wir verstehen nun die widersprüchlichen Erfahrungen der Mystiker und Heiligen, wie sie uns aus deren Lebensbeschreibungen überliefert sind. Die Glaubenskraft führt sie empor zu geistigen Höhen und Kontakten mit der positiven Hierarchie der kosmischen Gewalten. Es stellen sich übernatürliche Fähigkeiten ein. Doch Leib und Seele sind an niedere Energieformen gebunden, die sich nun, aufgrund der erlangten Wahrnehmungsfähigkeiten zu offenbaren vermögen und sich massiv in die Entwicklung einmischen. Es kommt zu Versuchungen und Glaubenskrisen, zu dämonischen Anfechtungen und körperlichen Beeinflussungen teils schwerster Art, welche die Glaubensfestigkeit zu unterwandern versuchen und häufig genug den Sieg davontragen. Die innere Zerrissenheit der Mystiker (teilweise aber auch Kranker) kommt auch in der mittelalterlichen Kunst vielfach zum Ausdruck. Es sind Maler wir Albrecht Dürer, die solche Kämpfe offenbar selbst erlebt haben. Ein Beispiel ist sein lebensvolles Gemälde „Ritter, Tod und Teufel“.

In diesem Sinne wirken die Krankheiten des spirituell Erwachten für seine persönliche Entfaltung wie eine Aufsicht vor der Tür des inneren Lebens der Seele, wie ein Richter, der sie wieder auf den positiven Weg bringen will, ohne ihr aber den freien Willen zu nehmen. Deshalb die Schwankungen zwischen plötzlich erscheinenden schweren Krankheiten (Lähmungen, Blindheit usw.) und spontanen Heilungen durch das Gebet. Viele Kinder der Welt sind zufolge der Sünden der Eltern oder der Vorfahren schon krank ins

Leben getreten. Ihr Geist ist von oben her, göttlichen Ursprungs, sie sind geboren, um ihren Geist, ihre Seele, in dem Feuer der irdischen Energien zu läutern, in den Trieben und Verlangen des Fleisches. Ist dieser Zweck erreicht, verschwindet die Krankheit, wenn nicht der Glaube des Belasteten der Heilung entgegenwirkt. Der Entfaltung des Geistes entgegen wirken aber auch karmische Verhaftungen, die Krankheit als äußere Entsprechung eines inneren Charakterfehlers oder schwerer Vergehen erkennen lassen, die erst gesühnt werden müssen.

Der steirische Seher Jakob Lorber spricht die spirituell Erwachten als Himmelsmenschen an, die einst in steter Verbindung mit Gott und den Engeln lebten und von ihnen in allen Dingen auf hellste belehrt wurden, vollkommene Menschen und Herren der gesamten Natur, denen alle Geschöpfe und auch die Elemente untertan waren. Sie sollten sich ohne Neid und Überhebung gegenseitig dienen, um ihre Entwicklungsgänge zu vervollkommnen, die einen mit ihren naturmäßigen Gaben, die anderen mit ihren geistigen Fähigkeiten.

> „Der Herr offenbart sich nur denen, die von oben her sind, während die Kinder der Welt von ihm wenig oder gar nichts zum Gruße bekommen. – Der wahre Mensch kann sich selbst bis zur vollen Gottähnlichkeit heranbilden und Gott und seine Werke durch und durch erkennen, vergleichen, beurteilen und ihren Zweck begreifen; aber der gewisse Tiermensch wird dazu wohl nimmer imstande sein.“[251]

Lorber spricht aber auch von „Erdenmenschen“ und meint damit Geschöpfe, deren erste menschliche Entwicklung nicht auf anderen Planetensystemen, sondern auf der Erde erfolgte. Diese Wesen ständen in ihrer geistigen Entwicklung der tierischen Natur noch sehr nahe und müssten zwangsläufiger Weise noch für längere Zeiten mit der irdischen Inkarnation Vorlieb nehmen. Gewisse archai-

251 Jakob Lorber: *Großes Evangelium Johannes*, Bde. 8/128,2 sowie 5/5,2 und 7/221,5.

sche Bevölkerungsstämme scheinen sich dieses Zustandes durchaus bewusst zu sein, wenn sie Verbrechen schlimmster Art dem Ethnologen gegenüber mit den Worten entschuldigen: „Wir gehen nicht zu Gott hinauf wie du, wir werden in die Erde hinuntergehen“; und sie beteuern ferner, dass sie mit den Tieren aus einer Höhle gekommen seien.[252]

Den Zwiespalt zwischen geistiger Entwicklung und dem Nachgeben bezüglich sinnlicher und niederer Energien, in den wir Menschen zwangsläufig geraten, schildert der Seher mit den nachstehenden Worten und bezieht dabei niedere geistige Wesenheiten in seine Überlegungen mit ein:

> „Wenn der Leib die Seele reizt, sich für seine sinnliche Befriedigung in Tätigkeit zu setzen, so rührt das stets von den vielen unlauteren, gerichteten Natur- oder Materiegeistern her, die so ganz eigentlich das Wesen des Leibes ausmachen. Gibt die Seele den Anforderungen des Leibes zu viel Gehör und tut sie danach, so tritt sie mit dessen Materiegeistern in Verbindung und steigt auf diese Weise in ihre höchsteigene Hölle und in ihren höchsteigenen Tod. Und tut die Seele solches, so begeht sie eine Sünde wider die Ordnung Gottes.“[253]

Die Prüfungen, denen der Mensch obliegt, sind im engeren Sinn keine Schickung Gottes, sondern selbst auferlegte Befragungen gemäß der Aussage im Jakobusbrief:

> „Niemand sage, wenn er versucht wird, dass er von Gott versucht werde. Denn Gott kann nicht versucht werden zum Bösen, und er selbst versucht niemand. Sondern ein jeder, der versucht wird, wird von seinen eigenen Begierden gereizt und gelockt. Danach, wenn die Begierde empfangen hat, gebiert sie die Sünde; die Sünde aber, wenn sie vollendet ist, gebiert den Tod“ (Jak. 1, 13-15).

252 David Livingstone: *Afrika*, S. 285 f und 401.
253 Jakob Lorber: *Großes Evangelium Johannes*, Bd. 2, Kap. 210.

Es sind die Gefahren der Versuchung, deren zweitweises Opfer auch viele wurden, die man nach deren Überwindung zwar in den Stand der Heiligkeit erhob, sich aber stets in einem bedauernswerten Gesundheitszustand befanden als Kennzeichen der extremen Polarisierung der geistigen Einflüsse, denen sie unterlagen. Die fortschreitende Veränderung der feinstofflichen Körpersubstanz und die damit einhergehende Freilegung der Sinne höherer Ordnung macht den Menschen immer nervöser und reizbarer, sofern er nicht in der Lage ist, seine Gedankengänge immer mehr zu reinigen und seine Laster auszurotten. Nur wer in die tiefsten Abgründe seiner Seele hinabgestiegen ist, vermag aus ihr geläutert hervorzugehen. Das Leiden Christi ist dem Adepten mehr als eine symbolische Form, es ist ein wirkliches Leiden, das sich mit fortschreitender Entwicklung immer mehr vom Äußeren ins Innere verlagert und damit die äußeren Erscheinungsbilder vieler Mystiker charakterisiert. Je weniger geläutert das Streben des Mystikers bei voranschreitender Entwicklung ist, umso größer ist die Gefahr der geistigen, seelischen und körperlichen Zerrüttung. Der Wille erlahmt immer mehr und die Seele wird zur willkommenen Beute astraler Intelligenzen dämonischen Charakters, die nur darauf lauern, ihren Lebenshunger in der materiellen Sphäre auszutoben.

Der weiter vorangeschrittene und sich in seelischer Harmonie befindliche Heilige vermag aufgrund seiner feinfühligen Aura das Empfindungsleben und die Gefühle anderer Menschen mitzuerleben und aufgrund seiner Liebesfähigkeit und seines Glaubens auf die feinstofflichen Strukturen anderer Menschen einzuwirken und sie zur Änderung ihres Lebensstils zu bewegen oder sie durch Übertragung eines „Seelenstoffes“, eines Programms der geistigen Erneuerung zu heilen. So wird nicht nur von der seligen Mystikerin Anna Katharina Emmerick ausgesagt, dass sie nur aufgrund ihrer Fürbitte die Leiden anderer auf sich zog, was solche Formen annahm, dass alle Anzeichen der betreffenden Krankheit an ihrem Körper erschienen und im Verlaufe von einigen Tagen im Einklang mit dem Erleben der Patienten ständig wechselten. „Ich weine, weil sie nicht weinen können“, äußerte sich Pater Pio, und der Betroffene wurde gesund.

Viele Heilige stagnierten in ihrer Entwicklung auf dieser Stufe, weil sie es als ihre Aufgabe ansahen, der leidenden Menschheit durch ihre Fähigkeiten Entwicklungshilfe zu leisten. Das ging zu Lasten ihrer eigenen Gesundheit, nur wenige stellten ihre Fähigkeiten zur Erreichung einer höheren Entwicklungsstufe zurück. In der Ekstase, die einen weiteren Höhepunkt der menschlichen Entwicklungsfähigkeit kennzeichnet, ist dann der ganze Körper vom Licht der göttlichen und undifferenzierten kosmischen Strahlung durchflossen, die den gesamten inneren Menschen erneuert. Jede geistige Erkenntnis wird ihm nun zuteil, ohne Dazwischentreten des Intellekts. Eine solche Macht der Seele ist in der Lage, auch auf andere Menschen einzuwirken, ihr geistiges Auge zu öffnen und sie damit in den Zustand zu versetzen, ihre eigene Krankheit zu erkennen sowie das erforderliche Heilmittel anzugeben. Der bereits viel zitierte Justinus Kerner war auch ein Suchender auf dem Weg zur geistigen Erleuchtung, war aber nicht in der Lage, die bereits erlangten Fähigkeiten bei seinen Patienten erfolgreich einzusetzen.

Auch Pfarrer Blumhardt war ein Mensch, der aufgrund seiner Glaubenskraft Heilung vermitteln konnte. Als seine Gemeinde von sich aus zu ihm kam und um Vergebung der Sünden bat, tat er dies unter Handauflegung in der unschuldigsten Weise und spürte eine Kraft von sich ausgehen, die wunderbar die Gemüter der Anwesenden beruhigte und auch Wirkung auf die Gesundheit hervorbrachte. Er erkannte, dass Sündenvergebung und Heilung in einer innigen Verwandtschaft zueinander stehen. Eines Morgens kam eine Mutter zu ihm, sie hatte über ihr dreijähriges Kind aus Versehen die siedend heiße Morgensuppe geschüttet und wisse sich nun nicht mehr zu helfen. Das noch nicht angekleidete Kind war über den ganzen Leib verbrüht und schrie. Mit der Mutter versammelten sich viele Menschen in Blumhardts Haus. Er hieß sie im Stillen beten, schloss das Kind in seine Arme, seufzte – und es wurde still. Obwohl die Brandblattern erst nach etlichen Tagen ganz vergingen, hatte das Kind doch nicht die geringsten Schmerzen mehr.[254] So lernte Blumhardt den Wert der Handauflegung schätzen.

Der Glaube an Christi Verheißungen und die daraus entspringende Kraft des Gebetes waren auch die Grundlagen der Heilfähigkeiten der Wohltäterin, Heilerin und Gründerin einer Heilanstalt in Cannstadt, der fränkischen Adligen Henriette Louise Mathilde Freiin von Seckendorff-Gutend. Sie erkannte, dass vielen Fällen von schweren unheilbaren Krankheiten destruktive seelische Eigenschaften zugrunde liegen. So wurde sie einst zu einer Kaufmannsfrau gebeten, die seit acht Jahren krank war und deren Ende man täglich erwartete. Die Freifrau betete für diese Kranke und bat darum zu erkennen, was ihr fehle. Da hörte sie eine innere Stimme: „Sie hat den Zorngeist." (Ein Anzeichen einer Besetzung oder vom Wirken eines Eigen-Elementals.) Sie äußerte dieses der Kranken, die sich unter vielen Tränen tatsächlich dazu bekannte. Innere Einkehr und Umkehr vom bisherigen Lebensstil ließen sie in vier Wochen gesunden.

Über die Wirkung von unreinen Gedanken und Phantasien berichtet ein weiterer Fall aus der Erfahrung der Freiin: Ein 26-jähriges Mädchen wurde seit sieben Jahren von furchtbarsten Brustkrämpfen befallen und oft mit unbegreiflicher Gewalt aus dem Bett geworfen (Folgen von Spuk und Besetzung), so dass sie mit Wunden im Gesicht zur Behandlung kam. Seit sieben Wochen bestanden Lähmungen und eine völlige Steifheit der Glieder. Dann ward sie der Sprache beraubt. Drei Tage nach der Aufnahme stellte sich heftiger Husten ein, mit dem die Stimme wieder kam. Nach einem weiteren Tag bewegte sie die Beine, stand auf, ging im Zimmer auf und ab und erholte sich rasch.[255]

Um in Einklang mit den kosmischen Energien zu kommen und sich selbst dadurch zu vervollkommnen, ist die seelische Reinheit eine unerlässliche Voraussetzung. Das Verlangen danach muss auf-

---

254 Zitiert nach Alfred Strauss: *Theurgische Heilmethoden*, S. 65.
255 Beide Beispiele ebenda, S. 66 f.

richtig sein, von Herzen kommen und vom Glauben getragen sein. Wird die geistige Umkehr erst begonnen, wenn sich bereits Anzeichen einer Krankheit eingestellt haben, ist die Entwicklung erschwert, weil wir dazu neigen, die entsprechende Symptomatik zu beobachten und einen Erfolg zu *erwarten*. So schwer es auch fällt, es zu akzeptieren, dieses Verhalten kennzeichnet einen unterschwelligen Unglauben, der psychische Gegenströmungen auf den Plan ruft, die das Wirken der göttlichen, kosmischen Energie verhindert und die eigene Entwicklung blockiert. Diese negativ wirkende geistige Gegenströmung zeigt sich recht deutlich im Umfeld medialer Sitzungen und anderer Wirkungen geistig-seelischer Energien im physikalischen Bereich. Haben Zweifler Zutritt, die an Selbsttäuschung oder Betrug glauben, unterbleiben die meisten paranormalen Phänomene, sowohl den positiven als auch den negativen Bereich der Ereignisse betreffend. Bei Heilungsvorgängen ist aus diesem Grunde von Bedeutung, dass die durch fremde geistige Kräfte geheilten Personen niemandem darüber Mitteilung machen, um zweifelhaften Einwendungen vorzubeugen, die das labile geistige Geschehen der Genesenden beeinflussen könnten.

Das grundlegende Thema der geistigen Entwicklung des Menschen im positiven Sinne ist sein Bestreben zur Erlangung einer geistigen Wiedergeburt. Dieser Gegenstand hat nichts mit der leiblichen Wiedergeburt im Sinne einer Re-Inkarnation gemeinsam, sondern bezieht sich auf eine Schulung des Bewusstseins, das es im Sinne der Rückverbindung in die Gotteskindschaft zu entwickeln gilt, wie es die mystischen und magischen Schulungen aller Völker seit den ältesten Zeiten bezeugen. Die Wege sind unterschiedlich, das Ziel ist immer das gleiche, eine Erneuerung des geistigen Menschen, ein Bestreben, das aus dem Leid des Lebens hervorgegangen ist und durch eben dieses Leid, welches die seelische Erneuerung fordert und gleichzeitig zu gebären vermag, auch wieder beendet werden kann, zumindest in der Theorie. Die Belange des Lebens stellen eine Absonderung von der Einheit mit der Schöpfung dar, sie fordern eine geistige Erneuerung, die wiederum mit Leid verbunden ist und durch eben diese Komplikationen, die überwunden werden müssen, zur Rückverbindung führen kann.

Der Mystiker strebt kraft seines Glaubens auf direktem Wege zu Gott und vermag bereits auf Erden einen gewissen Grad der Vergottung zu erlangen und die verheißene Gotteskindschaft (gemäß Joh.1.12; Gal. 4,4.5) zu erreichen. Sein Weg ist die unbegrenzte Selbsthingabe an das göttliche Sein und das völlige Absterben der irdischen Wünsche, welches die uns ursprünglich mitgegebenen Seelenkräfte zu befreien vermag. Wer auf diesem Weg weit vorangeschritten ist, vermag durch seinen Willen, über sein Bewusstsein alle jene Phänomene hervorzubringen, die wir von Geistheilern, Hellsehern oder anderweitig paranormal Begabten kennen und bewundern. Unter diesen Voraussetzungen sind die Phänomene frei von Einmischungen astraler Wesenheiten und Kräfte. Der Wunsch und ernster Wille führen auf den rechten Weg zum Wirken auch in der astralen und feinstofflichen Welt, er fordert allerdings die Reinheit und Selbstlosigkeit der Gedanken und Triebe, aber auch den Mut, die dem Suchenden begegnenden Hindernisse zu überwinden, die aus dem eigenen Selbst entspringen. Die Gefahren auf diesem Wege sind groß, denn je mehr die „magischen" Kräfte im Menschen erwachen, umso größer ist die Versuchung, die erlangten Fähigkeiten zum eigenen Nutzen und Vorteil anzuwenden. So besteht die Gefahr, die Beute fremder Kräfte zu werden, die der Übende nicht unter seine Gewalt bringen konnte (Spukphänomene, Anfallsleiden, Besetzungen) oder sich maßlos zu überheben und in eine gottfremde schwarzmagische Richtung zu verfallen. Eine weitere Begleiterscheinung wäre in einem solchen Fall die körperliche und moralische Zerrüttung.

Der vorangeschrittene Mystiker ist im Gegensatz zum Suchenden nicht mehr in die Belange der Welt verstrickt, er verzichtet auch auf sein Wirken in ihr, lebt die Fähigkeiten nicht aus, die er bereits erhalten hat, sondern ist vom Wirken und Werden ins Sein getreten, lässt die göttlichen Kräfte durch sich und in sich wirken mit dem Ziel der eigenen Vervollkommnung. Er wäre in der Lage, die Astralmaterie nur durch sein Wollen und Wünschen zu beherrschen und Phantome in die Welt zu stellen, die der Laie nicht als irreale Scheinwelt zu erkennen vermag. Völlige Läuterung befähigt zu Wundern.

Spuk und Geistererscheinungen sind spontane Zeichen einer Transformation der Materie, die der geistig Vorangeschrittene aus eigener Kraft zu erzeugen vermag. So ist das Verschwinden von Gegenständen im Spuk eine Destruktion der Materie in den Ätherbereich unter Erhalt seiner Formgebung und das wieder Erscheinen eine Materialisierung aus der Ätherstruktur heraus. Geistheiler nutzen diesen Effekt zur Bewirkung von Spontanheilungen, die mit De- und Rematerialisation von Materie einhergehen. Es kann aber auch als Anzeichen des Erwachens der inneren Sinne gewertet werden, wenn spontan Spukerscheinungen der physikalischen Art auftreten wie Klopftöne, Schritte, Knallen, Schlagen, Bewegungen von Gegenständen usw., je nach persönlicher Veranlagung. In der Übergangsphase sind dies stets Anzeichen für eine Wechselwirkung der entwickelten eigenen feinstofflichen mit astralen Kräften.

In vergleichbarem Sinn spricht sich auch der deutsche Mystiker und Theosoph Jakob Böhme aus, wenn er auf die Wechselwirkungen von Verstorbenen mit Lebenden eingeht. Er ist der Ansicht, dass die Seele nach ihrem Heimgang nur noch für eine gewisse Zeit durch Lebende direkt erreichbar sei. Dies sei die Zeitspanne der Auflösung von irdischen Anhaftungen (die allerdings recht lange andauern kann). Danach sei ein direkter Kontakt nicht mehr möglich, sondern nur über eine Art von „magischer Spiegelung“. Materialisationserscheinungen, wie wir sie aus spiritistischen Sitzungen kennen, sowie auch die klassischen Geistererscheinungen seien entweder solche Spiegelungen unter Zuhilfenahme von astralisierter (dematerialisierter) Materie des Mediums (deren Körpersubstanz sich dabei wirklich aufzulösen scheint), oder sie entstehen mit Hilfe von Wesenheiten der astralen bzw. elementaren

Welt, die plastisch gestaltende Kräfte besitzen und Materie aus dem Äther aber auch aus Lebenden (den Anwesenden) zu ziehen vermögen, sie damit ihrer Lebenskraft berauben und sich selbst Zutritt zu deren Seelenkräften verschaffen.

Im Zusammenhang mit der Transformation von Ätherkräften in Materie scheint auch das Auftreten von Würmern und ähnlichen niederen Lebewesen als materialisierte Form astraler Wesenheiten zu stehen, wie sie in mehreren Fällen von Besessenheit aber auch Hysterie erbrochen wurden. Der Theosoph Alfred Strauss schreibt zu dieser Thematik:

> „An dieser Stelle möchte der Verfasser [Strauss] die Ärztewelt darauf aufmerksam machen, das Phänomen der immer häufiger auftretenden Wurmkrankheiten nicht leicht zu nehmen. Eine Reihe von Fällen von ‚Hysterie' ist auf Würmer zurückzuführen und die Fälle der Besessenheit im biblischen Sinne mehren sich. Und dabei kommen *immer* Würmer oder große Stuhlverstopfungen in Frage, auf welche Eigentümlichkeit schon Jung-Stilling hingewiesen hat, ohne eine Erklärung zu geben."[256]

Einen vermuteten Zusammenhang zwischen einer Parasitenbelastung und geistiger Erkrankung bzw. Beeinflussung (Schizophrenie) fand ich auch in den therapeutischen Hinweisen von Andreas Kalcker. Er schreibt: „Es gibt Fälle, die belegen, dass Schizophrenie in einigen Fällen mit einem Parasitenbefall zusammenhängt, da die betreffenden Personen bei der Anwendung des Protokolls [spezieller Hinweis zur Anwendung seines Heilverfahrens] zur Entwurmung große Mengen Schleim aus dem Darm ausstießen, genau wie die Kinder mit Autismus. Sobald die Behandlung mit diesem Protokoll nach drei Monaten abgeschlossen wurde, ließ sich eine deutliche Verbesserung und Steigerung des Wohlbefindens der betroffenen Personen feststellen. Wenn es ein Problem im Gehirn gibt, suchen wir meistens

256 Zitiert nach Alfred Strauss: *Theurgische Heilmethoden*, S. 195. (Durch wurmartige Astraltiere werden auch Indigo-Kinder und andere Hellsichtige häufiger belästigt und bedrängt, insbesondere in der Nacht. Es sind potentielle Besetzer, welche die spirituellen Fähigkeiten dieser Kinder zu blockieren versuchen.)

im Kopf die Ursache, allerdings habe ich [Kalcker] festgestellt, dass die meisten Probleme ihren Ursprung im Darm haben und von eingenommenen Giftstoffen, wie zum Beispiel Alkohol, oder Parasiten und anderen Erregern ausgelöst werden."[257] (Kalcker weist allerdings nicht auf einen möglichen Zusammengang mit Besetzungen hin, der nur für hellsichtige Personen oder Rutengänger erkennbar und nachweisbar wäre.)

Die in solchen Fällen wirkenden Gesetzlichkeiten, mögen sie nun willentlich von Adepten ausgeführt worden sein oder spontan unter Einwirkung astraler Kräfte und Wesen verursacht, finden praktische Anwendung in sogenannten „Ätherkraft-Maschinen" bzw. Systemen, die eine „Nullpunktenergie" (wie wir sie heute nennen würden) transformieren. John Worrel Keely (um nur ein Beispiel dieser Art zu nennen) konstruierte bereits in den 1880-er Jahren eine solche Maschine, die auf der Verstärkung und Transformation von Schallschwingungen beruht, Wasser dematerialisiert und wieder in Dampf unter hohem Druck umwandelt. Zur Erklärung entwickelte Keely eine eigenständige Äthertheorie für den Aufbau von Materie, die durchaus den heutigen Erkenntnissen entspricht. Er spricht dabei von sieben Ebenen: „Molekular, Intermolekular, Atomar, Interatomar, Ätherisch, Interätherisch und Lichttragender Äther". Der Übergang vom interatomaren in den ätherischen Zustand kennzeichnet dabei den Umwandlungsvorgang von subatomarer „Materie" in reine Energie über einen geordneten in einen gänzlich freien, ungeordneten Zustand.

Es ist kennzeichnend für Systeme dieser Art – unabhängig davon, ob es sich um Maschinen handelt, um Heilungsvorgänge oder um paranormale bzw. paraphysikalische Phänomene –, dass sie ihre Wirkung nur unter der geistigen Kraft eines Menschen entfalten oder beim Spuk eben durch astrale Intelligenzen oder Seelenbestandteile Verstorbener.

---

257 Andreas Kalcker: *Gesundheit verboten*, S. 342 f, der 8. dt. Auflage (Stichwort „Schizophrenie").

Zusammenfassung: Stehen psychische Spaltungen oder andere neurotische Erkrankungsformen im Vordergrund der Ereignisse, so liegen oft Mischphänomene vor, in denen Eigen-Elementale sich mit astralen Polaritäten verbinden und wie eine einheitliche Seelenstruktur auftreten mit der Folge, dass die Fremdenergien als solche nicht erkannt werden. Beispielfälle jüngeren Datums veranschaulichen die Kombination von Besetzungen, Krankheitsfällen neurotischer und gänzlich unklarer Art, sowie Spukvorgängen. In Beispielen, in denen weder Besetzung noch Spuk offensichtlich zutage tritt, ändert sich die Lebenssituation spontan beim Bemühen, die Besetzung zu entfernen, wobei akut werdende Spukphänomene dann auffällig zutage treten und damit eine Besetzung als deren Ursache zweifelsfrei aufzeigen. In den meisten Fällen von Besetzungen dieser – eher unauffälligen – Art, handelt es sich bei den Verursachern um Seelenwesen Verstorbener aus dem familiären Umfeld oder dem Wohnbereich. Eine feste Bindung dieser Wesen an bestimmte Personen oder Örtlichkeiten ist dabei typisch.

Dass den Ereignissen eine gewisse Intelligenz innewohnt, zeigen die vielfältigen Kommunikationsmöglichkeiten zwischen Lebenden und den Spukaktionen. Eine Befreiung vom Spuk ist kaum möglich, ohne auf die spezielle Thematik der ihn produzierenden außerkörperlichen Intelligenz bzw. Wesenheit einzugehen. Der Spuk benötigt lebende Personen (oder zumindest lebende Tiere) in seinem Umfeld, die ihn wahrnehmen und ihn über ihre emotionale Zuwendung mit Kraft versorgen, damit es überhaupt zu einer Wechselwirkung zwischen Spuk und Person kommen kann. Diese Wechselbeziehung ist die Ursache für die von Psychologen weitgehend vertretene Ansicht, der Spuk gehe allein von der Psyche einer Person aus, ein Argument, das insbesondere im Zusammenhang mit dem klassischen Stallspuk wenig glaubhaft erscheint.

Wie weit auch der ortsgebundene Spuk die Lebenskraft von Menschen benötigt, ist nicht geklärt. Auffällig ist hier die automatenhaft angelegte Handlungsweise oder die monotone Erscheinungsform des Schemens, der nicht an eine lebende – oder doch zumindest nicht an eine in Erscheinung tretende – Person gebunden zu sein scheint. Überdies besteht eine gewisse Tendenz zur Verausgabung der Kräfte, die den physikalischen Aspekt des Spuks bewirken, er wird im Laufe längerer Zeitperioden schwächer und erlischt schließlich ganz. Aus der erlöschenden Wahrnehmungsfähigkeit kann allerdings nicht gefolgert werden, das verursachende Agens sei damit ebenfalls beseitigt. Personen mit übernatürlichem Wahrnehmungsvermögen sind in der Lage, auch diese nun nur noch rein geistig vorhandenen Potentiale zu erkennen, wieder zu beleben und über einen Kontakt zu ihnen sie nun gänzlich von ihrer irdischen Anhaftung zu befreien.

Spukphänomene sind mit der psychischen Konstellation lebender Menschen eng verknüpft. Krankhafte Veranlagungen begünstigen aufgrund der psychischen Schwächung ihr Auftreten und aktivieren die Phänomene, was möglicherweise mit der gesteigerten Wirksamkeit von Besetzungen begründet werden kann. Es bleibt allerdings unklar, wie weit krankhafte Dispositionen Besetzungen und Spuk fördern oder bei seiner ursächlichen Entwicklung eine entscheidende Rolle spielen. Bestimmte Bilder von Erkrankungsformen des Nervensystems (z. B. Hysterie, Epilepsie, Anfallsleiden) zeigen für Besetzungen typische Anzeichen, die allerdings nur in selteneren Fällen auch Spukphänomene mit einschließen. In diesen stehen mentale oder visionäre Erlebensformen im Vordergrund. Erblich-degenerative Faktoren spielen sowohl für die Besetzung als auch für das Krankheitsbild eine erhebliche Rolle. Wie beim klassischen personengebundenen Spuk sind auch hier junge (pubertierende) Menschen (meist Mädchen) veranlagungsgemäß begünstigt. Psychische Labilität (wodurch auch immer hervorgerufen) scheint auch in diesen Fällen eine wichtige Voraussetzung zu sein.

Eine Unterscheidung zwischen Besessenheit, Hysterie oder Epilepsie ist schwer zu treffen bis unmöglich, wenn lediglich medizinisch-psychiatrische Wertungen herangezogen werden. Wie es auch bei Besessenheit der Fall ist, können die Krankheitsbilder der Hysterie oder Epilepsie auf andere Menschen bzw. ganze Gemeinschaften übertragen werden. Die psychische Disposition der Beteiligten spielt im Falle der Übertragung eine bedeutende Rolle.

Die großen Gruppen von Nerven- und Gemütserkrankungen scheinen auf Besetzungen auf familiärer Basis zu beruhen. Eigene Untersuchungen zeigen, dass die für Besetzungen und psychische Erkrankungen disponierenden Persönlichkeitsstrukturen mit Veränderungen der unteren Körper-Chakren im Zusammenhang stehen. Es zeigen sich Veränderungen der Regulationsfähigkeit der Chakren, die allerdings nicht zwingend auf einer Persönlichkeitsstörung beruhen müssen, sondern auch Folgen von physischen Erkrankungen oder Verletzungen (Unfallfolgen, Rückenmark) darstellen können.

Spukvorgänge stehen – offenbar nur beim personengebundenen Spuk – im Zusammenhang mit der psychischen Konstellation der Betroffenen. Seelische Stabilisierung vermag den Spuk zu beenden. Es ist denkbar, dass es sich bei dieser lediglich um eine Hemmung der äußeren Symptomatik handelt, und nicht um eine wirkliche Heilung oder Befreiung. In diesem Fall bleibt die verursachende Besetzung bestehen, tritt nicht mehr offensichtlich zutage, vermag aber zu einem späteren Zeitpunkt wieder aufzutreten. Eingehende radiästhetische Untersuchungen könnten diesen Zusammenhang belegen, doch fehlen diese bisher. Spuk kann aber auch als sich ablösendes und verselbständigendes Spaltprodukt der eigenen Psyche wirksam werden. Unabhängig davon, ob es sich um eine Besetzung oder das Wirken eines Eigen-Elemental handelt, können beide Formen den leiblichen Tod überdauern, in Räumlichkeiten oder an Gegenständen haften und sensible Personen „beeindrucken“ im Sinne von Informationen, die ihnen aufgezwungen werden und darüber die Spukerscheinungen veranlassen. Wird das anhaftende geistige Programm gelöscht, endet auch der Spuk.

Die Intensität seelischer Krisen oder „Gewissensbisse“ entscheidet darüber, ob ein gebildetes Elemental überlebensfähig ist. Die unbewusste Wahrnehmung solcher psychischen Programme durchläuft beim Wahrnehmenden seelische Filter- und Sperrmechanismen und führt zu Resonanzen mit eigenen seelischen Programmen. Phantasien lebender Menschen allein verursachen keine Spukvorgänge. Spuk ist stets das Ergebnis einer Vermischung astraler Potentiale mit seelischen Programmen lebender Menschen. Die Welt des Innern und die Astralwelt sind nicht wirklich getrennt.

Das Wahrnehmungsvermögen für übernatürliche Energien ist dem Menschen (und den Tieren) angeboren. Die Art der persönlichen Entwicklung beeinflusst dieses sowie die Art der Wahrnehmung im fördernden wie auch im hemmenden Sinne. Ereignisse wie seelische (Persönlichkeitsveränderungen) oder bestimmte körperbezogene Erkrankungen beeinflussen die Wahrnehmung. Das betrifft insbesondere solche Befindlichkeiten, die mit einer stark veränderten Regulationsfähigkeit der Chakren einhergehen, denn sie sind das Verbindungsglied zu außerkörperlichen Energiefeldern. Wahrnehmung allein kann keine Spukphänomene bewirken. Doch wird über den Eindruck ein Kontakt zu astralen Feldern aufgenommen und eine Brücke zu den Fremdenergien aufgebaut. Über Psychometrie oder Hellsehen vermag der Betreffende Einflüsse zu erkennen, die das eigene seelische Gefüge beeindrucken, Visionen hervorrufen oder anderweitige Erkenntnisse zu Bewusstsein bringen, ohne mit Spukphänomenen in Kontakt zu geraten, denn diese folgen eigenen, noch nicht zur Genüge erforschten Gesetzmäßigkeiten.

***

Die krankhaften Erscheinungsformen, Besetzungen und paranormalen Phänomene, sind in den meisten Fällen Langzeitfolgen eigener seelischer Ungleichgewichte im Zusammenwirken mit astralen Wesenheiten. Die Bedrängnisse können aber auch im Gefolge einer angestrebten höheren Entwicklung der seelischen Innenwelt – mit dem Ziel eine mystische Gottverbundenheit zu erreichen – bzw. einer Teilhabe am kosmischen Bewusstsein auftreten. Je konsequenter und erfolgreicher die eigenen niederen Charaktereigenschaften bekämpft werden, umso höher entwickelt sich die persönliche Medialität mit Fähigkeiten, die nicht nur unseren eigenen Fortschritt voranbringen, sondern auch unseren Mitmenschen zugutekommen.

Unser Bemühen wird von den Mächten der geistigen Welt in dem Sinne begleitet, indem wir „reinen Herzens" an uns arbeiten. Im Zusammenhang mit der Entwicklung des Bewusstseins können Fähigkeiten und Phänomene auftreten, die mit der Wahrnehmung feinstofflicher Energien einhergehen, welche die Wechselwirkungskräfte zwischen astralen Energiefeldern und dem menschlichen Empfindungsvermögen betreffen. Diese Entwicklung kann sowohl von erwünschten als auch von unerwünschten Phänomenen paranormaler Art begleitet werden. Selbstsüchtiger Umgang mit den erlangten Fähigkeiten führt zum Absinken in negative Formen der Medialität mit den bekannten Begleiterscheinungen bis hin zu geistiger Umnachtung, während selbstloser Umgang zur Steigerung der mentalen Fähigkeiten bis hin zur Hellsichtigkeit und zum Erlangen von Heilkräften führen kann.

Die Gefahren auf diesem Entwicklungsweg bestehen im Aufbegehren der eigenen niederen Instinkte, die in jedem noch so hoch entwickelten irdischen Menschen vorhanden sind und sich in der Gefahr sehen, vom für sie lebenserhaltenden Kontakt mit entsprechenden astralen Energiefeldern abgekoppelt zu werden. Aufgrund der daraus entstehenden polaren Spannung zwischen positiven und negativen seelischen Eigenschaften können Krisenzustände auftreten, welche die negativen seelischen Eigenschaften ins Bewusstsein heben und die – sowohl mit Erkrankungszuständen als auch mit Spukvorgängen einhergehend – ihr eigenes Dasein zu behaupten verstehen. Dem geistig erwachten Menschen dienen diese Anzeichen als Merkmale in seinem spirituellen Voranschreiten, da er um ihre Ursprünge weiß und sie durch entsprechende Geisteszucht und Reinheit der Gedanken zu überwinden versteht. Sie stehen als Mahner und Prüfer, als Wächter vor der Tür zum kosmischen Bewusstsein.

Die spirituelle Entwicklung der gesamten Menschheit basiert auf einem Bestreben zur Erlangung der geistigen Wiedergeburt und der damit verbundenen Inbesitznahme der dem menschlichen Wesen ureigenen göttlichen Fähigkeiten. Das Streben nach Vollkommenheit erfordert die Loslösung von allen menschlichen Zwängen, die einer Bemächtigung der Gotteskindschaft entgegenstehen. Die Widrigkeiten des Lebens erfordern die Erneuerung des geistigen Menschen. Wenn wir verstehen, was das Leid des Lebens uns zu sagen hat, sind wir selbst in der Lage, alle Pein aufzulösen und Krankheiten sowie Spuk als das zu erkennen, was sie sind, nämlich Hinweise und Wegzeichen aus der geistigen Welt, die unsere eigene seelische Entwicklung betreffen.

Danksagung

Mein Dank gilt allen Personen, die meine persönliche Entwicklung gefördert und mich bei meiner Arbeit mit Informationen unterstützt haben. Es war zunächst Prof. Dr. Hans Bender († 1991), der ehemalige Leiter des Freiburger „Institut für Grenzgebiete der Psychologie und Psychohygiene“, der mich in meiner frühen Entwicklungsphase durch anregende Gespräche auf dem Wege der wissenschaftlichen Untersuchung paranormaler Phänomene begleitet und mir seine Hausbibliothek zu Studienzwecken zur Verfügung gestellt hat.

Den zahlreich besuchten Seminaren des Physikers Reinhard Schneider († 2001), meinem langjährigen Lehrmeister in der Radiästhesie, verdanke ich meine spirituelle Entwicklung, denn die von ihm entwickelten Testmethoden schlagen eine Brücke zwischen feinstofflich-astralen Energien, der intellektuellen Wahrnehmung und der physikalischen Nachweisbarkeit auch paranormaler Phänomene. Die durch ihn erlangten Kenntnisse und Fähigkeiten ermöglichten es mir, meine geistige sowie körperlich-seelische Wahrnehmungsfähigkeit zu schulen und über das Instrumentarium der Radiästhesie reproduzierbar zum Ausdruck zu bringen.

Sehr viel verdanke ich ebenfalls den langjährigen Teilnehmern meiner eigenen Seminare, die mich durch Anregungen, Informationsaustausch und gemeinsame Forschungstätigkeit unterstützt haben und von denen ich selbst sehr viel lernen durfte. Viele langjährige Freundschaften sind aus dieser gemeinsamen Zusammenarbeit entstanden.

Mein besonderer Dank gilt Herrn Anton Styger, dessen Berichte in Büchern und Seminaren eine Bestätigung für den von mir radiästhetisch nachgewiesenen Zusammenhang zwischen astralen Wesenheiten einerseits und Geistererscheinungen sowie Spukvorgängen andererseits, aber auch vielen krankhaften Befindlichkeiten erbrachten, die über den Zustand einer zeitweisen Besetzung ablaufen. Seinen Vorträgen und Büchern verdanke ich neuere Fallberichte, die in selten so klar dargestellter Weise die Erkenntnisse eines Geistheilers, Hellsehers und Exorzisten in die Untersuchungen mit einbringen und die zu zitieren mir freundlicherweise gestattet wurde.

Verzeichnis der benutzten Literatur

Aksakow, Alexander N.: Animismus und Spiritismus. – 4. Auflage bei Oswald Mutze, Leipzig 1905 (2 Bände).

Bächtold-Stäubli, Hanns (Hrsg.): Handwörterbuch des deutschen Aberglaubens. – Verlag de Gruyter, Berlin 1987.

Bender, Hans: Parapsychologie – Entwicklungen, Ergebnisse, Probleme. – Wissenschaftliche Buchgesellschaft, Darmstadt 1966.

Binswanger, Otto: Die Hysterie. Wien 1904. – Nachdruck: Vero Verlag (Hansebooks), Norderstedt 2015.

Blavatsky, H. P.: Die Geheimlehre. – Verlag J. J. Couvreur, Den Haag o. J. 4 Bände.

Bodin, Jean: Vom aussgelasnen wütigen Teuffelsheer. Akademische Druck- und Verlagsgesellschaft, Graz 1973. Nachdruck der Ausgabe von 1591.

Bonin, Werner F.: Lexikon der Parapsychologie und ihrer Grenzgebiete. – Scherz Verlag, Bern und München 1976.

Bozzano, Ernesto: Die Spukphänomene. (Sammlung Mediumistischer Abhandlungen von Willy K. Jaschke Bd. III) – Verlag und Buchdruckerei Hans Müller, Bamberg 1930; (Übers. aus dem Italienischen).

Cousto, Hans: Die kosmische Oktave. Der Weg zum universellen Einklang. – Essen, Synthesis-Verlag 1984.

Deutscher Aberglaube – siehe Bächtold / Stäubli: Handwörterbuch des Deutschen Aberglaubens.

Eisenbud, Jule: Gedanken-Fotografie. Die PSI-Aufnahmen des Ted Serios – Aurum Verlag, Freiburg/Br. 1975.

Fiber, Martin (Hrsg.): Die Botschaft der Santiner. – Bergkristall, Paderborn 2007.

Gehrts, Heini: Das Mädchen von Orlach. Erlebnisse einer Besessenen. – Verlag Ernst Klett, Stuttgart 1966.

Görres, Joseph: Die christliche Mystik. – Akademische Druck- und Verlagsgesellschaft o. J. Unveränderter Nachdruck der im Verlag G. J. Manz, München und Regensburg erschienenen Neuauflage in 5 Bänden.

Grabowski, Siegfried: Der Heilstrom. Über den praktischen Umgang mit der Heilkraft. – Schirner Verlag, Darmstadt 2007. (Alle Rechte beim Verfasser)

Grabowski, Siegfried: Seelenwelten. Die menschliche Seele im Wirkungsfeld innerer und außerkörperlicher Energiefelder. – Buchverlag König, Greiz 2015.

Grabowski, Siegfried: Die Heilkraft der Wallfahrtsorte. Kultus und Brauchtum an Wallfahrtsorten.– Ohetaler Verlag, Riedlhütte o. J.

Grabowski, Siegfried: Wege zum kosmischen Bewusstsein. Wie Gedanken unsere Welt beeinflussen. – Buchverlag König, Greiz 2019.

Grabowski, Siegfried: Seelengefängnis – Astrale Wesenheiten und die Beeinflussung des Menschen. – Buchverlag König, Greiz 2021.

Gurney, E.; Myers, F. W. H. & Podmore, F.: Gespenster lebender Personen und andere telepathische Erscheinungen. Verkürzte Übersetzung des englischen Werkes Phantasm soft he Living– Verlag von Max Spohr, Leipzig o. J. [1897].

Kalcker, Andreas Ludwig: Gesundheit verboten – unheilbar war gestern. – Jim Humble Verlag, 8. deutsche Auflage 2020.

KEMAN (Dieter Schwickart): Wege ins Licht Band 3: Das Spiel der Seelen – RiWei-Verlag, Regensburg 2003.

Kerner, Justinus: Die Seherin von Prevorst. – Verlag J. F. Steinkopf, Stuttgart 1963.

Kerner, Justinus: Die Seherin von Prevorst. – Verlag von Philipp Reclam jun., Leipzig o. J.

Kerning. J. = Johann Baptist Krebs: Der Schlüssel zur Geisterwelt. – Verlag von Carl Georgi, Berlin o. J. (1908). Reihe: Talisman-Bibliothek.

Koch, Kurt E.: Okkultes ABC. – Bibel- und Schriftenmission D. Kurt E. Koch e. V. Aglasterhausen, 3. Auflage 1988.

Lhermitte, Jean: Echte und falsche Mystiker. – Verlag Räber & Cie., Luzern 1953.

Livingstone, David: Afrika. Die erste Durchquerung des Schwarzen Erdteils. – Verlag Hallwag, Bern-Stuttgart 1939. (Aus d. Englischen).

Lombroso, Cesare: Hypnotische und spiritistische Forschungen. – Verlag Julius Hoffmann, Stuttgart o. J. [1909].

Maxwell, Joseph: Neuland der Seele – Verlag Julius Hoffmann, Stuttgart o. J.
Moser, Fanny: Spuk Ein Rätsel der Menschheit. – Walter-Verlag, Olten und Freiburg /Br. 1977.
Neue Wissenschaft (NW) – siehe: Zeitschrift für Grenzgebiete des Seelenlebens.
Nigg, Walter: Große Heilige. – Artemis Verlag, Zürich u. Stuttgart 1947.
Nowotny, Karl: Mediale Schriften. Mitteilungen eines Arztes aus dem Jenseits. – Bergkristall Verlag, Bad Salzuflen 2013.
Österreich, Traugott Konstantin: Die Besessenheit. – Literaricon, Treuchtlingen 2018. Reprint der Ausgabe bei Wendt & Klauwell, Langensalza 1921.
Petersdorff, Egon von: Dämonologie. – Christians-Verlag, Stein am Rhein 1982 (2. Auflage); 2 Bände.
Piper, Otto: Der Spuk. 250 Geschehnisse aller Arten und Zeiten aus der Welt des Übersinnlichen. – Verlag von J. P. Bachem, Köln 1917, Reprint Buchverlag König, Greiz 2014.
Pogacnik, Marko: Elementarwesen. Die Gefühlsebene der Erde. – Knaur Mens Sana Taschenbuch, München 1995.
Puls: Spuk-Geschichten – Berlin, Selbstverlag des Verfassers, o. J. (Sammlung von Spukberichten aus unterschiedlichen Quellen).
Schopenhauer, Arthur: Parapsychologische Schriften. – Verlag Benno Schwabe, Basel 1961.
Sekanek, Rudolf: Mutter Silbert – Der Leuchter, Otto Reichel Verlag, Remagen 1959.
Staudenmeier, Ludwig: Die Magie als experimentelle Naturwissenschaft. – Wissenschaftliche Buchgesellschaft, Darmstadt 1968.
Sterneder, Hans: Auszüge aus „Die Neugeburt der Ehe“. – Grete Häusler Verlag, Mönchengladbach 1997.
Strauss, Alfred: Theurgische Heilmethoden. – Ansata, Schwarzenburg (CH) 1979 (Nachdruck der Ausgabe Berlin 1925).
Styger, Anton: Erlebnisse mit den Zwischenwelten. (11 Bde.) – Styger-Verlag, CH-Oberägeri 2009.
Tenhaeff, W.H.C.: Außergewöhnliche Heilkräfte. – Walter-Verlag, Olten und Freiburg/Br. 1957.

Teillard, Anja: Die unbekannte Dimension. – Reich-Verlag, Remagen 1959.
Thurston, Herbert: Die körperlichen Begleiterscheinungen der Mystik. – Deutschsprachige Ausgabe, Verlag Räber & Cie, Luzern 1956.
Tischner, Rudolf: Geschichte der Parapsychologie. – Verlag Walter Pustet, Tittmoning 1960.
Tyrrell, G. N. M.: Mensch und Welt in der Parapsychologie. – Schünemann Universitätsverlag, Bremen 1972.
Volmar, F. A.: Berner Spuk und Mysteriöses aus dem Wallis. – Francke Verlag, Bern 1969.
Wickland, Carl: Dreißig Jahre unter den Toten. – Der Leuchter; Otto Reichel Verlag, Remagen 1952.
Zeitschrift für Parapsychologie (vormals Psychische Studien) – Verlag von Oswald Mutze, Leipzig 1926-1934.
Zentralblatt für Okkultismus (Monatsschrift zur Erforschung der gesamten Geheimwissenschaften) – Verlag von Max Altmann, Leipzig 1907-1933.
Zeitschrift für Grenzgebiete des Seelenlebens = NW = „Neue Wissenschaft“ – Jg. 1-16 (1950-1968) Gyr-Verlag, Baden b. Zürich. – (Zeitschrift für kritischen Okkultismus = Jg. 1); (Zeitschrift für Parapsychologie = Jg. 2-6); (Zeitschrift für Grenzgebiete des Seelenlebens = Jg. 7-16.) Die Zeitschrift ist in digitalisierter Form über die Universitätsbibliothek Freiburg zugänglich.

Weitere Bücher von Dr. Siegfried Grabowski, die im Buchverlag König erschienen sind

Dr. Siegfried Grabowski

SEELENWELTEN

Die menschliche Seele im Wirkungsfeld innerer und außerkörperlicher Energiefelder

Ein gesundes Seelenleben formt den Charakter des Menschen und ist die Voraussetzung zu irdischem Glück. Das Ziel des Buches ist es, die externen Störfaktoren, welche die Seele beinflussen, wie fremde geistige Einwirkungen oder auch künstlich verursachte Strahlungsfelder, aufzuzeigen, ihre Wirkungsweise auf das Energiefeld des Men schen zu erklären und Schlussfolgerungen auf das Leben zu ziehen.

Als Bindeglied zwischen Geist und Körper beeinflusst der Zustand der Seele unsere geistige und körperliche Gesundheit in stärkerem Maße, als wir uns vorstellen. Aufgrund der aktuellen psychologischen Forschung bestreitet heute niemand mehr, dass geistig-seelische Störungen organische Krankheiten verursachen können.

Der ausführliche, sachlich fundierte Band, der breite Leserschichten anspricht, vermittelt die weit reichenden Erfahrungen des bekannten Sachbuchautors, Diplom-Chemikers, Heilpraktikers und Rutengängers Dr. Siegfried Grabowski bei der Erforschung feinstofflicher Phänomene in unserem Lebensumfeld. Dabei werden nicht Theorien vorgetragen, sondern u. a. Beweisführungen über die Wirkungsweise der Hypnose, die seelischen Gefahren bei Bluttransfusionen, Phänomenen der Besessenheit und der Heilung durch seelische Kraft, der Einfluss energetischer Kraftfelder, zu denen nicht zuletzt Stromtrassen, die hauseigene Stromversorgung und Windenergieanlagen gehören, erbracht. Auch der lebenswichtigen Thematik der spirituell oder energetisch belasteten Nahrung, wenn sie gentechnisch verändert oder radioaktiv bestrahlt wird, ist ein Kapitel gewidmet. Viele grundsätzliche Erfahrungen bekannter Persönlichkeiten aus der Geschichte, über 180 ausgesuchte und erläuterte Fallbeispiele vom Auftreten der „Armen Seelen“ bis hin zum Begriff der „Weißen Frau“, machen das inhaltliche Gschehen mit den Schlussfolgerungen für unsere nahe Zukunft anschaulich und zeigen, dass die Fähigkeit zur außersinnlichen Wahrnehmung in jedem Menschen angelegt ist.

640 Seiten mit Personenverzeichnis sowie Fußnoten-Erläuterungen und Quellenangaben. - Hardcover, gebunden, Format 15 x 21 cm

ISBN 978-3-943210-81-1

Weitere Bücher von Dr. Siegfried Grabowski, die im Buchverlag König erschienen sind

Dr. Siegfried Grabowski

SEELENGEFÄNGNIS

Die menschliche Herkunft aus astraler Sicht

Als Bindeglied zwischen den Schöpfungspotentialen und der physischen Welt ist unsere Seele vielfältigen astralen Einflüssen ausgesetzt. Kreaturen früher Schöpfungsereignisse haben sich durch Seelenraub und Besetzungen seit Anbeginn der Welt unserer Seele bemächtigt und blockieren unsere spirituelle Entwicklung.

Die Blockaden unserer seelischen Entwicklung gründen sich auf geistige Informationsprogramme, die unser Bewusstsein prägen und die wir bereits über den Inkarnationsprozess mit in unser Leben gebracht haben. Sie wurden uns eingepflanzt durch jene Wesenheiten, von deren Entwicklungslinie wir selbst abstammen.

Die klassischen Textquellen der Schöpfungsberichte weisen aber auch darauf hin, dass Gesetzmäßigkeiten existieren, um die Fehler in der kosmischen Entwicklung wieder rückgängig zu machen. Die permanente Verbindung unseres Bewusstseins mit der Urquelle setzt uns in die Lage, die uns aufgezwungenen Eigenwilligkeiten aufzulösen, was allerdings die Erkenntnis der seelischen Situation voraussetzt, in der wir leben. So kann Selbsterkenntnis zur Gotteserkenntnis und zur Befreiung von irdischen Leiden führen.

ZUM INHALT

Vom Aufbau der menschlichen Persönlichkeit / Die Inkarnation des Menschen und der Götter / Schöpfungsgeheimnisse der Gnosis / Wer sind unsere falschen Götter? / Entwicklung der Seele und des Bewusstseins / Gefangene Seelen in volkstümlicher Darstellung / Auslöser von Seelenblockaden und Besetzungen / Dämonische Besessenheit / Besessenheit durch Musik? / Reptiloide Wesen in der Mythologie / Kontakte zu Astralwesen in den Märchen.

432 Seiten mit Literaturverzeichnis sowie Fußnoten-Erläuterungen und Quellenangaben. - Hardcover, gebunden, Format 15,0 x 21,0 cm

ISBN 978-3-939856-22-1

Weitere Bücher von Dr. Siegfried Grabowski, die im Buchverlag König erschienen sind

Dr. Siegfried Grabowski

WEGE ZUM KOSMISCHEN BEWUSSTSEIN

Wie Gedanken unsere Welt beeinflussen

Die Zahl der Menschen, die in irgendeinem Sinne besonders sensibilisiert sind oder sich psychisch instabil fühlen, steigt laufend an, und das betrifft nicht nur die Elektrosensibilität, sondern Umwelt- und andere Belastungen jeglicher Art. Die Betroffenen fühlen sich oft ihren Beschwerden gegenüber ohnmächtig und den von ihnen als Störfaktoren empfundenen Energien ausgeliefert. Weder Ärzte noch Politiker werden in ausreichendem Maße aktiv. Dabei stehen die gesundheitlichen Interessen der Bevölkerung dem Gewinnstreben der Industrie direkt entgegen.

Wo liegen die Ursachen dieser Sensibilität und wie ist es möglich, sich aus dieser täglichen Belastung zu befreien? Anhand eigener Erfahrung und der Kommentierung wichtiger Fallbeispiele zeigt uns der Autor, wie dieser Befreiungsprozeß in Bezug auf unsere eigenen Verhaltensweisen, unsere Weltanschauung und unsere Denk- und Charakterstrukturen gelingen und eine Stabilisierung der Gesundheit jedes Einzelnen eintreten kann.

In der weiteren Entwicklung seiner Gedanken analysiert der Verfasser Zusammenhänge zwischen der geistigen Entwicklung der Menschen und den sich mehrenden ungewöhnlichen (klimatischen) Naturvorgängen, die als regulatorische Rückwirkung der elemantaren Naturkräfte aufgefasst werden, denn der Mensch steht mit den Energien der Erde und den schöpferischen Kräften des Kosmos in ständiger Wechselbeziehung.

ZUM INHALT

Der menschliche Körper als Empfänger und Sender; Die Vernetzung mit anderen Welten; Besetzungen als kosmische Interaktion mit erdgebundenen Seelenwesen; Das Interaktionspotential zwischen Mensch und Umwelt; Das Wirken skalarer Kräfte in ungewöhnlichen Phänomenen; Geistige Wirkungen von Sprache, Symbolen und Höhlensystemen; Informationspotentiale in „fließenden Systemen“.

313 Seiten - Broschur, Klebebindung, Format 15 x 21 cm

ISBN 978-3-943210-41-5

Dr, Otto Pieper

Der Spuk

Die wichtigsten Geschehnisse aus der Welt des Übersinnlichen

In allen Zeiten und bei allen Anlässen menschlicher Tätigkeit hat es unheimliche Vorfälle in mannigfacher Art gegeben. Zu solchen voneinander verschiedenen Arten von Spuk gehört besonders das Erscheinen Lebender an anderen Orten als an welchen sie sich in Wirklichkeit aufhalten, solches schon Verstorbener, ferner das vorab Sichtbarwerden oder andere Vorzeichen erst künftiger Ereignisse, unerklärliche, besonders an bestimmte Orte geknüpfte Wahrnehmungen des Gesichts oder Gehörs und dergleichen mehr. Dabei kann Spuk nicht gewollt oder auch nur vorhergesehen werden, und er kann daher auch nicht wie die Künste der Spiritisten und ihrer Medien Gegenstand von Experimenten sein, wie dieses Buch zeigt. Der Autor hat die 250 aufsehenerregendsten und beglaubigten Fälle hier zu einem Kompendium zusammengefasst, das aufgrund gegenwärtiger Bedrohungen, die unsere Welt erfährt, für zukünftige Visionen von großer Aktualität ist.

ZUM AUTOR

Otto Piper wurde am 22. Dezember 1841 als jüngstes von fünf Kindern des Pastors Wilhelm Piper und seiner Frau Julie in Röckwitz bei Stavenhagen geboren. Er besuchte 1851-1862 das Gymnasium in Neubrandenburg und bestand als Klassenbester das Abitur. Nach dem Jurastudium promovierte er 1873 in Rostock zum Dr. jur. und ließ sich dort zunächst als Advokat nieder. Hier lernte er seine spätere Frau Sophie kennen, die ihm drei Kinder schenkte, u.a. den späteren Verleger Reinhard Piper. Nach Ende des Deutsch-Französischen Krieges ging er als Redakteur des „Niederrheinischen Kurier“ nach Straßburg. Später leitete er Zeitungen in Trier und Düsseldorf, von wo er 1879 nach Mecklenburg zurückkehrte. Piper, der auch als Gründer der wissenschaftlichen Burgenforschung gilt, starb am 23. Februar 1921 in München.

Originalreprint des 1917 in Köln erschienenen Buches; 170 Seiten, Sach- und Namenregister. - Broschur, Klebebindung, 15 x 21 cm

ISBN 978-3-939856-33-7

Nielsen, Enno (Hrsg.)

Auf den Spuren großer Geheimnisse - Band 1

Fälle vom Jahr 1200 v. u. Z. bis zum Jahr 1800

Die merkwürdigsten Fälle auf dem Gebiet des Übersinnlichen aus den Jahren 1200 v.Chr. bis 1800 im unkommentierten Wortlaut der ersten Tatsachenberichte.

330 Seiten, Broschur, Klebebindung, 15,0 x 21,0cm

ISBN: 978-3-934673-53-3

Nielsen, Enno (Hrsg.)

Auf den Spuren großer Geheimnisse - Band 2

Fälle vom Jahr 1801 bis zum Jahr 1920

Die merkwürdigsten Fälle auf dem Gebiet des Übersinnlichen aus den Jahren 1801 bis 1920 im unkommentierten Wortlaut der ersten Tatsachenberichte.

330 Seiten, Broschur, Klebebindung, 15,0 x 21,0cm

ISBN: 978-3-934673-54-0

ZUM AUTOR: Enno Nielsen (Ps.), eigtl. Wilhelm Langewiesche, Verleger und Schriftsteller wurde am 18. März 1866 in Barmen geboren und verstarb am 9. Januar 1934 in Ebenhausen bei München.
Wilhelm Langewiesche war der Sohn des Buchhändlers Wilhelm Robert Langewiesche. Er absolvierte nach dem Gymnasiums eine Buchhändlerlehre und war in Wiesbaden, Halle (S.), Leipzig und Breslau tätig. Ab 1893 war er Teilhaber der väterlichen Buchhandlung in Rheydt, und von 1896 bis 1903 Inhaber dieses Unternehmens. 1906 gründete er den „Verlag Langewiesche-Brandt“ mit Sitz in Düsseldorf und Leipzig; im gleichen Jahr erfolgte der Umzug nach Ebenhausen bei München. Der Verlag war in den folgenden Jahren besonders erfolgreich mit seiner Reihe „Die Bücher der Rose“.
Wilhelm Langewiesche war zweimal verheiratet und hatte fünf Kinder, darunter die Schriftstellerin Marianne Langewiesche. Er veröffentlichte neben seiner verlegerischen Tätigkeit auch eigene Romane, Erzählungen und Gedichte und war Herausgeber von Klassikerausgaben.